KB265322

근본설일체유부비나야약사

根本說一切有部毘奈耶藥事

근본설일체유부비나야약사

根本說一切有部毘奈耶藥事

三藏法師 義淨 漢譯 | 釋 普雲 國譯

혜안

추천의 글

중앙승가대학교 동문회장 범해

율장은 수행자인 사문들의 일상생활에서 부딪히게 되는 여러 문제를 풀어가는 데 가장 필요한 기준입니다. 현대사회와 같은 여러 물질과 연관된 환경변화와 많은 사상(思想)이 넘쳐나는 현실 속에서는 율장에 기초한 승가의 위의를 재해석하는 현실이 많이 요구되고 있습니다.

승가에서 시행되는 갈마의 근원적인 목적은 여법한 화합에 있습니다. 승가의 일원인 수행자들이 부처님의 가르침을 널리 알리고 깨달음의 목표를 향하여 걸어가는 장야(長夜)의 번민을 지닌 현실에서 의지처가 되는 것은 율장이 구비하고 있는 위덕(威德)의 가치입니다.

한국은 세계의 여러 대장경의 가운데에서도 한역되었던 완전한 형태인 여러 부파의 율장이 전해지는 불은(佛恩)이 많은 국가입니다. 그렇지민 학문적으로 많은 발전을 이루었으나 다른 나라와 비교하면 모국어로 번역본은 다양하지 못하고 깊은 학문적 연구는 미진한 부분도 발견하게 됩니다.

현재에는 사회의 급속한 변화에 따른 율장의 재해석이 요구되어 종단에서도 여러 노력을 기울이고 있고, 본 대학에서도 이러한 노력에 귀를 기울이고 있습니다. 이러한 노력을 바탕으로 여러 교육기관에서는 독자적인 특성을 갖춘 율장의 학문적 성취가 이루어져야 하며 이에 따르는 부수적인 영역도 빠르게 발전되어야 합니다.

율장은 세간의 법체계보다도 더욱 합리적이며 능동적인 특성이 지니고 있습니다. 따라서 율장의 현실에 부합하는 재해석과 연구를 통하여 세존의 가르침을 숙지하고, 세간의 변화되는 흐름을 앞서서 이끌어야 합니다.

승가는 화합을 통하여 세상을 이끌어 나아가야 하고, 세상의 진리를 세존의 율장과 경장에서 의지해야 합니다. 이러한 노력은 율장의 번역과 보급에 있으며 그러한 노력은 승가에서 계속 이어갈 것입니다. 본 대학의 동문인 보운 스님의 많은 번역에 축하를 드립니다.

불기(佛紀) 2562년(2018년) 9월

추천의 글

대한불교조계종 교육아사리 법상

중앙승가대학교 교수이자 대한불교조계종 교육아사리인 보운 스님은 박사학위를 받은 이래 끊임없이 후학의 양성과 함께 의정 삼장이 전역한 근본설일체유부(根本說一切有部)의 율장을 계속해서 연구하여 마침내 상좌부 율장 가운데 건도(犍度)부에 속하는 『근본설일체유부비나야약사(Mūla sarvāstivāda vinaya bhaiṣajya vastu)』(이하 『약사(藥事)』) 18권까지 번역하여 출판함에 경축하고 추천하고자 합니다.

불교학은 계정혜(戒定慧) 삼학(三學)으로 가장 근본이 되는 계(Śīla)와 율(Vinaya)의 합성어로 계(戒)는 자발적인 마음으로 규율을 지키는 것이고, 율(律)은 타율적인 규범의 뜻을 함유한 불교교학의 가장 기초적인 계율교학을 이룹니다. 이러한 계율은 중국에 전역된 사대광율(四人廣律)은 법장부(法藏部)의 『사분율』과 화지부(化地部) 『오분율』, 설일체유부의 『십송율』, 대중부(大衆部)의 『마하승기율』을 말하고, 여기에 음광부(飮光部)의 『해탈율』을 합쳐서 오부율(五部律)이라고 하였습니다. 역사적으로 설일체유부가 가장 먼저 분파하였지만 『사분율』과 『오분율』이 팔리율장과 매우 유사하다고 하였습니다. 법장부(法藏部)의 『사분율(四分律)』은 중국과 한국 또는 일본에서 율종(律宗)이라는 종파를 이루게 하였습니다. 그러나 가장 늦게 전역된 근본 설일체유부의 『유부신율(有部新律)』은 티베트에도 전역된 9부와 같다고 합니다.

우리나라는 일찍이 자장율사께서 전해온 『사분율(四分律)』과 더불어 원효성사와 제사가 연구했던 『범망경(梵網經)』의 불성계(佛性戒)·『유가사지론』과 『보살영락본업경』의 삼취정계(三聚淨戒)를 근간으로 계단의 기초를 세우고 면면이 이어져 상구보리(上求菩提)하고 하화중생(下化衆生)하여 왔습니다. 이는 재가와 출가를 막론하고 계율을 통해서 해탈하고 열반하여 성불하는 삼업을 추구하도록 선도하였던 것입니다. 계율은 이처럼 불자의 삶에서 열반의 평화를 이루고 성불의 단계에 반드시 학습할 필수적이고 근본적인 바탕입니다.

의정(義淨, 635~713) 삼장은 인도에 불법을 구하기 위해 여행하는 25년 동안에 인도의 37여 개 나라를 순방하며 새로운 불법을 공부하고 귀국하면서 18부(部) 470여 권의 범어 원본 율장을 가지고 귀국하였습니다. 의정이 한역한 근본유부계율은 그때 가져온 것으로 귀국 후 10여 년에 걸쳐 역경에 몰두하였습니다. 그가 한역한 계율은 그 이전에 전해졌던 계율보다 새로운 계율로서 연구할 가치가 다분합니다. 그러나 중국의 도선율사가 사분계율을 중심으로 연구하여 계율종을 세워 전하면서 우리나라는 자장율사가 이에 준하여 고대 한국의 계율을 주도하여 오늘에 이르고 있습니다.

근본설일체유부의 율장은 크게 세 부분으로 먼저 근본율장 50권, 다음에 승려의 일상적인 규율을 설정하는 부분인 비나야사(事), 끝으로 여러 가지 온갖 잡다한 규율을 설정하는 비나야잡사(雜事) 가운데 승려와 일반인들의 삼업의 올바르지 못한 행위로 발생한 몸과 마음의 병을 치유하는 내용을 부처님께서 규정한 것입니다. 다시 말해서 『약사(藥事)』는 남방 상좌부 계통의 건도(khandha)부에 속하며, 약(藥)과 관련된 문제를 설하면서 실제와 허구가 혼합된 이야기를 기술한 내러티브가 다양한 에피소드로 연결되어집니다. 말하자면 부처님과 부처님의 제자들과의 연관된 내용, 인연이 깊은 왕들과의 연계된 주요한 업인과보의 인과관계를 설정하여 승가와 재가에게 교훈을 주는 근본설일체유부의 계율 가운데 의약건도에 속하는 18권 27품의 매우 많은 분량입니다.

이처럼 『비나야약사』는 『열반경』의 내용을 계승한 부처님 제자들의 몸과 마음을 치유할 다양한 본생담과 비유담인연담, 그리고 교의적 설명 등과 문학적인 요소까지 가미하고 있는 풍부한 연구하고 음미할 자료입니다. 이에 추천자는 독자 여러분께 본서에 포함된 몸과 마음을 치유하는 가르침의 향기를 향유하시어 승가와 재가에 대해서 새롭게 정립된 자율적인 질서와 타율적인 규범의 가치를 가늠해 보시기를 추천하는 바입니다.

끝으로 본서를 연구하고 번역하여 출판하는 보운 스님의 노고에 감사한 마음과 찬사를 보냅니다. 아울러 이 『비나야약사』의 번역으로 한국불교의 계율의 연구가 심화되어 불교문화가 융성해지길 기대합니다.

불기(佛紀) 2562년(2018년) 중추지절에
망우산 자락에서 삼가 씀

역자의 말
보운

올해에는 극심한 무더위가 몸과 마음을 많이 괴롭혀서 번역에도 더 많은 인욕과 원력을 요구하였던 같다. 파란 새싹이 피어나는 봄날에 첫 게송을 번역하고자 율장을 열었던 기억이 뇌리를 스쳐간다. 그렇게 시작된 번역은 이번에는 앞선 번역보다는 약간은 마음의 번민이 작을 것을 기대하고서 진행하였다.

제6권에 들어가면서 번역은 매우 힘들어졌고 권수가 쌓일수록 마음에 번민과 고통이 많았던 것은 스스로가 전생에 지었던 악업이 많았던 까닭이라고 위로하면서 계속하였으나 고달픈 과정이었고, 약사의 번역을 마쳤으나 여전히 머릿속은 무겁고 마음의 번민은 가득하다.

번역을 시작하고 5년째인 지금에 이르면서 번역이 많아질수록 오류에 대한 부담감은 커지고 전생의 악업에 대한 의문점은 강해지고 있다. 세존의 은혜와 승가의 은혜와 시주의 은혜로서 꿋꿋하게 지내올 수 있었던 시간이 한편으로는 작은 수행의 행복이었으리라. 이 작은 행복 속에서 여러분들께 감사를 드리는 마음을 기쁨을 누릴 수 있었다.

여러 은혜를 바탕으로 학문을 지속할 수 있었고 연구와 번역을 성취하는 과정에서 항상 관심과 격려를 보내주셨던 교육원장 스님과 중앙승가대학교 동문회장 스님 및 동문스님들과 능인대학교의 신대현 교수님께도 깊이 감사드린다. 항상 옆에서 관심을 쏟으시고 묵묵히 뒷바라지를 해오시는 은사이신 세영 스님께 깊은 감사를 드리며, 저의

건강을 항상 염려하시고 성원을 아끼지 않는 용주사의 신도님들께도
깊은 감사를 드린다.

불기(佛紀) 2562년(2018년) 9월
중앙승가대학교 정진관에서 보운 삼가 적다

차례

일러두기

1. 이 책의 저본(底本)은 고려대장경(高麗大藏經) 37권『근본설일체유부비나야약사』이다.
2. 원문은 18권으로 구성되어 있으나 이 책에서는 각 권수를 표시하되 한 책으로 번역하였다.
3. 번역의 정밀함을 기하기 위해 여러 시대와 왕조에서 각각 결집된 북전대장경과 남전대장경을 대조 비교하며 번역하였다.
4. 원문 속 의정 스님의 주석은 [ ]으로 표시하였다. 또 원문에는 없으나 독자의 이해를 위해 번역자의 주석이 필요한 경우 본문에서 ( ) 안에 표시했다.
5. 원문에 나오는 '필추', '필추니'는 각각 현재 보편적으로 '비구', '비구니'라고 부르지만, 이 책에서는 원의를 최대한 살리는 뜻에서 원문 그대로 '필추', '필추니'로 썼다.
6. 원문에서의 '속가(俗家)'는 '재가(在家)'로, '속인(俗人)'은 '재가인(在家人)'으로 번역하였다.
7. 원문의 한자 음(音)과 현재 불교용어로 사용되는 음이 다른 경우 현재 용어의 발음으로 번역하였다.
   예) 파일저가법(波逸底迦法) → 바일저가법
8. 원문에서 사용한 용어 중에 현재는 뜻이 통하지 않는 것이 상당수 있다. 원문의 뜻을 최대한 살려 번역하였으나 현저하게 의미가 달라진 용어의 경우 현재 사용하는 단어 및 용어로 바꾸어 번역하였다.

근본설일체유부비나야약사 해제

1. 개요

『근본설일체유부비나야약사』는 의약품과 관련된 건도를 설하고 있으며 모두 18권으로 되어 있다. 다른 건도를 세부적으로 기술하고 있는 율장으로는 『근본설일체유부비나야잡사(雜事)』 40권으로 가장 많고, 다음으로 『근본설일체유부비나야파승사(破僧事)』 20권이 있으며 그 외에도 『근본설일체유부비나야출가사(出家事)』 4권, 『근본설일체유부비나야안거사(安居事)』 1권, 『근본설일체유부비나야수의사(隨意事)』 1권, 『근본설일체유부비나야피혁사(皮革事)』 2권, 『근본설일체유부비나야갈치나의사(羯恥那衣事)』 1권, 『근본설일체유부비나야백일갈마(百一羯磨)』 10권 등으로 나뉘어진다.

이러한 여러 건도 가운데에서도 약사는 비교적 늦은 시기에 결집된 것으로 생각된다. 다른 건도와는 다르게 아수라와 같은 다른 율장과 다른 용어가 등장하고 의약품과 관련된 내용은 2권에 불과한 것이 한 예이며, 『정원록(貞元錄)』에서 20권이라고 표현되고 있으나 현재는 18권밖에 전해지지 않고 있어 많은 연구가 필요한 부분이다.

2. 내용

유부율은 내용이 광범위하고 본생담과 비유담과 같은 교의적인 설명과 같은 문학적인 요소를 가장 많이 담고 있는 특징이 있다. 이『근본설일체유부비나야약사』에서도 의약품과 관련된 것은 처음의 2권뿐이고 나머지는 인연담과 전생담으로 구성되어 있다. 이러한 율장의 구성방식은 중생들에게 궁극적인 질병의 내용은 몸에서 오는 것이 아닌 마음이 중요한 요소임을 강조하고 있는 것으로 생각된다.『근본설일체유부비나야약사』전체의 내용을 간략히 요약하면 다음과 같다.

제1권에서는 가을철에 질병이 발생하여 필추들이 괴롭힘을 당하고 있을 때에 세존께서 네 가지의 약을 만들어 복용하는 방법을 설하고 있다. 또 여러 가지의 육식을 금지하면서 사람의 고기와 코끼리 및 용의 고기를 먹지 않을 것을 설하고 있고, 제2권과 제3권에서는 교살라국의 의사 아제야가 필추를 치료하면서 세존을 비난하고 지옥에 떨어진 것과 사찰에서 음식물을 끓이거나 저장해서 묵히는 것을 금하는 것, 필추들이 걸식이나 생식을 통해서 얻을 수 있는 질병에 대하여 설하고 있다. 또한 수파륵가국의 장자인 자재(自在)에 대한 인연과 원만(圓滿)이라는 그의 아들이 태어나고 성장하는 과정 등이 있다.

제3권에서는 원만이 가업을 일으킨 것과 불법에 귀의하고 정진하며 증득하고 전법하는 과정, 수파륵가성의 왕과 백성들을 교화한 것 등이 있고, 제4권에서는 세존께서 500명의 선인들과 박구라 필추를 교화한 인연과 소파라성에서 흑자와 교담마 두 용왕들에게 공양을 받은 인연, 목련이 세존을 의지하고 마리지세계에 나아가서 어머니를 교화한 인연, 원만의 전생담, 산(山)과 묘(妙)라는 용왕이 영승왕과 갈등하고 화해한 인연, 세존께서 손타라 용왕을 교화한 인연 등이 있다.

제5권에서는 미생원왕(未生怨王)이 세존을 해치고자 하였던 인연과 뒤에 불법에 귀의한 인연과 광엄성의 도말라 바라문이 악귀들을 제거하기 위해 세존을 청한 인연, 세존께서 전생에 선현왕으로서 일산을 공양하였던 전생담, 파타리성에 대한 유래 등이 있다.

제6권에서는 지나간 옛날에 대성왕(大聲王)이 보당(寶幢)을 건립한 인연과 발타리 필추의 전생담, 미륵불이 하생하고 초전법륜을 굴리실 인연담, 세존께서 열반하시기 전에 유행하였던 인연과 여러 오파색가들의 과보를 설하신 것, 아난에게 귀신을 쫓아내기 위한 주문을 가르친 내용 등이 있다.

제7권에서는 암라부인(菴羅夫人)이 공양한 인연과 율고비(栗姑毘) 종족의 전생담, 파사타 종족의 500역사들을 교화한 인연, 설리지(薛利支)가 인간 세상에 나타난 인연, 세존께서 구시나가라에서 열반하시기 전에 법을 부촉하신 인연 등이 있고, 제8권에서는 암물라자가 불법에 귀의하였던 인연과 고좌와 위좌의 두 범지를 교화하였던 인연, 목련이 외삼촌을 교화한 인연 등이 있다.

제9권에서는 세존께서 바라문이 찬탄하고 수기를 받은 것과 그와의 전생담을 설한 것과 인타라 바라문을 교화한 인연, 상력 약차를 교화한 인연과 포도를 화정(火淨)한 인연, 금강수 약차와 함께 여러 곳을 교화한 인연, 무도간용왕을 교화한 인연, 가나색가왕의 출현을 예언한 것, 우파국다의 전생담 등이 있고, 제10권에서는 이라보제를 제도한 인연과 여러 약차에게 조복받으신 인연, 오달라연 바라문을 인연하여 게송을 송한 것과 가전란의 노파를 교화한 인연, 화수왕을 인연하여 말먹이의 보리를 먹은 것과 상주에게 전륜왕이 되는 것을 수기한 인연 등이 있다.

제11권에서는 세존께서 말먹이의 보리를 먹은 전생담, 제12권에서는 세존께서 전생에 말먹이로 쓰는 보리를 먹은 것과 사리불과 목련은 별도로 고양을 받은 인연, 목동인 환희를 제도한 인연과 전생담, 물고기·기러기·거북·아귀의 전생담, 강가하의 연기(緣起), 정생왕(頂生王)이 세상에 출현한 인연 등이 있고, 제12권에서는 부처님이 신통력으로 여러 사람을 교화한 인연, 구걸한 쌀뜨물을 대가섭에게 보시하고 천상에 태어난 문둥병 여인의 인연, 승광왕이 전생에 독각께 쌀기름을 보시한 인연, 가난한 여인이 세존께 등불을 공양하여 연등회가 발생한 인연, 세존께서 보시하여 무상정등각을 구하면서 복업을 닦았던 인연 등이 있다.

제13권에서는 세존께서 보시하여 무상정등각을 구하면서 복업을 닦았던 인연과 세존의 전생인 선재의 전생담 등이 있고, 제14권에서는 세존의 전생인 선재의 전생담과 미시박다라왕으로서 아내와 자식들을 보시를 행하였던 전생담 등이 있고, 제15권에서는 방생취에서 인간을 구제하였던 전생담과 여러 세존께 공양한 전생담 등이 있다.

제16권에서 제18권에서는 외도 전차녀(旃遮女)가 세존을 비방한 인연과 모든 세존께서 열반에 들어가기 이전에 짓는 열 가지의 인연, 사리불·목건련·가섭존자 등의 대제자들의 전생담이 있고, 마지막 18권에서는 세존께서 스로가 과보를 받게 되었던 전생담을 설하고 있다.

근본설일체유부비나야약사 제1권

삼장법사 의정 한역
석보운 번역

초송 ①

처음의 게송(初頌)으로 섭수하여 말하겠노라.

여러 약을 복용하도록 열어서 허락하셨으니
비유(鼻油)는 옴병(疥病)을 치료하며
안약(眼藥)과 풍간(風癎)[1]과
필린바자(畢隣婆蹉) 등이 있다.

어느 때 박가범(薄伽梵)께서는 실라벌성(室羅伐城) 서다림(逝多林)의 급고독원(給孤獨園)에 머무르셨다.

이때 여러 필추들은 가을날에 병에 걸려 몸이 야위어 누렇게 들떴으며 마르고 수척하며 초췌하였으므로 피곤하고 고통스러우며 힘이 없었다. 세존께서는 보시고 아시면서도 일부러 아난타(阿難陀)에게 물어 말씀하셨다.

---

1) 풍간병(風癎病)은 심기(心氣)가 부족하고 가슴에 열이 쌓여서 풍사가 발생하는데, 그 증상은 잘 놀라고 눈동자가 커지며 손발을 부들부들 떨고, 꿈속에서 소리를 지르며 몸에서 열이 나고 버둥거리며 머리를 흔들고 입을 악물고 거품을 많이 뱉으나 스스로는 알지 못하는 증상이다.

"무슨 까닭으로 여러 필추들의 몸이 야위어 누렇게 들떴으며 마르고 수척하며 힘이 없는가?"

아난타가 아뢰어 말하였다.

"대덕(大德)이시여. 여러 필추들이 가을 계절에 마침내 여러 병에 걸려서 몸이 야위어 누렇게 들떴으며 마르고 수척하며 힘이 없습니다."

세존께서 아난타에게 알리셨다.

"이러한 병의 괴로움을 까닭으로, 나는 지금 필추들이 여러 약을 복용하는 것을 허락하겠노라."

이와 같이 세존께서는 약을 복용하는 것을 허락하셨다. 이때 필추들은 마침내 때에만 약을 복용하고 때가 아닌 때에는 약을 먹지 않아서 몸이 오히려 쇠약해졌고 마르고 수척하여 힘이 없었다. 이때 세존께서는 아시면서도 일부러 아난타에게 물어 말씀하셨다.

"나는 이미 필추들에게 여러 약을 복용하는 것을 허락하였는데, 이 필추들은 오히려 이전처럼 마르고 수척하구나."

아난타가 아뢰어 말하였다.

"세존께서 필추들에게 여러 약을 복용하도록 허락하셨으나, 이 필추들은 모두 때에만 복용하였고, 때가 아닌 때에는 복용하지 않은 까닭으로 몸이 야위어 누렇게 들떴으며 마르고 수척하며 힘이 없습니다."

이때 세존께서 아난타에게 알리셨다.

"내가 지금 여러 필추들을 위하여 네 종류의 약을 열어서 허락하겠나니, 첫째는 시약(時藥)이고, 둘째는 갱약(更藥)이며, 셋째는 칠일약(七日藥)이고, 넷째는 진수약(盡壽藥)이니라. 시약이라고 말하는 것은 첫째는 보릿가루(麨)이고, 둘째는 떡(餅)이며, 셋째는 완두떡(麥豆餅)이고, 넷째는 고기(肉)이며, 다섯째는 밥(飯)이니, 이것들은 모두 때의 가운데에서 합당하게 먹어야 하는 까닭으로 시약이라 이름한다.

갱약은 여덟 종류의 장(漿)을 말한다. 무엇이 여덟 종류인가? 첫째는 초자장(招者漿)이고, [서방에 있는 나무의 이름이고 역시 전저리(顚咀梨)라고 이름한다. 껍질은 조협나무(皂莢)와 같고 그 맛은 매실과 같다. 껍질은 두껍고 하나에서 두 가지가 나오며 길이는 12촌(寸)²)이다. 이때 사람들은 눌러서 먹는다.] 둘째는 모자장(毛者漿)이며, [곧 파초(芭蕉)의 열매이다. 약간 후춧가루를 열매 위에 놓고 그것을 손으로 열심히 비비면 모두 물처럼 변한다.] 셋째는 고락가장(孤洛迦漿)이고, [모양은 멧대추[酸棗]와 같고 맛도 한 종류인데, 다만 이 대추는 단맛이 없다.] 넷째는 아설타(阿說他) 열매이며, 다섯째는 오담발라(烏曇跋羅)이고, [그 열매의 큰 것은 자두와 같다.] 여섯째는 발로쇄(鉢魯灑)이며, [그 열매의 모양은 까마귀머루(蘡)의 열매와 같이 생겼고 맛도 역시 서로 비슷하다.] 일곱째는 멸률추장(篾栗墜漿)이고, [곧 포도의 열매이다.] 여덟째는 갈수라장(渴樹羅漿)이다. [모양은 작은 대추와 같고 단맛이 있으나 조금 떫다. 나무는 대부분 따로 떨어져 있으며 모양은 종려나무와 같다. 여기에 있는 여러 가지의 장(漿)들은 모두가 반드시 손을 깨끗하게 씻고 물로 거른 뒤에 마실 수 있다.]

안의 섭송 ①

안의 섭송으로 말하겠노라.

야자(椰子)와 파초와 멧대추(酸棗)와
아설타 열매와 오발라 열매와
까마귀머루와 포도(蒲萄)와 갈수라(渴樹羅)의
이것을 여덟 장(漿)이라고 말하므로 마땅히 알라.

칠일약은 소유(酥油)와 당밀(糖蜜)과 석밀(石蜜) 등을 말한다. 진수약은 뿌리(根藥)·경약(莖藥)·엽약(葉藥)·화약(花藥)·과약(果藥)을 말하고, 다시 다섯 종류의 요약(膠藥)과 다섯 종류의 회약(灰藥)과 다섯 종류의 염약(鹽藥)과 다섯 종류의 삽약(澁藥)이 있다.

---

2) 길이를 나타내는 도량형 단위의 하나로 1척(尺)의 1/10에 해당 된다. 1촌(寸)은 3.3㎝이다.

무엇이 근약(根藥)인가? 향부자(香附子)·창포(菖蒲)·황강(黃薑)·생강(生薑)·백부자(白附子)를 말한다. 만약 다른 것들이 있다면 이것은 체험된 예이므로 약이 될 수 있다면 뜻에 따라서 마땅히 복용하라. 경약(莖藥)은 전단향약(栴檀香藥)·갈백목(葛柏木)·천목향(天木香)·불사등(不死藤)·소백(小栢)이므로 나머지의 체험된 예는 앞에 의거하여 마땅히 복용하라. 엽약(葉藥)은 세 종류의 잎이니 산채파사가엽(酸菜婆奢迦葉)[중국에는 없다.]·임바(絍婆)[진목(楝本)이다.]·고사득지(高奢得枳)[중국에는 없다.]를 말하며 다른 비슷한 것들은 앞에 의거하여 마땅히 복용하라. 화약(花藥)은 바사가화(婆舍迦花)·임바화(絍婆花)·타득계화(陀得雞花)·용화(龍花)·연화(蓮花)를 말하는데, 다시 나머지 부류가 있다면 마땅히 뜻에 따라서 복용하라. 과약(果藥)은 하리륵과(訶黎勒果)[3]·암마륵과(菴摩勒果)[4]·비혜득지과(韓醯得枳果)·호초(胡椒)·필발(蓽茇)[5]을 말하는데, 만약 나머지 부류가 있다면 마땅히 뜻에 따라서 복용하라.

다섯 종류의 점약(黏藥)은 이를테면, 아위(阿魏)·오당(烏糖)·자광(紫礦)·황납(黃蠟)·안실향(安悉香)이다. 아위약은 아위나무에서 나오는 끈끈한 아교를 말하고, 오당은 바라수(婆羅樹)에서 나오는 아교를 말하며, 자광은

---

3) 산스크리트어 harītakī의 음사로, 인도의 고원지역에서 자라는 낙엽 교목이다. 잎은 긴 타원형이며 흰 꽃이 핀다. 달걀 모양의 과일은 시고 쓰며 변비약으로 쓰인다. 치자(梔子)와 비슷하게 여섯 모가 진 갈색의 핵과(核果)로 초가을에 익는데, 난형이며 길이 25~30㎜, 지름 15~25㎜이다. 아유르베다 의학에서도 매우 중요하게 다루어지는 식물로서, 맛은 쓰고 시고 떫으며 짜고 달고 성질은 따뜻하여, 아유르베다의 6가지 맛 중 5가지를 포함하고 있는데 그중 특히 쓴맛을 지니고 있다.

4) 산스크리트어 āmalaka의 음사로 암마륵(菴摩勒)·아말라(阿末羅)·암마락가(菴摩洛迦)·암마륵(菴摩勒) 등으로 음역되고 여감자(餘甘子)라고 번역된다. 인도 전역에 분포하는 낙엽 교목으로 잎은 가늘고 길며, 호도와 비슷한 열매는 신맛이 난다.

5) 고대 중인도의 한 나라인 마가타국(摩伽陀國)에서는 필발리(蓽撥梨)라고 하였고, 아프가니스탄 북부의 발흐 동쪽의 요충지 푸룸(Purum: 拂林國)에서는 아리아타(阿梨阿陀)라고 불렀다. 이 약은 특이한 방향이 있고 맛은 맵고 성질은 뜨겁다[辛熱]. 필발은 장위가 차서 생기는 복부동통, 구토, 식욕감퇴, 설사, 이질, 치통 등에 사용한다.

나무의 가지에서 나오는 즙을 말하고, 황납이란 꿀에서 나오는 찌꺼기를 말하며, 안실향은 나무의 아교를 말한다.

다섯 종류의 재(灰)는 굉맥(䴵麥)을 태워 만든 재·유마(油麻)를 태워 만든 재·굉맥익(䴵麥麩)을 태워 만든 재·우슬초(牛膝草)를 태워 만든 재·바사수(婆奢樹) 잎을 태워 만든 재를 말한다.

다섯 종류의 소금은 오염(烏鹽)·적염(赤鹽)·백석염(白石鹽)·종생염(種生鹽)·해염(海鹽)을 말한다.

무엇이 다섯 종류의 삽약(澁澁)인가? 아마라목(阿摩羅木)·연목(楝木)·섬부목(瞻部木)·시리사목(尸利沙木)·고점박가목(高苫薄迦木)을 말한다.

이 가운데에서 시약은 음식을 먹을 때에 약을 복용하는 것을 말하고, 만약 갱약·칠일약·진수약 등이 시약과 함께 서로 화합한다면 음식을 먹을 때에 복용해야 하며, 음식을 먹을 때가 아닌 때에는 복용하지 말라. 만약 갱약·칠일약·진수약이 갱약과 더불어 서로 화합한다면 초경(初更)까지는 나누어서 복용해야 하고, 초경을 지나서는 복용하지 말라. 만약에 칠일약이 진수약과 더불어 서로 화합한다면 칠일약을 마땅히 복용할 것이나 7일이 지나서는 복용하지 말라.

진수약은 마땅히 진수(盡壽)를 수지(受持)하고 복용하라. 만약 이 네 가지의 약이 서로 화합한다면 강한 것을 따라서 복용할 것이나 만약 병이 없거나 나았다면 복용하지 말라. 혹은 같은 범행자(梵行者)에게 주더라도 마땅히 이와 같이 수지하도록 할 것이고, 먼저 손을 깨끗이 씻고 그 약을 받으며, 한 사람의 필추와 마주하고서 무릎을 꿇고 앉아서 약을 손에 잡고서 이와 같이 말하라.

'구수(具壽)여. 존념(存念)하십시오. 나 필추 누구는 이와 같은 병이 있는 인연으로 이러한 진수약을 지금 수지하였으니 복용하기 위한 까닭입니다.'

같은 범행자와 함께 이와 같이 세 번 말하도록 할 것이고, 만약 칠일약과 갱약이라면 이것에 의거하여 수지하도록 하라."

연기는 실라벌성(室羅伐城)에서 있었다.

한 필추가 있었고 몸에 풍병(風疾)을 앓아서 의사의 처소에 가서 물어 말하였다.

"현수(賢首)여. 나는 풍병을 앓고 있습니다. 나를 위하여 처방하여 주십시오."

이때 그 의사가 알려 말하였다.

"성자여. 유정(有情)의 비계(脂)를 드시면 병이 없어져서 나을 것입니다."

필추가 알려 말하였다.

"현수여. 내가 지금 어찌 이러한 비계를 복용하는 것이 합당하겠습니까?"

의사가 알려 말하였다.

"오직 이러한 약이어야 하고, 다른 것으로는 능히 낫게 할 수 없습니다."

이때 여러 필추들이 이 인연으로써 갖추어 세존께 아뢰니 세존께서 말씀하셨다.

"필추에게 병이 있고 만약 의사가 '오직 이것이 약이라고 하며, 다른 것은 능히 낫게 할 수 없다.'고 말한다면, 마땅히 비계를 복용하도록 하라."

이때 필추들이 무슨 비계 등을 복용하여야 하는가를 알지 못하였으므로 오히려 의사에게 물었다. 의사가 알려 말하였다.

"당신들의 스승께서는 일체의 지혜를 갖추신 분이시므로 가서 자세히 묻는다면 스스로가 마땅히 그것을 아실 것입니다."

이때 필추들이 곧바로 세존께 여쭈니 세존께서 말씀하셨다.

"다섯 종류의 비계가 있나니, 첫째는 물고기의 비계이고, 둘째는 돌고래(鮫魚)의 비계이며, 셋째는 상어(鮫魚)의 비계이며, 넷째는 곰의 비계이며, 다섯째는 돼지의 비계이니라. 때가 아닌 때에 익혔고, 때가 아닌 때에 걸렀으며, 때가 아닌 때에 받았고, 때가 아닌 때에 수지(守持)하였다면 복용하지 말라. 때에 익혔더라도 때가 아닌 때에 걸렀고, 때가 아닌 때에 받았으며, 때가 아닌 때에 수지하였다면 복용하지 말라.

때에 익혔고 때에 걸렀더라도 때가 아닌 때에 받았고, 때가 아닌 때에 수지하였다면 복용하지 말라. 때에 익혔고 때에 걸렀으며 때에 받았더라도 때가 아닌 때에 수지하였다면 복용하지 말라. 때에 익혔고 때에 걸렀으며 때에 받았고 때에 수지하였다면 마땅히 먹을 것이나 기름(油)을 먹는 방법과 같게 해야 하고, 7일 동안을 먹고 7일이 지난다면 복용하지 말라."

그 병을 앓던 필추는 이 비계를 복용하였던 인연으로 마침내 병이 없어져서 나았다. 병이 나았으나 약이 남았으므로 마침내 모두를 버렸다. 이때 다른 필추가 있어 다시 풍병을 앓았으므로 의사의 처소에게 나아가서 물어 말하였다.

"현수여. 내가 풍병을 앓고 있습니다. 나에게 처방하여 주십시오."

의사가 알려 말하였다.

"마땅히 비계를 드십시오. 이미 어느 필추께서 비계약을 복용하고 나으셨으니, 당신은 마땅히 나아가서 찾아보십시오."

그 필추는 가서 곧 전에 약을 복용한 필추의 처소에 이르러 물어 말하였다.

"구수여, 그대는 이전에 비계를 복용하여 풍병이 나았다고 들었습니다. 의사가 나에게도 그 비계를 복용하라고 말하였으니, 그대에게 남은 비계가 있다면 나에게 베풀어 주십시오."

필추가 말하였다.

"나에게 남아있던 비계는 이미 모두 버렸습니다."

알려 말하였다.

"당신은 지금 옳지 않습니다. 마땅한 것이 아닙니다."

이때 여러 필추들이 곧 이 인연으로써 갖추어 세존께 아뢰었다. 세존께서는 여러 필추들에게 알리셨다.

"복용하고 남은 비계약은 마땅히 모두 버리지 말고 필요하면 반드시 수거하도록 하라. 내가 지금 마땅히 수거하는 법식을 설하겠노라. 만약에 남은 비계를 필요로 하는 필추와 다른 필추가 와서 찾는다면 마땅히 곧 서로에게 줄 것이고, 만약 구하는 자가 없다면 마땅히 병자가 있는 곳에 보내어 그곳에서 잘 보관하게 하며, 만약에 필요한 사람이 있다면 그곳에서 취하여 수지하고 복용하게 할 것이니라. 가르침에 의지하지 않는 자는 월법죄(越法罪)를 얻느니라.”

연기의 처소는 앞에서와 같다.

이때 필추가 있어 몸에 개창(疥瘡)6)을 앓아서 의사 처소에 나아가서 물어 말하였다.

“현수여. 나는 개창을 앓고 있습니다. 나에게 처방하여 주십시오.”

의사가 알려 말하였다.

“성자여. 마땅히 삽약(澁藥)을 복용하십시오. 마땅히 병이 나을 것입니다.”

필추가 대답하여 말하였다.

“현수여. 내가 탐욕스러운 사람이겠습니까?”

의사가 알려 말하였다.

“이 삽약은 개창을 능히 치료할 수 있으나, 다른 것으로는 능히 낫게 할 수 없습니다.”

필추가 물어 말하였다.

“마땅히 무슨 삽약 등을 먹어야 합니까?”

의사가 대답하여 말하였다.

“성자여. 당신의 스승께서는 모든 지혜를 갖추신 분이시므로 이 일을 아실 것입니다.”

여러 필추들이 가서 세존께 아뢰니 세존께서 말씀하셨다.

“다섯 종류의 삽약이 있느니라. 첫째는 암몰라(菴沒羅)이고, 둘째는 임바(紝婆)7)이며, 셋째는 섬부(瞻部)8)이고, 넷째는 야합(夜合)9)이며, 다섯

---

6) 살갗이 몹시 가려운 전염성 피부병. 즉 옴을 말한다.
7) 산스크리트어 nimba의 음사. 인도에서 자라는 교목으로, 봄에 옅은 황백색의 작은 꽃이 피고, 쓴맛이 나는 나무 껍질과 잎과 열매는 두통을 치료하는 데 사용한다.

째는 구사마(俱奢摩)이니라. 필추들이여. 마땅히 알라. 이 여러 약들은 때로는 껍질도 있고 때로는 잎도 있으니, 마땅히 모두 찧고 빻아서 물에 익혀서 몸에 바르도록 하라.”

몸에 이미 발랐으나 다시 몸에 부스럼이 생겨났으므로, 세존께서 필추에게 알리셨다.

“마땅히 가루약을 지어라.”

필추가 습하게 찧고 하나의 덩어리를 짓고서 빻아서 가루로 만들지 않았으므로, 세존께서 말씀하셨다.

“마땅히 습하게 빻지 말고 마땅히 햇볕에서 말려서 건조시켜라.”

여러 필추들이 한낮에 약을 햇볕에 말렸고 마침내 힘이 없어졌으므로 세존께서 말씀하셨다.

“마땅히 뜨거운 햇볕에서는 약을 말리지 말라.”

필추들이 그늘에 말렸으므로 약에 곧 곰팡이가 생겨났다. 세존께서 말씀하셨다.

“뜨겁지 않은 햇볕에서 약을 말리도록 하라.”

여러 필추들이 삽약을 몸에 바르고서 곧바로 목욕하였고 그 약이 모두 떨어져서 약의 효험을 얻을 수 없었다. 세존께서 말씀하셨다.

“손으로 문지르고 마르는 것을 기다려서 그 약이 피부에 스며든 뒤에 목욕하라.”

목욕하고서 뒤에 다시 약을 바르고 그 뒤에 다시 목욕하였으므로 개창병이 나았다. 그 병을 앓던 필추는 개창병이 낫고서 소유하였던 남은 약을 마침내 곧 내버렸다. 다른 필추가 있어 다시 개창병을 앓았으므로 의사의 처소에 가서 알려 말하였다.

“현수여. 나에게 이와 같은 병고가 있으니 나에게 처방하여 주십시오.”

---

8) 산스크리트어 jambu의 음사. 인도에 널리 분포되어 있는 교목으로, 4~5월경에 옅은 노란색의 작은 꽃이 피고, 짙은 자줏빛의 열매를 맺는다.

9) 자귀나무를 뜻하는데 밤이면 잎사귀가 합쳐지므로 합환목(合歡木)이라고 불린다. 껍질은 강장제와 모생약(毛生藥) 및 접골제(接骨劑) 등으로 사용된다.

의사는 다시 삽약을 바르게 하고서 아울러 다시 알려 말하였다.

"어느 필추가 역시 이전에 개창을 앓아서 이 약을 바르게 하였으니, 나아가서 구하여 보십시오."

필추는 곧 가서 물어 말하였다.

"구수여. 그대는 이전에 삽약을 사용하였고 나는 의사에게서 삽약을 복용하라고 처방을 받았습니다. 그대에게 만약 남은 약이 있다면 나에게 은혜를 베풀어 주십시오."

알려 말하였다.

"소유한 남은 약은 내가 이미 버렸습니다."

필추가 알려 말하였다.

"마땅히 이와 같이 버리고 수거하지 않으면 안됩니다."

이때 그 필추가 이 일로써 세존께 아뢰니 세존께서 말씀하셨다.

"삽약을 복용하는 자는 마땅히 행법을 알지니라. 복용하고 남은 약은 마땅히 내버리지 말고 만약 병을 앓는 다른 필추가 있어 구한다면 마땅히 주도록 하고, 만약 구하는 사람이 없다면 병자가 있는 곳에 보내어 법에 의지하여 창고에 저장하며, 병이 있다면 공급하도록 하라. 이 행법을 의지하지 않는 자는 월법죄(越法罪)를 얻느니라."

연기는 실라벌성에서 있었다.

이때 필추가 있어 눈병을 앓았으므로 마침내 의사에게 가서 물어 말하였다.

"현수여. 나는 지금 눈병을 앓고 있습니다. 나에게 처방해 주십시오."

의사가 필추에게 말했다.

"성자여. 안선나약(安膳那藥)을 복용하십시오. 곧 마땅히 나을 것입니다."

필추가 알려 말하였다.

"내가 어찌 애욕의 사람이겠습니까?"

의사가 알려 말하였다.

"성자여. 이것이 치료에 좋은 안약입니다. 이것을 제외하고 다른 약으로는 능히 치료할 수가 없습니다."

이것을 인연으로 이때 여러 필추들이 가서 세존께 아뢰니, 세존께서 말씀하셨다.

"만약 의사가 '이것이 치료의 안약이고 다른 것으로는 능히 치료할 수가 없다.'고 말한다면 마땅히 안선나를 사용하도록 하라."

그 필추가 안선나를 어떻게 사용하는지 알지 못하였으므로 곧 의사에게 물었다. 의사가 알려 말하였다.

"성자여. 당신의 스승께서는 모든 지혜를 갖추신 분이시므로 마땅히 가서 그것을 물으십시오."

이 인연을 까닭으로 이때 여러 필추들이 가서 세존께 아뢰니, 세존께서 말씀하셨다.

"다섯 가지 종류의 안선나가 있느니라. 첫째는 화안선나(花安膳那)이고, 둘째는 즙안선나(汁安膳那)이며, 셋째는 말안선나(秣安膽那)이고, 넷째는 환안선나(丸安膳那)이며, 다섯째는 소비라석안선나(騷毘羅石安膳那)이니라. 이 다섯 종류는 모두가 눈병을 치료할 수 있는 것이다. 이러한 까닭으로 필추가 눈병을 앓는다면 마땅히 안선나를 복용하도록 하라."

곧 약을 복용하였고 눈병이 이미 나았으므로 소유한 남은 안선나를 마침내 곧 내버렸다. 또 다른 필추가 있어 역시 눈병을 앓아서 앞에서와 같이 의사에게 물었다. 의사는 다시 그에게 안선나약을 쓰게 하였고, 어느 필추가 일찍이 눈병을 앓아서 먼저 안선나약을 복용하게 하였으니, 마땅히 그에게 나아가서 구하라고 말하였다. 눈병을 앓는 이 필추는 의사의 말에 의지하여 가서 물었다.

"구수여. 나는 지금 눈병을 앓고 있습니다. 남은 안선나가 있습니까?"

그러나 이 필추는 남은 약을 찾지 못하고 알려 말하였다.

"구수여. 나는 복용하고 남은 약을 지금은 찾을 수가 없습니다."

이 인연으로써 가서 세존께 아뢰니 세존께서 말씀하셨다.

"필추여. 만약에 복용하고 남은 안선나가 있다면 마땅히 곧 버리고 수거하지 않으면 아니된다. 내가 지금 그 안선나의 행법과 안치하는 법식을 설하겠노라. 그 안선나는 마땅히 굳고 단단한 곳에 놓아둘 것이고, 화안선나는 구리그릇 안에 놓아둘 것이며, 즙안선나는 뚜껑이 있는 작은 그릇에 놓아둘 것이고, 가루 안선나는 대나무 통속에 놓아둘 것이며, 뒤에 하나하나를 자루 안에 넣거나, 혹은 물건 속에 넣거나, 혹은 담장 안에 두고 말뚝을 박아서 안선나를 걸어두도록 하라. 필추는 마땅히 이 법식에 의지해야 하나니, 의지하지 않는 자는 월법죄(越法罪)를 얻느니라."

연기의 처소는 앞에서와 같다.

이때 구수(具壽)인 서갈다(西羯多) 필추가 있어 마침내 풍전(風癲)을 앓았으나 처소를 따라서 유행(遊行)하였으며, 나아가 바라문과 거사들이 보고 스스로가 서로에게 물어 말하였다.

"이 사람은 어느 집의 자손인가?"

전에 알았던 지식이 있어서 대중들에게 알려 말하였다.

"이 사람은 어느 거사의 아들입니다."

대중들이 말하였다.

"이렇게 고독한 것은 사문인 석자(釋子) 가르침의 가운데에 출가한 까닭이다. 만약에 출가하지 않았다면 친척들이 반드시 마땅하게 풍병을 치료하여 주었을 것이다."

이 인연으로써 가서 세존께 아뢰니 세존께서 말씀하셨다.

"여러 필추들이여. 마땅히 서갈다 필추를 위하여 의사에게 묻고 풍병을 치료해 주도록 하라."

이때 여러 필추들이 의사의 처소에 가서 물어 말하였다.

"현수여. 한 필추가 있어 이와 같은 병이 있으니 처방하여 주십시오."

의사가 말하였다.

"생고기를 드시게 하면 반드시 마땅하게 나을 것입니다."

필추가 알려 말하였다.

“현수여. 그 필추가 어찌 고기를 먹는 사람이겠습니까?”

의사가 말하였다.

“성자여. 이것은 풍병을 치료하는 약입니다. 이 약을 제외하고 다른 것으로는 능히 치료할 수가 없습니다.”

이때 여러 필추들이 인연으로써 세존께 아뢰니, 세존께서 말씀하셨다.

“만약에 의사가 이것이 약이고 다른 것으로는 치료할 수 없다고 말한다면 마땅히 날고기를 주어라.”

이때 여러 필추들이 곧 생고기를 주었는데, 그 필추가 눈으로 직접 보고는 즐거이 먹으려고 하지 않았다. 세존께서 말씀하셨다.

“마땅히 물건으로 눈을 가린 뒤에 먹게 하라.”

이때 그 필추에게 인연으로 주었고 먹은 뒤에 곧바로 가렸던 것을 풀었다. 그러나 병이 있는 필추가 손에 피가 묻은 것을 보고 곧 토해 내었다. 세존께서 말씀하셨다.

“마땅히 가렸던 물건을 곧바로 제거하지 말고 그가 먹는 것을 마칠 때까지 기다려서 손을 깨끗이 씻게 하고 향기가 있고 맛있는 음식을 별도로 놓아두고서 비로소 그 묶었던 것을 풀고 그에게 알려 말하라. ‘그대는 마땅히 이 맛있는 음식을 먹도록 하십시오. 병이 낫게 될 것입니다.’”

병이 나았으나 매번 그 약을 생각하였다. 이때 여러 필추들이 인연으로써 세존께 아뢰니 세존께서 말씀하셨다.

“만약 병이 나았거든 평소와 같이 순행(順行)하라. 어기는 자는 월법죄를 얻느니라.”

연기는 왕사성에서 있었다.

이때 구수인 필린타파차(畢鄰陀婆瑳)는 겨울에 출가하였으나 많은 여러 병이 있었다. 이때 여러 필추들이 모두 와서 물어 말하였다.

“구수께서는 사대(四體)가 어떻습니까?”

대답하여 말하였다.

"매우 안은하지 않습니다. 항상 여러 병을 앓습니다."

필추가 알려 말하였다.

"구수여. 그대는 이전부터 지금까지 무슨 약을 복용하였습니까?"

대답하여 말하였다.

"나는 이전의 때부터 항상 여러 약주머니를 가지고 다니면서 수시로 약을 먹었습니다."

여러 필추들이 말하였다.

"지금은 어찌하여 약을 복용하지 않습니까?"

대답하여 말하였다.

"세존께서 허락하시지 않으셨습니다."

이때 여러 필추들이 인연으로써 세존께 아뢰니 세존께서 말씀하셨다.

"나는 지금 여러 필추들이 마땅히 약주머니를 지니는 것을 허락하겠노라."

필추들이 이 인연으로 여러 약을 많이 저축하였는데, 주머니가 작아서 수용하지 못하였다. 세존께서 말씀하셨다.

"그 약을 묶어서 상아로 만든 말뚝에 묶어두어라."

약이 곧 문드러지고 부서졌으므로 세존께서 말씀하셨다.

"때를 따라서 햇볕에 쪼이고 말려라."

필추들이 한낮에 그 약을 볕에 쪼이고 말리면서 마침내 무력해졌으므로 세존께서 말씀하셨다.

"마땅히 햇볕이 뜨거운 동안은 햇볕에 쪼이고 말리지 말라."

마침내 그늘진 곳에서 말려서 약이 다시 문드러지고 부서졌으므로 세존께서 말씀하셨다.

"마땅히 그늘지고 건조한 곳에 두도록 하라."

또한 비바람이 불어 닥쳤으나 여러 필추들이 감히 수거하지 못하였으므로 세존께서 말씀하셨다.

"재가인(白衣)이나 구적(求寂)을 시켜서 수거하도록 하고, 만약 그들이 없다면 스스로 수거하도록 하라. 비바람을 접촉한 것은 버리고 나머지는

마땅히 복용하도록 할 것이며 의혹에 이르지 말라. 어려움을 위하는
까닭으로 열었던 것이니, 어려움이 없다면 얻을 수 없느니라.”

연기는 실라벌성에서 있었다.

이때 구수 힐리벌다(頡離伐多)가 있었는데 일체시에 즐겁게 구하고
찾지 않았으며 보는 것에 의심이 많았으므로 그때에 여러 필추들은 함께
힐리벌다를 소구(少求)라고 이름하였다. 그 소구가 뒤의 이른 아침에 옷을
입고 발우를 지니고 성에 들어가 차례로 걸식을 행하였다. 마침내 감자(甘
蔗)를 압축시키는 소리를 듣고 인연으로 곧 가서 보았다, 사탕을 짓고
있었는데, 쌀가루를 서로 섞고 있었다. 필추가 알려 말하였다.

“당신은 사탕에 가루를 묻히지 마시오.”

그 사람이 물어 말하였다.

“다시 다른 물건으로 사탕을 뭉칠 수 있습니까?”

필추가 대답하여 말하였다.

“나는 진실로 다시 무슨 물건이 있는가를 알지 못합니다. 그러나 우리들
은 때가 아닌 때에 사탕을 먹어야 합니다. 이것으로 가루를 묻혀서는
안 됩니다.”

알려 말하였다.

“성자여. 때이거나 때가 아니거나, 마음대로 먹거나 먹지 않거나, 이
사탕은 가루가 아니라면 다른 물건으로는 뭉쳐지지 않습니다.”

필추는 마침내 떠나갔다. 뒤의 어느 때에 때가 아니었으나 대중의
가운데에서 사탕을 나누어 주었다. 그러나 그 필추는 의심이 있어서
감히 먹지 못하였으므로 제자가 물어 말하였다.

“오파타야(鄔波馱耶)시여. 대중들에게 사탕을 나누어 주었고 대중들이
모두 먹고 있는데 어찌 먹지 않습니까?”

알려 말하였다.

“구수여. 이 가운데에는 때에 먹어야 하는 것이 섞여 있는 까닭이네.”

그 여러 제자들도 역시 다시 먹지 않았다. 이때 여러 필추들이 물어

말하였다.

"구수여. 대중들이 사탕을 먹는데 어찌 먹지 않는가?"

알려 말하였다.

"우리들의 오파타야께서 '때에 먹어야 하는 것이 섞여 있는 까닭이다.' 라고 말씀하셨습니다."

말을 들었던 자들도 역시 모두 먹지 않았다. 힐리벌다는 마침내 대중들이 대부분 즐거이 먹지 못하게 하였다. 이때 여러 필추들이 인연으로서 세존께 아뢰니 세존께서 말씀하셨다.

"이것을 까닭으로 오염이 성립되는 것이 아니고 작법(作法)이 마땅히 그와 같아야 한다. 출처(出處)가 청정하므로 마땅히 그것을 먹을 것이고 의혹에 이르지 말라."

이때 구수 힐리벌다는 이른 때에 옷을 입고 발우를 지니고 성에 들어가 걸식하며 차례로 다니면서 향을 파는 가게 앞에 이르렀다. 사람이 보고 미숫가루를 묻힌 손으로 마침내 사탕가루를 뭉쳐서 사탕을 잡았고 다시 손에 미숫가루를 묻히는 것을 보았다. 필추가 보고서 알려 말하였다.

"현수여. 손에 미숫가루를 바른 뒤에는 사탕을 손에 잡지 마십시오. 우리들은 때가 아닌 때에 이 사탕을 먹어야 합니다."

그 사람이 알려 말하였다.

"성자여. 누가 다시 자주자주 물로 손을 씻고 처음으로 사탕을 만지겠습니까?"

뒤에 그 필추는 의심하여 감히 먹지 않았고 제자와 문인들도 모두 역시 먹지 않았으며 일은 아울러 앞에서와 같다. 이때 여러 필추들이 인연으로서 세존께 아뢰니 세존께서 말씀하셨다.

"그것이 본래 오염이 성립되었다면 곧 먹을 수 없으나, 본체가 청정한 까닭으로 먹더라도 범하는 것이 없느니라."

연기는 실라벌성에서 있었다.

구수 사리자(舍利子)는 몸에 풍병(風病)을 앓았다. 구수 대목건련(大目揵

連)은 그에게 병이 있는 것을 보고 이와 같이 생각을 지었다.

'내가 일찍이 자주 사리자의 병을 간호하면서 의사에게 묻지 않았으나 지금 마땅히 물어야겠구나.'

곧 의사가 처소로 가서 물어 말하였다.

"현수여. 구수 사리자가 이러이러한 병을 앓고 있습니다. 처방하여 주십시오."

의사가 알려 말하였다.

"그 병의 상태를 보면 마땅히 소금과 식초를 드신다면 병이 나을 것입니다."

이미 식초를 구하였고 다시 소금을 구하려고 하였는데 구수 필린타바차가 알려 말하였다.

"내가 이전에 소금이 있어 뿔 속에 저장하여 평생을 수지하고 있습니다. 만약 세존께서 복용하는 것을 허락하신다면 내가 마땅히 도와드리겠습니다."

이때 구수 사리자가 이 말을 듣고 나서 대목련에게 알려 말하였다.

"내 기억에는 의심이 있네. 진형수약(盡形壽藥)을 만약 시약(時藥)과 함께 때가 아닌 때에 복용한다면 마땅히 복용하지 않아야 하네."

이때 대목련은 인연으로서 세존께 아뢰니 세존께서 말씀하셨다.

"목련이여. 만약 갱약(更藥)과 칠일약(七日藥)과 진수약을 시약과 함께 복용한다면 때에 먹어야 할 것이고 때가 아닌 때에는 먹지 말라. 만약에 칠일약과 진수약을 갱약과 함께 복용한다면 경분(更分)10)까지는 복용을 할 것이고 이 경분이 지나면 마땅히 복용하지 말라. 만약에 진수약을 칠일약과 함께 섞어서 복용한다면 7일을 복용할 것이고 7일이 지나면

---

10) 경[更率]은 야반(夜半)에서 동틀 때까지의 시간인 신분(晨分)의 두 배 시간 곧 밤 전체의 시간을 다섯의 경으로 나누어 표시한 것을 말한다. 곧 밤의 전체 길이를 5경으로 나누어 초경(初更)부터 오경(五更)에 이르는 시각으로 해당시간을 나타낸다. 현재 시간으로 환산하면 1경은 평균 2시간 정도를, 1점은 24분 정도를 나타낸다.

복용하지 말라. 만약 진수약을 진수약과 함께 섞어서 복용한다면 마땅히 평생을 복용하라. 만약 이것에 의지하지 않는다면 월법죄를 얻느니라."

이때 세존께서는 적묘국(荻苗國)에 계시면서 세상을 유행하시고 교화를 하시다가 바라니사(波羅尼斯)의 선인이 떨어진 곳인 시록림(施鹿林)에 이르셨다. 이 성 안에는 한 장자가 있어 대군(大軍)이라고 이름하였고, 부귀하고 재물이 많아 여러 가지를 수용하였다. 그에게는 아내가 있어 대군녀(大軍女)라고 이름하였고, 삼보를 믿고 공경하였고 어질고 착하며 성품이 바르고 뜻에서 청정함을 즐거워하였다. 그는 세존께서 적묘국에 유행하시어 바라니사에 이르셨고 선인이 떨어진 곳인 시록림 안에 계신다는 것을 듣고 생각하며 말하였다.

"이분은 마땅한 우리의 대사이신 세존이시다. 내가 비록 자주 공양을 하였으나, 아직 널리 준비하지 못한 까닭으로 내가 현재 가진 모든 재산을 무상(無上)한 자존(慈尊)께 받들고 약소한 공양을 베풀어야겠다."

이렇게 생각을 짓고서 곧 갔고 세존의 처소에 이르러 발에 예경하고 물러나서 한쪽에 앉았다. 이때 세존께서는 대군 장자를 위하여 수순(隨順)하여 설법하시어 보여주셨고 가르치셨으며 이익되고 기쁘게 하시고서 여러 종류의 방편으로 묘법(妙法)을 연설하시고서 묵연히 머무르셨다. 이때 대군 장자는 이미 설법을 듣고 마음에서 크게 환희하여 곧 자리에서 일어나서 오른쪽 어깨를 드러내고 합장하며 예경하고서 세존께 아뢰어 말하였다.

"오직 원하옵건대 세존과 필추 대중께서는 3개월의 하안거를 제가 청하겠으니 받아주십시오. 제가 의복·음식·와구·의약품을 공양하겠습니다."

이때 세존께서는 묵연히 청을 받아들이셨다. 이때 장자는 세존께서 허락하시는 것을 보고 크게 환희하면서 세존께 예경하고 떠나갔다. 이때 그 장자는 세존께 3개월의 안거에 여러 종류를 공양하였고 필추들에게도 부족한 것이 없게 하였다. 장자는 매일 이른 아침에 세존의 발에 예경하고 곧 다시 여러 병든 필추들을 관찰하였는데 한 필추가 있어 몸에 심한 병을 앓았으므로 의사에게 가서 물었다. 이때 그 의사는 고깃국을 먹이도록 하였다. 장자는 묻고서 집안으로 돌아와서 그의 아내에게 말하였다.

"현수여. 필추가 병이 있는데 의사가 고깃국을 먹여야 비로소 능히 병을 고칠 수 있다고 하오. 그대가 준비하여 마땅히 빠르게 병이 있는 필추의 처소에 보내시오."

이때 그 장자는 곧 어린 여노비를 시켜 금전을 가지고 여러 정육점에 가서 고기를 사도록 하였다. 이 날은 곧 왕자가 태어난 날이었으므로 마침내 모든 도살을 금지시켰고 만약 범하는 자가 있다면 그에게 무거운 벌을 주었으므로 가령 귀족에게 사도록 하였어도 역시 얻지 못하였다. 이때 그 어린 여노비는 앞의 일을 갖추어 대가(大家)에게 알려서 알게 하였다. 이때 장자의 아내는 이렇게 사유를 지었다.

'내가 3개월을 세존과 필추 승가께 공양하면서 소유한 집안의 재산으로 부족함이 없게 하였다. 만약 지금 이 약을 얻지 못하고 이 인연으로 필추가 목숨을 잃는 것이 두렵구나. 이것은 나에게 좋은 것이 아니다.'

이와 같이 생각하고서 곧 날카로운 칼을 가지고 자신의 방으로 들어가서 넓적다리의 살을 베어 어린 여노비에게 주었으며 그것을 잘게 다져서 맛있는 고깃국을 끓여서 그 병을 앓고 있는 필추에게 급히 보내도록 하였다. 이때 어린 여노비가 고깃국을 끓여서 갖다 주자 그 병을 앓던 필추는 그 음식을 먹고 곧 병이 나았다. 그 병든 필추는 역시 다시 그 장자의 부인이 자신의 살을 도려낸 것은 몰랐으나 곧 이렇게 생각을 지었다.

'내가 이미 이러한 공양을 받았는데 헛되게 누워있는 것은 합당하지 않다. 나는 지금 마땅히 아직 얻지 못한 자에게 얻게 할 것이고, 아직 증득하지 못한 자에게 증득하게 할 것이며, 아직 해탈하지 못한 자에게 해탈하게 해야겠다.'

발심하였고 부지런히 정진하여 여러 번뇌를 끊고 아라한과를 얻어 삼명(三明)과 육통(六通)과 팔해탈(八解脫)을 갖추었고, 여실지(如實知)를 얻어 아생(我生)을 이미 마쳤으며, 범행(梵行)은 이미 서있었고, 지을 것은 이미 갖추어 후유(後有)를 받지 않았으며, 마음에는 걸림이 없어서 손으로 허공을 휘젓는 것과 같아서 칼로 자르고 향을 발라도 사랑하는 마음과 미워하는 마음이 일어나지 않았으며, 금을 보는 것이 흙을 보는 것과 같아서 차별이 없었으며, 여러 명예와 이익을 버리지 않는 것이 없어서 제석(帝釋)과 범천(梵天) 등 여러 천인들이 공경하게 되었다. 이때 세존께서는 하루의 초분(初分)에 옷과 발우를 집지(執持)하고 여러 대중들을 데리고 대군의 집으로 가셨다. 이미 그의 집에 이르시어 대중보다 앞서 자리에 나아가 앉으셨으며 장자에게 말씀하셨다.

"그대의 젊은 아내는 지금 어디에 있는가?"

대답하여 말하였다.

"방 안에 있습니다."

세존의 위신력은 불가사의하시고 그 여인을 가호(加護)하셨으므로 살을 도려낸 곳의 색깔이나 모양이 차이가 없었는데 평소와 같이 회복된 까닭이었다. 이때 장자의 아내는 세존의 처소에 환희심이 생겨나서 방에서 나와 세존께서 계신 곳으로 나아가서 세존의 발에 정례(頂禮)하고 한쪽에서 있었다. 세존께서 여인에게 알려 말씀하셨다.

"그대는 무슨 인연이 있어 능히 태어나고 죽는 험한 길에서 보살행을 일으켰는가?"

여인은 곧 합장하고 게송을 설하여 말하였다.

생사의 가운데에 윤회하면서
이 몸을 쉽게 얻을 수 있으나
백천 구지(俱胝) 겁에서도
존귀하고 수승한 경계는 만나기 어렵다네.

이때 장자는 불·세존과 여러 대중들이 모두 자리에 앉은 것을 보고 곧 청정한 여러 종류의 상미(上美)한 음식으로서 세존과 승가께 공양하여 모두가 만족하게 하였고 그릇을 모두 치웠으며 치목(齒木)을 씹고 청정하게 손을 씻게 하였다. 이때 장자는 다시 작은 앉을 자리를 취하여 한쪽에 앉았는데 법을 들으려는 까닭이었다.

이때 세존께서는 장자를 위하여 미묘한 법을 설하시어 보여주셨고 가르치셨으며 이익되고 기쁘게 하시고서 무수한 방편으로 법을 설하시고서는 자리에서 일어나 본래의 처소로 돌아오셨다. 여러 필추를 모으시고 대중 가운데에서 나아가서 자리에 앉으셨으며 여러 필추들에게 알려 말씀하셨다.

"사람의 고기를 먹는 것은 대중이 모두 싫어하는 것이고 여러 고기 가운데에서 사람의 고기가 가장 냄새나고 더러우며 악한 것이다. 그러므로 필추는 마땅히 다시는 먹지 말라. 만약 사람의 고기를 먹는다면 솔토라저죄(窣吐羅底罪)를 얻느니라. 내가 지금 대중의 가운데에서 상좌의 행법(行法)을 제정하겠노라.

그러므로 모든 상좌는 일반적으로 대중이 음식을 먹을 때에 사람이 있어 고기를 가지고 와서 행익(行益)하고자 한다면 마땅히 먼저 '이것은 무슨 고기입니까?'라고 묻도록 하라. 만약 상좌가 늙고 병들었거나, 혹은 분별하여 명료하지 못하거나, 혹은 기억하지 못한다면 제2의 상좌가 마땅히 묻도록 하라. 만약 상좌가 묻지 않는다면 월법죄(越法罪)를 얻느니라."

이때 여러 필추들이 마음의 의심이 없어지지 않아서 세존께 청하여 말하였다.

"대군 장자의 아내는 스스로가 자신의 살을 베어서 필추에게 공양하여 마침내 병을 낫게 하였고, 이 인연을 까닭으로 깊은 참괴(慚愧)를 품고 정진에 게으르지 않아서 곧 누진(漏盡)을 얻었으며, 이미 사람의 고기를 먹었으므로 대중들이 싫어하는 것이 되었고, 법에 어긋남이 있어 가책(訶責)을 받아야 하는데 무슨 인연으로서 누진을 얻었습니까?"

세존께서 여러 필추들에게 알려 말씀하셨다.

"그러나 그 필추는 다만 이번의 생에 이 여인에게 공양을 받은 것이 아니니라. 지나간 과거의 세상인 무량한 겁(劫) 가운데에서도 항상 자신의 몸으로써 이 필추에게 공양하였고 이러한 인연을 까닭으로 지금 다시 살로써 공양한 것이니라. 그리고 이 필추는 과거의 생에 이 여인을 까닭으로 다섯 신통을 얻었고 금생의 가운데에서 여섯 신통을 갖추어 아라한과를 증득하였느니라. 그대들은 자세히 듣고 그것을 잘 사념(思念)하라. 내가 그대들을 위하여 인연을 널리 설하겠노라.

지나간 옛날의 때에 바라니사성(波羅尼斯城)에 한 장자가 있었는데, 크게 부유하여 재산이 많았고 어질고 의리가 있었으며 신심이 있었고 수순하였으며 그의 아내도 역시 그와 같았다. 바라문이 있었는데 총명하고 박식하여 제자들에게 위요(圍繞)되었는데 숫자가 5백명이 되었고 명론(明論)11)을 읽는 것을 가르쳤다. 크게 부유한 장자는 그 바라문의 처소에서 깊은 믿음을 일으켜서 곧 이 바라문의 대중들을 집으로 청하여 여러 소유한 것을 모두 공양하였고 나아가 목숨을 마치도록 마음에 게으름이 없었다.

이때 크게 부유한 장자는 성품이 자애롭고 애민하였으므로 매일 이른 아침에 두루 바라문의 제자들을 살펴보면서 그들의 안부를 알아보았다. 그 바라문에게 한 제자가 있었는데 몸에 질병의 고통을 만났으므로 의사에게 가서 물었는데 의사가 알려 말하였다.

"마땅히 고깃국을 먹어야 합니다."

이때 장자는 마납박가(摩納薄迦)의 처소에 가서 위문하면서 물어 말하였다.

"그대의 몸은 병으로 고통스러운데 의사는 무슨 약을 먹게 하였는가?"

그가 곧 알려 말하였다.

"고깃국을 먹게 하였습니다."

이때 그 장자는 물어보고 집으로 돌아와서 아내에게 알려 말하였다.

"바라문의 제자가 있어 병으로 고생하고 있는데 반드시 고깃국을 먹어야 한다고 하오. 어린 여노비에게 금전을 가지고 시장에 가서 고기를

---

11) 베다(veda)는 지식을 뜻하므로 이와 같이 말한다.

사서 국을 끓여 보내어 먹게 하시오.”

 그날은 국왕의 부인이 왕자를 낳았고 마침내 칙명으로 도살을 금지시켰으며 만약 범하는 자가 있으면 반드시 무거운 벌을 주었다. 비록 금전이 있더라도 사서 얻을 까닭이 없었으므로 여노비는 집으로 돌아와서 이 일을 갖추어 말하였다. 그 장자의 아내는 이러한 일을 듣고 곧 스스로가 사유하였다.

 ‘나는 지금 이미 바라문의 대중을 청하여 집에 와서 공양하게 하였다. 이 병든 마납박가 동자가 약을 얻지 못하면 반드시 죽게 될 것이고 이것은 나의 허물이다.’

 이렇게 생각을 짓고서 곧 자기 방으로 들어가 손으로 날카로운 칼을 가지고 곧 넓적다리의 살을 베어 여노비에게 국을 끓여서 제자에게 보냈다. 이에 국을 먹고서 얼마 안 되어 병이 나았고 환자는 사유하였다.

 ‘지금은 이미 고기가 끊어져서 구할 까닭이 없으므로 반드시 마땅히 이것은 장자의 아내가 스스로 그 살을 베어서 나에게 베풀어 주었구나.’

 이렇게 생각을 하였고 깊은 참괴가 생겨났으며 다시 스스로가 사유하였다.

 ‘나는 아직 증득하지 못한 것을 증득할 것이고, 아직 얻지 못한 것을 얻을 것이며, 아직 드러내어 나타내고 드러내지 못하였으나 정진하겠고 게으르지 않겠으며 지금 마땅히 그것을 지어야겠다.’

 정근(精勤)하였던 까닭으로 곧 다섯 신통을 얻었다. 그대들 필추들이여. 다른 생각을 일으키지 말라. 지나간 때의 크게 부유한 장자의 아내로 살을 베풀었던 사람이 어찌 다른 사람이겠는가? 지금 이 대군 장자의 부인이고, 지나간 때에 병을 앓았던 사람은 지금의 병든 필추이니라. 과거의 생에 이 여인이 살을 베풀었던 인연을 까닭으로 다섯 신통을 얻었고 지금의 때에 아라한과를 구족하여 얻은 것이니라.”

 세존께서는 여러 필추들에게 알리셨다.

 “만약 순흑업(純黑業)이면 순흑보(純黑報)를 얻고, 만약 순백업(純白業)이면 순백보(純白報)를 얻으며, 만약 잡업(雜業)이라면 잡보(雜報)를 얻느니라.

이러한 까닭으로 여러 필추들이여. 마땅히 흑업과 잡업을 버리고 순백업을 닦아야 하느니라.”

연기는 실라벌성에서 있었다.

이때 교살라국(憍薩羅國)의 왕인 승광대왕(勝光大王)에게 제일의 코끼리가 있었는데 갑자기 돌림병으로 죽었고 그해에 기근이 들었다. 이때 바라문과 장자 및 나라 사람들이 모두 코끼리 고기를 먹었다. 육중필추(六衆苾芻)는 식사 때에 옷을 입고 발우를 지니고 실라벌성에 들어가서 차례로 걸식하면서 장자의 집에 이르렀다. 그 집안에서는 드러내놓고 코끼리의 고기를 삶고 있었고 솥 가운데에서 김이 솟아나고 있었다. 집에 들어가서 걸식하였는데 장자의 아내가 말하였다.

“우리는 지금 먹을 것이 없습니다.”

필추가 물어 말하였다.

“솥 가운데에서 김이 솟아나고 있는데, 이것은 무슨 물건입니까?”

아내가 말하였다.

“성자여. 이것은 코끼리의 고기입니다. 당신들께서 어찌 코끼리의 고기를 먹을 수 있겠습니까?”

대답하여 말하였다.

“우리들은 오직 시주에게 의지하여 살아가고 있습니다. 만약 당신들이 코끼리의 고기를 먹는다면 우리들도 역시 먹을 것이니 가지고 우리에게 베풀어 주십시오.”

장자의 아내는 곧 고기를 가지고 필추에게 주었다. 얻고서 발우에 가득 채워 그것을 가지고 떠나갔다. 다른 필추들이 있어 보고 물어 말하였다.

“당신들의 발우 가운데의 이것은 무슨 물건입니까? 가득 차서 넘치려고 합니다.”

대답하여 말하였다.

“코끼리의 고기입니다.”

"어찌 당신들은 코끼리의 고기를 먹을 수 있습니까?"

대답하여 말하였다.

"구수여. 기근의 때에는 음식을 구할 수 없소. 어찌 굶주림을 당하고 스스로 죽겠는가?"

이때 여러 필추들이 인연으로서 세존께 아뢰니 세존께서 말씀하셨다.

"그대들 필추들이여. 천룡(天龍)·약차(藥叉)와 인(人)·비인(非人) 등과 국왕 및 대신들은 여러 필추들을 함께 공경하고 있는데, 어찌 왕가의 코끼리 고기를 먹겠는가? 만약 왕이 듣는 때에는 반드시 이렇게 말을 지을 것이다. '필추들이 코끼리의 고기를 먹은 까닭으로 내 제일의 코끼리가 이것을 인연하여 죽은 것이다.' 마침내 비난과 수치가 생겨날 것이다. 이러한 까닭으로 필추는 마땅히 코끼리의 고기를 먹지 말라. 만약 먹는 자는 월법죄(越法罪)를 얻느니라. 코끼리의 고기는 이미 이와 같으며 말고기도 역시 그와 같다."

어느 때 세존께서는 섬파성(瞻波城)에 머무시면서 게가지(揭伽池) 언덕의 정사(精舍)에 계셨다.

그 연못 가운데에는 용왕이 있어 첨비야(瞻箄耶)라고 이름하였고, 신심이 있어 어질고 착하였으며, 매달 8일과 14일이면 용궁에서 나와 인간의 모습으로 변화하여 필추의 처소에 나아가서 8지학처(八支學處)[12]를 받았고 받고서 드러난 곳에서 본래의 모습으로 되돌아갔으며 역시 다른 중생들에게 고뇌를 주지 않았다. 이때는 이미 기근이 있어 마르고 수척해진 사람과 소와 양을 치는 사람 아울러 나무를 하는 사람·유행(遊行)하는 사람·바른 도로써 살아가는 사람·삿된 도로써 살아가는 사람 등의 여러 사람들이 함께 와서 용의 살을 도려내었고 가지고 돌아가서 먹었다.

이때 육중필추가 옷을 입고 발우를 지니고 성에 들어가 걸식하면서 장자의 집에 이르렀다. 이 집안에서 드러내 놓고 용의 고기를 삶고 있었고

---

12) 팔재계를 다르게 부르는 말로서, 음력 매월 8·14·15·23·29·30일에 하루 낮 하룻밤 동안 지키는 계율을 가리킨다.

솥에서는 김이 솟아나고 있었다. 집에 들어가서 걸식하였는데 장자의 아내가 말하였다.

"우리는 지금 먹을 것이 없습니다."

필추가 물어 말하였다.

"솥 가운데에서 김이 솟아나고 있는데, 이것은 무슨 물건입니까?"

아내가 말하였다.

"성자여. 이것은 용의 고기입니다. 당신들께서 어찌 용의 고기를 먹을 수 있겠습니까?"

대답하여 말하였다.

"우리들은 오직 시주에게 의지하여 살아가고 있습니다. 만약 당신들이 용의 고기를 먹는다면 우리들도 역시 먹을 것이니 가지고 우리에게 베풀어 주십시오."

장자의 아내는 곧 고기를 가져다가 필추에게 주었고 이것을 까닭으로 여러 사람들이 다시 많은 고기를 취하게 되었다. 이때 그 용의 아내는 이와 같이 생각을 지었다.

'여러 필추들이 용의 고기를 먹는 까닭으로 사람들이 모두 함께 먹는 것이다. 나의 남편은 어느 때에나 이와 같이 고통을 받는 것을 벗어나게 될 것인가? 내가 이것을 인연으로 마땅히 세존께 가서 여쭈어야겠다.'

이미 초야(初夜)가 지나갔으므로 세존의 처소에 나아가서 세존의 발에 예경하고 한쪽에 앉았다. 용녀(龍女)의 몸의 광명이 주위를 두루 밝게 비추었으므로 게가지의 주변도 모두 밝아졌다. 이때 용녀는 합장하고 공경스럽게 세존께 아뢰어 말하였다.

"대덕이시여. 저의 남편은 신심이 있고 어질고 착하여 매월 8일과 14일에는 용궁에서 나와서 사람의 모습으로 변화하여 필추의 처소로 나아가서 8지학처를 받고 드러난 곳에서 다시 용의 몸으로 변하면서 역시 다른 중생들에게 고뇌를 주지 않았습니다. 이때 험한 세월을 만났고, 그 굶주린 사람들이 함께 그의 살을 도려내었으며, 이것을 인연하여 필추들이 모두 취하여 음식으로 충당하였습니다. 저의 남편은 언제 고통을 벗어나게 할 수 있겠습니까? 원하옵건대 세존이시여. 자비로 애민하게 생각하시어 여러 필추들이 용의 고기를 먹지 않도록 제정하여 주십시오.”

이때 세존께서는 이 말을 듣고 묵연히 머무르셨다. 이때 용녀는 세존께서 묵연히 허락하신 것을 알고서 받들어 하직하고 물러갔다. 이때 세존께서는 새벽이 이르자 대중들 앞에 자리를 펴고 앉으시어 여러 필추들에게 알려 말씀하셨다.

“어젯밤에 초경(初更)이 지나고 섬파(贍波) 용녀가 있어 광명을 밝게 비추면서 나의 처소에 와서 이르렀고 예경하고 한쪽에 앉았느니라. 그녀의 몸의 위광(威光)은 주변을 밝게 비추었고 게가지의 주위도 모두 밝게 비추는데 이와 같은 말을 지었느니라.

‘대덕이시여. 저의 남편은 신심이 있고 어질고 착하여 매월 8일과 14일에는 용궁에서 나와서 사람의 모습으로 변화하여 필추의 처소로 나아가서 8지학처를 받고 드러난 곳에서 다시 용의 몸으로 변하면서 역시 다른 중생들에게 고뇌를 주지 않았습니다. 이때 험한 세월을 만났고, 그 굶주린 사람들이 함께 그의 살을 도려내었으며, 이것을 인연하여 필추들이 모두 취하여 음식으로 충당히였습니다. 저의 남편을 언제 고통을 벗어나게 할 수 있겠습니까? 원하옵건대 세존이시여. 자비와 애민이 생겨나는 까닭으로 여러 필추들이 용의 고기를 먹지 않도록 제정하여 주십시오.’

내가 이 말을 듣고 묵연히 머물렀고 이때 그 용녀는 내가 묵연한 것을 보고 내게 예경하고 하직하고서 떠나갔느니라. 이러한 까닭으로 여러 필추들은 마땅히 용의 고기를 먹지 말라. 용의 고기를 먹는 자는 여러 천룡(天龍) 등이 모두 싫어하고 천박하게 생각하며, 선법(善法)이 소멸되므로 석가자(釋迦子)가 아니니라. 이러한 까닭으로 필추들은 마땅히 용의 고기를 먹지 말라. 먹는 자는 월법죄를 얻느니라.”

근본설일체유부비나야약사 제2권

삼장법사 의정 한역
석보운 번역

세존께서 마갈타국(摩揭陀國)에 머무시면서 인간세상을 유행하시면서 왕사성(王舍城)에 이르러 갈란탁가(羯蘭鐸迦)의 죽림원(竹林園)에 계셨다.

이때 영승왕(影勝王)은 세존께서 유행(遊行)하시면서 국경에 이르신 것을 듣고 이러한 생각을 지었다.

'내가 이전의 때에 자주 세존께 공양하였으나 오히려 일찍이 3개월의 하안거에 소유한 가산(家産)으로서 모두를 공양하지는 못하였구나.'

이렇게 생각을 짓고서 그 소유한 모든 것으로 세존과 승가를 청하여 3개월의 안거에 공양하였고 아울러 시박가(侍縛迦) 의왕(醫王)을 보내어 몸이 병들거나 마르는 것을 고치는 데 필요한 의약품을 공급하였다.

이때 영승왕은 이렇게 생각을 짓고서 장차 여러 신하들에게 앞뒤로 둘러싸여 왕궁으로부터 나와서 세존의 처소로 나아갔다. 이르러 머리숙여 예경하고 물러나 한쪽에 앉았다. 이때 세존께서는 왕을 위하여 여러 가지의 방편으로 미묘한 법을 설하시어 보여주셨고 가르치셨으며 이익되고 기쁘게 하시고서 묵연히 머무르셨다. 이때 대왕은 앉았던 자리에서 일어나 오른쪽 어깨를 드러내고 오른쪽 무릎을 땅에 대고서 합장하며 세존께 아뢰었다.

"오직 바라옵건대 세존이시여. 내가 3개월의 하안거를 청하면서 내궁에서 소유한 재물로 몸에 필요한 물건들을 모두에게 공양하고, 아울러 의왕 시박가가 여러 병든 필추들의 고통을 치료하는 것을 받아주십시오."

이때 세존께서는 묵연히 허락하셨다. 이때 왕은 은근하게 존중하며 세존께 청하고서 예경하고 떠나갔다. 돌아가서 궁중에 이르러 여러 공양구(供養具)를 준비하여 여름 3개월을 공양하였다. 이때 교살라국의 승광대왕은 영승왕이 세존과 승가를 청하여 3개월의 안거에 여러 종류로 공양하였고 아울러 대의왕인 시박가가 탕약(湯藥)을 공급한다는 것을 듣고 이렇게 생각을 지었다.

'그 대국의 왕이 능히 가산(家産)과 시박가 등으로 공양하였으니, 나도 역시 대국의 주인으로서 만약 세존께서 이 나라에 오신다면 마땅히 일체의 재산과 의사인 아제야(阿帝耶)로서 공양해야겠다.'

나아가 세존께서는 왕사성에서 3개월의 안거를 머무셨고, 옷을 짓는 것을 마치셨고 옷과 발우를 집지하고 대중에게 위요되어 실라벌성으로 가시고자 하셨다. 점차 유행하시어 마침내 그 나라의 급고독원(給孤獨園)에 이르셨다. 이때 승광왕은 세존께서 이르시어 급고독원에 머무신다는 것을 듣고 나아가서 급고독원에 이르러 세존을 보고 머리숙여 예경하고 물러나 한쪽에 앉았다. 세존께서는 왕을 위하여 여러 가지의 방편으로 미묘한 법을 설하시어 보여주셨고 가르치셨으며 이익되고 기쁘게 하시고서 묵연히 머무르셨다. 이때 승광왕은 자리에서 일어나 오른쪽 어깨를 드러내고 오른쪽 무릎을 땅에 대고서 합장하며 세존께 아뢰었다.

"오직 바라옵건대 세존이시여. 내가 3개월의 하안거를 청하면서 모든 일체의 자구(資具)와 아울러 의사인 아제야로 공양하겠으니 받아주십시오."

이때 세존께서는 묵연히 허락하셨다. 이때 교살라국의 왕인 승광대왕은 세존께서 허락하시는 것을 보고 세존의 발에 정례(頂禮)하고 받들어 하직하고 떠나갔다. 돌아가서 궁중에 이르러 여러 공양구를 준비하였고 아울러 의사를 보내어 3개월간 필요한 것을 공급하여 세존과 필추 승가에 공양하였다.

이때 승광왕은 성품이 자애롭고 애민하여 매일같이 이른 아침에 비하라(毘訶羅)[1]에 이르러 직접 세존의 발에 예경하고 기거를 문신(問訊)하였으며 대중들을 두루 관찰하면서 그들이 편안한가를 보았는데, 한 필추가 치질을 앓아서 몸이 마르고 힘이 없는 것을 알았다. 왕이 보고 마침내 곧 물어 말하였다.

"성자여. 무슨 까닭으로 여위고 수척하며 힘이 없습니까?"

필추가 대답하여 말하였다.

"대왕이시여. 치질을 앓고 있습니다. 이러한 까닭으로 여위고 수척하여졌습니다."

이때 왕은 돌아가서 의사인 아제야에게 칙명하여 병을 치료하도록 하였다. 이때 그 의사는 왕의 가르침을 받들어 갔으나 이 의사는 삼보를 믿지 않았으므로 그 병자를 즐거이 치료하지 않았다. 왕이 뒤의 때에 다시 병자를 보고 괴이하여 물어 말하였다.

"성자여. 의사가 치료하지 않았습니까? 몸이 오히려 수척하고 손괴되었습니다."

병자가 대답하여 말하였다.

"대왕께서 비록 의사를 보내주셨으나 그는 결국 와서 구호하고 치료해 주지 않았습니다."

이때 왕이 듣고 곧 성내고 꾸짖으면서 마침내 사자를 보내 추적하여 잡아오도록 하였다. 왕이 말하였다.

"내가 이전에 그대에게 필추를 간병하게 하였는데 어찌 지금까지 결국 구호하고 치료하지 않았는가? 만약 치료하지 않는다면 내가 마땅히 그의 관직(官位)을 박탈하겠다."

그러나 이 의사는 본래 믿는 마음이 없었고 왕에게 꾸중을 받은 것을 인연하여 다시 성냄과 분노가 더하여져 악한 말로 욕하면서 헐뜯었다.

"어찌 그대의 무리를 위하여 나의 관직을 빼앗기겠는가?"

병든 필추를 붙잡아 사찰의 문밖에 이르러 마침내 손발을 묶고서 치질을 칼로 도려냈다. 이때 그 필추는 핍박을 만나서 고통에 마음이 얽혀서

---

1) 산스크리트어 vihāra의 음사로서, 주처(住處)·유행처(遊行處)·사(寺)·정사(精舍)라고 번역한다. 수행승들이 머물면서 불도(佛道)를 닦는 곳이나 집을 말한다.

곧바로 크게 울부짖으며 다시 이렇게 생각을 지었다.

'내가 극심한 고통을 만났는데 크게 자비로우신 세존께서는 어찌 애민하게 생각하지 않으시는가?'

여래의 상법(常法)은 일체시에 알지 못하는 것이 없고 보지 못하는 것이 없으시므로 대비력(大悲力)을 경각하시려는 까닭으로 필추의 처소에 이르셨다. 이때 그 의사는 멀리서 세존께서 오시는 것을 보았으나 오히려 아직도 성내는 마음이 멈추지 않았으므로 이와 같이 말하였다.

"그대! 여노비의 자식이 왔구려. 그대 제자의 하부(下部)가 어떠한가를 보시오."

이때 세존께서는 이 말을 들으시고는 묵연히 떠나가서 본래의 처소로 돌아오시어 자리를 펴고 앉아 환하게 미소를 지으셨다. 입의 가운데에서 오색(五色)의 광명이 나와서 혹은 때에 아래를 비추었고, 혹은 다시 위로 올라갔다. 그 광명이 아래로 비추면 무간지옥(無間地獄)에까지 이르렀고, 아울러 염열(炎熱)한 곳에서는 모두가 시원함을 얻었으며, 만약 한빙(寒氷)한 곳에서는 곧 따뜻함을 얻었으므로, 그곳의 여러 중생들은 각자 안락함을 얻고서 모두가 이렇게 생각을 지었다.

'내가 그대들과 함께 지옥에서 죽어서 다른 곳에 태어난 것인가?'

이때 세존께서 그 유정들에게 신심이 생겨나게 하시고 다시 다른 모습을 나타내시어 그들이 서로를 보고 모두가 이렇게 생각을 지었다.

'우리들이 이곳에서 죽어서 다른 곳에 태어나는 것이 아니다. 그러나 우리들은 분명히 무상이신 대성의 위덕의 힘을 까닭으로 우리들의 몸과 마음이 현재에 안락을 받는 것이다.'

이미 공경과 신심이 생겨나서 능히 모든 괴로움을 없애고 인간과 천상의 취에서 승묘(勝妙)한 몸을 받았고 마땅히 법기(法器)가 되어 진제(眞諦)의 이치를 보았다. 그 광명은 위로 상승하여 색구경천(色究竟天)까지 이르렀고 그 광명 가운데에서 고(苦)·공(空)·무상·무아 등의 법이 연설되었다. 아울러 두 개의 가타로 설하여 말하였다.

그대가 마땅히 출리(出離)를 구한다면
세존의 가르침에서 부지런히 닦아서
코끼리가 초가집을 부수는 것과 같이
생사의 군대를 항복받아라.

이러한 법과 율의 가운데에서
항상 방일하지 않는다면
능히 번뇌의 바다를 마르게 하고
마땅히 고통의 변제를 끝마치리라.

이때 그 광명은 널리 삼천대천세계를 비추고 세존의 처소에 되돌아왔다. 만약 불·세존께서 과거의 일을 설하시면 광명이 등을 따라 들어가고, 만약 미래의 일을 설하시면 광명이 가슴을 따라 들어가며, 만약 지옥의 일을 설하시면 빛이 발바닥을 따라 들어가고, 만약 방생의 일을 설하시면 빛이 발꿈치를 따라서 들어가며, 만약 아귀의 일을 설하시면 빛이 발가락을 따라 들어가고, 만약 사람의 일을 설하시면 빛이 무릎을 따라 들어가며, 만약 역륜왕(力輪王)의 일을 설하시면 왼손의 바닥을 따라 들어가고, 만약 전륜왕의 일을 설하시면 빛이 오른손의 바닥을 따라 들어가며, 만약 하늘의 일을 설하시면 빛이 배꼽을 따라 들어가고, 만약 성문의 일을 설하시면 빛이 입을 따라 들어가며, 만약 독각의 일을 설하시면 빛이 눈썹을 따라 들어가고, 만약 아뇩다라삼먁삼보리의 일을 설하시면 빛이 이마를 따라 들어가는 것이다.
이때 구수 아난타는 합장하고 공경하며 세존께 아뢰어 말하였다.
"세존이시여. 여래·응·정등각께서 빙그레 미소를 짓는 것은 인연이 없지 않습니다."
곧 가타로써 세존께 청하여 말하였다.

입으로 여러 가지의 미묘한 광명을 비추시니

대천세계에 가득하여 하나의 모양이 아니며
시방의 모든 땅에 널리 두루하므로
햇빛이 허공을 모두 비추는 것과 같다네.

세존께서는 중생에게 가장 뛰어난 인연이시니
능히 교만과 근심 슬픔을 없애주시고
인연이 없으면 금구(金口)를 열지 않으시는데
미소를 지으시니 반드시 희유하고 기이함을 나타낸다네.

안주하여 자세히 살피시는 석가모니불께선
즐겨 듣고자 하는 사람에게는 능히 설해주시며
사자왕이 미묘하게 외치는 것과 같이
원하건대 우리들을 위하여 의심 끊어주십시오.

큰 바다에 있는 묘산왕(妙山王)과 같아서
만약 인연이 없으시면 움직이지 않으시더라도
자재(自在)하고 자비로운 미소를 나타내셨으니
우러러 갈망하는 사람을 위해 인연을 설하십시오.

이때 세존이 아난타에게 알려 말씀하셨다.

"그러하니라. 아난타여. 인연이 없다면 여래·응·정등각은 곧 미소를 나타내지 않느니라. 아난타여. 의왕인 아제야는 자신을 해쳤느니라. 세존의 처소에서 '여노비의 자식'이라고 악한 욕으로 말을 지었느니라. 내가 생각하건대 옛날에 대삼미다왕(大三末多王)이었을 때부터 지금의 몸에 이르기까지 하천한 사람까지도 꾸짖고 욕하지 않았으나, 이 아제야는 나쁜 말로 욕을 하였느니라. 이러한 악업을 헤아리니 즉 7일 뒤에는 반드시 마땅하게 피를 토하고 죽을 것이고 지옥의 가운데에 떨어져서 오랫동안 고통을 받을 것이다.

이러한 까닭으로 필추들이여. 아제야와 같이 신심이 없는 의사라면 마땅히 보내어 필추를 간병하게 하지 말라. 치질에는 두 종류의 치료법이 있느니라. 첫째는 주문(呪文)으로 치료하는 것이고, 둘째는 약으로 치료하는 것이다. 만약 필추에게 병이 있다면 마땅히 아제야와 같이 신심이 없는 부류에게 보내어 치료하게 하지 말라. 만약 치료하게 한다면 월법죄를 얻느니라.”

이때 치질을 앓고 있는 필추를 인연하여 아제야에게 보내어 치료하게 하였으나 그는 방편을 지었고 마침내 목숨을 마쳤다. 이때 대신이 있어 일로써 왕에게 아뢰어 말하였다.

“아제야가 세존을 ‘하천한 여노비의 자식’이라고 비방하며 욕하였고, 치료하던 치질을 앓던 필추를 일부러 죽게 하였습니다.”

이때 왕은 크게 노하여 대신을 보내어 악인의 머리를 베도록 하였다. 대신이 대답하여 말하였다.

“대왕이시여. 아제야는 이미 죽은 사람입니다. 어찌 반드시 다시 죽이겠습니까? 세존께서 이미 ‘즉 7일 뒤에 마땅히 뜨거운 피를 토하고 곧바로 죽을 것이고, 죽은 뒤에는 마땅히 지옥에 떨어진다.’고 수기하셨습니다.”

왕이 말하였다.

“만약 이와 같다면 우리나라에서 쫓아내시오.”

이때 대신은 곧바로 왕의 명을 받들어 국경 밖으로 쫓아냈다. 사계다성(娑雞多城)에 이르러 이미 그 성에 도착하니 선신(善神)이 그를 꾸짖었고, 매우 심하게 꾸짖고서 다시 그를 경계 밖으로 쫓아내면서 알려 말하였다.

“어리석은 사람아. 그대는 이미 삼계의 대존(大尊)을 ‘하천한 여노비의 자식이다.’고 욕을 지었는데 어찌 이곳에 머무르는 것이 허용되겠는가? 이곳에서 떠나거라.”

바라니사성에 이르렀으나 그곳에서 다시 선신에게 쫓겨났고, 그곳에서 벽사리성(薛舍離城)에 이르렀으나 다시 내쫓겼으며, 또한 왕사성에 이르렀으나 역시 쫓겨났다. 이어 첨파성(瞻波城)에 이르렀으나 쫓겨나서 한 나무 아래에 이르러 잠시 쉬었으나 수신(樹神)에게도 쫓겨났고, 이것부터 흐르는 물이나 샘이나 연못이 있는 곳에 이르기까지 모든 곳에서 쫓겨났으며, 쉬는 것도 허용되지 않았다. 이미 쫓겨나고서 이렇게 생각을 지었다.

'야간(野干)의 부류더라도 섬부주(贍部洲)에서는 오히려 머물 수가 있는데, 나는 사람으로서 나무 아래에 이르기까지 나아가 역시 허락되지 않는구나.'

그는 생각하고서 마음속에서 고뇌가 타올라서 피를 토하고 죽었고, 죽고서 아비대지옥(阿毘大地獄)에 떨어졌다. 이때 세존께서 이 인연을 까닭으로 곧 가타를 설하여 말씀하셨다.

만약 사람이 세간에 태어나서
입으로 나쁜 말을 하였다면
항상 날카로운 칼과 도끼로
자신의 몸을 베고 쪼개는 것이라네.

악한 사람을 크게 칭찬하고
선한 사람을 싫어하고 헐뜯으며
입으로 여러 과실이 생겨난다면
결국 즐거운 과보를 부르지 못한다네.

저포(樗蒲)2)는 비록 재산을 잃게 하지만
그 허물은 오히려 가벼운 것이나
불·세존을 비난하고 욕하는 것은
그 죄가 지극히 깊고 무거운 것이라네.

만약 사람이 악한 마음과 말로
여러 성자를 헐뜯고 비난한다면

---

2) 저(樗 : 가죽나무)와 포(蒲 : 부들)의 열매로 주사위를 만든 데에서 이름이 유래하였고, 나무로 만든 주사위를 던져서 승부를 다투는 놀이의 일종이다.

알부(頞部)지옥의 가운데에서
백천 세(歲)를 지내게 되고

또한 이러한 악한 욕을 인연하였고
여러 성자를 비방하고 헐뜯은 까닭으로
청포(靑麭) 지옥에 떨어져서
4만2천 세를 지낸다네.

이때 세존께서는 적묘국에 계시면서 인간세상을 유행하시면서 한 촌간(村間)에 이르셨다. 옛날에 머물던 곳이 있었고 이전에 결계(結界)가 없었으나 그곳에 멈추어 머무르셨다. 이때 세존께서는 이 인연으로 풍병(風病)을 앓게 되셨다. 이때 구수 아난타는 이렇게 생각을 지었다.

'나는 항상 세존께 공양하면서 일찍이 의사에게 물어보지 않았다. 지금 풍병(風疾)을 앓고 계시니 의사에게 가서 물어봐야겠다.'

이르러 물어 말하였다.

"현수여. 세존께서 지금 풍병을 앓고 계십니다. 나에게 처방하여 주십시오."

의사가 알려 말하였다.

"성자여. 마땅히 소(酥)를 사용하고 세 종류의 삽약(澁藥)을 끓여서 복용하시면 곧 나으실 것입니다."

이때 구수 아난타는 섞어서 끓였고 가지고 세존께 갔다. 세존께서는 아시면서 일부러 아난타에게 물으셨다.

"이것이 무슨 물건인가?"

아난타가 대답하여 말하였다.

"저는 이렇게 생각을 지었습니다. '나는 항상 세존께 공양하면서 일찍이 의사에게 물어보지 않았다. 지금 내가 마땅히 의사에게 가서 물어봐야겠다.' 의사에게 물었고 의사가 알려 말하였습니다. '마땅히 소를 사용하고 세 종류의 삽약을 끓이면 마땅히 나으실 것입니다.' 그러므로 제가 섞어서 세존께 받든 것입니다.”

세존께서 말씀하셨다.

“아난타여. 어느 곳에서 끓였는가?”

“결계 안입니다.”

세존께서 말씀하셨다.

“이것은 누가 끓인 것인가?”

아난타가 말하였다.

“이것은 제가 스스로 끓였습니다.”

세존께서 말씀하셨다.

“아난타여. 만약 결계 안에서 끓이고, 만약 결계 안에서 저장하여 익힌 것이라면 이것은 마땅히 복용하면 아니된다. 만약에 결계 안에서 끓이고, 만약 결계 밖에서 익힌 것이라면 이것도 마땅히 복용하면 아니된다. 만약 결계 밖에서 끓이고, 만약 결계 안에서 익힌 것이라면 마땅히 복용하면 아니된다. 만약에 결계 밖에서 끓이고, 만약 결계 밖에서 익힌 것이라면 복용하면 아니된다.”

세존께서 말씀하셨다.

“아난타여. 필추가 약의 일체의 물건을 스스로가 손으로 잡았고 나아가 스스로 끓였다면 아울러 마땅히 복용하지 말라. 만약 약의 일체의 물건을 스스로가 손으로 잡았고 나아가 스스로 끓였다면 아울러 마땅히 복용하지 말라. 만약 결계의 밖에서 구적과 재가인이 끓였다면 필추가 마땅히 복용하라.”

연기는 실라벌성에서 있었다.

장자가 있어 세존의 처소로 나아가서 머리숙여 세존의 발에 예경하고 물러나서 한쪽에 앉았다. 이때 세존께서는 그 장자를 위하여 여러 가지의 방편으로 미묘한 법을 설하시어 보여주셨고 가르치셨으며 이익되고 기쁘게 하시고서 묵연히 머무르셨다. 이때 장자는 자리에서 일어나 오른쪽 어깨를 드러내고 오른쪽 무릎을 땅에 대고서 저두(低頭)하고 합장하며 세존께 아뢰었다.

"세존과 필추 대중께서는 내일 저희 집에 오시어 저의 작은 청을 받아주십시오."

그때 세존께서는 묵연히 받아들이셨다. 이때 장자는 이튿날 날이 밝자 곧 집안에 평상과 자리를 펼쳐 설치하고, 큰 항아리에 깨끗한 물을 가득 채워서 뜰의 가운데 놓고서 사자를 보내어 세존께 아뢰게 하였다.

"지금 이미 때에 이르렀고 공양은 이미 준비되었습니다. 원하건대 성자께서는 때인 것을 아십시오."

이때 여러 필추 대중은 세존의 가르침을 받고서 옷을 입고 발우를 지니고 장자의 집에 가서 차례에 의지하여 앉아서 마땅히 음식을 받았으나 오직 세존께서는 장자의 집에 가지 않으셨다. 세존께서는 다섯 인연이 있으면 청한 곳에 나아가지 않으시고 다른 사람을 시켜서 음식을 가져오게 하셨다. 무엇이 다섯 가지인가? 첫째는 간병하시려는 까닭이었고, 둘째는 와구를 관찰하려는 까닭이셨으며, 셋째는 정려(精慮)에 들어가시려는 까닭이었고, 넷째는 여러 천인(天人)을 위하여 설법하시려는 까닭이며, 다섯째는 계율을 제정하시려는 까닭이었다.

세존께서는 이때 계율을 제정하시고자 공양청에 나아가지 않으셨고, 다른 사람을 시켜서 음식을 가져오게 하셨다. 여래의 상법(常法)에서는 만약 공양청에 나아가지 않으시면 곧 아난타에게 명하여 음식을 가져오게 하셨다. 이때 그 장자는 집에 이르러 엄숙하게 음식을 준비하여 여러 필추에게 베풀었는데 그 밥이 약간 설익었다. 구수 아난타는 그 밥을 받고는 이렇게 생각하였다.

'이 밥이 설익었는데 어찌 감당하시겠는가? 세존께서는 이전에 풍기(風氣)가 있으시므로 만약 이 밥을 드신다면 다시 더욱 심해질까 두렵구나.'

다시 이렇게 생각을 지었다.

'만약 내가 받지 않는다면 세존께서 허락하지 않으신 것이다. 내가 지금 어찌 갖추어 받아서 취하겠는가? 본래의 처소에 이르면 다시 끓이고 익혀서 세존께 받들어야겠다. 세존께서는 이것을 인연하여 반드시 마땅하

게 계율을 제정하실 것이다.'

마침내 본래의 처소에 돌아와서 밥을 끓이고 익혔으며 곧 발우에 담아서 세존께 받들었다. 이때 세존께서는 아시면서도 일부러 구수 아난타에게 물으셨다.

"이 밥은 여러 필추들이 먹은 것과 다른 것이 있는가? 다르지 않는가?"

아난타가 대답하여 말하였다.

"다름이 있습니다. 그 여러 필추들이 먹은 밥은 설익은 밥이었습니다."

세존께서는 또한 물어 말씀하셨다.

"이 밥은 어느 곳에서 얻었는가?"

이때 아난타는 일을 갖추어 아뢰니 세존께서 말씀하셨다.

"옳도다. 옳도다. 아난타여, 내가 비록 아직 말하지 않았으나 그대가 때를 잘 알았구나. 지금부터는 여러 필추들이 만약 설익은 밥을 얻었다면 마땅히 끓여서 익혀 먹는 것을 허락하겠노라."

이때 육중필추는 이 인연을 까닭으로 스스로 생쌀을 구걸하여 받았고 익혀서 먹었다. 이때 여러 필추들이 인연으로서 세존께 아뢰니 세존께서 말씀하셨다.

"만약 밥의 알갱이 가운데에서 2분(分)이 익었고, 1분이 익지 않았다면 스스로가 끓여서 먹는 것을 허락하겠노라. 만약 채소·꽃·과일·물고기·고기를 먼저 익혔으나 색깔을 변한 것을 받았다면 스스로 끓여서 먹는 것도 허락하겠노라. 우유 등과 같이 즙이고 마땅히 세 번 끓여서 익혀야 한다면 받고 취하여 스스로가 익혀서 먹는 것을 허락하겠으며 아울러 모두가 범한 것이 없느니라. 만약 밥·쌀·생채(生菜)·꽃·과일·물고기·고기 등의 색깔이 아직 변하지 않은 것과 우유 등도 아직 세 번을 끓이지 않았으나 스스로 익혀서 먹는다면 월법죄를 얻느니라."

어느 때 세존께서는 실라벌성의 급고독원에 머무르셨다.

이때 수파라가성(輸波羅迦城)에 한 장자가 있었는데 자재(自在)라고 이름 하였다. 호족으로 부귀하였고 재화와 보물이 많았고 재산이 풍족하였으며 많은 여러 권속들이 있었고 거두어들이는 것이 많아서 벽실라말나천왕(薛室羅末拏天王)과 같았다. 그 성 안에는 다시 같은 부류의 호족인 장자가 있었고 오직 한 딸이 있었으며 단정하고 매우 아름다웠다.

이때 자재 장자는 마침내 아내로 맞아들여서 즐겁게 지냈고 그로부터 오래지 않아서 부인은 곧 임신하였다. 이것을 까닭으로 유정(有情)이 태(胎)에 머물렀고 9개월이 지나서 아들을 낳았다. 아들을 낳고서 삼칠일을 기뻐하면서 즐거움을 받았고 삼칠일이 지나자 곧 친족들을 모으고 아들의 이름을 짓게 되었다. 이때 그 장자는 여러 친족들에게 물어 말하였다.

"마땅히 이 아이에게 무슨 이름을 지어야 합니까?"

여러 친족들이 장자에게 알려 말하였다.

"이미 자재의 아들이 되었으므로 마땅히 안락(安樂)이라고 이름합시다."

뒤의 때에 장자는 그의 집안에서 아내와 교환(交歡)하여 또한 한 아들을 낳아서 수호(守護)라고 이름하였고, 뒤에 다시 한 아들을 낳아서 환희(歡喜)라고 이름하였다. 나아가 자재 장자는 병이 있어 병석에 눕게 되었는데, 그 병의 고통을 까닭으로 성품이 매우 포악하고 급해져서 친속(親屬)들에게 악하게 욕을 하였다. 이것을 까닭으로 아내와 자식들이 모두 버리고 떠나갔고 결국 공급하지 않았다. 이때 그 장자에게는 한 여노비가 있었는데 마음이 매우 자비로워 이렇게 생각하였다.

'이 사람은 나의 조주(曹主)[3]로서 항상 재물(資財)로써 나를 길러주셨다. 지금 병이 위중한데 어찌 돌보지 않겠는가? 아내와 자식들이 비록 공급하지 않더라도 내가 마땅히 목숨이 마칠 때까지 그에게 공양해야겠다.'

이렇게 생각을 짓고서 의사의 처소로 가서 그에게 물어 말하였다.

"현수여. 그 자재 장자를 아십니까?"

의사가 알려 말하였다.

"나는 이전부터 서로를 알고 있네. 무슨 일로 묻는가?"

그 여노비가 알려 말하였.

---

3) 집안의 가장을 다르게 부르는 말이다.

“지금 병으로 매우 고생하시는데 아내와 자식들이 그를 버렸습니다. 원하건대 처방하여 주십시오.”

의사가 알려 말하였다.

“여자여. 처자식이 이미 버렸는데 어느 사람이 돌보고 모시겠는가?”

여노비가 곧 알려 말하였다.

“현수여. 제가 혼자서 그를 돌보겠습니다. 이미 친속(親屬)들도 없고 재물도 부족하므로 쉽게 얻을 수 있는 약을 원하건대 구하여 찾아주십시오.”

이때 그 의사는 곧 처방하여 주었다. 처자식이 있는 곳에서 적은 물건을 몰래 가져왔고 아울러 자신의 급료를 보태어 가지고 가서 약을 샀고 장자를 간호하였으며 뒤에 오래지 않아 병이 곧 나았다. 이 장자는 병이 낫고서 이렇게 생각을 지었다.

‘나의 아내와 자식들도 나를 버리고 돌보지 않았는데, 오직 이 여노비가 나의 목숨을 보존시켜 살려주었고 지금 병이 나았다. 이러한 은덕을 내가 마땅히 보답해야겠다.’

이렇게 생각을 짓고서 그 여노비에게 알려 말하였다.

“나의 아내와 자식들도 모두 나를 떠났는데, 오직 그대가 혼자 간병하였고 그대의 은혜를 인연하여 나의 목숨이 온전해졌네. 그대가 지금 무엇을 원하면서 구하는가?”

이때 여노비가 알려 말하였다.

“대가(大家)께서는 마땅히 아십시오. 나는 바라는 것이 없습니다. 만약 허락하신다면 나를 아내로 맞아주는 것을 청합니다.”

장자가 알려 말하였다.

“아내가 되어 무엇을 하겠는가? 지금 그대에게 5억(億)의 금전을 주겠고 성(姓)을 하사하겠네.”

그 여노비가 알려 말하였다.

“성자여. 비록 나에게 금전을 주시고 성을 하사하여도 가령 다른 곳이라면 여노비라는 이름을 벗어나지 못할 것입니다. 만약 나를 아내로 삼는다면 이러한 천한 이름을 끊게 됩니다.”

이때 장자는 여노비가 결정한 뜻을 알았고 마침내 곧 그것을 허락하였고 다시 여노비에게 알려 말하였다.

“그대가 월기(月期)에 장차 이르렀다면 마땅히 스스로가 목욕하고 나를 보러 오도록 하라.”

때가 이르렀음을 알고서 목욕하고 갔으며 장자는 보고 마침내 함께 교환하여 곧바로 임신하였다. 이미 태를 회임하였는데 소유한 창고가 모두 가득하게 차서 넘쳤다. 달이 차서 아들을 낳았는데 용모가 단정하고 여러 근(根)을 구족하였으며 아들이 태어나면서 소유한 재물이 자연스럽게 증장되었다. 여러 친족들을 모으고서 함께 이름을 짓고자 하였으므로 여러 친족이 함께 의논하였다.

“원만(圓滿)이라고 이름합시다.”

8명의 유모를 보내어 함께 시중들게 하였는데 두 사람은 안아 주었고, 두 사람은 젖을 먹였으며, 두 사람은 세탁하였고, 두 사람은 놀아주었다. 이 8명의 유모가 밤낮으로 공급하였고, 아울러 우유·낙(酪)·생소(生酥)·숙소(熟酥) 및 제호(醍醐)로써 먹였고 자구(資具)로 몸을 꾸몄으며, 탕약(湯藥)을 먹이고 마시게 하였으므로 날마다 더욱 수승하게 되었다. 이러한 인연을 까닭으로 빠르게 곧 장대하여 깨끗한 연못에 연꽃이 피어나는 것과 같았다.

이미 장대하여 서법(書法)·산법(算法)·인법(印法)과 권기(券記)[4]·재물을 분별하는 것·여러 의복을 살피는 것·보배의 좋고 나쁨을 아울러 분별하고, 목재의 좋고 나쁨과 코끼리와 말의 우열과 동남(童男)과 동녀(童女)의 귀천한 등의 관상을 보는 법 등을 익히고 배웠다. 이 종류를 모두 외우고 익혀 통달(通利)하였고, 이미 통달하여 마치고서 다시 능히 다른 사람들에게 가르칠 수 있었다.

이때 그 장자의 앞선 세 아들이 있어서 모두가 아내를 얻었는데 모두가

---

4) 어음을 기록하는 것을 가리킨다.

유희하면서 욕락(欲樂)에 탐착하여 소유한 가업을 함께 모두 잃어버렸다. 이때 그 장자는 손으로 뺨을 괴고서 근심스럽게 머물렀다. 세 아들이 보고 그 아버지에게 물어 말하였다.

“무슨 까닭으로 근심을 품고 뺨을 괴고서 머무십니까?”

장자가 알려 말하였다.

“그대들은 지금 아는가? 나는 옛날에 십만 금(金)을 채웠고 그러고서 아내를 얻었으며 오늘에 이르기까지 스스로가 살아오고 있는데, 너희들은 지금 각자 이미 아내를 얻었으나 욕락에 탐착하여 소유한 가업을 모두 파산시켰으니 내가 죽은 뒤에는 무슨 까닭으로 구제되겠는가? 이와 같은 일을 일찍이 생각해 보았는가?”

이때 그 장자의 첫째 아들이 그의 귀에서 이전에 있었던 보배 귀고리를 곧바로 벗겨내고 곧 그 나무 귀고리를 취하여 꾸미고서 스스로가 맹세하며 말하였다.

“만약에 제가 능히 십만 냥의 금을 얻지 못한다면 결국 이 보배 귀고리를 착용하지 않겠습니다.”

그 둘째 아들도 역시 다시 그 귀에서 보배구슬을 벗겨내고 곧 적동(赤銅)을 취하여 귀고리로 꾸몄으며, 그 셋째 아들도 다시 귀고리를 벗겨내고 연석(鉛錫)을 취하여 귀고리로 꾸몄다. 이와 같이 세 아들은 귀고리를 버렸다. 따라서 첫째 아들을 안락이라고 이름하였으나 이 인연을 까닭으로 세상에서 목당(木璫)이라고 불렀고, 그 둘째 아들은 이전에 수호라고 이름하였으나 세상에서 동당(銅璫)이라고 불렀으며, 그 셋째 아들은 이전에 환희라고 이름하였으나 세상에서 연당(鉛璫)이라고 불렀다. 각자 화물(貨物)을 취하어 바다를 건너가서 교역하였다. 이때 장자의 넷째인 어린 아들은 원만이라고 이름하였는데 부친에게 알려 말하였다.

“저도 지금 역시 바다를 건너서 화물을 교역하고자 합니다.”

장자는 알려 말하였다.

“너는 어려서 바다를 건널 수가 없으므로 시장(市肆) 가운데에서 오로지 또한 검교(撿校)하라.”

어린 아들은 이때 곧 아버지의 명에 의지하여 가게에 머물렀다. 뒤에 여러 아들 등이 바다에서 돌아왔는데 재물과 보배를 많이 얻어 안은하게 이르렀다. 이미 이르러 피로가 풀리자 아버지께 알려 말하였다.

"우리들의 재화(財賄)를 원하건대 아버지께서 관찰하십시오."

이때 그 아버지가 그 세 아들이 얻은 재물을 취하였는데 한 사람 한 사람이 각자 십만 금의 가치가 있었다. 그 막내아들이 아버지의 처소에 와서 아버지의 발에 정례하고 알려 말하였다.

"제가 시장의 가운데에서 얻은 재물도 역시 원하건대 관찰하십시오."

아버지가 아들에게 알려 말하였다.

"너는 멀리 가지도 않았고 널리 구하지도 않았는데 얻은 물건을 어찌 관찰하여 만족하겠는가?"

아들이 또한 알려 말하였다.

"제가 비록 가까운 곳에 있었으나 원하건대 아버지께서는 불쌍히 여기시고 검열하십시오."

아버지는 아들의 뜻에 따라서 마침내 어린 아들이 소유한 재화를 살펴보았다. 일반적으로 경영에 있어 일찍이 속이는 것이 없었으나 그 본래의 이익을 계산하더라도 마침내 여러 아들보다 두 배나 되었다. 자재 장자는 이것을 보고 매우 크게 기뻐하였고 그것이 본래의 마음이라고 칭찬하였고 기쁨을 이기지 못하여 이렇게 생각을 지으며 말하였다.

"지금 나의 어린 아들에게는 큰 복덕이 있어 일찍이 먼 곳에 나가지 않고서도 능히 이와 같은 재물과 보배를 얻는 것이 허락되는 것이다."

뒤의 다른 때에 자재 장자는 갑자기 병에 들었고 이것을 인연하여 생각하며 말하였다.

"내가 만약 죽는다면 뒤에 여러 아들이 반드시 마땅하게 따로 나누어질 것이다. 내가 지금 마땅히 미리 방편을 그려야겠다."

여러 아들에게 알려 말하였다.

"그대들 형제들은 땔나무를 가져오도록 하라."

아들들은 아버지의 명을 듣고 각자 땔나무를 가져왔고 마침내 큰 더미가 되었다. 아버지가 곧 알려 말하였다.

"함께 그것을 태우도록 하라."

그 불이 치성해지자 아버지는 아들에게 알려 말하였다.

"그대들은 함께 이 불타는 나무를 나누어서 함께 서로가 떨어지게 하라."

아들들이 곧 아버지의 명을 의지하여 다투어 불을 나누었다. 그 나누어진 불은 오히려 꺼져버렸으므로 아버지가 아들들에게 알려 말하였다.

"그대들은 이것을 보았는가?"

함께 보았다고 말하였고 장자는 이것을 가타로서 설하여 말하였다.

모인 불은 서로를 인연하여 빛나고 타오를지라도
만약 그것이 흩어지면 불빛은 곧 소멸되는데
형제들이 함께 사는 것도 역시 이와 같아서
만약 곧 나누어진다면 오히려 마땅히 소멸된다네.

이때 장자는 이 게송을 설하고서 다시 아들들에게 알려 말하였다.

"그대들은 마땅히 알라. 내가 죽은 뒤에 마땅히 그대들 처자식의 말을 취하지 말라."

가타로서 설하여 말하였다.

만약 아내의 말을 수용한다면 집안이 곧 파산할 것이고
깨어난 사람의 울부짖음을 듣는다면 반드시 마음이 꺾이며
나라가 망하는 것은 모두가 오히려 악한 신하의
많은 탐욕을 까닭으로 은애(恩愛)가 끊어지는 까닭이라네.

이때 장자는 이렇게 말하고서 다른 세 아들을 모두 문밖으로 나가게 하였고 큰 아들을 머물게 하고서 알려 말하였다.

"내가 죽은 뒤에 막내아들과 항상 마땅히 함께 살도록 하고 떨어져

살지 말라. 소유한 재물들을 모두 버리더라도 그 막내 아이는 재산을 잃어버리지 않을 것이다. 그것은 그 아이가 큰 복덕이 있는 까닭이다."

이렇게 말하고서 가타로써 설하여 말하였다.

쌓이고 모인 것은 모두가 흩어져 없어지고
모여서 높은 것은 반드시 무너져 내리며
합쳐서 모인 것은 결국 헤어지는 것이고
목숨이 있는 것은 모두가 죽음으로 돌아간다네.

이렇게 게송을 말하고 마침내 곧 목숨을 마쳤다. 장자의 여러 아들들은 엄숙하게 장구(葬具)5)로 장식하였고, 다섯 색깔의 증채(繒綵)6)로 그 상여를 꾸몄으며, 여러 종류의 향과 꽃으로 공양하고서 시림(尸林)으로 보내주었다. 시림에 이르러 화장(火葬)하고서 집안으로 돌아와서 그에게 효행(孝行)을 닦으면서 모두가 서로에게 의논하며 말하였다.

"아버지께서 계실 때에는 소유한 옷과 음식이 모두가 아버지의 힘을 까닭으로 스스로가 살아갈 수가 있었다. 아버지께서 지금 돌아가셨으므로 마땅히 힘을 합치고 각자 재물을 구하여 집의 재산으로서 함께 장차 수익을 늘려야 한다."

그 막내아우가 말하였다.

"형님들께서 만약 밖에 나가서 구하고자 한다면 나도 역시 떠나겠습니다."

그 대형(大兄)이 말하였다.

"네가 이미 떠나고자 한다면 반드시 멀리 떠나지 말고 마땅히 이곳에서 물건을 팔면서 머물러라. 우리들은 먼 곳으로 가서 교역하겠다."

이렇게 말을 지었고 각자 흩어져서 떠나갔다. 각자 재물을 가지고 먼 지방에서 교역하였고 막내아우는 집에 머무르면서 소유한 가업의

---

5) 장례(葬禮)에 쓰이는 온갖 기구(器具)를 가리킨다.
6) 빛깔이 화려한 비단을 가리킨다.

일체를 모두 맡았다. 형들이 이미 떠났으므로 부인과 자식들은 함께 있으면서 마침내 여노비를 시켜서 시동생이 있는 곳에서 필요한 음식물을 구하게 하였다. 이때 많은 상인들이 시동생이 있는 곳을 둘러싸고 머물러서 마침내 나아갈 수가 없었고 상인들이 흩어진 뒤에 비로소 만날 수 있었다. 이것을 인연하여 시간이 지체되었으므로 그 형수들은 매우 괴이하게 생각하여 그 여노비를 가책하였다. 그 여노비가 알려 말하였다.

"많은 상인들이 도련님을 에워싸고 있었고 이렇게 시간이 지체되어 능히 빨리 만날 수가 없었습니다."

그때 큰 형수는 그 시동생에게 성내면서 말하였다.

"이러한 여노비의 자식이 나아가 집안의 주인이 되었으니 우리들 여러 사람이 어찌 안은하겠는가?"

여노비에게 알려 말하였다.

"너는 마땅히 상인들이 살피고 흩어진 뒤에 다시 그곳에서 물건을 구하도록 하라."

그 여노비는 곧 떠나갔고 마땅한 때에 가서 그에게 물건을 구하였으며 곧 빠르게 얻었다. 곧 그녀의 처소에 왔고 곧 환희가 생겨났다. 다른 여노비들도 역시 가서 물건을 구하였으나 모두가 상인들이 모여 있는 때를 만났고 물건을 때에 맞게 얻지 못하였으며 이것으로 늦게 돌아오게 되었으므로 대가(大家)는 괴이하게 생각하여 꾸짖었다. 이 여러 여노비들은 앞서 다녀온 종에게 물어 말하였다.

"그대는 가서 물건을 취하여 어찌 빠르게 왔고, 우리들은 물건을 취하면서 이렇게 늦은 것인가?"

그 여노비가 대답하여 말하였다.

"내가 물건을 취하는 것은 모두가 그 마땅한 때와 맞아서 이렇게 빨리 오는 것이다. 그대들이 그곳에 가는 것은 모두가 때에 맞지 않아서 이것을 인연으로 늦어지는 것이다."

이 여러 여노비들은 마침내 앞의 여노비와 같이 물건을 취하러 갔는데 마땅한 때였으므로 곧 얻었다. 그 둘째 형수 등이 함께 여노비에게 물었다.

"네가 이전에 물건을 취하는 것이 모두 매우 늦었는데, 무슨 까닭으로 이때에는 곧 빠르게 온 것인가?"

그 형수가 대답하여 말하였다.

"지금 나는 마땅히 큰 형님의 장수와 무병을 발원을 받아야겠네. 큰 형수의 여노비를 따라서 물건을 취하러 갔던 까닭으로 마땅한 때에 곧 얻은 것이네."

그 둘째 형수 등은 이 말을 듣고 다시 싫어함과 원망이 생겨서 곧 이렇게 생각을 지었다.

'지금 이 여노비의 자식이 가업을 맡았으니 어찌 좋은 것이 있겠는가?'

뒤의 다른 때에 3형제가 모두 집으로 돌아왔다. 멀리 다른 나라들을 거쳐 바다를 건너서 돌아왔고 많은 재산과 보물을 얻었으며 집에 이르렀다. 이때 큰형이 그 아내에게 물어 말하였다.

"막내아우가 뒤에서 가업을 겸교하였고 필요한 것을 공급하였는데 모든 것이 마음에 맞았소?"

그 아내가 대답하여 말하였다.

"막내 도련님은 나에게 지극한 뜻이 있어서 오히려 친형과 자식에게 하는 것과 같았습니다."

그 둘째와 셋째 아우도 각자 자신의 아내에게 물었다.

"나의 막내아우가 그대에게 어떻게 공급하여 주었소?"

그 부인들은 각자 남편에게 알려 말하였다.

"하천한 여노비의 자식이 가장을 맡았는데 어찌 즐거웠겠습니까?"

그 남편들은 곧 이렇게 생각을 지었다.

'일반적으로 이러한 아내는 모두가 다툼과 분란이 있으니 능히 우애가 있는 형제들이 헤어지겠구나.'

뒤의 다른 때에 그 막내아우가 가시증채(迦尸繒綵)의 창고를 열었는데, 곧 큰형의 아들이 있어 창고가 있는 곳으로 왔다. 그 삼촌은 마침내 좋은 옷으로서 그것을 그에게 주었다. 그 둘째와 셋째 형수는 그가 물건을 얻는 것을 보고 각자 그들의 아들을 보내었고 가서 물건을 얻게 하였다.

아이들이 뒤에 이르렀는데 그 창고는 이미 닫혔고 다시 다른 창고에서 별도의 거친 옷을 꺼내고 있었다. 삼촌은 조카들이 온 것을 보고 곧 이 옷으로서 아이들에게 주었으므로 이 여러 아이들은 각자 옷을 입고 떠나갔다. 본래의 방으로 돌아왔으므로 그 어머니가 보고 나서 남편에게 알려 말하였다.

"당신은 지금 보았습니까? 큰집 아이들은 곧 좋은 옷을 얻어 입었는데 우리 아이들은 옷을 얻으러 갔다가 겨우 거친 옷을 얻었습니다."

이때 그 남편은 곧 이렇게 생각을 지었다.

'큰형님의 아이들은 반드시 마땅하게 가시의(迦尸衣)의 창고를 열었을 것이고, 우리 아이들은 다른 창고를 열었을 것이다."

다시 다른 때에 그 막내아우가 석밀(石蜜) 창고를 열었는데 그 큰형의 아들이 창고가 있는 곳으로 왔다. 그 삼촌이 보고 한 통의 석밀을 가져다가 그에게 주었다. 둘째와 셋째 형수들이 보고 곧 아이들을 보내어 가서 석밀을 취하게 하였다. 그 아이들이 이르렀을 때에는 이미 그 창고는 닫혀 있었고, 업력(業力)을 까닭으로 음식을 얻지 못하였으며, 사탕 창고를 여는데 그 삼촌을 보았다. 그 삼촌이 보고 마침내 사탕을 주어서 보냈다. 이 여러 형수들은 이러한 일을 보고서 자신의 남편들에게 일려 말하였다.

"당신은 지금 보았습니까? 다른 집의 아이들은 석밀을 얻었는데 우리의 사랑하는 아들은 사탕을 얻었습니다."

그 아내가 이와 같이 두·세 번을 헐뜯으면서 그치지 않았으므로 그 둘째와 셋째 아우는 곧 헤어지고자 마침내 함께 평론(評論)하였다. 어느 한 사람이 말하였다.

"우리들이 만약 곧 물건을 나누어 취하지 않는다면 소유한 재물은 반드시 마땅하게 산실(散失)할 것입니다. 마땅히 곧 그것을 나눕시다."

다른 한 사람도 말하였다.

"이것도 역시 옳지 않네. 마땅히 큰형을 부르세."

다시 말하였다.

"이것도 역시 옳지 못하므로 곧 나누면서 마땅히 함께 평장(平章)7)합시다. 만약 그것을 나눈다면 그 집 안에 있는 물건과 집 밖의 장원과 밭을 한 부분으로 삼고, 창고에 저장된 물건과 무역할 물건을 한 부분으로 삼아서, 원만하게 한 부분으로 삼도록 합시다. 만약 큰형께서 그 장원과 밭과 집안의 물건을 취한다면, 우리들은 마땅히 창고에 저장된 물건과 무역의 물건을 취하면 생활하는데 충족될 것입니다. 만약 대형이 창고에 저장된 물건과 무역의 물건을 취한다면, 우리들은 그 장원과 밭과 집안의 물건을 취할 것이니 역시 처자식을 부양할 수 있습니다. 그 원만 아우는 우리가 나누어 취한 뒤에 스스로에게 고통스러운 벌로 다스립시다.”

함께 의논을 마치고 형의 처소로 갔으며 이르러 형에게 알려 말하였다.

“우리들은 지금 만약 나누어지지 않는다면 모두 살아갈 수 없습니다.”

형이 그들에게 알려 말하였다.

“가업이 파산하는 것은 모두가 아내의 까닭이네. 그대들은 지금 마땅히 잘 생각해 보게.”

그 아우들이 대답하여 말하였다.

“우리들의 두 사람은 이미 깊이 관찰하여 자세히 살폈고 매우 잘 알아보았습니다. 마땅히 나누어야 합니다.”

형이 그들에게 알려 말하였다.

“만약 이와 같다면 마땅히 일을 잘 판단하는 사람을 모으도록 하게.”

그 아우들이 대답하여 말하였다.

“우리는 이미 나눌 물건의 숫자를 헤아려서 결정하였습니다. 어찌 반드시 일을 판단하는 사람을 다시 부르겠습니까? 소유한 것을 나누어 세 몫으로 하면서 집에 있는 재물과 장원과 밭을 첫째의 몫으로 하고, 창고에 저장된 물건과 무역의 물건을 둘째의 몫으로 하며, 원만을 셋째의 몫으로 하십시오.”

그 형이 알려 말하였다.

“무슨 까닭으로 다만 세 몫으로 하는 것인가? 그 원만 아우에게는

---

7) 공평하게 구별한다는 뜻이다.

어찌 몫이 없는가?”

둘째 아우가 대답하여 말하였다.

“원만은 여노비의 자식인데 어찌 몫이 있겠습니까? 그리고 우리들은 이미 집안의 재산의 숫자를 한 몫으로 하였으니 형님께서 만약 그를 사랑하신다면 형님의 마음대로 취하십시오.”

이때 형은 사념하였다.

‘나의 아버지께서 돌아가시던 때에 이와 같은 말씀이 있었다. <마땅히 수호하고 버리지 말라. 오히려 재산을 버릴지라도 이 막내아우는 그대가 마땅히 거두어라.>’

이렇게 생각을 짓고서 곧바로 알려 말하였다.

“그대들의 말과 같이 나는 지금 마땅히 원만을 거두어 받아들이겠다.”

이미 물건을 나누고 그 집을 나누어 얻은 자는 곧 집안으로 갔으며, 그 형수를 내쫓았다.

“그대는 지금 빨리 떠나시오. 내 집에 들어오지 마십시오.”

그 형수가 물어 말하였다.

“무슨 인연으로 이러는 거예요?”

시동생이 알려 말하였다.

“내가 이 집을 나누어 얻었습니다.”

창고의 물건과 무역의 물건을 얻은 자는 빠르게 그의 창고에 가서 이렇게 말을 지었다.

“원만아. 너는 당장 나가서 다시는 오지 말라.”

원만이 물어 말하였다.

“무슨 까닭으로 이렇게 합니까?”

그 형이 대답하여 말하였다.

“내가 이미 나누어 얻었다.”

이때 큰형수는 그 원만과 함께 서로를 따라서 나왔고 친척의 집으로 갔다. 이때 그 여러 아이들이 굶주림에 시달려서 소리내어 울었다. 그 형수가 원만에게 알려 말하였다.

"아이들이 배가 고파서 울고 있으니 먹을 것을 조금 주세요."

원만이 알려 말하였다.

"나에게 돈을 주십시오."

형수가 말하였다.

"당신은 억금(億金)으로서 때에 따라서 무역하였는데, 어찌 아이에게 먹을 것을 줄 돈도 없으세요?"

원만이 대답하여 말하였다.

"내가 어찌 이전에 이러한 분산(分散)으로 가업이 파산함을 만나는 것을 알았겠습니까? 만약 내가 미리 알았더라면 무량한 억금(億金)을 다른 곳에 저장하였을 것입니다."

여인들의 성품은 주머니에 몰래 많은 돈을 묶어두는 것이다. 이때 큰형수는 곧 주머니에 숨겨두었던 돈을 풀어서 그녀의 시동생에게 주었고 음식을 사오게 하였다. 시동생은 돈을 얻고 곧 거리로 가서 음식을 구하면서 마침내 한 사람이 땔감을 지고서 팔고 있는 것을 만났다. 그곳에서 팔고 있는 땔감은 나아가 바다에서 떠다니던 우두전단(牛頭栴檀)이었는데 그 나무를 팔고 있던 사람은 이때 매서운 추위 속에서 굶주리며 머물고 있었다. 원만이 보고 마침내 그에게 물어 말하였다.

"그대는 지금 무슨 까닭으로 이와 같이 떨고 있습니까?"

그 사람이 대답하여 말하였다.

"나도 지금 그 까닭을 알지 못하겠습니다. 이 땔감을 지고 왔는데 춥고 떨립니다."

원만은 여러 나무를 잘 알았는데 마침내 곧 그것을 보았고 나아가 나무더미의 가운데에서 우두전단이 있는 것을 보고 곧바로 물어 말하였다.

"당신이 지금 이 나무를 판다면 얼마를 받으시겠습니까?"

그 사람이 대답하여 말하였다.

"5백 금전(錢)을 얻어야 합니다."

원만이 알려 말하였다.

"내가 마땅히 그대에게 5백 금전을 드리겠습니다."

이렇게 말하고서 마침내 땔감 속에서 전단나무를 추려서 취하여 시장(市里)으로 가서 잘라서 넷으로 나누었고 나무를 톱으로 자른 가루를 팔아서 1천 금전을 얻었다. 그 5백 금전을 가지고 와서 땔감 주인에게 주었고 그에게 부탁하여 그 땔감을 보내어 형수가 있는 곳에 이르러 "원만이 보냈습니다."라고 알려 말하게 하였다. 그 사람은 땔나무를 가지고 그 형수가 있는 곳으로 가서 알려 말하였다.

"원만이라는 사람이 나를 시켜서 이 땔감을 보냈습니다."

그 형수는 보고 곧바로 가슴을 치면서 이와 같이 말을 지었다.

"그 원만은 한결같이 어찌 황홀(恍惚)[8]한가? 재물은 이미 흩어졌는데 지혜도 무슨 인연으로 없는가? 익혀서 먹을 수 있는 음식을 구하라고 보냈는데 생나무를 보내왔으나 역시 다시 익혀 먹을 음식도 없지 않은가?"

---

8) 정신이 흐리고 사리 판단이 잘 안되는 상태를 말한다.

근본설일체유부비나야약사 제3권

삼장법사 의정 한역
석보운 번역

이때 수파륵가국(輸波勒迦國)의 왕은 나아가 열병을 앓았고 지극히 위중하였으므로 혼미하여 기절하였다. 의사가 있어 마땅히 우두전단의 가루를 이용하여 몸에 바르라고 처방하였다. 대신 등에게 빠르게 우두전단을 구하도록 칙명하였고 그 대신들이 원만의 처소에 이르러 물어 말하였다.

"우두전단이 그대에게 지금 있는가?"

원만이 대답하여 말하였다.

"내가 지금 조금 갖고 있습니다."

물어 말하였다.

"얼마의 금전이 필요한가?"

대답하여 말하였다.

"1천 금전이 필요합니다."

이때 그 대신은 곧 금전을 주고 적은 전단향 가루를 샀다. 가지고 왕의 처소로 가서 갈아서 왕의 몸에 발랐는데 곧 병이 나았다. 이때 그 왕은 이와 같이 생각을 지었다.

'왕의 창고에 우두전단이 없다면 어찌 왕이겠는가?'

곧 대신에게 물어 말하였다.

"그대가 가지고 온 전단나무는 어느 곳에서 얻은 것이오?"

대신이 대답하여 말하였다.

"원만의 처소에서 얻었습니다."

이때 왕은 곧 사자를 보내어 원만을 불러오게 하였다. 사자는 그에게 가서 알려 말하였다.

"왕께서 지금 당신을 부르십니다."

원만은 생각하면서 말하였다.

"무슨 까닭으로 불러서 보자는 것일까? 어찌 이 전단나무를 인연하여 나를 부르는 것이 아니겠는가?'

곧 세 토막의 전단나무를 싸서 품속에 넣고 한 토막은 손에 가지고 떠나갔다. 왕은 그를 보고 그에게 물어 말하였다.

"원만이여. 그대는 지금도 이러한 전단나무가 있는가?"

원만은 곧바로 나무를 보여주었고 왕이 물었다.

"이 나무의 값은 얼마인가?"

대답하여 말하였다.

"이 나무는 가치는 1억 냥(兩)의 금(金)입니다."

왕이 다시 물어 말하였다.

"그대는 더 가지고 있는가?"

원만이 대답하여 말하였다.

"저는 지금 더 가지고 있습니다."

나아가 세 토막을 가지고 꺼내어 왕에게 보여주었다. 이때 왕은 곧바로 대신에게 알려 말하였다.

"원만에게 4억 냥의 금을 주도록 하시오."

원만이 왕에게 아뢰어 말하였다.

"그 세 토막의 가치를 왕께서 주신다면, 이 한 토막을 왕께 받들어 진상하겠습니다."

왕은 곧 3억 냥의 금을 주었고 알려 말하였다.

"나는 지금 그대에게 매우 기쁘오. 그대가 지금 나에게 무엇을 구하고자 하는가? 원하는 것을 모두 주겠노라."

원만이 대답하여 말하였다.

"왕께서 만약 환희하시어 저에게 원하는 것을 주시겠다면 왕의 나라에 살면서 속거나 업신여김을 당하지 않는 것을 원합니다.”

이때 왕은 곧바로 대신에게 알려 말하였다.

“지금부터는 오히려 여러 왕자들을 제약할지라도 마땅히 이 원만을 제약하지 마시오.”

원만은 왕에게 하직하고 물러갔다. 이때 그 성안에는 여러 상인들이 있었는데 500명의 상객(商客)들이 있었으며 바다를 따라서 수파륵가성에 왔다는 것을 들었다. 여러 상인들이 함께 의논하며 말하였다.

“이러한 상객들이 이르렀으니 우리들은 여러 사람들이 반드시 함께 교역하고 그 가운데에 혼자 물건을 팔고 사지 맙시다.”

그 가운데에서 상인이 알려 말하였다.

“원만도 불러서 함께 의논합시다.”

역시 어느 사람이 말하였다.

“원만은 지금 빈털터리로 가진 재산이 없는데, 어찌 부를 필요가 있겠습니까?”

이때 원만은 성 밖으로 나와서 돌아다니면서 5백명의 상객들이 있어 바다를 따라서 안은하게 이곳에 이르렀다는 것을 들었다. 곧바로 상객들이 있는 곳으로 가서 물어 말하였다.

“그대들은 지금 무슨 물건을 가지고 왔습니까?”

그 상객들이 대답하여 말하였다.

“우리들이 지금 가지고 온 것은 이러이러한 것이고, 지금 모두 이곳에 있습니다.”

원만이 알려 말하였다.

“만약 그러한 물건들은 그 가치는 얼마입니까?”

상객이 대답하여 말하였다.

“상주(商主)여. 그대는 지금 어찌하여 다시 이 물건들의 가격을 묻는 것입니까? 마땅히 스스로가 가격을 아십시오.”

원만이 알려 말하였다.

“비록 이와 같은 것을 알지만 내가 지금 스스로가 살 것이므로 마땅히 스스로가 그 가치를 정할 수 없습니다. 그대들이 마음대로 값을 정하면 내가 마땅히 그것을 사겠습니다.”

그 여러 상객들은 소유한 화물을 모두 스스로가 18억 냥의 금으로 판단하였고 원만이 알려 말하였다.

“그대들은 지금 우선 3억 냥의 금을 취하고 물건을 모두 나에게 귀속시키십시오. 나머지 금전은 물건을 모두 팔고서 곧 드리겠습니다.”

상객은 그것을 허락하였고 곧 왕의 처소에서 얻은 3억 냥의 금을 그들에게 주었고, 소유한 재물을 곧 스스로가 봉인(封印)하고서 떠나갔다. 이때 그 성안에 있는 여러 상인들은 사람을 보내어 물었다.

“무슨 물건이 있습니까?”

그 상객들이 말하였다.

“우리가 지금 소유하였던 것은 이러이러한 것이었습니다.”

그 사자에게 알려 말하였다.

“이와 같은 물건이라면 우리들의 창고에도 있는데 모두 원만에게 귀속되었습니다.”

상객이 대답하여 말하였다.

“그대들의 창고에 있는 물건이 많거나 적더라도 우리들은 지금 이러한 물건들을 이미 모두 팔았습니다.”

그 사자가 물어 말하였다.

“누구에게 먼저 팔았습니까?”

상객이 대답하여 말하였다.

“원만에게 팔았습니다.”

그 사자가 알려 말하였다.

“그대들이 원만에게 팔았다면 마땅히 많은 값을 얻었겠습니다.”

상객이 대답하여 말하였다.

“원만에게 유보되었고 값을 정한 물건은 지금 우리에게 있습니다. 우리들이 설령 그가 정한 물건을 값에 의거하여 모든 것을 그대에게 팔려고 하더라도 우리들이 지금 그대를 보건대 역시 능히 준비하지 못하겠습니다.”

사자가 물어 말하였다.

“원만에게서는 먼저 얼마를 받았습니까?”

상객이 대답하여 말하였다.

“3억 냥의 금을 받았습니다.”

“원만이 형제들의 물건을 모두 훔쳐갔습니다.”

이렇게 말을 짓고서 성으로 돌아와서 상주(商主)들에게 알려 말하였다.

“그 물건들은 먼저 이미 모두가 팔렸습니다.”

상주들이 물어 말하였다.

“그들이 누구에게 팔았는가?”

사자가 대답하여 말하였다.

“원만에게 팔렸습니다.”

상주들이 알려 말하였다.

“그들이 원만에게 팔았다면 마땅히 많은 금전을 받았겠구나.”

사자가 대답하여 말하였다.

“원만에게 보류되어 물건의 값이 정해졌고 그가 결정한 물건의 값에 의거하여 모두를 우리에게 팔더라도 능히 준비하지 못할 것이라고 합니다.”

상주들이 물어 말하였다.

“원만에게 유보된 것은 모두 얼마라고 하던가?”

사자가 대답하여 말하였다.

“3억 냥의 금을 주었다고 합니다.”

상주들이 알려 말하였다.

“그가 마땅히 형제들의 물건을 모두 훔친 것이다.”

그때 여러 상주들은 사람을 시켜서 원만을 불렀고 원만이 왔으므로 알려 말하였다.

“우리들이 이전에 함께 혼자 가서 물건을 팔고 사지 않고 대중이 함께 값을 정하고 뒤에 그것을 나누도록 규약을 세웠는데, 무슨 인연으로 그대가 지금 곧 대중들의 규약을 어기고서 혼자서 그것을 샀는가?”

원만이 대답하여 말하였다.

“그대들이 함께 규약을 세웠다면 무슨 인연으로 우리 형제들에게는 알리지 않았는가? 그대들은 마땅히 그 규약을 굳게 지킬 것이고 나의 일에 관여하지 마시오.”

이때 상주는 그 이치를 살피지 않고서 원만을 책망하여 60가리사파나(迦利沙波拏)로 벌하였다. 이때 원만이 금전을 내지 않았고 마침내 원만에게 뜨거운 햇볕을 쪼이게 하였다. 이때 국왕은 사람을 보내어 민심을 살피게 하였는데 우연히 원만이 뜨거운 햇볕 가운데서 벌을 당하는 것을 보고 인연으로 왕에게 아뢰었다. 왕은 칙명하여 그 상주를 불렀고 아울러 원만도 불렀으며 물어 말하였다.

“그대는 지금 무슨 까닭으로 원만을 햇볕을 쪼이게 하였는가?”

그 상주가 말하였다.

“대왕께서는 마땅히 아십시오. 상주들이 규약을 세워 함께 교역하면서 갑자기 물건을 사는 것을 금지하였는데 지금에 원만이 대중들의 규약을 어겼고 이러한 까닭으로 그를 벌한 것입니다.”

원만이 아뢰어 말하였다.

“대왕이시여, 그 규약을 정하는 날에 저에게 알렸는가와 저희 형제들을 불렀는가를 물어보십시오?”

상주가 대답하여 말하였다.

“알리지 않았습니다.”

왕은 사람들에게 원만이 옳다고 말하여 알리고서 마침내 풀어주어 떠나게 하였다. 나아가 그때 수파륵가왕은 여러 물건이 필요하여 상주 등을 불러서 그들에게 말하였다.

“내가 지금 마땅히 이러이러한 물건 등이 필요하므로 그대들이 지금 나에게 주도록 하시오.”

그 상주들이 말하였다.

“대왕께서 필요하신 것은 원만의 처소에 있습니다.”

왕이 말하였다.

"원만에게는 내가 이전에 칙명하여 그에게 안락을 베풀었소. 이것을 지금 그에게 구하지 않을 것이니 그대들이 지금 원만의 처소에서 파는 것을 구하여 가지고 오도록 하시오."

이때 그 상주는 사람을 보내어 원만을 불러오게 하였는데 원만이 알려 말하였다.

"나는 능히 갈 수 없소."

사자가 돌아와서 상주에게 알렸고 이 여러 상주들은 원만의 처소에 모여서 그의 문밖에 이르렀다. 이때 문지기가 원만에게 알려 말하였다.

"여러 상주들이 함께 문밖에 모여서 잠시 보고자 합니다."

원만은 매우 거만하게 하여 여러 날이 지나서야 비로소 나왔다. 상주들이 그를 보고 알려 말하였다.

"대상주(大商主)여. 우리들이 지금 이러이러한 물건들을 구하고자 하니 본래의 값에 의거하여 우리에게 주십시오."

원만이 알려 말하였다.

"나는 상주이고 본래 이윤을 구하는데 만약 본래의 값에 의거한다면 어찌 상주이겠습니까?"

그 사람들이 대답하여 말하였다.

"대상주여. 우리들은 지금에 마땅히 한 배의 이익을 드리겠으니 우리에게 주십시오."

원만은 생각하며 말하였다.

'이 여러 상객들이 함께 이곳으로 왔으니 마땅히 공경해야 하고, 이미 두 배의 값을 받았으므로 마땅히 주어야 한다.'

이렇게 생각을 짓고서 물건을 곧 그들에게 주었다. 화물의 가운데에서 다만 15억 냥 금의 물건을 팔아서 나머지의 빚을 갚았고 그 밖의 물건들은 창고 가운데에 남겨두고서 이렇게 사념을 지었다.

'오히려 새벽과 같이 드러났으니 어찌 능히 항아리를 채우겠는가? 마땅히 큰 바다로 나가서 진귀한 보배를 구해야겠다.'

이때 상주인 원만은 곧바로 사람을 보내어 수파륵가성으로 나아가서 북을 쳐서 사람들을 모으고서 이런 말로 외치게 하였다.

"여러분들과 이 성안에 있는 여러 상인 등은 지금 마땅히 아십시오. 원만 상주가 큰 바다에 가서 보배를 구하고자 합니다. 누구라도 떠나고자 한다면 원만과 함께 떠나십시오. 가는 곳에서는 길을 살 필요가 없고, 건너가는 곳에서는 가치를 배상하지 않고서도 큰 바다를 건널 수 있습니다. 여러분이 즐거이 떠나고자 한다면 바다에 들어가는 물건들을 가지고 이곳에 오십시오."

이와 같이 외쳤고 500의 상인들이 마땅히 바다에 들어갈 물건을 함께 가지고 와서 이르렀다. 이때 그 원만 상주는 여러 상인들과 함께 길상(吉祥)한 발원을 일으키고서 500의 상인들에게 둘러싸여 큰 바다에 나갔으며, 많은 재산과 보배를 얻고 안은하게 돌아왔다. 이와 같이 여섯 번을 큰 바다에 나갔고 모두 안은하였으므로 명성(名稱)이 멀리까지 들렸다. 나아가 실라벌성에 있는 여러 상인들이 많은 화물을 가지고 수파륵가성으로 들어왔고 이미 멈추고 쉬었으며 원만의 처소로 가서 알려 말하였다.

"상주여. 우리들도 역시 큰 바다에 나가고자 합니다."

대답하여 말하였다.

"당신들은 일찍이 여섯 번을 바다에 나갔다가 안은하게 돌아왔던 것을 들었을 것이나 다시 갈 수는 없습니다."

여러 사람들이 알려 말하였다.

"우리들은 멀리서 왔고 당신을 믿고 의탁하여 안은하게 바다에 들어가고자 합니다. 당신께서 만약 가지 않는다면 우리가 어찌 감히 하겠습니까?"

이때 그 원만은 이러한 말을 듣고 이렇게 생각을 지었다.

'나는 지금 비록 물건을 구하지는 않으나 그 사람들을 이롭게 하려는 까닭으로 마땅히 바다로 나가야겠다.'

이렇게 생각하고서 곧 상인들에게 함께 큰 바다에 나갔다. 그 여러 상인들은 밤낮으로 항상 올타남송(嗢拕南頌)[1]과 여러 상좌송(上座頌)[2]과 세라니송(世羅尼頌)[3]과 모니지송(牟尼之頌)[4]과 중의경(衆義經)[5] 등을 묘한 음성으로 맑고 낭랑하게 외웠다. 원만이 듣고 물어 말하였다.

"그대들은 가영(歌詠)⁶⁾을 능히 잘합니다."

여러 상인들이 대답하여 말하였다.

"상주여. 이것은 노래하는 것이 아닙니다."

원만이 물어 말하였다.

"이것은 무엇을 말하는 것입니까?"

상인이 대답하여 말하였다.

"이것은 세존께서 말씀하신 것입니다."

원만은 이전에 불법(佛法)이라는 이름을 들어보지 못하였으나 오늘에 듣고 몸의 털이 모두 곤두서고 마음에 깊이 신심이 생겨나서 곧 상인에게 물었다.

"무엇이 세존입니까?"

대답하여 말하였다.

"사문이 있어 교답마(喬答摩)이신데 석가종족으로서 수염과 머리를 깎으셨고, 가사를 입으셨으며, 바른 신심으로 출가하셨고, 나라를 버리셨으며, 산림의 처소에서 무상정등보리(無上正等菩提)를 얻으셨으므로, 이분을 세존이라고 부릅니다."

---

1) 산스크리트어 uddāna의 음사로 우타나(優陀那)로 한역된다. 이 12분교 중의 하나로 제자가 묻지 않는데 세존께서 필요하다고 느껴서 말한 설법으로 무문자설(無問自說)이라고도 한다. 또한 총섭(總攝) 또는 표상(標相)의 의미가 있는데 논서 등에서는 내용의 요점을 먼저 게송으로 말한 후 상세한 논의를 전개하는 경우가 많으며, 이런 경우의 게송을 우타나 또는 올타남이라고도 말한다.

2) 성문인 상좌들의 게송을 가리킨다.

3) 세라 필추니의 게송을 가리킨다.

4) 세존의 게송을 가리킨다.

5) 『불설의족경(佛說義足經)』을 가리키고 있는데 대지도론에서는 『아타파기경(阿他婆耆經)』, 혹은 『중의경(衆義經)』이라고 부르고 있고 『아비담비바사론』에서는 『중의경』이라고 부르고 있으며, 『아비달마대비바사론』에서는 「중의품(衆義品)」, 혹은 「의품(義品)」이라고 부르고 있으며, 『잡아함경』, 『순정리론』 등은 모두 의품이라고 부르고 있다.

6) 부처님들이나 여러 신들을 불러놓고 그 신들의 공덕을 찬양하는 소리를 말한다.

다시 그에게 물어 말하였다.

“세존께서는 지금 어느 곳에 머무르고 계십니까?”

대답하여 말하였다.

“지금은 실라벌성 서다림(逝多林)의 급고독원(給孤獨園)에 계십니다.”

원만은 듣고 마음속에 잘 간직하고서 여러 상인들과 함께 안은하게 되돌아왔다. 이때 형인 안락(安樂)은 이렇게 생각을 지었다.

‘나의 동생인 원만이 바다를 건너면서 고생하였으니 아내를 얻어야 한다.’

이렇게 생각을 짓고서 알려 말하였다.

“너는 지금 큰 부유한 장자와 상주의 집안 중 어느 집안의 딸이 좋겠는가? 내가 지금 너를 장가보내고자 한다.”

원만이 대답하여 말하였다.

“나는 지금 그러한 아내를 취하는 것이 즐겁지 않습니다. 바라건대 형님께서는 나의 출가를 허락하십시오.”

그 형이 알려 말하였다.

“내가 옛날에 가난하고 궁핍할 때에는 어찌 출가하지 않고 지금은 재산과 보배가 풍족한데 어찌 출가하고자 하는가?”

원만이 알려 말하였다.

“가난하고 궁핍할 때에는 출가할 수 없었고 지금은 재물이 있으니 마땅히 출가할 수 있습니다.”

그의 형은 그가 발심하여 결정한 것을 알고 곧 허락하면서 말하였다.

“그대가 출가를 결정한 것을 허락하겠네.”

곧 형에게 대답하여 말하였다.

“바다에 들어가는 것은 험난함이 많고, 여러 우뇌(憂惱)가 많으며, 바다에 들어가는 사람은 매우 많으나, 돌아오는 사람은 매우 적습니다. 반드시 분명하게 마땅히 다시는 큰 바다에 들어가지 마십시오. 내가 얻어 재물이 많은 것은 모두 복력(福力)의 까닭이고, 역시 속여서 얻은 것이 아니지만, 둘째 형님과 셋째 형님께서 얻은 재물은 모두 청정하지 않습니다. 내가 만약 출가한 뒤에 두 형님들이 큰형님과 함께 살고자 하더라도 반드시 마땅하게 허락하지 마십시오.”

이렇게 말하고서 한 명의 시자를 데리고 곧 실라벌성으로 갔고 한 숲의 가운데에 이르러 그곳에 머물렀다. 사자를 보내어 급고독장자(給孤獨長者)에게 “원만 상주가 지금 숲의 가운데에 있으면서 서로를 보고자 한다.”고 알리게 하였다. 장자는 듣고 이렇게 사유를 지었다.

‘원만 상주는 바다를 건너오더라도 피곤할 것인데 지금 이미 육로로 이곳에 왔구나.’

사자에게 물어 말하였다.

“원만은 이번에 무슨 물건을 가지고 왔는가?”

사자에게 알려 말하였다.

“오직 나를 시자(侍者)로 삼았고 가지고 온 것이 없습니다.”

이때 그 장자는 다시 이렇게 생각을 지었다.

‘이 사람은 대복덕의 사람이므로 마땅히 이렇게 성에 들어오게 해서는 아니된다. 마땅히 코끼리와 말과 하인으로서 따르게 하고 그를 맞아들여야 겠다.’

이렇게 생각을 짓고 곧 코끼리와 말을 데리고 영접하였고 집안에 맞아들여 향수(香水)로 목욕시켰으며 여러 음식과 떡과 밥을 차려놓고서 장자가 알려 말하였다.

“상주여. 지금 무슨 까닭으로 오셨습니까?”

원만이 대답하여 말하였다.

“장자여. 나는 지금 여래께서 선설하는 법과 율의 가운데에 출가하여 수계를 받고 필추가 되고자 합니다.”

이때 장자는 몸을 단정히 하고 손을 펴고 찬탄하며 말하였다.

“매우 기이하고 희유합니다. 불·법·승께서 세간에 출현하셨고 당신께서 능히 출가하셨으므로 다시 희유한 것입니다. 많은 재물이 있고 권속들이 많은데도 버리고 출가하였으니 더욱 희유한 것입니다.”

이때 그 장자는 곧 상주와 함께 직접 세존의 처소로 갔다. 이때 세존께서는 무량한 백천의 필추 대중들에게 설법하고 계셨는데 급고독장자가 원만 상주를 데리고 세존의 처소로 오는 것을 보시고 여러 필추들에게 알려 말씀하셨다.

"이 급고독장자가 값을 헤아릴 수 없는 보배를 나에게 받들고자 하는구나. 불법(佛法)의 가운데에서 중생을 제도하는 것은 보배이고 이것보다 귀한 것이 없느니라."

급고독장자는 원만 상주와 함께 세존의 발에 정례하고 물러나서 한쪽에 앉아서 세존께 아뢰어 말하였다.

"이 원만 상주는 선설하는 법과 율의 가운데에 출가하여 근원(近圓)을 받고 필추성을 이루고자 합니다. 오직 원하옵건대 세존께서는 그를 출가시켜 학처를 받게 하십시오."

세존께서는 이때 묵연히 그것을 허락하셨다. 이때 세존께서 원만 상주에게 알리셨다.

"잘 왔느니라. 필추여. 그대는 마땅히 범행을 수행하도록 하라."

세존께서 말씀하시자 원만은 곧 이때 수염과 머리카락이 스스로 떨어져서 7일 전에 먼저 삭발한 사람과 같아졌고, 승가지(僧伽低)가 자연히 몸에 입혀졌으며, 병과 발우가 집지되었고, 위의가 구족되었으므로 100살의 필추와 같아서 다르지 않았다. 이때 세존께서 가타로 설하여 말씀하셨다.

세존께서 잘 왔다고 명하시니
머리카락은 떨어지고 옷과 발우는 갖추어졌으며
여러 근(根)이 모두 적정(寂定)하고
뜻에 따라서 모두가 이루어졌네.

이때 구수 원만은 세존의 발에 정례하고 물러나 한쪽에 앉아서 세존께 아뢰어 말하였다.

"세존께서는 저를 위하여 법요(法要)를 설하시어 저에게 세존을 따르게 하시고, 그 법요를 듣고 제가 혼자 적정(寂靜)한 곳에 머무르며 다시는 방일하지 않고 일심으로 부지런히 수행하여 안은하게 머무르도록 하십시오. 이러한 까닭으로 저는 지금 저의 재산과 집을 버리고 바른 신심으로 출가하여 수염과 머리카락을 깎고 가사(袈裟)를 입고서 그 범행을 닦아 현법(現法)의 가운데에서 신통과 지혜를 증득하고 얻어서 저의 생(生)을 이미 마치고, 범행이 이미 섰으며, 지을 것을 끝내서 후유(後有)를 받지 않게 하십시오.”

이와 같이 말을 마치니 세존께서 알려 말씀하셨다.

“옳도다. 옳도다. 그대가 청한 것과 같이 법요를 듣고 나아가 후유를 받지 않을 것이다. 이러한 까닭으로 원만이여. 그대는 마땅히 자세히 듣고 그것을 잘 사념하라. 내가 그대에게 설하겠노라. 이미 안식(眼識)이 있어 색(色)에서 명료하게 알았고 광채(光彩)를 사랑하므로 이것은 뜻에서 기쁜 일이고 욕망과 상응하여 사람에게 애착하게 한다. 이와 같은 여러 욕망들을 필추가 보고 곧 낙욕(樂欲)을 일으켜 찬탄하며 애착하고, 이것을 까닭으로 곧 기쁨과 사랑하는 마음이 생겨나며, 기뻐하고 사랑하는 마음이 있다면 곧 탐내는 마음이 일어나고, 탐내는 마음을 까닭으로 욕망과 화합하게 되며, 기쁨과 탐욕이 상응하는 까닭으로 열반을 멀리 벗어나게 되느니라.

원만이여. 이미 이식(耳識)이 있어 소리에서 명료하게 알았고, 비식(鼻識)이 냄새를 알았으며, 설식(舌識)이 있어 맛을 알았고, 신식(身識)이 있어 접촉하는 것을 알았으며, 심식(心識)이 있어 법(法)을 알았고, 광채를 사랑하므로, [자세한 설명은 앞에서와 같다.] 나아가 열반을 멀리 벗어나게 되느니라.

원만이여. 눈이 있어 색을 명료하게 알았고 광채를 사랑하므로 이것은 뜻에서 기쁜 일이고, 앞에서 말한 것과 같이 능히 염착(染着)하지 않는다면 곧 열반에 가까워지느니라. 이 법의 중요한 것을 간략하게 그대에게 설하였는데 그대는 지금 어느 곳에서 즐거이 머무르겠는가?”

원만이 대답하여 말하였다.

“저는 지금 세존께 중요한 법의(法義)를 간략하게 들었으므로 수나발라득가국(輸那鉢羅得伽國)으로 가서 머물고자 합니다.”

세존께서 원만에게 알리셨다.

“그 나라에 머무르는 사람은 포악함을 품고 있고 흉악하고 거칠며 사납고 괴팍하며 성내고 욕설하는 것이 많네. 만약 그 사람들이 그대에게 악하게 욕하고 성내며 흉악하고 거칠며 많은 사람 가운데에서 능욕하고 비방하는 이와 같은 일을 그대의 뜻은 어떠하겠는가?”

원만이 대답하여 말하였다.

“만약 그들이 욕할 때와 나아가 비방할 때에는 저는 마땅히 이와 같이 뜻을 짓겠습니다. ‘이 사람들은 모두가 어질고 착하여 막대기·나무·기와·돌·주먹·다리 등으로 나를 때리지 않는구나.’”

세존께서 원만에게 알리셨다.

“그 나라의 사람들이 매우 포악하고 흉악하며 거칠고 괴팍하여 성내면서 만약 나무와 돌 등으로 때린다면 그대의 뜻은 어떠하겠는가?”

원만이 대답하여 말하였다.

“세존이시여. 만약 그 나라 사람들이 나무와 돌과 손으로 저를 때리는 때에는 마땅히 이렇게 생각을 짓겠습니다. ‘이 나라 사람들은 매우 어질고 착하여 칼로 나를 해치지 않는구나.’”

세존께서 다시 원만에게 알려 말씀하셨다.

“그 나라 사람들은 성품이 지극한 악독함을 품고 있고 흉포하고 사납고 괴팍하여 만약 칼·검·나무·돌로써 그대를 해친다면 그대의 뜻은 어떠하겠는가?”

원만이 대답하여 말하였다.

“저는 마땅히 이렇게 생각을 짓겠습니다. ‘이 사람들은 지극히 어질고 착해서 비록 칼과 검으로서 나를 해쳤으나 나의 목숨을 끊지는 않았구나.’”

세존께서 다시 원만에게 알려 말씀하셨다.

“그 나라 사람들은 성품이 지극한 악독함을 품고 있고 흉포하고 사납고 괴팍하여 만약 그대의 목숨을 끊는다면 그대의 뜻은 어떠하겠는가?”

원만이 대답하여 말하였다.

"그 사람들이 만약 저의 목숨을 끊을 때에는 마땅히 이와 같이 생각하겠습니다. '세존의 성문제자가 있어 오히려 몸을 받아 여러 고뇌를 받는 것을 오히려 싫어할 것이고, 마음에 부끄러움을 품고서 그 칼이나 독약과 방편으로써 스스로가 목숨을 끊어야 하는 것이다. 그 나라의 사람들이 능히 내 목숨을 끊어 주었으니 지극히 어질고 착한 것이고 나아가 나에게 이 더러운 몸을 떠나게 하여서 스스로 수고롭지 않게 하였구나.'"

이때 세존께서 원만에게 알리셨다.

"옳도다. 옳도다. 그대는 지금 능히 뜻에서 즐겁고 부드러우며 화합하고 인내하며 수순하는 것을 성취하였으므로 그 나라에서 머무를 수 있느니라. 그대는 마땅히 그곳에 머물 것이며, 그대는 마땅히 고통을 제도하고, 역시 마땅히 다른 사람도 제도하라. 그대는 마땅히 빠르게 해탈을 얻을 것이고, 역시 마땅히 다른 사람을 해탈하게 하라. 그대는 마땅히 안은함을 얻을 것이고, 역시 다른 사람을 안은하게 할 것이며, 마땅히 열반을 얻을 것이고, 역시 다른 사람을 열반을 얻게 하라."

구수 원만은 세존께서 말씀하시는 것을 듣고서 매우 크게 환희하면서 세존께 예경하고 떠나갔다. 이때 구수 원만은 서다림의 급고독원에서 머물러 쉬었고 이른 아침의 때에 옷을 입고 발우를 지니고 성으로 들어가서 걸식하였으며 음식을 먹고서 와구(臥具)를 거두고서 그곳에 버려두고 떠나갔다. 옷과 발우를 집지하고 수나발라득가국으로 갔다. 인간세상을 유행하면서 성 밖에 이르러 곧 멈추어 머물러 쉬었다. 이른 아침에 옷을 입고 발우를 지니고 성에 들어가서 걸식하면서 한 사냥꾼을 만났는데, 손에 활과 화살을 가지고 성 밖으로 나가서 마음대로 사냥하고자 하였다. 원만을 보고 이와 같이 말하였다.

"내가 지금 사냥을 나가고자 하는데 대머리 사문을 보았으므로 매우 상서롭지 못하구나."

곧바로 활을 당겨서 원만이 있는 곳을 향하여 갑자기 쏘고자 하였다. 원만은 보고 곧 옷을 걷어 올려서 자신의 배를 드러내 보이고서 알려 말하였다.

"현수여. 나의 배를 쏘시오."
곧 게송으로 설하여 말하였다.

허공을 나는 새와 숲에 있는 사슴은
음식을 구하면서 그물에 걸려 잡히고
여러 칼을 잡고 전투하는 것이 있다면
함께 서로 정벌(斬伐)하여 멸망에 이른다네.

아귀는 굶주림과 목마름의 고통에 핍박받고
쇠구슬과 녹은 구리를 구하여 먹나니
나는 오랜 옛날부터 이 배(腹)를 까닭으로
윤회하며 여러 고통을 허락하며 왔다네.

이때 그 사냥꾼은 이와 같이 생각을 지었다.
'이 출가인은 인욕(忍辱)을 수습(修習)하여 지금 이미 성취하였는데 내가 어찌 이와 같은 사람을 해치겠는가?'
곧 신심이 생겨났다. 이때 구수 원만은 묘법을 실하여 마침내 삼보에 귀의하여 5학처(學處)를 받게 하였다. 이때 별도로 500의 남자가 오파색가(鄔波索迦)가 되었고, 500의 여인이 오파사가(鄔波斯迦)가 되었으며, 그 성안에 500의 비하라를 조성하였고, 아울러 무량한 승상(繩床)7)과 나무평상(木床)과 크고 작은 와구(臥具)들을 공급하였다. 원만은 곧 그곳에 머무르며 3개월의 하안거를 하였고 3개월을 채우고서 이 몸 가운데에서 여러 번뇌를 끊고 아라한과를 증득하였다.

삼명(三明)과 육통(六通)을 갖추었고, 팔해탈(八解脫)을 구족하였으며, 여실지(如實知)를 얻어서 아생(我生)을 이미 마쳤고, 범행은 이미 섰으며, 지을 것을 이미 끝마쳐서 후유(後有)를 받지 않았다. 마음에 장애가 없어

---

7) 노끈으로 얽어서 접었다 폈다 할 수 있게 만든 의자를 가리킨다.

손을 허공으로 휘젓는 것과 같았고, 칼로 베거나 향으로 바르는데 사랑과 미움이 일어나지 않았으며, 금을 보아도 흙을 보는 것과 다르지 않았고, 모든 명예나 이익을 버리지 않은 것이 없었으므로 제석과 범천의 여러 천인들이 모두 공경하였다.

나아가 다른 때에 대형인 목이당 바라문에게는 이전에 두 아우가 있었는데 수용한 재산이 모두 산실되어 없어졌다. 이때 그 두 아우는 형에게 나아가서 알려 말하였다.

"그 무상(無相)한 자는 진실로 빈천하고 곤궁하여 지금 이미 우리들의 집을 떠나갔으니 우리 형제들은 마땅히 다시 같이 살면서 화합하여 살아갑시다."

이때 목이당이 그의 아우에게 물어 말하였다.

"누가 무상인가?"

둘째 아우가 대답하여 말하였다.

"그 원만입니다."

형이 또한 알려 말하였다.

"원만은 수승한 덕이 있는데 어찌 무상이겠는가? 지금 우리들의 집에서 이러한 승상(勝相)이 나갔으나 빈천하고 곤궁한 무상이 아니네."

이때 두 아우가 다시 형에게 알려 말하였다.

"그 원만이 유상(有相)이거나 무상(無相)이더라도 지금 이미 떠나갔으므로 우리들은 다만 화합하여 한곳에서 살아야 합니다."

형은 또한 알려 말하였다.

"그대들이 얻은 재물은 모두가 비법(非法)이고, 내가 얻은 재물은 모두가 여법(如法)하게 얻은 것이므로 나는 그대들과 함께 살지 않겠네."

두 아우가 또한 말하였다.

"그 여노비의 자식이 큰 바다에 들어가서 오고 가며 구하여 얻은 재물과 보배를 모두 가져다가 형에게 주었고 형은 다른 사람의 재물을 얻고 마침내 찬탄이 생겨나서 우리들을 헐뜯고 욕하십니다. 형님이 무슨 힘이 있어 능히 바다에 들어가서 진귀한 재물을 구하겠습니까?"

형은 아우의 말을 듣고 곧 성냄과 오만이 생겨나서 다시 이렇게 생각을 지었다.

'내가 지금 다시 큰 바다의 가운데에 들어가야겠다.'

곧 큰 배를 타고 보배가 있는 곳으로 나아갔다. 갑자기 폭풍이 불었고 그의 배는 표류하다가 한 섬에 이르렀는데 그 섬의 산꼭대기는 모두가 우두전단이었다. 이때 여러 상인들은 다시 서로 의논하여 말하였다.

"우리들은 예전에 우두전단의 얘기만 들었는데 지금 처음으로 보았습니다. 이것은 묘수정대자재약차(妙水精大自在藥叉)가 수호하는 곳입니다. 지금 약차가 없으므로 당신들은 마음을 깨끗이 하고 빨리 반드시 베어내십시오."

이에 500개의 도끼를 갖추어 일시에 자르고 베었다. 이때 작희(作喜)라고 이름하는 약차가 있어, 여러 상인들이 도끼를 가지고 그 숲을 베어내는 것을 보았다. 이에 곧 대자재약차의 처소로 가서 알려 말하였다.

"신주(神主)여. 전단 숲속의 가운데에서 500의 사람이 있어 그 전단나무를 베어내고 있습니다. 당신께서는 그것을 아십시오."

이때 대약차(大藥叉)는 여러 일을 마치고서 마침내 분노를 품었고, 그의 신통력으로 큰 광풍을 일으켰고, 몸도 역시 광풍을 따라서 떠났으며, 그 섬이 있는 곳에 이르렀다. 이때 배의 선장(船師)은 그 바람이 이르는 것을 보고 뱃사람들에게 알려 말하였다.

"그대들은 마땅히 아십시오. 옛날에 흑풍(黑風)에 대해서 들었는데 지금이 그 바람입니다. 진실로 만나기 어려운 것이므로 반드시 사유하여 방편을 잘하십시오."

그 상인들은 듣고 두려워서 몸의 털이 모두 곤두섰다. 각자 본래 자신들이 섬기는 천신(天神)들에게 게송을 설하여 말하였다.

자재(自在)하신 물과 바람의 신과
제석과 선인(仙人)들과
용왕과 약차중(藥叉衆)과

아소락(阿素洛) 등의 신이시여.

우리들이 지금 이러한 액난을 만났으니
오직 원하건대 그 제존(諸尊)께서는
지극히 크게 두려워하는
우리들을 이 액난(危厄)에서 구해주십시오.

혹은 별도로 제석께 구하옵고
혹은 대범천(大梵天)께 예배하며
자재하신 지신(地神)과 수신(樹神)과
여러 능히 구호하실 자들이여.
우리들이 지금 귀풍(鬼風)을 만났으니
오직 원하건대 구호하여 주십시오.

이때 그 목당(木璫)은 묵연히 머무르면서 천신을 염하지 않았다. 이때 상주 등이 물어 말하였다.

"우리들은 지극한 액난을 만났고 고통이 장차 핍박하려고 하는데 무슨 까닭으로 묵연히 있습니까?"

대답하여 말하였다.

"나의 동생이 옛날에 말하였습니다. '큰 바다에 들어가는 자는 모두가 지극한 고생이고 여러 환난이 많습니다. 탐욕에 취한 까닭으로 바다에 들어가는 사람은 많아도 되돌아오는 사람은 적으니 반드시 바다에 들어가지 마십시오.' 내가 아우의 말을 어기고 큰 바다에 들어왔다가 지금 이러한 액난을 만났는데 마땅히 무엇을 짓겠습니까?"

여러 상인들이 말하였다.

"그대의 아우는 어느 사람입니까?"

대답하여 말하였다.

"곧 원만입니다."

상인이 말하였다.

"그 원만 성자는 큰 복덕을 갖추었습니다. 그대들은 마땅히 그분께 귀의하십시오."

이때 상인들은 모두 일심으로 같이 소리를 질렀다.

"나무성자원만(南無聖者圓滿). 나무성자원만."

이때 천녀(天女)가 있었는데 이전에 구수 원만의 처소에서 신심과 공경하는 마음을 일으켰다. 그 상인들이 청정한 뜻으로 회향(廻向)하는 것을 보고 원만의 처소로 나아갔고 이르러 알려 말하였다.

"성자여. 당신의 대형께서 지극한 고뇌를 받고 있으니 마땅히 존념(存念)[8]하십시오."

원만은 이 말을 듣고 곧 억념(憶念)이 생겨나서 여시정(如是定)에 들어갔고, 선의 힘을 까닭으로 수나발라득가의 인간세상에서 은몰(隱沒)하여 곧 바다의 가운데에 이르렀으며, 대형의 배에 있는 돛대 위에 앉았다. 이때 흑풍은 곧바로 되돌아갔고 밀려났으므로 소미로(蘇迷盧)[9]의 가려진 것과 같았다. 이때 대자재약차는 곧 이렇게 생각을 지었다.

'옛날에 왔던 소유한 배들은 모두 흑풍에 의해 표류되어 파괴되고 가라앉았는데 지금의 이 흑풍은 무슨 까닭으로 곧 밀려나서 소미로에 막히고 꺾이는 것과 같아서 능히 손괴(損壞)시킬 수 없는 것인가?'

이때 그 약차는 여러 곳을 관찰하여 마침내 구수 원만이 배의 돛대 위에 결가부좌(結跏趺坐)하고 있는 것을 보았다. 약차가 보고 곧바로 알려 말하였다.

"성자 원만이시여. 무슨 까닭으로 나를 괴롭히십니까?"

원만이 대답하여 말하였다.

"상수(上首)여. 내가 어찌 그대를 괴롭히겠는가? 만약 내가 여러 공덕을 얻지 않았더라면 반드시 나의 형은 죽어서 헛된 그 이름만 남았을 것이오."

---

8) 잊지 않고 항상 생각하는 것을 말한다.

9) 산스크리트어 sumeru의 음사로 소미로(蘇迷盧)라고도 한역되고, 수미산(須彌山) 또는 묘고산(妙高山)이라고도 번역된다.

대자재약차가 알려 말하였다.

"성자여. 이 우두전단림은 내가 금륜성왕(金輪聖王)을 위하여 수호하는 것입니다."

원만이 알려 말하였다.

"상수여. 그대의 뜻은 어떠한가? 세존과 금륜왕 가운데에서 누가 존귀한가?"

약차가 물어 말하였다.

"성자여. 세존께서 지금 세상에 출현하셨습니까?"

원만이 대답하여 말하였다.

"지금 이미 세상에 출현하셨소."

약차가 알려 말하였다.

"만약 이와 같다면 배에 아직 가득 차지 않았으니 마땅히 무게에 맞추십시오."

이때 상인들은 먼저는 공포에 목숨이 끊어지려 했으나 지금 이러한 말을 듣고 홀연히 다시 살아났다. 그 상인들은 이미 안은함을 얻고서 마침내 원만 성자에게 존중과 공경하는 마음을 일으켰다. 상인들은 곧 우두전단을 취하여 배에 가득 싣고서 떠나갔고 수나발라득가성에 이르렀다. 도착하고서 원만은 큰형에게 알려 말하였다.

"만약 바다에서 액난을 만났는데 그 명호(名號)를 불러서 그 염력(念力)을 까닭으로 안은하게 되돌아왔다면 그 얻은 물건은 모두 그에게 귀속되는 것이 합당합니다. 형님께서는 지금 여러 상인들과 함께 나머지 여러 보물들을 취하십시오. 나는 지금 이 우두전단으로 세존을 위하여 전단정사(栴檀精舍)를 조성하겠습니다."

그 형은 곧바로 그 보물들을 취하여 상인들에게 나누어 주었다. 그 우두전단나무로 원만이 세존을 위하여 정사를 건립하려고 하였으므로 곧 목수(巧工)들을 불러 모으고서 급여(價値)를 평론하였다.

"그대들 목수(工匠)들은 매일 50전(錢)을 취하겠습니까? 우두전단의 가루 한 주먹을 취하겠습니까?"

목수들이 대답하여 말하였다.

"우리들은 하루에 우두전단향의 가루 한 주먹을 받겠습니다."

평의(平議)는 이미 결정되어 곧바로 공사를 시작하였고 여러 날이 지나지 않아서 정사가 완공되었다. 목수들에게 나무를 주었고 나머지의 조각들과 잘게 부순 가루로서 서로 섞고 갈아서 정사를 바르면서 사용하였다. 그 원만은 형제들이 이전에 서로 싫어하고 원망하던 것을 모두 화합하여 수순하게 하였고 곧 이렇게 말을 지었다.

"지금 여래와 여러 제자들을 받들어 청하겠습니다."

제자 등이 물어 말하였다.

"원만 성자여. 여래이신 세존께서는 지금 어느 곳에 계십니까?"

원만 성자가 대답하여 말하였다.

"실라벌성에 계십니다."

또한 물었다.

"성은 이곳에서 가깝습니까? 멉니까?"

원만이 대답하여 말하였다.

"100여 리(里)는 될 것입니다."

형 등이 알려 말하었다.

"우리들은 먼저 본국의 왕을 뵙고 청하고자 합니다. 허락하시겠습니까?"

성자가 알려 말하였다.

"뜻대로 자세히 물으십시오."

그때 형 등이 왕의 처소에 이르러 아뢰어 말하였다.

"대왕이시여. 우리들은 지금 세존과 승가를 청하여 공양을 베풀고자 합니다. 원하건대 대왕께서는 허락하시어 우리들이 경영하고 준비하는 것을 도와주십시오."

왕이 말하였다.

"뜻을 따라서 마땅히 지으시오. 그대들을 도와서 공양을 준비하겠소."

이때 원만은 높은 누각 위에 올라서 두 무릎을 땅에 대고 멀리 서다림을 바라보면서 향을 사르고 꽃을 흩날리며 금병의 물로써 깨끗하게 씻고 멀리서 계청(啓請)10)을 알리면서 게송을 설하여 말하였다.

청정한 계율과 묘한 지혜로
능히 귀명(歸命)하는 자를 아시고
의호(依護)가 없는 자를 잘 살피시므로
원하건대 저의 작은 청을 받아주십시오.

이렇게 게송을 설하여 마치니 세존의 신력을 까닭으로 그가 흩뿌렸던 꽃이 모여서 한 개의 일산(日傘)으로 합성되어 곧 서다림에 이르러 허공의 가운데에 있으면서 세존의 정수리 위에 머물렀고, 그가 태웠던 향은 세존의 신력을 까닭으로 허공의 가운데에 있으면서 구름이 겹친 것과 같았으며, 금병에서 뿌린 물은 세존의 신력을 까닭으로 폐유리(吠琉璃)의 막대기와 같았다. 구수 아난타가 이러한 상서로움을 보고 합장하고 공경스럽게 세존께 아뢰어 말하였다.

"지금 이러한 상서로움은 반드시 마땅하게 세존과 필추 승가들을 청하는 것인데 저는 지금 어느 곳으로부터 오는 것인가를 알지 못하겠습니다."
세존께서 말씀하셨다.
"아난타여. 수파륵가성으로부터 오는 것이네."
또한 세존께 아뢰어 말하였다.
"그 성은 이곳에서 멀리 있습니까? 가까이에 있습니까?"
세존께서 말씀하셨다.
"100여 리 정도이네. 그대는 산가지(籌)를 가지고 가서 여러 필추에게 알리게. '내일 그 수파륵가성에서 원만의 청을 받을 수 있다면 마땅히 이 산가지를 받으십시오.'"
아난타가 대답하여 말하였다.

---

10) 불보살들께 아뢰어 청하는 의식을 가리킨다.

"알겠습니다. 세존이시여."

곧바로 산가지를 취하여 세존의 앞에 서서 차례로 그것을 나누어 주었다. 세존께서는 스스로가 산가지를 취하셨고 여러 장로 필추들도 역시 산가지를 받았다. 이때 구수 분침원만(盆枕圓滿) 장로도 역시 그 가운데에 있었고 그 산가지를 취하고자 하였다. 이때 아난타가 원만을 위하여 게송으로 설하여 말하였다.

구수여, 그대는 마땅히 아십시오.
지금은 살라국왕(薩羅國王)이 청하는 것이 아니고
역시 소달가(蘇達家)에서 청하는 것도 아니며
나아가 녹모(鹿母) 부인이 청하여서
음식을 베푸는 것도 아닙니다.

이곳에서 100여 리인 곳에
수파륵가성이 있어
신통을 얻어야 마땅히 갈 수 있으므로
그대는 북연히 머무르십시오.

이때 그 장로인 원만은 큰 지혜는 있었으나 신통을 닦지 않았으므로 이렇게 생각을 지었다.
'내가 비록 여러 번뇌는 끊었으나 신통을 닦지 않았으므로 여러 외도들이 소유한 신통과 같구나.'
이렇게 생각을 짓고서 곧바로 대정진(大精進)을 일으켜 신통을 얻었다. 이때 아난타는 산가지를 나누어 주면서 제3의 장로에게 이르렀는데 그가 아직 산가지를 잠깐 받지 않았다. 이때 분침원만은 신통력으로써 손으로 산가지를 끌어당겨 취하고서 게송으로 설하여 말하였다.

얼굴의 모양으로써 신통을 얻는 것이 아니고

역시 다문(多聞)과 사변(詞辯)으로 얻는 것도 아니며
다만 적정(寂靜)한 계(戒)와 혜(慧)의 힘을 까닭으로
몸은 비록 늙고 병들었어도 역시 능히 증득한다네.

이때 세존께서는 여러 필추들에게 알려 말씀하셨다.
"이 분침원만은 나의 필추성문 대중의 가운데에서 가장 상수(上首)이다. 능히 신통력으로써 산가지를 받으면서 이 사람보다 뛰어난 자가 없으므로 마땅히 먼저 주도록 하라."
이를테면, 상좌인 분침원만은 산가지를 나누어 주는 차례를 인연하여 곧 6통(通)을 증득하였다. 이때 세존께서는 구수 아난타에게 알려 말씀하셨다.
"그대가 마땅히 필추들에게 알리도록 하게. 나는 이전에 말하였네. '그대들 여러 필추들이 선한 일을 지은 것은 마땅히 숨겨야 하고, 악한 일을 지은 것은 마땅히 드러내야 한다.' 지금 그 성 가운데에는 여러 외도의 무리들이 많이 있으니, 이러한 까닭으로 그대들은 마땅히 신통을 나타내어 그 성으로 가서 원만의 음식을 받도록 하라."
아난타는 세존께 아뢰어 말하였다.
"알겠습니다. 세존이시여."
이미 세존의 가르침을 받고 여러 필추들에게 알려 말하였다.
"세존께서 가르침을 주셨습니다. '내가 이전에 여러 필추들에게 소유한 선한 일을 지은 것은 마땅히 숨겨야 하고, 악한 일을 지은 것은 마땅히 드러내야 한다고 하였느니라. 지금 그 성 가운데에는 여러 외도의 무리들이 많이 있으니, 이러한 까닭으로 그대들은 마땅히 신통을 나타내어 그 성으로 가서 원만의 음식을 받도록 하라.'"
이때 그 나라의 왕은 그 성안에서 더러운 것을 청소하였고, 전단향수를 땅에 뿌렸으며, 보배향로에 여러 가지의 묘한 향을 태웠고, 여러 가지의 번개(幡蓋)를 걸었으며, 여러 색깔의 꽃을 흩뿌려서 주위를 장엄하였고, 그 성의 주변을 꾸며 장식하였다. 그 성안에는 18개의 문이 있었고, 그

왕에게는 17명의 아들이 있었는데, 왕자 한 사람 한 사람이 문 밖에서 여러 공양구(供養具)를 장엄하였다. 왕과 신하들은 큰 문에 있으면서 여러 기마병들을 도열시키고서 세존을 기다렸고 다른 17명의 왕자들은 나머지의 작은 문에서 세존을 기다렸다. 이때 그 원만과 목당(木瑞)과 연당(鉛瑞) 또한 문밖에 있었다.

나아가 세존께서는 5명의 수사(授事)를 뽑아서 신통력으로써 먼저 그 집에 이르게 하셨다. 무엇을 하는 다섯 사람인가? 첫째는 그 채소의 일을 맡았고, 둘째는 그 기물(器物)들을 맡았으며, 셋째는 그 먹는 풀을 맡았고, 넷째는 그 물을 청정하게 하는 일을 맡았으며, 다섯째는 음식을 익히는 일을 맡았다. 왕은 그 다섯 사람이 허공으로 오는 것을 보고 원만에게 물어 말하였다.

“이분이 세존이십니까?”

원만이 대답하여 말하였다.

“이 사람들은 5명의 수사인(授事人)들로서 이곳에 와서 검교하는데 이를테면, 채소 등을 맡는 것부터 음식을 익히는 것을 맡는 사람들입니다. 세존께서는 아직 오시지 않고 먼저 여러 종류의 무량한 신통을 나타내는 것입니다. 여러 장로들도 역시 모두 아직 오지 않았습니다.”

왕이 다시 물어 말하였다.

“성자 원만이시여. 세존께서는 무슨 까닭으로 아직 오지 않으신 것입니까?”

대답하여 말하였다.

“먼저 검교하는 자가 오고 세존께서는 뒤에 오십니다.”

이때 다른 오파색가가 있어 게송으로 설하여 말하였다.

사자·호랑이·코끼리 및 용과 소가
여러 보물로서 그 자리를 장엄하니
혹은 보배 휘장과 보배산도 있으며
보배나무와 묘한 수레가 모두 여러 색이라네.

혹은 구름을 타고 있으며 허공 속에 있고
밝은 광채를 나타내어 장엄하였으며
신통력으로서 허공에 떠 있고
환희하며 이 성읍(城邑)에 오고 있는데

혹은 땅에서 솟아나는 자도 있고
혹은 허공에서 땅으로 들어가는 자도 있으며
혹은 허공에서 솟아나서 묵연히 앉아 있으니
이러한 신통변화를 보건대 부사의(不思議)하구나.

이때 세존께서는 그 창문 밖에서 두 발을 씻으시고서 다시 본방(本房)에 들어가셨다. 평상과 자리를 펴시고 몸을 바르게 하고서 정념(正念)으로 가부좌로 앉으셨으며 발을 들어서 땅을 누르셨다. 이때 대지는 여섯 종류로 진동하였으니 이를테면, 동편(動遍)·동등(動等)·편동(遍動) 나아가 격편(擊遍)·격등(擊等)·편격(遍擊)으로 동쪽이 솟아오르면 서쪽이 가라앉았고, 서쪽이 솟아오르면 동쪽이 가라앉았으며, 남쪽이 솟아오르면 북쪽이 가라앉았고, 북쪽이 솟아오르면 남쪽이 가라앉았으며, 가운데가 솟아오르면 가장자리가 가라앉았고, 가장자리가 솟아오르면 가운데가 가라앉았다. 이때 국왕이 원만에게 물어 말하였다.

“성자여. 이것은 어떠한 상(相)입니까?”

원만이 알려 말하였다.

“이것은 세존께서 본방(本房)의 가운데에서 발로 땅을 누르시면 이것을 인연하여 대지가 여섯 종류로 진동하는 것입니다.”

이때 여래께서 금색(金色)의 광명을 나타내시니 이 광명이 대지를 비추는 까닭으로 모두가 녹인 금과 같았다. 왕은 다시 이 희유한 상을 보고 마음에 환희(歡悅)가 생겨나서 원만에게 물어 말하였다.

“성자여. 이것은 무슨 일입니까?”

원만이 왕에게 알려 말하였다.

"이것은 여래께서 금색 광명을 나타내셨고 이것을 까닭으로 대지가 모두 금색으로 보이는 것입니다."

이때 세존께서는 이미 스스로를 조복받으시어 조복에 위요(圍繞)되셨고, 이미 스스로가 적정(寂靜)하시어 적정에 위요되셨으며, [이하 자세한 내용은 생략한다.] 500의 아라한과 함께 수파륵가성으로 가셨다. 이때 그 서다림 가운데의 천녀는 손에 박구라수(薄拘羅樹) 가지를 지니고 세존을 따르면서 등 뒤에 있으면서 세존의 위를 그늘지게 하였다.

이때 세존께서는 그 천녀의 수면(隨眠)11)과 근성(根性)과 의요(意樂)12)를 아시고서 그녀가 즐거워하는 것을 따라서 성제법(聖諦法)을 말씀하셨다. 그 천녀에게 법을 얻어 듣게 하셨고 금강지저(金剛智杵)로써 20종류의 살가야견(薩迦耶見)의 번뇌의 산을 꺾어서 무너뜨리고 곧 때에 예류과(預流果)를 증득하게 하셨다. 나아가 뒤의 때에 어느 다른 처소에서는 500의 오파색가들이 멀리서 세존을 보았는데 32상(相)과 80종의 형호(形好)를 따라서 위광(威光)이 빛나는 것을 이용하시어 몸을 장엄하셨는데 역시 1천개 해의 광명이 함께 비추는 것과 같았고, 단정하시고 수승하시며 묘한 것이 오히려 보배산과도 같았다.

이때 그 오파색가는 세존을 보고 배우 크게 환희하였는네 비유하면 만약 사람이 있어 12년 가운데에서 부지런히 선정(禪定)을 수행하였고 마음에 희열이 생겨나서 마땅히 중생을 제도하면서 불·세존을 보고 마음에 환희가 생겨난 것과 같았고, 그보다 두 배나 더하여 역시 자식이 없던 사람이 아들을 얻은 것과 같았으며, 가난한 사람이 보배를 얻은 것과 같았고, 평범한 사람이 왕이 된 것과 같이 몸과 마음이 환희(歡悅)하였다. 선근(善根)을 즐거워하는 사람은 처음으로 세존을 보는 때에 마음에 환희심이 생겨나는 것이 역시 그것보다 두 배인 것이다.

이때 세존께서는 그 오파색가들이 조복될 때에 이르렀음을 아셨다.

---

11) 산스크리트어 anuśaya의 번역으로 아뢰야식(阿賴耶識)에 잠재하고 있는 번뇌를 일으키는 원동력을 가리킨다.
12) 어떤 목적을 향하여 나아가려는 취지(趣旨)를 말한다.

세존께서는 곧 필추대중 가운데에서 자리를 펴고 앉으셨다. 이때 오파색가는 세존께서 계신 곳으로 나아가서 두 발에 정례하고 물러나서 한쪽에 앉았다. 이때 세존께서는 그의 수면과 근성과 의요를 아시고서 그를 위하여 4성제법을 말씀하셨고, 그 오파색가에게 법을 얻어서 듣게 하셨으며, 금강지저로써 20종류의 살가야견의 번뇌의 산봉우리를 꺾어 무너뜨리고 곧바로 예류과를 증득하게 하셨고, 사제의 이치를 보게 하셨다. 이때 오파색가들은 과를 얻고서 함께 이렇게 말을 지었다.

"이것은 모두 우리들 세존의 위력(威力)입니다. 우리에게 무상(無上)의 도과(道果)를 증득하게 하셨고 성제(聖諦)의 이치를 깨닫게 하셨는데, 이것의 인연은 우리의 부모와 권속·국왕·대신·인천(人天)의 사문과 바라문 등이 능히 지을 수 없습니다. 다시 능히 우리에게 혈해(血海)를 고갈시키게 하셨고, 뼈의 산(骨山)을 꺾어 무너뜨리게 하셨으며, 악취(惡趣)를 잠가서 닫으셨고, 선취(善趣)와 열반(涅槃)의 문을 열어 주셨으며, 천인(天人)을 건립하셨고, 생사를 초월하게 하셨으므로 우리들은 지금 불·법·승에 귀의하여 5지학(支學) 받고 오파색가가 되겠습니다."

자리에서 일어나 세존께 합장하고서 세존의 발에 정례하고 아뢰어 말하였다.

"세존이시여. 저희들은 지금의 때에 무슨 사업(事業)을 닦으며 공양해야 합니까?"

이때 세존께서는 신변력(神變力)으로써 세존의 머리카락과 손톱을 오파색가에게 주셨다. 그들은 머리카락과 손톱을 얻고 곧 솔도파(窣堵波)를 세웠다. 이때 그 서다림의 천신(天神)은 곧 100개의 살로 된 일산을 탑의 가운데에 꽂고 아뢰어 말하였다.

"세존이시여. 제가 항상 이 탑에 공양하겠습니다."

이렇게 말을 짓고서 곧 탑에 의지하여 머물렀다. 이때 여러 사람들은 이 탑을 택신탑(宅神塔)이라고 이름하였고, 혹은 박구라수중심주(薄拘羅樹中心柱)라고 부르기도 하였다.

근본설일체유부비나야약사 제4권

삼장법사 **의정** 한역
석보운 번역

이때 세존께서는 점차로 다시 유행하시어 500의 선인들이 머무는 주처(住處)에 이르셨다.

이때 그 주처에는 꽃과 과일이 무성하여 음식으로 충족하였다. 이때 그 선인들도 역시 돌아보고 아까워하지 않아서 일체의 여러 사람들이 마음대로 먹었다. 이때 세존께서는 그 선인을 조복시킬 때에 이르렀음을 아시고 그 선인의 처소로 나아가셨다. 이르시니 신통력을 까닭으로 그 선인이 소유한 꽃과 과일이 모두 떨어졌고, 맑고 맛있게 흐르던 샘물도 역시 모두 고갈되었으며, 이름다운 꽃과 부드러운 풀들은 시들어 검세 변했고 앉아 있던 흙침상(土榻)은 스스로가 부서지고 무너졌다. 이때 여러 선인 대중들은 이 일을 보고 손으로 뺨을 괴고 묵연히 근심하고 있었다. 이때 세존께서는 선인들에게 말씀하셨다.

"무슨 까닭으로 근심스럽게 머무르는가?"

여러 선인들이 대답하여 말하였다.

"성자시여. 양족존(兩足尊)으로 수승한 복전(福田)이신 그대께서 와서 우리의 주처를 이와 같은 모습으로 변화시켰으므로 이와 같이 고통스러워하는 것입니다."

세존께서 알려 말씀하셨다.

"선인들이여, 지금 무슨 까닭으로 기거하는 숲과 나무에 꽃과 과일들이 없어지고 상하였는가? 그대들은 지금 이 꽃과 나무들이 다시 옛날과 같아지기를 바라는가?”

선인들이 말하였다.

“우리들은 옛날과 같아지기를 바랍니다.”

이때 세존께서는 곧 신통력을 거두시어 그 꽃과 과일들을 다시 무성하게 하셨다. 이때 선인들은 매우 희유함을 품었고 세존께 곧 귀의하였으며 신심이 생겨났다. 이때 세존께서는 그 선인들의 의요와 수면을 아시고 근기에 마땅하게 설법하셨다. 500의 선인들은 설법을 듣고 불환과(不還果)를 증득하였고, 역시 신통을 얻었으며, 선인들은 세존 앞에서 합장하고 공경하게 아뢰었다.

“저희들은 모두 여래께서 선설하는 법과 율의 가운데에 출가하여 구족계(具足戒)를 받고 필추성을 이루고 범행을 수습(修習)하기를 원합니다.”

이때 세존께서는 곧 이와 같이 말씀하셨다.

“잘 왔느니라. 필추여. 범행을 닦을지니라.”

이와 같이 말씀을 지으시니 이때 500의 모든 선인들은 머리카락과 수염이 스스로 떨어졌고 가사가 몸에 입혀졌으며 물병과 발우가 손에 집지되었고, 위의(威儀)가 가지런하게 정리되었으며, 나아가 백세의 필추와 같아졌으며 게송을 설하여 말하였다.

세존께서 잘 왔다고 말씀하시니
머리카락이 떨어지고 옷과 발우는 갖추어졌으며
여러 근이 모두 적정하고
뜻에 따라서 모두가 이루어졌네.

이때 그 여러 선인 필추들은 부지런히 정진한 까닭으로 나아가 아라한과를 증득하여 3세(世)를 싫어하게 벗어났으며 금을 보는 것이 흙을 보는 것과 다르지 않았고, 눈으로 법계(法界)를 관찰하는 것이 손바닥 가운데를 보는 것과 같았으며, 칼로 베거나 향을 바르더라도 다르지 않았고, 지혜의 칼로 생사의 껍질을 깨뜨렸으며, 3명과 6통과 8해탈을 구족하였고, 변재(辯

才)가 걸림이 없었으며, 여러 이익과 재물과 공양에 탐착하고 애착하는 것을 모두 버리고 떠나게 되었으므로 제석과 범천 및 여러 천인들이 함께 와서 공양하였다. 이때 그 여러 선인들의 교수사(教授師)가 세존께 아뢰어 말하였다.

"세존이시여. 저는 선인의 모습으로서 세상 사람들을 속이고 미혹시켜 3악도에 떨어뜨렸습니다. 저는 먼저 그들을 조복시키고서 뒤에 출가하겠습니다."

이때 세존께서는 500의 출가한 선인들과 여러 필추대중 등과 반달 모양으로 함께 신통력으로 허공에 올라가셨으며 점차로 저산(杵山)에 이르러 박구라(薄拘羅) 선인이 머무는 처소에 멈추시어 편안히 머무르셨다. 이때 그 선인은 세존께서 32대장부의 상과 80종류의 미묘한 상호로서 스스로를 장엄하셨고, 1심(尋)1)이 되는 원광(圓光)은 1천 개의 해보다 더욱 밝아서 오히려 보배산과 같았으며, 단엄(端嚴)하게 주위를 둘러싸고 있는 것을 멀리서 보았다. 곧 세존의 처소에서 귀의와 신심이 생겨나서 곧 이렇게 생각을 지었다.

'내가 빠르게 산을 내려가서 세존을 보는 것을 원하는 것은 친근함을 얻으려는 까닭이다. 그러나 여래께서는 마침내 곧 과거에 자신과 사람을 이미 조복하셨는데 내가 지금 어찌 산에서 아래로 몸을 내던져 세존의 처소에 이르겠는가?'

이때 그 선인은 아래로 몸을 내던져 내려왔다. 모든 세존의 상법(常法)은 결국 생각을 잊지 않으시는 것이다. 그 선인이 몸을 내던져서 내려오는 것을 보시고 곧 신통력으로서 선인을 접인(接取)하셨다. 이때 세존께서는 그 선인이 의요와 수면을 아시고 근기에 마땅하게 설법하셨다. 그는 법을 듣고 불래과(不來果)를 증득하였고 신통을 성취하고서 아뢰어 말하였다.

"세존이시여. 제가 선설하는 법과 율의 가운데에 출가하여 필추성을

---

1) 길이 단위로 8尺이 1尋이다.

이루고 여래의 처소에서 항상 범행을 닦도록 허락하십시오.”

이때 세존께서는 알려 말씀하셨다.

“잘 왔느니라. 필추여. 범행을 닦을지니라.”

세존께서 말씀하시니 이때 그 선인은 머리카락과 수염이 스스로 떨어졌고 가사가 몸에 입혀졌으며 물병과 발우가 손에 집지되었고, 위의(威儀)가 가지런하게 정리되었으며, [자세한 설명은 앞에서와 같다.] 곧 게송을 설하여 말하였다.

세존께서 잘 왔다고 말씀하시니
머리카락이 떨어지고 옷과 발우는 갖추어졌으며
여러 근이 모두 적정하고
뜻에 따라서 모두가 이루어졌네.

이때 여래께서는 여러 필추들에게 알려 말씀하셨다.

“이 필추는 나의 대중 가운데에서 가장 상수(上首)이고 성문(聲聞)의 가운데에서는 나를 신해(信解)하는 가운데서도 역시 상수이니라. 이를테면, 나무껍질의 옷을 입은 필추이니라.”

이때 세존께서는 천 명의 필추들에게 둘러싸이셨고 여러 종류의 신통변화를 지으셨으며 소파라성(蘇波羅城)에 이르셨다. 이때 세존께서는 곧 이렇게 생각을 지으셨다.

‘내가 만약 문을 따라서 들어간다면 여러 문인(門人)에게 다른 생각이 생겨나는 것이 두려우므로 내가 마땅히 신통력으로서 허공을 따라서 들어가야겠구나.’

이렇게 생각을 지으시고 곧 신통력으로 허공에서 내려가시어 소파라성의 안으로 들어가셨다. 이때 그 나라의 왕과 구수 원만과 목이당(木耳璫)·동이당(銅耳璫)·석이당(錫耳璫)과 아울러 그 17명의 왕자들과 각각의 시종(侍從)들과 무량한 백천의 백성들은 모두 세존께 나아갔다. 이때 세존께서는 여러 대중들에게 앞뒤로 둘러싸이시어 전단만궁전(栴檀鬘宮殿)이 있는 곳으로 가셨고 이르시어 대중들 앞에 자리를 펴고 앉으셨다. 이때 세존께서는 전단궁전에 이미 들어가셨고 이때에 대중은 세존을 보지 못하였으므로 마침내 전단궁전을 부수고자 하였다. 이때 세존께서는 이 일을 사념하셨다.

'이 궁전이 부서진다면 이 시주의 복덕이 없어지게 된다. 내가 지금 마땅히 신통의 힘으로써 수정(水精)으로 변화시켜야겠다.'

이때 이 궁전의 안과 밖이 밝게 통하게 되었고 모두가 여래를 보았다. 여래께서는 그 여러 사람들의 의요와 수면과 성품과 행실의 근기에 마땅하게 설법하셨다. 그들이 듣고서 무량한 백천의 유정들은 큰 수승함을 증득하였으며, 혹은 해탈의 선근분(善根分)이 생겨난 사람도 있었고, 혹은 지혜분(智慧分)에 들어간 사람도 있었으며, 혹은 예류과·일래과·불환과·아라한과를 증득한 사람도 있었고, 혹은 성문의 보리심을 일으킨 사람도 있었으며, 혹은 독각의 보리심을 일으킨 사람도 있었고, 혹은 무상정등각의 마음을 일으킨 사람도 있었다. 그 여러 유정들은 여래의 처소에서 일심으로 공경하며 정법을 듣는 것을 즐거워하였고 필추승가는 상수가 되어 묵연히 머물렀다. 이때 목이당 등 삼형제는 여러 종류를 준비하여 자리를 엄숙하게 설치하였고 사자를 보내어 세존께 아뢰있다.

"때가 지금 이르고자 하며 음식이 이미 준비되었습니다. 오직 원하옵건대 세존께서는 때를 아시고 일찍 오십시오."

이때 큰 바다의 가운데에는 두 용왕이 있었는데 첫째는 흑자(黑者)라고 이름하였고 둘째는 교담마(憍曇摩)라고 이름하였다. 곧 이렇게 생각을 지었다.

'세존께서 지금 소파라성에서 묘법을 연설하시므로 내가 지금 빠르게 가서 세존의 설법을 들어야겠다.'

이때 용왕은 각각 500의 권속들과 함께 용의 위력으로써 500의 흐르는 강으로 화현(化現)하여 함께 소파라성이 있는 곳으로 나아갔다. 이때 여래께서는 곧 이렇게 생각을 지으셨다.

'이 두 용왕이 소파라성에 이른다면 이 국경이 모두 무너지게 된다.'

이때 세존께서는 목련(目連)에게 알려 말씀하셨다.

"그대는 먼저 빠르게 먹도록 하게. 무슨 까닭인가? 목련이여. 마땅히 알게. 다섯 종류의 급한 인연이 있다면 마땅히 먼저 먹는 것이네. 무엇이 다섯 종류의 급한 인연인가? 첫째는 먼 지방으로부터 온 것이고, 둘째는 먼 지방의 처소에 도달하고자 하는 것이며, 셋째는 병든 사람이 있는 것이고, 넷째는 병든 사람을 간호하기 위한 것이며, 다섯째는 수사인(授事人)인 것이네. 이 인연을 까닭으로 그대에게 먼저 먹게 한 것이네."

이때 세존께서는 먼저 목련에게 주어서 먹게 하셨고 빠르게 용왕의 처소로 가도록 하셨다. 이미 이르러 용왕에게 알려 말씀하셨다.

"그대는 마땅히 소파라성을 사랑스럽게 생각하여 파괴하지 마시오."

용왕이 알려 말하였다.

"우리들은 선한 마음으로 가는 것입니다. 하찮은 개미의 무리들도 손해주지 않는데 하물며 소파라성과 유정 등을 손상시키겠습니까?"

이때 용왕은 세존의 처소로 이르렀고 세존께서는 용왕에게 알려 말씀하셨다.

"마땅히 이와 같이 말하라."

그들은 법을 듣고 불·법·승에 귀의하였고 5지학처를 받았다. 이때 세존께서는 그들에게 5계를 주셨고 비로소 공양하는 곳으로 나아가셨다. 이때 용왕들은 와서 세존의 음식을 보고 각자 스스로가 마음속으로 생각하였다.

'오직 원하건대 세존께서 나의 음식을 먼저 받으시고, 나의 물을 먼저 받아주십시오.'

세존께서는 생각하시고 말씀하셨다.

'내가 만약 한 용의 물을 받는다면 나머지의 용들도 무한(無限)하게 마땅히 방편을 쓸 것이다.'

곧 목련을 불러 알려 말씀하셨다.

"지금 500의 용왕들이 각자 나에게 물을 보시하고자 하는데 하나하나를 별도로 받을 수 없네. 그대가 발우를 가지고 한 발우에 가득 취하여 가지고 오게.”

목련은 명을 받고 곧 가서 물을 취하여 왔고 가지고 세존께 받들었다. 세존께서는 곧 받아 취하셨고 그것을 마셨다. 구수 목련은 이와 같이 생각을 지었다.

‘세존께서 이전에 부모님께서는 자식을 위하여 능히 짓기 어려운 것을 지으셨고, 젖을 먹여 길러 주셨으며, 여러 종류의 섬부주(贍部洲)의 일을 가르쳐서 알게 하셨으므로 가령 사람이 있어 한쪽 어깨에는 아버지를 얹고 한쪽 어깨에는 어머니를 얹고서 100년을 지내더라도 오히려 능히 부모님의 은혜를 갚을 수가 없고, 또한 대지의 진귀한 보배와 장신구로서 부모님을 봉양하더라도 오히려 능히 갚을 수 없으며, 은중(殷重)하지 못한 것이다. 만약 부모님께서 불·법·승을 믿지 않는다면 점차 불·법·승을 믿게 하여야 은혜를 갚는 것이고, 만약 부모님께서 먼저 계행(戒行)이 없다면 능히 점점 계율을 지키도록 가르칠 것이며, 만약 부모님께서 간탐(慳貪)한다면 능히 즐거이 보시하게 할 것이고, 만약 지혜가 없다면 지혜를 있게 하는 등의 이와 같은 일이라면 나아가 은혜를 갚는 것이라고 이름할 수 있다고 말씀하셨다.’

이때 목련은 이와 같이 생각하고 짓고서 다시 사념하었다.

‘세존께서 전에 말씀하신 것과 같이 나는 아직 일찍이 짓지 않았구나.’

곧 정(定)에 들어가서 돌아가신 어머니께서 어느 곳에 태어났는가를 관찰하였다. 곧 천안(天眼)으로써 그 돌아가신 어머니께서 마리지세계(摩利支世界)[2]에 태어나신 것을 보았고 사념하였다.

‘누가 능히 그곳으로 가서 법으로써 교화할 수 있겠는가?’

다시 스스로가 사념하였다.

‘오직 세존께서 능히 하실 수 있고 다른 사람은 할 수 없구나.’

이렇게 생각을 짓고서 세존의 처소로 가서 아뢰어 말하였다.

---

2) 산스크리트어 marīci의 음사로서 위광(威光) 또는 양염(陽燄)으로 번역된다. 항상 자신의 모습을 숨기고, 재난을 없애 주고 복을 준다는 신으로 일광(日光)을 신화한 천인으로 제석천의 권속으로 표현되고 있다.

"세존이시여, 부모님께서는 자식에게 어려운 것을 능히 지어주십니다. 저의 어머니께서 현재 마리지세계에 태어나셨으나 다시 능히 그 세계에 가서 교화할 수 있는 다른 사람은 없습니다. 오직 원하옵건대 세존께서 가르쳐서 인도하여 주십시오."

세존께서 알려 말씀하셨다.

"누구의 신통력으로써 그 세계에 가겠느냐?"

목련이 대답하여 말하였다.

"오직 원하옵건대 저에게 대자비의 가피(加被)를 주시옵고 저의 신통력으로써 불·세존과 함께 그 세계에 가도록 하십시오."

이 대목건련(大目乾連)은 자신의 신통력으로써 불·세존과 함께 그의 한 발을 옮기는 것이 하나의 세계와 하나의 미로산(迷盧山)을 밟는 이와 같은 위력(威力)으로 7일이 지나서 비로소 그 세계에 이르렀다. 그의 어머니는 목련이 먼 곳으로부터 오는 것을 보았다. 어머니가 말하였다.

"그대를 오랜 시간동안 보지 못하였는데 어떻게 왔는가?"

이때 마리지세계의 사람들은 이러한 말을 듣고 서로가 번갈아 가면서 말하였다.

"이 여인은 나이가 젊은데 어찌 자식은 늙었는가?"

목련이 알려 말하였다.

"이 여인은 나를 길러주셨습니다. 이분은 나를 낳아주신 어머니이십니다."

이때 세존께서는 목련 어머니의 의요와 수면과 종성(種性)3)을 아시고, 곧바로 4진제(眞諦)의 이치를 설하시어 해오(解悟)를 얻게 하셨다. 그녀는 듣고 법을 얻었고 법을 보았으며, 예류과를 증득하여 금강지저로써 20살가야산을 꺾어서 없앴고, 유신견(有身見)을 깨트렸으며, 견제(見諦)의 이치를 까닭으로 모든 삿된 견해를 파괴하였고 곧 세 종류의 인연을 설하였다.

"세존께서는 저를 이익되게 하셨으나 이러한 이익은 부모·국왕·천신(天

---

3) 산스크리트어 gotra의 번역으로 깨달을 수 있는 성품을 가리킨다.

神)의 권속들이나 역시 사문과 바라문 등이 능히 할 수 있는 것이 아닙니다. 이것은 세존께서 지으신 것으로 능히 혈해를 마르게 하시고, 뼈의 산을 파괴하시며, 악취의 문을 잠가서 닫으시고, 열반의 길을 열어 보이시며, 인천(人天)의 업을 건립하십니다.”

곧 게송을 설하여 말하였다.

세존께서는 위력을 까닭으로
악취의 길을 잠가서 닫으시고
악도에는 많은 어려움이 있으나
열반의 문을 열어 보여주었네.

세존께서는 과실을 제거하셨고
능히 혜안을 생기게 하셨으며
청정한 근원에 도달하게 하셨고
이 고해의 언덕을 넘어가게 하셨네.

세존께서는 인천(人天)의 스승이시고
늙고 병들며 죽는 고통을 잘 없애시더라도
백천 세(世)에도 만나기 어려운데
지금 만나서 이러한 과(果)를 증득하였네.

이렇게 게송을 설하고서 세존께 아뢰어 말하였다.

“세존이시여. 저는 지금 불·법·승보에 귀의하며 오파사가가 되겠고 나아가 목숨이 있다면 저는 언제나 귀의하겠습니다. 지금 세존과 목련에게 공양하고자 합니다.”

이때 세존께서는 묵연히 받아들이셨다. 이때 그 여인은 세존께 음식을 봉헌(奉獻)하였다. 세존께서는 목련에게 그 여인의 여러 음식을 받게 하셨고 음식을 드시고서 옷과 발우를 거두시고 발을 씻으셨으며 몸을 단정히 하고 앉으셨다. 이때 그 여인은 작은 좌구(坐具)를 취하여 세존께 나아가 앉았는데 법을 들으려는 까닭이었다. 이때 세존께서는 곧 설법하셨고, 세존께서는 목련에게 발우를 취하여 씻게 하셨다. 이미 발우를 씻자 세존께서는 목련에게 알리셨다.

"마땅히 본토(本土)로 되돌아가게."

목련이 세존께 아뢰어 말하였다.

"누구의 신족(神足)으로서 본토에 돌아갑니까?"

세존께서 목련에게 알려 말씀하셨다.

"나의 신력(神力)이네."

세존께서 이렇게 말씀을 지으시니 곧 서다림의 아래에 이르렀다. 목련이 세존께 아뢰어 말하였다.

"지금 서다림에 이르렀으니 매우 희유합니다. 세존이시여. 지금의 이러한 신통(神通)을 그것을 무엇이라고 이름합니까?"

세존께서 말씀하셨다.

"속념신통(速念神通)이라고 이름하네."

목련이 세존께 아뢰었다.

"저는 이전에는 모든 세존의 깊고 깊으신 경계를 이해하지 못하였습니다. 제가 만약 이와 같은 깊고 깊은 경계를 이전에 알았더라면 가령 하나하나의 참깨의 가운데에서도 제가 모두를 교화하여 무상정변지(無上正遍知)의 도리를 증득하게 하였을 것입니다. 저는 지금 이미 아라한과를 취하여 번뇌를 소멸시켰으나 능히 이러한 대보리행(大菩提行)을 얻지 못하였습니다."

이때 서다림에 있던 여러 필추 대중은 함께 의심이 생겨나서 세존께 아뢰어 말하였다.

"원만 필추는 이전에 무슨 종류의 업으로 빠르게 아라한과를 증득하였고, 다시 무슨 종류의 업으로 귀족의 가문에 태어났으며, 무슨 종류의 업연(業緣)으로 여노비의 몸에서 태어났고, 무슨 종류의 업보로 여러 번뇌를 끊고 무생과(無生果)를 얻었습니까?"

세존께서 여러 필추들에게 알리셨다.

"원만 필추는 쌓은 습기와 지은 업을 도(道)의 자량(資糧)을 얻은 것이고, 연(緣)이 이와 같이 두루하였으며, 표류하는 가운데에 머무르면서 결정적으로 각(覺)을 얻은 것이니라. 원만 필추는 스스로 쌓고 익힌 업을 스스로 그 과(果)를 얻은 것이고, 스스로 지은 업을 지계(地界)에서 받은 것이며, 화계(火界)·수계(水界)·풍계(風界)에서 받게 한 것이 아니니라. 다만 몸으로 스스로가 받은 것이고, 역시 온계(蘊界)와 6입계(入界)에서 받은 것이 아니며, 지은 업이 성숙된 것이니라."

어느 게송으로 말한 것과 같다.

가령 백겁이 지나더라도
지은 업은 없어지지 않으며
인연이 모여 만나는 때에
과보가 돌아와서 스스로 받는다네.

이때 세존께서 여러 필추들에게 알리셨다.

"지나간 옛날의 이 현겁(賢劫) 가운데서 인산의 수녕이 2만 세이었던 때에 가섭파불(迦葉波佛)께서 세상에 출현(出興)하셨고, 명행원만(明行圓滿)·선서(善逝)·세간해(世間解)·무상사(無上士)·조어장부(調御丈夫)·천인사(天人師)·불세존(佛世尊)께서는 바라니사성(波羅尼斯城)에 머무르셨느니라.

이때 원만은 그 세존의 가르침 가운데에서 출가하여 삼장을 모두 이해하였고 여러 필추들을 위하여 차례로 사업을 검교하였다. 뒤에 한 아라한의 차례에 이르렀고 물을 뿌리고 쓰는 일을 알고서 그는 곧 물을 뿌리고 쓸었다. 이미 물을 뿌리고 쓰는 것을 마쳤으나 자주 바람에 티끌과 오물이 실려 와서 그 땅을 더럽혔다. 이때 그 아라한은 이렇게 생각을 지었다.

'지금 잠시 바람이 그치는 것을 기다렸다가 뒤에 다시 쓸어야겠다.'

원만 삼장은 땅에 먼지와 오물이 있는 것을 보고 쓸지 않은 것으로 생각하고는 성내는 마음을 일으켜 나쁜 말로 욕하였다.

'지금 땅을 쓰는 이 자는 마땅히 어느 여노비의 자식인가?'

이때 그 아라한은 이러한 말을 듣고 이렇게 생각을 짓고 말하였다.

"그가 지금 나에게 성내고 있으므로 곧 만나지 않고 잠시 마땅히 묵연하고 뒤에 이 일을 자세히 말해야겠구나."

이미 성냄이 그쳤으므로 그 아라한은 곧 원만 삼장의 처소로 가서 그에게 알려 말하였다.

"그대는 지금 내가 어떤 사람인가를 아십니까?"

원만이 알려 말하였다.

"그대가 가섭파불의 가르침의 가운데에 출가한 것을 알고 있고, 나도 역시 출가하였습니다."

아라한이 알려 말하였다.

"비록 같이 출가하였으나 출가의 업을 나는 이미 지어 마쳤고 나는 얽매임에서 벗어났으나, 당신은 여전히 얽매여 있습니다. 그대는 입으로 착하지 않은 업을 지었으므로 마땅히 빠르게 허물을 참회하여 죄를 소멸하십시오."

원만 삼장은 듣고 곧 참회하며 말하였으나 이전의 허물을 까닭으로 마땅히 지옥에 떨어졌고, 마침내 사람의 몸을 얻었어도 여노비의 몸에서 태어났으며, 참회하며 말하였던 까닭으로 지옥의 업은 소멸되었으나, 500생을 항상 여노비의 몸에서 태어난 것이니라. 지금 최후신(最後身)으로서 여노비의 태(胎)에 의탁하여 태어난 것은 이러한 뜻의 까닭이니라. 숙세(宿世)의 인연과 익힌 업으로 부귀한 집안에 태어났고, 부지런히 승가의 일을 맡았고 지혜를 독송하여서 온(蘊)·계(界)·입(入)과 인연의 처소와 인연의 처소가 아닌 곳을 잘 아는 것이다. 이러한 업을 까닭으로 나의 가르침의 가운데에 출가하여 번뇌를 끊고 아라한과를 증득한 것이니라."

세존께서는 여러 필추들에게 알리셨다.

"순흑업은 순흑보를 받고 순백업은 순백보를 받으며, 흑백업은 흑백업보를 받느니라. 이러한 까닭으로 필추는 순흑업과 잡업을 마땅히 버리고 떠나야 하며 순백업을 마땅히 부지런히 닦아야 하느니라.”

세존께서 이렇게 말씀하시어 마치시니, 여러 필추들은 믿고 받들어 행하였다.

연기는 왕사성에서 있었다.

이때 왕사성 안에는 두 용왕이 있어 항상 처소에 기거하였다. 그 두 용왕은 첫째는 산(山)이라고 이름하였고, 둘째는 묘(妙)라고 이름하였다. 두 용왕의 위덕력(威德力)을 까닭으로 항상 5백의 맑은 연못이 있었고, 5백의 솟아나는 샘물이 있었으며, 연못과 호수에는 물이 일찍이 마르지 않았고, 비가 내리는 것이 때에 알맞아서 조화롭고 충분하게 윤택하여 종자의 싹이 잘 트고 풍년(豐稔)이 없는 때가 없었다. 마땅히 이때에 세존께서는 난타용왕(難陀龍王)과 오파난타용왕(鄔波難陀龍王)을 조복시키셨으므로 이 두 용왕은 항상 묘고산(妙高山)에서 언덕으로 내려와 세존께 공양하였다. 그때 산(山)과 묘(妙)의 두 용왕은 이렇게 생각을 지었다.

‘우리들이 지금 어찌 이곳에 있으면서 일찍이 따라서 기뻐하지 않았겠는가? 이것은 옳지 못한 것이다. 우리들도 역시 마땅히 세존의 처소에서 여러 공양을 지어야 한다.’

이렇게 생각을 짓고서 곧 세존의 처소로 나아가서 세존의 발에 정례하고 한쪽으로 물러나 앉았다. 세존께서는 이 두 용왕을 위하여 여법하게 가르쳐서 보이셨다. 두 용왕은 듣고 곧 불·법·승에 귀의하였고 곧 청정한 계율을 받았다. 이미 계율을 받자 몸과 수용하는 물건이 모두 스스로가 증성(增盛)하였다. 그 두 용왕은 뒤에 세존의 처소에 나아가서 세존의 발에 정례하고 세존께 아뢰어 말하였다.

“세존이시여. 저희들은 세존의 처소에서 귀의하여 계율을 받아 지녔고 몸과 수용하는 물건들이 모두 스스로가 증성하였습니다. 원하건대 저희들이 큰 바다로 옮겨서 기거하는 것을 허락하십시오.”

세존께서 알려 말씀하셨다.

“그대들은 항상 국왕과 성읍이 있는 곳에 의지하여 왔으므로 지금 만약 옮겨 떠나려면 마땅히 국왕에게 물어보고 뒤에 떠나도록 하게.”

두 용왕은 듣고 곧 이렇게 의논을 지었다.

“세존께서 우리가 큰 바다에 들어가는 것을 허락하셨다면 마땅히 우리에게 그 국왕에게 묻도록 하지 않으셨을 것이오.”

이렇게 의논하고서 곧 떠나지 않고 머물렀다. 이때 두 용왕은 이미 머물렀고 떠나지 않으면서 항상 이렇게 행하였다. 만약 낮의 때에는 세존의 처소로 와서 거사의 모습을 지었고, 밤에 오는 때에는 변하여 천인의 몸으로 변화하여 여러 궁전(宮殿)을 거느리고 몸을 따라서 행하며 세존께 예경하고 공양하였다.

이때 빈비사라왕(頻毘娑羅王)은 찰리종(利利種)으로서 항상 교만하고 아만(我慢)이 높게 행동하였다. 만약 세존의 처소에 나아가고자 한다면 좌우에서 모시는 신하들에게 먼저 세존의 처소에 가서 여러 사람들에게 알리게 하였고, 만약 왕이 오는 것을 보면 일어나서 공경하게 하였다. 이때 왕을 모시는 신하가 곧 세존의 처소로 가서 마땅히 왕의 명령을 알리면서 두 거사가 예전과 같이 단정하게 앉아 있는 것을 사자가 보고서 곧 이렇게 생각을 지었다.

‘이 두 거사는 국왕에게 의지하여 사는데 왕께서 오시는 것을 본다면 어찌 능히 일어나서 공경하지 않겠는가?’

사자는 되돌아가서 왕에게 말하였다.

“대왕이시여. 그곳에 두 거사가 있는데 왕의 경계 안에 기거하면서 지금 세존의 앞에 앉아 있습니다.”

왕은 생각하며 말하였다.

“그들이 어찌 나를 보고 일어나서 공경하지 않겠는가? 내가 지금 마땅히 가야겠구나.”

왕은 곧 세존의 처소로 갔다. 이때 그 두 용왕은 멀리서 왕이 오는 것을 보고 세존께 아뢰어 말하였다.

“세존이시여. 왕이 지금 오고 있는데 저희들이 오히려 그 왕을 공경해야 합니까? 법을 공경해야 합니까?”

세존께서 알려 말하였다.

"용왕이여. 법을 공경하게. 일체의 모든 세존께서도 모두 법을 공경하므로 여러 마땅히 공양하는 자는 모두 법을 공경해야 하네."

게송으로 설하여 말씀하셨다.

과거의 모든 여래와
나아가 미래의 여래들과
현재의 모든 세존께서는
능히 일체의 근심을 끊었다네.

현재에 허공 가운데에서 행하는 자와
미래에 허공에서 행할 자와
그 모든 정등각(正等覺)은
함께 모두가 법을 공경한다네.

여러 이익되게 하려는 자와
성대한 덕을 즐기워하는 사람은
마땅히 모두가 존중이 생겨나서
항상 세존의 가르침을 생각한다네.

이때 그 두 용왕은 이 말을 듣고 곧 그대로 앉아서 일어나지 않았다. 이때 빈비사라왕은 곧 성내면서 세존께 아뢰어 말하였다.

"원하건대 정법을 보여주십시오."

이때 세존께서는 곧 게송으로 설하여 말씀하셨다.

성내면 청정한 마음이 없고
분노가 혹은 마음에 있다면
모든 세존께서 설하신 법을

능히 분명히 알 수가 없나니

여러 성내고 원망하는 마음을 끊고
청정하지 못한 발원을 제거하며
만약 독해(毒害)가 없어지면
곧 정법을 알 수 있으리라.

이때 빈비사라왕은 세존의 게송을 듣고서 이렇게 생각을 지었다.

'이 두 거사의 인연을 까닭으로 세존께서 나를 위하여 설법하시지 않는구나.'

이렇게 생각을 짓고서 세존께 예경하고 돌아갔다. 이미 문밖으로 나와서 기다리는 신하에게 알려 말하였다.

"이 두 거사가 만약 세존께 하직한다면 그대가 말하시오. '왕의 국경 안에 머무르지 마시오.'"

이때 두 거사는 세존의 두 발에 예경하고 세존께 하직하고 떠나갔고 더욱이 왕의 신하로부터 왕의 뜻을 갖추어 들었다.

거사가 대답하여 말하였다.

"지금 왕의 명령에 의지하여 왕의 국경 안에 머무르지 않겠습니다."

이때 두 거사는 함께 이렇게 생각을 지었다.

'우리들은 항상 큰 바다에 들어가는 것을 원하였다. 지금 왕의 말을 들으니 우리의 소원과 매우 들어맞는구나.'

이때 용거사(龍居士)는 용의 위력으로서 마침내 폭류를 지어 작은 구덩이를 넘치게 하였고 크고 작은 하천에 강에 이르게 하였던 인연으로 큰 바다에 들어갔다. 그 두 용왕은 큰 바다에 이르러 몸이 마침내 장대하여졌고 여러 권속들이 많아졌다. 뒤의 다른 때에 용왕이 바다로 들어갔으므로 왕사성 가운데 500의 맑은 연못과 솟아나던 샘물·방죽(陂湖)·호수·저수지·늪지 등이 점차로 고갈되었고 내리는 비도 시절에 의지하지 않아서 온갖 곡식들이 자라는 것이 모두 풍성하지 못하였다. 날마다 굶주림을 당하였고 여러 필추들은 걸식을 얻는 것도 어려웠다. 이때 빈비사라왕은 이 일을 보고 곧 이렇게 생각을 지었다.

'이 왕사성의 가운데에 이전에는 두 용왕이 국경에 머물러 있었고, 위덕을 까닭으로 샘물·늪지·방죽·연못이 모두 충분히 넘쳤고, 비바람이 때를 맞추어 온갖 곡식들이 풍성하게 익었었다. 지금에는 어찌하여 모든 샘물과 저수지 등이 점차 고갈되고 구름과 비와 바람도 시절을 의지하지 않으며 오곡이 익지 않아서 나라 안에는 기근이 들고 여러 필추들은 걸식을 얻는 것이 어려운 것인가? 이 두 용왕이 금시조(金翅鳥)에게 잡아먹혔거나, 혹은 다시 스스로 죽었거나, 혹은 긴 부리의 새에게 잡혀서 떠나갔거나, 혹은 두려움을 인연하여 다른 곳으로 도주한 것이 아닐까? 내가 이제 마땅히 가서 세존께 여쭈어야겠다.'

이렇게 생각을 짓고서 세존의 처소에 이르러 세존의 두 발에 예경하고 물러나서 한쪽에 앉아서 합장하고 세존을 향하여 이러한 일을 자세히 말하였다. 이때 세존께서는 빈비사라왕에게 알려 말씀하셨다.

"왕은 지금 마땅히 아십시오. 그 두 용왕은 죽은 것도 아니고, 역시 금시조에게 잡아먹힌 것도 아니며, 역시 긴 부리의 새에게 잡혀간 것도 이니고, 역시 두려움을 인연하여 다른 곳으로 도주한 것도 아닙니다. 왕을 까닭으로 옮긴 것입니다."

왕이 말하였다.

"세존이시여. 나는 일찍이 이 두 용왕을 본 것을 기억하지 못하는데, 어찌 옮겨가게 하였겠습니까?"

세존께서 말씀하셨다.

"그대에게 기억하도록 하겠으니 왕은 지금 기억해 보십시오. 대왕이여. 그대는 이전에 두 거사가 나의 설법의 회중(會中)에서 그대가 일찍이 쫓아내어 그대의 나라에서 나가게 하였던 것을 지금 기억하십니까?"

왕이 말하였다.

"나는 이 일은 알고 있습니다."

세존께서 알려 말씀하셨다.

“이들은 산(山)과 묘(妙)라는 두 대용왕(大龍王)이었습니다.”
왕이 말하였다.
“세존이시여. 이 두 용왕은 지금 어디에 있습니까?”
세존께서 말씀하셨다.
“지금 바다의 가운데 있습니다.”
왕이 말하였다.
“세존이시여. 나와 백성들이 반드시 마땅하게 손감(損減)할 것입니다.”
세존께서 말씀하셨다.
“대왕이여. 마땅히 스스로가 허물을 뉘우친다면 왕과 백성들이 뒤에 손감되지 않을 것입니다.”
왕이 말하였다.
“그들이 큰 바다에 있는데 어떻게 사죄해야 합니까?”
세존께서 말씀하셨다.
“그 두 용왕이 매월 8일에는 거사의 모습을 짓고 항상 나에게 와서 예경합니다. 그들이 오는 때에 내가 마땅히 모습을 나타내어 그대가 마땅히 스스로 알게 하겠으니, 그대가 마땅히 뉘우치고 사죄하십시오.”
왕이 말하였다.
“내가 그의 발에 정례해야 합니까? 정례하지 않아야 합니까?”
세존께서 말씀하셨다.
“다만 오직 손을 끌어당기고 외쳐 말하십시오. ‘용왕께서는 노여움을 참으십시오.’”
왕은 세존께서 알리신 것을 듣고 오로지 이 날을 기다리면서 용왕이 오는 것을 바라고 있었다. 뒤에 그 두 용왕이 거사의 모습을 짓고 세존의 처소에 이르렀고 왕이 찾아서 뒤에 이르렀다. 여래께서는 이때 방편으로 모습을 드러내셨으며 빈비사라왕은 곧바로 손을 당겨서 두 용왕에게 알려 말하였다.
“마땅히 분노를 참으시고 이곳에 돌아와서 머무십시오.”
두 용왕이 대답하여 말하였다.

“대왕께서는 마땅히 아십시오. 우리는 세존의 처소에서 귀의하여 수계하였고, 이후부터 몸과 수용하는 것들이 모두 매우 증장되었습니다. 지금 만약 이 마갈타성(摩揭陀城)으로 돌아오더라도 머물 곳이 없습니다. 지금은 비록 백성들이 조금의 피해가 있더라도 뒤에는 마땅히 안은할 것입니다.”

왕이 말하였다.

“어떻게 하여야 나중에 손해가 없겠습니까?”

두 용왕이 대답하여 말하였다.

“왕께서는 마땅히 우리를 위하여 두 개의 궁전을 지으시고, 매번 6개월에 여러 종류의 공양구로 항상 공양하십시오. 우리들이 마땅히 여러 권속들에게 이곳에 머무르며 항상 옹호하게 하겠고 공양의 날에는 우리가 직접 오겠습니다.”

그 영승왕(影勝王)은 이 말을 듣고서 두 용왕을 위하여 곧 궁전을 세웠다. 이때 두 용왕은 권속들을 머무르게 하여 항상 그 가운데에 있게 하였고 공양할 때에 이르면 두 용왕은 항상 와서 공양을 받았다. 뒤의 다른 때에 그 용왕의 권속들은 함께 교만이 생겨났고 곧 악한 용이 되었으며 마침내 비와 우박을 퍼부었다. 이때 왕사성의 가운데에는 한 바라문이 있어 비와 우박의 주술(呪術) 가운데에서 최고로 통달하였으므로 매번 점을 쳐서 우박의 구름이 일어나는 때에 곧바로 없앴고 왕사성 사람들은 얻은 이익을 모두 그에게 나누어 주었다.

이때 남천축국(南天竺國)에도 다시 한 바라문이 있어 비와 우박의 주술 가운데에서 역시 최고로 통달하였다. 그는 북천축국의 파리가성(波利迦城)에 초군(超軍)이라고 이름하는 왕이 있어 바르게 교화하고 나라를 다스린다는 것을 들었다. 그 성안에는 손타라(孫陀羅) 용왕의 궁전이 있었고 그 용왕의 위력과 용맹함이 비교할 수 없다는 것을 듣고 ‘내가 마땅히 가서 항복시켜야겠다.’고 생각하였다. 이제 그 주술사는 점차 나아가서 왕사성 주술사의 집에 이르렀다. 공중에 구름이 일어났고 곧 우박이 내리고자 하였으나 옛날부터 머물던 주술사는 멈추게 하지 못하고서 다만 허둥거리며 오고 가는 것을 보았다. 객(客)인 주술사가 이전부터 머물던 주술사의 아내에게 물어 말하였다.

"현녀(賢女)여. 그대의 남편은 주술사인데 무슨 까닭으로 허둥거리며 출입하고 있습니까?"

여인이 알려 말하였다.

"선남자여. 우박구름이 매우 성하여 능히 멈추게 할 수 없습니다."

객 주술사가 대답하여 말하였다.

"그대의 남편이 주술사로서 만약 멈출 수 없다면 내가 마땅히 멈출 수 있습니다."

그의 아내가 알려 말하였다.

"매우 좋습니다."

그 객 주술사는 곧 적은 물을 취하여 주문을 외우고 허공에 뿌리니 그 구름은 곧 흩어졌다. 이때 왕사성 안의 바라문과 거사 등은 이 일을 보고 매우 희유함이 생겨나서 모두 재화로서 주술사에게 상으로 보내면서 그에게 알려 말하였다.

"왕사성에 거주하는 사람들이 지극한 신심이 생겨나서 재물을 상으로 드립니다. 그대는 모두 받으십시오."

예전부터 있던 주술사가 말하였다.

"무슨 인연으로 재물을 주는 것입니까?"

사람들이 대답하여 말하였다.

"우박구름이 흩어졌던 인연을 까닭으로 와서 상으로 받드는 것입니다."

예전부터 있던 주술사가 대답하였다.

"나는 능히 구름을 없애지 못하였습니다. 모두 이 객 주술사가 능히 나쁜 구름을 흩었습니다."

이에 사람들은 곧 재물을 가지고 객 주술사에게 나아가서 함께 주술사에게 알려 말하였다.

"그대는 마땅히 이곳에 머무르십시오. 우리들이 모든 이익을 나누어 당신께 공급하겠습니다."

객 주술사가 말하였다.

“지금 그대들의 뜻을 따르겠습니다.”

곧 머물렀고 떠나지 않았다. 이때 객 주술사는 곧 주법(呪法)을 베풀어 그 악한 구름을 금제하여 다시는 일어나지 못하게 하였고 우박구름은 마침내 끊어졌다. 그 왕사성의 바라문과 거사들은 모두 이렇게 생각을 지었다.

‘우리들의 복력을 까닭으로 바람과 천둥과 우박구름이 다시는 내리지 않는구나. 우리들이 어찌 그에게 이익을 나누어 주겠는가?’

곧바로 공급해 주지 않았다. 이때 객 주술사는 곧 원망을 품고 그 주법을 거두고서 길을 떠나갔다. 뒤에 비와 우박이 내렸고 성안의 사람들은 예전 주술사에게로 가서 물어 말하였다.

“그 객 주술사는 지금 어느 곳에 있습니까?

예전 주술사가 알려 말하였다.

“그대들이 그에게 이익을 주지 않았던 까닭으로 지금은 이미 떠났습니다.”

여러 사람들이 함께 말하였다.

“그가 만약 다시 온다면 곧 우리에게 알려 주십시오.”

주술사가 말하였다.

“알겠습니다.”

그 객 주술사는 이미 점차 나아가서 승군성(勝軍城)의 경계에 이르렀다. 그 성에 이르러 승군왕(勝軍王)을 보고 왕의 앞에서 공경스럽게 말하였다.

“바라건대 왕께서는 장수하십시오.”

말을 마치고 곧 왕에게 아뢰어 말하였다.

“대왕께서는 마땅히 아십시오. 왕의 경계 안에는 용왕이 있어 손타라(孫陀羅)라고 이름합니다. 그런데 그 용궁 안에는 상묘(上妙)한 약이 있으며 복용하면 빠르게 힘을 얻습니다. 원하건대 왕께서는 제가 용궁을 보게 하십시오. 제가 약을 얻게 되면 곧 왕께 나누어 드리겠습니다.”

왕이 말하였다.

“바라문이여. 그 용은 지극히 악독하므로 서로가 거스르거나 접촉하지 마시오. 반드시 마땅히 그대를 해칠 것이오.”

주술사가 말하였다.

“대왕께서는 마땅히 아십시오. 저에게는 주력(呪力)이 있어서 가령 섬부주가 그 손타라용으로 가득하더라도 제가 오히려 굴복시킬 수 있으나, 저의 이름조차도 허물지 못하게 할 수 있습니다. 하물며 하나의 손타라용이겠습니까? 대왕이시여. 왕의 나라 안에 죄를 범하여 죽어도 합당한 자가 많습니까?”

왕이 말하였다.

“있습니다.”

주술사가 말하였다.

“이 사람을 보내어 그 용궁을 향하여 저에게 용이 있는 곳을 보게 하십시오.”

이때 승군왕은 곧 죄인을 불렀고 주술사를 따라서 그 용궁으로 가서 그 용이 있는 곳을 살피게 하였다. 그때 죄인은 곧 왕의 명령을 받들어 그 주술사와 함께 독룡의 궁전에 이르러 멀리서 용이 있는 곳을 보고 그에게 말하였다.

“그 나무숲의 서늘하고 조용한 곳의 그 가운데에 용이 있습니다.”

주술사가 보고 용궁 앞에 이르러 그 용의 약을 취하여 있는 힘을 다하여 돌아왔다. 승군왕의 처소에 이르러 승군왕에게 약을 나누어 주었고 왕에게 하직하고 나라로 돌아왔다. 왕사성에 이르니 예전의 주술사는 객 주술사가 이른 것을 보고 곧 성안의 사람들에게 알려서 알게 하였다. 성안의 사람들은 각자 공급할 것을 가지고 와서 그에게 받들고서 주술사에게 알려 말하였다.

“당신께서 곧 이곳에 머무신다면 우리들이 함께 모든 것을 공급하겠습니다.”

주술사가 대답하여 말하였다.

“그대들이 나를 속였으므로 나는 지금 머무르지 않겠습니다.”

이때 그 사람들은 은근(殷勤)하게 머무르기를 청하였고 주술사는 간절하게 청하는 것을 보고 곧바로 이곳에 머물렀다. 성안의 여러 사람들은 더욱 대우하였다. 이때 사람의 법이란 그러하듯이 사랑이 무르익으면 시들해지고, 부자가 되면 교만해지고 방일해지는 것이다. 자신의 부류인 종족의 여인을 취하여 아내로 삼았고 오래지 않아서 곧 한 아들을 낳아서 소산(小山)이라고 이름하였고, 다시 한 딸을 낳아서 전광(電光)이라고 이름하였다. 여러 바라문들은 함께 주술사에게 손타라(孫陀羅)라고 이름을 지어주었고 그의 아내는 진박(震雹)이라고 이름하였으며, 며느리는 승륜뇌(勝輪惱)라고 이름하였다. 이름을 짓고서 마음에서 환희를 품고 있었다. 이때 그 주술사는 곧 이렇게 생각을 지었다.

'만약 그들이 나에게 자주 우박을 그치게 시킨다면 매우 피곤할 것이다. 작법으로 한꺼번에 우레와 우박이 영원히 생겨나지 못하게 하는 것보다 못하겠구나.'

이렇게 생각하고 곧 금지된 주술을 베풀어 그 우박과 비를 굴복시켜 영원히 일어나지 못하게 하였다. 이때 왕사성의 사람들은 다시 의논하며 말하였다.

"우리들 스스로의 복력을 까닭으로 우레와 우박이 내리지 않는 것입니다. 어찌 그 객 주술사에게 우리들의 이익을 나누어 주겠습니까?"

이렇게 의논을 짓고서 곧 공급을 끊었다. 그 객 주술사는 자신의 주법을 아껴서 자식에게도 역시 가르치지 않았고, 욕락에 탐착하고 즐겨서 자기 스스로도 역시 부지런히 익히지 않았으며, 소유하였던 약은 일찍이 햇볕에 말리지 않아 모두가 썩어버렸다. 뒤의 다른 때에 그 주술을 다스리고자 찾았으나 이미 잊어버렸다. 주술사는 이전의 왕사성 사람들에게 깊은 미움과 원한을 품고 그들의 허물을 엿보고 구하면서 다른 학문을 하는 스승들에게 두루 물어 말하였다.

"무슨 방편이 있으면 뜻에 맞는 것을 구하여 얻겠습니까?"

이때 그 다른 스승들은 혹은 불에 들어가면 곧 얻을 것이라고 말하였고, 혹은 독약을 먹으라고 말하였으며, 혹은 스스로 높은 바위에서 떨어지라고 말하였고, 혹은 새끼줄로 목을 매어 나뭇가지에 매달리라고 말하였다.

그들이 말하는 것은 모두 목숨을 버리게 하는 것이었으며 그 법을 보여주지는 못하였다. 이때 그 주술사는 점차 앞으로 나아가서 죽림정사에 이르렀고 한 필추를 보고 알려 말하였다.

"성자여. 무슨 방편이 있어야 구하는 것이 뜻에 맞겠습니까?"

필추가 대답하여 말하였다.

"그대는 세존의 처소에서 출가하십시오."

주술사가 알려 말하였다.

"나에게 그곳에서 무슨 일을 짓게 하려고 합니까?"

필추가 알려 말하였다.

"그대는 그곳에서 목숨을 마칠 때까지 범행을 수습(修習)하고 선사(禪思)하며 독송하고 부지런히 학문하면서 가르침에 의지하여 받들어 행한다면 현재의 몸으로 능히 번뇌를 없앨 수 있을 것입니다. 만약 나머지의 번뇌가 아직 모두 없어지지 않더라도 몸은 곧 죽음을 물리칠 수 있고, 마음에서 구하는 것을 마땅히 내세에 모두 성취할 것입니다."

주술사가 알려 말하였다.

"성자여. 이 일은 하는 것이 어렵습니다."

필추가 알려 말하였다.

"만약 능히 할 수 없다면 다시 방편이 있습니다. 세존의 상수인 필추 대중에게 그대가 계속 청하여 음식을 공양하십시오."

주술사가 알려 말하였다.

"이것도 역시 하는 것이 어렵습니다. 오직 바라건대 나를 위하여 다른 방편을 베풀어 주십시오."

필추가 알려 말하였다.

"그대는 4대성문(大聲聞)을 청하여 진심(盡心)으로 음식을 공양하면서 마땅히 곧 발원한다면 구하는 것을 모두 얻을 것입니다. 왜 그러한가? 4대성문께서는 오히려 현병(賢瓶)[4]과 같아서 만약 구하는 것이 있다면

---

4) 현(賢)은 선(善)을 뜻한다. 선(善)을 생기게 하고 모든 소원을 뜻대로 이루어지게 해 준다는 병으로 의식 때 이 병에 약·향수·물 등을 담아 단상(壇上)에 놓아둔다.

모두 뜻을 따라서 얻을 것입니다.”

주술사가 대답하여 말하였다.

“이 일은 할 수 있습니다.”

그때 주술사는 곧 4대성문을 청하여 음식으로서 공양하였고 공양을 마치자 곧 발원하였다.

“나는 이 선근(善根)으로 바라건대 손타라용왕이 그의 용궁에서 곧바로 죽은 뒤에 내가 그 용궁에 태어나서 왕사성 주술사의 일과 백성들 대중에게 손해를 짓게 하십시오.”

아내가 곧 남편에게 물어 말하였다.

“당신은 무슨 발원을 지었습니까?”

남편이 곧 대답하여 말하였다.

“나는 이러이러한 발원을 지었소.”

아내가 말하였다.

“이 발원은 매우 좋습니다. 나는 마땅히 그대와 함께 태어나서 아내가 되는 것을 발원하겠습니다.”

그 주술사의 아들이 곧 아버지에게 알려 말하였다.

“지는 마땅히 아들이 되겠습니나.”

그의 딸이 알려 말하였다.

“저는 마땅히 딸이 되겠습니다.”

그의 며느리가 말하였다.

“나도 역시 당신의 아내가 되겠습니다.”

그 주술사 등은 발원을 마치고서 자신들의 방으로 돌아가서 곧바로 잠이 들었다. 이때 오색구름이 일어났고 큰 비가 내렸으며 담장과 벽이 물에 잠겨서 일시에 무너졌다. 그때 주술사와 여러 가족들은 일시에 죽었고 원력을 까닭으로 용궁에 태어났으며 옛날에 머물고 있던 손타라용왕을 쫓아내고 스스로가 6만의 권속들에 둘러싸여 그 용궁 가운데에서 살았다. 그 주술사는 인연으로 손타라용왕이라 불렸고, 그의 아내는 진박(震雹)이라 이름하였으며, 아들은 소산(小山)이라 불렸고, 딸은 전광(電光)

이라고 이름하였으며, 며느리는 승륜(勝輪)이라고 하였다.

용의 법에서 항상 그러하듯이 태어나면 곧 세 종류의 전생의 일을 깨달아 아는 것이다. 무슨 보(報)를 버리고 쫓아서 용궁에 태어났는가? 모두가 원력(願力)의 까닭이고, 무슨 발원으로 인연하여 이곳에 태어났는가? 왕사성의 사람들을 손괴하고자 하는 것이었다. 이 일을 까닭으로 다시 생각을 지었다.

'세상에 곡식의 싹이 나서 무성하게 되면 곧 없애야 하는가? 곡식이 싹트는 것을 없애는 것이 고통스러울 것인가? 아니면 아직 싹이 생겨나지 않은 것을 없애는 것이 고통스러울 것인가? 만약에 무성한 것을 없앤다면 마땅히 더욱 고통스러울 것이다.'

이렇게 생각을 짓고서 여러 권속들을 불러서 모두에게 빠르게 마갈타국으로 가서 시원한 비를 내려 곡식의 싹이 생겨나게 시켰다. 이 여러 용들이 명령에 의지하여 비를 내렸고 모든 새싹들이 무성해졌다. 이때 손타라용왕은 6만의 용들과 함께 곧 마갈타국에 이르러 일시에 우박을 내렸는데 비리륵과(毘梨勒果)5)처럼 커서 곡식의 새싹을 꺾어 부러뜨렸으며, 큰비를 퍼부어 뿌리와 열매가 모두 떠내려갔으므로 모든 것이 없어졌다. 이때 마갈타국의 사람들은 각자 서로에게 말하였다.

"지금의 이 용왕은 나아가 벼와 볏짚까지도 남겨두지 않는구나."

이것을 인연하여 용왕에게 무도간(無稻稈)용왕이라고 이름을 지어서 불렀다.

---

5) 다른 이름으로 아마락가(阿摩落迦), 아말라(阿末羅), 암마락가(菴摩洛迦), 암마륵(菴摩勒)이라고 말한다.

근본설일체유부비나야약사 제5권

삼장법사 의정 한역
석보운 번역

안의 섭송 ②

안의 섭송으로 말하겠노라.

왕성(王城)과 나란타(那蘭陀)와
파타(波咤)와 죽장림(竹仗林)과
강가(强伽)와 승봉산(勝峰山)과
향성(響聲)과 벽사리(薜舍離)가 있다.

이때 세존께서는 왕사성(王舍城) 갈란탁가지(羯蘭鐸迦池) 죽원(竹園)의 가운데에 머무르셨다.

이때 미생원(未生怨) 태자는 제바달다(提婆達多)의 여러 격발(擊發)을 까닭으로 그의 말을 받아들였고 곧 법에 수순하는 부왕(父王)을 살해하고 스스로가 왕위에 올랐다. 이때 이 왕은 여래의 처소에서 여러 종류의 해치는 일을 짓고자 하였으므로 호재(護財)라고 이름하는 한 큰 코끼리와 사나운 말과 개를 풀어놓고 여래를 해치고자 하였다. 이때 왕의 어머니인 위제희(韋提希)는 이러한 일을 듣고 곧 아들에게 알려 말하였다.

"그대는 세존의 처소를 업신여기고 훼손하지 마시게. 여래께서는 항상 중생들이 업신여기고 훼손하며 행하는 것을 걱정하시므로, 불·세존께서 왕사성을 떠나시어 이 나라의 가운데에서 큰 이익을 잃는 것이 두렵네. 세존의 위신력(威神力)을 까닭으로 안가국(安伽國)과 마갈타국에서 소유한 중생들에게 이익과 즐거움이 항상 생겨나고 환희로운 것이네.”

왕은 이러한 말을 듣고 분노를 품고서 그의 어머니에게 말하였다.

“다른 나라의 가운데에는 여래가 없는데 그 나라는 어찌 마땅히 망하지 않으며 중생들이 없어지지 않습니까?”

그의 어머니는 여러 종류의 방편으로 막고자 하였으나 역시 마음을 돌리지는 못하였다. 그때 세존께서는 곧 이렇게 생각을 지으셨다.

'이 미생원 태자가 무량한 죄를 짓고 있으므로 내가 마땅히 이 자를 무근신(無根信)에 머물게 하겠으나 지금은 때가 아니구나. 내가 지금 날이 밝으면 실라벌성으로 가야겠구나.'

이때 세존께서는 성문(聲聞) 대중과 함께 점차로 유행(遊行)하시어 실라벌성으로 나아가셨으며 그 성에 이르시어 서다림의 급고독원에 머무르셨다. 이때 그 이웃의 국왕들은 미생원왕이 세존의 처소에서 업신여기고 훼손을 행하였고 여래께서는 이 일을 걱정하시어 왕사성을 떠나서 실라벌성으로 나아가셨고 지금 현재 그곳에 이르셨다는 것을 들었다. 이웃의 국왕들은 곧 이렇게 생각을 짓고 말하였다.

'그 작은 나라의 왕이 부왕이 정법을 수순하였으나 살해한 것은 부족함을 품고 있는 까닭이다. 여러 천신(天神)과 세상의 사람들이 함께 공양할 분은 오직 여래이시거늘, 지금에도 이 악한 사람은 다시 업신여기고 헐뜯음이 생겨났으니, 우리들의 여러 나라들이 함께 여러 종류의 방편을 지어 그의 왕위를 빼앗아야겠다.'

이 여러 왕들은 계속하여 사신을 보냈고 다시 서로에게 알렸으며 네 종류의 군대를 갖추었고 갑옷과 병장기를 온전하게 갖추었으니 이를테면, 상병(象兵)과 마병(馬兵)과 거병(車兵)과 보병(步兵)이었다. 왕사성에 이르러 사방의 곡식들을 모두 훼손하고서 주위에 진을 치고 머물렀다. 이때 무도간용왕은 다시 큰 우박을 내려서 다시 곡식을 더욱 손상시켰고, 500의 샘물과 연못들이 자연히 마르게 하였다. 하늘은 다시 비를 내리지 않아서 나라 안에서는 기근이 들었고, 사람들도 편안하지 못하였으며, 성 밖으로 흐르는 물에는 모두 독약이 풀어졌다.

미생원왕은 극심한 고통을 받았고 사람들도 편안함을 얻지 못하였으며 큰 질병과 역병이 일어나서 병들어 죽는 자가 더욱 많아졌으므로 성문 밖으로 시체를 실려 나가는 수레가 꼬리를 물었다. 이때 미생원왕은 무량한 100종류의 여러 고뇌가 몸과 마음을 해쳤고 근심을 품은 까닭으로 손으로 뺨을 괴고 한탄하면서 머물고 있었다. 이때 미생원왕의 어머니인 위제희가 아들이 근심을 품고 있는 것을 보고 물어 말하였다.

"그대는 무슨 생각을 하고 있는가?"

곧 어머니에게 알려 말하였다.

"백 종류의 극심한 괴로움이 모두 지금 와서 나타났습니다."

어머니가 말하였다.

"내가 이전에 그대에게 말하였네. '진실로 여래이신 세존을 업신여기고 헐뜯지 말게. 세존께서는 무소외(無所畏)이시므로 오직 업신여기고 능멸하는 것을 염려하시어 세존께서 왕사성을 버리고 떠나시는 일이 없도록 하게.' 만약 세존께서 이곳을 버리신다면 나라 안에는 여러 나쁜 징조들이 나타닐 것인네, 지금이 이것이네."

왕이 말하였다.

"아모(阿母)[1]여. 지금 다시 무엇을 해야 합니까?"

어머니가 말하였다.

"세존의 처소에 마땅히 가서 참회(懺謝)를 하게."

왕이 말하였다.

"어머니. 나는 진실로 감히 세존을 직접 눈앞에서 볼 수 없습니다. 오직 깊은 원한의 책임이 있습니다."

어머니가 말하였다.

"혹은 전단으로 사용되고, 혹은 칼과 도끼로서도 이 두 사람에게 다른

---

1) 어머니를 부르는 말이고, 전(轉)하여 연로한 부녀자를 일컫는 말로도 쓰인다.

생각이 생겨나지 않는 것을 그대는 일찍이 듣지 못하였는가? 설령 다시 사람이 있어 청정한 신심으로 전단 가루로서 발라드리더라도 여래께서는 그에게 기쁜 마음을 일으키지 않으시며, 설령 다시 사람이 있어 여러 성내는 마음으로 칼로 베고 상하게 할지라도 여래께서는 그에게 성내는 마음을 일으키지 않으시네.”

이때 미생원왕은 어머니의 이러한 말을 듣고 한 신하를 불러 칙명하였다.

“경은 곧 빠르게 불·세존의 처소로 가서 나를 위하여 정례하시오. 여래께서는 존체(尊體)가 가볍고 예리하시며 알맞고 평안하신가의 안부를 묻고 다시 이러한 말을 아뢰도록 하시오. ‘자식에게 허물이 있더라도 아버지는 역시 보지 않습니다. 오직 원하옵건대 세존께서는 자비를 애민하게 생각하시어 왕사성으로 오십시오. 만약 세존께서 오지 않으신다면 나라가 마땅히 없어질 것입니다.’”

신하가 왕에게 아뢰어 말하였다.

“알겠습니다. 알겠습니다.”

신하는 왕의 칙명에 의지하여 곧 실라벌성으로 갔다. 세존의 처소에 이르러 세존의 발에 정례하고 세존께 아뢰어 말하였다.

“미생원왕이 여래께 안부를 여쭈었습니다.”

앞에서와 같이 갖추어 말하였다. 세존께서 말씀하셨다.

“왕과 그대는 모두 안락하시오?”

사자가 세존께 아뢰어 말하였다.

“미생원왕은 다시 세존께 아뢰었습니다. ‘자식에게 허물이 있더라도 아버지는 역시 보지 않습니다. 오직 원하옵건대 세존께서는 자비를 애민하게 생각하시어 왕사성으로 오십시오. 만약 세존께서 오지 않으신다면 나라가 마땅히 없어질 것입니다.’”

세존께서는 곧 묵연히 받아들이셨다. 이때 대신은 세존께서 묵연하신 것을 보고 곧 물러나서 떠나갔다. 그때 세존께서는 실라벌성을 버리고 여러 필추들과 함께 점차로 유행하시어 마갈타국의 국경에 이르셨다. 세존의 위신력으로서 여러 풍신왕(風神王)들은 묘하고 온화한 바람을 일으켜 독수(毒水)들을 불어 물리쳐서 모두 마르게 하였고, 여러 수신왕(水神王)들은 8공덕수(功德水)를 뿜어내어 샘물과 연못을 가득 채웠으며, 하늘에서는 단비가 내렸고, 세존을 믿는 선신(善神)들이 함께 역병의 귀신들을 쫓아내어 병들고 죽는 일이 멈추었으며, 사방의 군대들도 세존께서 경계에 들어오셨다는 것을 듣고 각자 스스로가 물러나서 돌아갔다.

나라 안의 모든 사람들은 재화를 교회(交會)하였고, 나라 밖에서도 듣고 다시 여러 종류의 재화를 가지고 서로 매매하여 나라 안은 풍족해졌으며, 골목과 거리에서는 사람들이 여래의 위덕(威德)을 찬탄하였고, 여러 나머지의 외도들은 모두 묵연하였으며, 몸을 낮추고 머물렀다. 이때 여러 사람들은 매우 크게 환희하였다. 이때 마갈타국의 왕으로서 위제희의 아들인 미생원왕은 불·세존께서 마갈타국의 경계에 이르셨다는 것을 듣고 마음에서 크게 환희하여 여러 신하들에게 명하여 알려 말하였다.

"그대들은 큰 길에서 2리(里) 반절에 이르기까지 깨끗하게 물을 뿌려서 쓸고, 여러 기와 조각과 돌멩이를 제거하고 전단향수(栴檀香水)로서 그 길에 뿌릴 것이며, 다시 여러 종류의 상묘(上妙)한 증채(繒綵)로서 기이하고 수려하게 장엄하고, 왕사성 안에는 아름답고 좋은 향을 태우고 여러 가지의 꽃들을 뿌려 놓고 세존을 기다리도록 하시오."

이때 여러 신하들은 왕의 가르침을 받고 왕사성의 안과 여러 거리들을 광대하게 장식하였다. 미때 마갈타국의 주인이고 위제희의 아들인 미생원왕은 자신의 위력으로써 사병(四兵)을 이끌고 세존을 영접하러 갔다. 이러한 까닭으로 세존께서는 세존을 둘러싸고 있는 무리들을 조복시키셨고, 이때에 미생원왕은 무량한 백천(百千)의 여러 천인(天人)들과 함께 세존의 뒤를 따라서 왕사성으로 나아갔다. 성에 들어가고자 하려는 때에 세존께서 오른쪽 다리를 들어서 비로소 문지방을 넘으셨다.

이때 대지는 여섯 종류로 진동하였고, 나아가 주변이 솟아올랐으며, 가운데는 가라앉았고, 이 세계에는 광명이 밝게 비추었으며, 나아가 유명(幽冥)[2]의 사이에 이르기까지 큰 광명이 나타났다. 여러 하늘의 허공에서 세존의 정수리 위에 여러 종류의 꽃들을 뿌렸으니 이를테면, 올발라화(嗢鉢

羅花)·구물두화(拘物頭花)·분다리화(分陀利花)이었고, 다시 전단향(栴檀香)과 울금향(鬱金香) 가루와 만다라화(曼陀羅花)와 마하만다라화(摩訶曼陀羅花)와 아울러 여러 천의(天衣)들을 뿌렸다.

여래께서 성으로 들어가시는 때에 이러한 여러 종류의 기이하고 특이한 모습을 나타내시니 여러 작은 거리와 골목들은 자연스럽게 넓어졌고, 여러 작은 나무숲은 곧바로 증장되어 그 높고 큰 것은 다시 스스로가 가지를 늘어뜨렸으며, 코끼리·말·소·새는 그 부류의 음을 따라서 소리를 질러 크게 기뻐하였고, 나아가 여러 그릇과 물건들은 자연히 진동하고 울렸으며, 맹인은 볼 수 있었고, 귀머거리는 들을 수 있었으며, 벙어리는 말을 하였고, 불구자들은 모두가 구족되었으며, 술에 취해 있던 자들은 모두가 깨어났고, 독약을 먹었던 사람들은 역시 해독이 되었으며, 원한을 품었던 사람들은 함께 자비심이 생겨났고, 만약 임신하였다면 모두가 곧 일찍이 고통없이 낳았으며, 감옥에서 가쇄(枷鎖)3)와 뉴계(杻械)4)에 금제되었던 사람들은 자연히 벗어나게 되었고, 가난하고 궁핍하였다면 여러 재물과 보배를 얻었다.

한 오파색가(鄔波索迦)가 있어 이와 같은 여러 종류의 이익을 보고 곧 게송으로 설하여 말하였다.

세존께서 유행하는 국가의
그 나라에는 여러 두려움과
굶주림과 다른 군대가 없어지고
비바람은 항상 조화롭고 수순하며

사람들이 함께 복을 닦으니

---

2) 사람이 죽어서 간다는 세계인 저승을 가리킨다.
3) 인의 손목에 채우는 형구로서 목에 씌우는 나무칼인 가(枷)와 목·발목에 채우는 쇠사슬인 쇄(鎖)를 합하여 부르는 말이다.
4) 죄인의 손목에 채우는 형구인 수갑의 일종이다.

안락하여 모두가 근심이 없고
백천 종류의 희유한 일들이
이곳에서는 모두 성취된다네.

그때 세존께서는 왕사성으로 들어가시어 대중들을 안위(安慰)하셨고 이익을 얻지 못한 사람이 없었으며 세존께서는 곧 죽림정사로 되돌아가셨다. 이때 마갈타국의 위제희의 아들인 미생원왕은 곧 세존의 처소에 나아가서 두 발에 정례하였고, [자세한 내용은 생략한다.] 나아가 세존께서는 보여주셨고 가르치셨으며 이익되고 기쁘게 하시고서 묵연히 머무르셨다.

이때 마갈타국의 위제희의 아들인 미생원왕은 세존께서 하시는 여러 종류의 정법을 듣고 환희하며 용약(踊躍)하면서 모든 것을 믿고 받아들였고, 곧 자리에서 일어나 의복을 정리하고 합장하고 공경스럽게 지극히 정례하고 세존께 아뢰어 말하였다.

"오직 원하옵건대 세존께서는 자비로 청을 받아주십시오. 필추 대중들과 3개월을 저의 지벌라(支伐羅)[5]를 받으시고 아울러 여러 음식물과 좌구(坐具)와 와구(臥具)를 받아주십시오. 만약 병이 있다면 탕약을 받들겠으며 일체의 자구(資具)가 부족함이 없게 하겠습니다."

이때 세존께서는 묵연히 받아들이셨다. 미생원왕은 이미 세존께서 묵연히 청을 받아들이신 것을 알고서 곧 일어나 세존의 발에 정례하고 환희하면서 물러갔다. 왕은 왕궁에 돌아가서 공양구를 준비하였고 3개월의 지벌라와 여러 종류의 음식·탕약·좌구·와구·자구로써 세존과 필추 대중에게 공양하면서 부족함이 없게 하였다.

이때 왕사성 가운데에서 신심이 있는 천신(天神)은 왕이 이와 같이

---

5) 산스크리트어 cīvara의 음사로 가사(袈裟)인 삼의(三衣)를 가리켜 지벌라(支伐羅)로 총칭한다. 인도에서는 피루는 승가리(僧伽梨)·울다라승(鬱多羅僧)·안타회(安陀會)의 삼의(三衣)가 기본이고, 필추니는 삼의에 승지지(僧祇支)·궐수라(厥修羅)를 더하여 오의(五衣)를 입도록 정해졌다.

널리 공양하는 것을 보고 소유한 역병과 재앙의 귀신들을 모두 내쫓아서 나지가(那地迦) 촌락을 지나서 곧 광엄성(廣嚴城)의 가운데에 나아가 곧 머물게 하였다. 나아가 그 성의 사람들은 모두 역병을 만나서 죽는 사람이 매우 많았으므로 네거리 도로의 가운데에는 시체를 보내는 상여가 계속되어 끊어지지 않았다. 이때 그 성안에 한 바라문이 있어 도말라(都末羅)라고 이름하였는데, 그의 꿈속에서 나아가 광엄성 안의 선신이 알려주는 말을 보았다.

세존께서는 조어사(調御師)이시고
인천에서 최상으로 존귀하시므로
만약 오시어 이 성에 이르신다면
재해는 반드시 소멸된다네.

그 바라문은 이러한 말을 듣고 날이 밝자 곧 성안의 여러 거사와 율고비(栗姑毘) 등에게 알렸다.

"내가 꿈속에서 이와 같은 일을 보았습니다."

그 여러 사람들이 이러한 말을 듣고 각자 이렇게 말을 지었다.

"마땅히 무슨 법을 지어야 하는가? 다시 어느 사람을 보내어 세존께서 이 성에 이르시어 3개월의 안거를 짓도록 청하여 영접하고 엄숙하게 꾸며서 공양하고 재해를 없애야 하는가?"

여러 거사 등이 도말라에게 알려 말하였다.

"그대가 스스로 가서 세존을 청하여 영접하십시오. 다른 사람은 감당할 수 없습니다."

이 도말라는 이와 같이 생각을 지었다.

'내가 세존의 처소로 가서 세존의 발에 정례하고 아뢰어 말해야겠다. <세존이시여. 기거는 가벼우시고 병이 적으시며 번뇌도 적으시고 안락하게 머무르십니까? 광엄성 안의 여러 거사 등이 저를 보내어 세존을 이곳으로 오시도록 청하고 영접하여 많은 사람들을 구제하시게 하였습니다.

세존께서 나아가지 않으신다면 그 성의 사람들은 모두 멸망하여 오래지 않아 마땅히 없어지질 것이옵니다.>'

이렇게 생각을 짓고서 이때 바라문인 도말라는 거사들에게 알려 말하였다.

"마갈타국 위제희의 아들인 미생원왕은 장야(長夜)에 살인을 좋아하고 성품이 포악하여 원한으로 해친 사람이 지극히 많습니다. 내가 만약 세존을 영접하면 반드시 나를 해칠 것입니다."

그 거사 대중들이 곧 게송으로 설하여 말하였다.

두 나라가 원수이더라도
사자가 있다면 구류(拘留)하지 않는데
하물며 여래께 사자를
능히 손상(傷損)할 것인가?

이에 도말라는 길상(吉祥)한 선법(善法)을 짓고 점차 떠나갔다. 왕사성에 이르러 피로를 풀고서 곧 세존의 처소로 가서 환희하며 문신(問訊)하고 물러나서 한쪽에 앉아서 세존께 갖추어 아뢰어 말하였다.

"벽사리성(薜舍離城)⁶)에 있는 여러 거사 대중들이 세존의 두 발에 정례하고 여래께 위문합니다. 여래께서는 병이 적으시고 고뇌가 적으시며 기거가 가벼우시고 안락하게 머무르십니까?"

세존께서 알려 말씀하셨다.

"그대와 벽사리성의 사람들도 안은(安隱)하시오?"

도말라가 아뢰어 말하였다.

"오직 원하옵건대 세존께서는 벽사리성으로 와주십시오. 마땅히 세존

---

6) 산스크리트어 vaiśālī의 음사로 폐사리(吠舍釐), 유야리(維耶梨), 비야리(毘耶離) 등으로 음역되고 광엄(廣嚴)이라 번역된다. 지금의 파트나(Patna)에서 갠지스강을 건너서 북쪽 약 30㎞ 지점에 있던 고대 인도의 도시로서 릿차비족(licchavi族)의 중심 지역을 가리킨다.

께서 그곳을 버리고 머무시지 않으신다면 그 성은 오래지 않아 사람들이 모두 죽고 공허한 이름만 남게 될 것인데, 누가 그곳에 머물러 살겠습니까?”

세존께서 알려 말씀하셨다.

“나와 이곳의 여러 성문 대중들은 왕의 청으로 3개월의 안거를 머무르며 여러 종류의 자구들로 공양을 받고 있소. 그대가 왕을 보고 그 일을 갖추어 자세히 말하시오. 왕이 만약 가는 것을 허락한다면 내가 마땅히 곧 가겠소.”

도말라는 세존의 말씀을 듣고 사자를 본국에 돌려보내어 세존의 말씀을 갖추어 자세히 말하였다. 그 여러 사람들은 함께 세존의 말씀이 옳다고 생각하였고, 다시 사자를 보내었고 도말라에게 지시하여 마갈타국 미생원왕의 처소로 가서 그들의 말을 전하고 위문하며 말하게 하였다.

“병이 적으시고 고뇌가 적으시며 기거가 가벼우시고 안락하게 머무르십니까? 이와 같이 청하여 말씀드리오니 오직 원하건대 대왕께서는 여래께서 벽사리성으로 가시는 것을 허락하십시오. 만약 세존께서 가시는 것을 대왕께서 허락하지 않으신다면 벽사리성은 오래지 않아 마멸(磨滅)되고 공허한 이름만 남아서 사람들이 없을 것입니다.”

이때 도말라포로희다(都末羅布盧呬多)는 이렇게 생각을 지었다.

‘내가 지금 마땅히 먼저 왕을 보아야 하는가? 마땅히 먼저 대신을 보아야 하는가?’

다시 이렇게 생각을 지었다.

‘이것은 먼저 가르침이 있어야 한다. 마땅히 먼저 왕을 보는 것이 아니고 반드시 대신에게 구해야겠다. 왕이 설령 처분하더라도 신하가 역시 능히 깨뜨릴 수 있다. 이러한 까닭으로 지금 먼저 대신을 보아야겠구나.’

일에 참여하고 오래지 않아서 대신이 곧 물었다.

“무슨 인연으로 왔습니까?”

“당신은 지금 여래를 청하는 것을 왕께 반드시 말해야 합니다. 원하건대 당신께서는 내가 왕께 아뢸 수 있도록 도와주십시오.”

신하가 말하였다.

"알겠습니다. 왕께서 만약 묻는 때이라면 내가 반드시 마땅하게 돕겠습니다."

이때 도말라는 곧 마갈타국의 위제희의 아들인 미생원왕의 처소에 이르러 상서로운 찬송(讚頌)을 사용하여 그 왕을 찬탄하고 물러나서 한쪽에 머무르며 대왕에게 아뢰어 말하였다.

"벽사리성의 사람들이 대왕께 문신합니다. 병이 적으시고 고뇌가 적으시며 기거가 가벼우시고 안락하게 머무르십니까?"

왕이 도말라에게 알려 말하였다.

"그 여러 사람들도 모두 안락하시오?"

이때 도말라가 다시 왕에게 아뢰어 말하였다.

"벽사리성의 사람들이 모두 이렇게 말을 지었습니다. '원하건대 여래께서 벽사리성으로 향하는 것을 허락하여 주십시오. 대왕께서 만약 세존께서 벽사리성으로 향하는 것을 허락하지 않으신다면 이 성은 오래지 않아 마멸되어 공허한 이름만 남을 것입니다.'"

대왕이 알려 말하였다.

"나는 매번 이렇게 생긱하였소. '벽사리성이 원하건대 빨리 마멸되어라.' 이것이 나의 이전의 뜻이오."

왕이 이렇게 말을 지었다. 이때 도말라는 곧바로 물러나 되돌아갔다. 이때 대신이 왕의 앞에서 아뢰어 말하였다.

"세존께서 어찌 하나의 유정(有情)이라도 버리고 고난을 얻도록 하시겠습니까?"

왕이 말하였다.

"어질다면 그렇지 않을 것이오."

"만약 그렇지 않다면 이 말은 대왕께서 세존을 공경하지 않는다는 말과 같습니다. 대왕께서 허락하시거나, 허락하지 않으시거나 세존께서는 중생을 이롭게 하시려는 까닭으로 반드시 벽사리성으로 가실 것입니다."

왕이 말하였다.

“세존의 뜻은 내가 알 수 없소. 만약 이와 같다면 마땅히 도말라를 불러오시오.”

대신이 왕명을 받들어서 곧 빠르게 도말라를 불러왔다. 왕이 도말라에게 알려 말하였다.

“그대는 맹세하여 말하시오. 만약 능히 내가 세존께 공양하고 공경하는 것과 같이 이와 같이 짓겠다면 내가 마땅히 허락하겠소.”

이때 도말라는 이 말을 듣고서 빠르게 벽사리성으로 가도록 시켰고 그 성의 사람들에게 왕의 말을 갖추어 알리게 하였다. 그들은 이미 듣고 곧 사자에게 알려 말하였다.

“왕께서는 혼자 몸으로서도 능히 공양을 올렸는데, 우리들이 어찌 능히 하지 못하겠습니까? 오직 바라옵건대 세존께서 벽사리성으로 와주신다면 저희들 모든 사람들은 최고로 수승하게 공양하겠습니다. 원하건대 왕께서는 따라서 기뻐하십시오.”

사자가 이 말을 받들고 돌아와서 도말라에게 알렸다. 이때 도말라는 자세히 갖추어 왕에게 아뢰었다. 이때 미생원왕은 직접 세존의 처소로 나아가서 세존의 두 발에 정례하고 물러나 한쪽에 앉아서 세존께 아뢰어 말하였다.

“세존이시여. 나는 목숨을 마치도록 세존과 성문 대중께 공양하고자 하였으나, 세존께서는 항상 여러 유정들을 이롭게 하시려는 까닭으로 나의 청을 받아들이지 않으셨습니다. 오직 원하옵건대 세존께서는 내 하루의 작은 청을 받아주십시오.”

이때 세존께서는 묵연히 그 청을 받아들이셨다. 이때 미생원왕은 세존께서 묵연히 받아들이신 것을 알고서 자리에서 일어나 물러나서 본래의 궁전으로 되돌아갔다. 이때 미생원왕은 그날 밤에 청정한 음식을 널리 준비하였고, 이른 아침에 이르자 사람을 시켜서 세존의 처소에 나아가서 알려 말하였다.

“때에 이르렀습니다.”

세존께서는 이미 아시고서 손을 씻으시고 발우를 지니고 왕이 음식을 청한 곳으로 가셨다.

왕은 스스로 금병을 가지고 세존께 이와 같이 말을 지었다.

"오직 바라옵건대 세존이시여. 소유한 악한 용과 야차들을 조복시켜 주십시오. 대덕이시여. 무고용왕(無藁龍王)은 나에게 많은 때에 손해를 끼쳤으므로 원한이 아니어도 원한이고, 원수가 아니어도 원수이며, 역적이 아니어도 역적입니다. 이미 자랐거나 아직 자라지 않은 새싹들을 모두 손괴시켰습니다. 오직 바라옵건대 세존이시여. 자비심을 일으키시어 무고용왕을 조복시켜 주십시오."

세존께서는 묵연히 청을 받아들이셨고, 또한 미생원왕에게 축원의 게송을 베풀어 주시고 곧 본래의 주처로 돌아가셨다. 이때 세존께서는 구수 아난타에게 알려 말씀하셨다.

"나는 지금 파타리읍(波吒離邑)으로 가고자 하네. 그대는 나를 따르도록 하게."

"오직 그러하옵니다. 세존이시여. 저는 원하건대 따르겠습니다."

이때 세존께서는 마갈타국에서 인간세상을 유행하시면서 이 파타리의 제다(制多)⁷⁾에 이르셨고 곧 그곳에 머무르셨다. 이때 그 촌읍(村邑)의 바라문과 거사 등은 불·세존께서 유행하시면서 이 파타리의 제다에 이르셨다는 것을 들었다. 이때 사람들은 서로에게 알렸고 일시에 구름같이 모여서 세존의 처소로 나아가서 세존의 두 발에 정례하고 물러나서 한쪽에 앉았다. 세존께서는 곧 알려 말씀하셨다.

"그대들은 마땅히 알라. 만약 방일하면 다섯의 과실이 있느니라. 무엇이 다섯 가지인가? 첫째는 이 바라문 거사들이 방일한 까닭으로서 서로가

---

7) 산스크리트어 cetiya의 음사로 제다(制多) 또는 제저(制底) 등으로 불린다. 고대인도에서는 본래 '화장을 위해서 쌓아올린 볏단'이라는 설도 있으나 그 원뜻은 확실하지 않으며, 예배대상, 특히 정령이 머무는 성수를 의미하는 경우가 많다. 나아가서 예배대상을 받드는 영묘(靈廟)도 차이티아라고 하였다. 초기불교에서는 세존과 아라한들의 사리를 안치하고 일정한 형식에 따라 흙·벽돌·돌 등을 높게 쌓은 구조물을 탑이라 말하였고, 그것을 안치하지 않은 것을 제제라고 말하였으나 이후에 일상적으로 구별하지 않고 모두 탑이라고 부르고 있다.

투쟁하게 되고, 이것의 인연으로서 관청에 나아가서 사례를 논쟁한다. 이것을 까닭으로 재물을 모두 산실(散失)하나니, 이것이 제1의 과실(過失)이니라. 둘째는 다시 바라문과 거사가 있어 방일하고 투쟁하는 까닭으로 악명이 널리 여러 지방에 유포되나니, 이것이 제2의 과실이니라. 셋째는 다시 바라문과 거사가 있어 방일하는 까닭으로 마음에 공고(貢高)[8]가 생겨나서 찰제리족인 바라문과 거사와 사문 대중의 가운데에 나아가 그들의 모임에 있으면서 매번 두려운 마음을 품으며 상수(上首)가 아니므로 항상 몸을 굽신거리게 되나니, 이것이 제3의 과실이니라. 넷째는 다시 바라문과 거사가 있어 방일하고 투쟁하는 까닭으로 목숨을 마치고자 하는 때에 마음에서 후회(悔過)가 생겨나게 되나니, 이것이 제4의 과실이니라. 다섯째는 다시 바라문과 거사가 있어 마음에 방일에 마음을 품어 방일하고 공고한 까닭으로 죽어서 악취(惡趣)에 떨어져서 지옥의 가운데에 태어나게 되나니, 이것이 제5의 과실이니라.”

다시 바라문과 거사에게 알려 말씀하셨다.

“방일하지 않는 자는 다시 다섯 종류의 이익이 있나니, 무엇이 다섯 종류인가? 첫째는 바라문과 거사가 방일하지 않는 까닭으로 재물이 산실하지 않나니, 이것이 제1의 이익이니라. 둘째는 다시 바라문과 거사가 있어 방일하지 않고 투쟁하지 않는 까닭으로 선한 명성이 널리 여러 지방에 가득 유포되나니, 이것이 제2의 이익이니라. 셋째는 다시 바라문과 거사가 있어 방일하지 않는 까닭으로 마음에 공고가 없어 찰제리족의 바라문 거사와 사문 대중의 가운데에 나아가 항상 두려움이 없이 환희하며 유행하므로, 이것이 제3의 이익이니라. 넷째는 다시 바라문과 거사가 있어 방일하지 않는 까닭으로 목숨을 마치고자 하는 때에 마음에서 악을 짓는 것이 없게 되나니, 이것이 제4의 이익이니라. 다섯째는 다시 바라문과 거사가 있어 방일하지 않는 까닭으로 목숨을 마친 뒤에 천취(天趣)의 가운데에 나아가게 되나니, 이것이 제5의 이익이니라. 이러한 까닭으로

---

8) 팔리어 mada로 교만. 거만. 오만을 뜻한다.

그대들은 마땅히 방일하지 말라.”

그때 바라문과 거사 등은 이미 법을 듣고서 곧 자리에서 일어나 의복을 정리하고 합장하고 공경스럽게 세존께 정례하고 아뢰어 말하였다.

“오직 원하건대 여래께서는 자비로 저희들을 애민하게 생각하시어 청하는 오늘 밤에 저희들의 집에서 머무르십시오.”

이때 세존께서는 묵연히 청을 받아들이셨다. 그 바라문과 거사 등은 여래께서 묵연히 청을 받아들이신 것을 보고 함께 세존의 두 발에 정례하고 세존께 하직하고 물러갔다. 이때 행우(行雨) 바라문은 마갈타국에서 왕의 대신이었는데, 그는 세존께서 세상을 유행하시면서 파타리촌에 이르시어 파타라탑의 주변에 머무신다는 것을 들었고, 다시 파타리촌의 백성들이 모두 공양하였다는 것도 들었다.

그는 이미 듣고 세존을 뵙고 공양하고자 하여 곧 순백의 말이 끄는 수레를 타고 시종에게 보병과 금장(禁杖)을 집지하게 하고서 5백의 마납파 등에게 앞뒤로 둘러싸여 파타리 마을로 나아갔다. 그곳에 이르러 곧 수레에서 내렸고 세존의 처소에 나아가서 세존을 향하여 서서 세존께 문신하고 공경함을 마치고서 물러나서 한쪽에 앉았다. 그때 세존께서는 그를 위하여 묘법(妙法)을 설하시어 보여주셨고 가르치셨으며 이익되고 기쁘게 하시고서 묵연히 머무르셨다. 이때 행우 바라문은 자리에서 일어나서 오른쪽 어깨를 드러내고 세존을 향하여 합장하고 아뢰어 말하였다.

“세존이시여. 오직 바라옵건대 여래와 필추 대중께서는 내일 저의 집에서 공양을 받아주십시오.”

이때 세존께서는 묵연히 청을 받아들이셨다. 이때 행우 바라문은 이미 세존께서 청을 받아들이신 것을 알고 빠르게 곧 집으로 돌아갔다. 이때 세존께서는 발을 씻으시고 방으로 들어가시어 가부좌를 맺으시고 몸을 단정히 하시고는 정념으로 파타리 촌락의 대위력천신(大威力天神)이 새끼줄로 경계를 헤아려서 대성(大城)을 짓고자 하려는 것을 보셨다. 이것을 보시고서 세존께서는 포시(晡時)에 정에서 일어나시어 방 밖으로 나오시어 여러 필추들과 함께 노지(露地)에 앉으셨다. 이때 세존께서는 구수 아난타에게 알려 말씀하셨다.

"그대는 이 파타리 촌락에서 커다란 성을 짓는다는 말을 듣지 못하였는가?"

아난타가 알려 말하였다.

"저는 알고 있습니다. 세존이시여, 행우 바라문이 삼십삼천(三十三天)과 함께 측량(籌量)하여 큰 성을 짓고자 합니다."

세존께서 알려 말씀하셨다.

"내가 방 안에서 정에 들어가서 곧 청정한 천안으로 관찰하여 보니 그 파타리 촌락의 대위력천신과 여러 작은 천신 및 위덕(威德)이 있는 많은 백성들이 각자 그 신들을 따라서 애락(愛樂)하게 머무르고 있고, 모두가 천신이 행하는 교법(敎法)에 순종하고 있는 것이 여러 천신이 이곳에 머무르는 까닭이니라. 마땅히 알지니라. 이 성은 마땅히 최고로 수승한 성이고, 역시 이웃나라에게 어려움을 겪지 않을 것이며, 물이나 불의 손괴가 없을 것이니라."

이때 그 행우 바라문은 곧 그 밤에 공양구와 여러 음식을 널리 베풀고서 왕이 아침에 조회하는 때에 사람을 시켜서 세존과 대중에게 아뢰게 하였다.

"원하건대 때가 되었음을 아십시오."

나아가 음식을 먹고서 발우를 거두었다. 이때 행우 바라문은 손으로 금병을 가지고 맑은 물을 가득 채워서 세존을 향하여 장궤(長跪)하고 큰 서원(誓願)을 일으켰다.

"지금 제가 세존과 성중께 공양하여 소유한 공덕을 파타리에 거주하는 천신(天神)께 회향하오니 장야에 안락하십시오."

이때 세존께서는 곧 게송으로 설하여 말씀하셨다.

만약 어떤 청정한 신심의 사람이 있어
여러 천중(天衆)에게 공양한다면
이것은 대사(大師)의 가르침에 의지하는 것이므로
세존께서 칭찬(稱揚)하는 것이라네.

만약에 어느 지방에서
지혜로운 자의 주처를 위하고
지계인(持戒人)에게 음식을 공급하고
아울러 위하여 축원을 설한다면

마땅히 공경하는 자는 그를 공경하고
마땅히 공급하는 자는 그에게 공양하며
여러 천신들이 자식처럼 보호하므로
항상 기쁨과 즐거움을 받게 된다네.

이때 세존께서는 바라문을 위하여 미묘한 법을 말씀하시어 보여주셨고
가르치셨으며 이익되고 기쁘게 하시고서 곧 자리에서 일어나셨으며 곧바
로 본래의 처소로 되돌아가셨다. 이때 그 바라문은 마땅히 지을 것을
마치고 본분을 따라서 떠나갔으며, 마음을 밝히고 정념으로 이와 같이
사유하였다.

'세존께서 파타리 촌락을 떠나가셨고, 내가 지금 세존을 위하여 마을을
이용하어 싱을 쌓고자 하므로 높은 문을 세운다면 교답마문(喬答摩門)이라
고 부르고, 만약에 강가하(强伽河)를 건넌다면 나도 역시 도로를 만들고
교답마도(喬答摩道)라고 이름해야겠다.'

그때 세존께서는 그 바라문이 마음으로 생각하는 것을 아시고는 곧
파타리 촌락의 북쪽에서 도로의 가운데로 나아가셨고 점차로 강가하로
나아가셨다. 이때 미생원왕, 곧 위제희의 아들은 이와 같이 생각을 지었다.

'내가 지금 직접 스스로가 세존께 공양하여 100개의 살이 있는 500의
일산을 집지하여 세존의 위쪽을 높게 그늘지도록 해드려야겠구나.'

그 광엄성의 여러 율고비(栗姑毘)들도 이와 같이 생각을 지었다.

'지금 미생원왕께서 직접 일산을 가지고 세존께 공양하므로 우리들도
역시 이 일을 수행(修行)해야겠다.'

이렇게 생각을 짓고서 곧바로 500의 일산을 장엄하여 공양하였다.

이때 여러 용왕들도 있어 곧 이렇게 생각을 지었다.

'지금 왕과 율고비가 성대하게 공양을 수행하고 있는데, 우리가 지금 몸은 악취(惡趣)에 떨어져 있더라도 어찌 세존께 공양하지 않겠는가?'

이렇게 생각을 짓고서 500의 일산을 가지고 세존께 공양하였다. 이때 사천왕(四天王)들이 있어 역시 이렇게 생각을 지었다.

'여러 사람들은 인과응보(因果應報)를 보지 못하여도 오히려 스스로가 공양하는데 하물며 우리들은 과를 관조하여 인을 아는데 어찌 능히 공양하지 않겠는가?'

이렇게 생각해서 역시 500의 일산을 갖추어 세존께 공양하였다. 다시 삼십삼천이 있어 이렇게 생각을 지었다.

'여러 천인(天人)들이 함께 모두가 공양하고 있는데 우리들이 어찌 공양하지 않겠는가?'

이렇게 생각을 짓고서 500의 일산을 갖추었고 와서 세존께 공양하였다. 이때 세존께서는 곧 이렇게 생각을 지으셨다.

'내가 지금 여러 천인을 위하여 수승한 인연을 지어서 신심을 일으켜야겠구나.'

이때 세존께서는 이렇게 생각을 지으시고 곧 신력(神力)을 나타내어 모였던 여러 대중들 각자에게 생각이 생겨나게 하셨다.

'오직 내가 세존의 정수리의 위를 받쳐드린 것이 아니고, 세존께서 정등각을 증득하셨을 때에도 2천5백의 천인들이 있어 세존의 정수리 위에 일산을 받치고 있었구나.'

이때 여러 필추들이 함께 모두 의심이 생겨나서 세존께 아뢰어 말하였다.

"세존께서는 무슨 선업을 지으시어 보리를 증득하셨을 때에 2천5백의 천인들이 일산을 세존의 정수리 위에 받쳐들고 있었습니까?"

"그대들은 마땅히 알지니라. 나는 지나간 과거에 자량(資糧)을 쌓았고 여러 선업을 지었으며, [자세한 설명은 앞에서와 같다.] 나아가 결국 반드시 스스로의 몸으로 과(果)를 받은 것이니라.

필추들이여. 마땅히 알지니라. 지나간 옛날에 전륜왕이 있어 대선현(大

善現)이라고 이름하였느니라. 사병(四兵)의 힘을 갖추어 능히 원수를 꺾었고, 모두 승리하였으며, 바른 법으로 세상을 다스려서 법왕(法王)이 되었고, 칠보를 구족하였으며, 오직 1천명에서 한 명이 부족한 아들들에게 둘러싸여 있었고, 왕에게서 태어난 아들은 모두가 왕을 따라다녔다. 왕의 여러 부인들은 모두 이렇게 생각을 지었다.

'우리들이 설사 아들을 낳더라도 도리어 모두가 떨어져 있는 것은 왕의 성품의 법이 그렇게 만든 것이므로 태어난 아들들을 반드시 장차 뒤따를 것이다. 우리들은 지금 함께 제약(制約)을 세워서 임신하는 것을 왕에게 알리지 않도록 해야겠다.'

뒤의 때에 한 부인이 있어 임신하였고 여러 부인들은 데려다가 은밀한 곳에 숨겨서 왕이 보지 못하게 하였다. 달이 이미 차서 마침내 한 아들을 낳았는데 모습과 얼굴이 단엄하여 사람들에게 사랑을 받았다. 몸과 피부는 금빛이었고 머리는 일산과 같았으며 팔을 늘어트리면 무릎을 지났고 이마는 넓고 반듯하였으며 두 눈썹 사이는 이어져서 붙었고 코는 높고 곧게 뻗었으며 일체의 마디가 모두 원만하였다. 나아가 장대하였으므로 여러 부인들은 모두가 그를 아끼고 사랑하여 자신의 몸으로 낳은 것과 같았다.

뒤의 다른 때에 대왕인 선현은 승신주에서 칠보를 가져왔는데 8만의 국왕들이 모두 그를 둘러싸고 있었고 이때 여러 아들들도 좌우에서 호위(營衛)하여 반달의 모습과 같았으며 위광(威光)이 밝게 비쳐서 해와 달빛을 덮었다. 이때 여러 부인들이 이전에 감추어 두었던 아들이 높은 누각에 있으면서 멀리서 부왕(父王)을 보고 마침내 여러 어머니들에게 물어 말하였다.

"오고 있는 사람은 누구입니까?"

어머니들이 대답하여 말하였다.

"그대의 아버지이신 선현 대왕이시네."

아들이 어머니에게 물어 말하였다.

"부왕께서 돌아가신 뒤에는 내가 왕위를 이을 수 있습니까?"

어머니들이 또한 알려 말하였다.

"왕께서는 지금 오직 그대를 제외하고도 아들이 많아서 천 명에서 다만 한 사람이 부족하다. 그 여러 아들 가운데에서 왕이 죽은 뒤에 맏아들이 왕위를 잇게 되는 것이고, 그대는 이미 가장 막내이므로 왕위에 오르는 것은 합당하지 않네."

아들이 다시 물어 말하였다.

"왕께서 만약 돌아가시고 내가 이미 막내이므로 왕위를 이을 수 없다면 원하건대 여러 어머니들께서는 제가 출가하도록 허락하시겠습니까? 나는 바른 믿음으로써 집을 나가서 집이 아닌 곳에서 범행(梵行)을 정밀하게 닦겠습니다."

여러 어머니들이 아들에게 알려 말하였다.

"우리들은 그대를 지극히 아끼고 사랑하고 있으니, 그러한 마음을 일으키지 말게."

이때 아들이 대답하여 말하였다.

"나는 지금 뜻을 세웠으므로 반드시 출가하겠습니다."

그 여러 어머니들은 이미 마음이 한결같아 물러서지 않음이 생겨난 것을 보고 모두가 이렇게 말하였다.

"아들아. 만약 이와 같이 우리에게 함께 약속한다면 마땅히 그대의 마음을 따르겠다. 뒤에 수승한 과(勝果)를 얻는다면 필수(必須)적으로 와서 알리도록 하여라."

아들이 곧 대답하여 말하였다.

"명하신 것을 받아서 따르겠습니다."

어머니들은 모두 따라서 허락하였고 아들은 마침내 뜻하는 것을 이루었으므로 적정(寂靜)한 처소로 나아가서 오파타야(鄔波馱耶)와 아차리야(阿遮利耶)가 보여주는 가르침과 훈회(訓誨)9)가 없었으나 자연히 37도품법(道品法)을 깨달아 독각(獨覺)의 묘과(妙果)를 스스로가 증득하였다. 이미 과(果)

---

9) 가르치고 이끌어 준다는 뜻이고 가르치고 타일러 뉘우치게 하는 것이다.

를 얻고서 곧 이렇게 생각을 지었다.

'내가 이전에 어머님들에게 마땅히 성과(聖果)를 증득한다면 마땅하게 반드시 알리기로 허락하였으니 내가 지금 가서 어머니들께 알려 드려야겠다.'

독각 성자는 몸으로써 법을 나타내어 이익되는 일을 하고자 곧 어머니의 앞에 이르러 널리 신통변화를 나타내었다. 몸의 위로는 불을 내뿜었고 몸 아래로는 물을 내뿜었으며 큰 광명을 나타내었고 여러 종류의 특이한 모습을 나타내었다. 범부인 사람들은 신통변화를 보면 빠르게 신심을 일으키는 것이다. 이때 여러 어머니들은 아들의 신통변화를 보고 잘린 나무가 쓰러지는 것과 같이 곧바로 귀의하여 예경하였고 함께 이렇게 말을 지었다.

"성자여. 지금 능히 이와 같은 신통한 성과를 증득하셨습니다. 존자께서는 음식이 필요하다면 우리들이 복을 구하므로 오직 원하건대 유심(留心)[10] 하고 이 동산(園苑)에 머무시면서 우리들의 공양을 받아주십시오. 이때 벽지불(辟支佛)은 묵연히 청을 받아들였고 그 여러 어머니들은 차례로 음식을 보내어 매일같이 공양하였다. 이때 독각(獨覺)은 생각을 지었다.

'내가 이곳에서 허깨비의 악한 몸으로 지을 것을 이미 마쳤으므로, 나는 지금 무여열반(無餘涅槃)에 들어가야겠다.'

오히려 기러기왕과 같이 날개를 갖추고 허공으로 날아올라서 널리 신통변화를 나타내어 몸의 위로는 불을 내뿜었고 몸 아래로는 물을 내뿜었으며 큰 광명의 신통변화를 나타내고서 곧 열반에 들어갔다. 이때 어머니들은 향과 땔나무를 쌓아놓고 마침내 곧 다비하였고 우유를 불에 뿌렸으며 남은 유골을 거두어 금병에 안치하고서 동산 안에다 솔도파(窣堵波)를 세웠으며, 환천(鐶釧)[11]으로서 여러 종류로 장엄을 갖추어 엄숙히 그 탑을 꾸몄고, 탑 위에는 여러 깃발과 일산을 덮어두었다. 뒤의 봄날에 숲의 꽃들은 그 동산 가운데에서 향기를 뿜었고 여러 뛰어난 새들은 미묘한

---

10) '주의를 기울이다.' 또는 관심을 갖는다는 뜻이다.

11) 손가락에 끼는 반지와 팔에 끼는 팔찌를 가리킨다.

소리를 지저귀었는데, 왕은 부인과 여러 시녀들에게 앞뒤로 둘러싸이어 동산에 나아가서 유행하면서 독각의 탑을 보았고 동산을 지키는 사람에게 명하였다.

"이것은 무슨 물건인가?"

그는 왕에게 대답하여 말하였다.

"이것은 궁궐의 일이므로 저는 지금 알지 못합니다."

곧 궁녀들에게 그 탑의 유래를 물으니 여러 궁녀들은 두려워서 일시에 예배하고 곧 앞에서 아뢰어 말하였다.

"오직 원하옵건대 대왕께서는 두려움이 없게 하십시오."

왕이 말하였다.

"내가 지금 그대들에게 두려움을 없애 주겠소."

이때 여러 궁인들은 인연을 갖추어 널리 왕에게 말하니 왕이 곧 말하였다.

"그대들은 옳지 못하였소. 그 아이가 이미 왕위를 애락(愛樂)하며 구하였다면 어찌 서로에게 알려서 내가 알게 하여 왕으로 책립(冊立)하기 위한 관정위(灌頂位)를 받게 하지 않았소? 그는 큰 위덕(威德)이 있었으니 비록 열반에 들어갔으나 내가 머리에 쓰는 관과 증채(繒綵)의 일산을 탑 위에 안치해야겠소."

이때 대왕은 아들을 애념(愛念)하였던 까닭으로 마침내 탑 위에 이러한 물건들을 안치하였다. 세존께서 말씀하셨다.

"그대들 필추들이여. 다르게 생각하지 말라. 그 선현왕은 곧 나의 몸이었느니라. 내가 옛날의 때에 일산으로서 연각(緣覺)의 솔도파탑에 공양하였던 이러한 복업을 까닭으로 내가 옛날에 이미 2천5백의 전륜왕위(轉輪王位)를 얻었고, 다시 그 업을 까닭으로 지금 무상정각(無上正覺)을 증득하였으며, 그 정수리 위에 2천5백의 천인(天人)들이 함께 100복(輻)의 일산을 가지고 있게 되었느니라. 내가 만약 수승한 과를 증득하지 못하고 다시 2천5백의 전륜왕위에 감득(感得)하였다면 내가 소유한 복업의 이숙(異熟)은 모두 회향되어 여러 성문들에게 베풀어졌을 것이니, 만약 한 되의 진주를 씨로 뿌리면 도리어 널리 한 되의 멥쌀을 얻은 것과 같아서 나의 제자들에게도 역시 모자라지 않았을 것이니라.

필추들이여. 마땅히 알지니라. 순흑의 업을 지으면 흑의 이숙이 감응하고, 순백의 업을 지으면 도리어 백의 이숙이 감응하며, [자세한 설명은 앞에서와 같다.] 그대들 필추들은 마땅히 용심으로 정근(精勤)하며 수학할지니라."

세존께서 설하여 마치시니 여러 필추들은 환희하며 받들어 행하였다.

근본설일체유부비나야약사 제6권

삼장법사 의정 한역
석보운 번역

암라부인(菴羅夫人) 인연 ①[1]

이때 마갈타국의 미생원왕과 광엄성의 율고비 등은 각자 배와 다리를 만들었다. 이때 여러 용들은 곧 이렇게 생각을 지었다.

'우리들은 지금 몸이 악취(惡趣)에 떨어졌으므로 마땅히 복업을 닦아야 한다. 각자가 그 머리를 들어서 강가하의 가운데에 상속(相續)하여 다리를 만들어 세존 등께서 그 위를 밟고 지나가도록 해야겠다.'

이렇게 생각을 짓고서 그 여러 용들은 각각 머리를 들어 올려 상속하면서 다리를 만들었다. 이때 세존께서는 여러 필추들에게 알려 말씀하셨다.

"이 셋의 다리 위에서 건너고자 한다면 그대들의 마음을 따르도록 하라. 나는 마땅히 아난타와 함께 그 용들의 다리를 밟고서 강가의 물을 건너도록 하겠노라."

그 여러 제자들은 혹은 미생원왕의 다리를 취하였고, 혹은 율고비들의 다리로 취하였는데, 오직 세존과 구수 아난타는 용들이 다리를 위를 건너셨다. 이때 한 근사남(近事男)이 있어 게송으로 설하여 말하였다.

지혜로운 사람이 큰 바다를 건넌다면

---

[1] 원문에는 없으나 제7권과의 원활한 번역을 위하여 삽입하였다.

배를 타고 다리를 짓지 않는데
어리석은 사람은 바다에 다리를 만들고
강을 건너면서 큰 배를 탄다네.

세존께서는 이미 강을 건너셨는데
바라문들은 강둑에 있으며
성문은 뗏목을 타고 건너갔는데
필추들은 다만 몸을 적시고 있구나.

닿는 곳은 물이 평평히 흐르는데
어찌 번거롭게 다른 우물을 구할 것인가?
탐애의 근본을 끊어 없앴다면
다시 마땅히 무엇을 구할 것인가?

이때 세존께서는 강가하를 건너시고 멀리서 높은 언덕을 보시면서 아난타에게 알려 말씀하셨다.

"그대는 언덕이 보이는가? 인연을 알고자 한다면 그대를 위하여 마땅히 말하겠네."

아난타가 아뢰어 말하였다.

"오직 원하옵나니 열어서 보여주십시오."

세존께서 말씀하셨다.

"이 높은 언덕은 지나간 옛날에 대성왕(大聲王)이 보배 당번을 건립하였던 곳이니라. 그 보배 당번은 높이가 1천 심(尋)이었고, 다시 순금과 여러 보배로 장식하였으며, 이 당번 아래에 널리 재물을 보시하여 공덕을 지었고, 곧 보배 당번을 강가하의 가운데에 버렸느니라. 그대는 지금 그 보배 당번을 보고자 하는가?"

아뢰어 말하였다.

"세존이시여. 지금이 곧 때입니다. 저와 필추들은 함께 보기를 원합니다.”

이때 세존께서는 백복(百福)의 만만자륜상(卍萬字輪相)의 무외시(無畏施)의 손으로써 그 높은 땅에 손을 만지셨다. 이때 여러 용들이 있어 곧 이렇게 생각을 지었다.

‘무슨 까닭으로 세존께서 손으로서 땅을 만지셨는가?’

곧 여래께서 필추 대중을 위하여 보배 당번을 보여주시고자 하는 것을 알았다. 이때 그 여러 용들은 곧 땅 속에서 보배 당번을 받들고 나왔고 여러 필추 대중들은 모두가 볼 수 있었다. 이때 필추가 있어 발타리(拔陀離)라고 이름하였는데, 뜻과 성품이 한정(閑靜)하였으므로 한 처소에 피하여 머물면서 분소의(糞掃衣)를 수선하였다. 이때 세존께서 여러 필추들에게 알려 말씀하셨다.

“그대들은 빠르게 반드시 이 당번의 형상을 보도록 하라. 이 당번은 오래지 않아 곧 없어질 것이니라.”

이미 사라졌으므로 여러 필추들이 아뢰어 말하였다.

“세존이시여. 우리들은 함께 보았으나 오직 구수 발타리는 성품이 고요한 것을 한정하고 의복을 수선하여 보지 못하였습니다. 마땅히 탐애를 벗어난 까닭입니까? 다시 이전에 일찍이 보았습니까? 함께 우러러 예경하지 않는 것이 욕심을 벗어난 것과 같다면 이 사람은 역시 욕심을 벗어난 자이고, 만약 일찍이 보았다면 어느 곳에서 보았습니까?”

세존께서 곧 알려 말씀하셨다.

“그대들은 마땅히 알지니라. 이 필추는 이미 탐애를 벗어난 까닭이고, 다시 일찍이 우러러 예경하였느니라.”

세존께서 말씀하셨다.

“옛날의 때에 왕이 있어 규성(叫聲)이라고 이름하였는데, 천제석(天帝釋)과 친한 벗이었다. 그 규성왕은 아들이 없어서 마음에서 얻는 것을 구하면서 뺨을 괴고서 생각하였다.

‘나는 지금 여러 종류의 재보가 많이 있고 나라와 백성이 모두 충만한데 지금 아들이 없으니 내가 죽은 뒤에는 마땅히 왕의 자리를 계승할 자가

없겠구나.’

이때 천제석이 규성왕을 보고 곧바로 물어 말하였다.

“왕께서는 지금 무슨 까닭에 뺨을 괴고 사념하며 근심하고 있는가?”

이때 왕이 대답하여 말하였다.

“나는 지금 창고에 여러 종류의 재물을 넣어 두었으나 몸이 만약 죽는다면 그 후사가 끊어질 것이므로, 이 까닭으로 근심하고 있네.”

제석이 알려 말하였다.

“반드시 우뇌(憂惱)하지 말게. 나의 여러 천자(天子)들이 죽으려는 모습이 나타난다면 권유하여 왕에게 주어 그 아들이 되게 하겠네.”

여러 천인들의 상법(常法)에서 죽으려는 자에게는 다섯 가지의 쇠락한 모습이 나타나게 된다. 무엇이 다섯인가? 첫째는 의상(衣裳)에 기름때가 묻는 것이고, 둘째는 머리의 화관(花冠)이 시드는 것이며, 셋째는 입에서 나쁜 냄새가 나는 것이고, 넷째는 겨드랑이에서 땀이 흐르는 것이며, 다섯째는 본래의 자리가 즐겁지 않은 것이다. 뒤의 때에 한 천자가 있어 쇠락한 모습이 나타났으므로 제석이 권유하여 말하였다.

“인자(仁者)여. 규성왕의 최고 대부인의 뱃속에서 생을 받으시오.”

이때 천자가 제석전에게 대납하여 말하였다.

“일반적으로 국왕이란 많은 허물을 짓습니다. 내가 만약 그녀에게서 태어난다면 도리어 여러 비법을 짓고 법과 이치를 어기는 사람이 되어 마땅히 무간지옥에 떨어지게 될 것이므로 그녀에게 태어나는 것을 원하지 않습니다.”

제석이 알려 말하였다.

“인자여. 내가 마땅히 가피(加被)하여 그대를 보살피고 깨우치겠소.”

이때 천인이 대답하여 말하였다.

“천주(天主)께서는 마땅히 아십시오. 여러 천인들은 방일하여 많이 쾌락에 집착하는데 어찌 능히 나를 기억하겠습니까?”

제석이 알려 말하였다.

“인자여. 비록 다시 이와 같더라도 내가 결국 그대를 기억하여 보살피고 깨우치겠소.”

이때 그 천자는 이 말을 듣고 마침내 규성왕의 최고 대부인의 뱃속에서 태(胎)를 받았다. 마땅히 태를 받는 날에 왕과 여러 사람들이 모두 기뻐서 크게 소리를 질렀고, 날이 지나고 달이 차서 마침내 한 아들이 태어났는데 얼굴과 용모가 단정하였으며, [자세한 설명은 앞에서와 같다.] 나아가 코는 높고 오똑하였다. 이때 규성왕은 권속들을 모으고서 그의 이름을 짓고자 하였다.

“어떤 이름을 지어주어야 하겠는가?”

권속들이 대답하여 말하였다.

“이 동자가 어머니의 태에 들어오는 때에 여러 사람들이 크게 외쳤으므로 마땅히 대규성(大叫聲)이라고 이름지어야 합니다.”

그 왕은 청에 의지하여 마침내 이름으로 지었다. 이때 대규성 동자를 여덟 명의 양모에게 맡겨 돌보고 모시며 기르게 하였는데, 두 사람은 유모였고, 두 사람은 항상 씻어 주었으며, 두 사람은 항상 안아 주었고, 두 사람은 같이 놀아주었다. 매일 유락(乳酪)·제호(醍醐)·생소(生酥)·숙소(熟酥)의 여러 종류의 맛있는 음식들을 주어서 양육을 하였으므로 오히려 연꽃이 빠르게 자라나는 것과 같았다. 총명하고 슬기로우며 개오(開悟)하였고 더욱이 능히 고요하였으며 18종류의 기예(技藝)를 모두 통달하였고 말재주와 지혜가 모두 통하고 날카롭지 않은 것이 없었다.

일반적으로 찰제리왕이 관정위(灌頂位)를 받으면 인간세상에서 자재하여서 큰 세력이 있었으므로 가깝고 멀리에 있는 여러 왕들을 모두 항복시켰다. 백성들을 편안하게 하려면 반드시 이와 같은 기예가 갖추는 것이 필요한 것이다. 능히 코끼리를 훌륭하게 조련하는 것이고, 말을 부리면서 수레를 타는 것이며, 활을 쏘면서 화살을 잡는 것이고, 군진(軍陣)을 출입하면서 구색(鉤索)[2]·철전(鐵箭)·철삭(鐵槊)[3]을 잘 사용하며, 땅을 밟고 주먹을 쓰고, 머리카락을 묶어서 장식하는 것이다.

---

2) 쇠갈고리를 가리킨다.
3) 고대 병기의 하나로 자루가 긴 창을 가리킨다.

활을 잘 쏘는 법에는 대략 다섯 종류가 있으니, 첫째는 멀리 쏘아서 모든 구멍을 뚫는 것이고, 둘째는 소리를 듣고 곧 쏘아서 모두를 능히 죽일 수 있는 것이며, 셋째는 그 중요한 곳을 따라서 그곳에 모두 쏘는 것이고, 넷째는 그것을 쏘아서 모두 적중시키는 것이며, 다섯째는 쏘아서 단단한 것에 들어가게 하는 것인데, 이러한 쏘는 법을 모두 능히 잘 마쳤다.

왕자의 법이 그러하듯이 부왕이 왕위에 있으면 그 이름이 드러나지 않는 것이다. 뒤의 다른 때에 규성대왕의 몸이 죽었다. 이때 대규성(大叫聲)태자가 책립(策立)되어 왕위에 올랐다. 처음에 왕위를 잇고는 정법으로 백성을 다스렸으나 뒤의 때에 이르자 도리어 비법을 행하였다. 이때 제석이 알려 말하였다.

"인자여. 내가 옛날에 그대에게 권유하였고 규성왕에게 주어 아들이 되게 하였는데 그대는 지금 마땅하지 않는 비법을 행하여 나라를 다스리므로 마땅히 지옥에 떨어질 것이오."

이때 대성왕은 이 말을 듣고서 정법으로써 사람을 다스렸으나, 오래지 않아서 다시 비법을 행하였다. 이때 두 번째로 제석이 다시 왕에게 알렸다.

"인자여. 내가 이전에 그대에게 권유하였고 규성왕에게 주어 그의 태자가 되게 하였는데, 그대는 지금 마땅하지 않는 이러한 비법을 행하며 나라를 다스리므로 마땅히 지옥에 떨어질 것이오."

이때 대성왕은 제석천에게 대답하여 말하였다.

"우리들 국왕은 여러 방일이 많고 오욕락(五欲樂)에 탐닉하여 듣고서도 곧 잊어버립니다. 오직 원하건대 자비를 베푸시어 하나의 기억하는 증거를 남겨 주십시오. 내가 얻는다면 보고 여러 공덕을 짓겠습니다."

이때 제석은 공교천(工巧天)[4][범어로는 비수갈마천(毘首羯磨天)이라고 말한다.]에게 칙명하였다.

---

4) 산스크리트어 viśvakarman의 음사로서 비수갈마(毘首羯磨, 毘守羯磨), 비수건마(毘首建磨), 비습박갈마(毘濕縛羯磨) 등으로 음역된다. 도리천(忉利天)에서 제석(帝釋)을 섬기면서 건축·조각·공예 등을 담당한다는 신(神)을 가리킨다.

"그대는 지금 대성왕궁(大聲王宮)의 장엄된 도량으로 가서 변화시킨 금당(金幢)을 짓고 1천 심의 높이로 세우고서 여러 종류의 보배로써 틈새를 장식하시오."

이때 공교천은 칙명을 받고 곧 대성왕궁의 장엄된 도량의 안으로 가서 변화시켜 금당을 짓고 1천 심의 높이로 세우고서 여러 종류의 보배로써 틈새를 장식하였다. 이때 대성왕은 금당을 보고 마침내 시당(施堂)을 지었으며 여러 공덕을 닦았다. 왕은 아수가(阿輸迦)라고 이름하는 외삼촌에게 명하여 오로지 공양을 지키도록 하였다. 이때 백성들은 모두가 보는 것을 즐거워하였고, 이미 당번을 보았더라도 도리어 시당으로 갔으며, 마음을 버리고 떠나지 않았고, 오고 가면서 공양하였으므로 마침내 가업(家業)을 그만두게 되었다. 이때 나라에서는 세금으로 능히 왕의 대신들을 충족시킬 수 없었으므로 따라서 진상하는 물건을 줄이게 되었다. 이때 대성왕은 물건이 줄어든 것을 보고 곧바로 물어 말하였다.

"그대들은 무슨 까닭으로 진상하는 세금(稅庸)을 줄였는가?"

여러 신하들이 대답하여 말하였다.

"대왕께서는 마땅히 아십시오. 섬부주의 사람들은 시당에서 먹는 것을 마치고 곧 금당(金幢)을 보면서 마침내 생업을 그만두었습니다. 이 인연을 까닭으로 조세가 부족하게 되었습니다."

왕이 곧 알려 말하였다.

"마땅히 시당을 없애도록 하시오."

여러 신하들은 명을 받들어 마침내 곧 헐어서 없애버렸다. 이때 사람들은 스스로 양식을 준비하여 금당을 보고 예배하였고 도리어 버리고 떠나지 않고 가업을 경영(廱營)하지 않았으므로 이전과 같이 조세를 능히 충족시키지 못하였다. 왕이 다시 물어 말하였다.

"내가 그대들에게 명하여 시당을 헐게 하였는데 무슨 까닭으로 지금에 세금으로 오히려 부족한 것이오?"

신하들이 다시 대답하여 말하였다.

"대왕께서는 마땅히 아십시오. 그 여러 사람들이 스스로 양식을 준비하여 먹고서 금당을 구경하고 예배하므로 가업을 경영하지 않고 있습니다. 이러한 까닭으로 세금이 오히려 충족되지 않습니다.”

이때 대성왕은 널리 보시를 베풀고 여러 공덕을 짓고서 마침내 금당을 가져다가 강가하의 안에 던져 넣었느니라.”

세존께서 여러 필추들에게 알리셨다.

“다르게 생각하지 말라. 그 대규성왕의 외삼촌인 아수가는 지금의 발타리 필추이니라. 옛날의 인연 가운데에서 수호하고 공양하였던 까닭으로 금당을 보고 예배하고자 오지 않았던 것이니라.”

이때 여러 필추들이 함께 세존께 여쭈었다.

“이 금당은 어느 곳에서 괴멸(壞滅)됩니까?”

세존께서 말씀하셨다.

“미래의 세상에서 인간의 수명이 8만 세일 때에 전륜성왕이 있어 향거(餉佉)라고 이름할 것이고 여법하게 세상을 다스리고 십선(十善)으로 사람들을 교화할 것이니라. 이때 왕은 네 종류의 군대를 구족하여 능히 일체를 항복시키고 모든 것에서 승리할 것이고, 항상 선품(善品)을 닦아 대법왕(大法王)이 되어 일곱 가지의 보배를 갖출 것이니 이를테면, 윤보(輪寶)·상보(象寶)·마보(馬寶)·주보(珠寶)·여보(女寶)·주장신보(主藏臣寶)·수병신보(主兵臣寶)이다. 왕에게는 천 명의 아들이 있는데 용건(勇健)하고 힘이 많아서 능히 원수들을 깨뜨리고 두루 사주(四州)의 경계를 모두 굴복시키므로 일체의 백성들은 침탈을 받는 일이 없으며 죄를 범한 사람도 칼과 몽둥이를 행하지 않고 법으로써 널리 다스리므로 자연히 조복될 것이니라.

이때 왕에게는 바라문이 있어 선정(善淨)이라고 이름하는데, 이 사람이 왕의 대신이니라. 선정에게는 아내가 있어 정묘(淨妙)라고 이름하는데, 항상 자비스러운 마음으로 두루 일체를 덮을 것이고, 뒤의 때에 아들을 낳아 자씨(慈氏)라고 이름할 것이다. 이때 선정 대신은 항상 8만 명의 마납파 등에게 4벽타론(薛陀論)을 가르치는데, 마납파 등으로써 자씨에게 부촉하여 4벽타론을 가르치고 익히며 읽도록 할 것이다.

이때 사천왕(四天王)은 각자 복장(伏藏)과 금당(金幢)을 가지고 향거왕에게 받들어 올릴 것이니 이를테면, 빙갈라복장(氷竭羅伏藏)은 갈릉가국(羯陵伽國)에서 왔던 것이고, 반축가대장(般逐迦大藏)은 밀치라국(密絺羅國)에서 왔던 것이며, 이라발라장(伊羅鉢羅藏)은 건타라국(揵陀羅國)에서 왔던 것이고, 향거대장(餉佉大藏)은 바라니사성(波羅尼斯城)에서 왔던 것이다. 이때 향거왕은 그 금당을 가지고 선정에게 줄 것이고, 선정은 받고서 자씨에게 줄 것이며, 자씨는 받고서 8만 명의 마납파에게 줄 것이고, 마납파들은 받고서 각자 함께 나누어 가질 것이다.

이때 자씨는 이 보당을 보고 잠깐 사이에 무상(無常)이고 일체의 법(法)은 모두가 마멸되는 것을 알고서 마음에 우뇌가 생겨나서 곧 고요한 숲으로 나아가서 대자비를 일으키고 지혜의 칼로써 여러 번뇌를 끊어버리며 무상보리지(無上菩提智)를 얻을 것이며, 미륵(彌勒)·응(應)·정등각(正等覺)이라고 명호할 것이다.

성불하고서 곧 그 날의 때에 향거왕의 칠보가 은몰(隱沒)할 것이고, 이것을 보고 마침내 8만의 국왕들에게 앞뒤로 둘러싸일 것이며 역시 따라서 출가할 것이다. 이때 왕의 여보(女寶)는 비사거(毘舍佉)라고 이름하는데, 역시 8만명의 구인인 채녀(婇女)들과 따라서 모두가 출가할 것이다. 이때 선정 대신은 8만 명의 마납파들과 함께 따라서 출가할 것이다.

그때 미륵불(彌勒佛)께서는 8만 구지(俱胝)[5]의 필추와 함께 앞뒤로 위요(圍繞)되어 존족산(尊足山)[6]으로 향하여 가섭파(迦攝波) 필추의 유골의 몸을 가두었던 산문(山門)을 가리켜서 여실 것이다. 이때 미륵 세존께서는 그 오른쪽 손으로 가섭의 전신(全身) 사리를 높이 들어서 왼쪽 손바닥 가운데에 놓고서 여러 성문들을 위하여 묘법을 널리 말씀하시고 여러 필추들에게 말씀하실 것이다.

---

5) 산스크리트어 koṭi의 음사로서 숫자의 단위이며 10을 가리킨다.

6) 범어 Gurupāda의 음사로서 계족산이라 번역되고 낭적산(狼跡山)·존족산(尊足山)이라고도 불린다. 중인도(中印度) 마갈타국(摩揭陀國) 가야(伽耶)의 동남쪽에 있는 산으로서 산의 세봉우리가 마치 닭의 발을 세운 것같이 생겼으므로 이렇게 불린다.

“그대들은 마땅히 알라. 과거의 세상에서 인간의 수명이 백세일 때에 세존께서 계셨으니 석가모니(釋迦牟尼)라고 명호하였으며 세간에 출현하셨느니라. 이 가섭은 그분의 성문으로 욕심이 적어 만족할 줄 알았고, 두타(杜多)가 제일이었으며, 그 세존께서 입멸하신 뒤에 능히 석가모니의 교법(敎法)을 결집하였느니라.”

이때 미륵불과 여러 성문 등은 가섭이 남긴 유골을 보고 마음에 우뇌가 생겨날 것이다.

‘무엇과 같아야 이 몸으로 능히 이와 같은 여러 종류의 공덕을 증득할 수 있겠는가?’

이때 미륵세존의 여러 제자들은 우뇌가 생겨난 까닭으로 같은 때에 아라한과를 증득함이 나타날 것이다. 그때 96구지의 아라한들이 능히 두타를 증득하여 염리심(厭離心)이 생겨날 것이다. 이때 그 금당이 곧바로 은몰할 것이고 여러 필추들이 곧 세존께 아뢸 것이다.

“무슨 인연이 있어 향거전륜왕이 지금 세존과 함께 동시에 세간에 출현하였습니까?”

그 세존께서 알려 말씀하실 것이다.

“원력의 까닭이니라.”

필추들이 다시 물을 것이다.

“무슨 원력의 까닭입니까?”

그때 미륵불께서는 여러 필추들을 위하여 말씀하실 것이다.

“지나간 옛날에 중천축국(中天竺國)에는 그때 왕이 있어 마사파(摩娑婆)라고 이름하였으며, 정법으로 백성을 다스려서 나라가 풍요롭고 즐거웠으며, 여러 쟁송(爭訟)이 없었고, 백성들은 충만하였으며, 항상 꽃과 과일이 있었고, 비와 바람이 때에 맞아서 오곡이 잘 익었느니라. 이때 북천축국(北天竺國)에 왕이 있어 다재(多財)라고 이름하였고, 정법으로 백성을 다스려서 나라가 풍요롭고 즐거웠으며, 여러 쟁송(爭訟)이 없었고, 백성들은 충만하였으며, 항상 꽃과 과일이 있었고, 비와 바람이 때에 맞아서 오곡이 잘 익었느니라.

뒤의 다른 때에 중천축국의 대신이 있어 한 아들을 낳았는데, 그 아들이 태어나는 때에 자연스럽게 귀에 보배의 귀고리가 있었고 몸을 따라서 나왔다. 아들이 태어났으므로 곧 친척들을 모으고서 기쁘게 잔치를 베풀고 함께 이름을 지었는데, 아들이 처음에 태어나면서 귀에 보배의 귀고리가 있었던 까닭으로 마침내 그것을 따라서 보광(寶光)이라고 이름하였다. 이때 그 보광은 뒤의 다른 때에 늙고 병들어 죽는 것을 보고 마음에 우뇌를 품고 곧 세속의 인연을 버리고 산림으로 나아가서 그날에 능히 아뇩다라삼먁삼보리(阿耨多羅三藐三菩提)를 증득하였고, 곧바로 보광여래(寶光如來)라고 명호하였다. 다시 다른 때에 북천축국의 다재왕은 높은 누각에 올라 여러 대신들에게 앞뒤로 둘러싸여서 여러 신하들에게 알려 말하였다.

"나의 나라와 같이 국토와 백성들이 풍요롭고 안락하며 여러 쟁송이 없고 비가 때를 따라 순조로워 오곡이 잘 익어서 항상 쾌락을 받는 곳이 있소?"

그때 일찍이 중천축국에 다녀온 상인이 있어 왕의 앞에서 아뢰어 말하였다.

"그 중천축국에는 마사파(摩娑婆)라고 이름하는 왕이 있는데 그 나라의 풍요하고 안락함이 대왕의 나라와 비슷합니다."

이때 다재왕은 이 말을 듣고 마음에서 크게 진노하여 곧 대신에게 알려 말하였다.

"그대들은 곧 네 종류의 군대를 무장하시오. 내가 지금 직접 가서 마사파왕을 정벌하고 아울러 그 나라를 파괴하겠소."

이때 다재왕은 곧 군대를 거느렸으니 첫째는 상병(象兵)이었고, 둘째는 마병(馬兵)이었으며, 셋째는 거병(車兵)이었고, 넷째는 보병(步兵)이었는데 각각 무기로 무장하여 마침내 중천축국으로 향하였으며, 강가하를 건너서 남쪽 언덕에 머물렀다. 이때 마사파왕은 다재왕이 네 종류의 병마(兵馬)를 거느리고 강의 남쪽 언덕에 이르렀다는 것을 들었고, 역시 또한 사병(四兵)을 무장시켜 각자 무기를 지니고 강가하를 건너서 북쪽 언덕에 머물렀다.

　그때 보광여래는 이 두 왕이 조복될 수 있음을 알고 강가하에 와서 머물렀으며, 그날 밤중에 세간심(世間心)을 일으켰다. 여러 세존들의 상법(常法)에는 만약 생각을 일으키는 때에는 제석(帝釋)과 범왕(梵王) 및 세상을 옹호하는 선신(善神)이 곧 세존의 생각을 아는 것이다. 그 여러 천인들은 이미 생각을 알았고 세존의 처소로 와서 세존의 발에 정례하고 물러나서 한쪽에 앉았는데 그 천인들의 밝은 빛을 까닭으로 마사파왕의 군대들을 밝게 비추게 되었다. 이때 다재왕은 그 광명을 보고 마음에서 놀라움과 괴이함이 생겨나서 여러 신하들에게 물어 말하였다.

　"이것이 무슨 광명이고 그의 군대를 밝게 비추는 것이오?"

　여러 신하들이 대답하여 말하였다.

　"그 마사파왕의 나라 안에 세존께서 있어 세상에 출현하셨고 보광여래라고 이름하는데 제석과 여러 천인들이 모두 와서 공양하고 여래께서는 큰 위덕(威德)을 갖추셨으므로 이러한 광명이 있는 것입니다."

　이때 다재왕은 여러 신하들에게 알려 말하였다.

　"그 마사파왕의 나라 안에 이족(二足)[7]의 복전이신 세존께서 세간에 출현하셨고 범천왕 등이 감득하여 항상 와서 공양하고 있는데, 내가 지금 어찌 그 왕과 나라의 군사들에게 손해를 끼칠 수 있겠는가?"

　이때 다재왕은 곧 사자를 보내어 그 왕에게 알려 말하였다.

　"왕께서는 지금 와서 나와 함께 서로 만납시다. 그대는 큰 복덕이 있어 나라 안에서 중생의 복전이신 보광여래(如來)·응(應)·정등각(正等覺)께 감득하여 제석과 범천 등의 여러 천인들이 와서 공양하고 있습니다. 그러므로 내가 지금 서로 만나서 손을 잡고 인사하여 그대와 내가 두려움을 없애고 각자가 안은함을 얻고자 합니다."

　이때 마사파왕은 이 말을 듣고 마음에 불신을 품었고, 마침내 보광불의 처소로 가서 두 발에 정례하고 물러나 한쪽에 앉아서 세존께 아뢰어 말하였다.

---

7) 두 발로 걷는다는 뜻으로 인간을 가리키는 말이다.

“세존이시여. 그 다재왕이 사신을 보내어 서로가 만나서 손을 잡고 인사하고자 부르는데, 내가 지금 어떻게 해야 하는가를 알지 못합니다. 세존께서는 제가 떠나도록 보내시겠습니까?”

그때 보광여래께서 알려 말씀하셨다.

“대왕께서는 지금 가서 만나십시오. 반드시 안은함을 얻을 것입니다.”

이때 왕이 다시 세존께 물어 말하였다.

“내가 지금 그에게 이르러 서로가 만난다면 어떻게 예를 베풀어야 합니까?”

세존께서 알려 말씀하셨다.

“그 왕에게는 힘이 있으니, 마땅히 먼저 예배하십시오.”

이때 마사파왕은 세존의 말씀을 듣고 곧 다재왕의 처소로 가서 두 발에 예배하였다. 이때 다재왕은 곧 일어나서 영접하였고 서로를 안고 어루만지며 함께 위로(慰喩)하고 환희하며 문안하였다. 세존의 처소로 돌아와서 두 발에 이마를 정례하고 물러나 한쪽에 앉았다. 이때 마사파왕은 아뢰어 말하였다.

“세존이시여. 일체의 여러 왕에서 누가 가장 존귀하여 예배를 받는 것이 합당합니까?”

세존께서 왕에게 알려 말씀하셨다.

“전륜성왕(轉輪聖王)이 예배를 받는 것에 합당합니다.”

왕은 세존의 말씀을 듣고 오로지 마음속에 기억하였고 곧 자리에서 일어나 오른쪽 어깨를 드러내고 합장하고 세존을 향하여 아뢰어 말하였다.

“오직 바라옵건대 세존과 필추 대중께서는 나의 내일 공양의 청을 받아주십시오.”

이때 세존께서는 묵연히 받아들이셨다. [자세한 내용은 생략한다.] 나아가 세존께서는 공양을 마치시고 치목을 씹으셨으며 깨끗하게 양치하셨다. 이때 마사파왕은 곧 세존 앞에서 지극하게 발원하였다.

“내가 지금 세존과 여러 성중(聖衆)께 공양하였고 공덕을 소유하였으며 이러한 선근을 지녔으니 바라건대 나는 마땅히 전륜성왕이 되게 하십시오.”

이미 발원을 마치자 갑자기 소라고동을 부는 소리가 있었고 이때 보광여래께서 곧 수기(授記)를 주셨다.

“그대는 마땅히 오는 세상에서 인간의 수명이 8만세일 때에 그대는 마땅히 세상에 나타나서 전륜성왕이 될 것이고 향거(餉佉)라고 이름할 것이오.”

여러 사람들이 듣고 매우 큰 소리를 질렀다. 그 다재왕은 떠나갔으나 오히려 이렇게 외치는 소리를 듣고 여러 신하들에게 물어 말하였다.

“마사파왕의 나라 안에 무슨 인연이 있어 이렇게 큰 외침이 있는 것이오?”

여러 신하들이 살피고 찾아서 물었으며 왕에게 알려 말하였다.

“보광여래께서 마사파왕에게 ‘미래의 세상에 전륜왕이 된다.’고 수기하셨고, 그 여러 사람들이 그 말씀을 듣고 환희하며 용약하였습니다. 이러한 인연이 까닭으로 큰 외침이 있었던 것입니다.”

이때 다재왕은 이 말을 듣고 마침내 곧 가마를 되돌려 보광 여래·정등각의 처소로 나아가서 두 발에 정례하고 물러나서 한쪽에 앉았으며 세존께 아뢰어 말하였다.

“세존이시여. 일체의 세간의 가운데에서 누가 전륜왕의 예배를 받아야 합당합니까?”

세존께서 대왕에게 알리셨다.

“오직 여래·응·정등각께서 전륜성왕의 예배와 공양을 받는 것이 합당합니다.”

이때 다재왕은 자리에서 일어나 의복을 정리하고 세존께 정례하고서 합장하고 공경스럽게 세존께 아뢰어 말하였다.

“오직 원하옵건대 세존과 필추 승가께서는 내일 나의 작은 공양을 받아 주십시오.”

[자세한 내용은 생략한다.] 나아가 세존께서는 공양을 마치시고 발우를 거두셨으며 양치를 마치셨다. 이때 다재왕은 대자비를 일으켜 널리 중생계

166

에 이르게 하였고 곧 발원하여 말하였다.

"이러한 공양의 선근으로써 원하건대 내가 마땅히 내세에는 빠르게 성불하여 천인사(天人師)가 되겠습니다."

세존께서 곧 알려 말씀하셨다.

"대왕께서는 마땅히 아십시오. 미래의 세상에서 인간의 수명이 8만세일 때에 마땅히 세존이 되어 미륵(彌勒)이라고 명호할 것이고, 십호(十號)를 구족할 것입니다."

세존께서 여러 필추들에게 알려 말씀하셨다.

"오히려 이러한 원력으로써 세존과 전륜왕의 두 보배가 동시에 세상에 출현할 것이니라."

이때 세존께서는 아난타에게 알려 말씀하셨다.

"그대는 나와 함께 구지(俱胝) 취락으로 가세."

이때 아난타는 마침내 세존과 함께 불률씨국(佛栗氏國)을 유행(遊行)하여 점차로 구지 취락에 이르렀다. 북쪽으로 멀지 않은 곳에 승섭수림(勝攝樹林)이 있었는데, 세존께서는 그 가운데에서 머무르셨다. 이때 세존께서 여러 필추들에게 알려 말씀하셨다.

"그대들은 마땅히 알라. 만약 이러한 금계(禁戒)를 깨뜨린다면 삼마지(三摩地)도 역시 모두 따라서 잃는 것이다. 그대들이 만약 능히 수습(修習)하고 지계한다면 이러한 삼마지도 곧 능히 상주(常主)할 것이니, 그 혜로써 몸과 마음을 수습한다면 3독(毒)의 가운데에서도 바른 해탈을 얻을 것이다. 이와 같이 수습하여 해탈을 얻는다면 성자는 명료하게 잘 알아서 '나는 생(生)을 이미 마쳤고, 범행(梵行)은 이루어졌으며, 지을 것은 이미 갖추었고, 후유(後有)를 받지는 않는다.'는 것을 아는 것이다."

이때 세존께서는 구수 아난타에게 말씀하셨다.

"그대는 나와 함께 나지가(那地迦) 취락으로 가세."

아난타는 오직 묵연하였고 마침내 여래와 함께 불률씨국을 유행하여 점차로 나지가 취락에 이르러 군씨가(群氏迦)의 집에 머물렀다. 그 나지가 취락에는 이때 돌림병이 있어 사람들이 많이 죽었다. 그때 녹목(淥目)·친근

(親近)·극정진(極精進)·근승(近勝)·단엄(端嚴)·근단엄(近端嚴)의 많은 대중들이 최상에 있었고 현(賢)·선현(善現)·명칭(名稱)·시칭(時稱)·상칭(上稱) 등의 여러 오파색가들은 모두 이미 죽었다.

이때 여러 필추들이 이른 아침에 옷과 발우를 집지하고 나지가 취락에 들어가서 차례로 다니면서 걸식하였다. 그 여러 필추들은 이 취락에서 많은 사람들이 죽었으며, 그리고 녹목과 친근에서 나아가 상칭 등에 이르기까지 여러 오파색가들이 모두 죽은 것을 들었다. 여러 필추들은 사람들이 죽었다는 말을 듣고 차례로 걸식을 마치고 본래의 처소로 되돌아와서 옷과 발우를 놓아두고 세존의 처소로 나아가서 두 발에 정례하고 물러나 한쪽에 앉아서 세존께 아뢰어 말하였다.

"우리들 여러 필추들이 이른 아침에 옷과 발우를 집지하고 나지가 취락에 들어가서 차례로 다니면서 걸식하였고 나아가 이 취락에서 많은 사람들이 죽었다고 말하는 것을 들었습니다. 그 여러 사람들은 이미 죽었는데 각자 어느 길에 나아가서 태어났습니까?"

세존께서 여러 필추들에게 알리셨다.

"그 녹목 오파색가는 5하분결(五下分結)[8]을 끊었으니, 곧 화생(化生)을 받아 이곳에시 열반하여 불환과(不還果)를 증득하고서 이 세계의 가운데에서 불퇴전법(不退轉法)을 얻을 것이며, 나머지 오파색가들도 다시 이와 같을 것이니라."

세존께서 모든 필추들에게 알리셨다.

"나지가 취락에는 다시 251명의 오파색가가 있었고 모두가 죽었으나, 역시 모두가 5하분결을 끊었으므로 화생을 받아 이곳에서 열반하여 불환과를 증득하고 이 세계의 가운데에서 불퇴전을 얻을 것이니라. 그 취락에는

---

8) 하분(下分)은 욕계를 가리키고 결(結)은 번뇌를 뜻하므로 욕계에 결박하여 해탈하지 못하게 하는 다섯 가지 번뇌를 가리킨다. 첫째는 오온은 자아의 소유라는 그릇된 견해인 유신견(有身見)이고, 둘째는 그릇된 계율이나 비법에 집착하는 견해인 계금취견(戒禁取見)이며, 셋째는 바른 이치를 의심하는 의(疑)이고, 넷째는 욕탐(欲貪)이며, 다섯째는 진에(瞋恚)이다.

다시 300명의 오파색가가 역시 모두 죽었으나 3분결(分結)을 끊었던 까닭과 탐(貪)·진(瞋)·치(癡)가 있는 가벼운 장애가 있는 까닭으로, 일래과(一來果)를 증득하여 다시 이곳에서 생(生)을 받아 마땅히 일체의 여러 번뇌와 미혹을 끊을 것이니라. 그 취락에는 다시 501명의 오파색가가 죽었으나 3분결을 끊었으므로 예류과(預流果)를 증득하여 악취(惡趣)에 떨어지지 않고 결정적으로 마땅히 보리과(菩提果)를 증득하여 인과 천인의 가운데에서 일곱 번을 태어나는 윤회를 마치면 번뇌를 끊어 없앨 것이니라.”

세존께서 모든 필추들에게 알리셨다.

“그대들은 마땅히 알라. 죽으려는 사람이 모두 와서 나에게 묻고 헛되게 어지러움이 생겨나는 것은 이익과 즐거움이 없는 것이다. 그리고 태어나는 자는 모두 죽음으로 돌아가는 것이므로 여래께서 출현하셨거나 출현하시지 않았더라도 태어나고 죽는 것은 항상 있는 것인데, 무슨 기이함이 있겠는가? 그러므로 그 법이라는 것은 곧 법계(法界)이거늘, 여래께서는 스스로의 신통(神通)을 까닭으로 현재에 깨달음을 증득하셨고, 연설하시고 나타내 보이시며, 분별하여 안주하게 하시고, 여러 종류의 묘법(妙法)을 열어 보이시며 널리 말씀하시느니라.

이를테면, 이것이 있는 까닭으로 저것이 있고, 이것이 생겨나는 까닭으로 저것이 생겨나는 것이다. 이를테면, 무명(無明)을 연(緣)하여 행(行)이 있고, 행을 연하여 식(識)이 있으며, 식을 연하여 명색(名色)이 있고, 명색을 연하여 6처(處)가 있으며, 6처를 연하여 촉(觸)이 있고, 촉을 연하여 수(受)가 있으며, 수를 연하여 애(愛)가 있고, 애를 연하여 취(取)가 있으며, 취를 연하여 유(有)가 있고, 유를 연하여 생(生)이 있으며, 생을 연(緣)하여 노(老)·사(死)·우(憂)·비(悲)·고(苦)·뇌(惱)가 있느니라. 이와 같이 매우 극심한 고온(苦蘊)이 생겨나는 것이다.

이를테면, 이것이 없는 까닭으로 저것이 생겨나지 않는 것이므로 그것이 없어지는 까닭이라면 이것이 곧 마땅히 없어지느니라. 이를테면, 무명이 없어지는 까닭으로 행이 없어지고, 행이 없어지는 까닭으로 식이 없어지며, 식이 없어지는 까닭으로 명색이 없어지고, 명색이 없어지는 까닭으로

6처가 없어지며, 6처가 없어지는 까닭으로 촉이 없어지고, 촉이 없어지는 까닭으로 수가 없어지며, 수가 없어지는 까닭으로 애가 없어지고, 애가 없어지는 까닭으로 취가 없어지며, 취가 없어지는 까닭으로 유가 없어지고, 유가 없어지는 까닭으로 생이 없어지며, 생이 없어지는 까닭으로 노사와 우비고뇌가 없어지는 것이다. 이와 같이 매우 극심한 고온(苦蘊)이 없어지는 것이다.

그대들 여러 필추들에게 마땅히 『법경경(法鏡經)』을 설하겠으니 그대들은 자세히 듣고 그것을 잘 사념(思念)하라. 무엇을 『법경경』이라고 말하는가? 그대들이 마땅히 정각에 지극한 신심과 즐거움이 생겨나는 이것을 『법경경』이라고 이름하고, 법과 승가에서 소유한 성자의 계율의 광명이 청정함에 지극한 신심을 일으키는 이것이 『법경경』이니라. 필추들이여. 마땅히 알라. 내가 설한 『법경경』은 이것을 말하는 것이니라.”

그때 세존께서는 불률씨국에서 인간세상을 유행하셨으며 나치가(那雉迦) 취락에 이르셨다. 이때 암몰라(菴沒羅)의 파리(波利) 부인은 세존께서 나치가 취락에 이르셨다는 것을 들었다. 이때 그 부인에게는 한 마리의 앵무새가 있어 원면(圓面)이라고 이름하였고, 사람의 말을 잘 이해하였다. 곧 그 새를 보냈고 나치가 취락으로 가서 세존께 정례하게 하였다.

“기거가 가볍고 편안하시며 병과 고뇌가 적으시고 유행에 안락하십니까? 세존께서 만약 광엄성으로 유행하시고자 하신다면 원하건대 저를 애민하게 생각하시어 먼저 암몰라원(菴沒羅園)으로 오십시오.”

이때 앵무새는 명을 받고 곧 세존의 처소로 가서 광엄성에 이르렀다. 율고비 동자들이 성 밖으로 나와서 놀다가 앵무새가 날아가고 있는 것을 보고 함께 외치면서 말하였다.

“암몰라(菴沒羅婢)의 앵무새이다. 우리들이 지금 마땅히 화살을 모아서 쏘아 죽이도록 하자.”

말을 마치고 활을 당겨서 곧 앵무새를 쏘았으나 그 화살은 거꾸로 동자들의 머리 위로 떨어졌다. 이때 앵무새는 곧 게송으로 말했다.

두 나라가 교전할 때에도
사자는 마땅히 죽이지 않는데
하물며 내가 세존의 사자이므로
일체가 능히 손상하지 못하리라.

이때 여러 동자들도 역시 게송으로 설하여 말하였다.

우리들의 화살이 힘이 없으니
그대의 말이 영험을 보인 것이며
이것은 세존의 위덕(威德)이므로
너는 마땅히 두려움이 가거라.

이때 앵무새는 곧 처소에 이르러 세존의 발에 머리를 대고 공경스럽게 예경하고서 부인이 소유한 정성스런 신심을 갖추어 말씀드렸다. 세존께서 말씀하셨다.

"옳도다. 마땅히 좋고 안은하느니라."

묵연히 그 청을 받아들이셨다. 이 앵무새는 세존께서 청을 받아들이신 것을 알고서 공경히 예경하고 떠나갔는데, 암몰라원에 이르지 못하고 곧 사나운 솔개에게 붙잡혀서 공중에서 죽었다. 앵무새는 죽어서 곧 사천왕천(四天王天)에 태어났는데, 그 하늘에 태어나고서 곧 스스로 생각하면서 말하였다.

"나는 무슨 일을 인연하였고 무슨 복업(福業)을 지어서 이곳에 와서 태어났는가?"

곧 스스로 관찰하여 세존께 사자였던 까닭으로 방생(傍生)의 몸을 버리고 이 선보(善報)를 얻었음을 보았고, 다시 이렇게 생각을 지었다.

'내가 지금 마땅히 하룻밤을 넘기지 않고 세존의 은혜에 보답해야 한다.'

곧 몸의 장신구와 청련화(靑蓮花)·구물두화(俱物頭花)·분다리화(芬陀利

花)·만다라화(曼陀羅花)·마하만다라화(摩訶曼陀羅花)를 갖추어 중야분(中夜分)에 세존의 처소로 가서 세존의 발에 정례하고 공양하고서 물러나서 한쪽에 앉았고, 그 천인(天人)의 몸에서 나오는 광명의 힘을 까닭으로 이때 나치가 취락이 평소와 다르게 밝게 빛났다. 이때 세존께서는 곧 근성을 아시고 천인을 위하여 이를테면, 4성제(聖諦)의 이치를 말씀하셨다. 이러한 법을 듣고 곧 지혜의 금강저(金剛杵)로써 20종류의 높은 봉우리의 번뇌인 살가야견(薩迦耶見)[9]의 산을 꺾어서 깨트리고 예류과(預流果)를 증득하였다. 이때 천자(天子)는 이치를 증득하고서 세 번을 찬탄하였다.

"옳으십니다. 지금 불·세존께서 크게 이익되게 하셨으나 여러 부모와 여러 권속과 천주(天主)[10]·사문·바라문 등이 능히 이러한 일을 지을 수 없습니다. 오직 불·세존께서 능히 지옥과 방생과 아귀의 고통을 구제할 수 있고, 천인(天人)을 건립하시며, 생사(生死)를 초월하여 건네주시고, 피와 눈물의 바다를 마르게 하시며, 뼈와 살의 산을 벗어나게 하시고, 관련된 일체의 여러 악취(惡趣)의 문을 닫으시며, 열반의 정천(淨天)의 길을 열어 보여주셨습니다.

시작이 없는 곳부터 익혀왔던 살가야견의 산을 금강의 지혜로써 능히 모두 꺾어서 깨뜨리고 저에게 예류과를 증득하게 하셨으므로, 저는 오늘부터 목숨을 마치는 날까지 불·법·승께 귀의하여 오파색가가 되어 영원히 살생 등을 하지 않겠습니다. 원하건대 세존께서 섭수(攝受)하시어 환희하고 용약하는 것이 오히려 상인이 큰 이익을 얻은 것과 같고, 역시 농부의 곡식이 점차 무성하는 것과 같으며, 역시 힘센 용사가 강적을 절복하는 것과 같고, 역시 병든 사람이 여러 병에서 벗어난 것과 같도록 하겠습니다."

신통을 얻고서 세존께 예경하고 떠나갔으며 그의 신력(神力)으로써 천궁(天宮)으로 되돌아갔다. 이때 세존께서 아난타에게 알려 말씀하셨다.

"나는 지금 그대와 함께 광엄성 안으로 나아가겠네."

---

9) 유신견(有身見)이라 번역하기도 하며, 신견(身見)이라고도 한다. 5온(蘊)이 결합하여 이루어진 거짓된 육신을 실다운 자아(自我)라고 집착하는 소견을 말한다.
10) 신(神)들의 우두머리, 곧 제석(帝釋)을 말한다.

아난타가 대답하여 말하였다.

"오직 명을 받들겠습니다."

이때 세존께서는 아난타와 함께 광엄성에 이르러 암몰라 숲에 머무르셨고 아난타에게 알려 말씀하셨다.

"그대는 벽사리성(薜舍離城)으로 가서 문지방을 밟고서 이 주문을 설하고 아울러 이러한 송주를 설하여 말하게."

비사라타 비사라타 비사라타 비사라타 부투 부투 로카 아두가 지구 아자파야티 사르바 부다 아나마티테다 사르바 부다 파라부다 아나마티나 사르바 아라하 아나 마티마 사르바 시차 아나마티 사르바 시라 바가 아나마티 사르바 사티 바니나마티 파라티가 파라 나마 티다 가지 사르바 나마 티다 인다라 나마 티다 테바타 나마 티다 아수라 타라 나마 티다 아소라 피르사 나마 티다 사르바 부다 나마 티다 비사라 비사라 비사라 비사라 부다 로카 나가추쿠 모자야티.

막는 주문을 듣고 막는 주문을 듣는다면
재난이 멈춰지고 재난이 멈춰지면
귀신들을 몰아내어라.

세존께서는 들어가시고자 하셨으므로 대자재(大自在)이고 최승존(最勝尊)인 제석과 범천도 들어가고자 하였으며, 세계의 주인으로 호세(護世)인 사천왕(四天王)과 함께 무량(無量)한 여러 천인(天人)의 권속들이 들어가고자 하였으며, 아소라왕(阿蘇羅王)과 함께 그 권속들과 여러 귀신 등 무량한 백천(百千)이 불·세존께 큰 신심을 일으켜서 역시 와서 들어가고자 하였는데, 일체중생들의 이익을 위한 까닭이니라.

그대들 귀신들은 손해를 일으키지 말라. 빨리 나가라. 빨리 나가라. 빨리 나가라. 빨리 나가라. 빨리 나가라. 빨리 나가라. 그대들이 만약 악심을 일으켰다면 지금 마땅히 빨리 나가라. 만약 자비심이 있다면 들고 머물러라. 과실이 없이 즐거이 옹호하겠다면 역시 듣고 머물러라.”
　대비하신 일체의 유정을 애민하게 생각하는 까닭으로 이와 같이 말씀하셨다.

　수모 수모 수모 수로 로모 로모 모모 로수 모로 모수 모로 모로 모로 모로 모로 모로 모로 모로 미리 미리 수로 미리 수로 미리 수루 미리 수루 미리 수루 미리 수루 미리 수루 미리 수루 미리 수루 미리 수루 미리 수루 미리 리리 리리 리리 리리 리리 리리 미리 미리 미리 미리 미리 미리 가사미 미리 미리 사사미 지가라 가라 가타 지가라 가라 가차 지가라 지가라 지가라 지가라 지가라 지가라 지가라 지가라 쿠리시 지가라 지가라 가리 시리 리리 리리 아리 파사리 부리 부리 부리 부리 부리 부리 부리 부나타 나이타타리 푸리푸나 타타 네리 가차 타리 푸리 부리 네리 차타 파라야타.

　세존께서는 세간을 애민하게 생각하시어 이 성안으로 들어가시고자 하시는데 일체중생을 이익되게 하시려는 까닭이고, 자(慈)·비(悲)·희(喜)·사(捨)의 까닭이니라. 이 주문은 가나로 성취하였으므로 일체 천인(天人)들과 일체중생들에게 최승의 지혜로 법성(法性)으로서 가타를 설하여 말씀하시느니라.

　여러 얽힌 습기(習氣)를 끊어 없애셨고
　여러 탐착을 멀리 벗어났으며
　그 마음은 항상 적정(寂靜)하시니
　그 분께서는 능히 그대를 안락하게 하리라.

　세간에 만약 사람이 있어서
　옳게 열반의 길에 머무른다면
　능히 일체법을 설하리니

그 분께서는 능히 그대를 안락하게 하리라.

생사의 유전(流轉)하는 가운데에서
여러 귀의하는 사람을 짓는다면
유정의 부류에 이익되므로
그 분께서는 능히 그대를 안락하게 하리라.

넓은 대비심으로서
여러 유정들을 양육하시며
자비롭게 어린 아기와 같이 생각하나니
그 분께서는 능히 그대를 안락하게 하리라.

일체의 귀의한 사람은
생사의 가운데에 있으면서도
그분께 의지하여 좋은 이익을 얻나니
그 분께서는 능히 그대를 안락하게 하리라.

여러 일체법을 증득하셨고
청정하며 염예(染穢)를 없애셨으며
몸과 입과 뜻이 적연(寂然)하시므로
그 분께서는 능히 그대를 안락하게 하리라.

용맹함을 나타내서 보이실 때에
여러 재물을 증장시키며
여러 의량(意量)을[11] 성취시키므로
그 분께서는 능히 그대를 안락하게 하리라.

---

11) 생각과 도량을 함께 가리키는 말이다.

옛날에 강탄(降誕)실 때에
대지가 모두 진동하였고
중생들이 모두 환희하였으므로
그 분께서는 능히 그대를 안락하게 하리라.

대지가 여섯 가지로 변동(變動)하였고
보리도(菩提道)를 증득하시어
마왕은 번민의 마음이 생겨났으므로
그 분께서는 능히 그대를 안락하게 하리라.

정법륜(正法輪)을 옳게 굴리시어
명성(名稱)이 시방에 가득하였으며
여러 성제(聖諦)의 이치를 말씀하셨으므로
그 분께서는 능히 그대를 안락하게 하리라.

여러 미묘법(微妙法)을 연설하셨고
여러 외도들을 절복시켰으며
중생들을 섭수(攝受)하셨으므로
그 분께서는 능히 그대를 안락하게 하리라.

원하옵건대 세존께서는 안락으로써
제석천까지 이르게 하시고
일체의 여러 귀신(鬼神)들이
항상 옹호자가 되게 하십시오.

세존 공덕의 힘으로써
여러 천인들이 모두가 환희하며
구하는 일과 원하는 것들이

성취되지 않는 것이 없게 하십시오.

항상 여러 두 발의 중생들과
여러 네 발의 중생 등을 보호하시어
떠나는 자도 안은함을 얻고
오는 자도 역시 안락하게 하십시오.

밤중에도 안락을 얻고
낮에도 역시 안락을 얻으며
여러 악한 일들을 만나지 않아서
일체에 모두 안락하게 하십시오.

일체의 세간 사람들과
여러 일체의 천인들과
이도(異道)에 귀신과 방생들도
모두가 번뇌와 걱정이 없게 하십시오.

귀신으로서 이곳에 오는 자와
땅으로 다니고 허공으로 다니는 것도
항상 자비스러운 마음으로써
밤낮으로 선한 일을 하게 하십시오.

근본설일체유부비나야약사 제7권

삼장법사 의정 한역

석보운 번역

암라부인(菴羅夫人) 인연 ②

암라부인(菴羅夫人) 인연의 나머지이다.

이때 구수 아난타는 세존께 주문과 가타를 받고 곧 광엄성으로 가서 다리로 문지방을 밟고서 모든 것을 앞의 법에 의지하였다. 이때 암라부인은 세존께서 광엄성을 유행하시어 자기의 암라숲에 이르셨다는 것을 듣고 시종들을 엄숙히 치장시켜 앞뒤로 에워싸게 하고서 여러 보배의 수레를 타고 성 안에서 나와서 세존의 처소로 가서 예경하고 공양하고자 하였다. 암라원림에 이르러 수레에서 내려왔고 멀리서 존안을 보고 머리를 땅에 대고서 예경하였다. 이때 세존께서는 무량한 백천의 여러 필추 대중들과 함께 앉아서 정법을 설하시면서 멀리서 암라부인을 보시고 여러 필추들에게 알리셨다.

"그대들은 각자 수습하는 것에 의지하여 정념(正念)으로 머물러라. 암라부인이 지금 마땅히 이곳에 이를 것이다. 무엇을 정념에 머무는 것이라고 말하는가? 이전에 지은 악업을 마땅히 버리도록 하고, 아직 생겨나지 않은 악업은 억제하여 생겨나지 않게 하는 것이며, 이전에 선업은 잃지 않게 하고 더욱 부지런히 수습하여 증장시키고 원만하게 하여서 지혜를 보고 증득하는 것이니, 이와 같이 짓는 것을 정진(精進)이라고 이름하느니

라. 무엇을 정의(正意)라고 말하는가? 행(行)·주(住)·좌(坐)·와(臥)에 있어서 스스로가 지벌라의(支伐羅衣)[1]·병(瓶)·발우 등을 옳게 관찰하여 여법하게 안치하는 것이니, 이와 같이 관찰하는 것을 정의라고 이름하는 것이다.

무엇을 정정(正定)이라고 말하는가? 마땅히 스스로가 내신(內身)을 관찰하여 정념과 정의를 부지런히 닦고 여러 선하지 않은 마음을 버리고 벗어나서 일체의 중생과 다시 외신(外身)·내외신(內外身)·내수(內受)·외수(外受)·내외수(內外受)·내심(內心)·외심(外心)·내외심(內外心)·내법(內法)·외법(外法)·내외법(內外法)을 관찰하여 법을 보고 수순(隨順)하며 부지런히 닦고 정진하여 일체의 유정(有情)에게 여러 악을 버리고 벗어나서 정념에 머무르게 하는 것이다. 지금 암라부인이 오고자 하므로 그대들에게 가르치고 보여주나니, 마땅히 옳게 수습하고 마땅히 나의 가르침에 의지하라.”

이때 암라부인이 곧 세존의 처소에 이르러 세존의 발에 정례하고 한쪽에 앉았다. 이때 세존께서는 무량한 방편으로 묘법을 설하시어 보여주시고 가르쳤으며 이익되고 기쁘게 하시고서 세존께서는 묵연히 머무르셨다. 암라부인은 자리에서 일어나 의복을 정리하고서 합장하고 세존을 향하여 이와 같이 말하였다.

“원하옵건대 불·세존께서는 내일 아침에 여러 필추 대중과 함께 저의 집에 오시어 저의 공양을 받아주십시오.”

세존께서는 묵연히 그것을 허락하셨다. 이때 암라부인은 세존께서 받아들이신 것을 알고 예경하고 떠나갔다. 이때 율고비자(栗姑毘子)들이 세존께서 광엄성의 암라숲 내에 머문다는 것을 듣고 각자 수레를 타고서 세존의 처소로 나아가고자 하였다. 그 수레와 말 등은 여러 종류의 모양이 었는데 청색의 말·청색의 고리·청색의 채찍·청색의 수레·청색의 일산·청색의 두건·청색의 칼·청색의 보배·청색의 부채·청색의 옷·청색의 바르는 향·청색의 가루향·청색의 시위(侍衛) 등이 있었고, 황색·적색·백색 등도 역시 다시 이와 같았다. 도로를 지나가며 높은 소리로 말을 몰았으므로

---

1) 산스크리트어 cīvara의 음사로, 가사(袈裟)인 삼의(三衣)를 뜻한다.

누구도 감당할 사람이 없었다. 이미 광엄성을 나와서 곧 세존께 나아갔다. 이때 세존께서는 율고비 등이 점차로 이르고자 하는 것을 멀리서 보시고 여러 필추들에게 알리셨다.

"그대들은 아직 삼십삼천이 나와서 유희(遊戲)하는 때를 보지 못하였으나 그대들은 지금 마땅히 율고비들을 볼 것이니라. 그 여러 천중(天衆)들이 자재한 신통으로써 원림(園林)에서 유희하는 것도 역시 율고비 등과 같으니라."

이때 율고비들은 이미 암라문 앞에 이르러 수레에서 내려 세존의 발에 정례하고 물러나서 한쪽에 앉았다. 세존께서는 율고비들을 위하여 무량한 방편으로 널리 법요를 설하시어 보여주시고 가르쳤으며 이익되고 기쁘게 하셨다. 이때 한 마납파가 있어 광식(廣飾)이라고 이름하였는데, 함께 회중에 이르렀고 자리에서 일어나서 오른쪽 어깨를 드러내고 합장하고 세존을 향하여 이와 같이 말하였다.

"선서시여. 나에게 변재(辯才)가 있습니다."

또한 말하였다.

"선서시여. 나에게 변재가 있어 지금 가영으로 찬탄하고자 합니다."

세존께서 말씀하셨다.

"옳도다. 옳도다."

이때 마납파는 가타로써 설하여 말하였다.

앙가(央伽)의 대왕은 보배 갑옷을 입고서
마갈타국에서 자재함을 얻었으나
그 왕국 안에 세존께서 출현하셨고
시방에 명칭(名稱)하시니 설산(雪山)과도 같다네.

구모다(俱牟陀)²⁾와 연꽃과도 같아서

---

2) 산스크리트어 kumuda의 음사로서 흰색이나 붉은색의 꽃이 피는 수련(睡蓮)을 가리킨다.

그 꽃이 피어나면 매우 향기롭고 깨끗하나니
자재하신 자비로 세간에 출현하시어
선서라는 명칭으로 여러 지방에 통하신다네.

햇빛이 떠오르는 때에 홍련이 피어나고
달빛이 떠오르면 구모다가 무성하듯이
대중들이 세존을 보면 모두가 환희함이
비유하면 허공 속에서 밝은 달을 보는 것과 같다네.

함께 여래의 지혜인 힘을 본다면
오히려 치성한 불꽃을 밤중에 보는 것과 같아서
능히 중생들의 안목(眼目)이 빛을 일으키시어
소유한 의혹들을 모두 없애주신다네.

이때 여러 율고비들이 그 마납파에게 알려 말하였다.
"옳은 말이오. 옳은 말이오. 당신이 말한 것과 같소."
이때 500의 율고비자들이 마납파의 옳은 찬탄을 들은 까닭으로 각자 윗옷을 벗고서 마납파에게 베풀었고 자리에서 일어나 의복을 정리하고 합장하고 세존께 예경하며 아뢰어 말하였다.
"세존이시여. 원하옵건대 불·세존과 여러 필추 대중께서는 내일 아침의 때에 집안으로 오시어 저희들의 공양을 받아주십시오."
세존께서 알려 말씀하셨다.
"내가 먼저 암라부인의 청을 받아들였소."
여러 율고비들은 세존의 이러한 말씀을 듣고 세존께 아뢰어 말하였다.
"저희들은 지금 암라부인이라는 최고로 수승한 지혜로운 자에게 훼방을 당하였습니다. 저희들은 지금 그녀 때문에 우리들이 먼저 세존의 처소로 가서 보고 예경하며 공양하지 못하게 되었습니다."
다시 세존께 아뢰어 말하였다.

"저희들은 마땅히 다른 때에 여래와 필추 대중께 공양하겠습니다."

세존께서 말씀하셨다.

"좋소."

바사타(婆斯陀) 등 여러 율고비들은 세존께서 허락하신 것을 듣고 환희하며 떠나갔다. 이때에 마납파는 율고비들이 떠나가는 것을 보고 앉은 자리에서 일어나 합장하고 세존을 향하여 아뢰어 말하였다.

"세존이시여. 그 율고비들은 제가 세존을 옳게 찬탄함으로써 저에게 500의 윗옷을 베풀었습니다. 제가 지금 도리어 세존께 받들어 베풀고자 하옵니다. 원하옵건대 애민하게 생각하시어 받아주십시오."

이때 세존께서는 자비를 까닭으로 마납파가 보시하는 옷을 받으셨다. 이와 같이 왔던 마납파에게 알려 말씀하셨다.

"여래(如來)·응공(應供)·정변지(正遍知)께서 세간에 출현하시면 다섯 종류의 희유한 법이 있느니라. 무엇을 다섯이라고 말하는가? 첫째는 천인사(天人師)께서 출현하시면 여래(如來)·응(應)·정등각(正等覺)·명행족(明行足)·선서(善逝)·세간해(世間解)·무상사(無上士)·조어장부(調御丈夫)·천인사(天人師)·불세존(佛世尊)께서 법요(法要)를 연설하시는데, 처음에도 좋고 중간에도 좋으며 뒤에도 좋고 문장의 뜻이 교묘하고 순일하며 잡스러움이 없고 맑고 깨끗한 범행의 상(相)을 구족하였나니, 이것이 첫 번째의 희유함이니라. 둘째는 만약 신심이 있어서 여래께서 설하신 것을 듣고 받아들여 존중하고 들은 법문을 받들어 지닌다면 마음이 산란하지 않나니, 이것이 두 번째의 희유함이니라.

셋째는 만약 세존께서 설하심을 들은 것이 있고 하나하나를 받들어 행한다면, 이것이 세 번째의 희유함이니라. 넷째는 법을 청하여 듣고 곧 능히 증득하여 알고서 환희하며 믿고 받아들이며 큰 선근이 생겨나면 출리(出離)와 함께 상응하게 되나니, 이것이 네 번째의 희유함이니라. 다섯째는 만약 깊고 깊은 법구(法句)를 듣는다면 지혜로써 깨달아 알게 되나니, 이것이 다섯 번째의 희유함이니라. 마납파여. 여래·응·정등각께서 세간에 출현하신 까닭으로 이러한 다섯 종류의 희유함이 있는 것이니라."

이때 여래께서는 다시 마납파에게 알려 말씀하셨다.

"일반적으로 선한 사람은 작은 은혜를 얻은 까닭으로 오히려 잊지 않는 것인데 하물며 많은 은혜는 어떠하겠는가! 이러한 까닭으로 그대는 마땅히 이러한 일을 부지런히 닦아야 할 것이니라."

이때 마납파는 세존의 말씀을 듣고 믿고 받아들였으며 받들어 행하면서 정례하고 떠나갔다. 이때 암라부인은 그 밤중에 여러 종류의 음식을 준비하였고, [이하 자세한 내용은 생략한다.] 낮은 자리에 앉아서 법을 듣고자 하였다. 이때 세존께서는 암라부인을 위하여 보시하는 공덕을 찬탄하시면서 가타로써 설하여 말씀하셨다.

보시하는 사람들은 사랑스러워 함께 공경하므로
명성(名稱)이 멀리까지 들리고 향기가 널리 퍼지고
이런 까닭으로 지혜로운 자는 항상 보시하므로
즐거움을 구하고 간탐을 없애 무외(無畏)를 얻는다네.

장야(長夜)에 제석천(帝釋天)에 태어나고
여러 천중(天衆)들과 함께 유희하고
여러 천인의 궁전을 멀리 서로 마주하므로
이곳에서 죽어서 빨리 그 천상에 태어난다네.

스스로가 광명을 띠고 동산에 즐겁게 유희하며
여러 천녀들과 함께 다섯 욕락을 받고
불제자들은 이러한 법을 들었으므로
반드시 그 하늘에 마땅히 태어나리라.

이때 세존께서는 암라부인에게 여러 종류의 법을 설하시어 보여주시고 가르쳤으며 이익되고 기쁘게 하셨으며, 암라부인은 세존께 예경하고 떠나갔다. 이때 여러 필추들은 함께 모두 의심이 있어 세존께 청하여 아뢰었다.

"그 율교비는 무슨 종류의 인연으로 만약 천상(天上)에 태어났고 인간으로 태어나서 큰 위덕을 얻었으며 나아가 이곳에서 삼십천과 함께 그 복의 과보가 같습니까?"

세존께서 여러 필추들에게 말씀하셨다.

"마땅히 알라. 그 광엄성의 율고비는 자량을 쌓아 닦았던 까닭으로," [이하 자세한 내용은 생략한다.] 나아가 가타로써 설하여 말씀하셨다.

가령 백겁이 지나더라도
지은 업은 없어지지 않으며
인연이 모여 만나는 때에
과보가 돌아와서 스스로 받는다네.

세존께서는 여러 필추들에게 알리셨다.

"지나간 과거의 이 현겁 가운데에서 인간의 수명이 2만세일 때에 가섭파여래(迦攝波如來)께서 세상에 출현하셨는네 십호를 구족하셨느니라. 그 세존께서는 2만의 필추와 함께 앞뒤로 위요(圍繞)되어 바라니사성(波羅尼斯城)의 선인(仙人)이 떨어진 곳인 시록림(施鹿林) 가운데에 머무르셨다.

이때 그 성안에는 500의 오파색가들이 각자 재화를 준비하여 바다에 들어가고자 함께 한 척의 배를 만들었고 뒤에 바람이 불자 곧 바다로 들어갔다. 그들은 보주(寶洲)에 이르러 다투어 진귀한 보배들을 취하여 배에 가득 실었는데 갑자기 사나운 바람을 만났으며 표류하다가 구부러진 계곡에 이르러 움직일 수 없었다. 그들은 당황하고 두려워서 무엇을 믿고 의지할 것을 알지 못하여 곧 가섭여래를 위하여 모래언덕 위에서 모래를 모아서 솔도파를 짓고 여러 종류의 보배를 가지고 공양하였다. 잠자는 가운데에서 큰 광명을 만났는데 그 가운데에 어떤 소리로 말하였다.

"그대들은 마땅히 떠나갈 계획을 준비할 것이니 방일하지 말라. 제7일

때에 반드시 해조(海潮)가 와서 밀려올 것이고, 이 해조를 까닭으로 반드시 안락을 얻어서 본국에 이를 것이니라.”

그 상인들은 곧 이른 아침에 서로 함께 이 일을 의논하면서 말하였다.

“우리들은 가섭세존의 무상복전(無上福田)을 위하여 여러 공양을 지었고 이 선근으로 마땅히 우리들은 천상의 사람 가운데에서 큰 위덕이 있어 오히려 삼십삼천 등과 같아서 차이가 없게 하십시오.”

그대들 필추들이여. 그 500명의 상인들은 지금의 광엄성에 있는 500명의 율고비이니라. 옛날에 가섭여래를 위하여 모래탑을 세우고 보배로써 공양하였고 이 인연을 까닭으로 천상과 인간세상에서 큰 위덕을 얻어서 삼십삼천 등과 같아서 차이가 없게 된 것이니라. 필추들이여. 마땅히 알라. 순흑의 업을 지으면 순흑의 보(報)를 얻는 것이고, 순백의 업을 지으면 순백의 보를 얻는 것이며, 잡업을 지으면 잡보를 얻는 것이니라. 이러한 까닭으로 그대들은 마땅히 순흑의 업과 잡업을 버리고 여러 백업을 닦고 부지런히 공용(功用)하고 방일하지 않을지니라.”

세존께서 이렇게 말씀하시니 여러 필추들은 모두 크게 환희하며 믿고 받들어 행하였다.

그때 세존께서 아난타에게 알려 말씀하셨다.

“그대는 나를 따라서 죽림(竹林) 취락으로 가세.”

대답하여 말하였다.

“알겠습니다. 세존이시여.”

이때 세존께서는 벽리지(薜利支)의 인간세상을 유행하시고 죽림 취락의 북쪽에 이르시어 승섭파림(昇攝波林)의 가운데에 머무르셨다. 이때 그 나라에는 기근이 들어서 극심하게 곤궁(困弊)하였고 걸식을 얻는 것이 어려웠다. 이때 세존께서는 여러 필추들에게 알리셨다.

“세상은 기근의 때이고 걸식을 얻는 것이 어렵다. 그대들 여러 필추들은 『기검경(飢儉經)』에서 널리 설한 것과 같게 할 것이고, 역시 『도품전래경(道品傳來經)』과 『육집경(六集經)』 및 『대열반경(大涅槃經)』의 행법(行法)과 같게 하라."

그때 세존께서는 아난타에게 알려 말씀하셨다.

"그대는 나를 따라서 무간(無間) 취락으로 가세."

대답하여 말하였다.

"알겠습니다."

이때 세존께서는 가시면서 한곳에 이르러 갑자기 미소를 지으셨다. 모든 세존의 상법(常濫)에는 미소를 짓는 때에는 청·황·적·백 등의 광명이 여래의 입으로부터 나와서 두 길로 나누어지며 한 길은 위로 올라가고 한 길은 아래로 내려가는 것이다. 그 빛이 아래로 내려간 것은 등활(等活)·흑승(黑繩)·중합(衆合)·규환(叫喚)·대규환(大叫喚)·열(熱)·극열(極熱)·무간(無間)·수포(水泡)·변포(遍泡)·아타타(阿吒吒)·가가파(呵呵婆)·호호파(呼呼婆)·올발라(嗢鉢羅)·발두마(鉢頭摩)·마하발두마(摩訶鉢頭摩) 등의 지옥들을 비추었고, 그 가운데에서 뜨거운 곳이 빛을 만나면 곧 차가워지고 그것이 차가운 곳이 빛을 만나면 곧 따뜻해지므로, 소유한 일체의 지극한 고통의 일이 모두 멈추는 것이다. 이때 여러 죄인들은 이미 고통이 멈추자 함께 이렇게 생각을 지었다.

'우리들은 지금 이곳에서 죽어서 역시 다른 곳에 태어난 것인가?'

그 유정들에게 마음에서 깊은 신심을 일어나게 하시고자 여래께서 다른 모습으로 변화를 지었고 그곳에 가시어 교화하셨는데, 이미 화생(化生)이신 세존을 보고 곧 이렇게 생각을 지었다.

'우리들은 이곳에서 죽어서 다른 곳에 태어난 것이 아니다. 우리들은 역시 일찍이 이러한 유정을 볼 수 없었으나 세존의 위덕을 까닭으로 우리들은 지극한 고통에서 모두 해탈하게 되었구나.'

이때 그 죄인들은 모두 여래의 화신에 지극한 신심을 일으켰고 그들은 유정들이 받는 업을 마치고 천인(天人)의 가운데에 태어나서 바른 진리에 의지할 수 있게 되었다. 그 빛이 위로 올라간 것은 사천왕천(四天王天)과 나아가 유정천(有頂天)에 이르렀고 빛이 미치는 곳에서는 모두 무상(無常)·고공(苦空)·무아(無默) 등의 소리가 나왔다. 다시 두 가타로써 설하여 말씀하셨다.

> 그대들은 마땅히 출리도(出離道)를 구하면서
> 세존의 가르침에서 부지런히 닦아서
> 생사의 군사를 항복받는 것을
> 코끼리가 초가집(草舍)을 부수듯이 하라.

> 이러한 법과 율의 가운데에서
> 항상 방일하지 않는다면
> 능히 번뇌의 바다를 마르게 하고
> 마땅히 고통의 변제(邊際)를 마치리라.

이때 그 광명은 두루 원만하게 삼천대천세계를 널리 모두 비추고서 세존의 뒤를 따르는 것이다. 만약 과거의 일을 설하시면 광명이 뒤를 따라서 들어가고, 만약 미래의 일을 설하시면 광명이 앞을 따라서 들어가며, 만약 지옥의 일을 설하시면 빛이 발바닥을 따라서 들어가고, 만약 방생의 일을 설하시면 빛이 발꿈치를 따라서 들어가며, 만약 아귀의 일을 설하시면 빛이 발가락을 따라서 들어가고, 만약 사람의 일을 설하시면 빛이 무릎을 따라서 들어가며, 만약 역륜왕(力輪王)의 일을 설하시면 왼손의 바닥을 따라서 들어가고, 만약 전륜왕의 일을 설하시면 빛이 오른손의 바닥을 따라서 들어가며, 만약 하늘에 태어나는 업을 설하시면 빛이 배꼽을 따라서 들어가고, 만약 성문의 보리를 설하시면 빛이 입을 따라서 들어가며, 만약 연각의 보리를 설하시면 빛이 미간의 눈썹을 따라서 들어가고, 만약 무상정등각의 일을 설하시면 빛이 정수리를 따라서 들어가는 것이다.

이때의 광명은 멀리서 세존을 세 번을 돌고서 정수리를 따라서 들어갔다. 이때 구수 아난타가 합장하고 세존을 향하여 게송으로 물어 말하였다.

일천 종류로 섞인 색깔이
묶여서 입을 따라서 나왔고
그 빛이 시방에 비추니
오히려 햇빛과 같이 치성하다네.

다시 게송으로 설하여 말하였다.

높은 교만과 광활(狂猾)[3]을 없애는 것은
세간에서 수승하고 높은 인연이 되는데
연꽃과 상아와 마노와 패치(貝齒)가
인연이 없다면 미소를 짓지 않는다네.

다시 게송으로 설하여 말하였다.

이때 세존께서 스스로 깨달으신 법을 까닭으로
그곳에 가서 최승(最勝)인 것을 즐거이 듣나니
무상(無上)의 우왕(牛王)이 매우 깊이 말하면서
능히 청정으로써 의혹을 없애주시네.

세존께서 말씀하셨다.
"아난타여. 그러하다. 그러하다. 여래·응·정등각께서는 인연이 없다면 미소를 짓지 않느니라. 아난타여. 그대는 이곳이 보이는가?"
아뢰어 말하였다
"보입니다."
"아난타여. 이곳은 과거에 세 분의 정등각(正等覺)께서 앉으셨던 곳이니라."

---

3) 미치고 교활한 것을 가리킨다.

이때 구수 아난타는 곧 칠조의(七條衣)를 펼쳐서 네 겹으로 만들고 세존께 앉으시기를 청하여 이 땅을 네 분의 세존께서 수용하신 처소로 삼고자 하였다. 세존께서는 자리에 나아가시어 잠시 앉으셨고 아난타에게 알려 말씀하셨다.

"내가 지금 미체라(彌替羅) 취락으로 가고자 하네."

아난타가 아뢰어 말하였다.

"알겠습니다. 저는 따르기를 원하옵니다."

이때 세존께서는 승신성(勝身城)에서 인간세상을 유행하시고 미체라 취락에 이르시어 막하제바(莫訶提婆) 숲의 가운데에 머무르셨고, 자세한 것은 막하제바와 국왕상응품(國王相應品)의 가운데에서 말한 것과 같다. 다시 아난타에게 알려 말씀하셨다.

"나는 다시 아뇩정처(阿耨井處)로 가고자 하네."

[자세한 내용은 앞에서와 같다.] 그 우물가에 이르러 한 여인을 보았는데 그 여인은 두레박줄을 집지하고 물을 길고자 하였다. 한 남자가 있어 이 여인에게 마음에 염착이 생겨났는데 그 여인도 역시 그 남자에게 깊은 애욕(愛重)이 생겨나서 함께 다니면서 이야기하고 웃으면서 우물가에 이르렀다.

여인은 아이를 데려왔는데 아이가 오히려 어렸으므로 따라서 왔다. 여인은 남자를 보면서 물을 길려고 하다 잘못하여 줄이 아이의 목에 얽혔으나, 모르고 우물 가운데로 던졌으므로 아이는 곧 죽었다. 이때 그 여인은 태어나고서 일찍이 가타를 말하는 것을 듣지 못하였으나 아이가 얽혀서 죽은 인연으로 깨닫지 못한 변재(辯才)가 생겨나서 하나의 가타를 외우며 말하였다.

내가 알겠으니 욕심이 본래의 인(因)이고
그것에서 분별이 생겨나는 것이며
내가 만약 분별하지 않는다면
욕심이 어느 곳에서 일어나겠는가?

이때 여래께서는 길을 따라서 이르셨고 아난타에게 알려 말씀하셨다.

"그대는 마땅히 저 게송을 받아들이게. 이것은 과거의 여러 세존들께서 말씀하신 것이나 우부(愚夫)들에게 있어 입안에서 외워졌으므로 이 가타를 밝게 빛나지 못하도록 하였네. 세존들께서 말씀하신 것과 같이 '나는 일찍이 일체의 법이 마음과 같이 빠르게 움직이는 것을 보지 못하였네.'"

이때 여인은 그녀의 아기가 죽었으므로 극심한 고뇌가 생겨나서 세존의 두 발에 예경하였다. 세존께서는 그 여인의 의요(意樂)와 수면(隨眠)을 아시고 그 근성(植性)에 알맞게 설법하셨다. 여인은 법을 듣고 예류과를 증득하였다. 그녀는 실제(實諦)를 보고 마침내 자설(自說)로 말하였다.

"세존이시여. 제가 증득한 법은 부모께서 지어주신 것이 아니고, 역시 왕과 하늘이 지어주신 것이 아니며, 친속들이 지어준 것이 아니고, [자세한 설명은 앞에서와 같다.] 이것은 세존의 힘이시며, 능히 피와 눈물의 바다를 마르게 하시고, 역시 골산(骨山)을 뛰어넘을 수 있으며, 악취(惡趣)의 문을 닫을 수 있고, 천상과 해탈의 길을 열 수 있으며, 천인(天人)의 길을 건립하여 선취(善趣)의 부류에 들어가게 하십니다. 저는 지금 불·법·승에 귀의하여 지금부터 오파사가(鄔波斯迦)가 되겠습니다."

이때 세존께서 아난타에게 일러 말씀하셨다.

"내가 보살이었던 때에 이 처소에 왔었는데 지나간 옛날에 어느 선인이 있었고 발가바(跋伽婆)라고 이름하였느니라. 나를 청하여 앉게 하였고 꽃과 과일로써 공양하였고 다른 처소에 있으면서도 역시 이와 같이 공양하였느니라."

다시 아난타에게 알리셨다.

"내가 옛날에 보살이었던 때에 천제석이 사냥꾼의 모습을 짓고서 한 벌의 잡색옷을 입고 있었느니라. 나는 그때에 출가하려는 까닭으로 가는 실의 좋은 옷을 벗어서 그의 옷과 바꾸었는데, 신심이 있는 바라문과 거사들이 이 땅을 인연하여 수가사탑(受袈裟塔)을 세웠고, 오늘에 이르기까지 여러 필추들이 함께 모두가 예배하고 공양하느니라. 천제석은 나의 가시가의(迦施迦衣)를 가져다가 삼십삼천에 안치하고서 가시가회일(迦施

迦會日)을 건립하여 지금에 이르기까지 삼십삼천이 함께 모두가 공양하고 있느니라.”

다시 다른 곳에 이르러 세존께서 아난타에게 알려 말씀하셨다.

“내가 옛날에 보살이었던 때에 청련화(靑蓮華) 색깔의 칼로 스스로 내 상투머리를 잘라서 허공 가운데로 던졌는데, 신심이 있는 바라문과 거사들이 이 땅을 인연하여 할계탑(割髻塔)을 세웠고, 여러 필추들은 지금도 마땅히 예배하고 공양하느니라. 이때 천제석이 나의 상투머리를 가져다가 삼십삼천에 안치하고서 발계회일(髮髻迦會日)을 건립하였는데, 지금에도 오히려 끊어지지 않고 있느니라.”

세존께서는 다시 다른 곳에 이르러 아난타에게 알려 말씀하셨다.

“내가 옛날에 보살도를 행하던 때에 천타가(闡陀迦)가 이 땅에서 나의 건달가마왕(乾闥伽馬王)을 데리고 곧 본궁(本宮)으로 돌아갔는데, 신심이 있는 바라문과 거사들이 다시 이 땅에 마회탑(馬廻塔)을 세웠고 여러 필추들은 지금까지 공양하고 있느니라.”

다시 점차로 우원(牛苑) 취락에 이르러 아난타에게 말씀하셨다.

“그 천타가인 선남자가 이곳에서 태어났고 나가 장성하였느니라.”

다시 그 성에 이르시니 그 성안의 찰제리의 역사(力士) 등은 세존께서 오신다는 얘기를 듣고 노숙(老宿)들과 함께 말하였다.

“여러 소년들을 시켜서 도로를 엄숙하게 꾸미고 우리들은 성안을 엄숙히 장엄합시다.”

이때 여러 소년들은 다투어 서로 길을 닦으면서 그 길의 가운데 있는 큰 돌을 보고 없애고자 하였으나 들어서 치울 수 없었다. 이때 여래께서 곧 그 곁에 이르러 알려 말씀하셨다.

“여러 파사타(波斯吒) 종족들이여. 지금 무엇을 짓고자 하는가?”

대답하여 말하였다.

“세존을 위하여 도로를 치우고 있는데 그러나 이 돌을 없애고자 하여도 빨리 치울 수가 없습니다.”

세존께서 말씀하셨다.

"만약 이와 같다면 내가 마땅히 곧 없애주겠노라."

그들이 말하였다.

"원하옵건대 그것을 치워주십시오."

이때 세존께서는 손으로 돌을 들어서 허공 가운데에 던지셨고 그 돌이 높고 멀어서 보고 있던 자들이 볼 수가 없었다. 그 역사들은 돌을 던지는 소리와 힘이 매우 큰 것을 보고 함께 모두 놀라고 두려워하였다. 세존께서 말씀하셨다.

"그대들은 두려워하지 말라."

곧 신력으로써 마침내 그 돌이 부서져서 작은 먼지가 되어 허공에서 떨어지게 하셨다. 여러 역사들은 이를 보고 세존께 아뢰어 말하였다.

"지금 이러한 작은 먼지는 어느 곳에서 떨어지는 것입니까?"

세존께서 말씀하셨다.

"내가 그 돌로 이렇게 작은 먼지를 만든 것이니라."

거사들이 아뢰어 말하였다.

"이것은 맞지 않습니다."

세존께서 말씀하셨다.

"그대들은 이 작은 먼지를 합하여 본래의 돌이 되는 것을 원하는가?"

그들이 말하였다.

"그렇습니다."

이때 세존께서는 해탈력(解脫力)으로 다시 그 돌을 합쳐서 본래의 자리에 놓아두셨다. 세존께서는 곧 그 돌 위에 앉으셨고 500의 역사들도 역시 모두 함께 앉았다. 그들이 아뢰어 말하였다.

"세존께서는 무슨 힘으로 능히 이 돌을 들어 올리셨습니까?"

세존께서 말씀하셨다.

"부모님께 물려받은 힘이니라."

역사들이 다시 말하였다.

"무슨 힘을 사용한 까닭으로 능히 이렇게 돌을 부술 수 있었습니까?"

세존께서 말씀하셨다.

"선정력(禪定力)으로써 그러하니라."

다시 물어 말하였다.

"무슨 힘을 사용한 까닭으로 능히 그 돌을 합칠 수 있으셨습니까?"

"해탈력(解脫力)으로써 하느니라."

아뢰어 말하였다.

"부모님께 물려받은 힘은 일반적으로 몇 가지가 있습니까?"

세존께서 말씀하셨다.

"처음에는 열(十) 사람의 힘으로 시작되는데 하나의 평범한 소의 힘과 같고, 열 마리 소의 힘은 하나의 푸른 소의 힘과 같으며, 열 마리 푸른 소의 힘은 하나의 작은 코끼리의 힘과 같고, 열 마리의 작은 코끼리의 힘은 한 마리 큰 코끼리의 힘과 같으며, 열 마리의 큰 코끼리의 힘은 하나의 푸른 코끼리의 힘과 같고, 열 마리의 푸른 코끼리의 힘은 하나의 붉은 코끼리의 힘과 같으며, 열 마리의 붉은 코끼리의 힘은 하나의 흰 상아 코끼리의 힘과 같고, 열 마리의 흰 상아 코끼리의 힘은 하나의 빈타산(賓陀山) 코끼리의 힘과 같으며, 열 마리의 빈타산 코끼리의 힘은 하나의 향상(香象)의 힘과 같고, 열 마리 향상의 힘은 하나의 역사(力士)의 힘과 같으며, 열 역사의 힘은 하나의 대역사(大力士)의 힘과 같고, 열 대역사의 힘은 하나의 용맹스러운 코끼리의 힘과 같으며, 열 마리의 용맹스러운 코끼리의 힘은 하나의 장주라야차(章住羅夜叉)의 힘과 같고, 열 장주라야차의 힘은 하나의 반나라연(半那羅延)의 힘과 같으며, 두 반나라연의 힘은 하나의 나라연(那羅延)의 힘과 같은데 여래께서는 마디마디의 가운데에 모두 나라연의 힘을 갖고 있으며 스스로가 생겨나는 것이니라.

섭송으로 말하겠노라.

사람과 소와 푸른 소와
누렇고 붉으며 작고 큰 코끼리와
역사와 약차 등도
나라연의 힘에는 미치지 못한다네.

이러한 나라연의 힘은 여래께서 부모님께 태어나시면서 물려받은 것이
니라.”

여러 역사들이 아뢰어 말하였다.

“이러한 나라연의 힘과 해탈을 제외하고 다시 다른 힘이 있습니까?”

세존께서 말씀하셨다.

“복덕의 힘이 있느니라. 복덕의 힘이 원만한 까닭으로 여래께서 보리수
아래에서 36억 구지(俱胝)의 여러 마귀(魔鬼) 등을 항복시키고 무상의
보리를 증득하셨느니라.”

다시 세존께 아뢰어 말하였다.

“복덕의 힘을 제외하고 다시 다른 힘이 있습니까?”

세존께서 말씀하셨다.

“지혜의 힘이 있느니라. 지혜의 힘이 원만한 까닭으로 무시(無始) 이래에
쌓고 익혔던 번뇌를 아울러 모두 버리게 되느니라.”

다시 세존께 아뢰어 말하였다.

“지혜의 힘을 제외하고 다시 다른 힘이 있습니까?”

세존께서 말씀하셨다.

“신통(神通)의 힘이 있느니라. 신통의 힘이 원만한 까닭으로 능히 늙고
지혜가 없으며 아주 교만한 육사외도를 항복시킬 수 있었느니라.”

다시 세존께 아뢰어 말하였다.

“신통의 힘을 제외하고 다시 다른 힘이 있습니까?”

세존께서 말씀하셨다.

“무상(無常)의 힘이 있느니라. 무상의 힘이 원만한 까닭으로 여래 부모의
힘·선정의 힘·해탈의 힘·복덕의 힘·지혜의 힘·신통의 힘 등을 여래가
이러한 여러 힘 모두로 쌍림수(雙林樹) 아래에서 광명을 사라지게 하였느니
라.”

섭송으로 말씀하셨다.

선정의 힘과 해탈의 힘과

복덕의 힘과 지혜의 힘과
이러한 여러 힘은 같으나
무상의 힘이 가장 크다네.

세존께서는 여러 역사들에게 알리셨다.

"마땅히 알라. 나의 몸은 금산(金山)의 봉우리와 같아서 무상의 힘이 되었고 오랫동안 마멸(磨滅)되지 않느니라. 이러한 까닭으로 지혜로운 자는 마땅히 무상을 구한다면 능히 핍박받는 것이 없으리라."

세존께서는 여러 역사들에게 알리셨다.

"그대들은 마땅히 알라. 지금 세상의 사람은 수명이 점차로 짧아지고 색력(色力)도 박약(薄劣)해지느니라. 그러나 이 돌은 지나간 옛날의 사람들이 들어서 던지면서 희롱하던 돌이었느니라. 그대들은 이 돌의 옆을 관찰한다면 오히려 손가락으로 들어서 놀았던 흔적이 있느니라."

이때 여러 역사들은 세존의 이러한 말씀을 듣고 매우 크게 놀랐고 희유함이 생겨나서 교만한 마음을 절복하였다. 이때 세존께서는 역사들의 종성(種性)과 수면과 의요를 아시고 4성제(聖諦)의 이치와 여러 증득하신 지혜의 법을 설하셨다. 그들은 듣고서 무시(無始) 이래에 쌓고 익혀왔던 아견(我見)과 신견(身見)의 산(山)을 금강의 지혜로써 꺾어 무너뜨리고 예류과를 증득하였다. 이때 세존께서는 구수 아난타에게 알려 말씀하셨다.

"나는 지금 그대와 함께 구시나성(拘尸那城)으로 가겠네."

대답하여 말하였다.

"알겠습니다."

이미 점차로 떠나셨으며 그 길의 가운데에 범파성(梵婆城)이 있었으나, 이성에 들어가지 않으시고 곧바로 구시나국(拘尸那國)으로 가시어 그 나라에 이르셨다. 그때 세존께서 사라쌍수(娑羅雙樹)를 가리키시면서 아난타에게 알려 말씀하셨다.

"나는 마땅히 그 나무 아래에서 오래지 않아 반열반에 들어갈 것이네."

이때 세존께서는 구로(俱盧)의 여러 인간세상을 유행하셨고 조복간색왕

성(調伏閒色王城)에 이르셨다. 이때 세존께서 여러 필추들에게 알리셨다.

 "나는 일체의 모든 번뇌를 알고 그 모두를 없앴다고 말하나니 내가 알지 못하는 것이 아니며 내가 보지 못한 것이 아니니라. 필추들이여. 내가 지금 어찌하여 이미 모든 번뇌가 없어졌음을 알지 못하고 보지 못하겠는가? 이를테면, 이것이 색(色)이고, 이러한 색이 모여서 쌓였던 것이며, 이러한 색이 단멸(斷滅)되었고, 수(受)·상(想)·행(行)·식(識)과 나아가 이러한 식이 모여서 쌓였던 것이며, 이러한 식 등이 없어졌다는 것도 역시 다시 이와 같으니라.

 만약 필추가 있어 항상 정(定)을 수습하면서 곧 구하려는 생각을 일으켰으나 여러 누(漏)에 따르지 않는다면 해탈을 얻을 것이다. 그러나 그 필추는 여러 번뇌를 따르지 않아서 마음에 해탈을 얻는 것이 아니니라. 왜 그러한가? 그 필추가 수습하지 않았던 까닭이라고 마땅히 이와 같이 대답할 것이니라. '그가 어찌 수습하지 않았는가?'라고 물어서 말한다면 '사념주(四念住)를 수습하지 않았던 까닭이고, 사정단(四正斷)·사신족(四神足)·오근(五根)·오력(五力)·칠각분지(七覺分支)·팔성도(八聖道) 등을 수습하지 않았던 까닭이다.'라고 이와 같이 대답하라.

 필추들이여. 마땅히 알라. 암탉이 알을 낳았는데 혹은 5개였고, 혹은 6개였으며 혹은 12개였는데, 이때 그 어미닭이 시절에 의지하지 않고 그 알을 품어서 부화시키고 따뜻하게 하지 아니하며, 또한 굴리지도 않았으나 <내가 이 알로 새끼를 얻는다.>고 이렇게 생각하였고, 혹은 부리를 사용하였으며, 발톱을 사용하여 그 알을 손상시키고 깨뜨린다면 그 새끼를 안은하게 얻고자 바란다면 그 닭의 알은 이미 여법하지 않으므로 마침내 부화되지 않을 것이다. 왜 그러한가? 그 어미닭이 시절에 의지하지 않고 알을 부화시켰고, 따뜻하게 하지 않았으며, 또한 알을 굴리지 않았으므로 부화하지 못하는 것이며, 그 정(定)을 수습하는 필추도 역시 다시 이와 같으니라.

 그리고 그 필추가 유루(有漏)를 따르지 아니하고 마음에 해탈을 구하였고, 그 필추는 다시 유루를 따르지 않았더라도 마음에서 해탈을 얻을 수 없느니라. 왜 그러한가? 수습하지 않은 까닭으로 이와 같이 말하는 것이니라. 어찌 수습하지 않았다고 말하는가? 사념주·사정단·사신족·오근·오력·칠각분지·팔성도 등을 수습하지 않았던 까닭이니라. 만약 책려(策勵)가 있어 정을 닦는 필추가 '유루를 따르지 아니하고 해탈을 구한다.'라고 이와 같은 생각이 생겨났다면 그 필추가 유루를 따르지 않더라도 해탈을 얻을 것이다. 왜 그러한가? 수습하였던 까닭으로 이와 같이 대답하는 것이니라.

필추들이여. 마땅히 알라. 오히려 어미닭이 알을 낳았는데 혹은 5개였고 혹은 6개였으며 나아가 12개였는데, 어미닭이 그 알을 품고 여법하게 따뜻하게 하고 때를 잃지 않은 것과 같으니라. 필추들이여. 마땅히 알라. 그 어미닭이 이와 같이 생각하는 마음을 일으키지 않는다면 그 새끼가 스스로 부리와 발톱으로써 그 알을 깨뜨리고 바라던 새끼를 얻어서 편안하게 생장(生長)시킬 것이니라. 그 새끼는 마침내 능히 부리와 발톱이 성취되어 곧 그 알을 깨뜨리고 곧 편안하게 알에서 벗어날 것이다.

왜 그러한가? 그 어미닭이 여법하게 품고 기르면서 따뜻하게 굴려주며 시절을 잃지 않는다면 마침내 성취할 수 있기 때문이다. 그것을 수습하면서 정을 구하는 필추도 역시 이와 같으니라. 그러나 '나는 유루를 따르지 않고서 마음에서 해탈을 얻는다.'고 이와 같은 생각이 생겨나지 않는다면 그 필추는 다시 유루를 따르지 않더라도 마음에서 해탈을 얻는 것이다. 왜 그러한가? 그가 수습하였던 까닭으로 해탈을 얻는다고 이와 같이 대답하느니라. 무엇을 수습한다고 말하는가? 이를테면, 사념주와 나아가 팔성도 등을 닦는 것을 말하는 것이고, 수습하였던 까닭으로 이와 같이 대답하는 것이니라.

필추들이여. 마땅히 알라. 목수와 제자는 항상 도끼를 사용하는데, 항상 사용하는 까닭으로 마침내 손가락에 상처가 있는 것과 같으니라. 필추들이여. 마땅히 알라. 목수와 제자는 그러나 능히 스스로가 바른 지혜와 바른 견해에 따라서 도끼자루를 쓰지 않았고, 자주 사용하였던 까닭으로 깨닫지 못하였는데 저절로 닳아서 없어졌고 이미 닳아서 없어진 것을 보고서 비로소 그렇다는 생각이 생겨나며, 이 자루가 없어진 것을 알게 되느니라. 그 정을 익히는 필추들도 역시 이와 같아서 능히 스스로가 바른 지혜와 바른 견해를 따라서 전전하는 것이 아니고, 스스로가 깨닫지 못하였으나 약간의 유루를 끊었고 뒤에 유루가 없어지면 비로소 증득하여 알게 되느니라. 왜 그러한가? 부지런히 수습하였던 까닭이니, '무엇으로서 능히 증득하였는가?'라고 묻는다면 이와 같이 대답하느니라.

무엇을 수습한다고 말하는가? 이를테면, 사념주와 나아가 팔성도 등을 수습하는 까닭으로 이와 같이 말하느니라. 필추들이여. 마땅히 알라. 오히려 바다를 지나가는 배가 물에서 6개월을 지내고 바닷가에 나와서 뜨거운 여름을 지내면서 바람과 햇볕에 쏘이고 뒤에 비를 만나면 자연히 분산(分散)되는 것과 같으니라. 그 정(定)을 닦는 필추도 역시 다시 이와 같아서 여러 상응하여 얽힌 수면과 번뇌와 여러 장애 등이 자연히 풀어지고 흩어지느니라.

왜 그러한가? 그가 수습하였던 까닭으로 모두 능히 해탈하는 것이니라. 무엇을 수습하여 해탈한다고 말하는가? 이를테면 수습 등을 [자세한 설명은 앞에서와 같다.] 수습하였던 까닭으로 이와 같이 말하는 것이니라."

이때 세존께서 이리한 법을 설하시는 때에 60명의 필추가 있었는데 여러 유루가 생겨나지 않았고 마음에 해탈을 얻었다. 이때 세존께서는 인간세상을 유행하시면서 천지성(天指城)에 이르시어 구수 아난타에게 알려 말씀하셨다.

"지금 이 성안에는 선각석가(善覺釋迦)가 이성에서 생장(生長)하고 있느니라."

또한 람비니원(嵐鼠尼園)에 이르러서 세존께서는 다시 아난타에게 알려 말씀하셨다.

"나는 이 숲의 가운데에서 역시 이미 태어났고 남쪽으로 일곱 걸음을 걸어서 다른 사람의 부축을 받지 않고 사방을 관찰하고 곧 이렇게 말하였느니라. '이것은 최후의 몸이므로 다시는 생(生)을 받지 않으리라.'"

다시 겁비라성(劫比羅城)에 이르셨으며 구수 아난타에게 알려 말씀하셨다.

"그 정반왕(淨飯王)은 이 성에서 태어나고 성장하여 왕위를 받았느니라."

다시 비수나라성(毘輸那羅城)에 이르셨는데 이때 세존께서는 여러 필추들에게 알리셨다.

"내가 지금 그대들을 위하여 선악의 두 가지의 보(報)에 대하여 분별하여 해설하겠으니 그대들은 자세히 듣고 그것을 잘 사념(思念)하라. 무엇이 악중(惡衆)인가? 이를테면, 탐욕·성냄·어리석음·두려움·의혹 등이 서로 따라서 계박(計縛)하는 이것을 악중이라고 이름하느니라. 무엇이 선중(善衆)인가? 이를테면, 여러 탐욕·성냄·어리석음·두려움·의혹 등을 수순(隨順)하지 않는 것을 선중이라고 이름하느니라. 위에서와 같이 두 가지의 중(衆)을 내가 지금 설하여 마쳤느니라."

세존께서는 다시 구나(俱那) 취락에 이르셨으며 구수 아난타에게 알려 말씀하셨다.

"구나함모니여래(俱那舍牟尼如來)께서 이 취락에서 태어나셨고 정각(正覺)을 성취하셨으며 곧 이 땅에서 반열반(般混槃)하셨느니라."

이때 세존께서는 다시 이지촌(犁地村) 취락에 이르셨으며 구수 아난타에게 알려 말씀하셨다.

"내가 보살이었던 때에 부왕(父王)의 취락을 유행하면서 한 섬부수(贍部樹)⁴⁾ 아래에 이르러 사유하면서 정에 들어갔고 초선(初禪)의 무루(無漏)를 증득하였느니라."

또한 다시 다른 곳에 이르셨으며 아난타에게 알려 말씀하셨다.

"지나간 옛날에 구나함모니 여래·응·정등각께서 이 땅위에 가사를 놓으셨느니라."

다시 세욕(洗浴) 취락에 이르셨으며 구수 아난타에게 알려 말씀하셨다.

---

4) 산스크리트어 jambu의 음사이다. 원산지는 남아시아로 인도와 동남아시아에 광범위하게 분포되어 있는 반낙엽성 나무로 높이는 10~15m이다. 인도에서는 매우 흔히 볼 수 있는 나무로 특히 강바닥과 인접한 곳에서 많이 자라고 아래로 늘어진 가지에 잎이 짙푸르게 무성하여 가로수로도 이용된다.

"이 마을은 지나간 옛날에 구나함모니 여래·응·정등각께서 이곳에서 세욕하셨고, 마침내 곧 이름으로 삼아서 세욕 마을이라고 이름하였느니라."

다시 사가저(斯迦底) 취락에 이르시어 취락의 북쪽에 있는 승섭파림(勝攝波林)에 머무셨으며 여러 필추들에게 알리셨다.

"지나간 옛날에 한 도공(陶師)이 있어 아타라(阿吒羅)라고 이름하였는데, 매번 하나의 대나무를 어깨 위에 얹고 다녔느니라. 한 제자가 있어 미륵가(迷勒迦)라고 이름하였는데, 매번 도공이 가지고 다니는 대막대기에 올랐고 그 위에서 춤을 추었느니라. 이때 아타라가 미륵가에게 알려 말하였다.

'그대는 나의 어깨 위를 향하여 막대기를 밟고 올라가면서 항상 반드시 아래를 바라볼 것이고, 그대와 내가 서로 바라보면서 어긋남이 없게 하라. 다시 막대기에 올라도 각자 손실이 없게 하고 춤추는 것이 끝난다면 안은하게 살피고 막대기에서 내려오라. 여러 사람들이 보고 나와 그대가 수승한 능력을 갖춘 것을 알고 환희가 생겨난다면 곧 함께 재물을 얻을 것이다.'"

이때 미륵가가 아타라에게 알려 말하였다.

"이러한 말을 짓지 마십시오. 왜 그러한가? 스승님께서는 지금 다만 스스로를 지키십시오. 저는 지금 역시 스스로의 용심(用心)으로 즐겁게 춤을 추고 안은하게 살피고 내려오겠습니다. 스승님과 저는 손실이 없을 것이고 여러 사람들이 본다면 둘이 재물을 얻을 것입니다."

이때 세존께서 알려 말씀하셨다.

"제자인 미륵가가 말한 도리(道理)에 따르는 것이 마땅하느니라. 왜 그러한가? 만약 능히 자신을 수호할 수 있다면 곧 능히 다른 사람을 수호할 수 있는 것이다. 만약 다른 사람을 수호하고자 한다면 곧바로 자신을 수호할 수 없는데 어떻게 자신을 수호하는 것과 같이 능히 다른 사람을 수호하겠는가? 부지런히 책려하고 자주자주 수습하는 까닭으로, 따라서 수호하고 접촉하는 경계가 현전(現前)하는 까닭으로 이와 같이 스스로를 수호할 때에 역시 능히 다른 사람을 수호할 수 있느니라. 어찌 다른 사람을 수호하면서 자신을 수호하지 못하는 것인가? 다른 사람을 괴롭히지 않는 까닭으로 역시 다른 사람을 성내게 하지 아니하며 아울러 손해되지 않는 것이고, 자비롭고 애민한 이와 같은 까닭으로 다른 사람을 능히 수호할 수는 있더라도 스스로를 능히 수호하지 못하는 것이니라.

이러한 까닭으로 그대들 필추들이여. 마땅히 이와 같이 배우도록 하라. 만약 자신을 수호하고자 할 때에는 마땅히 사념주처(四念住處)를 수습하라. 만약 수호하고자 하고 만약 자신을 수호하고 아울러 다른 사람도 수호한다고 말한다면 역시 마땅히 사념주처를 수습하라. 무엇을 사념주처라고 말하는가? 이를테면, 신념처(身念處)·수념처(受念處)·심념처(心念處)·법념처(法念處) 등의 주처(住處)이니라. 그대들 필추들이여. 마땅히 이와 같이 배울지니라."

이때 세존께서는 일거난가라(一車難伽羅) 취락에 이르시어 한 숲 가운데에 머무셨으며 여러 필추들에게 알려 말씀하셨다.

"나는 지금 이 숲속에서 2개월 연좌하겠으니 여러 필추들은 음식을 공양하는 사람을 제외하고 나머지 사람들은 아울러 이곳에 오지 않을 것이고, 만약 포쇄타일(襃灑陀日)에 이르더라도 역시 음식을 공양하는 사람을 보내어 와서 욕(欲)을 취하게 하라."

이때 세존께서는 곧 적정(寂定)에 들어가셨고, 여러 필추들도 모두 머무는 자가 없었으며, 오직 음식을 공양하는 자가 세존의 처소에 이를 수 있었다. 2개월이 지나자 세존께서는 정에서 일어나시어 필추 대중의 앞에 자리를 펴고 앉으셨으며 여러 필추들에게 알려 말씀하셨다.

"만약 외도가 있어 와서 그대들에게 '사문이신 교답마께서 무슨 행(行) 등을 지었고 2개월을 적정에 들어가셨습니까?'라고 묻는다면 그대들은 마땅히 '수식삼매(數息三昧)에 들어가셨습니다.'라고 알려 말하라. 왜 그러한가? 나는 2개월을 수식관(數息觀)을 짓고 연좌하며 머물렀느니라.

내가 이러한 관(觀)을 짓는 때에는 들숨에서 일찍이 산란함이 없음을 여실(如實)하게 요달하여 알았고, 날숨에서도 역시 산란함이 없음을 여실하게 요달하여 알았으며, 길고 짧음과 생기고 없어지는 것과 두루 몸에 소유하였던 날숨을 모두 요달하여 알았고, 두루 몸에 소유하였던 들숨을 역시 모두 요달하여 알았으며, 경안(輕安)한 날숨과 경안한 들숨을 여실하게 요달하여 알았고, 요달하여 아는 마음과 요달하여 아는 즐거움과 행(行)을 받아들여 경안한 마음과 행으로 들숨을 여실하게 요달하여 알았으며, 경안한 마음으로 날숨을 여실하게 요달하여 알았고, 마음을 능히 요달하여 알아서 마음에서 환희하게 하였으며, 마음으로 오직 정(定)에 들어 마음을 해탈하는 들숨을 여실하게 요달하여 알았으며, 마음을 해탈하고서 숨을 내쉬는 것을 여실하게 요달하여 알았고, 무상견(無常見)·사리견(捨離見)·염리견(厭離見)·멸괴견(滅壞見)의 들숨을 여실하게 요달하여 알았으며, 나아가 멸괴견의 날숨을 여실하게 요달하여 알았느니라.

필추들이여. 마땅히 알라. 나는 지금 생각으로 이것이 추행(麤行)인 것을 알았고, 나는 지금 이러한 행을 초월(超過)하였으며, 경안으로 자주 미세한 행을 수습하는 까닭이니라. 이때 세 천신(天神)이 있어 나의 처소로 와서 앉았는데 한 천신은 이렇게 말하였느니라.

"교답마 사문은 이미 죽었다."

다른 한 천신은 이렇게 말하였느니라.

"그는 이미 죽은 것이 아니고 지금 막 죽으려는 것이다."

또 다른 한 천신은 이렇게 말하였느니라.

"그는 이미 죽은 것도 아니고, 역시 죽으려는 것도 아니며, 선정(禪定)에 머물러 있는 것이다. 일반적으로 여러 응공들은 모두 이와 같이 정(定)에 들어가 있는 것이다."

여러 필추들이여. 나는 지금 그대들을 위하여 여법하게 성자의 수행과 제천(諸天)의 수행과 범천의 수행과 무학(無學)의 수행과 유학(有學)의 수행과 여래의 수행을 설하였느니라. 일반적으로 유학은 아직 얻지 못하였다면 마땅히 얻을 것이고, 아직 증득하지 못하였다면 마땅히 증득하는 것이며, 아직 앞에서 보는 것을 얻지 못하였다면 마땅히 앞에서 보는 것을 얻는 것이니라. 일반적으로 무학은 이미 앞에서 보는 것을 얻었고 마땅히 증장시킬 수 있느니라. 유학은 마땅히 법을 보고 얻어서 안락하게 머무는 것이고, 나아가 『도품집경(道品集經)』의 가운데에 설한 내용과 같으니라.

근본설일체유부비나야약사 제8권

삼장법사 의정 한역
석보운 번역

이때 세존께서는 교살라국(憍薩羅國)에서 인간세상을 유행하셨고 증장(增長) 취락에 이르시어 증장림(增長林) 가운데에 머무르셨다.

이때 연화경(蓮花莖) 바라문은 취락의 주인이었는데, 승군왕(勝軍王)이 보시한 곳이었고, 제자가 있어 암몰라자(菴沒羅子)라고 이름하였으며, 널리 배웠고 들은 것이 많았으며 말솜씨가 매우 뛰어났다. 그 연화경에게는 항상 500의 범행제자들이 있었고 사명(四明)의 경전을 독송하였다.

사문 교답마는 석가족으로서 수염과 머리카락을 깎고 법복을 입었으며 바른 신심으로 출가하여 무상각(無上覺)을 증득하였고, 시방에서 여래·응·정변지(正遍知)·명행족(明行足)·선서(善逝)·세간해(世間解)·무상사(無上士)·조어장부(調御丈夫)·천인사(天人師)·불세존이라고 명칭(名稱)하며, 여러 천인과 마천(魔天)·범천(梵天)·사문·바라문들에게 "나는 생(生)을 이미 마쳤고 범행은 이미 섰으며 후유(後有)를 받지 아니하고 지을 것을 이미 마쳤다."라고 말하였고, 처음도 좋고 중간도 좋으며 끝도 좋고 그 말이 교묘(巧妙)하며 순일하여 잡스러움이 없고, 청백(淸白)의 범행상(梵行相)을 구족하였으며, 인간세상을 유행하면서 증상림(增上林)에 이르렀다는 것을 들었다. 그 연화경은 생각하면서 말하였다.

"우리 경(經)에서 말한 것과 같이, 만약 사람이 삼십이상이 있다면 그 사람은 마땅히 두 취(趣)가 있다. 첫째는 만약 재가에 있다면 마땅히 전륜왕이 되어 정법으로써 세상을 교화하며 칠보를 성취하는데 이를테면,

윤보(輪寶)·상보(象寶)·마보(馬寶)·여보(女寶)·주병신보(主兵臣寶)·주장신보(主藏臣寶)·마니주보(摩尼珠寶)이고, 일천 아들을 구족하는데 위덕이 용맹하고 용모와 위의가 단엄하며 다른 군대를 절복하므로 대지와 산하(山河)에 끝내 도둑(賊盜)이 없고 칼과 몽둥이를 가하지 않으며 정법으로 사람을 다스린다. 둘째는 만약 수염과 머리카락을 깎고 복전의(福田衣)를 입고서 바른 신심으로 출가한다면 마땅히 정각(正覺)을 성취할 것이다.”

이미 이것을 듣고서 곧 암몰라자에게 알려 말하였다.

“그대는 지금 아는가? 내가 들으니 교답마는 석가족으로서 수염과 머리카락을 깎고 법복을 입었으며 바른 신심으로 출가하였고, [이하 자세한 내용은 생략한다.] 나아가 등정각(等正覺)을 성취하여 시방에서 명칭(名稱)하는데, 인간세상을 유행하면서 증장림에 이르렀다고 하네. 우리의 경 가운데에서는 ‘만약 사람이 삼십이상이 있다면 그 사람은 마땅히 두 취(趣)가 있고, [이하 자세한 내용은 생략한다.] 나아가 등정각을 이루게 된다.’고 말씀하셨네.”

앞에서와 같이 갖추어 말하였고 문인들에게 알려 말하였다.

“그대들은 교답마 처소로 나아가서 이미 이르렀다면 아뢰고 나의 말과 같은가를 알아보도록 하게.”

제자들이 대답하여 말하였다.

“오직 명을 받들겠습니다.”

이때 그 제자들은 나이가 많고 오래된 여러 바라문들과 함께 세존의 처소로 나아가서 함께 모두가 기거(起居)를 문신(問訊)하고 물러나서 한쪽에 앉았다. 이때 세존께서는 나이가 많고 오래된 바라문들에게 묘법을 연설하시어 보여주셨고 가르쳤으며 이익되고 기쁘게 하셨다. 이때 암몰라자는 한 가죽옷을 입고 높은 거만한 마음으로 오고 가면서 몸을 흔들고 세존의 말씀을 듣지 않았고 곧 와서 뜻을 묻고는 여래께서 비록 대답하셨어도 오히려 마음에서 세존의 말씀을 받아들이지 않았으며 세존께 이전과 같이 경만(輕慢)하였다. 이때 세존께서 암몰라자에게 알려 말씀하셨다.

“그 나이가 많고 오래된 바라문 모두는 삼명(三明)을 갖추었는데, 그대는 지금 어찌 경만하고 곧 서로에게 난잡하게 질문을 하는가?”

이때 암몰라자는 대답하여 말하였다.

“교답마여. 나에게 무슨 질문이 있었습니까?”

세존께서 알려 말씀하셨다.

“내가 상수(上首)인 바라문을 위하여 여러 법요를 말하는데 그대는 지금 한 가죽옷을 입고서 대중의 가운데를 오고 가면서 경박한 예로 물으면서 말하였고, 내가 이미 대답하였는데도 그대는 또한 듣지 않았느니라.”

암몰라자는 대답하여 말하였다.

“만약 바라문의 부류라면 함께 앉아서 뜻을 말할 수 있겠으나 당신은 이미 머리를 깎은 사문이고, 우리들 바라문이 아니거늘 오고 가면서 묻고 대답하더라도 역시 무슨 허물이 있겠습니까? 그대들 사문 등은 범부이고 악한 길에 있고 악한 법에 많이 물들었으니 그대들과 같은 부류들은 마땅히 경만스럽게 말하는 것이 합당한 까닭으로 내가 이와 같은 것이오.”

이때 세존께서는 암몰라자에게 알려 말씀하셨다.

“그대가 이곳에 온 것은 이익을 구하는 것이었으나 내가 지금 그대를 보니 너는 일찍이 스승과 어른을 받들어 모시지 않았구나.”

이때 암몰라자는 세존의 말씀을 듣고 곧 진한(瞋恨)이 생겨나서 불·세존께 비방과 경훼(輕毀)를 있게 하고자 이와 같이 말을 지었다.

“찰제리 석가족은 크게 어리석어 범행의 수승한 사람을 공경하는 것을 알지 못하는구나.”

세존께서는 암몰라자에게 알려 말씀하셨다.

“여러 석가 종족들에게 무슨 허물이 있겠는가?”

암몰라자는 말하였다.

“내가 옛날의 때에 일이 있어 겁비라성에 들어갔는데, 여러 석가족들은 높은 누각에 있으면서 함께 나를 가리키며 ‘이 자는 연화경의 제자이다.’라고 말하면서 나를 업신여기고 공경하지 않았었소.”

세존께서 말씀하셨다.

"그대는 뱁새를 보았는가? 본래의 둥지에 있다면 오히려 마음대로 여러 종류의 소리로 지저귀는데, 하물며 여러 석가족은 겁비라성에서 자재로움을 얻는 것이다."

암몰라자는 말하였다.

"사람에게는 네 등급이 있으니, 첫째는 바라문이고, 둘째는 찰제리이며, 셋째는 벽사(薜舍)이고, 넷째는 술달라(戌達羅)이오. 이 네 부류의 사람들은 함께 모두가 바라문을 공경하는데 오직 그대들 석가족은 어리석은 사람들이므로 존귀하고 수승한 사람을 보아도 공경하지 않는 것이오."

이때 세존께서는 곧 스스로 생각하시고 말씀하셨다.

"이 암몰라자는 나의 석가족은 과거로부터 왔으며 아버지는 석가족이나 어머니는 석가족이 아니라고 말하고 있구나."

이때 세존께서는 그 암몰라자의 옛날 세상의 부모는 어떤 종족이었는가를 관찰하시어 이들이 석가족의 여노비에게서 태어난 종족이고, 여러 석가족은 그 옛날의 주인인 것을 아시고 곧바로 암몰라자에게 물어 말씀하셨다.

"지금 그대의 종족과 성(姓)은 무엇인가?"

대답하여 말하였다.

"교답마여. 나는 이륜종(耳輪種)이오."

세존께서 알려 말씀하셨다.

"내가 그대의 종족을 살펴보니 그대는 석가종족의 여노비에게서 태어났으므로 여러 석가족의 부류들은 그대의 주인이다."

이때 나이가 많고 오래된 여러 바라문이 세존을 향하여 말하였다.

"교답마이시여. 지금 여노비에게서 태어난 종족이라고 그 사람을 헐뜯고 비방하면 마땅하지 않습니다. 왜 그러한가? 이 암몰라자는 널리 배웠고 들은 것이 많으며 변재에 막힘이 없어서 능히 교답마와 함께 모든 어려움을 서로 논하고 응답(酬答)할 수 있습니다."

세존께서 여러 바라문에게 알리셨다.

"그대들의 뜻에서 암몰라자가 나와 함께 말로 논할 수 있다고 말한다면 모두 잠시 묵연하고 내가 그와 함께 따라서 묻고 응답하는 것을 보시오. 만약 그가 나와 함께 논지를 세우고 어려움을 묻지 못한다면 마땅히 묵연히 머무르시오. 그대들 여러 사람이 능히 나와 논지를 세우고 말로 논하겠다면 곧 뜻에 따르겠소."

여러 바라문들은 말하였다.

"그 암몰라자 마납파는 들은 것이 많고 통달하였으며 말솜씨가 교묘하므로 교답마와 함께 논적(論敵)이 될 수 있습니다."

이때 세존께서 암몰라자에게 알려 말씀하셨다.

"마납파여. 옛날에 국왕이 있어 감자왕(甘蔗王)이라고 이름하였다. 왕에게는 네 아들이 있었는데, 첫째는 거면(炬面)이라고 이름하였고, 둘째는 장이(長耳)라고 이름하였으며, 셋째는 상견(象肩)이라고 이름하였고, 넷째는 족천(足釧)이라고 이름하였다. 이때 그 네 아들은 허물이 있었던 인연으로 모두 쫓겨났느니라. 이때 네 아들은 이미 왕에게 쫓겨나자 각자 친누이를 데리고 다른 나라 국경의 근처인 설산 아래의 강가하(弶伽河) 언덕의 주변으로 갔는데 겁비라선인(劫比羅仙人)의 주처에서 멀지 않았다. 각자 풀을 베어 초가집을 짓고 서로가 이복의 누이를 취하여 거주하였던 인연으로 아들과 딸을 낳았다. 뒤의 때에 감자왕은 이 네 아들을 생각하고 여러 신하들에게 물어 말하였다.

"나의 네 아들은 지금 어느 곳에 있는가?"

여러 신하들은 대답하여 말하였다.

"왕의 네 아들은 허물을 범한 인연으로 왕께 쫓겨나서 지금은 다른 나라와 경계인 대설산(大雪山) 아래의 강가하 언덕에 있으며 아들과 딸을 낳았습니다."

이때 감자왕은 여러 신하에게 알려 말하였다.

"나의 네 아들이 능히 이와 같은가?"

대답하여 말하였다.

"그렇습니다."

이때 감자왕은 조용히 자신의 오른손을 들고 외쳐 말하였다.

“나의 아들들이 능(能)하고 최극(最極)으로 능하며 큰 위덕(威德)의 사람이 지극히 능하다고 말하였던 까닭으로 인연하여 석가(釋迦)라고[당나라 말로는 ‘능(能)’이다.] 이름하는구나.”

세존께서는 암몰라자에게 알려 말씀하셨다.

“그대는 어찌 별도로 태어난 자가 있다는 것을 들었는가?”

대답하여 말하였다.

“교답마여. 나는 옛날부터 석가종족들이 이것을 따라서 태어났다고 들었습니다.”

세존께서는 암몰라자에게 알려 말씀하셨다.

“옛날에 감자왕에게는 여노비가 있어 직경(織經)이라고 이름하였는데, 모습과 용모가 단정하여 사람들이 보는 것을 즐거워하였다. 이때 한 선인(仙人)이 있었고 그는 마등가(摩登伽) 종족이었는데 항상 여노비와 함께 처소에서 머물렀던 까닭으로 인연하여 마침내 사통(私通)하여 곧 한 아들을 낳았느니라. 그 아들은 태어나서 곧 능히 말을 하였는데 ‘먼저 나의 몸을 닦고 씻어서 부정(不淨)을 없애주세요.’라고 말하였고, 그때 귀신을 부르면서 가니파야나(迦尼婆夜那)라고 하였다.

이 아이가 태어나서 곧 능히 말을 하였던 까닭으로 가니파야나귀신이라고 말하였고, 인연하여 이 아이는 가니파야나라고 불렸으며, 이것으로부터 가니파야나 종족이 생겨난 것이다. 암몰라자여. 그대는 일찍이 가니파(迦尼婆) 종족이 이것으로부터 생겨난 것을 들었는가?”

세존께서 이러한 말씀을 설하셨으나 이때 암몰라자는 곧바로 묵연하였고, 두 번째와 세 번째에도 이와 같이 물으셨으나 이때 암몰라자는 역시 다시 묵연하였다. 이때 집금강신(執金剛神)이 불꽃이 밝게 빛나고 색깔은 맹렬한 불꽃과 같은 금강저(金剛杵)를 손에 잡고 암몰라자가 묵연히 사유하는 것을 보고 금강저로 암몰라자의 머리를 때리고자 이렇게 생각하며 말하였다.

“지금 세존께서 암몰라자에게 선세(先世)의 종성(種姓)에 세 번을 물으셨다. 만약 암몰라자가 세존께 대답하지 않는다면 내가 마땅히 이 불금강저로 암몰라의 머리를 부수어 일곱 조각으로 만들겠다.”

이때 암몰라자는 세존의 위력을 까닭으로 그가 금강저를 잡고서 있는 것을 보고 곧바로 놀라고 두려워서 몸에 있는 털이 모두 곤두섰으므로 세존께 아뢰어 말하였다.

“교답마시여. 저는 가니파야나 종족이 그것을 따라서 생겨났다는 것을 들었습니다.”

이때 나이가 많고 오래된 바라문이 세존께 아뢰어 말하였다.

“세존이시여. 저희들은 옛날부터 세존의 말씀을 믿지 못하였으나 비로소 암몰라 종족이 석가족의 여노비에게 태어난 것을 알았으니 그 말씀이 오류가 아닙니다.”

이때 세존께서는 여러 바라문에게 알려 말씀하셨다.

“그대들은 마땅히 여노비에서 태어난 종족이라고 암몰라자를 헐뜯고 비난해서는 아니되오. 왜 그러한가? 그 옛날의 선인은 큰 신통과 위덕이 있었으나, 감자왕은 그 선인에게 일찍이 과실이 있었던 까닭으로 그 선인은 곧 악한 주술법(呪誓法)으로 왕을 꾸짖었소. 왕은 이것을 듣고 근심스럽고 두려워서 몸의 모든 털이 곤두섰고 곧 여러 종류의 특이한 보배로 큰딸을 엄숙히 꾸미면서 왕이 왼손으로 딸의 오른손을 잡고 한 금병을 잡고서 선인에게 주어서 그의 아내로 삼게 하였으나 이때 그 선인은 왕의 딸을 받아들이지 않았었소.”

이때 암몰라자는 세존께서 그 여노비에게서 태어난 종족에 관한 것을 말씀하시는 것을 보고 묵연히 초췌(憔悴)하여 고개를 떨치고서 땅을 바라보면서 위광이 없이 사유하며 머물렀다. 이때 세존께서는 이렇게 생각을 지으셨다.

‘내가 그 암몰라자에게 여노비에게서 태어난 종족에 관한 것을 말한 까닭으로 암몰라자가 묵연히 초췌하여 몸에 아무런 위광이 없이 사유하며 머물고 있구나. 내가 지금 마땅히 그에게 말을 건네야겠구나.’

이렇게 생각을 지으시고 암몰라자에게 알려 말씀하셨다.

“마납파여. 오히려 마땅히 찰제리족 동자와 바라문족 동녀가 함께 혼인하여 한 아들을 낳았다면 그 사내아이는 바라문들의 가운데에 함께 앉고 함께 제사(祭水)하며 함께 전적을 읽을 수 있는가?”

암몰라자가 말하였다.

“할 수 있습니다. 교답마이시여.”

세존께서 말씀하셨다.

“마납파여. 그 사내아이는 찰제리족 관정을 얻을 수 있는가?”

대답하여 말하였다.

“얻을 수 있습니다. 교답마이시여. 왜 그러한가? 그는 바라문족의 외손인 까닭이고 찰제리족 아이인 까닭입니다.”

세존께서는 다시 암몰라자에게 알려 말씀하셨다.

“어느 바라문족 동자가 찰제리족 동녀와 함께 부부가 되었고 뒤에 한 아들을 낳았다면 이 사내아이는 바라문족들과 함께 기거하고 제사를 지내며 경전을 독송하고 찰제리족의 가운데에서 관정을 얻을 수 있는가?”

대답하여 말하였다.

“얻을 수 있습니다. 교답마이시여. 왜 그러한가? 그는 바라문족의 조카인 까닭이고 찰제리족의 외손자인 까닭입니다.”

세존께서 말씀하셨다.

“만약 찰제리족 동자가 허물을 범한 인연으로 찰제리족에서 쫓겨났다면 그는 바라문족들과 함께 기거하고 제사를 지내며 경전을 독송할 수 있는가?”

대답하여 말하였다.

“할 수 있습니다. 교답마이시여.”

세존께서 말씀하셨다.

“찰제리족 가운데에서 관정을 얻을 수 있는가?”

대답하여 말하였다.

“얻을 수 있습니다. 교답마이시여. 왜 그러한가? 그는 찰제리족의 친족인 까닭입니다.”

세존께서 말씀하셨다.

"마납파여. 어느 찰제리족 동자가 그 바라문족에서 쫓겨났다면 그는 바라문족들과 함께 기거하고 제사를 지내며 경전을 독송할 수 있는가?"

대답하여 말하였다.

"할 수 없습니다. 교답마이시여."

세존께서 말씀하셨다.

"그는 찰제리족 가운데에서 관정을 얻을 수 있는가?"

대답하여 말하였다.

"할 수 없습니다. 왜 그러한가? 근본적인 계율을 범한 까닭으로 바라문의 전다라(旃荼羅)라고 불리는 까닭입니다."

세존께서 말씀하셨다.

"마납파여. 마땅히 알라. 찰제리 종족으로 태어나는 것은 종족 가운데에서 우러름을 받는 족성(族姓)이고 가장 존귀한 종족이지만 바라문족은 이와 같지 않은 것이다. 이러한 까닭으로 범천의 사가세주(沙呵世主)는 가타를 설하여 말하였노라."

찰제리 종속의 적통(嫡統)을 계승한 자는
양족(兩足)의 가운데에서 가장 존귀하고
명행(明行)이 원만하게 구족되었으니
천인(天人)의 윗자리를 얻어 있다네.

마납파여. 나도 역시 이와 같으므로 거듭 가타를 설하여 말하겠노라.

찰제리 종족의 적통을 계승한 자는
양족의 가운데에서 가장 존귀하고
명행이 원만하게 구족되었으니
천인의 윗자리를 얻어 있다네.

"마납파여. 그대의 생각은 어떠한가? 만약 청정한 바라문이 여러 바라문에게 시집가고 장가든다면 바라문 가운데에서 함께 제사를 지내고 경전을 독송할 수 있겠는가?"

대답하여 말하였다.

"할 수 있습니다."

세존께서 말씀하셨다.

"시집가고 장가드는 모임을 인연하여 곧 종성(種姓)에 집착하여 만약 일체의 종성에 집착이 있어 '나는 마납파이다.'라고 스스로 말한다면 이 사람은 능히 무상(無上)의 명행족(明行足)을 증득할 수 없느니라. 만약 종성의 아만을 버린다면 곧 능히 수행할 수 있어 이러한 무상의 명행족을 증득할 것이다."

이때 암몰라자가 세존께 아뢰었다.

"저와 같이 미치고 취하여 세존의 앞에서 업신여김과 아만을 일으킨 자는 과거와 현재와 나아가 미래에도 역시 이러한 무리들이 없을 것입니다. 원하옵건대 저를 위하여 이와 같은 수승한 법을 설하시고 이것을 까닭으로 제가 명행족을 깨달아 얻게 하십시오."

세존께서 말씀하셨다.

"자세히 듣고 지극히 옳게 뜻을 지으라. 마납파여. 모든 세존께서는 세상에 출현하시면 여래(如來)·응(供)·정등각(正等覺)·명행족(明行足)·선서(善逝)·세간해(世間解)·무상사(無上士)·조어장부(調脚丈夫)·천인사(天人師)·불세존(佛世尊)이시며, 그분들께서 법을 설하시는데 처음과 중간과 끝이 옳고 말씀과 뜻이 교묘하시며, 순일하여 잡됨이 없으시고, 청백한 범행의 상(相)을 구족하셨으므로 만약 거사나 거사의 아들이 이 법을 듣게 되면 능히 신심이 생겨나며, 신심을 까닭으로 곧 오로지 수학하여 능히 재가(在家)에는 여러 고뇌가 모인 곳인 것을 아는 것이고, 일반적으로 이렇게 출가(出家)하는 것은 텅 빈 들판에 나아가는 것을 아는 것이다. 만약 재가에 있다면 많은 반연(攀緣)에 누에고치의 올가미에 계박(繫縛)되고, 나아가 목숨을 마치도록 능히 순일하고 잡됨이 없는 청백한 범행의 상을 구족하여 수습(修習)할 수 없느니라. 그러나 나는 머리와 수염을 깎고 가사를 입고서 바른 신심과 마음으로서 집을 떠나 집이 아닌 곳으로 나아가서 정근(精勤)하며 수습하는 결택(決擇)을 이미 알았던 것이다.

혹은 재물이 많고, 혹은 재물이 적으며, 혹은 권속들이 많고, 혹은 권속들이 적더라도 모든 것을 떠나서 세속을 버리고 출가하여 머리와 수염을 깎고 가사를 입고서 바른 신심과 마음을 일으켰으며 집을 떠나 집이 아닌 곳으로 나아가서 청정한 계율에 머물렀고, 해탈의(解脫衣)를 걸치고 행법(行法)을 구족하였느니라. 비록 작은 죄가 있더라도 마음에서 깊이 두려워하였고 일체의 선품(善品)을 받아서 수학하였으며 능히 살생을 버렸고 칼과 몽둥이를 잡는 것을 그쳤으며 모든 유정(有情)들에게 자비를 일으켰고 나아가 모기와 개미까지도 모두에게 해치려는 마음이 없었느니라.”

[자세한 설명은 『장아함경(長阿笈摩)』「계온품(戒蘊品)」 가운데 암바사(菴婆沙) 바라문의 일에서 설하신 것과 같다.]

이때 세존께서는 섭(葉) 취락에 이르셨으며 여러 사부대중을 위하여 『사불좌경(四佛坐經)』을 널리 설하셨으며 다시 일출(日出) 취락에 이르시어 현희(賢喜)와 명월(明月)이라고 이름하는 두 자매를 위하여 위에서와 같은 경을 자세히 설하셨다. 세존께서는 다시 교살라국의 인간세상을 유행하셨고 실라벌성에 이르셨다.

이때 급고독장자는 세존의 처소로 나아가서 세존의 발에 정례하고 물러나 한쪽에 앉았다. 세존께서는 법요를 설하여 보여주셨고 가르치셨으며 이익되고 기쁘게 하시고서 묵연히 머무르셨다. 이때 급고독장자는 자리에서 일어나 합장하고 정례하고서 세존께 아뢰어 말하였다.

“원하옵건대 세존께서는 여러 필추대중과 함께 내일 저의 집에 오시어 작은 저의 공양을 받아주십시오.”

세존께서는 묵연히 받아들이셨고 급고독장자는 세존께서 이미 받아들이신 것을 알고 곧 하직하고 집으로 돌아갔다. 그날 밤에 음식을 엄정(嚴淨)하게 준비하였고 날이 밝은 때에 사자를 보내어 세존을 영접하였다.

"원하옵건대 세존께서는 강부(降赴)하시고 집으로 오십시오."

세존께서는 이미 이르셨고 공양을 마치셨다. 이때 장자는 하나의 작은 자리를 취하여 한마음으로 앉았다. 이때 세존께서는 급고독장자를 위하여 보여주셨고 가르치셨으며 이익되고 기쁘게 하시고서 자리에서 일어나 떠나가셨다. 여러 바라문과 거사들도 차례로 세존과 성중들께 공양하였다. 이때 여러 필추들은 음식을 받는 때에 스스로가 먹지 않고서 먼저 가난한 아이에게 주었는데 여러 바라문과 거사들이 모두가 비난하고 싫어하였다. 이때 여러 필추들이 인연으로써 세존께 아뢰니 세존께서 말씀하셨다.

"마땅히 스스로가 먼저 먹고서 남은 것을 가난한 아이에게 베풀어 주라."

두 명의 걸식하는 아이가 있었는데 첫째는 바라문족의 동자이었고, 둘째는 찰제리족의 동자이었다. 그 바라문족의 동자가 때를 알지 못하여 승가에서 아직 음식을 먹지 않았는데 먼저 와서 구걸하였으므로 여러 필추들은 줄 수 없었으나 찰제리족 동자는 먹은 뒤에 와서 구걸하였으므로 대중들이 많이 베풀어 주었다. 찰제리족의 동자가 그 바라문족의 동자에게 물어 말하였다.

"그대는 음식을 구걸하여 얻었는가?"

그 동자가 알려 말하였다.

"나는 음식을 얻지 못하였다."

분노를 인연하여 말하였다.

"만약 내가 자재하다면 석가 제자들의 머리를 모두 잘라서 땅에 버리겠다."

찰제리족 동자가 말하였다.

"만약 내가 자재하다면 세존과 필추 대중께 6종미(種味)로 날마다 공양하겠다."

그 두 동자는 각자 말을 짓고서 한 나무 아래에서 함께 스스로가 잠들었다. 이때 한 수레가 있어 지나갔는데 말이 놀라서 바라문족 동자를 치었고 인연하여 마침내 동자의 머리가 잘렸다. 그때 세존께서는 이러한 사고(事

故)를 까닭으로 가타를 설하여 말씀하셨다.

　　뜻은 항상 상수이므로
　　업을 일으키면 가장 으뜸이며
　　마음에 한을 소유한다면
　　그 과보를 빠르게 받나니
　　고통이 와서 몸을 핍박하였고
　　수레바퀴가 그 머리를 잘랐구나.

이때 구수 아난타는 세존께 아뢰어 말하였다.
"세존이시여. 이러한 게송을 말씀하신 것은 그것이 무슨 뜻입니까?"
세존께서는 아난타에게 알려 말씀하셨다.
"그대는 지금 보지 못하였는가? 그 바라문족 동자는 세존과 필추들에게
악한 마음을 일으켰고 추악한 말을 하였으며 이것을 인연하였던 까닭으로
수레바퀴에 그의 머리가 잘린 것이네."
아난타는 대답하여 말하였다.
"제가 지금 보았습니다."
세존께서 알려 말씀하셨다.
"내가 이 일을 보았던 까닭에 가타를 설하였네."
이때 실라벌성에 장자가 있었는데, 자식이 없이 목숨을 마쳤으므로
성안의 바라문과 거사들이 함께 서로에게 의논하여 말하였다.
"지금 이 장자가 죽었고 또한 자식이 없으니, 어느 사람에게 후사를
잇게 해야 하는가?"
이전의 찰제리족 동자가 나무 아래에 누워 있는 것을 보았는데, 이때
햇빛이 서쪽으로 기울었으나 나뭇가지가 동자의 위를 가려주고 있었다.
여러 사람들이 보고 곧 집으로 데려가서 장자의 대(代)를 잇게 하였다.
후사를 잇고서 동자는 생각하였다.
'이것은 불·법·승 힘의 까닭이니 내가 지금 세존과 필추들을 청하여

여러 공양을 베풀어야겠다.'

이렇게 생각하고서 세존의 처소로 나아가서 세존의 발에 정례하고 작은 한 자리를 취하여 앉았다. 그때 세존께서 그 동자를 위하여 여러 법요를 말씀하셨다. 동자가 법을 듣고 자리에서 일어나 합장하고 세존께 아뢰어 말하였다.

"원하옵건대 세존께서는 여러 필추대중과 함께 내일 저의 집에 오시어 작은 저의 공양을 받아주십시오."

세존께서는 묵연히 받아들이셨다. 이때 세존께서는 날이 밝은 때에 필추들과 함께 동자의 집에 이르셨고 공양을 마치시고 그 동자의 근기에 알맞게 설법하셨다. 그때 동자는 예류과를 증득하였으며 사제의 이치를 얻어서 무시(無始) 이래의 살가야견을 금강저로써 꺾어 무너뜨리고 스스로가 말하였다.

"지금 저는 신심으로써 불·법·승에 귀의하오며 나아가 목숨을 마칠 때까지 영원히 물러서지 않겠습니다."

이때 세존께서는 장자의 아들을 위하여 보여주셨고 가르치셨으며 이익되고 기쁘게 하셨으며 그 장자의 아들은 곧 자리에서 정례하고 떠나갔다. 이때 세존께서는 본래의 처소로 돌아오시어 필추들 대중 앞에서 이러한 게송을 설하여 말씀하셨다.

뜻은 항상 상수이므로
업을 일으키면 가장 으뜸이므로
마음과 뜻이 청정하다면
곧 선한 과보를 받는다네.

이때 구수 아난타는 세존께 아뢰어 말하였다.

"세존이시여. 이러한 게송을 말씀하신 것은 그것이 무슨 뜻입니까?"

세존께서는 아난타에게 알려 말씀하셨다.

"그대는 그 찰제리족 동자가 세존과 여러 성중에게 큰 신심을 일으켰고 이러한 힘을 까닭으로 실라벌성의 여러 바라문과 거사 등이 지금 장자의 대(代)를 이어서 재산과 지위를 받은 것을 보았네. 이러한 까닭으로 내가 이러한 가타를 설하여 말하였네.”

뜻은 항상 상수이므로
업을 일으키면 가장 으뜸이므로
마음과 뜻이 청정하다면
곧 선한 과보를 얻는다네.

이때 세존께서는 바라라(婆羅羅) 취락에 이르셨으며 그곳에서『사불좌경(四佛坐經)』을 널리 설하셨고, 다시 승토(勝土)라고 이름하는 취락에 이르셨으며 이곳에서도 다시『사불좌경』을 널리 설하셨으며, 다시 사자(師子) 취락에 이르시어『사불좌경』을 널리 설하셨고, 다시 신(新) 취락에 이르시어『사불좌경』을 널리 말씀하셨으며, 세존께서는 그 성안에 이르시어 또한『사불좌경』을 설하셨다.

세존께서는 왕사성에 이르셨다. 이때 두 범지(梵志)가 있었는데 첫째는 위좌(爲座)라고 이름하였고, 둘째는 고좌(高座)라고 이름하였다. 그 두 범지들은 마갈타지(摩揭陀池)의 주변에 머무르면서 밤에는 물고기를 낚시질하여 잡아먹었고, 이른 아침에는 좌복(敷座)을 두 겹으로 깔고서 항상 가타를 암송하며 말하였다.

능히 정법을 행한다면
필추라고 이름하며
여러 일을 버리고서 떠난다면
이것이 선(禪)의 길이라네.

이때 세존께서는 그 범지들을 조복할 때가 되었음을 아시고서 곧 그들의 처소로 가시어 가타를 설하여 말씀하셨다.

그대들이 말하는 게송은
마땅히 이렇게 증득될 것이나
그대들은 선과 비슷함을 보고
마음에 부정을 품었으니
적정(寂靜)을 조복을 받더라도
중생들을 해치지 말라.

여러 악을 버리고 떠난다면
이것이 선(禪)의 길이 되며
만약 몸과 입과 뜻으로
여러 악을 짓지 않고서
스스로가 조복시킨다면
이것이 선으로 가는 길이라네.

이때 두 범지는 세존께서 말씀하신 게송을 듣고서 이렇게 생각을 짓고 말하였다.

"지금 교답마께서는 우리의 마음을 잘 알고 계시는구나."

곧바로 공경하였다. 세존께서는 그들의 근성(根性)을 관찰하시고 근기에 맞게 사제의 이치를 말씀하셨다. 이때 그 범지들은 무시의 이래로 쌓였던 번뇌의 여러 삿된 견해의 산을 지혜의 금강저로써 꺾어서 무너뜨리고 예류과를 증득하였다. 뒤의 때에 여러 필추들은 그 범지들이 거듭 편안한 좌구(座具)에서 예류과를 증득한 것을 보고 모두가 그들을 본받았다.

한 필추가 있어 세존의 앞에 있으면서 좌구를 겹치고서 법을 들으면서 그 필추는 마땅히 사제의 이치를 보았어도 반대로 견제(見諦)를 얻지 못하였다. 이때 세존께서는 그 필추가 견제의 이치에 합당한데 어찌하여 보지 못하는가를 관찰하셨고 나아가 좌복을 겹쳐서 앉아서 세존께 공경하지 않았던 까닭을 아셨다. 세존께서는 생각하시면서 말씀하셨다.

"마땅히 많은 과실이 있는 까닭으로 모든 필추들에게 좌복을 겹쳐서 앉지 못하게 해야겠구나."

이 교계(敎誡)를 인연하여 모든 필추들에게 함께 마땅히 못하게 하셨다. 이때 세존께서는 왕사성에서 나오셨으며 다근수(多根樹) 마을에 이르러 옷을 입으시고 발우를 지니고 마을에 들어가서 걸식하셨다. 겁비라성 내에 한 여인이 있어 그 마을에 시집을 와서 살고 있었다. 이때 그 여인은 세존께서 32상과 80종호로 그 몸을 장엄하셨고 1심(尋)의 원광(圓光)이 정수리를 둘러쌓아서 백천(百千)의 해가 찬란하게 비치는 것과 같았고 보배산과 같으신 것을 보았다. 그 여인은 보고서 곧 이렇게 생각을 지었다.

'지금 이 세존께서는 모든 석가종족 가운데에서 구분이 경희(慶喜)하시고, 윤왕족(輪王族)에서 여러 채녀(婇女)와 재물의 창고(庫藏)를 버리시고 도를 위하여 출가하시어 지금 걸식하시며 살아가시므로 나에게 보릿가루를 걸식하신다면 내가 마땅히 받들어서 베풀어야겠다.'

이때 세존께서는 그 여인의 마음을 아시고 발우를 지니고 가까운 곳으로 그녀에게 나아가서 그녀에게 걸식하시면서 알려 말씀하셨다.

"대매(姉妹)여. 그대는 음식을 나의 발우에 가득 채워주시오."

그 여인은 세존께서 자신의 생각을 아신 것을 보고 공경함이 두 배나 생겨나서 곧 세존께 보릿가루를 베풀었다. 여러 세존의 상법(常法)에는 미소를 짓는 때에는 청·황·적·백 등의 광명이 여래의 입으로부터 나와서 혹은 위로 올라가고 혹은 아래로 내려가는 것이다. 아래로 내려간 것은 지옥의 고통을 구제하는데 등활·흑승·중합·대규환(大叫喚)·소염열(小炎熱)·극열(極熱)·아비(阿鼻) 등 여덟의 차가운 지옥과 유포(有皰)·아타하(阿吒詞)·타하파(吒詞婆)·호파호(呼婆呼)·백련(白蓮)·청련(靑蓮)·대연화(大蓮花) 등의 지옥들을 구제하였으며, 그 뜨거운 지옥이 이 빛을 만나면 모두 청량(淸凉)함을 얻었고, 차가운 지옥이 세존을 만나면 모두 따뜻해져서 이러한 중생들이 소유한 고뇌가 모두 멈추게 된다. 그들은 이미 고통을 벗어나자 함께 이렇게 생각을 지었다.

'우리들은 지금 이곳에서 죽어서 역시 다른 곳에 태어난 것인가?'

이때 세존께서는 그 유정들에게 연민하였던 까닭으로 하나의 화신을 보내어 지옥의 가운데에 가도록 하셨다. 그 유정들은 화신불(化身佛)을 보고 함께 이렇게 생각을 지었다.

'우리들이 이곳에서 죽어서 다른 곳에 태어난 것이 아니다. 세존의 위덕을 까닭으로 우리들의 무리가 여러 고뇌에서 쉬게 된 것이다.'

모두가 신심을 일으켰고 고통의 업을 모두 마쳤고 지옥에서 모두 죽어서 인천(人天)의 세계에 생을 받아서 인간과 천인으로 태어나며 뒤에 마땅히 세존을 만나서 곧 성스러운 과보를 증득하는 것이다. 그 빛이 위로 올라간 것은 그 빛이 사천왕천·삼십삼천·도사다천(都史多天)·화락천(化樂天)·타화자재천(他化自在天)·범마천(梵摩天)·범보천(梵輔天)·대범천(大梵天)·소광천(小光天)·무량광천(無量光天)·극광정천(極光淨天), 나아가 무색계사천(無色界四天)에 이르렀고 빛이 미치는 곳의 천상에서는 모두 무상(無常)·고공(苦空)·무아(無我) 등을 크게 외쳤으며 다시 두 가타를 설하여 말씀하셨다.

그대들은 마땅히 출리도(出離道)를 구하면서
세존의 가르침에서 부지런히 닦아서
생사의 군사를 항복받는 것을
코끼리가 초가집을 부수듯이 하라.

이러한 법과 율의 가운데에서
항상 방일하지 않는다면
능히 번뇌의 바다를 마르게 하고
마땅히 고통의 변제를 마치리라.

그 광명은 삼천대천세계를 널리 모두 비추고서 점차 다시 거두어지며 세존의 뒤를 따르는 것이다. 만약 불·세존께서 과거의 일을 설하시면 광명이 뒤를 따라서 들어가고, 만약 미래의 일을 설하시면 광명이 앞을 따라서 들어가며, 만약 지옥의 일을 설하시면 빛이 발바닥을 따라서 들어가고, 만약 방생의 일을 설하시면 빛이 발꿈치를 따라서 들어가며, 만약 아귀의 일을 설하시면 빛이 발가락을 따라서 들어가고, 만약 사람의 일을 설하시면 빛이 무릎을 따라서 들어가며, 만약 역륜왕의 일을 설하시면 왼손의 바닥을 따라서 들어가고, 만약 전륜왕의 일을 설하시면 빛이 오른손의 바닥을 따라서 들어가며, 만약 하늘에 태어나는 업을 설하시면 빛이 배꼽을 따라서 들어가고, 만약 성문의 보리를 설하시면 빛이 입을 따라서 들어가며, 만약 연각의 보리를 설하시면 빛이 미간의 눈썹을 따라서 들어가고, 만약 무상정등각의 일을 설하시면 빛이 정수리를 따라서 들어가는 것이다. 이때 세존의 광명은 멀리서 세존을 세 번을 돌고서 미간을 따라서 들어갔다. 이때 구수 아난타가 세존께 합장하고 아뢰어 말하였다.

"세존이시여. 여래·응·정등각께서 환하게 미소를 지으시는 것은 인연이 없지 않습니다."

곧 가타를 말하면서 세존께 청하였다. [그 가타는 다른 것과 같다.] 그때 세존께서 아난타에게 알려 말씀하셨다.

"옳도다. 옳도다. 아난타여. 여래·응·정등각께서는 인연이 없다면 갑자기 미소를 보이지 않으시네. 그대는 그 바라문녀가 신심으로 나에게 보릿가루를 베푸는 것을 보았는가?"

아난타가 대답하여 말하였다.

"이미 보았습니다."

세존께서 말씀하셨다.

"그 여인은 이 선근으로써 지금부터 30겁(劫)을 지내면서 악취(惡趣)에 떨어지지 않고 천상과 인간의 가운데에 있으면서 윤회하는 생(堂)을 받고, 최후신(最後身)에서는 독각과를 증득하여 선원(善願)이라고 이름할 것이며, 그 명성이 두루 퍼질 것인데 그 바라문녀가 신심이 생겨난 까닭으로 보릿가루를 여래께 봉양하였던 까닭이네."

세존께서는 그 여인을 위하여 마땅히 미래에 독각보리(獨覺菩提)를 성취한다고 수기(授記)하셨다. 그 여인의 남편은 꽃과 땔나무 등을 채취하고자 숲속에 갔는데 자신의 아내가 사문인 교답마에게 보릿가루를 보시하고 벽지불(辟支佛)을 성취한다는 수기를 얻은 것을 듣고 곧 분노가 생겨나서 곧 세존께 나아가서 이와 같이 말을 지었다.

"그대는 나의 집안에 왔었습니까?"

세존께서 알려 말씀하셨다.

"진실로 갔었소."

또한 말하였다.

"나의 아내가 보릿가루를 주었고 그대는 벽지불을 이룬다고 수기하였습니까?"

세존께서 말씀하셨다.

"바라문이여. 진실로 그렇소."

"그대 교답마는 전륜왕 종족으로 왕위를 버리고 출가하였으나 보릿가루를 걸식하기 위하여 큰 거짓말을 지었으니, 누가 즐거이 그대의 작은 종자로써 큰 과보를 얻는다는 것을 믿겠습니까?"

세존께서 말씀하셨다.

"바라문이여. 이것의 인연을 까닭으로 내가 지금 당신에게 묻겠으니, 당신은 마땅히 뜻을 따라서 말하시오. 바라문이여. 당신의 생각에는 어떠하시오? 그대는 희유한 법을 보았었소?"

대답하여 말하였다.

"교답마여. 잠시 다른 희유한 법은 그만두고 나의 처소인 이곳의 다근수(多根樹) 취락에서 희유한 일을 보았소. 그대는 잠시 들어보시오. 교답마여. 이 취락의 동쪽에는 나구타(拏瞿陀) 나무가 있는데 그 나무는 매우 크고 무성하여 그 나무의 아래에는 매일같이 500대의 수레가 머물러도 역시 서로에게 방해와 장애가 없으므로 이 나무를 까닭으로 마을의 이름이 생겨났소."

세존께서 말씀하셨다.

"바라문이여. 그 다근수의 씨앗은 크기가 얼마이오? 마땅히 벼를 심은 논과 같이 커서 대나무 키에 담을 수 없고 소의 연자방아로 찧으며 대나무 상자에 담는 빈라과(頻螺果)와 겁필타과(劫畢他果)와 같소?”

대답하여 말하였다.

“아니오. 오히려 겨자씨의 사분의 일 정도이오.”

세존께서 말씀하셨다.

“바라문이여. 누가 마땅히 이렇게 작은 씨앗에서 능히 큰 나무를 생겨나게 하였다는 그대의 말을 믿겠소?”

이때 바라문이 세존께 대답하여 말하였다.

“그대가 믿고 안 믿어도 내가 스스로 직접 본 것이오. 그리고 또한 그 땅이 손상되지 않았고 비옥하고 윤택하여 씨앗이 비록 크지 않더라도 여법하게 심고 때에 의지하여 비가 내리는 이러한 까닭으로 이 나무가 크게 생장(生長)하는 것이오.”

이때 세존께서는 이것의 인연으로서 가타를 설하여 말씀하셨다.

밭과 씨앗이 같은 것을
그대가 지금 직접 보았다면
업과 과보에서도
여래는 직접 스스로가 증득하였다네.

그대가 본 것과 같이
작은 씨앗이 큰 나무가 되는 것이니
이와 같이 내가 이것을 보았으므로
작은 인(因)이 큰 과(果)를 이룬다네.

그때 세존께서는 그 입에서 넓고 긴 혀를 내밀어 두루 머리끝까지 닿게 하셨으며 바라문에게 알려 말씀하셨다.

“그대의 뜻은 어떠한가? 능히 혀를 내밀어 두루 얼굴을 덮을 수 있다면 그가 어찌 백천의 전륜왕위를 위하여 일부러 거짓말을 짓겠는가?”

바라문이 대답하여 말하였다.

"아닙니다. 교답마시여."

이때 세존께서는 가타를 설하여 말씀하셨다.

나는 스스로 아직 거짓말을 말하지 않았고
설상(舌相)은 모두 성실(誠實)하게 증장된 까닭이니
그대는 지금 마땅히 이와 같이 말해야 하는 것은
다행히 여래를 만나서 깨달음을 얻었노라고.

그때 바라문은 이 가타를 듣고 마음에서 신심과 공경함이 생겨났다. 세존께서는 그의 의요와 수면을 아시고 근기에 맞게 사성제법(四聖諦法)을 설하셨으며, [자세한 설명은 앞에서와 같다.] 바라문은 무시(無始)의 이래에 쌓였던 살가야견을 지혜의 방망이로써 꺾어 무너뜨리고 현재에 초과(初果)를 증득하고서 외쳐 말하였다.

"저는 예류에 들어갔습니다. 저는 지금 목숨을 마칠 때까지 불·법·승보에 귀의하고 5학처를 받아서 오파색가가 되겠습니다. 원하옵건대 세존께서는 증명하시고 아십시오." 바라문은 세존께서 설하시는 것을 마치자 환희하면서 믿고 받아들였으며 세존께 예경하고 물러났다.

이때 세존께서는 중비라(重毘羅) 취락의 숲속에 이르시어 머무셨으며 이러한 경전을 널리 설하셨는데,『잡아급마(雜阿笈摩)』와 같다. 세존께서는 한 변두리 취락에 이르셨는데 그곳에는 구수 대목건련의 외삼촌이 선인(仙人)에게 출가하여 도를 배우고 있었으나, 구수 목련이 능히 조복시킬 수 있었다. 그때 세존께서 목련에게 알려 말씀하셨다.

"그대는 마땅히 그대의 외삼촌을 애민하게 생각하게."

목련이 아뢰어 말하였다.

"알겠습니다. 세존이시여."

이때 목련은 세존의 말씀을 듣고 그를 조복시킬 때에 이르렀음을 알고 곧 선인이 머무는 곳으로 갔다. 이때 선인이 있어 목련에게 알려 말하였다.

"잠시 멈추고 들어오지 마시오. 이곳은 바라문이 수도하는 곳이오."
대답하여 말하였다.
"나도 역시 바라문이오."
그때 그 선인은 가타로 설하여 말하였다.

몸 위에 범선(梵線)도 없고
제사의 작(杓)1)도 지니지 않았으며
불을 섬기지 않는 대머리가
바라문이라고 망령되게 말하는구나.

이때 대목련도 역시 가타로 선인에게 대답하여 말하였다.

점차 부끄러움으로 범선을 삼고
바른 지혜로 제사의 작을 갖추었으며
항상 청정한 계율의 물을 지니고
청정한 군지(君持)2)를 지으며

진실한 말로 불을 삼고
내심(內心)은 항상 적정하며
조복되는 행(行)을 진심으로 닦나니
이것이 참으로 불을 섬기는 것이라네.

그때 그 선인이 목련에게 말하였다.
"설령 그와 같을지라도 역시 그대와 같은 대머리 사문이 우리들의
주처에 들어오는 것이 허용되지 않소."
이때 존자 대목건련은 곧 신력으로써 큰 비바람을 일으켰고 연못 옆으로

---

1) 자루가 달렸으며 술 등을 뜨는 기구를 가리킨다.
2) 산스크리트어 kuṇḍikā의 음사로서 물병을 가리킨다.

나아갔으며 한 나무의 아래에 앉았다. 그때 난타(難陀)·오파난타(鄔波難陀) 용왕의 시자가 이 연못 속에 머물렀는데 이렇게 생각을 지었다.

'성자이신 대목건련은 항상 난타·오파난타 용왕의 처소에서 공경과 존중을 받고 있으므로 우리들도 역시 마땅히 공양해야겠다.'

이때 용왕의 시자는 본래의 궁전에서 나왔고 목련이 있는 곳에 이르러 몸을 일곱 겹으로 하였으며 존자를 오른쪽으로 돌고서 뒤에 그의 머리로 목련의 머리를 덮고 머물렀다. 선인의 상법(常法)에는 만약 중생이 고통으로 몸을 핍박당하는 것을 보고 구해주는 마음을 일으키지 않는다면 곧 선도(仙道)가 퇴보하는 것이다. 이때 오래된 선인은 곧 이렇게 생각을 지었다.

'만약에 출가자가 이러한 큰 비를 만났으니 곧바로 죽을 것이므로 나는 마땅히 그 선도를 잃지 않게 해야겠다.'

이러한 생각이 생겨나서 곧 선인의 주처에서 나와 출가자를 찾았다. 목련이 용에게 일곱 겹으로 둘러싸여 있었고, 다시 용이 머리로서 목련의 머리를 덮고 있는 것을 보고 알려 말하였다.

"그대 이 암자 안으로 들어오시오."

목련이 대답하여 말하였다.

"대선(大仙)이여. 그대는 이미 그 선도를 잃었습니다."

이 소리를 듣고 자신의 외조카인 것을 알고 목련에게 물어 말하였다.

"성자여. 그대는 목련이구려."

목련이 대답하여 말하였다.

"세상 사람들은 목련이라고 부릅니다."

목련이 알려 말하였다.

"선인께서는 무슨 일을 인연하여 이곳에 오셨습니까?"

선인이 대답하여 말하였다.

"그대의 몸이 고통에 핍박받는 것을 보고 그대가 손해되는 것이 두려워 이러한 까닭으로 온 것이네."

이때 구수 목련은 곧 선인을 데리고 함께 세존의 처소로 나아가서 머리를 땅에 대고 발에 예경하고 물러나 한쪽에 앉아 세존께 아뢰었다.

"세존이시여. 이 분은 저의 외삼촌으로서 선도(仙道)의 가운데에 출가하였습니다. 오직 원하옵건대 세존께서 애민하게 생각하시어 구호하여 주십시오."

세존께서는 그 선인의 종성(種性)과 수면과 의요를 아시고서 근기에 맞게 설법을 하셨으며 선인은 듣고서 곧 불환과를 증득하였다. 그때 선인은 자리에서 일어나 오른쪽 어깨를 드러내고 합장하고 공경스럽게 세존께 정례하고 아뢰어 말하였다.

"오직 원하옵건대 세존께서는 섭수하시어 제가 선설하는 법과 율의 가운데에 출가하여 그 원구를 받고 필추성을 이루어 세존의 처소에서 범행을 닦게 허락하십시오."

이때 세존께서는 그 선인에게 알려 말씀하셨다.

"잘 왔느니라. 필추여."

이렇게 말씀을 지어 마치시니 머리카락은 스스로 떨어졌고 승가지(僧伽胝)가 몸에 입혀졌으며 위의가 성취되었다. 이때 용동자(龍童子)는 목련이 떠나가는 것을 보고 혼자 불안하게 머물고 있었다. 이때 그 취락은 극심한 가뭄을 만났고 그 용동자는 선인의 화신(化身)이 되어 그 선인의 주처에서 좌선하며 머물렀다. 그때 취락의 사람들이 화신인 용의 선인의 처소에 와서 정례하고 아뢰어 말하였다.

"지금 이 취락은 극심한 가뭄을 만났습니다. 저희들은 무슨 계책을 지어야 합니까?"

선인이 알려 말하였다.

"그대들이 함께 이곳에 와서 머문다면 곧 재앙이 소멸될 것이오."

이때 취락에서 소유한 여러 사람들이 와서 그곳에 머물렀는데 용동자가 대목련을 위하여 정수리의 위에 덮개를 지녔었던 인연을 까닭으로 이때의 사람들은 마침내 모두가 용지개성(龍持蓋城)이라고 불렀다. 이 성안에서 신심있는 오파색가가 있어 용이 덮개를 지녔던 곳에 사찰을 건립하고 물자를 구족시켜 주었다. 이때 세존께서도 또한 마도양성(摩都量城)에 이르시어 상응하게 머무시는 가운데에서 널리 그 일을 말씀하셨다.
　이때 세존께서는 구로성(俱魯城)에서 인간세상을 유행하셨고 대창(大倉) 취락에 이르시어 이곳에서 『호국소달라경(護國蘇怛羅經)』을 널리 설하셨다.

근본설일체유부비나야약사 제9권

삼장법사 의정 한역

석보운 번역

이때 세존께서는 상성(象城)에 이르셨는데 바라문이 있어 세존께서 32상과 80수호(隨好)[1]가 구족되어 그 몸이 장엄되었고, 1심의 원광(圓光)이 빛나서 오히려 일천의 해보다 밝고 걸어오고 나가면서 멈추는 것이 오히려 보배산과 같아서 위의가 매우 수승하신 것을 멀리서 보았다. 바라문은 멀리서 세존을 보고 세존께 나아가서 세존을 찬탄하며 아뢰었다.

"금색의 몸이시고 눈은 맑아 널리 수행하셨으며 자비를 애민하게 성취하셨고 여러 공덕을 구족하셨으므로 하늘의 가운데에서 하늘이시며 조어장부(調御丈夫)로 유정의 바다를 뛰어넘어 건너셨습니다."

세존께서는 이러한 찬탄을 들으시고 곧바로 미소를 지으셨다. 모든 세존의 상행(常行)에는 미소를 나타내시는 때에 큰 광명이 나오는 것이고, [자세한 설명은 생략한다.] 나아가 되돌아와서 정수리로 들어갔다. 이때 구수 아난타가 합장하고 공경스럽게 세존께 게송으로 물어 말하였다.

세존께서 입으로부터

---

1) 수형호(隨形好)를 가리키고 산스크리트어 anuvyañjana의 번역어다. 불(佛)·보살(菩薩)의 몸에 갖추고 있는 뛰어난 용모와 형상 중에서 현저하게 볼 수 있는 것을 상(相), 미세하고 은밀하여 보기 어려운 것을 호(好)라고 한다. 호(好)는 제상(諸相) 안에 있고 상(相)에 따라 불·보살의 몸을 장엄하므로 수호(隨好)라 일컫는다.

일천의 미묘한 광명을 나타내시니
오히려 해가 처음에 떠올라서
시방을 밝게 비추는 것과 같습니다.

다시 게송으로 설하여 말하였다.

교만과 하열(下劣)한 마음을 버리고 떠나셨으니
모든 세존께서는 세간에서 최상의 인(因)이시고
연(緣)이 없다면 마땅히 미소를 나타내지 않으시나니
번뇌의 모든 원수들을 항복받은 것이라네.

세존께서 말씀하셨다.

"옳도다. 옳도다. 아난타여. 모든 세존과 여래께서는 인연이 없다면 미소를 나타내지 않느니라. 아난타여. 그대는 그 바라문이 게송으로써 세존을 찬탄하는 것을 보았는가?"

아난타가 아뢰었다.

"이미 보았습니다."

세존께서 말씀하셨다.

"이 바라문은 나를 찬탄한 선근의 공덕을 까닭으로 20겁을 지내면서 악취에 떨어지지 않을 것이고 항상 천상과 인간의 가운데에 태어나며 이 최후의 몸에서는 벽지불(辟支佛)을 증득하여 응찬(應讚)이라고 이름할 것이네."

이때 여러 필추들이 모두가 함께 '오직 불·세존께서 능히 일체의 의혹을 끊을 수 있다.'는 의심이 생겨나서 곧바로 청하여 물으니 세존께서 알려 말씀하셨다.

"그대들은 자세히 들을지니라. 이 바라문은 나에게 한 송의 가타로 찬탄하였던 까닭으로 내가 수기하여 벽지불을 짓게 한 것이니라."

세존께서 말씀하셨다.

"다만 지금 때에 여래를 찬탄하여 복을 얻은 것이 아니고 과거 세상의 때에서도 바라문이 게송으로써 나를 찬탄하였던 까닭으로 내가 역시 그 바라문에게 다섯의 큰 취락을 베풀어 주었던 것이니라. 그대들은 자세히 듣고 그것을 잘 생각하라. 내가 그대들을 위하여 설하겠노라.

지나간 옛날에 바라니사성의 토성(土城)에는 왕이 있어 범수(梵授)라고 이름하였고, 정법으로 세상을 교화하여 안은하고 풍요로웠으며, 백성들은 치성하였고, 여러 질병이 없었으며, 그 왕은 재능과 학식을 좋아하고 즐거워하였다. 그때 바라니사성에 한 바라문이 있어 큰 재능과 학식을 갖추고 있었으므로 그의 아내가 알려 말하였다.

"시절이 추워지려고 합니다. 그대는 왕의 곁으로 나아가서 잘 찬송(讚頌)하여 왕을 환희하게 한다면 그대에게 겨울옷을 하사하실 거예요."

그 바라문은 떠나서 왕의 처소로 나아가면서 왕이 코끼리를 타고 성에서 나오는 것을 보았다. 이때 바라문은 해를 쳐다보고 생각하면서 말하였다.

"먼저 왕을 찬탄해야 하는가? 먼저 코끼리를 찬탄해야 하는가? 그러나 이 코끼리는 여러 사람들이 매우 사랑하는 것이므로 마땅히 코끼리를 먼저 찬탄해야겠다."

그때 바라문은 게송으로 찬탄하면서 말하였다.

모습은 제석천의 코끼리와 같고
색깔은 묘한 위의와 용모를 구족하였으며
대력상(大力相)으로 장엄되었으니
코끼리왕의 모양이 이와 같다네.

왕은 이 게송을 듣고 매우 크게 환희(歡悅)하면서 역시 다시 게송으로 말하였다.

나의 사랑스런 코끼리왕을
사람들이 보고 모두가 환희하는데

그대가 능히 매우 아름다운 찬탄하므로
다섯의 취락을 하사할 수 있구려.

그대들 필추들이여. 다르게 생각을 짓지 말라. 지나간 때의 코끼리왕은
지금의 나이고, 바라문은 코끼리를 찬탄했던 지금의 이 사람이니라. 그때
에는 하나의 가타로서 찬탄하여 내가 다섯의 취락을 주었고 지금의 때에는
하나의 가타로서 나를 찬탄하여 내가 역시 연각보리를 수기한 것이니라.”
　이때 세존께서는 점차로 대성(大城)에 이르셨으며 그 성안에서, [자세한
설명은 앞에서와 같다.]『사불좌경(四佛座經)』의 가운데에 설해져 있다.
　세존께서는 떠나셨고 소로갈군성(素魯竭群城)에 이르셨다. 이 성안에는
한 바라문이 있어 인타라(因陀羅)라고 이름하였고, 나이는 젊었으나 들은
것이 많고 스스로 총명하다고 말하였으며, 여러 학파에서도 일찍이 의심하
지 않았다. 이때 세존께서는 한 주처(住處)에서 머무시면서 대중들 앞에서
법요를 설하셨다. 이때 바라문은 세존께서 성에 이르셨다는 것을 듣고
곧 이렇게 생각을 지었다.
　‘교답마 사문은 얼굴과 용모가 단정하다고 일찍이 들었으니 나보다
단정한가를 내가 지금 가서 살펴보겠다.’
　곧 세존의 처소로 갔는데 32장부상(丈夫相)과 80수호(隨好)와 광명이
밝게 빛나며 그 몸을 두루 감싸고 있고, 1심의 원광이 일천의 해보다
밝아서 오히려 보배산과 같아서 두루 매우 수승함을 이미 관찰하고서
다시 이렇게 생각을 지었다.
　‘교답마 사문은 나보다 단정하더라도 나보다 키가 크지는 않을 것이다.’
　곧 세존의 정수리를 살펴보았으나 능히 보지 못하자, 더욱 높은 곳으로
올라갔으나 역시 능히 보지 못하였다. 이때 세존께서 그 바라문에게
알려 말씀하셨다.
　“그대가 노고(勞苦)로 묘고산(妙高山)의 꼭대기에 오르더라도 역시 능히
보지 못할 것이다. 그리고 여래의 정수리는 천인과 아소라(阿蘇羅) 및
세간의 사람은 결국 능히 보지 못한다는 것을 그대는 듣지 못하였는가?

그대가 여래의 뜻으로 여래의 몸을 헤아려 알고자 한다면 그대의 집안에 불에 제사를 지내는 곳의 지하에 우두전단(牛頭栴檀)의 기둥이 있을 것이다. 그대가 마땅히 들어 올려서 크기를 헤아린다면 곧 여래가 부모에게서 태어날 때에 받은 몸을 알 것이다.”

그 바라문은 다시 이렇게 생각을 지었다.

‘이것은 희유한 일이다. 나는 일찍이 들어보지 못하였으니 가서 살펴보아야겠다.’

그는 곧 빠르게 집으로 돌아가서 제사를 지내는 곳의 땅을 파고 기둥을 꺼냈는데 모두가 세존의 말씀과 같았다. 그때 그 바라문은 곧 신심이 생겨나서 다시 이렇게 생각을 지었다.

‘교답마 사문께서는 반드시 일체종지(一切種智)이시다. 내가 지금 가서 받들어 모시고 공양해야겠다.’

신심을 까닭으로 곧 세존의 처소로 나아가서 세존의 앞에서 여러 종류로 찬탄하여 기쁘게 하고서 물러나서 한쪽에 앉았다. 이때 세존께서는 그의 의요와 수요와 근성(根性)을 아시고서, [자세한 설명은 앞에서와 같다.] 무시의 이래로 쌓아왔던 살가야견을 지혜의 금강저로써 꺾어서 무너뜨리고 예류과를 증득하고서 외쳐 말하였다.

“세존이시여. 저는 이미 출리(出離)하였습니다. 저는 지금 불·법·승 삼보에 귀의하오니 원하옵건대 제가 오파색가의 계(戒)를 받는 것을 허락하십시오. 오늘부터 목숨을 마칠 때까지 청정한 신심으로서 삼보께 귀의하겠습니다.”

그때 바라문은 자리에서 일어나 의복을 정리하고서 합장하고 세존께 예경하고 아뢰어 말하였다.

“만약 세존께서 허락하신다면 제가 마땅히 우두전단 기둥을 세워서 일체가 알고 듣게 하겠습니다.”

세존께서 말씀하셨다.

“바라문이여. 그대가 따라서 지으시오.”

이때 바라문은 전단 기둥을 가져다가 적정한 곳에 여러 종류의 공양구로서 그 기둥을 건립하였고 이것을 인연하여 다시 재회(齋會)를 열었다. 다시 여러 바라문과 거사 등은 복락(福樂)을 구하려는 까닭으로 기둥 위에 길상초(吉祥草)를 묶었는데 인타라(因陀羅) 바라문이 재회를 건립하였던 인연을 까닭으로 인타라회일(因陀羅會日)이라고 이름하였다.

만약 어느 때에 세존께서 대신통을 나타내시면 이때 외도들은 무색(無色)해져서 물러나 떠나갔고 천인(天人)들은 환희하였으며 선인(善人)들은 열락(悅樂)하였다. 외도들은 달아났고 흩어졌으며 변두리 지역에 머무르거나, 혹은 바라문을 가까이에서 모시면서 머물렀다. 이때 세존께서는 교살라국의 인간세상을 유행하시면서 바라문 취락으로 가셨다. 이때 여러 외도들은 사문 교답마께서 오신다는 것을 듣고 갑자기 놀라서 바라문과 거사 등의 족성가(族姓家)로 갔으며, 곧 이렇게 말을 지었다.

"원하건대 복이 늘어나고 늘어나십시오. 우리는 하직하고 떠나갑니다."

그 여러 사람들이 말하였다.

"성자여. 무슨 까닭으로 떠나십니까?"

대답하여 말하였다.

"우리들은 그대들이 부유하고 풍족해지는 것을 보고 싶고 그대들이 망하여 흩어지는 것이 기쁘지 않으므로 떠나는 것입니다."

사람들이 물었다.

"성자여. 우리들이 어찌 망하여 흩어지겠습니까?"

"그대들은 마땅히 아십시오. 교답마 사문이 1천2백 명과 함께 이곳으로 점차 오고 있는데, 모두가 칼과 우박을 내리게 하고 무량무수(無量無數)의 자식이 있는 부인들을 모두 자식이 없게 합니다."

여러 사람들이 알려 말하였다.

"성자여. 만약 진실로 이와 같다면 마땅히 이곳에 머물러서 함께 우리와 서로가 돕는 것이 합당한 것입니다. 어찌 버리고 떠나는 것이 합당하겠습니까? 이것은 옳지 않습니다. 우리들은 절대로 무너져서 없어지지 않습니다."

외도들이 대답하여 말하였다.

“그대들이 우리와 계약한다면 이곳에 머물겠습니다. 그대들이 교답마 사문을 해치십시오.”

여러 사람들이 말하였다.

“우리들이 마땅히 해치겠습니다.”

곧 각자 칼·몽둥이·활·화살을 잡고 갑옷을 입고 큰 거리로 나갔다. 이때 석가족 가운데에 한 노인이 있어 그 여러 사람들을 보고 곧바로 물어 말하였다.

“그대들은 어느 곳으로 가고자 하는가?”

그들이 곧 대답하여 말하였다.

“원수를 해치려는 까닭입니다.”

또한 물었다.

“누가 그대들의 원수인가?”

그들이 곧 대답하여 말하였다.

“교답마 사문입니다.”

노인이 알려 말하였다.

“세존이신 대사께서 만약 그대들의 원수라면 어느 사람이 있어 그대들의 친한 벗이겠는가? 그대들은 돌아가시게.”

그 사람들이 모두 기꺼이 돌아가지 않았다. 이때 노인은 다시 이렇게 생각을 지었다.

‘이 사람들은 설법으로써 능히 조복시킬 수 없다. 마땅히 여러 종류의 위력을 베풀어야 굴복시킬 수 있겠구나.’

이때 노인은 곧바로 마을로 들어가서 사방에 불을 질러서 그 취락을 불태웠다. 마을 안의 여러 사람들이 함께 모두가 큰 소리로 울부짖으니, 세존을 해치려던 사람들도 이러한 울부짖음을 듣고 함께 모두 놀라고 허둥대면서 함께 서로에게 의논하여 말하였다.

“교답마 사문은 이곳에서 멀리 있고 지금 당장은 마을이 불타서 극심한 손실이 있으니 마땅히 곧 돌아가서 먼저 불을 끕시다.”

그들은 이미 돌아왔으나 불을 끌 수 없었다. 잠깐사이에 세존께서 곧 이르시어 여러 사람들에게 물어 말씀하셨다.

“어찌 놀라고 허둥대는 것이오?”

여러 사람들이 대답하여 말하였다.

“지금 불이 났는데 능히 끌 수가 없습니다.”

세존께서 곧 알려 말씀하셨다.

“내가 지금 그대들을 위하여 그 불을 끄겠소.”

여러 사람들이 아뢰어 말하였다.

“오직 원하옵건대 세존이시여. 저희들을 위하여 불을 꺼주십시오.”

이때 여래께서 말씀을 잠시 마치셨고 세존의 위력(威力)을 까닭으로 그 불이 모두 꺼졌다. 그때 여러 사람들은 모두 신심이 생겨나서 세존께 아뢰어 말하였다.

“세존이시여. 지금 무슨 까닭으로 오셨습니까?”

세존께서 곧 알려 말씀하셨다.

“그대들을 이익되게 하고자 이곳에 온 것이오.”

이때 세존께서는 여러 사람들 마음의 의요와 수면과 자성(自性)을 아시고 곧 설법하시어 사제를 증득하게 하셨으며, 앞에서 설명과 같이 무시이래로 쌓였던 번뇌의 살가야견산을 지혜의 금강저로 꺾어 무너뜨리고 여러 사람들에게 예류의 성과를 증득하게 하셨다. 이때 여러 필추들이 함께 모두가 의심이 있어 세존께 청하여 말하였다.

“오직 여래께서 의혹을 끊어주실 수 있습니다.”

여러 필추들이 아뢰어 말하였다.

“세존이시여. 이 석가족의 노인을 보니 친족을 탐애하여 마침내 취락을 불태웠고 이러한 업을 까닭으로 무량한 죄를 얻었습니다.”

그때 세존께서는 여러 필추들에게 알려 말씀하셨다.

“다만 금생에 탐애를 까닭으로 이 취락을 불태운 것이 아니고 이미 과거에도 무량한 많은 생에도 탐애를 까닭으로 취락을 불태웠느니라. 그대들은 자세히 듣고 자세히 들어서 잘 생각할지니라. 내가 마땅히 그대들을 위하여 분별하여 해설하겠노라. 지나간 옛날에 한 취락이 있었는데 500마리 원숭이들이 살고 있어서 소유한 채소와 곡식이 모두 원숭이들에게 손괴를 당하였고 취락의 여러 사람들이 모여 무슨 방법을 지어 이러한 재난을 그치게 할 것인가를 논의하였다. 그 가운데에서 어느 한 사람이 나와서 말하였다.

"반드시 모두 죽여야 비로소 이 재난이 멈출 것입니다."

또한 다른 사람이 말하였다.

"어떻게 능히 죽일 수 있겠습니까?"

그가 곧 대답하여 말하였다.

"취락의 사방에 있는 일체의 나무들을 베어내고 감나무 한 그루만 남겨두고서 사방에 가시나무를 놓아둡시다. 그 감이 익고 모든 원숭이들이 함께 나무 위에 모여서 곧 그 과일을 먹고자 한다면 마땅히 죽일 수 있습니다."

이때 여러 사람들은 마침내 그 나무들을 모두 함께 베어내고 오직 한 그루를 남겨두었고 사방에 가시나무를 놓아두었으며 마땅히 한 사람을 남겨두어 항상 바라보며 지키고 여러 원숭이가 나무 위에 올라가면 알려주어 대중들이 알게 하였다. 여러 원숭이들 가운데에 한 원숭이가 있어 원숭이 왕에게 알려 말하였다.

"감이 지금 익었으니 마땅히 함께 가서 취하여 먹읍시다."

이때 원숭이들이 모두 감나무에 모였고 여러 사람들이 알고서 모두 칼과 몽둥이를 가지고 감나무 아래에 모여서 그 나무를 베고자 하였다. 그 여러 원숭이들은 마음에 놀람과 두려움을 품고 나뭇가지를 돌아다녔으나 그 원숭이왕은 아무런 걱정과 두려움이 없이 태연히 감을 먹고 있었다. 여러 원숭이들이 그 왕에게 알려 말하였다.

"지금 액난을 만났는데 어찌하여 과일이나 먹으면서 하나도 두려워하지 않습니까?"

이때 원숭이왕은 게송으로 설하여 말하였다.

일반적으로 사람에게 일이 많으면

장애가 자연히 생겨나는 것이고
나무가 커서 끝내 벨 수 없을 것이므로
그대들은 두려워 말고 과일이나 먹으라.

이때 원숭이들 가운데에 한 작은 원숭이 새끼가 취락에 있으면서 붙잡혀 묶여서 뺨을 괴고 근심하고 있었다. 이때 어느 원숭이가 근심하는 것을 보고 마침내 곧 위문하며 동류(同類)에게 물어 말하였다.

"무슨 까닭으로 근심하면서 뺨을 괴고 있는가?"

그가 곧 대답하여 말하였다.

"좋은 벗이여. 마땅히 알라. 어찌 근심하지 않겠는가? 이 취락의 사람들이 우리들의 권속들을 죽이고자 하는데 어찌 근심하지 않겠는가?"

또한 다시 물어 말하였다.

"그대는 지금 어찌 노력하지 않는가?"

작은 원숭이가 대답하여 말하였다.

"지금 이렇게 잡혀 묶여있는데 어찌 노력하겠는가?"

여러 번을 다시 알려 말하였다.

"내가 지금 풀어주겠네."

이때 그 잡혀있던 원숭이는 이미 풀려나고서 위락 안에 마침내 그 불을 질러 주위를 태웠다. 취락 사람들이 큰소리를 질렀고 그 감나무를 베어내던 사람들은 그 아우성을 듣고 모두 놀라고 두려워서 함께 서로에게 말하였다.

"이 원숭이들은 우리에게 멀리 떨어져 있어 아직 우리를 해칠 수 없으나 이미 불이 났으니 마땅히 먼저 가서 불을 끕시다."

불을 까닭으로 모두가 마을로 달려갔고 그 원숭이들은 모두 나무에서 내려와 환란을 벗어나 떠나갔느니라."

세존께서 여러 필추들에게 알리셨다.

"그대들은 다르게 생각하지 말라. 지나간 옛날의 작은 원숭이가 지금의 이 석가족 노인이니라. 다만 금생에 친속을 사랑하여 그 취락을 불태운 것이 아니라 지나간 과거에서도 역시 친속들을 사랑했던 까닭으로 취락을 불태웠던 것이니라.”

이때 세존께서는 유행하시어 가라성(迦羅城)에 이르셨고 가라성 안에서도 앞에서와 같이 『사불좌경(四佛坐經)』의 연기를 널리 설하여 마치셨다. 이때 세존께서는 노혜덕가성(盧醯德迦城)에 이르시어 상력 약차(象力藥叉)의 궁 안에 머무르셨다. 이때 약차는 여러 야차 대중을 차례로 다니면서 검교(撿挍)하고 있었다. 이때 상력 약차는 세존께서 성에 들어오시어 자신의 궁 안에 머무신다는 것을 듣고 곧 세존의 처소로 나아갔다. 이미 이르러 세존의 두 발에 정례하고 한쪽에 앉았다. 세존께서는 약차가 앉은 것을 보시고서 법요를 널리 설하시어 보여주셨고 가르치셨으며 이익되고 기쁘게 하시고서 [자세한 설명은 앞에서와 같다.] 이때 상력 약차는 앉았던 자리에서 일어나 의복을 정리하고 세존께 정례하고서 합장하고 아뢰어 말하였다.

“오직 원하옵건대 여래께서는 저의 작은 청을 받아주시어 오늘 밤에는 저의 궁 안에서 머물러 주십시오.”

그때 세존께서는 묵연히 청을 받아들이셨다. 상력 약차는 세존께서 청을 받아들이신 것을 알고서 곧 궁전 안에 세존을 위하여 500의 사찰을 짓고 하나하나의 사찰 안에는 각각 500의 큰 상·작은 상·여러 부구(敷具)·장막(帷幕)·덮개(帳蓋)를 만들었다. 이미 조성하고서 불·세존과 필추대중에게 그의 공양을 받을 것을 청하였고 이때 세존께서는 여러 필추대중과 함께 그 청을 받아들이셨다. 그때 상력 약차의 친우인 약차가 있어 굴지가(屈底迦)라고 이름하였으며, 가습미라국(迦濕彌羅國)에 있었다. 이때 상력 약차는 사자를 보내어 알리게 하였다.

“내가 지금 세존과 필추대중을 청하였으니 그대는 북쪽 지역에서 소유하고 있는 과일을 마땅히 보내도록 하게.”

이때 상력 약차는 사자를 보내고서 곧 그 밤에 음식을 준비하고 500의 사찰에 물을 뿌리고 청소하였으며 부구와 자리와 깨끗한 물을 놓아두고 집사인(執事人)에게 명하여 차례를 알게 하였다. 이때 굴지가 약차는 신심으로 받들어 광주리에 포도 등의 과일을 가득 담아서 여러 약차들이 메고서 사찰의 주변에 쌓아서 안치하게 하였다. 여러 필추들은 열매를 보았으나 모두가 알지 못하였으므로 청하여 물었다.

"세존이시여. 이것은 무슨 열매이고, 어떻게 먹습니까?"

이때 세존께서 대답하여 말씀하셨다.

"북방의 열매이고 포도라고 이름하는 것이니라. 불로써 작정(作淨)2)하여 마땅히 먹을지니라."

이때 여러 필추는 과일을 받아서 하나하나를 작정하였고 마침내 시간이 많아졌다. 세존께서 보시고 곧 말씀하셨다.

"마땅히 그와 같이 하나하나를 작정하지 말고 마땅히 송이에 하나의 숯불을 취하여 세 곳을 작정하도록 하라."

이때 상력 야차는 여러 종류의 음식을 하나하나 스스로 손으로 세존과 필추대중에게 받들어 올렸으며, [자세한 설명은 앞에서 같다.] 대중들이 음식을 모두 먹었다. 이때 상력 야차는 작은 자리를 취하여 여래의 앞에서 단정하게 앉아서 법문을 들었다. 세존께서는 그 야차를 위하여 미묘한 법을 말씀하여 보이시고 가르쳐서 이익되고 기쁘게 하시고는 곧 자리에서 일어나셨다. 이때 포도를 먹었으나 오히려 많이 남아 있었으므로 세존께서 말씀하셨다.

"마땅히 눌러서 포도즙을 취하고 끓이도록 하라."

즙이 익지도 않았으나 마침내 곧 쏟아부었으므로 세존께서 말씀하셨다.

"마땅히 익도록 끓이고 저장하였다가 승가 등에 비시(非時)에 마시는 음료로서 공급하라."

이때 세존께서는 머무시는 방 밖에서 발을 씻으시고 곧 방 안으로 들어가셨으며 연좌하시어 선정에 들어가셨다. 이때 세존께서는 곧 이렇게 생각을 지으셨다.

'내가 지금 이곳의 인간 수명이 짧은 시절의 세상에 출현하였고 열반의

---

2) 음식을 먹기 전에 청정하게 하는 작법으로 화정(火淨) 이외에도 네 종류가 있다.

때에 이르렀으나, 조복시킬 일이 많은 까닭으로 마땅히 반드시 지어야 한다. 내가 만약 아난타 필추와 함께 북천축국(北天等國)으로 나아가서 조복시키는 일을 한다면 성취하는 것이 어렵다. 이번에는 마땅히 금강수(金剛手) 약차와 함께 그곳으로 가서 조복시켜야겠다.

이때 세존께서는 두 가타로서 금강수 약차에게 명하여 말씀하셨다.

생각이 있는 자는 어질고 착하며
생각을 잊지 않는 자는 안녕하고
생각이 있는 자는 편안히 잠들지라도
사유한다면 적정함을 얻는다네.

생각이 있는 자는 발원하고 착하며
생각을 잊지 않는 자는 안녕하고
생각이 있는 자는 편안히 잠들지라도
승부(勝負)의 마음을 버리고 벗어나라.

이때 세존께서는 금강수 약차에게 알려 말씀하셨다.

"그대는 나와 함께 북천축국으로 가서 아발라용왕(阿鉢鑼龍王)을 조복시키도록 하세."

"알겠습니다. 세존이시여."

그 금강수 약차는 세존과 함께 허공을 타고 떠나갔다. 세존께서는 멀리 푸른 숲을 보시고 금강수 약차에게 알려 말씀하셨다.

"그대는 이 푸른 숲을 보았는가?"

대답하여 말하였다.

"선서(善逝)시여. 이미 보았습니다."

다시 알려 말씀하셨다.

"내가 멸도(滅度)한 100년 뒤에 마땅히 이곳에 승가의 비하라(毘訶羅)를 짓고 암림(暗林)이라고 이름할 것이고, 사마타(奢摩他)[3]를 배우는 자들에게 제일의 처소일 것이네.”

이때 세존께서는 유행하시며 적집(積集) 취락에 이르셨다. 이때 그 마을에는 각력(覺力)이라는 약차가 머물고 있었는데, 성격이 포악하여 이 취락 사람들은 항상 제사를 지냈고, 비록 거듭해서 제사를 지냈으나 항상 사람들에 손해를 끼쳤다. 이때 취락의 사람들은 세존께서 이르셨다는 것을 듣고 세존의 처소로 나아가서 세존께 정례하고 물러나 한쪽에 앉았다. 그때 세존께서는 취락 사람들을 위하여 미묘한 법을 설하시어 보여주셨고 가르치셨으며 이익되고 기쁘게 하시고서 묵연히 머무르셨다. 이때 취락 사람들은 자리에서 일어나 세존의 발에 정례하고서 합장하고 공경스럽게 세존께 아뢰어 말하였다.

“세존이시여. 이 각력 약차는 그 장야에 저희에게 원한이 있어 항상 손해를 끼치고 있습니다. 오직 원하옵건대 세존께서는 저희를 애민하게 생각하시어 약차를 조복시켜 주십시오.”

이때 각력 약차도 역시 대중들 가운데에 앉아 있었다. 이때 세존께서는 각력 약차에게 알려 말씀하셨다.

“두 번·세 번을 묻노라니 그대는 지금 들었는가?”

이때 각력 약차가 대답하여 말하였다.

“저는 들었습니다.”

세존께서 다시 말씀하셨다.

“그대는 지금 마땅히 악한 마음을 빨리 버리도록 하게.”

약차가 대답하여 말하였다.

“저는 이제 악한 마음을 버렸으므로 다시는 피해를 주지 않겠습니다.”

이때 세존께서는 곧 수계를 받게 하셨고 삼보에 귀의하도록 하셨다. 이때 그 약차는 곧 이곳에 하나의 사찰을 짓고 칭집(稱集)이라 이름하였고, 여러 신심있는 사람들이 자구(資具)들을 보시하여 모두를 충족되게 하였다. 사찰이 이미 완성되고서 세존께서 곧 떠나가셨다. 이때 약차는 세존을

---

3) 범어 Śamatha의 음역. 지(止)·지식(止息)·적정(寂靜)·능멸(能滅)이라 번역한다. 우리의 마음 가운데 일어나는 망념(妄念)을 쉬고, 마음을 한곳에 집중하는 것이다.

따라서 떠났으므로 세존께서 알려 말씀하셨다.

"그대는 돌아가서 이곳을 수호하도록 하게. 내가 지금 그대를 도와서 이곳을 수호할 것이고 내가 멸도한 뒤에 몸의 어깨뼈(肩骨)를 이 땅에 남겨둘 것이네. 뒤에 여러 사람이 있어서 솔도파(窣堵波)를 세우고 적집솔도파(積集窣堵波)라고 이름할 것이네."

세존께서는 다시 니덕륵가(泥德勒迦) 취락에 이르셨다. 이곳에도 법력(法力)이라는 약차가 있었는데 세존께서 곧바로 조복시켰다. 이 약차도 앞에서와 같이 사찰을 짓고 니덕륵가사(泥德勒迦寺)라고 이름하였다. 세존께서 다시 신도하(信度河)[4] 강가에 이르셨는데 한 뱃사공이 있었다. 이때 세존께서는 여러 종류의 신통한 변화를 나타내시어 그를 조복시켜 견제를 증득시켰고, 아울러 녹첩(鹿疊) 약차를 조복시켰으며 세존의 신력(神力)으로 약차를 가피(加被)하셨고 발자국을 남기셨는데, 이것을 인연으로 당시의 사람들은 함께 '녹첩 약차의 발자국(鹿疊藥叉足跡)'이라고 이름을 붙여 주었다.

이때 세존께서는 다시 선인이 머무르는 곳에 이르시어 이곳에서 장관선인(杖灌仙人)을 조복시키셨는데 이때 바라문과 거사 등은 함께 서 있고 앉으며 눕는 곳을 세우고 곧바로 '장관선인이 앉고 눕는 곳(杖灌仙人坐臥之處)'이라고 이름하였다. 그때 세존께서는 금강수 약차에게 알리셨다.

"그대는 나와 함께 무도간용왕(無稻芉龍王) 궁전 안으로 가도록 하세."

"알겠습니다. 세존이시여."

이때 여래께서는 금강수 약차와 함께 용왕의 궁전 가운데에 이르셨다. 이때 무도간용왕은 세존께서 자신의 궁전 안에 이른 것을 보고 곧바로 진노하고 해치려는 생각을 일으켜 여러 번뇌를 일으키고 허공으로 올라가 우박과 비와 아울러 많은 흙덩이를 쏟아 부었다. 이때 세존께서는 용왕이 진노한 것을 아시고 곧바로 생각을 운용하여 자심정(慈心定)에 들어가셨다. 이미 정에 들어가셨으므로 쏟아지던 흙과 우박은 여래의 머리 위에서

---

4) Sindhu의 음사로서 신두(辛頭)·신두(新頭)·신도(信度)라고 음역되고 험하(驗河)·영하(聆河)라 번역된다. 지금의 인더스강을 가리킨다.

244

침향(沈香)·전단향(栴檀香)·다마라향(多摩羅香)·말향(末香) 등으로 변하여 구름처럼 떨어졌다.

이때 용왕은 세존을 해칠 수 없음을 보고 곧바로 바퀴와 여러 병기(兵器)들을 던졌으나 곧 네 빛깔의 연꽃으로 변하여 허공에서 떨어졌다. 이때 무도간용왕은 마침내 구름과 연기를 내뿜었고 그때 여래께서도 신통력으로 역시 연기와 구름을 내뿜으셨다. 이에 용왕은 공고심(貢高心)과 광만(狂慢)의 이러한 인연이 멈추고 없어졌던 인연으로 마침내 곧 궁전으로 들어가서 숨을 멈추고 머물렀다. 이때 세존께서는 곧 이렇게 생각을 지으셨다.

'두 종류의 인연으로 일체의 악한 용들을 능히 항복시킬 수 있다. 겁박하여 두렵게 하거나, 혹은 진노하게 하는 것이다. 그런데 이 용왕은 겁박하는 것이 합당하겠구나.'

이렇게 생각을 짓고서 금강수 약차에게 알려 말씀하셨다.

"그대가 이 악한 용왕을 고통스럽게 하게."

이때 약차는 여래의 가르침을 받고 금강저로써 산봉우리를 때려서 부수었고 그 산은 이미 무너져서 용왕의 연못을 절반을 메웠다. 이때 용왕은 걱정하고 두려워서 곧 달아나 숨고자 하였다. 이때 세존께서 화계정(火界定)에 들어가서 그 시방(十方)을 모두 불덩이가 되게 하셨다. 이에 용왕은 달아날 길이 없었으나 오직 세존께서 발로 서있는 곳은 적정하고 청량하였다. 이때 용왕은 세존께서 계신 곳으로 나아가서 두 발에 정례하고 세존께 아뢰어 말하였다.

"세존이시여. 무슨 까닭으로 저를 고뇌하게 하십니까?"

세존께서 곧 대답하여 말씀하셨다.

"나는 법왕(法王)이거늘 어찌 너를 괴롭히겠는가? 내가 만약 이와 같이 수승한 자비심을 얻지 못하였다면 이미 죽어 없어졌고 오직 헛된 이름이 남았으리라."

이때 세존께서는 천복륜상(千輻輪相)과 망만상(輞縵相)으로서 길상(吉祥)한 무외(無畏)의 손으로 용왕의 정수리를 어루만지시며 곧바로 알려 말씀하셨다.

“현수여. 마땅히 알라. 그대는 청정한 음식으로 성문에게 공양하였고 아울러 좋은 물병에 깨끗한 물을 가득 담아서 베풀었으므로 삼십삼천 가운데에 태어나는 것이 합당하였다. 삿된 발원을 하였던 까닭으로 방생(傍生)의 몸을 받아 여러 중생을 해치면서 살아가고 있으므로 그 몸이 죽은 뒤에는 마땅히 지옥에 떨어질 것이다.”

이때 그 용왕이 곧바로 아뢰어 말하였다.

“오직 원하옵건대 세존이시여. 제가 지을 것을 보여주십시오.”

세존께서 용왕에게 알리셨다.

“그대는 나의 처소에서 삼보에 귀의하고 청정한 계율을 받아서 마갈타국에 머무는 일체의 사람들에게 시무외(施無畏)를 널리 베풀도록 하라.”

이때 그 용왕이 세존께 아뢰어 말하였다.

“세존이시여. 제가 지금 청정한 계율을 받겠습니다.”

이때 용왕의 처자와 여러 권속이 합장하고서 정례하고 세존께 아뢰었다.

“세존이시여. 저희들도 역시 삼보께 귀의하고 청정한 계율을 받겠습니다.”

무도간용왕은 다시 세존께 아뢰어 말하였다.

“저희들 여러 용과 또한 전(箭)이라고 이름하는 용왕은 원망하고 해치려는 마음이 많습니다. 오직 원하옵건대 세존이시여. 청정한 계율을 주시어 자비심을 일으키게 하십시오.”

이때 세존께서는 모든 용이 함께 청정한 계율을 받고 삼보에 귀의하도록 하셨다. 이때 집금강수보살(執金剛手菩薩)은 무도간용왕과 여러 권속들이 모두 조복되어 삼보에 귀의하고 청정한 계율을 받고서 용약(踊躍)하며 환희하는 것을 보았다. 이때 세존께서는 무도간용왕과 6만의 권속들을 조복시키시고서 자리에서 떠나가셨다. 세존께서는 멀리서 녹색의 나무숲을 보시고 곧 금강수 약차에게 알려 말씀하셨다.

“그대는 저 숲이 보이는가?”

아뢰어 말하였다.

“저는 지금 보았습니다.”

세존께서 말씀하셨다.

"금강수여. 이 가습미라국(迦濕彌羅國)의 경계에는 내가 멸도한 뒤의 백년 안에 마땅히 필추 제자가 있을 것이다. 그 필추는 마땅히 호로다독룡(虎嚧茶毒龍)을 조복시키고서 그 용으로부터 가부좌를 안좌(安坐)할 한 곳을 받고 방편으로서 이 나라의 국토에 정법을 널리 전할 것이다. 비발사나(毘鉢舍那)를 수순하는 자는 앉고 눕는 처소의 가운데에서 가장 제일이 될 것이고, 그 나라의 경계 안에는 마땅히 60,663의 취락이 있을 것이다."

이때 세존께서는 또한 족로(足爐) 마을에 이르시어 선인과 불발작(不發作) 약차와 아울러 여러 권속들을 조복시키셨고, 건타(揵陀) 취락에서는 약차녀와 그 권속들을 조복시키셨다. 세존께서는 다시 도곡루각성(稻穀樓閣城)에 이르셨고 이 성에서 승군왕(勝軍王)의 어머니를 교화하시어 사제에 머물게 하셨다. 세존께서는 다시 내리일다성(乃理逸多城)에 이르셨다. 이 성안에는 한 도공(陶師)이 있었는데, 재주가 교묘하여 스스로의 아만으로서 만든 그릇을 바퀴 위에 올려놓고 마르는 것을 기다렸으며 뒤에 비로소 내려놓았다. 이때 세존께서는 조복될 때에 이르렀음을 아시고서 스스로가 한 사람의 도공으로 변신하여 그 도공과 함께 서로 말씀하셨다.

"그릇들을 무슨 까닭으로 바퀴에서 내려놓는가?"

도공이 대답하여 말하였다.

"말려서 내려놓습니다."

변신한 도공이 알려 말하였다.

"나도 역시 말려서 내려놓으므로 그대는 나와 같소. 그러나 나에게는 특이한 기술이 있어 홀로 바퀴 위에서 성숙시켜 내려놓을 수 있소."

도공이 대답하여 말하였다.

"그대의 기술이 나보다 뛰어납니다."

변신한 도공이 알려 말하였다.

"곧 바퀴 위에서 그릇을 성숙시키는 것이 아니고 역시 능히 다시 칠보로 여러 그릇을 만들 수 있소."

도공은 보고서 곧바로 믿고 조복시키셨다. 이때 세존께서는 도공을 섭수하여 교화하셨고 다시 본래의 모습으로 돌아오셨으며 미묘한 법을 설하시어 그의 권속들에게 사진제(四眞諦)에 머물게 하셨다. 이때 세존께서는 다음으로 녹사성(綠莎城)에 이르셨는데 그 성안에서 보다약차(步多藥叉)와 그 권속들에게 미묘한 법을 설하시어 삼보에 귀의시켰고 금계(禁戒)에 머물게 하셨으며, 호적성(護積城)에서는 소를 치는 사람과 소차왕(蘇遮王)을 조복시키셨다.

세존께서는 다음으로 증희성(增喜城)에 이르셨는데 이 성안에서는 천유(天有)라고 이름하는 왕과 그의 권속들에게 진제에 머무르게 하셨고, 다음으로 신분이 전다라(栴茶梨)인 7명의 아들과 연못을 수호하는 약차와 여러 권속들을 조복시키셨다. 그 성의 옆에는 큰 연못이 있었는데 아습박가(阿濕縛迦)와 보나파소(布捺婆素)가 이 연못의 가운데에서 함께 용의 몸을 받고 있었다. 용들은 12년이 지나서 바로 출현하였는데, 마음에 진노를 품고서 스스로 생각하며 말하였다.

"세존께서 우리들을 위하여 설법하지 않았고, 우리들을 악도에 떨어뜨려서 이러한 용의 몸을 받게 하였다. 우리들은 마땅히 그의 가르침을 헐뜯고 무너뜨려야겠다."

이때 세존께서는 곧 이렇게 생각을 지으셨다.

'이 두 독용은 큰 위력이 있으므로 내가 입멸한 뒤에는 반드시 능히 나의 법과 가르침을 무너뜨려서 재와 먼지로 만들 것이다.'

이렇게 생각을 지으시고서 곧 연못으로 가셔서 두 용에게 알려 말씀하셨다.

"내가 그대들을 위하여 『유족경(有足經)』을 설하여 그대들이 알게 하겠노라."

두 용이 아뢰어 말하였다.

"저희는 용의 몸인데 어찌 능히 명료하게 이해하겠습니까?"

이렇게 말하고서 곧바로 물속으로 들어갔고 다시 이렇게 생각을 짓고 말하였다.

"세존께서 우리에게 설법하더라도 우리들은 능히 이해할 수 없을 것이다.”

이때 세존께서는 그 연못이 있는 곳에 곧 당신의 그림자를 남겨두셨는데, 용들은 세존의 그림자가 자주 출현하는 것을 보고 서로 세존께서 오히려 이곳에 머무신다고 말하였다. 다시 그곳에서 두 약차녀를 조복시키셨는데 첫째는 나리가(那利迦)라고 이름하였고 둘째는 나다달야(那茶達耶)라고 이름하였다. 이때 세존께서는 군저성(軍底城)에 이르셨다. 그 성안에는 약차녀가 있어 군저(軍底)라고 이름하였고 항상 그 성에 머물고 있었으며 마음이 포악하였고 두려움이 없었으므로 성안 사람들이 아들과 딸을 낳으면 항상 약차녀에게 잡아먹혔다.

그런데 그 성안에 있던 바라문과 거사 등은 세존께서 군저성 옆의 그 처소에 지금 이르렀다는 것을 들었다. 여러 사람들은 함께 모여서 한꺼번에 성을 나와 세존의 처소로 나아갔으며, 이미 이르러 세존의 두 발에 정례하고 물러나서 한쪽에 앉았다. 이때 세존께서는 바라문과 거사 등에게 법요를 설하시었고 가르치셨으며 이익되고 기쁘게 하시고서, [자세한 설명은 앞에서와 같다.] 묵연히 머무르셨다. 이때 바라문과 거사 등은 자리에서 일어나 의복을 정리하고 세존 앞에서 합장하고서 세존께 아뢰어 말하였다.

“오직 원하옵건대 세존께서는 필추 대중과 내일 아침의 공양 때에 저희들의 작은 공양을 받아주십시오.”

다음날 공양을 마치고 발우를 거두었으며 손을 씻었다. 사람들은 곧 금병을 가지고 세존의 앞에서 구하는 것이 있어 이렇게 말하였다.

“세존이시여. 그 여러 독룡과 악한 약차들은 모두 이미 조복시켰으나 이 군저 약차녀는 장야의 가운데에서 저희들에게 원망할 것이 아닌데도 원망하였고, 원수가 아니었으나 원수가 되었으며, 저희들은 항상 은혜를 베풀었으나 그녀는 항상 원수로 해치면서 아기가 태어나면 모두 약차녀에게 침탈당하였습니다. 오직 원하옵건대 세존께서는 저희들을 애민하게 생각하시어 군저 약차녀를 조복시켜 주십시오.”

이때 약차녀도 역시 사람들 가운데에 있었다. 이때 세존께서 약차녀에게 알려 말씀하셨다.

"그대는 지금 이 모든 사람의 말을 들었는가?"

약차녀가 아뢰어 말하였다.

"선서이시여. 저는 이미 들었습니다."

다시 약차녀에게 물어 말씀하셨다.

"그대는 지금 들었는가?"

대답하여 말하였다.

"세존이시여. 저는 이미 들었습니다."

세존께서 말씀하셨다.

"그대는 오랜 옛날부터 이러한 비법(非法)의 죄업을 지어 왔느니라."

대답하여 말하였다.

"여러 사람이 만약 저를 위하여 사찰을 짓겠다고 약속한다면 곧 마땅히 영원히 끝내겠습니다."

이때 세존께서 바라문과 거사들에게 말씀하셨다.

"당신들은 이 약차녀의 말을 들었습니까?"

여러 사람이 대답하여 말하였다.

"세존이시여. 저희들은 지금 이미 들었습니다."

세존께서 말씀하셨다.

"당신들은 어떻습니까?"

여러 사람이 아뢰어 말하였다.

"세존이시여. 저희들이 반드시 사찰을 짓겠습니다."

이때 세존께서는 이 약차녀와 아울러 권속들을 조복시키고 곧 떠나가셨다. 세존께서는 다시 갈수라(渴樹羅) 취락에 이르셨는데, 이 마을 가운데에 한 동자가 있어 흙으로 탑을 만들면서 놀고 있었다. 세존께서는 보시고서 곧 금강수에게 알려 말씀하셨다.

"그대는 이 동자가 흙으로 탑을 만들며 놀고 있는 것을 보았는가?"

금강수 약차가 세존께 아뢰어 말하였다.

"저는 지금 보았습니다."

세존께서 말씀하셨다.

"내가 멸도한 뒤에 가니색가왕(迦尼色迦王)이 [이 나라에서 정금(淨金)이라고 말한다.] 이 동자가 탑을 만들며 놀던 곳에 큰 솔도파를 세우고 가니색가탑(迦尼色迦塔)이라고 이름할 것이고 큰 불사(佛事)를 지을 것이네."

세존께서는 노혜득(盧醯得) 취락부터 무도간용왕이 머무는 궁전에 이르는 그 중간의 77,000의 여러 유정들을 조복시키시고 다시 노혜득 취락으로 돌아오시어 사찰 안으로 들어가시어 연좌하셨으며, 하루의 포시(晡時)에 적정에서 일어나시어 아난타에게 알려 말씀하셨다.

"함께 고왕(古王) 취락으로 가세."

아난타는 세존께 아뢰어 말하였다.

"세존이시여. 여래께서 이전에 '내가 북천축국으로 가서 마땅히 무도간용왕을 조복시킨다면 그 국토 안에서 다섯의 수승한 일이 있을 것이다.'라고 말씀하셨는데, 지금 세존께서는 다시 '나와 함께 고왕 취락으로 가세.'라고 말씀하시는데 이 일은 무엇과 같습니까?"

세존께서 알려 말씀하셨다.

"나는 이미 금강수와 함께 북천축에 갔었고, 기억하건대 많은 마사림(摩娑林)과 나아가 토탑(土塔)에 이르기까지와 노혜득 취락부터 무도간용왕의 용궁에 이르는 그 중간에서 여래는 77,000의 유정들을 조복시켰네. 그러나 그 나라에는 열악한 일이 있으니, 토지는 높고 낮으며 풍요로움은 가시가 많고 여러 기와와 돌이 많으며 성품이 악하여 부인들의 악행이 크니라."

이때 세존께서는 승군성(勝軍城)의 인간 세상을 유행하시며 점차로 고왕 취락에 이르셨다. 이때 세존께서는 아난타에게 알려 말씀하셨다.

"옛날에 중허왕(衆許王)이 처음으로 이곳에서 관정위(灌頂位)를 받았고 최초로 기거하며 제일의 왕이 되었던 까닭으로 고왕(古王) 취락이라고 이름하였네."

다시 다음으로 세존께서는 현마(賢馬) 취락에 이르셨고 이때 세존께서는 아난타에게 알려 말씀하셨다.

"그 중허왕의 이 처소에서 마보(馬寶)가 출현하였고 인연하여 이 읍을 현마 취락이라고 이름하였네."

이때 세존께서 아난타에게 알려 말씀하셨다.

"그대는 나와 함께 마토라(麼土羅) 취락으로 가세."

"알겠습니다. 가르침을 받들겠습니다."

이때 세존께서는 점차 유행하시어 마토라 취락으로 가셨고 길에서 멀리 있는 녹색의 나무숲을 보시고서 곧 아난타에게 알려 말씀하셨다.

"그대는 저 녹색의 나무숲을 보았는가?"

아뢰어 말하였다.

"보았습니다."

"이곳은 오로문다산(烏盧門茶山)이고 내가 멸도하고 100년 뒤에 마토라에 형제 두 명이 있었네. 첫째는 나타(那吒)라고 이름하고 둘째는 바타(婆吒)라고 이름하는데, 그곳에 사찰을 세우고 나타바타(那吒婆吒)라 이름할 것이며, 사마타와 비발사나를 수순하는 자가 좌와(坐臥)하는 곳으로 최고의 제일이 될 것이네. 마토라 취락에는 마땅히 약을 아는 동자가 있어 비밀(秘密)이라고 이름할 것이고, 그 아들이 있어 근밀(近密)이라고 이름할 것이며, 비록 상호(相好)는 없으나 세존과 같아서 내가 멸도하고서 100년 뒤에 나의 법 가운데에 출가하여 불사(佛事)를 지을 것이네.

이때 아난타에게 제자가 있어 말전지(末田地)라고 이름하는데 그 근밀이 제도하여 필추를 삼는데 나의 법을 전하는 자는 이 사람이 마지막이 될 것이네. 그 나타바타 사찰 안에는 굴이 있어 길이는 18주(肘)이고 넓이는 12주이며 높이는 7주인데, 근밀이 법을 설하여 교화하는 까닭으로 아라한을 증득한 자들이 각자 길이가 사지(四指)인 산가지를 하나씩 굴 안으로 던져 넣을 것이네. 이때 근밀이 멸도한다면 그의 여러 문인(門人)들이 곧바로 산가지를 취하여 한곳에 쌓아두고 곧 다비(茶毘)에 사용할 것이네."

이때 여러 필추는 모두 의혹이 생겨나서 일체의 의혹을 끊은 분께 물었다.

"세존께서는 미래의 구수(具壽)인 근밀에게 수기하셨습니다. 세존께서 지금 수기하시는 것은 마땅히 많은 유정을 애민하게 생각하시는 까닭으로 이익을 지으셨습니다."

세존께서 말씀하셨다.

"다만 지금에 이러한 이익을 지은 것이 아니고 과거의 세상에서도 역시 많은 이익이 있었느니라. 그대들은 마땅히 자세히 듣고 그것을 잘 생각하라."

세존께서 말씀하셨다.

"과거의 세상에서 이 오로문다산(烏盧門茶山)에는 세 거처가 있었느니라. 첫째의 처소에는 500의 연각(緣覺)들이 있었고, 둘째의 처소에는 500의 선인(仙人)들이 있었으며, 셋째의 처소에는 500의 원숭이들이 있었느니라. 이때 이 원숭이 무리의 우두머리는 본래 악한 성품을 품고 있어서 여러 원숭이 가운데에서 새끼를 낳은 것이 있다면 모두 다치게 하거나 죽였다. 여러 어미 원숭이들은 새끼들을 위하여 근심하면서 함께 서로 논의하며 말하였다.

"그대들은 마땅히 들으십시오. 우리들의 이 우두머리가 항상 우리의 새끼들을 해치므로 방편을 베풀어 우리들은 만약 임신한다면 반드시 알리지 않도록 합시다."

뒤의 때에 이르러 어느 한 마리가 임신하였고 여러 원숭이들은 비밀스런 곳으로 데려가서 은밀하게 숨겨두고 함께 여러 과일을 따서 사적으로 서로 공급하였다. 달이 차서 곧 수컷 한 마리를 낳았으므로 은밀한 곳에 깊이 숨겨두고 젖을 먹여서 크게 자라나게 하였다. 이미 성장하자 곧 무리의 안에서 우두머리를 쫓아내었고 본래의 무리에서 떠나도록 하였다. 산에서 따로 놀면서 떠돌아다녔던 까닭으로 독각(獨覺)의 소리를 듣자 곧바로 나아가서 독각의 가까이서 머물렀다. 마음에 두려움이 없어 곧 과일과 여러 뿌리와 잎을 따서 항상 가져다가 공급하였는데 독각은 먹고서 나머지를 다시 원숭이에게 먹였다. 독각의 상법(常法)은 음식을 먹으면 곧 가부좌를 하는 것이었고 원숭이도 보고 곧바로 앉는 것을 배웠다.

뒤에 여러 독각들은 곧 이렇게 생각을 지었다.

'우리는 하열(下劣)한 몸으로 마땅히 얻을 것은 이미 얻었고 지을 것을 이미 마쳤으므로 지금 장차 무여열반(無餘涅槃)에 들어가야겠구나.'

이렇게 생각을 짓고 곧바로 허공으로 올라 신통한 변화를 지어 보였는데, 혹은 몸에서 불꽃이 나오기도 하였고, 혹은 몸에서 감로비(甘雨)를 뿌리기도 하였으며, 혹은 몸에서 광명이 나오기도 하였으며, 곧 무여열반에 들어갔다. 그러나 그 원숭이는 마음에 근심을 품고 바로 독각을 찾아다니다가 오래된 동굴 안에 이르렀고, 나아가 남겨진 몸을 보았다. 손으로 독각의 옷을 들어 올리니 이때 천신(天神)이 있어 곧 이렇게 생각을 지었다.

'지금 이 원숭이가 독각의 옷을 벗겼으므로 남겨진 몸을 손상시키는 것이 두렵구나.'

이때 그 천신은 원숭이를 밖으로 쫓아내고 돌로써 굴을 막았다. 이에 원숭이는 동굴이 막힌 것을 보고 슬프게 울고 괴로워하면서 그리움을 품고 떠났으며 본래의 처소로 되돌아와서 이리저리 돌아다녔다. 이때 원숭이는 사람의 곁에 가까이 있는 것을 좋아하였고 이미 사람이 없어진 까닭으로 마음이 안락하지 못하였다. 항상 사람의 말소리를 찾았는데 갑자기 다른 곳에서 선인들이 말하는 소리가 들렸다. 원숭이는 듣고서 길을 잃은 사람과 같이 소리를 찾아서 분주히 다녔으며 나아가 선인들이 고행을 닦는 것을 보았다.

혹은 손을 들어 올리고 있었고, 혹은 한쪽 다리를 들어 올렸으며, 혹은 다섯 곳을 불로 태우고 있었다. 원숭이는 오랫동안 한곳에 의지하였고 두려움이 없어 항상 꽃과 과일 및 치목(齒木)을 가지고 선인들에게 공급하였으며, 선인들은 먹고서 나머지 음식을 원숭이에게 주었다.

이때 원숭이는 선인들의 위의(威儀)를 무너뜨리고 독각의 법에 의지하여 손을 든 자를 보면 끌어당겨서 아래로 향하도록 하였고 곧바로 손을 튕겨서 가부좌(跏趺坐)를 지었으며, 한쪽 다리를 들어 올리고 있던 자를 끌어당겨서 아래로 하였고 곧바로 손을 튕겨서 선인의 앞에서 가부좌를 짓게 하였으며, 다섯의 불로 몸을 태우던 자에게는 불을 꺼버리고 곧바로 손가락을 튕겨서 선인의 앞에서 가부좌를 짓게 하였다. 이때 여러 선인은 친교사(親敎師)에게 알려 말하였다.

"지금 원숭이가 있어 저희들을 장애하여서 고행을 닦는 것을 그만두었습니다."

스승이 곧 물어 말하였고, 이때 선인들은 [자세한 설명은 앞에서 같다.] 스승이 또한 알려 말하였다.

"그대들은 마땅히 알라. 다만 이 원숭이는 모두 능히 일을 기억하는 것이네. 반드시 일찍이 이와 같은 위의로써 수도(修道)하는 선인들을 본 것이네. 그대들은 의지하여 따라서 결가부좌를 맺도록 하게."

여러 선인들은 스승의 말씀을 듣고서 곧 가부좌하였고 옛날의 선근이 있었으며 마땅히 현전(現前)함을 얻었으므로 비록 아차리야(阿遮利耶)와 오파타야(鄔波馱耶)의 교시(敎示)를 얻지 못하였어도 스스로가 능히 37도품법(道品法)을 얻어서 연각(緣覺)을 현증(現證)하였다. 이때 선인들은 원숭이가 있던 곳에서 공경하고 믿었으며 법을 따랐고 얻은 새로운 과일과 좋고 맛있는 음식을 먼저 원숭이에게 공양하고서 뒤에 자신들이 먹었다. 나아가 뒤에 원숭이가 죽자 그 연각들은 여러 나라에서 여러 종류의 향을 취하고 땔나무를 쌓아놓고 원숭이를 불에 화장하였다.

이때 세존께서 여러 필추들에게 말씀하셨다.

"그대들은 다르게 생각하지 말라. 지나간 옛날에 연각들과 함께 살았던 원숭이는 바로 지금의 우파국다(憂波掬多)이니라. 지나간 옛날의 때에 많은 이익이 있었던 까닭으로 지금 다시 이곳에서 내가 수기(授記)한 것이며 유정을 애민하게 생각하였으므로 또한 많은 이익이 있느니라."

근본설일체유부비나야약사 제10권

삼장법사 의정 한역

석보운 번역

이라보제(儞羅步提)의 인연

이때 세존께서는 용군(勇軍)에서 인간 세상을 유행하셨고 점차 말토라성(末土羅城)에 이르셨다. 그 성안의 정행(淨行) 바라문 등은 교답마 사문께서 말토라성에 이르셨다는 것을 들었다.

"그는 지극히 말을 잘하는데 깨달음을 밝게 비추어 안주(安住)하고 분석하여 네 종족인 사람 등의 청정한 법을 열어서 보여주고 분명하게 나타낸다고 합니다. 그 교답마 사문이 만약 이 성에 들어온다면 우리들의 이양(利養)은 반드시 끊어질 것입니다. 우리들이 들었는데 교답마 사문은 존중하지 않는 곳에서는 유행하지 않는다고 합니다. 이곳에 만약 사람이 있어 그 교답마를 존중하지 않는다면 그는 반드시 말토라성으로 들어오지 않을 것입니다.

만약 하열한 사람들에게 가서 그를 업신여기고 교답마의 마음을 두렵게 하여 일이 되지 않게 하거나, 상수(上首)인 수승한 사람이 있어 교답마를 존중하지 않고 업신여긴다면 이것은 마땅히 매우 좋은 계책입니다. 우리들 가운데에서 누가 상수가 되겠습니까?"

이때 말토라성 가운데에는 한 바라문이 있어 이라보제(儞羅步提)라고 이름하였는데, 사명(四明)과 사벽타(四薜陀)를 통달하여 말을 하면 실제를 따라서 전하여 능히 자신의 종지를 드러내었고 다른 종지를 꺾어 무너뜨렸다. 이때 말토라성 바라문 등은 대중들을 함께 모아 이라보제의 처소로 가서 곧 알려 말하였다.

"오파타야시여. 우리들은 교답마 사문이 이 성에 왔다고 이미 들었습니다. 그는 지극히 말을 잘하는데 깨달음을 밝게 비추어 안주(安住)하고 분석하여 네 종족인 사람 등의 청정한 법을 열어서 보여주고 분명하게 나타낸다고 합니다. 그러나 그 교답마는 그를 존중하지 않는 곳에는 마음에서 즐거이 머무르지 않습니다. 만약 사람들이 그 교답마를 존중하지 않는다면 그는 분명히 말토라성으로 들어오지 않을 것입니다.

만약 하열한 사람들에게 가서 그를 업신여기고 교답마의 마음을 두렵게 하여 일이 되지 않게 하거나, 상수(上首)이고 수승한 사람이 있어 교답마를 존중하지 않고 업신여긴다면 이것은 마땅히 매우 좋은 계책입니다. 오파타야를 제외하고 어찌 다시 상수인 사람이 능히 이 일을 감당하겠습니까? 오직 바라건대 그가 존중받지 못하도록 말로 꾸짖고 욕하여 주십시오."

이때 이라보제는 여러 사람에게 알려 말하였다.

"나의 혀는 뜻에 맞게 움직여 만약 꾸짖고 욕해야 한다면 나는 곧 꾸짖고 욕을 할 것이고, 만약 찬탄해야 한다면 나는 곧 찬탄할 것이오."

이때 이라보제는 나이 많은 여러 바라문 등에 앞뒤로 둘러싸여 세존의 처소로 나아갔다. 이때 이라보제 바라문은 멀리서 세존께서 32대장부상(大丈夫相)과 80수호(隨好)를 갖추시고 스스로를 장엄하셨고, 원광(圓光)이 1심이 되어 1천의 해보다 밝아서 오히려 보배산과 같으며, 선현(善現)들에게 둘러싸여 적정(寂靜)하신 위의로서 한 나무의 아래에 앉아 계신 것을 멀리서 보았다. 이라보제는 세존을 보고 마음에 용약(踊躍)이 생겨나서 곧바로 찬탄하며 말하였다.

이라보제는 크게 기뻐하여
일체지이신 선인을 찬탄하고
지금 수승한 공덕을 말하나니
사람들은 모두 듣고 애락할지어다.

여러 근(根)을 잘 조복시키셨고
여법하고 청정한 몸과 뜻이므로
넓고 큰 공덕의 바다에서
내가 지금 간략하게 찬탄하리라.

논의(論議) 가운데에서 제일이시고
조복을 시키시며 과실이 없으시며
능히 제일의(第一義)를 아시고
격론에서도 능히 움직이지 않으시며

명행(明行)을 원만히 얻으셨고
여러 금계(禁戒)에 잘 통달하셨으며
수승한 선정은 산왕(山王)과 같고
힘은 나라연(那羅延)과 같으시다네.

이와 같이 상수가 되어 500송(頌)으로써 세존을 찬탄하였다. 이때 세존께서는 그 바라문의 마음에서 깊은 신심이 생겨난 것을 아시고 곧 설법하셨고 앉은 자리에서 진제의 이치를 증득하였다. 그때 이라보제는 세존을 찬탄하고서 곧바로 하직하고 떠나가서 곧 본래의 성으로 되돌아갔다. 이때 성안의 여러 나이 많은 바라문이 이라보제가 여러 종류의 아름다운 말을 지어 세존을 찬탄한 것을 알고서 곧 이라보제를 꾸짖어 말하였다.

"우리들은 먼저 오파타야께 교답마 사문의 처소로 가서 공경하지 않는 말을 짓는 것을 구하였습니다. 무슨 까닭으로 그를 오히려 찬탄하였습니까?"

이때 이라보제는 바라문들에게 알려 말하였다.

"내가 어찌 전에 이와 같이 말하지 않았던가? '나의 혀는 뜻에 맞게 움직여 만약 꾸짖고 욕해야 한다면 나는 곧 꾸짖고 욕을 할 것이고, 만약 찬탄해야 한다면 나는 곧 찬탄할 것이오.' 내가 교답마 사문을 보았는데 공덕이 넓고 커서 찬탄할 수 있었으므로 내가 곧 찬탄하였네. 이러한 까닭으로 그대들은 마땅히 나를 꾸짖어서는 아니되오.”

이때 세존께서는 여러 대중과 함께 이른 아침에 옷을 입고 발우를 지니고서 말토라성에 들어오시어 걸식하셨다. 그 성안에서는 마침 성수회(星宿會) 제사의 날이 있었다. 이때 성수여신(星宿女神)은 곧 이렇게 생각을 지었다.

‘교답마 사문이 만약 이 성에 들어온다면 절일(節日)에 반드시 장애가 있을 것이다. 반드시 미리 계책을 베풀어 그가 곧 돌아가게 해야겠다.’

이렇게 생각을 짓고서 세존의 앞에서 발가벗은 모습으로 머물렀다. 세존께서 여신에게 알려 말씀하셨다.

“여인의 몸은 화사한 옷으로 꾸며도 오히려 단정하지 못하거늘 하물며 발가벗은 몸은 어떠하겠는가?”

이때 천녀(天女)는 이러한 말을 듣고 곧 부끄러움이 생겨나서 몸을 감추고 나타나지 않았다. 이때 세존께서는 길의 한쪽 가장자리를 벗어나 대중들의 앞에 자리를 펴고 앉으시어 여러 필추들에게 알려 말씀하셨다.

“이 말토라성은 다섯 종류의 허물이 있느니라. 첫째는 토지가 평평하지 않는 것이고, 둘째는 이곳에 가시덤불이 많은 것이며, 셋째는 기와 조각과 자갈이 충만한 것이고, 넷째는 백성들이 혼자 먹는 것이며, 다섯째는 여러 여인들이 많은 것이다. 이러한 까닭으로 이 성에는 들어가지 않겠노라.”

이때 세존께서는 자리에서 일어나시어 곧 여약차(驪藥叉)의 동산으로 가셨고 한 나무 아래에 앉으셨으며 대중들에게 둘러싸여 적정하게 머무르셨다. 이때 말토라성의 바라문과 거사들은 교답마 사문이 성에 들어오고자 하였으나 천녀에게 장애되어 성에 들어오지 못하였고 현재 여약차 동산의 한 나무 아래에 의지하여 머문다는 것을 들었다. 그들은 이것을 듣고 각각(各各)이 여러 종류의 음식을 준비하여 각자 함께 수레에 함께 실었고 세존의 처소로 가서 두 발에 정례하고 물러나 한쪽에 앉았다.

이때 세존께서는 그 신심있는 바라문과 거사들에게 법요를 간략히 설하셨고, [자세한 설명은 앞에서 같다.] 묵연히 머무르셨다. 이때 그 바라문 등은 자리에서 일어나 의복을 정리하고 합장하고서 공경하게 세존께 아뢰어 말하였다.

"세존이시여. 저희들은 세존을 위하여 여러 종류의 청정한 음식을 준비하여 각자가 수레에 싣고 와서 세존께 받듭니다. 오직 원하옵건대 자비로서 저희들의 공양을 받아주십시오."

이때 세존께서는 구수 아난타에게 말씀하셨다.

"여약차의 궁전 안에서 소유하고 있는 여러 필추대중들을 아울러 모두 공양회(供養會)에 모이게 하고 그 가운데에서 먹도록 하라."

아난타는 말하였다.

"알겠습니다. 세존이시여."

이때 아난타는 세존의 교칙(敎勅)을 받들어 여약차의 궁전 안에 의지하고 있는 여러 필추들에게 널리 알려서 모이게 하였다. 그들이 모이는 곳에 모였으므로 세존의 처소로 나아가 두 발에 정례하고 세존께 아뢰어 말하였다.

"세존이시여. 소유한 필추들은 모두 집회당(集會堂)에 차례로 앉았습니다. 원하옵건대 성자께서는 때가 되었음을 아십시오."

세존께서는 집회당으로 나아가셨고 이르시어 필추 앞에 자리를 펴고 앉으셨다. 이때 말토라성의 신심있는 바라문과 거사들은 세존과 필추대중이 연좌한 것을 알았으며, [자세한 설명은 앞에서 같다.] 손을 씻고서 발우를 거두는 것을 마치셨다. 곧 세존의 앞에서 머무실 것을 발원하고 구하면서 이와 같이 말을 지었다.

"그 독룡과 악한 약차 등은 모두가 이미 조복되었으나 이 여약차는 항상 저희들에게 장야의 가운데에서 원수가 아닌데도 원수였고, 거스르지 않았어도 거슬렀으며, 저희들에게 태어나는 아기들을 모두 침탈하였습니다. 세존께서는 저희들을 위하여 애민함이 생겨나는 까닭으로 악한 여약차를 조복시켜 주십시오."

이때 그 약차도 이전부터 모임의 가운데에 앉아있었다. 이때 세존께서 약차에게 알려 말씀하셨다.

"그대는 이 말을 들었는가?"

아뢰어 말하였다.

"세존이시여. 이미 들었습니다."

다시 약차에게 알리셨다.

"이 말을 들었는가?"

"선서(善逝)시여. 이미 들었습니다."

또한 약차에게 알리셨다.

"이것은 법사(法事)가 아니니라. 그대는 마땅히 싫어하고 떠나야 하느니라."

약차가 세존께 아뢰었다.

"사람들이 만약 여러 사방필추(四方苾芻)[1]들을 위하여 비하라(毘訶羅)를 짓는다면 저는 마땅히 버리고 떠나서 반드시 손해를 끼치지 않겠습니다."

이때 세존께서 말토라 취락에서 신심있는 바라문과 거사들에게 알리셨다.

"그대들은 이 말을 들었습니까?"

알려 말하였다.

"이미 들었습니다. 세존이시여. 저희들이 짓겠습니다."

이때 세존께서는 여약차와 그의 500권속들을 조복시키셨다. 이때 바라문 등은 그 약차와 500권속들을 위하여 500의 비하라를 지었다. 이와 같이 점차로 지약차(池藥叉)와 임약차(林藥叉)와 가리가약차녀(訶梨迦藥叉女)를 조복시키셨다. 이때 세존께서는 대신통(大神通)을 나타내시어 마토라성(摩土羅城)의 가운데에 들어가시어 암약차녀(闇藥叉女)와 500의 권속들을 조복시키셨으므로 그 성의 사람들도 역시 필추를 위하여 500의 주처를 지었다. 이때 세존께서는 이 성의 바깥과 안에서 2,500의 약차를 조복시키셨다. 이때 이 성의 신심있는 사람 등은 역시 다시 2,500의 주처를

---

1) 사방승가(四方僧伽)를 다르게 부르는 말이다.

지었다.

이때 세존께서는 다시 오달라(鄔達羅) 취락에 이르시어 오달라 숲 안에 머무르셨다. 이때 바라문이 있어 오달라연(鄔達羅延)이라고 이름하였는데, 세존께서 그 숲 안에 머무신다는 것을 듣고 마침내 흰 말이 끄는 수레를 타고 손에는 금지팡이와 금대야를 지니고 권속들에게 둘러싸여 성에서 나와서 세존의 처소로 가고자 하였다. 수레가 다닐 곳에서는 수레를 탔고 만약 다닐 수 없다면 곧 걸어서 나아갔으며, 마침내 세존의 처소에 이르렀다. 묘한 말로 세존께 위문(慰問)하고 물러나 한쪽에 앉았다. 오달라연 바라문 대장자(大長者)가 세존께 아뢰어 말하였다.

“세존이시여. 저에게 지금 작은 문답이 있습니다. 원하건대 세존께서는 허락하여 주십시오.”

세존께서 알려 말씀하셨다.

“바라문이여. 그대 마음대로 물으시오.”

이때 바라문이 아뢰어 말하였다.

“교답마시여. 이 5근(根)은 여러 종류의 경계에서 각각 본래의 경계를 취하고 다른 경계를 취하지 않습니다. 이를테면, 안근(眼根)·이근(耳根)·비근(鼻根)·설근(舌根)·신근(身根)은 무슨 계처(界處)를 섭수하고 무엇을 의지합니까?”

세존께서 말씀하셨다.

“바라문이여. 이 5근의 여러 종류의 계처(界處)는 각자 본래의 경계를 취하고 다른 경계는 취하지 않느니라. 이를테면, 안계(眼界)와 나아가 신계(身界)의 이 여러 근(根)은 의(意)로써 능히 섭수하고, 이 5근은 의로써 의지처(依止處)라고 하느니라.”

바라문이 말하였다.

“의(意)는 다시 무엇으로써 의지합니까?”

세존께서 말씀하셨다.

“염(念)으로써 의지하오.”

바라문이 말하였다.

"염은 무엇으로써 의지합니까?"

세존께서 말씀하셨다.

"사념처(四念處)로써 의지하오."

또한 물었다.

"사념처는 무엇으로써 의지합니까?"

세존께서 말씀하셨다.

"칠각지(七覺支)로써 의지하오."

또한 물었다.

"칠각지는 무엇으로써 의지합니까?"

세존께서 말씀하셨다.

"명해탈(明解脫)로써 의지하오."

또한 물었다.

"명해탈은 무엇으로써 의지합니까?"

세존께서 말씀하셨다.

"열반(涅槃)으로써 의지하오."

또한 물었다.

"열반은 무엇으로써 의지합니까?"

세존께서 말씀하셨다.

"바라문이여. 그대가 지금 물은 것은 이 일이 심원(深遠)하여 그대는 그 열반의 끝에 이를 수 없소. 나는 지금 닦은 범행(梵行)으로 바르게 고(苦)를 끊은 까닭으로 모든 고제(古際)를 마친 것이오."

이때 오달라연 대장자는 세존의 말씀을 듣고 마음에 환희가 생겨나서 자리에서 일어나 세존께 하직하고 떠나갔다. 이때 그 장자는 이렇게 생각을 지었다.

'어떻게 해야 그에게 능히 손해를 짓겠는가?'

그 장자는 이전에 어느 사람이 음식으로써 세존과 성문 대중에게 공양하고 곧바로 발원하여 마음에서 구하는 것을 모두 얻었다는 것을 듣고 이렇게 생각을 지었다. 세존의 처소로 돌아와서 의복을 정리하고 합장하고서 정례하며 곧 아뢰어 말하였다.

"오직 원하옵건대 세존과 필추 대중은 내일 아침에 저의 집에 오시어 공양하십시오." [자세한 설명은 앞에서와 같다.]

이때 장자는 세존께서 공양을 마치시고 손을 씻으셨으며 발우를 거두신 것을 알고서 세존의 앞에 곧 작은 자리를 취하여 앉고서 곧 생각으로 악하게 발원하였다.

'이 사문 무리와 교답마와 여러 제자는 나의 밥을 먹고서 나와 함께 소가 되게 하십시오.'

그때 세존께서는 오달라연의 마음속 생각을 아시고서 곧 알려 말씀하셨다.

"바라문이여. 그대는 마음에서 법을 어겼으므로 결국 성취할 수 없느니라. 이 여러 필추들은 이미 후유(後有)를 마쳤느니라. 그대는 지금 다시 다른 발원을 하도록 하라."

이때 세존께서는 축원을 베풀어 말씀하시고 자리에서 일어나 떠나가시어 본래의 주처로 돌아오셨고, 필추들의 앞에 자리를 펴고 앉으시어 여러 필추들에게 알려 말씀하셨다.

"그 오달라연이 삿되게 발원을 구하면서 악한 마음이 생겨났느니라. 그대들은 음식을 먹었으므로 마땅히 빠르게 과거 세존들의 가타를 설하여 그 삿된 발원이 성취되지 못하게 하라."

이때 여러 필추들은 가타를 설하여 마쳤다. 이때 세존께서는 밤이 이미 지나고서 맑은 아침이 되었으므로 오타연(鄔陀延) 마을에 들어가시어 걸식하셨으며 시자인 구수 아난타가 세존의 좌우에서 함께 하였다. 그 취락 가운데에는 한 노모(老母)가 있어 가전라(迦戰羅)라고 이름하였는데, 물을 긷기 위하여 우물가로 가고 있었다. 세존께서는 그녀가 조복될 때가 이르렀음을 보시었고 구수 아난타에게 말씀하셨다.

"그대는 지금 그 노모가 있는 곳으로 나아가서 알려 말하게. '세존께서 물이 필요하시므로 그대가 가지고 받드십시오.'"

대답하여 말하였다.

"성자여. 내가 지금 물을 받들겠습니다."

이때 그 노모는 물이 가득한 병을 들고 빠르게 세존께 가면서 그 여래께서 32상(相)과 80종호(種好)를 갖추셨고, 광명이 밝게 빛남이 일천의 해보다도 밝아서 오히려 보배산이 다니는 것과 같음을 보았다. 이때 그 노모는 세존을 보고 곧 공경심이 생겨나서 아들을 사랑하는 것과 같아서 곧바로 손을 들어서 세존을 껴안고자 하면서 외치며 말하였다.

"아들아! 아들아!"

여러 필추는 곧 앞을 가로막고 세존을 껴안지 못하게 하였으므로 세존께서 필추들에게 알리셨다.

"그대들은 이 노모를 막을 필요가 없느니라. 무슨 까닭인가? 이 노모는 이미 일찍부터 500생(生) 가운데에서 나의 어머니였으므로 만약 내 몸을 껴안지 못한다면 곧 뜨거운 피를 토할 것이니라."

세존께서는 그녀가 마음에 아들이라는 생각이 생겨난 것을 보시고 이러한 은애(恩愛)를 생각하셨으며 자비와 연민의 마음이 생겨나서 곧바로 목덜미를 끌어안게 하셨다. 그녀는 이미 껴안고서 환희심이 생겨나서 세존의 설법을 들었다. 그때 세존께서는 그녀의 근성을 아시고 근기에 맞게 연설하시어 사성제의 이치를 증득하도록 하셨다. 노모는 법을 듣고서 금강의 지혜 방망이로써 20살가야견의 번뇌의 산봉우리를 꺾어 무너뜨리고 예류과를 증득하였으며, 견제의 이치를 얻고서 곧 이렇게 말을 지었다.

"이것은 우리 세존께서 이와 같이 수승하고 이롭게 하시는 것은 부모와 형제 및 모든 천인이 능히 지어줄 수 있는 것이 아니며, [자세한 설명은 앞에서와 같다.] 무시의 마음부터 이래로 쌓아왔던 20살가야견의 산을 저는 이미 금강의 지혜로써 꺾어 무너트리고 예류과를 증득하였습니다."

다시 게송으로 설하여 말하였다.

선한 아들이 마땅히 지을 것은
자애로운 어머니의 은혜를 갚는 것이라고 말하는데
나는 지금 세존의 광명을 받았으므로

마땅히 열반의 길로 나아가리라.

옳도다. 희유한 일이여.
영원히 삼악취(三惡趣)를 초월하였으니
나는 지금 작은 공덕을 사용하여
근심이 없는 곳에 빠르게 이르렀다네.

이렇게 말하고서 세존의 발에 정례하고서 받들어 하직하고 떠나갔다. 그녀는 다른 때에 남편이 출가를 허락하였으므로 세존의 처소로 나아가서 두 발에 정례하고 세존께 아뢰어 말하였다.

"오직 원하옵건대 세존께서는 제가 선설하는 법과 율의 가운데에 출가하여 근원(近圓) 받고 필추니성(苾芻尼性)을 이루고 세존의 처소에서 여러 범행을 닦는 것을 허락하십시오."

이때 세존께서는 대세주(大世主) 필추니에게 부촉(付囑)하셨다. 이때 대세주는 그녀를 출가시켰고 근원을 주었으며 법요로써 보여주었으므로 부지런한 마음으로 수학하여 여러 번뇌를 끊고 아라한과를 증득하였으며, [자세한 설명은 앞에서와 같다.] 천인(天人)이 공양하였다. 이때 세존께서는 여러 필추니들에게 법요를 간략하게 설하여 마치시고서 방에 들어가시어 연좌하셨다. 이때 전가라(戰迦羅) 필추니는 들었던 법요를 다른 필추니들을 위하여 널리 설하였다. 이때 세존께서는 여러 필추들에게 알리셨다.

"이 전가라는 나의 필추니 성문 대중의 가운데에서 경법(經法)을 분석(分析)하는 것에 제일이니라."

그때 여러 필추들은 모두가 의혹이 생겨나서 의혹을 끊으려는 까닭으로 세존께 물었다.

"그 전가라 필추니는 일찍이 무슨 업을 지어 늙어서 출가하였고, 다시 무슨 인연으로 가난하고 비천한 몸을 받아서 최후생에 임신하지 못하였으며, 다시 출가하여 아라한과를 증득하였고, 설법하는 가운데에서 어떻게 최고로 수승합니까?"

세존께서는 여러 필추에게 알리셨다.

"이 전가라 필추니는 이전에 백업(白業)을 지었던 까닭으로 자량(資糧)이 쌓이고 모였으며 나아가 과보를 스스로 받은 것이니라. 필추들이여. 마땅히 알라. 내가 지나간 옛날에 보살도를 행할 때에 그녀는 일찍이 나의 어머니가 되었고 그 업을 까닭으로 늙어서 출가한 것이니라. 내가 옛날에 보살도를 행할 때에 모친이 장애가 되었는데 전가라가 선업을 짓지 않았던 까닭이니라.

마야부인(摩耶夫人)은 항상 좋은 업을 지었으나 전가라는 낙태시켰던 까닭이니라. 가섭불(迦葉佛) 때에 식차마나(式叉摩那)와 유학의 필추니 및 무학의 필추니들을 여노비라고 꾸짖고 욕하였으므로 이 업을 까닭으로 여노비의 몸이 된 것이니라. 가섭불 때에 출가하여 독송하였고, 또한 세존의 설법을 듣고 오온을 선교(善巧)하였으며, 계(界)·처(處)·연기(緣起)와 처(處)·비처(非處)에 선교하였으므로, 나의 가르침의 가운데에 출가하여 일체의 번뇌를 끊고 무학과를 얻은 것이니라.

오파타야이신 필추니는 그 가섭파불(迦葉婆佛) 정등각의 법 가운데 출가하여 능히 널리 분별하여 설법하는 사람의 가운데에서 제일이었다. 그때 전가라 필추니는 임종할 때에 '저는 가섭파불의 법 가운데에서 범행을 지키고 닦았으며 경전을 찬탄하고 독송을 하였으나 과(果)를 증득하지 못하였습니다. 지금 가섭파불께서는 오달라(鄔達羅) 마납파에게 아뇩다라삼먁삼보리(阿耨多羅三藐三菩提)로 <그대는 미래의 세상에 인간의 수명이 100세일 때에 등정각(等正覺)을 이루고 석가모니라고 이름할 것이다.>라고 수기하셨습니다. 원하건대 나의 선근으로 그 석가여래의 법 가운데에 출가하여 지금의 오파타야와 같이 설법하는 사람 가운데에서 제일이 되게 하십시오.'라고 이렇게 발원하며 말하였느니라. 그 발원을 까닭으로 지금의 이 필추니는 나의 법 가운데에서 설법제일이 된 것이니라.

필추들이여. 마땅히 알라. 흑·흑업은 마땅히 흑·흑의 보(報)를 얻으며, 나아가 그대들 필추는 마땅히 백·백업을 닦을지니라. 마땅히 이와 같이 배울지니라."

이때 세존께서는 아난타에게 알려 말씀하셨다.

"그대는 나를 따라서 폐라(吠羅) 마을로 가세."

아난타가 말하였다.

"알겠습니다. 세존이시여."

이때 세존께서는 아난타와 함께 떠나셨고 나아가 한 동산의 가운데에 이르셨다. 이때 바라문이 있어 물을 길어다가 동산에 뿌리고 있었다. 그 바라문은 멀리서 세존을 보고 곧 이렇게 생각을 지었다.

'만약 교답마 사문이 이 동산에 들어온다면 이 우물의 물을 더럽힐 것이다.'

곧 두레박과 줄을 감추고서 서서 머물렀다. 이때 세존께서는 신통력으로서 그 동산에 들어가셨다. 이때 반지가(半之迦) 약차 대장이 있어 마침내 그 우물의 곁에서 물을 동산의 가운데로 흐르게 하였다. 이때 바라문이 이와 같이 생각을 지었다.

'이 교답마 사문은 큰 위력(威力)이 있어서 능히 우물의 물이 솟아 넘쳐서 흐르게 할 수 있구나.'

이렇게 생각을 짓고 곧 신심이 생겨나서 이렇게 말을 지었다.

"교답마시여. 어서 오십시오. 이것은 두레박이고 이것은 두레박줄이므로 뜻에 따라서 물을 취하십시오."

이때 세존께서 곧 게송으로 설하여 말씀하셨다.

여러 곳에 모두 물이 있는데
우물의 물이 무슨 소용이 있으리오.
이 갈애(渴愛)의 생각을 끊는다면
다시 거듭 무엇을 구하겠는가!

이때 그 바라문은 세존께 아뢰어 말하였다.

"오직 원하옵건대 세존이시여. 제가 선설하는 법과 율의 가운데에 출가하여 근원을 받고 필추성을 얻는 것을 허락하십시오."

[자세한 설명은 앞에서와 같다.]
“잘 왔느니라. 필추여.”
곧 출가가 이루어졌고 게송으로 말하였다.

세존께서 잘 왔다고 명하시니
머리카락이 떨어지고 옷과 발우는 갖추어졌으며
여러 근(根)이 모두 적정(寂定)하고
뜻에 따라서 모두가 이루어졌네.

그 필추는 책려(策勵)하고 부지런히 닦아서 여러 번뇌를 끊고 아라한과를 증득하였고, 3세(世)를 싫어하여 떠났으며, [자세한 설명은 앞에서와 같다.] 나아가 제석과 범천의 여러 천인들이 공경하였다. 이때 세존께서는 용군(勇軍) 취락에서 인간세상을 유행하셨고 비란저성(鞞蘭底城)에 이르시어 연목수(練木樹) 아래에 머무르셨다. 이때 이 성안에는 바라문이 있어 화수(火授)라고 이름하였다. 왕이 되었는데 국토가 풍요롭고 백성들은 안락하였으며 기거하는 것이 충만하였다. 이때 그 왕은 세존께서 용군 취락에서 인간세상을 유행하셨고 이곳에 이르시어 연목수 아래에 계신다는 것을 듣고 곧 이렇게 생각을 지었다.

 ‘사문 교답마는 여러 큰 나라의 왕들이 공경하고 공양하며 존중하고 찬탄을 하므로 나도 역시 마땅히 공급하고 공양하여 이웃 나라에서 <화수왕은 여래께서 경계 안에 계셨는데도 역시 공양하지 않았다.>는 비난과 조롱을 당하는 것을 벗어나야겠다. 나는 지금 마땅히 세존과 필추승가를 청하여 일체의 공양구(供養具)를 갖추고 공양해야겠다.’

 이렇게 생각을 짓고서 곧바로 칙명하여 수레를 장엄하였고 성 밖으로 나가 세존의 처소로 가서 여러 종류의 좋은 말로 세존께 위문하고 곧 한쪽에 앉았다. 이때 세존께서는 곧 그 왕을 위하여 미묘한 법을 설하시어 보여주셨고 가르치셨으며 이익되고 기쁘게 하시고서 묵연히 머무르셨다. 이때 화수왕은 곧 자리에서 일어나서 오른쪽 어깨를 드러내고 오른쪽 무릎을 땅에 대고 합장하고서 세존을 향하여 아뢰어 말하였다.

“오직 원하옵건대 세존과 필추 대중은 3개월간의 우안거(雨安居)에 음식·탕약·의복·와구 등 저의 사사공양(四事供養)을 받아주십시오.”

이때 세존께서는 묵연히 그 화수왕의 청을 받아들이셨다. 이때 화수왕은 세존께서 묵연히 청을 받아들이시는 것을 보고 마음에서 크게 환희하며 자리에서 일어나 본래의 궁전에 이르렀으며 여러 신하에게 칙명하여 말하였다.

“경들은 마땅히 날마다 18종류의 밥과 여러 맛있는 음식들을 두루 준비하시오.”

다시 나라 안에도 널리 칙명하여 알렸다.

“그대들 여러 사람은 하안거 3개월 동안에 사문 교답마께 문득 공양하지 말라. 만약 문득 공양을 청한다면 마땅히 그의 목숨을 끊겠노라.”

왕은 칙명하여 알리고서 밤에 곧 잠을 잤는데 꿈속에서 하얀 장막이 궁성(宮城)을 둘러싸고 있는 것을 보았다. 꿈에서 깨어나서 놀라고 두려워서 마음에 근심과 고뇌가 생겨나서 몸의 털이 모두 곤두섰으므로 곧 누운 자리에서 빠르게 일어나 뺨을 괴고 앉아서 꿈을 사유하였다.

‘이것이 무슨 재난의 징조인가? 이 징조로 왕위를 잃거나, 혹은 마땅히 죽음에 이르는 것은 아닌가?’

이른 아침에 곧 국사(國師)에게 꿈꾼 것을 갖추어 자세히 알렸다.

“이와 같은 꿈은 나에게 어떠하오?”

그때 그 국사는 마음에서 다른 생각이 생겨났다.

‘지금 왕의 꿈은 그것이 좋은 징조이다. 내가 만약 옳게 풀어준다면 마침내 그 왕이 교답마의 처소에 공경과 공양이 두 배로 늘어날 것이다. 내가 지금 그 왕의 꿈을 나쁘게 풀어주어야겠다.’

이렇게 생각을 짓고서 왕에게 아뢰어 말하였다.

“이 꿈은 좋지 않습니다.”

왕이 국사에게 알려 말하였다.

“이 꿈이 좋은 않다면 마땅히 무슨 과보가 있겠소?”

국사가 왕에게 대답하여 말하였다.

"왕의 꿈과 같다면 반드시 왕위를 잃거나, 혹은 마땅히 죽음에 이를 것입니다."

이때 왕은 생각하였다.

'반드시 나라를 잃는 것인가? 죽음에 이르는 것인가?'

이렇게 생각을 짓고서 다시 국사에게 알려 말하였다.

"무슨 방편이 있으면 왕위를 잃지 않고 죽음에 이르지 않을 수 있겠소?"

국사가 곧 대답하여 말하였다.

"한여름 3개월을 보이지 않는 곳에 머무시면서 사람이 보지 않게 하십시오. 능히 이와 같다면 반드시 왕위도 잃지도 않고 몸도 다시 죽지 않을 것입니다."

이때 화수왕은 이러한 말을 받아들였다.

"이러한 일은 매우 쉽소. 내가 마땅히 나라 안의 모든 백성들에게 칙명하여 나를 보지 못하게 하겠소."

이렇게 말을 짓고서 모든 곳에 두루 알렸다.

"왕께서 칙명이 있으셨소. 여름 3개월간 모든 백성들은 왕을 보지 마시오. 만약에 곧 보는 자는 마땅히 그의 목숨을 끊을 것이오."

이와 같이 칙명하고서 은밀한 곳으로 들어갔다. 이때 구수 아난타가 그날 이른 아침에 화수왕의 궁전으로 나아가서 왕궁의 문에서 수문인(衛門人)을 보았는데 조용하고 한가롭게 앉아서 경비하지 않고 있었다. 보고서 물어 말하였다.

"그대들은 지금 무슨 까닭으로 한가로이 앉아서 경비하지 않는가?"

그들이 곧 대답하여 말하였다.

"성자 아난타여. 우리에게 무엇을 시키고자 합니까?"

아난타가 알려 말하였다.

"화수왕이 세존과 필추 승가께 하안거 3개월의 사사공양을 청하지 않았던가? 그대들은 지금 어찌 한가로이 앉아서 음식도 준비하지 않고, 자리와 평상도 설치하지 않아서 세존과 승가에게 하루 동안을 굶게 하는가?"

이때 그 수문인은 알려 말하였다.

"성자여. 왕께서 비록 그 500명의 공양을 준비하라고 칙명하며 알리셨으나 누구를 위한 것이라고는 말씀하지 않으셨습니다."

아난타가 알려 말하였다.

"그대가 가서 아뢰도록 하시오."

그가 곧 대답하여 말하였다.

"성자 아난타여. 왕께서 널리 알리셨습니다. '여름 3개월 동안에 사람들이 보지 못하게 하고, 만약 곧 보는 자는 마땅히 그 목숨을 끊어라.' 저희들이 마땅히 두 개의 머리가 있다고 감히 왕께 아뢰겠습니까?"

이때 아난타는 이러한 말을 듣고 세존의 처소로 나아가서 앞의 일을 갖추어 자세히 말하였다. 세존께서 아난타에게 알리셨다.

"그대는 지금 마땅히 승가지(僧伽胝)를 입고 한 명의 시자를 데리고 큰 성의 가운데와 시장의 골목과 마을의 골목과 큰 네거리의 가운데로 가서 이와 같이 알리게. '누가 신심이 있어 3개월에 능히 세존과 필추 승가께 음식과 탕약을 공급하겠다면 지금이 곧 그때입니다.'"

이때 성자는 세존의 가르침을 듣고 곧바로 가서 앞에서와 같이 자세히 갖추어 알렸다. 성안에 있는 장자와 바라문들은 이와 같이 말을 지었다.

"성자 아난타여. 우리는 각자가 혼자라도 능히 세존과 상수인 성문 승가께 3개월에 음식을 공급하고 사사공양이 부족함이 없게 할 수 있습니다. 다만 왕의 엄숙한 칙명을 인연으로 3개월은 나라 안의 백성들이 곧 상수인 세존과 필추 승가께 받들어 보시하는 것이 금지되었습니다. 만약 어기는 자는 죄가 죽음에 이를 것이라고 이와 같이 널리 알려졌으므로 결국 할 수 없습니다."

이때 상주(商主)가 있어 500마리의 말을 데리고 북방으로부터 왔고, 이 성에 이르렀으며 이와 같이 생각을 지었다.

'지금은 우기이다. 만약 내가 나아간다면 진흙에서 많은 말들이 말굽에 구멍이 뚫리는 것이 두렵구나. 3개월을 곧 이곳에서 머물러야겠다.'

스스로가 지혜로운 말을 타고서 매일 보리 두 되를 요리하여 말에게 주었고 한 되가 남았으나 상주도 역시 왕이 엄명을 있었던 것을 들었다. 이때 아난타가 상주에게 나아가서 설법하였다. 그는 곧 이렇게 생각을 지었다.

'나는 이 왕의 경계에 오래도록 머무르지 않아야겠다.'

생각하고서 알려 말하였다.

"성자 아난타여. 스스로가 지혜로운 말을 타고서 매일 대맥(大麥) 두 되를 요리하여 공급하고서 한 되가 남습니다. 세존께서 능히 이러한 보리를 드실 수 있다면 매일 세존께 두 되를 받들고 나머지 필추들에게 각각 한 되를 드리겠습니다."

이때 아난타가 상주의 청을 듣고 세존의 처소로 나아가서 앞의 일을 갖추어 자세히 말하였다. 세존께서는 이렇게 생각을 지으셨다.

'내가 스스로 지은 업을 되돌려서 마땅히 스스로가 받는 것이고, [자세한 설명은 다른 곳에서 설하신 것과 같다.] 나아가 외계(外界)에서 받는 것이 아니다.'

나아가 곧 게송으로 말씀하셨다.

가령 백겁이 지나더라도
지은 업은 없어지지 않으며
인연이 모여 만나는 때에
과보가 돌아와서 스스로 받는다네.

이때 세존께서는 이렇게 게송을 설하시고서 구수 아난타에게 알려 말씀하셨다.

"그대는 지금 필추대중의 가운데에 가서 차례로 주(籌)[2]를 행하면서 이와 같이 알려 말하게. '만약 능히 세존과 함께 이곳에 머물러 있으면서

---

2) 범어 Salākā의 한역으로 승가에서 갈마를 행하면서 서로의 견해가 다를 때에 숫자를 계산하고자 각자 제비를 뽑아서 의사를 결정하는 것을 가리킨다.

3개월을 말의 보리를 먹겠다면 이 제비를 수용하십시오.'"

이때 성자가 세존의 가르침을 받들어 곧 가서 주를 행하였다. 세존께서는 교주(敎主)로 먼저 하나의 주를 수용하셨고 498명의 필추는 각각 그 주를 수용하였다. 그때 구수 사리불(舍利弗)이 세존께 아뢰어 말하였다.

"저는 풍질(風疾)이 많아서 3개월을 능히 보리를 먹을 수 없습니다."

구수 목련(目連)이 세존께 아뢰어 말하였다.

"저는 존자를 간병하고 있으므로 역시 마땅히 따라서 떠나겠습니다."

세존께서는 498명의 필추와 함께 이곳에서 하안거를 하셨고 구수 사리불과 목련은 삼봉산(三峰山)으로 나아가서 안거하였다. 이때 천제석이 와서 두 존자께 3개월의 공양을 청하였고 그 공급을 수용하였다. 이때 상주는 곧 말의 보리를 매일 세존께 두 되를 받들었고, 여러 남은 필추들에게 각자 한 되를 드렸다. 세존께서 아난타에게 알리셨다.

"그대가 나를 위하여 이 보리를 요리하게."

이때 아난타는 곧바로 보리를 가지고 취락으로 나아갔고, 한 노모가 있는 곳에 이르러 알려 말하였다.

"자매여. 세존을 위하여 이 보리를 요리하여 주십시오."

노모가 알려 말하였다.

"성자여. 나는 늙고 쇠약해서 요리할 힘이 없습니다. 그러나 이웃에는 젊은 여인이 있으며 그녀는 능히 요리를 할 수 있습니다."

아난타가 다시 그 여인의 처소로 가서 알려 말하였다.

"자매여. 능히 세존을 위하여 이 보리를 요리할 수 있겠습니까?"

여인이 알려 말하였다.

"성자여. 만약 능히 나에게 이 보리를 요리하는 동안에 내가 묻고 대답하는 것을 허락하신다면 제가 곧 요리하겠습니다."

아난타는 말하였다.

"알겠습니다."

그녀는 요리를 준비하였다. 곧 소녀가 아난타에게 물어 말하였다.

"성자여. 세존이라는 이름은 무슨 뜻입니까?"

이때 아난타가 곧 이렇게 생각을 지었다.

'세존이라는 뜻은 깊고 깊어서 이해하기 어렵고 헤아리기가 어려운 것이므로 내가 만약 드러내고자 하더라도 반드시 능히 명료하게 할 수 없다. 내가 지금 먼저 전륜왕의 일을 널리 알려야겠다.'

알려 말하였다.

"자매여. 만약 세간에 전륜성왕이 출현한다면 일곱 종류의 보배가 따라서 나타나는 것입니다. 무엇이 일곱 종류인가? 이를테면, 윤보(輪寶)·상보(象寶)·마보(馬寶)·주보(珠寶)·여보(女寶)·주장신보(主藏臣寶)·주병장보(主兵將寶) 등입니다. 그 윤보(輪寶) 등은 어찌하여 세상에 출현하는 것인가? 만약 찰제리로 관정(灌頂)한 전륜성왕이 15일에 목욕하고 청정하게 여러 신하들과 함께 높은 누각 위에 오르면 동쪽으로부터 윤보가 나타나는데, 일천 개의 바퀴살과 바퀴통과 바퀴테가 모두 원만하게 갖추어지고 천금(天金)의 색깔이 자연히 이루어지는 것입니다. 왕은 보고 이렇게 생각을 지을 것입니다.

'내가 일찍이 들으니 만약 찰제리의 관정대왕이 15일에 목욕하고 청정하게 높은 누각 위에 올라갔는데 바퀴가 나타나는 것이 있다면 반드시 전륜성왕을 성취할 수 있다. 내가 지금 그 들은 것을 시험해야겠다.' 곧 자리에서 일어나 무릎을 땅에 붙이고 오른손으로는 바퀴를 받들어 왼손 바닥으로 누르고, 왼손으로 받들어 취하면서 오른손 바닥으로 가운데를 누르고서 왕이 곧 발원합니다. '수승하고 묘한 윤보(輪寶)가 이전의 과거에 전륜성왕의 처소에서 행한 일과 같이 나타나서 보여주는 것을 원합니다.'

왕은 윤보와 사병(四兵)과 함께 곧 허공에 올라가서 이전의 전륜성왕 처소에서 행한 것과 같이 바퀴가 머무르는 곳에 왕도 역시 따라서 머무릅니다. 이때 동쪽의 8만4천의 여러 작은 나라의 왕들이 함께 전륜왕의 처소에 나아가서 아뢰어 말합니다.

"잘 오셨습니다. 대천(大天)이시여. 이 왕국은 백성들이 치성하고 안은하며 풍요롭습니다. 오직 원하건대 천왕(天王)께서는 이곳에 편안히 머무십시오.”

신하들이 모시고 호위하면 전륜왕이 칙명하여 말합니다.

“경들은 각자 마땅히 정법으로 세상을 교화하여 비법(非法)이 있는 자와 함께 머물지 마시오. 만약 이와 같은 자라면 나를 모시고 호위하시오.”

이때 윤보는 동쪽부터 나아가 바다 끝에까지 모두를 항복시키고 남쪽과 서쪽과 북쪽에서도 역시 다시 이와 같습니다. 윤보법(輪寶法)에 의지하여 허공에 올라가서 두루 다니면서 교화하고는 되돌아서 왕궁의 왕전(王殿) 앞에 머뭅니다. 자매여. 전륜왕이 세간에 출현한다면 이와 같이 윤보는 반드시 마땅하게 나타나는 것입니다.

상보(象寶)라고 말하는 것은 연꽃의 색깔이고, 칠지(七支)가 원만하게 갖추어져 있으며, 형체가 아름답고 살찌고 크며 용건하여 매우 애락(愛樂)한 것입니다. 왕이 만약 본다면 환희(歡悅)가 생겨나서 이와 같이 말합니다.

“상보(象寶)가 좋고 뛰어나구나.”

코끼리 조련사를 불러 말합니다.

“이 뛰어난 코끼리를 마땅히 빠르고 좋게 조련시켜 잘 조련되면 나의 처소로 보내도록 하라.”

알려 말합니다.

“왕의 칙명과 같이 가르치겠습니다.”

단 하루에 마땅히 조련을 받아야 하는 것을 모두 조련시킬 수 있는데, 이 상보(象寶)는 그 성품이 좋고 뛰어나 능히 조련법에 따르는 것이 100살의 코끼리가 조련받는 것과 같습니다. 코끼리가 조련된 것을 보고 곧 데리고 왕에게 받들면서 아뢰어 말합니다.

“대왕이시여. 상보가 잘 조련되었습니다. 왕께서는 스스로가 때임을 아십시오.”

왕이 코끼리를 시험하고자 하루의 해가 처음 뜨는 때에 코끼리를 타고 궁전을 나와서 사천하를 두루 주유하며 식사 때에 본래의 궁전으로 돌아와서 음식을 먹습니다. 자매여. 전륜왕이 세간에 출현한다면 이와 같은 상보가 곧 세상에 나타나는 것입니다.

마보(馬寶)라고 말하는 것은 감청색(紺靑色)이고 머리는 검으며 광채가 있고 형상이 단정하여 애락(愛樂)한 것입니다. 만약 왕이 그것을 본다면 마음에서 크게 환희하여 이 마보에게 크게 훌륭한 모습을 갖추게 하고, 말의 조련사를 불러 빠르게 조복시키게 합니다. 곧 왕명에 의지하여 말의 조련법으로써 하루 안에 모두 가르칠 수 있으며, 또한 [앞에서 말한 것과 같습니다.] 잘 조련하는 것이 끝나면 끌고 가서 아뢰어 말합니다.

"대왕이시여. 마보(馬寶)가 조련되었습니다. 원하건대 왕께서는 때를 아십시오."

왕은 말을 시험하고자 해가 처음으로 뜨는 때에 역시 마보를 타고 사천하를 두루 주유하며, [자세한 설명은 앞에서와 같습니다.] 자매여. 전륜왕이 세간에 출현한다면 이와 같은 마보는 곧 세상에 나타나는 것입니다.

주보(珠寶)라고 말하는 것은 이와 같은 모양과 색깔을 갖추고 있고, 8각(角)이 구족되었으며, 감유리색(紺琉璃色)으로 청정하고 선명하며 광명이 밝게 빛나서 여러 으슥함과 어둠을 깨뜨립니다. 자매여. 그 주보는 이와 같은 공덕이 있는 것이고 전륜왕이 세간에 출현한다면 곧 세상에 나타나는 것입니다.

여보(女寶)라고 말하는 것은 모습과 위의가 단정하고, 용모가 초절하며, 희지도 않고 검지도 않으며, 노랗지도 않고 붉지도 않으며, 크지도 않고 작지도 않으며, 거칠지도 않고 미세하지도 않으며, 몸의 여러 털구멍에서는 전단향의 향기가 나오고, 입의 기운은 향기롭고 깨끗하며, 청련화(靑蓮花)와 같고, 추운 때에 만지면 곧 따뜻해지고 더운 때에 만지면 곧 시원해지는 것입니다."

이때 구수 아난타는 전륜왕의 칠보를 설명하여 여보에 이르렀을 때에 그 여인은 보리의 요리를 마치고서 곧바로 아난타에게 정례하고서 합장하고 발원하였다.

"원하건대 저는 이러한 복업을 까닭으로 마땅히 전륜왕의 여보가 되게 하십시오."

이때 아난타는 음식을 가지고 세존의 처소에 이르렀다. 모든 불·세존께서는 완전히 깨닫지 못함이 없으신 것이다. 아시면서도 일부러 묻고자 세존께서는 아난타에게 알려 말씀하셨다.

"누가 이 보리를 요리하였는가?"

아난타는 아뢰어 말하였다.

"대덕이신 세존이시여. 한 바라문의 여인이 있습니다."

세존께서 다시 물어 말씀하셨다.

"그대는 그 여인과 무슨 말을 하였는가?"

아뢰어 말하였다.

"함께 말을 하였습니다."

세존께서 아난타에게 알리셨다.

"그대가 그 여인과 얘기한 말을 나를 위하여 말해 보게."

아난타는 가르침을 받들어 갖추어 자세히 말하였다. 세존께서는 다시 아난타에게 알려 말씀하셨다.

"무슨 까닭으로 세존의 덕을 드러내어 말하지 않고 전륜왕의 일을 말하였는가?"

아뢰어 말하였다.

"대덕이시여. 저는 이렇게 생각을 지었습니다. '세존의 덕은 깊고 깊어서 이 여인이 능히 이해하지 못하는 것이 두렵구나.' 이러한 까닭으로 그 여인에게 전륜왕의 일을 말해주었습니다."

세존께서 말씀하셨다.

"아난타여. 그대의 과실이니라. 그 여인을 위하여 세존의 덕을 말하였다면 그 여인은 세존의 공덕을 듣고 반드시 무상정등각심(無上正等覺心)을 일으키고 물러서지 않았을 것이다. 그러나 그 여인은 이러한 원력을 까닭으로 반드시 마땅하게 전륜왕의 여보가 될 것이다."

이때 멀고 가까이에 있는 사람들이 모두 바라문 여인이 세존께 보리를 요리해 드리고서 마땅히 전륜성왕의 여보가 될 것이라는 세존의 수기(授記)를 받았다는 말을 들었다. 이때 마침내 500의 여인들이 있어 필추의 처소에 보리의 요리를 가지고 와서 함께 서원(誓願)하였다.

"만약 그 여인이 전륜왕의 여보(女寶)가 되는 때이라면 우리들도 함께 그녀의 시위(侍衛)가 되겠습니다."

이때 세존께서 말의 보리를 드시고자 하셨으므로 구수 아난타는 슬프게 울었다.

"세존께서 유행하시는 곳에서는 국왕이 수승하고 귀하게 생각하여 세존의 발모양의 흙까지도 가지고서 머리에 받들었고, 삼대겁(三大劫)에 여러 선품(善品)을 닦으셨는데, 어찌하여 이 성안에서는 이러한 거친 보리를 드시는가?"

이때 세존께서 구수 아난타에게 알려 말씀하셨다.

"그대는 지금 무슨 까닭으로 슬프게 울며 눈물을 흘리는가?"

아뢰어 말하였다.

"대덕이신 세존이시여. 왕궁에 태어나셨으므로 전륜왕위를 받으시고 사천하(四天下)의 왕이 합당한데, 국왕의 영화로움을 버리시고 출가하셨으며, 삼무수대겁(三無數大劫)을 지내오시면서 널리 머리·눈·손·발을 보시하시어 일체의 지혜를 구족하셨고, 널리 인간과 천인의 수승하고 묘한 공양을 받으시는데, 어찌하여 지금은 말이 먹는 보리를 드시고자 하십니까?"

세존께서 말씀하셨다.

"아난타여. 그대는 지금 능히 여래의 어금니 가운데에 있는 한 알의 보리를 먹을 수 있겠는가?"

아뢰어 말하였다.

"먹을 수 있습니다."

세존께서는 어금니 가운데에서 한 알의 보리를 취하여 아난타에게 주셨다. 곧바로 씹어 먹었으므로 세존께서 아난타에게 물으셨다.

"그대는 일찍이 이와 같은 감미(甘味)의 음식을 먹어 보았는가?"

대답하여 말하였다.

"대덕이신 세존이시여. 저는 비록 전륜왕의 종족 안에서 태어났으나 능히 스스로가 음식을 먹었던 이래로 입에서 이와 같이 맛있는 음식을 먹어 보지 못하였습니다.”

세존께서 말씀하셨다.

“아난타여. 여래가 일반적으로 입으로 먹는 음식은 감미로워 모든 맛의 가운데에서 수승하느니라.”

이때 멀고 가까이에 있는 여러 이웃 나라의 왕들은 모두가 그 화수왕(火授王)이 불·세존과 필추대중께 3개월의 안거를 청하였으나, 곧 스스로 은밀한 궁전에 들어가서 나타나지도 않았고, 공양하지도 않아서 세존께서 말의 보리를 드신다는 소식을 들었다. 이것을 듣고 사신을 보내어 화수왕에게 알렸으나 그 사신들은 이곳에 들어가 보는 것을 허락받지 못하여 문 앞에 머물렀다. 이때 급고독장자가 이 일을 듣고서 500대의 수레에 각각 정묘(精妙)한 좋은 쌀을 싣고 밀봉하여 세존의 처소로 보냈다. 이때 악마(惡魔)는 생각을 지었다.

‘나는 이미 여러 종류로 사문 교답마를 괴롭히고자 하였으나 그것을 곧 하지 못하였다. 다시 마땅히 괴롭히고자 한다면 지금이 바로 그때이구나.’

이렇게 생각을 짓고서 곧 변신하였고 아난타의 형상이 되어 500대의 수레가 있는 곳으로 가서 알려 말하였다.

“여러분들은 어디로 떠나십니까?”

대답하여 말하였다.

“성자 아난타여. 우리들은 화수왕이 세존과 승가를 3개월의 안거를 청하고서 공양하지 않아서 세존과 승가께서 말의 보리를 드신다고 들었습니다. 이것을 까닭으로 급고독장자가 이 쌀을 가져다가 세존께 봉헌(奉獻)하는 것입니다.”

악마가 말하였다.

“천룡(天龍)과 약차(藥叉)가 세존을 공경하고 존중하므로 발우를 위로 들어 올리시면 삼십삼천이 정묘하고 향기가 있는 음식을 발우 안에 넣어드립니다. 무슨 까닭으로 세존께서 말의 보리를 드시겠습니까? 마땅히 빠르게 되돌아가십시오.”

여러 사람들은 대답하여 말하였다.

“우리는 이미 떠났으므로 세존의 처소로 갈 것이고 되돌아가지 않겠습니다.”

악마는 다시 생각을 지었다.

‘이 여러 사람들은 나의 가르침을 받아들이지 않으므로 방편을 지어야겠다.’

곧 허공으로 올라가서 큰 비바람을 일으켜서 수레바퀴의 굴대에까지 내리게 하였으므로 그 쌀을 실은 수레의 절반이나 진흙탕에 빠졌다. 마부들은 수레에서 소를 풀어주었고 인연을 따라서 떠나갔다. 이때 세존께서는 필추승가와 함께 말의 보리를 드셨고, 존자 사리불과 대목건련은 삼봉산(三峰山)에 머물면서 천인의 공양을 받았다. 그 말의 상주(商主)는 3개월이 이미 지나자 세존께 와서 청하였다.

“오직 원하옵건대 애민하게 생각하시어 필추승가와 함께 저의 작은 공양을 받아주십시오.”

세존께서 묵연히 그 청을 받아들이셨다. 상주는 세존께서 받아들이신 것을 알고 그 밤에 여러 종류의 정묘한 음식을 준비하였고, [자세한 설명은 다른 곳에서 말한 것과 같다.] 나아가 공양을 마치시고 발우를 걷으셨으며, 손을 씻으셨다. 세존의 발 아래에 몸을 엎드려서 서원을 일으켰다.

“소유한 선근으로 바라건대 저는 마땅히 내세에는 전륜왕이 되고, 그 탔던 지혜로운 말은 마땅히 태자가 되며, 500마리의 말은 저의 아들이 되고, 세존께서 수기하신 여인은 저의 여보가 되며, 나머지 500의 여인들은 저의 궁전의 채녀가 되게 하십시오.”

이때 세존께서는 이미 그의 생각을 아시고 알려 말씀하셨다.

“상주여. 그대가 지금 발원하는 것은 마땅히 내세에 반드시 성취될 것이오.”

근본설일체유부비나야약사 제11권

삼장법사 의정 한역

석보운 번역

이때 화수대왕(火授大王)은 깊은 궁전 안에 있었는데 드문 상서로운 일을 보았다. 이때 아난타는 궁전의 문 앞에 이르러 수문인에게 알려 말하였다.

"당신은 지금 나를 위하여 왕에게 알려서 알게 하시오. '구수 아난타가 지금 문 앞에 있으면서 대왕을 보고자 합니다.'"

이때 수문인은 곧 왕에게 아뢰었다.

"대왕께서는 마땅히 아십시오. 성자 아난타가 문 앞에 서 있으면서 대왕을 보고자 합니다."

왕이 말하였다.

"내가 지금 생각하면 복이 있는 상서로운 일을 보았는데, 아난타 필추는 크게 존귀한 호족의 수승한 사람이므로 이 자가 곧 복이 있는 상서이구나. 좋은 명성이 있고 좋은 용모를 갖추었으며 좋은 색상(色相)이 있고 하는 말이 모두 좋고 여러 선품을 닦았으므로 굽히고 궁전에 들어오게 할 것이다. 누가 감히 머무르는 것을 어렵게 하겠는가?"

그 수문인은 이미 왕명을 받들어 아난타에게 알려 말하였다.

"왕께서 뜻을 굽히시고 궁전에 들어오시는 것을 허락하셨습니다."

그때 사방국가의 사신들도 역시 함께 들어갔다. 이때 아난타는 왕에게 "병이 없으십시오."라고 알리고 한쪽에 앉아서 화수왕에게 알려 말하였다.

"세존께서는 대왕께 보내어 위문을 전하시고 3개월을 왕의 경계 안에서 하안거를 마치셨으므로 떠나가시고자 대왕께 알려서 알게 하셨습니다."

왕이 말하였다.

"아난타여. 제가 지금 세존의 위덕에 정례합니다. 한 하안거를 지내시면서 기거는 편안하셨고 음식은 풍족하셨습니까?"

이때 여러 나라의 사신들이 함께 왕에게 알려 말하였다.

"왕께서는 매우 도(道)가 없으십니다. 이미 세존과 성문 승가께 공양을 베풀고자 청하시고 3개월을 스스로가 은밀한 궁전에 머무르면서 만나주지도 않으셨습니까? 세존께서는 경계 안에 계시면서 한 하안거에 말의 거친 보리를 드셨습니다."

왕이 말하였다.

"성자 아난타여. 세존과 승가께서 3개월을 진실로 거친 보리를 드셨습니까?"

아난타는 말하였다.

"진실로 말한 것과 같습니다."

왕은 곧 민절(悶絕)하여 자리에서 쓰러졌다가 차가운 물로 얼굴을 씻고서 곧 깨어났다. 여러 신하들을 불렀고 알려 말하였다.

"내가 이전에 매일 500명의 음식을 여러 종류로 정묘하고 감미로운 향찬(香饌)인 음식과 국과 밥을 준비하라고 칙명하지 않았는가?"

여러 신하들은 대답하여 말하였다.

"대왕께서는 다만 향찬을 준비하라고 명하셨고, 신하 등에게 마땅히 누구에게 주어야 하는가를 명하지 않으셨습니다. 신 등은 칙명을 받들어 매일 공양할 음식을 500분(分)을 만들었습니다."

이때 화수왕은 세존의 처소로 나아가서 세존의 발에 정례하고 물러나 한쪽에 앉았다. 세존께서는 그를 위하여 미묘한 법을 설하시어 보여주셨고 가르치셨으며 이익되고 기쁘게 하시고서 묵연히 머무르셨다. 왕은 자리에서 일어나 다시 세존의 발에 정례하고 아뢰어 말하였다.

"세존이시여. 나에게 깊은 허물이 있습니다. 대덕이신 선서시여. 나에게 깊은 허물이 있습니다. 내가 어리석고 우치하여 진실로 어질고 현명한 것을 분별하지 못하였고 여러 좋은 방편이 부족하여 이전에 세존과 성문 대중께 3개월의 하안거를 청하고서 곧 깊은 궁전에 머물렀고 세존을 보지 않았습니다. 오직 원하옵건대 세존께서는 증득하신 지혜로 호념(護念)하시고, 나를 애민하게 생각하시어 나의 후회(追悔)를 받아주시고 그 허물을 용서하십시오.”

세존께서 말씀하셨다.

“대왕이여. 진실로 왕의 말과 같습니다. 세존과 승가 대중에게 3개월의 공양을 직접 청하고서 와서 보지 않은 것은 진실로 어리석고 우치하며, 진실로 어질고 현명한 것을 분별하지 못하였고, 여러 좋은 방편이 부족한 것입니다. 그러나 대왕께서는 마땅히 아십시오. 만약 사람이 허물을 지었더라도 스스로 깊은 참회가 생겨나면 그 죄는 스스로 소멸되고 복덕이 증장되는 것입니다. 무슨 인연의 까닭인가? 허물과 죄를 보았던 까닭으로 능히 후회가 생겨나는 것입니다.”

왕이 다시 세존께 아뢰어 말하였다.

“오직 원하옵건대 세존과 필추승가는 목숨을 마칠 때까지 저의 의복·음식·와구(臥具)·탕약을 받아주십시오.”

세존께서 말씀하셨다.

“대왕이시여. 수명이 촉박한 때에 여래가 출현하였고 아직도 고르게 교화를 받지 못한 자가 무량하게 많으며 장차 열반에 이를 것이므로 나는 왕께서 목숨을 마칠 때까지의 공급을 받을 수가 없습니다.”

왕이 다시 아뢰어 말하였다.

“대덕이신 세존이시여. 나의 목숨이 끝날 때까지의 공양을 받지 못하신다면 오직 원하옵건대 자비로 저의 7년이나 나아가 7개월이나 7일의 공양을 받아주십시오.”

세존께서 역시 받아들이지 않으셨으므로 왕은 다시 세존께 아뢰었다.

“오직 원하옵건대 세존과 필추 승가께서는 내일 궁전에 오시어 저의 작은 공양을 받아주십시오.”

세존께서는 이렇게 생각을 지으셨다.

‘왕의 청을 받아들이지 않는다면 그 왕은 반드시 입으로 뜨거운 피를 토하고 이것을 인연하여 목숨을 마칠 것이다.’

세존께서는 곧 묵연히 왕의 청을 받아들이셨다. 왕은 세존께서 청을 받아들이시는 것을 알고서 세존의 발에 정례하고서 세존께 하직하고 본래의 궁전으로 돌아와서 여러 신하들에게 칙명하여 말하였다.

“경들은 어떠한 계교가 있으면 이렇게 많은 음식들을 세존과 승가께서 내일 모두 드시게 할 수 있겠소?”

여러 신하들은 대답하여 말하였다.

“땅 위에 펼쳐놓고 세존과 승가를 청하여 그 위를 밟고 지나가게 한다면 역시 드신 것과 같을 것입니다.”

왕이 말하였다.

“매우 좋소.”

왕은 그 밤에 여러 가지의 미묘하고 청정한 향찬을 준비하여 온갖 맛으로 충만하게 하였다. 대중 가운데에 한 늙은 출가자가 있었는데, 마음에 이 무도한 왕이 3개월을 불·세존과 필추들께 공양을 청하고서도 거친 보리를 드시게 하였고, 지금에 이런 음식을 내놓고 급하게 재주를 부리는 것에 마음에서 성냄과 한스러움을 품고 곧 발로 차서 그 음식을 흩어버렸다. 여러 바라문과 장자들이 함께 비난하고 부끄럽게 생각하였다.

“성자여. 이 음식들은 입으로 먹는 것인데 어떻게 발로 차는 것입니까?”

이때 여러 필추들이 인연으로서 세존께 아뢰니, 세존께서는 이렇게 생각을 지으셨다.

‘그 필추는 음식을 발로 찼던 까닭으로 이러한 허물이 있는 것이다.’

“지금 이후로는 마땅히 이와 같이 입으로 먹는 것을 발로 그것을 차지 말라. 만약 범하는 자는 월법죄를 얻느니라.”

이때 화수왕은 대중이 자리를 정하여 앉은 것을 보고 왕이 스스로가 음식을 나누어 주어 모두가 배부르게 하였다. 음식을 먹고서 발우를 거두고서 깨끗한 물로 양치를 마쳤으므로 작고 낮은 의자를 취하여 세존의 앞에 마주앉았다. 세존께서는 다시 왕을 위하여 미묘한 법을 널리 설하시고 그 자리에서 일어나서 떠나가셨다. 이때 여러 필추들은 하안거가 끝나자 옷을 세탁하고서 각자가 옷과 발우를 집지하고 모두 세존의 처소로 와서 세존의 발에 정례하고 한쪽에 서서 함께 아뢰어 말하였다.

"대덕이신 세존이시여. 저희들은 이곳에서 있으면서 3개월의 하안거를 마쳤으므로 소유하였던 초막과 암자를 부술 수 있습니까?"

[『증일아급마경(增一阿笈摩經)』 제4품(第四品) 가운데에 자세히 설해진 것과 같다.]

이때 여러 필추는 함께 모두가 의혹이 있어 세존께 청하여 말하였다.

"대덕이시여. 이전에 무슨 업을 지으시어 3무수대겁을 머리·눈·손·발을 버리시면서 널리 은혜를 베푸시어 등정각을 이루셨는데, 세존께서는 498명의 필추와 함께 여러 다른 소임을 버리시고 수진성(受盡城)으로 나아가시어 말의 거친 보리를 드셨으며, 구수 사리불과 대목련은 천인의 묘한 공양을 받았습니까?"

세존께서는 여러 필추들에게 알리셨다.

"내가 옛날의 때에 스스로가 이러한 업을 지었고 지금 되돌려서 스스로가 받은 것이니라. [자세한 설명은 다른 곳에서 말한 것과 같다.] 나아가 게송으로 말씀하셨다.

가령 백겁이 지나더라도
지은 업은 없어지지 않으며
인연이 모여 만나는 때에
과보가 돌아와서 스스로 받는다네.

그대들은 마땅히 알라. 지나간 옛날에 인간의 수명이 8만 4천세였던 때에 불·세존께서 세상에 출현하셨고, 비발시(毘鉢尸) 여래·응공·정각(正覺)이라고 명호하셨으며, 십호(十號)를 구족하셨고, 8만 4천의 필추대중과 함께 친혜성(親惠城)의 왕의 도성(都城) 곁에서 머무셨느니라.

이때 친혜성의 가운데에는 한 바라문이 있어 500동자를 가르치고 있었는데, 나라 안의 백성들이 존중하고 공양하는 것이 진실로 응공과 같았다. 비발시여래께서는 그 성읍에 이르셨고 나라 안의 백성들은 공경하지도 않았고 존중하지도 않았다. 이 바라문은 마침내 세존의 처소와 성문 대중에게 마음에 질투가 생겨났다. 이때 많은 필추인 학(學)·무학(無學)들이 이른 아침의 때에 옷을 입고 발우를 지니고 왕의 도성에 들어가서 걸식하였고 여러 종류의 미묘한 향찬을 얻어 발우에 가득 담아서 성을 나오고 있었는데, 그 바라문이 보고 물어 말하였다.

"필추께서 오셨구려. 나는 발우 안에 무슨 음식을 얻었는지를 보고 싶구려."

이때 여러 필추들은 각자 마음이 질직(質直)하였으므로 곧 발우의 음식을 보여주었다. 그는 질투심을 품고 곧 성내면서 여러 학생(學生)에게 말하였다.

"이 자들은 마땅히 응공이 아니다. 이러한 미묘한 공양을 받아 감당할 수 없으므로 마땅히 그들에게는 매우 거친 보리를 주어야 한다."

이때 여러 학생들은 모두가 함께 대답하여 말하였다.

"옳습니다. 옳습니다. 오파타야의 말씀과 같이 거친 보리를 먹는 것이 합당합니다."

그들의 가운데에 두 명의 동자가 있어 마음에 청정한 믿음이 있었고, 현덕상(賢德相)이 있어서 이와 같이 말하였다.

"오파타야시여. 이러한 말씀을 하지 마십시오. 이분은 진실로 응공이십니다. 대존승(大尊勝)을 갖추셨으므로 천공(天供)을 감당할 수 있습니다. 사람의 음식을 논할 것이 아닙니다."

세존께서 여러 필추에게 알리셨다.

"그대들의 뜻은 어떠한가? 지나간 옛날의 때에 바라문이었던 자가 어찌 다른 사람이겠는가? 지금의 나이니라. 500의 학생들은 이 498명의 필추이고, 그 두 동자로 신심으로 어질고 착하였던 자는 지금의 사리불과 목건련이니라. 그대들 필추들이여. 내가 지나간 옛날에 비발시여래와 학·무학인 제자들의 처소에서 질투심을 품고 성냄이 생겨나서 선하지 않은 말로써 거칠고 악한 말을 지었고, 그 여러 학생들은 모두 나의 말을 따랐던 이러한 업력을 까닭으로 지금 이러한 과보를 받은 것이니라.

이러한 까닭으로 세존과 498명의 필추는 말의 거친 보리를 먹었고, 그 사리불과 대목련의 두 동자는 나의 말을 따르지 않았던 선업의 힘을 까닭으로 지금 천공을 받은 것이니라. 이러한 뜻을 까닭으로 나는 항상 마땅히 설하였느니라. ‘흑업은 흑보를 받고 백업은 백보를 받으며, 잡업은 잡보를 받느니라.’ 그대들은 마땅히 부지런히 닦고 마땅히 이와 같이 배울지니라.”

이때 세존께서는 구수 아난타에게 알려 말씀하셨다.

“그대는 지금 나와 함께 무능적성(無能敵城)으로 나아가세.”

이때 아난타가 세존의 가르침을 듣고 곧 세존의 뒤를 따라서 인간 세상을 유행하여 무능적국(無能敵國)에 이르러 강가하(弶伽河)의 주변에 머물렀다. 이때 한 필추가 있어 세존의 처소로 와서 세존의 두 발에 정례하고 한쪽에 서서 합장하고 공경스럽게 세존께 아뢰어 말하였다.

“옳으십니다. 세존이시여. 오직 원하옵건대 저를 위하여 묘법을 간략하게 설하여 주십시오. 제가 수승한 법을 듣고 일심(一心)으로 받아들여서 부지런히 책려하고 간절히 노력하여 능히 통달하도록 하시고, 이러한 일을 까닭으로 제가 호족(豪族)을 버리고서 머리와 수염을 깎고 몸에 가사를 입었으며, 세속의 가족을 버리고 출가하였으므로 목숨을 마칠 때까지 무상(無上)의 범행을 구하여 스스로가 지혜가 있고, 법을 얻고 법을 보아서 스스로를 이롭게 하고 다른 사람을 이익되게 하며, 저의 생(生)을 이미 마치고 범행이 성립되어 지을 것을 이미 끝내고 후유(後有)를 받지 않게 하십시오.”

이때 이 필추는 이렇게 말을 지어 마쳤다. 세존께서는 주위를 둘러보시어 강가하를 관찰하셨다. 강의 가운데에 큰 목판의 다리가 물을 따라서 떠내려가는 것을 보시고서 그 필추에게 알려 말씀하셨다.

“그대는 지금 이 강의 가운데에 있던 목판의 다리가 물을 따라서 떠내려가는 것이 보이는가?”

대답하여 말하였다.

“보았습니다.”

세존께서 말씀하셨다.

“만약 필추가 있어 그 목판의 다리와 같아서 저쪽의 언덕에 머무르지도 않고, 이쪽의 언덕에 머무르지도 않으며, 가운데의 모래톱이나 강의 모래사장에 머무르지도 않고, 사람이 끌어내지도 않으며, 비인(非人)이 붙잡지도 않고, 웅덩이에 빠지지도 않으며, 부서지거나 썩지도 않는다면 오래지 않은 사이에 큰 바다 가운데에 이르러 그곳에 머물 것이다. 필추도 이와 같아서 이쪽의 언덕에도 머무르지 않고 저쪽의 언덕에도 머무르지 않으며, [이하 자세한 설명은 생략한다.] 나아가 열반에 이르게 되느니라.”

이때 이 필추는 세존께 아뢰어 말하였다.

“대덕이시여. 이쪽과 저쪽의 언덕 나아가 부서지지 않고 썩지도 않는 것을 저는 아직 이해하지 못합니다. 옳으신 세존이시여. 원하건대 저에게 간략히 성하시어 제가 개오(開悟)하게 하시고, 나아가 후유를 받지 않게 하십시오.”

세존께서는 필추에게 알리셨다.

“이쪽과 저쪽의 언덕은 육처(六處)이고, 이쪽의 언덕은 내처(內處)이며 저쪽의 언덕은 외처(外處)이니라. 필추가 비록 이 내외의 육처를 알더라도 떠내려가는 가운데에 머무르는 것은 애욕(愛欲)에 즐거워하는 것이다. 모래톱이나 모래사장에 머무르는 것은 아만(我慢)이니라. 사람들이 끌어낸다는 것은 그 필추가 여러 백의(白衣)와 함께 옛일을 생각하는 것으로 되돌아가서 함께 근심하고 즐거워하는 것이니라.

비인이 붙잡아주는 것은 만약 범행을 닦아 지키는 닦는 것이 있어 마침내 이렇게 발원한다면 이 선근으로써 마땅히 천상(天上)이나 귀취(鬼趣)[1] 가운데에 태어나기를 원하는 것이니라. 웅덩이에 빠진다는 것은

---

1) 중유의 세계인 아귀·약차·나찰 등의 귀신 부류의 세계를 가리킨다.

여러 학처를 버리는 것이고, 부서지고 썩는다는 것은 청정한 계율을 훼손하고 깨뜨리며, 여러 악법을 짓고, 어질고 착한 사람과 싸워서 어지럽게 만들며, 악마의 벗이 되어 사문이 아닌 사람을 사문이라고 하고 범행이 아닌 것을 범행이라고 하는 것이니라. 필추여. 마땅히 이와 같이 알라. 이것이 피안(彼岸)과 차안(此岸)이고 6내처와 6외처이며, [자세한 설명은 생략한다.] 나아가 반드시 결국에는 열반에 이르게 되느니라.

이때 이 필추는 세존께서 선설하신 것을 듣고 환희하며 믿고 받아들였으며 예경하고 떠나갔다. 세존께서 말씀하신 것과 같이 이 필추는 일심으로 기억하여 지녔고 부지런히 책려하고 간절히 노력하였으며 나아가 그의 생(生)을 이미 마쳤고, 범행은 이루어졌으며, 지을 것은 이미 끝나서 후유를 받지 않고 아라한과를 증득하였다.

이때 한 목동이 있어 환희(歡喜)라고 이름하였는데, 세존과 멀지 않은 곳에서 세존의 말씀을 멀리서 들으면서 지팡이에 의지하여 서 있었다. 이때 두꺼비가 있어 역시 강가에 있었으나 목동의 지팡이에 마침내 등을 눌려서 가죽과 살에 구멍이 뚫렸다. 비록 이러한 고통을 만났으나 마음에 이러한 생각이 생겨났다.

'만약 내가 소리를 지르면 목동 환희가 반드시 산란해져서 법을 듣는 것이 어려울 것이다.'

이렇게 참고 받아들였고 세존의 처소에서 은근하고 청정한 마음을 일으킨 까닭을 인연으로 곧 죽어서 사천왕궁(四天王宮)에 태어났다. 이때 목동은 지팡이를 한쪽에 내던지고 세존의 처소로 나아가서 세존의 발에 정례하고 한쪽에 서서 합장하고 공경스럽게 아뢰어 말하였다.

"대덕이시여. 저는 지금 차안(此岸)과 피안(彼岸)에 머무르는 것이 즐겁지도 않고, 가운데를 따라서 떠내려가지도 않으며, 모래톱에 머무르지도 않고, 사람에게 잡히지도 않으며, 비인에게도 붙잡히지도 않고, 웅덩이에 빠지지도 않으며, 또한 썩거나 부서지지도 않겠습니다. 오직 원하옵건대 세존이시여. 제가 선설하는 법과 율의 가운데에 출가하고 아울러 근원을 받아 필추성을 이루고 청정한 범행을 닦으며, 세존을 받드는 일을 허락하십시오.”

세존께서 목동에게 물어 말씀하셨다.

“그대는 지금 소 떼를 어찌 반드시 그 본래의 주인에게 맡겨야 하지 않겠는가?”

대답하여 말하였다.

“맡기지 않겠습니다.”

“무슨 인연의 까닭으로 맡기지 않는 것인가?”

대답하여 말하였다.

“여러 소는 각자 송아지가 있어 주인의 곁에 있습니다. 그 어미 소들은 송아지를 사랑하고 잊지 않는 까닭으로 때에 이르면 스스로가 돌아갈 것입니다. 이러한 까닭으로 맡기지 않는 것입니다. 오직 원하옵건대 세존께서는 다만 저에게 선설하는 법과 율의 가운데에 출가하고 아울러 근원을 받아 필추성을 이루고 청정한 범행을 닦는 것을 허락하십시오.”

세존께서 말씀하셨다.

“환희여. 그대는 지금 우선 잠시 기다리게. 이 소 떼가 비록 머무를 곳을 알더라도 그대는 먼저 이미 다른 소의 주인에게서 의복과 음식을 받았으므로 이와 같다면 마땅하지 않네.”

이때 환희는 곧 세존의 발에 예경하고 떠나가서 큰소리로 외쳐 말하였다.

“나에게 큰 두려움이 있습니다. 매우 큰 두려움이 있습니다. 빨리빨리 달아나십시오.”

그와 같은 목동이 100명이 있었는데 그들은 그를 보고 두려움을 품고 물어보았다.

“당신은 무슨 두려움이 생겼습니까?”

대답하여 말하였다.

“태어나는 두려움과 늙어가는 두려움과 병드는 두려움과 죽는 두려움입니다.”

여러 목동은 이 말을 듣고서 역시 그를 따라서 달렸다. 다른 나머지 목동들과 양치는 사람들과 아울러 풀을 베고 땔나무를 하던 사람들과 길에서 보고 있던 사람들도 함께 그를 따라서 달렸다. 앞에서 거슬러오던 사람이 물어 말하였다.

"그대들은 무슨 두려움이 있습니까?"

대답하여 말하였다.

"우리는 태어나고 늙고 병들고 죽는 것이 두렵습니다."

이 여러 사람이 듣고서 모두 따라서 달렸고 머무는 취락에 이르렀다. 취락 안의 사람들은 멀리서 대중을 보고 마침내 두려움이 생겨나서 혹은 밖으로 달아났고, 혹은 재물을 거두어 숨기는 사람도 있었으며, 혹은 갑옷을 입고 병장기를 준비하는 사람들도 있었다. 그 가운데에 흉포하고 용맹한 자가 있어 취락에서 나와 먼저 무기로 가로막고 밀치면서 물어 말하였다.

"무슨 일입니까?"

그들이 곧 대답하여 말하였다.

"무섭고 두려운 일이 있습니다."

물어 말하였다.

"무엇이 두렵습니까?"

대답하여 말하였다.

"우리는 지금 태어나고 늙고 병들고 죽는 것을 근심하고 있습니다."

이때 취락 사람들은 비로소 처음으로 안심하고 고요해졌다. 이때 구수 사리불이 세존의 회상에 앉아 있었는데 목동인 환희가 떠나가고 오래되었으므로 세존께 아뢰어 말하였다.

"세존이시여. 그 목동인 환희가 즐거이 선설하는 법과 율의 가운데에 출가를 청하였습니다. 세존께서는 먼저 무슨 까닭으로 그를 집으로 돌아가게 하였습니까?"

세존께서 사리불에게 알리셨다.

"목동인 환희가 재가의 가운데에 있으면서 오욕락(五欲樂)을 받는 것은 옳은 곳이 아니므로 그는 소를 맡기고 나서 곧 이곳으로 올 것이네.

그대는 마땅히 그 선한 족성자(族姓子)가 머리와 수염을 깎고 가사를 입고서 청정한 신심으로써 재가를 버리고 출가하여 무상의 범행에서 끝까지 수습하여 견제의 이치를 얻고, 법을 보고 증득하며, 역시 다른 사람을 증득하게 할 것이고, '나는 생(生)을 이미 마쳤고 범행은 이루어졌으며 지을 것은 모두 끝내서 다시 후유를 받지 않으리라.'고 말하는 것을 스스로가 보게 될 것이네."

뒤의 다른 때에 그 목동인 환희는 소를 주인에게 맡기고 500의 사람들과 함께 세존의 처소로 와서 세존께 아뢰어 말하였다.

"대덕이신 세존이시여. 저는 소를 맡겼습니다. 원하건대 선설하는 법과 율의 가운데에 출가하고 아울러 근원을 받아 필추성을 이루고 청정한 범행을 닦으며, 세존을 받드는 일을 허락하십시오."

세존께서는 이미 보시고서 알려 말씀하셨다.

"환희여. 그대와 함께 이곳에 온 500명이 모두 선설하는 법과 율의 가운데에 출가하고 아울러 근원을 받아 필추성을 이루고 청정한 범행을 닦는 것을 허락하겠노라."

출가하고서 부지런히 선품(善品)을 닦았고, 나아가 마음에 해탈을 얻게 되었다. 상법(常法)에는 이와 같아서 만약 하늘에 태어나면 세 종류의 생각이 일어나는 것이다.

'처음으로 나는 어디에서 죽었고 어느 곳에 태어났으며, 무슨 업의 까닭인가?'

이때 이전의 두꺼비는 하늘에 태어나고서 곧바로 관찰하여 자신이 두꺼비의 몸을 버리고 사천왕궁에 태어날 수 있었던 것은 세존의 처소에서 청정한 마음이 일어났고 이러한 업을 까닭으로 이곳에 태어난 것을 보았고 곧 이렇게 생각을 지었다.

'만약 먼저 하늘의 즐거움을 받고 세존을 가서 보지 않는다면 은혜를 감당할 수 없다. 나는 지금 먼저 마땅히 가서 세존을 뵈어야겠다.'

이때 두꺼비 천자(天子)는 천인의 용모와 위의로써 몸과 머리를 장엄하였고 중야(中夜)에 세존의 처소로 나아갔으며 강가하의 주변을 광명으로 밝게 비추었고 천상의 묘한 꽃을 여래의 위에 흩뿌렸으며 세존의 발에 정례하고 얼굴을 마주하고 앉아서 세존의 설법을 들었다. 이때 세존께서는 두꺼비 천자의 근성과 수면과 의요의 차별을 관찰하여 아시고 이와 같이 법으로 사성제를 설하시어 그에게 개오(開悟)하게 하셨다. 그는 법을 듣고 지혜의 금강저로써 20종류의 유신견(有身見)의 산을 무너뜨려 없애고서 예류과를 증득하였으며, 해골산을 초월하고 혈해(血海)를 마르게 하였다.

그때 두꺼비 천자는 마음에서 깊은 환희가 생겨났는데, 물건을 파는 상인이 물건을 살 사람을 만난 것과 같았고, 농부가 하늘의 비를 만난 것과 같았으며, 전쟁에서 승리를 얻은 것과 같았고, 병든 사람이 병이 나은 것과 같았다. 자리에서 일어나 세존의 발에 정례하고서 하직하고 하늘의 처소로 되돌아갔다. 이 여러 필추는 초야(初夜)와 후야(後夜)에 모두가 깨어나서 밤에 그 광명을 보았고 의심하는 생각이 생겨나서 이른 아침에 세존께 아뢰어 말하였다.

"어제 밤에 범천과 제석의 여러 천인인 호세사천왕(護世四天王)이 세존의 처소에 왔었습니까?"

세존께서 말씀하셨다.

"오지 않았느니라. 그러나 목동인 환희가 나의 법을 듣고 있을 때에 한 마리의 두꺼비가 있어 지팡이에 눌려 가죽과 살이 뚫어졌으나, 소리를 지르면 목동인 환희가 법을 들으며 놀라는 것을 두려워하였고, 나의 처소에서 청정한 마음을 일으켜 고통을 참으면서 죽었으며, 사천왕궁에 태어났고 나의 처소에 왔느니라. 그를 위하여 설법하였는데 그가 법을 듣고 하직하고 본래의 궁전으로 되돌아간 것이니라."

이때 여러 필추는 모두 의혹이 있어서 세존께 청하여 아뢰었다.

"목동인 환희와 500의 사람들은 이전에 무슨 업을 지어서 목동이 되었고, 세존의 가르침 가운데 출가하여 여러 번뇌를 끊고 아라한과를 증득하였으며, 두꺼비 천자는 이전에 무슨 업을 지어서 두꺼비로 태어났고 진제(眞諦)의 이치를 보았습니까?"

세존께서 여러 필추에게 알리셨다.

294

"그들은 스스로가 이러한 업을 지었고 지금 스스로 되돌려 받은 것이니라. [자세한 설명은 생략한다.] 나아가 게송으로 말하겠노라.

가령 백겁이 지나더라도
지은 업은 없어지지 않으며
인연이 모여 만나는 때에
과보가 돌아와서 스스로 받는다네.

그대들 필추들이여. 지나간 과거의 이 현겁(賢劫) 가운데에서 인간의 수명이 2만세일 때에 세존께서 세간에 출현하셨으며, 가섭파(迦攝波) 여래·응공·정등각이라고 명호하셨고, 십호를 구족하셨으며, 바라니사의 선인이 떨어진 곳인 시록림의 가운데에 머무르셨느니라.

목동인 환희는 그 세존의 가르침 가운데 출가하여 삼장에 두루 통달하여 대법사(大法師)가 되었다. 규범(規軌)을 잘 알았고, 능히 풍송(諷誦)을 지녔으며, 500의 제자가 있었다. 그의 수업(受業)을 따랐고 그의 교계(敎誡)를 취하여 대중 가운데에서 쟁사(諍事)가 일어났다면 이 필추가 잘 화합시켜서 멈추게 하였다. 이때 두 필추가 있어 마음에 아만(我慢)을 품었고 그에게 나아가서 기거(起居)를 문신하는 것을 즐거워하지 않았다. 뒤의 다른 때에 이 두 필추는 대중과 함께 투쟁(鬪爭)하였고 곧 그의 처소에 이르러 그의 발에 정례하고 알려 말하였다.

"존자(尊者)여. 이러한 쟁송(諍訟)이 있으므로 바라건대 멈추어 주십시오."

그는 곧 생각을 지었다.

'내가 만약 곧 쟁송을 화합시켜 멈추도록 한다면 이 필추는 다시 나에게 오지 않을 것이다. 잠시 물러가서 승가와 함께 있어도 역시 법을 어기는 것이 아니다.'

생각하고서 알려 말하였다.

"내가 지금 구수의 쟁론하는 인연을 알지 못하겠소. 잠시 승가의 처소로 가시오.”

그는 승가의 일을 인연하여서 취락으로 외출하였고 그 두 필추는 승가의 처소에 이르러 대중들과 함께 화합하여 쟁송을 그쳤다. 삼장필추는 승가의 일을 마치고 취락에서 본래의 처소로 돌아와서 제자에게 물어 말하였다.

“그 두 필추는 다시 나에게 구하고자 왔는가?”

제자가 대답하여 말하였다.

“오파타야시여. 승가에서는 이미 그들과 쟁송을 그쳤습니다.”

소유하였던 일의 뜻을 갖추어 자세히 설명하였다. 듣고서 성냄이 생겨나서 거칠고 악하게 말하였다.

“이 승가가 이와 같이 일을 판단하였으니 소를 기르는 법과 같구나. 여러 필추는 이전에 목동이었는데 곧 출가하였구나.”

500의 제자들도 듣고서 역시 말하였다.

“오파타야시여. 진실로 말씀하신 것과 같습니다. 승가에서 판단하여 화합하였으나 방목하는 목동의 법과 같습니다.”

세존께서 여러 필추에게 알리셨다.

“그대들의 생각은 어떠한가? 지나간 때의 삼장필추가 어찌 다른 사람이겠는가? 지금의 목동인 환희이니라. 지나간 때의 500의 제자들은 지금의 500의 목동들이니라. 그 여러 사람은 지나간 옛날의 때에 가섭파여래의 제자인 성문대중의 가운데에서 거칠게 말하였던 까닭으로 500생을 항상 목동이 되었으나, 그 세존의 가르침 가운데에서 온(蘊)·계(界)·제입연기(諸入緣起)·처(處)·비처(非處)에서 훈수(熏修)한 선근을 까닭으로 그는 500의 목동들과 함께 나의 가르침 가운데에 출가하여 여러 번뇌를 끊고 아라한과를 증득한 것이니라.

그 두꺼비 천자도 역시 가섭파여래의 가르침 가운데에 출가하여 항상 정(定)을 닦았다. 그는 인간 세상을 유행하면서 한 마을에 이르러 사찰 안에 머물렀다. 초야(初夜)에 단정히 앉아서 마음을 섭수하고 정에 들어가고자 하였으나 필추들이 모두 풍송을 지송(持誦)하고 있었으므로 선정에 장애가 되었다. 그는 이미 소리를 듣고 마음을 섭수할 수 없었으므로 곧 이렇게 생각을 지었다.

'나는 지금 중야(中夜)에 선정에 들어가야겠다.'

또한 중야에 마음을 섭수하고 선정에 들어가고자 하였으나, 경전을 지닌 필추들이 또한 모두가 풍송하였으므로 다시 이렇게 생각을 지었다.

'후야(後夜)가 옳겠다.'

후야 가운데에 또한 단정히 앉아 마음을 섭수하고 선정에 들어가고자 하였다. 그때에도 여러 필추가 큰소리로 풍송하였고 아직 욕심을 버리지 못하였던 까닭으로 품고 있었던 성냄의 독을 곧 일으켜 분노하며 이와 같이 말하였다.

"이 가섭파여래의 가르침 가운데에서의 필추들은 저녁부터 밤늦도록 두꺼비 소리를 내는구나."

그대들 필추들의 생각은 어떠한가? 지나간 때의 선정을 닦던 필추가 어찌 다른 사람이겠는가? 지금의 두꺼비 천자이니라. 그는 가섭파여래·응·정등각의 성문 제자들의 처소에서 이러한 악한 말을 지었고, 이러한 업을 까닭으로 500생을 두꺼비 몸이 되었으며, 나의 처소에서 청정한 마음을 일으켜 두꺼비 몸을 버리고 사천왕궁에 태어났고, 가섭파여래의 가르침 가운데서 여러 범행을 닦았던 까닭으로 지금에 진리를 보았던 것이다.

이러한 뜻을 까닭으로 나는 항상 마땅히 설하였느니라. '흑업은 흑보를 받고, 백업은 백보를 받으며, 잡업은 잡보를 받느니라.' 이러한 까닭으로 그대들은 마땅히 흑업과 잡업을 버리고 마땅히 백업을 닦을지니라."

이때 세존께서는 강가하를 건너시고자 하셨다. 이때 500의 기러기 떼와 500의 물고기와 500의 거북이가 세존을 향해서 오른쪽으로 세 번 돌았다. 세존께서는 이때 3구(句)의 미묘한 법을 설하시면서 알려 말씀하셨다.

"현수(賢首)여. 제행(諸行)은 무상(無常)이고, 제법(諸法)은 무아(無我)이며, 열반(涅槃)은 적멸(寂滅)이니라. 그대들은 마땅히 청정한 마음을 일으켜 방생(傍生)의 몸을 싫어해야 할 것이니라.”

이때 기러기와 물고기와 거북이들은 삼구법(三句法)을 듣고 모두 이렇게 생각을 지었다.

‘우리들은 희유한 여래의 3구의 미묘법을 들었으므로 마땅히 다시 스스로가 다른 것을 먹겠다는 생각을 끊어야 한다.’

곧 끊고서 먹지 않았고, 방생의 부류들은 굶주림의 고통이 매우 빨라졌으며 인연하여 곧 죽어서 사천왕궁(四天王宮)에 태어났다. 처음으로 여러 천상에 태어나면 상법(常法)에서는 이와 같다. 만약 천상에 태어나게 되면 세 종류의 생각이 일어나는 것이다.

‘나는 어디에서 죽었고, 나는 어느 곳에 태어났으며, 무슨 업을 까닭으로 태어났는가?’

그들은 관찰하여 자신이 방생취(傍生趣)를 버리고 사천왕궁에 태어났으며, 세존의 처소에서 법요 삼구를 들었으며, [자세한 설명은 다른 곳과 같다.] 나아가 함께 세존의 처소에 나아가서 묘한 천화로서 세존의 위에 흩뿌렸다. 세존께서는 자부(慈父)이시므로 그들의 근성과 수면과 의요를 관찰하시고 미묘법을 설하시어 4성제(聖諦)에서 그들을 개오하게 하셨다. 설법을 듣고 예류과를 증득하였고 나아가 세존의 발에 정례하고서 함께 하직하고 궁전으로 돌아갔다. 이때 여러 필추들은 함께 모두가 의혹이 있어서 세존께 청하여 아뢰었다.

“오직 원하옵건대 세존이시여. 이 여러 기러기와 물고기와 거북이 등은 이전에 무슨 업을 지어 방생으로 태어났고, 또한 무슨 업을 지어 천상에 태어났으며, 진제의 이치를 보았습니까?”

세존께서 여러 필추에게 알리셨다.

“그대들은 마땅히 알라. 여러 기러기와 물고기와 거북이들은 스스로가 이러한 업을 지었고 지금 스스로가 되돌려 받은 것이니라. [자세한 설명은 다른 곳에서와 같다.]

나아가 게송으로 말씀하셨다.

가령 백겁이 지나더라도
지은 업은 없어지지 않으며
인연이 모여 만나는 때에
과보가 돌아와서 스스로 받는다네.

그대들 필추들이여. 지금 마땅히 잘 들어라. 지나간 오랜 옛날에 이 현겁의 가운데에서 인간의 수명이 2만세였을 때에 세존께서 세상에 출현하셨는데, 가섭파(迦攝波)여래라고 명호하셨고, 십호를 구족하셨으며, 바라니사의 시록림 가운데의 선인이 떨어진 곳에 머무셨느니라.

그런데 기러기와 물고기와 거북 등이 그 세존의 가르침 가운데에 출가하였으나 여러 가지의 작은 학처를 훼손하고 범하였다. 이러한 업을 까닭으로 방생취에 떨어졌고, 나의 처소에서 청정한 마음을 일으킨 까닭으로 천상에 태어났느니라. 가섭파여래의 가르침 가운데에 머물면서 범행을 닦았던 까닭으로 나의 법을 듣고서 진제의 이치를 본 것이다. 이러한 뜻을 까닭으로 나는 항상 마땅히 설하였느니라. [자세한 설명은 생략한다.] 나아가 마땅히 이와 같이 배울지니라.”

이때 세존께서는 강가하를 건너셨는데, 500의 아귀(餓鬼)가 있어 세존께 와서 나타났다. 해골처럼 검고 수척하였으며 불에 탔던 기둥과 같았고 머리카락은 어지럽게 헝클어져 있었으며 배는 태산과 같았고 그 목구멍은 바늘과 같았으며 온몸에 불이 타올라서 불길이 치솟고 있었는데, 합장하고 공경스럽게 세존께 아뢰어 말하였다.

“대덕이시여. 저희들은 전생의 몸으로 여러 악업을 지은 까닭으로 이 몸의 가운데에서 오히려 장수(漿水)2)라는 이름도 듣지 못하였는데, 하물며 밥을 얻고 먹었겠습니까? 세존께서는 크게 자비로우시므로 장수를 베푸시어 마시도록 하십시오.”

---

2) 수수쌀밥에 누룩을 섞어 발효시켜서 도수가 약하게 만든 식초를 가리킨다.

세존께서는 멀리 강가하를 바라보시고 구수 대목련에게 알려 말씀하셨다.

"그대가 지금 이 여러 아귀가 배불리 마시도록 해주게."

목련은 가르침을 받들어 곧 마시게 해주었으나 여러 아귀는 목구멍이 가는 바늘과 같아서 목련은 능히 목구멍을 열어 마시게 할 수가 없었다. 세존께서 신력으로써 그들의 목구멍을 여시었고 목련이 마시게 해주었다. 그들은 목마르다는 생각으로 핍박당했던 인연으로 많이 마셨고 배가 불러서 곧 터졌다. 함께 세존의 처소에서 청정한 마음을 일으켰으므로 목숨을 마치고 천상에 태어났으며, 나아가 과를 증득하였다. [자세한 설명은 생략한다.]

이때 여러 필추는 또한 의혹이 있어 세존께 청하여 아뢰었다.

"이 여러 아귀는 이전에 무슨 업을 지어 아귀로 태어났고, 또한 무슨 업을 지어 천상에 태어났으며 진제의 이치를 보았습니까?"

세존께서 여러 필추에게 알리셨다.

"그들은 스스로 지은 업을 지금 스스로가 되돌려 받은 것이니라."

[자세한 설명은 다른 곳에서와 같다.]

나아가 게송으로 말씀하셨다.

가령 백겁이 지나더라도
지은 업은 없어지지 않으며
인연이 모여 만나는 때에
과보가 돌아와서 스스로 받는다네.

그대들 필추들이여. 지금 마땅히 잘 들어라. 지나간 오랜 옛날에 이 현겁의 가운데에서 인간의 수명이 2만세였을 때에 세존께서 세상에 출현하셨는데, 가섭파여래라고 명호하셨고, 십호를 구족하셨으며 바라니사의 시록림 가운데의 선인이 떨어진 곳에 머무셨느니라.

세존의 성문들은 차례로 다니면서 걸식하여 삼보께 공양하였다. 뒤에 가섭파여래의 교화는 점차 넓어졌고, 걸식하는 자들도 또한 더욱 많아졌다. 뒤의 다른 때에 500의 오파색가들이 있었는데 한집에 머물렀고 일을 인연하였던 까닭으로 모두가 함께 모이게 되었다. 이때 많은 대중필추가 걸식하면서 그곳으로 가서 그들에게 걸식하였는데 곧 성내면서 거칠고 악하게 말하였다.

"이 가섭파 사문의 무리들은 항상 걸식하는데 비유하자면 아귀와 같구나."

세존께서 여러 필추들에게 알리셨다.

"그대들은 뜻은 어떠한가? 지나간 옛날의 때에 500의 오파색가들이 어찌 다른 사람이겠는가? 지금의 500의 아귀들이니라. 가섭파여래의 성문제자들 처소에서 아귀라고 불렀던 이러한 업력(業力)을 까닭으로 500생의 가운데에서 아귀의 보를 받았고, 현재의 몸도 아귀로 태어났느니라. 나의 처소에서 청정한 마음을 일으킨 까닭으로 천상에 태어나게 되었고, 가섭파여래의 가르침의 가운데에서 범행을 닦은 까닭으로 진제를 본 것이니라. 이러한 뜻을 까닭으로 나는 항상 마땅히 설하였느니라. [자세한 설명은 생략한다.] 나아가 마땅히 이와 같이 배울지니라."

이때 세존께서는 강가하를 건너시고 좌우로 이 강을 돌아보셨다. 이때 여러 필추들이 세존께 청하여 아뢰었다.

"무슨 까닭으로 강을 되돌아보십니까?"

세존께서 여러 필추들에게 알리셨다.

"그대들은 이 강가하의 연기(緣起)를 즐거이 듣겠는가?"

아뢰어 말하였다.

"세존이시여. 지금이 바른 때입니다. 선서시여. 지금이 바르게 말씀하실 때입니다. 오직 원하옵건대 그것을 말씀하십시오. 저희들은 즐거이 듣겠습니다."

세존께서 여러 필추들에게 알리셨다.

"지나간 옛날에 왕이 있어 실죽(實竹)이라고 이름하였는데, 법으로써 세상을 교화하였으므로 백성들은 매우 번성하였고, 풍요롭고 안은하였으며, 감로의 비가 때에 알맞아서 꽃과 과일이 무성하였고, 모든 거짓과 도둑과 질병이 없었고 항상 법으로써 교화되었느니라. 봄날에 이르러 왕은 궁전의 채녀들과 함께 동산에 나아가 유희하면서 한 장부를 보았다. 그는 백발이었고 얼굴은 주름졌으며 나이는 늙어서 마르고 쇠약하며 초췌(憔悴)하였고 여러 근은 분명하지 못하였으며 지팡이에 의지하여 다니고 있었다. 왕이 보고 물어 말하였다.

"어떤 장부이고, [자세한 설명은 생략한다.] 나아가 지팡이에 의지하여 다니는가?"

대답하여 말하였다.

"대왕이시여. 젊음이 무너지고 끝나면 늙음의 고통이 와서 나타나는 것입니다."

왕이 말하였다.

"나도 그처럼 이 늙음의 법칙이 같겠구려."

대답하여 말하였다.

"대왕이시여. 일체는 모두가 그렇습니다."

왕은 마침내 근심하면서 앞으로 나아갔다. 다시 한 사람을 보았는데 온몸에 부스럼이 있고 문드러져서 피부는 터지고 꺼칠하였으며, 배는 산과 같았는데 피와 고름이 흘러나왔고, 마디마디가 분리되어 물건으로 감쌌으며, 길게 기침하면서 지팡이에 의지하여 발을 끌면서 천천히 지나고 있었다. 왕이 보고서 여러 신하에게 말하였다.

"이 사람은 어떤 장부이고, [자세한 설명은 생략한다.] 나아가 지팡이에 의지하여 발을 끌면서 다니는가?"

신하가 왕에게 아뢰어 말하였다.

"이것은 병자라고 이름합니다."

왕이 말하였다.

"나도 역시 그와 같겠구려."

대답하여 말하였다.

"대왕이시여. 일체는 모두가 그렇습니다. 전생의 몸으로 많은 악업을 지었던 까닭으로 이러한 업보를 받는 것입니다."

왕은 곧 생각을 지었다.

'만약 이와 같다면 여러 악업을 마땅히 짓지 않아야겠구나.'

이렇게 생각하고서 앞으로 나아갔다. 또한 하나의 수레를 보았는데 청·황·적·백색의 증채(繒綵)로 엄숙하게 장엄하여 그것을 덮개로 사용하였고, 소라를 불고 북을 치면서 남녀노소의 많은 사람이 있었으며, 네 사람이 함께 상여를 메었고 다시 횃불을 지닌 사람이 뒤돌아서서 앞에서 갔으며, 다시 많은 사람들이 상여의 뒤를 따라가면서 슬프게 울면서 소리내어 곡하면서 외쳐 말하였다.

"아버님, 아버님! 형님, 형님! 주인님, 주인님!"

왕은 보고서 여러 신하들에게 알려 말하였다.

"이것은 무슨 물건이고, [자세한 설명은 생략한다.] 나아가 큰 소리를 짓는 것인가?"

대답하여 말하였다.

"대왕이시여. 이것은 죽음이라고 이름합니다."

왕이 말하였다.

"나도 죽음의 법칙(死法)이 역시 같겠구려."

대답하여 말하였다.

"대왕이시여. 일체가 그러한 것이고 다만 이 사람이 다른 것은 아닙니다."

이때 왕은 이러한 늙고 병들고 죽는 일을 보고 마음에 깊은 우뇌를 품고 수레를 돌려서 왕궁으로 돌아갔고 어둡고 고요한 곳에 머물렀다. 이때 왕국의 경계 안에 한 바라문이 있어 응시(應時)라고 이름하였다. 때에 마땅한 크고 귀한 호족으로서 재물과 보배가 매우 많았고, 학문은 사전(四典)3)을 뛰어넘었다. 이때 그는 왕이 늙고 병들고 죽는 일을 보고

____

3) 4베다를 가리키는 말이다.

마음에 깊은 우뇌를 품고 어둡고 고요한 곳에 머무르고 있다는 것을 들고, 많은 바라문 대중에게 둘러싸여 하얀 말과 하얀 수레를 타고서 금지팡이와 금병을 가지고 실죽왕의 처소로 나아갔고, 여러 신하들은 왕에게 아뢰었다.

"응시 바라문이 왕궁의 문 앞에 와 있습니다."

왕은 곧 궁전에서 나와 어좌(御座)에 올랐다. 이때 바라문은 왕이 자리에서 일어나 나아가서 앉았으므로 왕에게 아뢰어 말하였다.

"대왕이시여. 무슨 까닭으로 어둡고 고요한 곳에 머무르고 계십니까?"

왕은 곧 그를 위하여 늙고 병들고 죽는 일의 인연을 갖추어 앞에서와 같이 자세히 말하였다. 응시가 아뢰어 말하였다.

"대왕이시여. 세간에는 각자 스스로의 업과(業果)를 먹는 것이므로 우뇌하지 마십시오. 스스로가 어느 유정들은 여러 선업을 짓고, 스스로가 어느 유정들은 여러 악업을 지으며, 스스로가 어느 유정들은 선악업(善惡業)을 짓습니다. 대왕께서는 지금 전륜성왕이시므로 항상 선업을 지으시므로 목숨을 마칠 때에 반드시 천상에 태어나실 것입니다. 대왕께서는 마땅히 아십시오. 이러한 전륜성왕은 모든 사람보다 뛰어나서 여러 안락을 받지만 천상에 태어나는 것은 두 배의 안락을 받으십니다. 그러므로 지금 대왕께서는 마땅히 시회(施會)를 지으십시오."

왕은 여러 신하들에게 알렸다.

"경들은 마땅히 북을 쳐서 널리 알리시오. '대왕께서 무차시회(無遮施會)를 크게 지어서 나라 안의 모든 사람들이 필요한 것이 있다면 모두가 와서 받고 베푸는 음식을 취하시오.' 여러 신하들은 명을 받고서 베푸는 곳을 장엄하게 꾸미고 음식이 필요한 사람에게는 음식을 주었고, 의복이 필요한 사람에게는 옷을 주었는데, 쌀을 씻은 쌀뜨물이 큰 도랑과 구덩이를 이루고 흘러서 넘쳤으므로 무열지(無熱池)라고 이름하였다. 12년을 지나면서 쌀뜨물과 국물이 함께 모였고 흘러넘쳐 강이 이루어졌다. 이러한 까닭으로 세상 사람들이 이 강을 장수하(漿水河)라고 이름하였던 것이니라."

이때 세존께서는 유행하셨고 동장성(童長城)의 가운데에 이르러 구수 아난타에게 알려 말씀하셨다.

"어느 때 국왕이 있어 이 성에서 태어나고 자랐고 장정(長淨)이라고 이름하였느니라. 이러한 까닭으로 이 성을 상성(象聲)이라고 부르게 되었느니라."

다음으로 알가이가성(頞伽儞迦城)에 이르렀고 한 주변에 머무르셨는데, 세존께서는 곧 미소를 지으셨으며 사불(四佛)의 교화하신 인연과 일의 자취를 널리 말씀하셨다. 다음으로 시보성(施寶城)에 이르러 구수 아난타에게 알려 말씀하셨다.

"보살이 지나간 옛날에 이곳에서 많은 진귀한 보배를 베풀어 주었고, 이러한 까닭으로 이 성을 시보(施寶)라고 이름하는 것이니라."

다음으로 사라력수(娑羅力樹)에 이르러 한 주변에 머무셨고, 세존께서는 곧 미소를 지으셨으며, 역시 다시 4불께서 교화하신 인연과 일의 자취를 널리 말씀하셨다. 다음으로 금승성(金升城)에 이르러 아난타에게 알려 말씀하셨다.

"이 성안에서 보살은 지나간 때에 단시회(檀施會)[4]에서 되[升]로써 구걸하는 자에게 금을 베풀어 주었느니라. 이러한 까닭으로 이 성을 금승(金升)이라고 이름하는 것이니라."

다음으로 자래성(自來城)에 이르러 아난타에게 알려 말씀하셨다.

"이 자래성에는 왕이 있어 장정(長淨)이라고 이름하였고, 법으로써 세상을 교화하여 백성들이 치성하였고 풍요롭고 안온하였느니라. 뒤의 다른 때에 그 왕의 정수리에 마침내 혹이 생겼는데, 솜과 같이 부드러웠고 방해되어 괴롭지도 않았으며 혹이 성숙되어 터졌고 마침내 한 아들이 태어났다. 모습과 얼굴이 단정하고 얼굴빛이 다르게 수승하여 매우 애락하였으며, [자세한 설명은 다른 곳에서와 같다.] 여러 근을 구족하였고, 이러한 까닭으로 사람들이 모두 정생(頂生)이라고 불렀느니라.

---

4) 산스크리트어 dāna의 음사로 보시(布施)라는 뜻이고, 법어와 한어를 합쳐서 단시(檀施)라고도 한다.

이때 6만의 시녀들이 있었고 정생이 태어난 뒤에 왕궁에 들어가자, 여러 여인들이 보고서 모두가 젖이 흘러나왔고 함께 '내가 기르겠다. 내가 기르겠다.'라고 말하였으며, 이러한 까닭으로 낙양(樂養)이라고 이름하였다. 지금의 사람들은 역시 정생이라고 말하고 혹은 낙양이라고 말한다. 그 정생이 성장하였고 장정왕은 마침내 병이 있어 뿌리와 꽃과 잎으로서 여러 종류로 치료를 하였으나 고치지 못하였고 병은 더욱 위중해졌다. 왕이 여러 신하들에게 알려 말하였다.

"마땅히 빠르게 정생을 데려오고 내가 조칙을 세우도록 하시오."

여러 신하들이 왕에게 아뢰었다.

"대왕의 칙명과 같게 하겠습니다."

곧 칙사를 보내서 정생을 데려오게 하였다. 장정대왕은 칙명으로 빠르게 불렀고 마땅히 빠르게 세자로 책봉하고자 하였으나 병의 고통에 몸이 얽혀서 정생이 아직 이르지 않았으나 왕은 곧 목숨을 마쳤다. 다시 한 사신을 보내서 정생에게 알려 말하였다.

"부왕께서는 이미 목숨을 마치셨습니다. 바라건대 빠르게 오셔서 보십시오."

정생은 생각을 지었다.

'부왕께서 이미 운명하셨는데 내가 어찌 반드시 가야 하는가?'

생각하고서 곧 되돌아갔으므로 여러 신하들은 다시 사신을 보냈다.

"태자께서는 마땅히 오시어 왕위를 승계(紹繼)하십시오."

정생이 알려 말하였다.

"내게 왕의 본분이 있다면 이곳에서도 곧 될 것이오."

여러 신하들이 아뢰어 말하였다.

"만약 왕위에 오르시려면 많은 예식이 필요하고 보당(寶堂)과 욕지(浴池)와 사자좌(師子座)와 산개(傘蓋)와 두관(頭冠)을 준비해야 합니다. 큰 도성(都城)에서 왕위에 오르시는 것이 합당하므로 이곳으로 오십시오."

알려 말하였다.

"내가 만약 법왕(法王)이 될 것이라면 이러한 물건들은 구하지 않더라도 스스로가 올 것이오.”

이때 약차가 있어 작일(作日)이라고 이름하였고, 항상 정생을 따라다녔다. 필요한 것인 보당과 욕지와 사자좌와 산개와 두관과 왕도(王都)인 큰 성을 모두 지었고 자연스럽게 옮겨왔느니라. 이러한 까닭으로 이 성을 자래(自來)라고 이름하였느니라.”

근본설일체유부비나야약사 제12권

삼장법사 의정 한역
석보운 번역

죽이 흘러넘치는 우물과 금이 열리는 보리의 인연.
농부와 소의 인연.
문둥병에 걸린 여인이 쌀뜨물을 보시한 인연.
승광왕의 인연.
가난한 여인이 등을 공양한 인연.
정생왕의 인연.

이때 세존께서 구수 아난타에게 알리셨다.

"그대는 지금 나와 함께 실라벌성(室羅伐城)으로 가세."

세존의 가르침을 받들어 곧 세존의 뒤를 따라 인간세상을 유행하였다. 이때 바라문이 있어 밤새워 먹지도 않고서 빈속으로 밭을 개간하고 있었으므로 딸에게 죽을 보냈다. 이때 세존께서는 그 옆을 지나가셨는데, 그 바라문은 세존께서 32장부상과 80종호를 갖추셨고, 그 몸을 원광(圓光)이 찬란하게 장엄하여 일천의 해보다도 빛났으며, 걸음걸이가 특별히 뛰어나서 묘한 보배산과 같으시고, 여러 뛰어남으로 널리 장엄되신 것을 멀리서 보았다.

이미 세존을 보고서 청정한 신심이 생겨나서 12년을 정밀하게 수련하고 수순함을 조복받아서 선백(鮮白)하고 적정(恬寂)하여 매우 기쁘고 환희한 것과 같았고, 자식이 없었으나 자식을 얻은 것과 같았으며, 가난한 사람이 보배를 얻은 것과 같았고, 왕위를 구하던 자가 왕이 된 것과 같았다. 만약 전생에 많은 선근이 있는 까닭이라면 세존을 처음 보더라도 곧 이러한 숭경(崇敬)[1]과 청정한 마음이 나타나는 것이다. 이때 그 바라문은 먹고자 하였던 죽을 빠르게 받들고 세존께 와서 바치며 아뢰어 말하였다.

"사문 교답마시여. 저를 애민하게 생각하시어 이 작은 죽을 받아주십시오."

이때 세존께서는 바라문을 위하여 마른 우물을 나타나게 하셨고 죽을 우물에 쏟도록 하셨다. 그가 곧 안에 쏟았는데 우물이 넘쳤으니 세존의 위신력과 여러 천인의 위신력을 까닭으로 그 마른 우물이 향기로운 죽으로 가득 차서 흘러넘친 것이었다. 세존께서 바라문에게 알려 말씀하셨다.

"당신은 이 죽을 가지고 승가에 널리 나누어 주시오."

그가 곧 가서 나누어주었고 일체의 승가가 모두 배부르게 먹었으나, 그 세존의 가지(加持)를 까닭으로 그 우물은 오히려 가득하였다. 이때 바라문은 세존의 처소에서 청정한 신심이 두 배가 되었고 세존의 발에 정례하고 얼굴을 마주하고 앉아서 세존의 설법을 들었다. 이때 세존께서는 그의 근성과 수면과 의요를 관찰하시고 미묘한 법을 설하시어 사성제에서 그를 개오하게 하셨으며, [자세한 설명은 다른 곳에서 설하신 것과 같다.] 나아가 그는 법을 듣고서 예류과를 증득하였다.

상인이 물건값을 받은 것과 같았고, 전쟁에서 승리한 것과 같았으며, 무거운 병에 걸렸으나 나은 것과 같아서 마음에서 용약(踊躍)하였다. 세존의 설법을 듣고서 환희하였으며 믿고 받아들였고 세존을 정례하여 하직하고서 여러 보리밭에 나아갔으며 그 보리의 싹이 모두 금빛인 것을 보았다. 이미 보고 기뻐서 웃었으며 기특한 생각이 생겨나서 게송으로 설하여 말하였다.

복전의 공덕은 수승하므로

---

1) '존경하고 사모하다.' 또는 '우러러 추앙하다.'는 뜻이다.

능히 여러 허물과 환란을 없애며
겨우 씨앗을 심었으나
곧바로 열매가 열렸다네.

이때 바라문은 빠르게 왕의 처소로 나아가서 기거하는데 병이 적고 장수하기를 문신하고 또한 왕에게 아뢰어 말하였다.

"대왕께서는 마땅히 아십시오. 제가 겨우 보리를 심었으나 자라서 금이 되었습니다. 오직 원하건대 대왕께서는 사람을 보내서 몫을 취하십시오."

왕은 곧 사람을 보내어 보리의 몫을 가져오게 하였다. 이때 그 바라문은 보리를 가지고 쌓아놓고 왕의 몫을 헤아려서 내주었는데 마침내 변하여 보리가 되었다. 왕이 말하였다.

"한곳에 모아놓고 다시 덜어내도록 하라."

이와 같이 7번을 한곳에 모아놓고 함께 나누었는데, 왕의 몫은 역시 변하여 보리가 되었다. 왕이 말하였다.

"그 보리는 이 바라문의 복의 과보이다. 능히 내가 가질 수 있는 것이 아니다. 그의 뜻에 맡겨서 나의 몫을 헤아리게 하라."

바라문이 무애(無礙)의 뜻으로써 왕의 몫을 헤아려서 놓아두니 도리어 보리는 금이 되었다. 이때 세존께서는 이곳에서 떠나가셨고 500의 농부가 밭을 갈고 씨를 뿌리는 것을 보셨다. 그들의 피부는 주름지고 거칠었으며 손은 주름지고 발은 갈라졌으며 거친 삼베옷을 입고 있었다. 밭을 갈고 있는 소와 송아지는 목이 상하고 가죽이 벗겨졌으며 고름과 피가 흘러내리고 기침하며 헐떡거리고 있었다. 이때 여러 농부들은 세존께서 32상(相)을 구족하셨고, [자세한 설명은 앞에서와 같다.] 나아가 숙세에 선근을 심은 사람이 세존을 볼 수 있는 것과 같았다.

세존께서는 그들이 있는 곳으로 나아가시어 조복을 받고자 하셨으므로 한 필추대중의 가운데에 나아가서 자리에 앉으셨다. 여러 농부들은 세존께서 앉으신 것을 멀리서 보고 모두 세존의 처소로 나아가서 세존의 두 발에 정례하고 물러나 한쪽에 앉았다. 세존께서는 그들의 근성과 수면과 의요를 관찰하시고, [자세한 설명은 다른 곳에서 설하신 것과 같다.] 나아가 그는 법을 듣고서 예류과를 증득하였다. 함께 자리에서 일어나 합장하고 아뢰어 말하였다.

"대덕이신 세존이시여. 오직 원하옵건대 저희들은 선설하는 법과 율의 가운데에 출가하고 아울러 근원을 받아 필추성을 이루고 청정한 범행을 닦으며, 세존을 받드는 일을 허락하십시오."

세존께서는 보시고서 알려 말씀하셨다.

"잘 왔느니라. 여러 필추들이여. 범행(梵行)을 닦고, [갖추어 말씀하신 것은 다른 곳에서와 같다.]" 나아가 게송으로 말씀하셨다.

세존께서 잘 왔다고 명하시니
머리카락이 떨어지고 옷과 발우는 갖추어졌으며
여러 근(根)이 모두 적정(寂定)하고
뜻에 따라서 모두가 이루어졌네.

이때 세존께서는 근기에 따라서 교수하시니, 그들은 곧 책려하여 여러 번뇌를 끊고 아라한과를 증득하였다. 이때 밭을 갈던 여러 소들이 줄을 끌어당겨서 끊어버리고서 모두가 세존의 처소로 와서 세존을 둘러싸고 머물렀다. 세존께서는 여러 소들을 위하여 3구법(句法)을 말씀하셨고, [자세한 내용은 기러기와 거북이의 처소에서 설하신 것과 같다.] 진제의 이치를 보았고 각자가 천궁(天宮)으로 되돌아갔다. 이때 여러 필추들은 의혹이 있어서 세존께 청하여 아뢰었다.

"여러 농부들은 전생에 무슨 업을 지었기에 금생에는 농부가 되었고 세존의 처소에서 출가하여 모든 번뇌를 끊고 아라한과를 증득할 수 있었습니까? 다시 그 여러 소들은 이전에 무슨 업을 지어서 소의 가운데에 있었고 세존을 만나서 하늘에 태어났으며 진제의 이치를 보았습니까?"

세존께서 여러 필추들에게 알려 말씀하셨다.

"이전에 스스로가 지은 업을 지금에 스스로가 되돌려 받은 것이니라."
[자세한 설명은 다른 곳에서와 같다.]
나아가 게송으로 말씀하셨다.

가령 백겁이 지나더라도
지은 업은 없어지지 않으며
인연이 모여 만나는 때에
과보가 돌아와서 스스로 받는다네.

"그대들은 잘 들어라. 내가 지금 그대들을 위하여 설하겠노라. 지나간 옛날의 이 현겁(賢劫) 가운데에 인간의 수명이 2만세일 때에 세존께서 출현하셨고, 가섭파(迦攝波) 여래·응·정등각이라고 명호하셨으며, 10호(號)를 구족하셨고, 바라니사 시록림의 선인이 떨어진 곳에 머무르셨느니라.

그 여러 농부들은 세존의 가르침 가운데 모두가 출가하였으나 독송하지도 않았고, 또한 신심있는 사람이 베푸는 음식을 주의하여 받지도 않았으며, 여러 희론(戲論)을 짓고 해태(懈怠)하고 나태(懶惰)하여 근책하지 않았느니라. 여러 필추들이여. 그대들의 생각에는 어떠한가? 그 500의 필추가 어찌 다른 사람이겠는가? 지금의 500의 농부가 바로 이들이니라. 지나간 때에 사찰을 지어서 시주한 사람들은 지금에 500의 장자이니라.

지나간 옛날에 신심이 있어 베푸는 음식을 받으면서 독송하지도 않았고, 주의하지도 않았으며, 해태하고 나태하여 근책하지 않았던 까닭과 이러한 업으로 까닭으로 500생을 농부가 되어 시주에게 두 배로 빚을 갚았느니라. 가섭파여래의 가르침 가운데에 출가하여 여러 범행들을 깨달았던 까닭으로 지금 나의 처소에서 출가하여 여러 번뇌를 끊고 아라한과를 증득할 수 있었느니라.

여러 밭을 갈던 소들은 역시 그 세존의 가르침 가운데에 출가하였으나 여러 작은 학처들을 훼방하였고, 이러한 업을 까닭으로 소로 태어났으며,

나의 처소에서 청정한 마음을 일으켜 천상에 태어났느니라. 옛날에 범행을 닦았던 까닭으로 진제의 이치를 보았느니라. 이러한 까닭으로 나는 항상 흑·백·잡업을 널리 말하였으며, [자세한 내용은 다른 곳에서와 같다.] 그대들은 마땅히 이와 같이 배울지니라."

이때 세존께서는 구수 아난타에게 알려 말씀하셨다.

"그대는 나와 함께 도이가성(都異迦城)에 가도록 하세."

가르침을 듣고 세존을 따라서 그 성에 이르렀다. 한 바라문이 있어 밭을 갈고 있었는데, 세존께서 32대장부상을 갖추신 것을 멀리서 보았고, [자세한 설명은 다른 곳에서와 같다.] 이와 같이 생각을 지었다.

'내가 만약 가서 사문 교답마께 예경한다면 이 밭일을 못하게 되고, 만약 가서 예경하지 않는다면 많은 복리(福利)를 잃을 것이다. 일도 그만두지 않고 복리도 잃지 않게 해야겠다.'

채찍과 쟁기를 잡고서 멀리서 말하였다.

"공경히 예경합니다. 공경히 예경합니다."

세존께서 구수 아난타에게 알려 말씀하셨다.

"저 바라문은 스스로가 잘못된 허물을 부르는구나. 이곳에는 가섭파여래의 전신사리(全身舍利)가 손상되지 않고 온전하게 보전되어 있네. 만약 나의 처소로 와서 공경스럽게 예경한다면 그는 곧 두 분의 불·세존께 예경하는 것이 될 것이네."

이때 아난타는 빠르게 의복을 정리하고 합장하고서 아뢰어 말하였다.

"오직 원하옵건대 세존께서는 이 자리에 나오시어 앉으십시오. 그 땅은 곧 두 분의 세존을 수용할 것입니다."

세존께서 여러 필추들에게 알리셨다.

"그대들은 가섭파 여래·응·정등각의 전신사리를 즐거이 보겠는가?"

아뢰어 말하였다.

"세존이시여. 지금이 알맞은 때입니다. 선서시여. 지금이 알맞은 때입니다. 만약 저희들이 볼 수 있다면 마음에 청정함이 두 배가 될 것입니다."

이때 세존께서는 세간심(世間心)을 일으키셨다. 상법(常法)에서는 이와 같은 것이다. 세존께서 세간심을 일으키시는 때에는 일체의 함령(含靈)들은 모두가 세존의 뜻을 알게 되는 것이다. 용은 이렇게 생각을 지었다.

'세존께서 무슨 까닭으로 세간심을 일으키셨는가?'

곧바로 관(觀)하여 세존께서 가섭파여래의 전신사리를 보시고자 하는 것을 보았다. 용은 곧 그 세존의 사리를 받들고 허공 가운데에 있었다. 세존께서 여러 필추들에게 알리셨다.

"그대들은 지금 마땅히 이 모습(相)을 자세히 관찰하여라. 곧 은몰(隱沒)하고자 하느니라."

이때 승광왕(勝光王)은 세존께서 가섭파여래의 전신사리를 나타내 보이시어 여러 필추들에게 그 모습을 보게 하셨다는 것을 들었다. 이미 듣고서 마음에서 희유(希睹)함이 생겨나서 곧 왕비·후궁·궁녀·채녀·왕자와 여러 신하들과 의례(儀禮)로써 장엄하게 꾸미고 성 밖에 나아가서 보려고 갔다. 상선(喪善) 태자·급고독(給孤獨)장자·선수(仙授)·고구(故舊)·전사(塼師)의 아들·무지녹자모(無枝鹿子母) 등도 각각 무량한 백천의 중생들과 함께 모두 희유함이 생겨나서 보고자 역시 왕의 수레 뒤를 따라서 사리가 있는 곳으로 갔다. 그것은 그 숙세의 선근이 일어난 까닭으로 그들에게 가도록 한 것이다. 이때 사리는 곧바로 은몰하였고 여러 사람들은 사리가 은몰하였다는 것을 듣고 마음에 우뇌가 생겨나서 서로에게 말하였다.

"우리들은 헛되게 왔고 얻은 것이 없습니다."

이때 오파색가가 있어 가섭파여래의 전신사리가 있던 곳으로 가서 오른쪽으로 돌면서 공경스럽게 마음에서 이렇게 생각을 지었다.

'내가 지금 돌면서 예경하였으므로 반드시 복과 이익을 얻을 것이다.'

세존께서는 그의 마음이 항상 복과 이익과 청정함이 있는 것을 아시고 곧 게송으로 설하여 말씀하셨다.

가령 백천 섬부주(贍部)의 금을
모으고 받들어 일체들에게 보시더라도

314

사람이 있어 한 번의 청정한 마음으로
세존의 탑을 발돋움하고 오른쪽으로 도는 것보다 못하다네.

이때 다시 한 오파색가가 있어 진흙을 가지고 사리가 은몰한 곳에
놓아두었으므로, 세존께서는 그를 위하여 역시 게송으로 설하여 말씀하셨
다.

가령 백천 섬부주의 금을
모으고 받들어 일체들에게 보시더라도
사람이 있어 한 번의 청정한 마음으로
세존의 탑을 발돋움하고 오른쪽으로 도는 것보다 못하다네.

이때 백천의 대중들이 이 진흙을 보시하는 복과 이익을 듣고는 모두가
진흙을 가져다 놓았고, 혹은 여러 미묘한 향과 꽃을 가져다가 그 가운데에
흩뿌렸다. 세존께서는 또한 그들을 위하여 게송으로 설하여 말씀하셨다.

가령 백천 섬부주의 금을
모으고 받들어 일체들에게 보시더라도
사람이 있어 한 번의 청정한 마음으로
세존의 탑을 발돋움하고 오른쪽으로 도는 것보다 못하다네.

이때 여러 사람들이 있어 많은 꽃다발과 등명(燈明)과 당번(幢幡)과
산개(傘蓋)를 가지고 이곳에 공양하였고 청정한 마음으로 와서 받들어
보시하였다. 세존께서는 마음을 아시고 각각을 위하여 게송을 설하셨고,
세존께서는 다시 게송으로 설하여 말씀하셨다.

내가 지금 복전에 보시하는 것을 말하나니
여래의 공덕은 끝도 없고 헤아릴 수 없으며

정각은 오히려 대해겁(大海劫)과 같아서
무상(無上)으로 인도하는 상수로 가장 수승하다네.

이때 여러 사람들은 함께 이렇게 생각하였다.
'세존께서 말씀하신 복의 인연은 이미 사라졌으나 세존의 현재와 인연
으로 만약 공양을 일으킨다면 무슨 복과 이익이 있을까?'
세존께서는 생각을 아시고 곧 게송으로 설하여 말씀하셨다.

만약 능히 공양할 수 있다면
현재에 능히 성불할 수 있을 것이고
그 마음이 만약 능히 평등하다면
복과 이익은 다른 것이 없다네.

세존은 부사의(不思議)하시고
묘법 역시 사량(思量)하기 어려우며
청정함도 역시 그러하므로
과보는 한가지로 동일한 것이라네.

명(名)과 상(相)으로 사량하기 어렵고
법륜을 굴리지 않는 것이 없으며
정각의 공덕이라는 언덕은
능히 그 끝에 도달할 수 없다네.

이때 세존께서는 모든 대중들을 위하여 이와 같이 설법하셨다. 대중들은
듣고 무량한 백천의 유정들은 크고 수승한 이익을 얻어서 혹은 성문의
보리심을 일으킨 자도 있었고, 혹은 독각의 보리심을 일으킨 자도 있었으
며, 혹은 무상정등각심을 일으킨 자도 있었고, 혹은 난정(煖頂)을 얻었으며,
혹은 초인(初忍)을 얻었고, 혹은 예류과를 증득하였으며, 혹은 일래과·불환

과를 얻었고, 혹은 여러 번뇌를 끊고 아라한과를 증득한 자도 있었으며, 나머지 많은 사람들은 불·법·승에 귀의하여 삼보를 믿고 공경하면서 여러 선근을 심었다. 이때 청정한 신심이 있는 바라문과 장자와 거사들은 곧 그곳에서 대시회(大施會)를 베풀었으므로 이 지방을 시수처(施水處)라고 이름하였다.

이때 세존께서는 교살라국(憍薩羅國)을 유행하였고 실라벌성에 이르시어 서다림(逝多林)의 급고독원에 머무르셨다. 급고독장자는 세존께서 이르셨다는 것을 듣고 세존의 처소로 나아가서 세존의 발에 정례하고 물러나서 한쪽에 앉았다. 세존께서는 장자를 위하여 설법하시어 보여주셨고 가르치셨으며 이익되고 기쁘게 하시고서 묵연히 머무르셨다. 이때 장자는 자리에서 일어나 의복을 정리하고 합장하고서 공경스럽게 오른쪽 무릎을 땅에 대고서 세존께 아뢰어 말하였다.

"대덕이신 세존이시여. 필추승가와 함께 내일 저의 집으로 오시어 작은 저의 공양을 받아주십시오."

세존께서는 묵연히 받아들이셨다. 청을 받아들이신 것을 알고서, [자세한 설명은 다른 곳에서와 같다.] 나아가 이튿날에 사자를 보내어 세존께 아뢰었다.

"음식이 이미 준비되었습니다. 오직 바라옵건대 때가 되었음을 아십시오."

장자는 다시 문지기에게 명하여 말하였다.

"세존과 승가께서 이러한 공양을 마치실 때까지 외도들이 나의 집 안에 들어오지 못하게 하게."

문지기는 가르침을 듣고 의지하여 받들어 행하였다. 이때 세존께서는 여러 승가와 함께 옷을 입고 발우를 지니고 장자의 집으로 나아갔으며, [자세한 설명은 다른 곳에서와 같다.] 나아가 대중들 모두 배부르고 만족하였으며 양치하기를 마쳤으므로, 작고 낮은 자리를 취하여 법문을 듣기 위한 까닭으로 세존의 앞에 마주하여 앉았다. 이때 구수 대가섭파(大迦攝

波)는 한 아란야의 처소에 있었고 수염과 머리카락이 길었으나 떨어진 옷을 입고 서다림으로 나아갔다. 사찰에 승가가 없는 것을 보고 사찰을 지키는 자에게 물었다.

"상수(上首)인 세존께서는 필추 승가와 지금 어디에 가셨는가?"

그가 곧 대답하여 말하였다.

"급고독장자가 집에 오시어 공양하시도록 청하였습니다."

대가섭파는 곧 이렇게 생각을 지었다.

'나는 지금 마땅히 그 집으로 가서 공양하고 세존과 상수인 필추승가에 곧 공경을 문신해야겠다.'

이렇게 생각을 짓고서 빠른 시간에 그 집으로 나아갔는데, 그 문지기가 알려 말하였다.

"성자여. 안에 들어가지 마십시오."

대가섭파가 말하였다.

"무슨 까닭인가?"

문지기가 말하였다.

"장자께서는 세존과 승가께서 공양을 마치실 때까지 외도들을 집 안에 들어오지 못하게 하고, 뒤에도 역시 다른 외도들에게는 공양하지 말라고 명하셨습니다."

이때 가섭파는 생각을 지었다.

'나는 지금 여러 수승하고 묘한 이익을 얻었으나, 청정한 신심이 있는 바라문과 장자와 거사 등은 내가 사문인 석가자인 것을 모르고 있구나. 내가 지금 마땅히 이제 빈궁하고 외로운 사람들을 애민하게 생각하고 구제해야겠다.'

이렇게 생각을 짓고서 동산(芳園)으로 나가면서 다시 이렇게 생각을 지었다.

'내가 지금 어떠한 부류들을 애민하게 생각하여 수승한 이익을 얻게 해야 하는가?'

이때 문둥병에 걸린 여인이 있어 골절(骨節)이 분리되었고 고름이 흘러내리는데 구걸하며 살아가고 있었다. 대가섭파는 곧 여인이 있는 곳으로 가서 무엇을 구걸하는가를 물었다. 이때 문둥병에 걸린 여인은 쌀뜨물을 구걸하여 얻어서 가지고 있었다. 그녀는 대가섭파의 용모가 뛰어나고 특이하며 스스로를 잘 조복하였고 여러 위의가 갖추어진 것을 멀리서 보고 이렇게 생각을 지었다.

'내가 아직 이와 같이 훌륭한 분에게 보시하지 않았던 까닭으로 이렇게 가난하고 고통스러운 문둥병에 걸린 몸으로 태어난 것이다. 만약 성자께서 나를 애민하게 생각하신다면 내가 이 쌀뜨물로서 마땅히 받들어 보시해야 겠다.'

이때 가섭파는 관(觀)하여 그녀의 생각을 알았고 곧바로 가까이에서 발우를 펼쳐서 보이게 하고 알려 말하였다.

"자매여. 능히 쌀뜨물을 베풀겠다면 발우 가운데에 넣으십시오."

여인이 곧 발우 안에 쏟아부었는데 끈이 발우 안으로 떨어졌다. 여인은 손가락으로 건져내고자 하였으나 곧 발우로 떨어졌다. 여인은 곧 이렇게 생각을 지었다.

'그 성자께서는 나의 마음을 옹호하는 까닭으로 쌀뜨물을 받아주었으나 어찌 마땅히 스스로가 먹겠는가?'

이때 가섭파는 그녀의 생각을 알고서 곧 그녀의 앞에 마주하고 담장의 아래에 앉아서 그 쌀뜨물을 먹었다. 그녀는 이렇게 생각을 지었다.

'지금 이 성자는 나를 옹호하는 생각으로 비록 나의 쌀뜨물을 먹었으나 반드시 마땅하게 다른 좋은 음식을 다시 구할 것이다.'

이때 가섭파는 그녀의 생각을 관하여 알고서 문둥병 여인에게 알려 말하였다.

"자매여. 그대는 지금 마땅히 환희심을 일으키시오. 나는 오늘부터 내일 공양 때까지 당신의 쌀뜨물로서 하루 낮과 하루 밤을 보낼 것입니다."

그녀는 매우 환희하면서 남몰래 이렇게 생각을 지었다.

'나는 오늘 수승하고 묘한 이익을 얻었구나. 대가섭파께서 나의 비루한 보시를 받으셨다.'

이때 이 여인은 가섭파의 처소에서 청정한 마음이 생겨났고 이것을 인연하여 목숨을 마쳤으며 도사다천(都史多天)에 태어났다. 이때 천제석은 이 여인이 청정한 마음으로 쌀뜨물을 보시하였던 인연으로 곧 죽은 것은 알았으나 어느 취(趣)에 태어났는지를 알지 못하였다. 천제석은 지옥을 관찰하였으나 역시 볼 수 없었고, 아귀와 인간과 호세사천(護世四天)과 삼십삼천을 관찰하였으나 역시 다시 볼 수 없었으며, 천안(天眼)으로 아래를 관찰하였으나 여전히 알지 못하였다.

이때 천제석은 세존의 처소로 나아가서 세존의 발에 정례하고 합장하고서 공경스럽게 게송으로 청하여 아뢰었다.

돌아다니면서 알리는 걸사(乞士)인
가섭파는 크게 어진 분이신데
그에게 쌀뜨물을 보시한 여인은
지금 어느 취(趣)에 태어났습니까?

세존께서 게송으로 대답하셨다.

천상의 도사다천이라 이름하고
여러 욕망이 생각을 따라서 있나니
그 쌀뜨물을 보시한 여인은
지금 그 가운데에 태어났다네.

이때 천제석은 이렇게 생각을 지었다.

'그곳의 여러 사람들은 복을 닦는 것을 알지도 못하고서 은혜롭게 보시를 행하여 여러 이익되는 일을 지었거늘, 나는 지금 이미 복을 닦으면 이익을 얻는 것을 알았는데, 어찌 은혜를 베풀어 많은 복업을 닦지 않겠는가? 성자 가섭파는 빈궁하고 외로우며 질병으로 고통받는 자들을 애민하게 생각하시는 마음을 품고 있으므로, 나는 지금 마땅히 음식을 한번

베풀어야겠다.'

　이렇게 생각을 짓고서 곧바로 몸을 변화하여 가난한 사람들이 사는 곳으로 가서 여위고 약한 몸으로 혼자서 어지러운 새의 둥지나 구멍 같은 초막집을 짓고, 스스로의 모습과 위의를 변화시켜 추루(醜陋)한 직사(織師)가 되었다. 머리카락은 어지럽게 흐트러졌고 거친 베옷을 입었으며 손은 주름졌고 다리는 갈라졌으나 직물을 만들었다. 사지부인(舍支夫人)은 스스로 직녀(織女)가 되어 실을 꼬았으며 천상(天上)의 묘한 음식을 취하여 미리 한쪽에 놓아두었다. 이때 가섭파는 여러 가난하고 고통받는 자들을 애민하게 생각하여 여러 곳을 다니면서 알려 걸식하였고 차례로 이르렀다. 이를 보고서 마음에서 이러한 가난과 피폐함에 깊은 애민함이 생겨나서 문 앞에 서서 발우를 가지고 걸식하였다. 이때 그 변화한 천제석은 천상의 묘한 음식으로서 발우에 가득 채워주었다. 그러나 가섭파는 이렇게 생각을 지었다.

　'이 생활을 헤아리건대 평소에 곤궁하지 않구나. 천상의 묘한 음식을 어디에서 얻었을까? 반드시 다른 일도 있구나.'

　상법(常法)에는 이와 같아서 아라한이라도 미리 관(觀)하지 않으면 앞의 일을 알지 못하는 것이다. 가섭파는 곧 관찰하여 이 천제석을 보았고 알려 말하였다.

　"교시가(憍尸迦)여. 당신은 지금 무슨 까닭으로 고통받는 사람이 되어 장야의 고통 속에 머물러 있습니까? 세존께서는 당신이 의혹의 화살과 나머지의 희소(戲笑)들을 뿌리까지 뽑아내었고 장애가 없어서 불세존·응·정등각과 같다고 말씀하셨습니다."

　제석천이 알려 말하였다.

　"성자 대가섭파여. 내가 지금 어찌 고난 속에 머물러 있는가? 이 여러 사람들은 스스로의 복을 깨닫지도 못하고 은혜로운 보시를 행하지 않으면서도 여러 선(善)과 복을 닦고 있습니다. 나는 지금 스스로 보고 있는데 어찌 은혜를 베풀지 않을 것이고 여러 복을 널리 닦지 않겠습니까? 세존께서는 이렇게 설하지 않으셨습니까?

복은 마땅히 항상 닦고 지을 것이니
복이 없으면 괴로움과 액난을 만나지만
만약 복을 닦은 것이 있다면
현재에 마땅히 안락함을 받는다네.

대가섭파여. 지금부터는 먼저 바로 관(觀)하시고 걸식하십시오.”

이때 천제석은 허공 가운데에서 여러 천상의 음식을 가지고 와서 발우 가운데에 넣었으나, 대가섭파가 그 발우를 옆으로 기울였으므로 음식이 곧 땅에 떨어졌다. 이때 여러 필추들이 인연으로서 세존께 아뢰었다. 세존께서 말씀하셨다.

“이러한 일을 까닭으로 필추는 마땅히 발우의 덮개를 지니도록 하라.”

이때 여러 사람들은 함께 문둥병에 걸린 여인이 가섭파에게 악취가 있는 쌀뜨물을 보시하고 죽어서 도사다천에 태어났다는 것을 들었다. 승광대왕(勝光大王)도 역시 이러한 일을 듣고서 세존의 처소로 나아가서 세존의 발에 정례하고 물러나서 한쪽에 앉았다. 세존께서는 곧 왕을 위하여 미묘한 법을 말씀하여 보여주셨고 가르치셨으며 이익되고 기쁘게 하시고서 묵연히 머무르셨다. 왕은 자리에서 일어나 의복을 정리하고 합장하고서 공경스럽게 세존께 아뢰어 말하였다.

“오직 원하옵건대 세존과 필추승가께서는 성자 가섭파를 위하는 까닭으로 7일 동안 저의 작은 공양을 받아주십시오.”

세존께서는 곧 묵연히 청을 받아들이셨다. 왕은 세존께서 받아들이신 것을 알고서 세존의 발에 정례하고 하직하고서 떠나갔다. 그날 밤에 궁중의 여러 요리사에게 칙명하여 여러 종류의 정묘한 음식을 엄숙하게 준비시켰고, 이튿날 아침에 이르러 평상과 자리를 펼쳐놓고 청정한 물과 치목과 가루비누를 준비하고서 사자를 시켜서 세존께 아뢰게 하였다.

“음식이 이미 준비되었습니다. 원하옵건대 세존께서는 때가 되었음을 아십시오.”

[자세한 설명은 다른 곳에서와 같다.] 나아가 자리에 앉으셨고 왕은

스스로가 음식을 행익하였다. 이때 구걸하는 아이가 있어 그 가운데 와서 여러 존숙(尊宿)들과 마주하고 앉아 있었는데, 청정한 신심이 생겨나서 깊이 공경을 일으켰고 이렇게 생각을 지었다.

'왕께서는 지나간 옛날에 여러 복업을 닦으셨던 까닭으로 지금 존귀한 처소에서 다시 은혜를 베풀어 삼보께 공양하는구나.'

왕은 다시 스스로의 손으로 음식을 두루 행익하여 세존과 승가가 모두 배부르게 하였고 곧 깨끗한 물과 치목과 가루비누를 나누어 주었다. 씻고 양치하는 일이 끝났으므로 법문을 듣고자 작고 낮은 자리를 취하여 세존의 얼굴을 마주하고 앉았다. 세존께서 대왕에게 알리셨다.

"내가 왕을 위한 까닭으로 보시의 가타를 설하겠습니다. 마땅히 그 큰 복을 얻은 자를 위한 것입니다."

왕은 이렇게 생각을 지었다.

'세존께서는 지금 나의 공양을 받으셨는데 어찌하여 다른 사람이 많은 복을 얻었는가?'

이렇게 생각하고서 세존께 아뢰었다.

"오직 원하옵건대 세존께서는 많은 복업을 닦는 자를 위하여 축원(施願)을 말씀하여 주십시오."

이때 세존께서는 그 구걸하는 아이를 위하여 축원하셨다. 세존께서 이와 같이 6일째까지 구걸하는 아이를 위하여 시원송(施願頌)을 말씀하셨다. 왕은 곧 근심을 품고 손으로 뺨을 괴고 머물면서 이렇게 생각을 지었다.

'세존께서는 나의 공양을 드시면서도 구걸하는 아이의 이름을 말하면서 축원을 말씀하시는구나.'

여러 신하들은 왕이 근심하며 뺨을 괴고 있는 것을 보고 왕에게 아뢰어 말하였다.

"대왕이시여. 무슨 까닭으로 이와 같이 근심스럽게 사념(思慮)하십니까?"

왕이 말하였다.

"내가 어찌 근심하지 않겠소? 세존께서는 나의 미묘한 공양을 받으시면서 구걸하는 아이의 이름을 말하며 시원을 말씀하시지 않소?"

이때 늙은 신하가 있어 앞에서 왕에게 아뢰어 말하였다.

"바라건대 왕께서는 편안히 계십시오. 신이 내일 마땅히 아침에 이르면 세존을 청하여 왕의 이름을 칭하면서 축원하도록 하겠습니다."

이때 늙은 신하는 요리사들에게 내일은 마땅히 두 배의 여러 종류의 음식을 준비하고 행익하는 때에 한 몫은 발우 안에 넣고 한 몫은 땅에 떨어뜨리라고 널리 알렸다. 궁중의 요리사들은 가르침을 받들어 준비하였고 세존께서 상수인 필추승가와 자리에 앉자 곧 음식을 행익하면서 마침내 한 몫은 발우의 가운데에 넣었고 한 몫은 땅에 떨어뜨렸다. 이때 그 구걸하는 아이가 음식이 땅에 있는 것을 보고 빠르게 달려서 줍고자 하였으나 음식을 행익하던 사람이 멀리서 줍지 못하게 외쳤다. 이때 그 구걸하는 아이가 알려 말하였다.

"왕의 재물은 지극히 많고 음식도 끝없이 많은데 저와 같이 고난을 겪고 있는 사람에게 어찌하여 땅에 떨어져 문드러진 것도 취하지 못하게 합니까?"

이때 구걸하는 아이는 마음에 산란이 생겨나서 마침내 공경스러운 청정한 마음을 일으키지 못하였다. 세존과 승가는 공양을 마쳤고 왕은 세존을 마주하고 앉아서 생각하며 말하였다.

"세존께서는 지금 때에 나를 위하여 축원을 말씀하실 것인가? 다른 사람을 위하여 말씀하실 것인가?"

세존께서는 곧 왕을 위하여 축원을 설하여 말씀하셨다.

코끼리와 말과 수레와 보병을 장엄하게 갖추었고
이 나라의 성안에서 자재하게 먹으면서도
왕께서는 지금 무슨 인연으로 얻은 것이며
무염(無鹽)의 쌀기름을 보시한 힘의 인연인 것을 보지 못하였다네.

이때 구수 아난타가 세존께 아뢰어 말하였다.

"대덕이신 세존이시여, 여러 차례에 승광왕의 공양을 받았으나 저는 아직 이와 같은 시송(施頌)을 듣지 못하였습니다."

세존께서 아난타에게 알리셨다.

"그대는 지금 교살라왕인 승광왕이 옛날에 말린 쌀기름을 보시한 업연(業緣)을 즐거이 듣고자 하는가?"

아난타가 아뢰어 말하였다.

"세존이시여. 지금이 알맞은 때입니다. 선서(善逝)시여. 지금이 알맞은 때입니다. 필추승가는 세존께서 승광대왕이 전생에 쌀기름을 보시한 인과(因果)의 업연을 말씀하시는 것을 듣고 반드시 수지(受持)할 것입니다."

세존께서 여러 필추들에게 알리셨다.

"지나간 옛날에 어느 취락 가운데에 한 장자가 있었고 아내를 얻고 오래지 않아서 곧 임신하였느니라. 달이 차서 아들을 낳았고, [자세한 설명은 다른 곳에서와 같다.] 아들이 이미 장성하였으므로 남편이 아내에게 알려 말하였다.

"현수(賢首)여. 아들이 지금 성인이 되어 능히 집안을 경영할 수 있고 빚을 갚고 먹고 입을 수 있게 되었으므로, 나는 지금 본전을 가지고 다른 지방으로 가서 장사해야겠소."

아내가 말하였다.

"성자여. 마땅히 그러셔야 합니다. 이것은 좋은 일입니다."

곧바로 지방으로 나아갔으나 미처 돌아오기 전에 목숨을 마쳤고, 집에 있던 적은 재물도 모두 곧 떨어졌다. 남편이 떠나간 뒤에 아내는 다시 아들을 낳았으므로 이웃의 장자가 그 아이의 어머니에게 알려 말하였다.

"당신의 아들을 나에게 준다면 옷과 음식을 마땅히 구제할 수 있소."

어머니는 아들을 곧 장자에게 주었고 장자는 곧 여러 밭에서 일하게 하고서 그에게 음식을 주었다. 뒤의 다른 때에 절일(節日)에 이르자 어머니는 이렇게 생각을 지었다.

'지금 이 장자는 내일 아침에 사문과 바라문에게 보시하고 함께 손님들을 접대할 것이므로 반드시 아무도 없을 것이다. 나는 지금 그의 집으로 가서 음식을 찾아다가 아들에게 보내어 굶주리지 않게 해야겠다.'

이렇게 생각하고서 곧 장자의 아내에게로 가서 그 일을 갖추어 말했다. 장자의 아내는 듣고 곧 성내면서 알려 말하였다.

"나는 아직 사문과 바라문께 공양을 드리지 않았고 여러 존귀한 손님들께 접대하지도 않았는데, 어찌 작인(作人)에게 먼저 그 음식을 주겠소? 오늘은 잠시 있으시오. 내일 아침에 두 배로 주겠소."

어머니는 다시 생각을 지었다.

'나의 아들은 오늘도 반드시 굶주렸을 것이다. 집에 소금이 없는 담담한 기름이 한 덩어리가 있으니 가져다가 아들에게 주어야겠다.'

기름덩어리를 가지고 아들이 있는 곳으로 가서 앞의 일과 같이 말하였고 또한 아들에게 말하였다.

"그대가 굶주리는 까닭으로 집안의 이 소금이 없는 담담한 기름을 가져왔네."

아들이 말하였다.

"어머니. 이곳에 놓아두고 집으로 돌아가십시오."

상법은 이와 같아서 세간에 세존께서 없으시면 마땅히 독각이 있어서 여러 곤궁하고 액난이 있는 사람들을 애민하게 생각하여 요익하게 하고, 세간에서는 오직 이것이 복전이며, 한적(空寂)한 곳에 즐거이 머무르는 것이다. 이때 한 독각이 있어 그곳으로 오고 있었다. 그 아들은 몸과 마음이 적정하고 위의를 조복하였으며, 조복된 것을 멀리서 보고 곧 이렇게 생각을 지었다.

'나는 지나간 옛날에 능히 이와 같은 복전께 공양하지 못한 까닭으로 이생의 가운데에서 이러한 고통과 액난을 받는 것이다. 만약 나의 소금이 없는 담담한 기름을 받아주신다면 감히 받들어 보시해야겠다.'

이때 독각은 가난한 아이가 마음에 생각하는 것을 관(觀)하여 알고서 발우를 펴고 그의 앞으로 가서 알려 말하였다.

"현수여. 뜻에서 베풀고자 한다면 발우 안에 넣으시오."

그는 곧 공경스럽게 진중(珍重)한 마음으로 기름을 발우 안에 넣었느니라.”

세존께서 여러 필추에게 알리셨다.

“그대들의 생각은 어떠한가? 지나간 때의 가난한 아이가 어찌 다른 사람이겠는가? 지금의 승광왕이니라. 지나간 옛날에 독각에게 소금이 없는 쌀기름을 받들어 베풀었던 인연으로 이러한 업보로 6번을 두루 항상 삼십삼천의 천주(天主)가 되었고, 6번을 두루 이 실라벌성에서 관정왕(灌頂王)이 되었으며, 남아있는 업보로 지금 이곳에서 역시 관정왕이 되었고 그 보(報)를 지금 마쳤던 것이니라.”

이러한 까닭으로 세존께서는 지금 그 게송으로 설하셨다.

코끼리와 말과 수레와 보병을 장엄하게 갖추었고
이 나라의 성안에서 자재하게 먹으면서도
왕께서는 지금 무슨 인연으로 얻은 것이며
무염(無鹽)의 쌀기름을 보시한 힘의 인연인 것을 보지 못하였다네.

이때 나라 안의 모든 백성들이 이러한 일을 들었고, 왕은 세존의 말씀을 듣고 세존의 처소로 나아가서 세존의 발에 정례하고 물러나서 한쪽에 앉았다. 세존께서는 곧 왕을 위하여 미묘한 법을 말씀하여 보여주셨고 가르치셨으며 이익되고 기쁘게 하셨다. 왕은 법을 듣고서 자리에서 일어나 합장하고 공경스럽게 두 무릎을 꿇고 세존께 아뢰었다.

“대덕이신 세존이시여. 저를 애민하게 생각하시어 필추승가와 함께 3개월에 저의 의복·음식·탕약·와구를 받아주십시오.”

세존께서는 곧 묵연히 왕의 청을 받아들이셨다. 왕은 3개월을 매일같이 여러 미묘하고 감미로운 향찬을 준비하였고 한 명, 한 명의 필추에게 값이 백천 값의 의복을 주었으며, 다시 1구지의 여러 향유병을 가지고 밤중에 연등회(燃燈會)를 하고자 하였다. 왕이 음식을 베풀었던 이유로 이러한 진중함을 나타내었던 까닭으로 마침내 도성 안에서 시끄러운 소란이 일어났다. 이때 한 여인이 있어 가난의 고통으로 초췌하였고 구걸하면서 살아가고 있었다. 이러한 시끄러운 소리를 듣고 여러 사람들에게 물어 말하였다.

"무슨 까닭으로 시끄러운 소리가 있습니까?"

가난한 여인에게 알려 말하였다.

"승광대왕께서 3개월을 세존과 상수 필추승가께 의복·음식·탕약·와구를 공양하였고, 한 명, 한 명의 필추에게 백천 값의 의복을 주었으며, 오늘 밤에는 연등회를 열어서 진중한 마음을 나타내는 것입니다. 이것을 까닭으로 이렇게 시끄러운 소리가 있는 것입니다."

이때 그 구걸하는 여인은 이 일을 듣고서 이와 같이 생각을 지었다.

'이 승광왕은 복을 닦으면서 싫어함이 없는데 나는 무엇을 할 수 있을까? 마땅히 처소를 따라서 하나의 등(燈)을 구걸하여 세존께 공양해야겠다.'

이렇게 생각을 짓고서 구걸하는 그릇을 가지고 여러 곳에서 기름을 구걸하였고 등불을 세존께서 경행(經行)하시는 곳에 걸어두고 몸을 굽혀 합장하고 서원(誓願)을 일으켰다.

"제가 소유한 이 선근으로 석가불께서 출현하시어 (인간의 수명이) 백세인 때에 무상각(無上覺)을 이루고, 사리불과 대목련이 앞뒤와 좌우에서 시립(侍立)하고 착한 선현(善賢)들이 서로 따르며, 아난타 필추를 시자로 삼고, 아버지의 이름은 정반(淨飯)이고, 어머니의 이름은 마야(摩耶)이며, 성(城)의 이름은 겁비라(劫比羅)이고, 어진 아들은 라호라(羅怙羅)인 것과 같이, 제가 마땅히 미래에는 이와 같은 제자와 부모와 국가의 성(城)과 자식이 있고, 석가세존께서 반열반(般涅槃)에 들어가시면 분신계(分身界)로 나뉘고 부서져서 사리(舍利)가 되는 것과 같이, 마땅히 이 세존과 함께 반열반에 들어가고 분신사리(分身舍利)가 되게 하십시오."

이때 모든 등불이 꺼졌으나 이 여인의 등불은 환하게 빛나고 있었다. 상법은 이와 같아서 세존께서 그치고 머무르지 않는다면 시자는 쉬지 않는 것이었다. 구수 아난타는 이렇게 생각을 지었다.

'세존께서 등불이 밝은 처소에서 누워 쉬시는 때는 없으시다. 내가

지금 마땅히 이 등불을 꺼야겠다.'

곧 손으로 부쳐서 끄고자 하였으나 능히 끄지 못하였고, 또한 옷으로 부쳐서 끄고자 하였으나 다시 못하였으며, 부채를 가지고 부쳐서 끄고자 하였으나 역시 끄지 못하였다. 이때 세존께서 구수 아난타에게 알려 말씀하셨다.

"그대는 무엇을 하는가?"

구수 아난타가 아뢰어 말하였다.

"세존이시여. 저는 세존께서 등불이 밝은 가운데에서 누워서 쉴 수는 없다고 생각하여 등불을 끄고자 손과 옷과 부채로서 바람을 일으켰으나 결국 능히 끄지 못하였습니다."

세존께서 말씀하셨다.

"아난타여. 스스로를 피로하게 하지 말라. 설령 걸림이 없는 큰 바람이 와서 이 등불에 불더라도 오히려 능히 끌 수 없는데, 하물며 그대의 손이나 옷이나 부채를 가지고서 능히 끌 수 있겠는가? 이 등불을 켰던 그 여인은 큰 대행(大行)을 무한한 뜻으로써 비로소 이 등불을 켰느니라. 아난타여. 그 여인은 마땅히 (인간의 수명이) 백세인 때에 반드시 바른 정각을 이루어 석가모니(釋迦牟尼) 여래·응공·무상정등(無上正等)이라고 명호할 것이고, 10호(號)를 구족하며, 앞뒤에 현선(賢善)의 제자들이 상응하고, 역시 사리불과 대목련이라고 이름할 것이며, 시자는 아난타라고 이름하고, 부친은 정반이라고 이름하며, 모친의 대마야(大摩耶)라고 이름할 것이며, 성(城)의 이름은 겁비라라고 이름하고, 아들은 라호라이라고 이름하며, 반열반한 뒤에는 여러 사리가 나누어질 것이다."

이때 사방의 멀고 가까운 곳에 있는 사람들이 함께 이러한 일을 듣고 하나의 등불을 밝혀서 세존께 공양하였고, 마땅히 미래에는 성불한다는 수기(授記)를 받았다. 바라문과 장자와 거사들은 듣고서 함께 모두가 "이 가난한 여인이 마땅히 미래에 일체의 여러 덕을 원만하게 갖추게 될 것이다."라고 말하고서 모두가 의복과 재물과 음식을 다투어 여인에게 공급하였다. 승광왕은 듣고 비교할 수 없는 생각이 생겨나서 곧 향유(香油)

가 담긴 천 개의 큰 병을 네 종류의 보배로서 준비하였고 등잔을 지어서 세존께서 경행하시는 곳에 등을 켜서 걸어두고 또한 세존께 아뢰어 말하였다.

"대덕이신 세존이시여. 저는 성자 대가섭파를 위하여 세존과 필추승가를 청하여 7일을 공양하였습니다. 세존께서는 제가 지나간 옛날에 소금이 없는 쌀기름을 보시한 인과의 업연을 받들어 보시하였고 이 일을 까닭으로 저는 다시 받들어 청하여 세존과 승가께 3개월을 공양하였으며, 한 명, 한 명의 필추에게 모두 백천의 값인 의복을 보시하였고, 1구지의 기름병으로 연등회를 지었으나, 세존께서는 마땅히 미래에 무상정등각(無上正等覺)을 이룬다는 부처님의 수기를 받지 못하였습니다. 원하건대 제가 성불하여 마땅히 인도하는 상수가 된다는 세존의 수기를 받게 하십시오."

세존께서 말씀하셨다.

"대왕이여. 무상정등각은 깊고 깊어서 헤아리기 어렵고, 깊고 깊어서 비추어 보기 어려우며, 이해하기가 어렵고 깨닫기 어려우므로 능히 나아갈 수 없습니다. 미묘하여 알기 어려우므로 지혜로운 자가 깨닫는 것이고, 어리석은 범부가 알 수 있는 것이 아닙니다. 한 번의 보시로 쉽게 얻을 수 없고, 백 번의 보시와 천 번의 보시와 백천의 보시로써도 능히 얻을 수가 없는 것입니다. 대왕이여. 그러므로 만약 즐거이 무상등정각을 구하신다면 마땅히 여러 종류의 보시를 베풀어 행하고, 여러 복리(福利)를 닦으며, 선지식을 친근히 하고, 겸손하게 하심(下心)하여 공경한다면 모두가 성불하여 구제하는 상수의 기약을 얻을 수 있습니다."

이때 대왕은 세존의 이러한 말씀을 듣고 눈물을 흘리고 슬프게 울면서 옷으로 눈을 닦으면서 합장하고서 세존께 아뢰어 말하였다.

"대덕이신 세존이시여. 과거에 무상등정각을 구하시던 때에 무슨 물건 등을 보시하셨고 무슨 복업을 닦으셨습니까?"

세존께서 대왕에게 알리셨다.

"잠시 나머지의 겁(劫)들은 그만두고 이 현겁의 가운데에서 무상등정각을 구하기 위한 까닭으로 보시한 물건들과 닦았던 여러 복업을 내가 지금 간략히 말하겠습니다. 왕께서는 지금 자세히 듣고 지극히 잘 생각하십시오.”

세존께서 대왕에게 알리셨다.

“지나간 오랜 옛날에 인간의 수명이 무량세(無量歲)일 때에 왕이 있어 장정(長淨)이라고 이름하였습니다. 왕의 정수리에 혹이 생겨났는데, 매우 유연하여 오히려 솜과 같았고, 혹이 성숙되어 저절로 터지면서 한 사내아이가 태어났습니다. 얼굴과 용모가 단정하여 매우 애락(愛樂)하였고, 희지도 않고 검지도 않았으며 진금색(眞金色)과 같았고, 머리는 일산(日傘)과도 같았으며 손과 팔뚝은 가늘고 길었으며, 이마는 넓고 반듯하였고, 눈썹은 이어져서 달과 같았으며, 코는 높고 오뚝하여 32대장부상을 갖추고 있었습니다.

태어나고서 궁전에 들어갔는데 궁중에 있는 8만 4천의 채녀들이 멀리서 왕자를 보자 젖이 모두에게서 흘러나왔고 모두가 각각 ‘내가 왕자를 기르겠다.’고 원하였으므로 곧 이것을 인연으로 낙양(樂養)이라고 불렀고, 정수리에서 태어났던 까닭으로 정생(頂生)이라고도 이름하였습니다. [『아급마경(阿笈摩經)』의 「왕법상응품(王法相應品)」 가운데에서 자세히 말한 것과 같다.]

정생(頂生) 왕자가 여러 동자들과 유희하던 시간에 여섯의 천제석이 목숨을 마치는 과보가 지나갔고, 뒤에 태자가 되었는데 다시 여섯의 천제석이 목숨을 마치는 과보가 지나갔으며, 왕위에 올라서는 다시 여섯의 천제석이 목숨을 마치는 과보의 시간을 지내면서 섬부주(贍部洲)에서 법으로써 세상을 교화하였으므로 궁전 안에는 천의(天衣)가 비처럼 내렸고 궁전 밖에는 금보(金寶)가 비처럼 내렸습니다. 이때 광엄성(廣嚴城)의 옆에는 다섯 선인(仙人)이 있어 추면(醜面)이라고 이름하였습니다. 기거하는 곳에는 여러 새들이 어지럽게 울고 있었으므로 선인들은 참지 못하고 마침내 주술을 사용하여 그 새들의 날개를 모두 떨어뜨렸습니다. 이때 만타다왕(曼陀多王)은 듣고 생각하며 말하였습니다.

“이 자들은 자비심이 없는데 어찌 이곳에 머물도록 허락하겠는가?”

곧바로 그 경계 밖으로 내쫓아서 나가게 하였고 선인은 이렇게 생각하였습니다.

'왕은 4천(天)을 다스리므로 우리는 어느 곳에서 기거할 것인가?'

곧 묘고산(妙高山)으로 갔고 산의 하층(下層)에 살았습니다. 이때 왕은 뒤에 서구타니(西拘陀尼)에 이르러 머무르면서 여섯의 천제석이 목숨을 마치도록 지냈고, 동불파제(東弗婆提)와 북구로주(北俱盧洲)에서도 역시 이와 같이 지내면서 이렇게 스스로 다스리고 교화하였으며, 칠중금산(七重金山)에서도 각각 역시 여섯의 천제석이 숨을 마치도록 지내면서 다스리고 교화하였습니다. 이때 수미산(須彌山)의 꼭대기에 올라갔는데, 그 선인들이 주술로 왕의 군대를 제지하였으므로 모두가 움직이지를 못하였습니다. 이때 약차가 있어 공거(空居)라고 이름하였고, 항상 앞서서 가고 있었으므로 선인의 이 일을 보고 가타를 설하였습니다.

청정한 선인이여. 노여움을 멈추기를 청합니다.
일체를 얻고 성취하는 것이 없더라도
이 사람은 만타다대왕(曼陀多大王)이므로
광엄성의 여러 새들과는 같지 않습니다.

이때 왕이 물어 말하였습니다.
"누가 군대를 제지하고 있는가?"
대답하여 말하였습니다.
"대선(大仙)이 금지(禁止)시키고 있습니다."
왕이 다시 물어 말하였습니다.
"이 선인은 무슨 물건을 애락하는가?"
대답하여 말하였습니다.
"사람의 머리카락을 좋아합니다."
이때 왕은 곧 주문을 설하여 말하였습니다.
"원하건대 그 선인은 머리카락이 없어져서 나의 시종이 되게 하십시오."

이렇게 원(願)을 지었으므로 그 선인은 머리카락이 스스로 떨어졌고 손에 활과 창을 쥐고서 앞에서 달리고 있었습니다. 왕의 여보(女寶)가 알려 말하였습니다.

"대왕이시여. 이 사람은 선인으로서 잘못이 없습니다. 바라건대 왕께서는 놓아주십시오."

왕은 이 말을 듣고서 곧 그 선인을 놓아주었습니다. 이때 선인은 마음에 큰 후회가 생겨났고 곧 계행을 지녔으므로 오래지 않아서 5신통을 얻었습니다. 이때 난타(難陀)와 오파난타(鄔波難陀) 용왕은 그 대왕과 여러 군대를 보고 이렇게 생각을 지었습니다.

'이들은 아수라(阿修羅)이다.'

곧 사병(四兵)을 모았으나 와서 이 만타다왕을 보고 병사들은 모두 흩어져 달아났고, 그 사대약차도 이것을 보고 역시 모두 달아났고 아울러 사천왕의 처소로 나아가서 알려 말하였습니다.

"대왕이시여. 지금 사사(四事) 대군(大軍)이 와서 이르렀고 우리들은 모두 격퇴를 당하였습니다."

알려 말하였습니다.

"이 자는 만타다왕이고 큰 복덕을 얻었으며 제석궁(帝釋宮)이 있는 곳으로 오려고 하므로 우리들은 함께 대적할 수가 없다. 그대들은 나와 함께 여러 향과 꽃과 여러 종류의 공양구(供養具)를 가져다가 앞에 맞아들이고 보고서 안부를 묻고 곧 함께 제석천궁으로 가도록 하자. 제석천이 만약 본다면 곧 자리의 반을 내어주고 자리를 나누어 앉을 것이다."

이때 아수라들은 사병과 함께 제석궁이 있는 곳으로 갔고, 약차도 또한 와서 그 제석천에게 알렸습니다.

"그 아수라들은 사병의 군대를 데리고 땅으로부터 솟아 나와서 이미 다섯 곳을 깨뜨렸으니 반드시 준비해야 합니다. 오직 바라건대 천주(天主)께서는 그것을 아시고 마땅히 미리 대비하십시오."

이때 제석천이 곧 가서 대적하고자 하였으므로 그 만타다왕이 제석천에게 알려 말하였습니다.

"그대는 잠시 머무르시오. 내가 가서 대적하겠습니다."

대답하여 말하였습니다.

"알겠습니다."

이때 만타다왕은 곧 18만의 정력(精力)적인 장사(壯士)를 거느리고 허공으로 올라가서 떠나가면서 각자가 서로 함께 말하게 하였습니다.

"큰 소리를 질러라. 우리들은 대위력의 장사들이다."

그 아수라들은 공중에서 18만의 힘센 장사들이 이와 같이 소리를 짓는 것을 보고 모두가 귀를 막고서 흩어져 달아났습니다. 이때 정생왕은 다시 이렇게 생각을 지었습니다.

'내가 마땅히 이곳에 머무르면서 섬부주의 사람들을 치성하고 풍요로웠으며 나아가 3주(洲)를 모두 나에게 귀속시켰다. 지금은 반드시 제석천의 지위를 취하여 인간과 천상의 주인이 되어야겠다.'

이렇게 생각을 지었으므로 곧바로 신통력을 잃었으며 섬부주에 떨어져서 큰 질병에 걸렸습니다. 왕은 곧 가타를 설하여 말하였습니다.

억(億)의 많은 재물이 있더라도
탐욕으로 만족할 줄을 모르면
즐거움은 적고 고통은 많나니
지혜로운 사람은 능히 멀리 떠난다네.

설령 천당(天堂)의 즐거움을 받더라도
마음에 즐거움은 역시 만족하지 않나니
열락(悅樂)의 끝을 알고자 하는 자는
오직 세존의 성문제자들이라네.

비유하면 금산(金山)이 모인 것과 같고
역시 설산왕(雪山王)과도 같으나
한 사람도 오히려 만족하지 않나니

지혜로운 자는 이와 같이 이해한다네.

이 고통의 뿌리를 보았던 인연으로
모든 욕심은 즐거운 것이 아니고
사람의 화살은 바로 이 음근(蔭根)이나니
마땅히 함께 계율의 가르침을 배울지니라.

이때 왕은 이 가타를 말하고서 큰 보시를 지었고 다시 가타로서 설하여
말하였습니다.

나는 짧은 수명의 몸이
내세에 반드시 고통을 부르는 것을 알았으니
지금은 반드시 공덕을 지어서
이로써 내세의 즐거움을 부르리라.

만약 즐거이 복업을 닦는 사람이라면
자신의 힘과 분수를 따라서 베풀 것이고
즐거이 복업을 닦는 사람이라면
현세와 후세(後世)에 즐거움을 받으리라.

이때 세존께서 대왕에게 말씀하셨다.
"그대의 뜻은 어떠합니까? 그때의 만타다왕은 곧 나의 몸입니다. 내가
그때에 이와 같이 유정들을 이익되게 하였으나 오히려 능히 무상정각을
얻지 못하였는데, 하물며 적은 보시로 얻겠습니까? 그러므로 무상각을
얻은 것은 이러한 인(因)을 연(緣)한 생사의 과보가 있는 것입니다."

근본설일체유부비나야약사 제13권

삼장법사 의정 한역
석보운 번역

미시박다라왕(尾施縛多羅王)의 인연

세존께서는 다시 대왕에게 알리셨다.

"그대는 마땅히 잘 들으십시오. 지나간 옛날에 내가 무상정각을 구하면서 유정들을 이익되게 하였는데, 전륜성왕이 있어 대희견(大喜見)이라고 이름하였습니다. 7보를 구족하였고 4신통을 얻었으며, [『장아급마경(長阿笈摩經)』의 63품(品) 가운데에서 이미 자세하게 분별되어 있다.] 이때 희견왕은 두 배로 정법을 즐겨하여 500의 독각에게 음식을 받들어 공양하였고, 독각에게 각각 별도로 한 벌의 상묘한 모직물을 보시하고 가타로 설하여 말하였습니다.

이미 넓고 큰마음을 증득하였어도
그대는 방일하지 않을 것이며
계율을 지키는 사람에게 베푼다면
보시는 반드시 더욱 늘어나리라.

이 베푸는 사람은 밝게 통달하였고
신심으로 해탈을 얻을 것이며
죄 없는 마음을 증득한 까닭으로

마땅히 태어나면 쾌락을 얻으리라.

그때 세존께서 대왕에게 알리셨다.

"다르게 생각하지 마십시오. 그때 7보를 구족하였고 4신통(神通)을 얻었던 전륜왕은 바로 나의 몸입니다. 나는 그때에 이렇게 보시하였고, 비록 무상정등정각을 얻지는 못하였으나, 이 인연을 위하여 선근을 쌓았습니다. 이것을 까닭으로 지금에 정각을 이루고 얻었습니다."

세존께서는 다시 대왕에게 알리셨다.

"나는 무상정각을 구하기 위하여 보시(捨施)하는 공덕을 지었는데, 그대는 마땅히 자세히 들으십시오. 지나간 옛날에 바라문이 있어 시지(時至)라고 이름하였습니다. 그는 큰 호족의 종족으로 항상 보시를 행하면서 여러 바라문에게 보시하였고, 84만의 큰 코끼리를 이용하여 금으로 장엄하고, 모든 코끼리에게 청정한 금깃발을 덮었으며, 금그물을 늘어뜨렸고, 모든 것을 금으로 장엄한 이러한 코끼리를 바라문들에게 보시하였습니다. [『비라마경(毘羅摩經)』 가운데와 『중아급마경(中阿笈摩經)』에서 설한 것과 같다.] 이러한 공덕을 짓고 가타를 설하여 말하였습니다."

보시하고서 그가 즐거운 것을 원하고
나는 보시하여 무외(無畏) 머무르며
보시로써 세간의 천인과
여러 사람들에게 공양한다네.

만약 일체의 즐거움을 구한다면
보시하고 무외에 머무른다면
능히 해탈을 구할 수 있으며
크게 부유하여 사람의 주인이 되리라.

세존께서 대왕에게 알리셨다.

"지나간 때에 큰 호족의 바라문으로 84만의 금으로 장엄한 코끼리를 보시하였던 자는 곧 나의 몸입니다. 나는 그때에 보시하였던 까닭으로 곧 무상정각을 증득하지 못하였으나, 오히려 그 인연으로 바른 신심이 있었으며, 이러한 까닭으로 지금에 공덕이 원만해졌고 나아가 무상정등정각을 얻었습니다.

다시 다음으로 대왕이여. 내가 무상정등정각을 구하면서 능히 보시를 행하고 복과 이익을 지은 때를 대왕께서는 잘 들으십시오. 지나간 옛날에 전륜왕이 있어 길승(吉勝)이라고 이름하였고, 4주(洲)를 통솔하며 다스렸으며, 7보를 구족하였고, 3신통이 있었으나 자식이 없었으므로 아들을 구하는 인연을 까닭으로 일천의 방편을 짓고자 사념(思念)하였습니다. 그때 한 사람이 있었고 와서 왕에게 아뢰어 말하였습니다.

"다자(多子)라고 이름하는 약이 있는데, 궁인(宮人)이 먹는다면 곧 마땅히 아들이 있을 것입니다."

그 왕은 다자라는 약이 있다는 말을 듣고 곧 구하여 찾았습니다. 뒤의 때에 왕은 이 약을 얻었고 그것을 곱게 갈아서 궁인에게 들여보내어 마시게 하였으므로 곧바로 임신하였습니다. 그 왕비는 이러한 일을 알지 못하였고, 달이 차서 아들을 낳았는데 모습과 얼굴이 단엄하였으며, 얼굴은 사자와 같았고 나라연(那羅延)[1]의 힘이 있었습니다. 여러 권속들을 모으고서 생일잔치를 열고 모초(茅草)라고 이름을 지어주었습니다.

그때 왕자 앞에 자연히 묘한 소라와 륜(輪)이 나타났는데, 왕자가 그 소라를 불거나 때리는 때에 외국의 군대가 듣는다면 모두 물러나서 달아났고, 혹은 듣는 자가 있다면 곧바로 귀머거리가 되었습니다. 만약 륜을 굴리는 소리를 들으면 사람들은 모두 달아나서 숨거나 혹은 집안이나 굴로 뛰어들었습니다. 왕자는 국경 밖의 나라들을 항복받았고 여러 왕들에

---

1) 산스크리트어 nārāyaṇa의 음역으로 비슈누(viṣṇu)의 다른 이름이다. 또는 나라연나(那羅延羅)라고도 한다. 견고(堅固)·구쇄역사(句鎖力士)·인생본(人生本)이라 한역한다. 천상(天上)에 있는 역사(力士)의 이름으로 그 힘의 세기가 코끼리의 백만 배나 된다고 한다.

게 조복받고서 부왕(父王)에게 와서 알려 말했습니다.

"대왕이시여. 국경 밖에 있는 나라 왕들을 제가 모두 항복시켰습니다."

부왕은 듣고 매우 크게 환희하며 곧 이웃 나라에서 태자의 비(妃)를 맞이하여 좋은 날을 점쳐서 여러 권속들을 모으고 혼례를 시켰으나, 그 나라의 왕녀(王女)는 태자의 모습과 얼굴이 무서운 것을 보고 두려워서 곧 달아났습니다. 이때 태자는 곧 손에 소라와 륜(輪)과 칼을 지니고 왕녀를 뒤쫓아 가다가 길에서 왕가(王家)에서 소유한 코끼리와 말이 사자에게 잡아먹히는 것을 보았습니다. 이때 코끼리와 말을 지키는 사람들이 함께 와서 태자에게 말하였습니다.

"지금 코끼리와 말들이 사자에게 잡아먹히고 있습니다. 바라건대 구해 주신다면 저희들은 스스로가 개인적으로 소유하고 있는 코끼리와 말들을 여섯으로 나누어 그 가운데 한 몫을 태자께 드리겠습니다."

이때 태자가 곧 소라를 불어서 소리를 일으키자 사자와 호랑이와 늑대들이 모두 달아났습니다. 이에 태자가 여러 사람들에게 알려 말하였습니다.

"내가 합당하게 얻은 6분의 1의 코끼리와 말을 내가 돌아갈 때까지 맡겨 두겠습니다."

이렇게 알리고서 다시 왕녀를 뒤쫓아 갔습니다. 태자의 권속들은 병사들을 데리고 다시 태자의 뒤를 쫓아가서 태자에게 알려 말하였습니다.

"궁으로 곧 돌아가십시오. 만약 반드시 가고자 한다면 이 병사들을 데리고 태자비의 집으로 가십시오."

태자가 알려 말하였습니다.

"나는 지금 혼자 떠나겠소. 병사들을 데려가지 않겠소."

이렇게 말하고서 병사들을 돌려보냈고 태자는 혼자 갔고 뒤의 때에 태자비의 나라에 도착하였습니다. 태자비의 아버지는 보고서 태자에게 알려 말하였습니다.

"나의 딸을 데리고 떠나게."

공주를 얻고 곧 돌아가면서 그 코끼리를 조련시키는 곳에 이르러 코끼리 조련사에게 말하였습니다.

"나에게 맡겨놓은 6분의 1의 코끼리를 주시게."
그 코끼리 조련사가 대답하여 말하였습니다.
"코끼리가 바람에 날려서 날아가 버렸습니다."
이때 태자가 가타를 설하여 말하였습니다.

치성하고 젊은, 미치고 술에 취한
그 코끼리가 바람에 날려갔으니
하물며 다시 소나 양 등이겠는가!
마음으로 생각한다면 반드시 스스로 알게 되리라.

이때 태자는 그때 목욕하고서 몸에 여러 향과 약을 바르고 거울을 취하였고 나아가 얼굴을 비추어 보고 두려웠으므로 이렇게 생각을 지었습니다.

'나의 얼굴이 이와 같고 사람들이 나를 보고 있는데, 나는 지금 이 몸을 어디에 사용하겠는가? 마땅하게 반드시 스스로를 해쳐야겠다.'
곧 숲으로 들어가 스스로 몸을 해치고자 하였습니다. 이때 천제석이 태자를 관찰하여 이 현겁의 가운데에서 보살이 만약 스스로가 몸을 해친다면 반드시 큰 고통을 받을 것이고, 자신이 태자를 만약 단정하게 변화시킨다면 곧 태자 스스로가 죽지 않을 것을 보았습니다.
이때 천제석은 소라껍질과 같이 굽은 태자 머리카락의 가운데에 보주(寶珠)를 주어서 얹게 하였으므로, 태자는 천인과 같아져서 모습과 얼굴이 단엄하여졌으며 7보를 갖추게 되었습니다. 뒤에 부왕이 돌아가시고 태자가 왕위를 이어서 4천하를 다스리며 여법하게 주지(住持)하였는데, 7보를 구족하였고 큰 위력이 있는 전륜성왕이 되었습니다. 60만의 성에 모두 의당(義堂)을 세웠고, 세속의 법에 의지하여 제사를 지냈으며, 많은 시간을 보내면서 오로지 보시를 닦았고 백천 세(歲)가 지나도록 여러 바라문에게 보시하고서 가타를 설하여 말하였습니다.

만약 많은 것이 있어서
여러 천인과 인간이 수용하더라도
보시의 뜻을 일으키지 못한다면
재물이 많더라도 희사(喜捨)하지 못한다네.

미혹한 사람은 탐욕에 집착하여 머무나니
세존께서 태어나시면 빠르게 보시하고
무기를 지녔다고 용감한 것이 아니며
능히 보시하는 마음이 용맹함이라네.

세존께서 대왕에게 알리셨다.

"나는 그때 모초(茅草)라고 이름하는 전륜왕이 되어 60만의 의당을 두었고 제사를 지냈으며 법을 보시하면서 널리 공덕을 닦았던 것입니다. 대왕께서는 다르게 생각하지 마십시오. 그가 곧 나의 몸이었고, 마땅히 그때에는 모초전륜왕이라 이름하였으며, 이와 같이 60만의 성에서 모두 세속의 법에 의지하여 제사를 지내는 사당을 짓고 모두에게 보시하며 두루 복업을 닦았던 것입니다."

세존께서 대왕에게 알리셨다.

"나는 보시하는 인연을 지었고 나아가 무상정등각을 이룬 것입니다. 대왕이여. 다르게 생각하지 마십시오. 나는 이러한 복을 닦아서 무상의 정각을 증득하였는데 인연이 까닭이 되었고, 신근(信根)이 까닭이 되었던 선근(善根)을 쌓았습니다. 다음으로 대왕이여. 나는 다시 무상정등각을 구하기 위하여 보시를 행하였고 복을 닦았습니다. 대왕께서는 자세히 들으십시오.

지나간 옛날에 왕이 있어 삼라마등가(三螺摩騰迦)라고 이름하였고, 여러 권속들이 있어서 백천으로 둘러싸여 있었습니다. 그 왕은 마음에서 자비를 행하여 유정들을 이익되고 즐겁게 하였으므로 나라가 기아(飢儉)이면 왕이 진실한 말로써 서원하면 하늘에서 곧 비가 내렸습니다. 이런 까닭으로 그 나라는 항상 풍년이 들었습니다. 그 왕은 뒤에 왕위를 버리고 출가하여 선인(仙人)을 따라다니면서 오신통(五神通)을 획득하였습니다.

이때에 바라니사에는 범덕(梵德)이라는 이름의 왕이 있었는데, 그 왕위에 바르게 머물러 백성들은 더욱 번성하였으며 풍요롭고 안락하였습니다. 점술사는 점을 쳐서 앞으로 12년 동안 하늘에서 비가 내리지 않을 것이라고 하였습니다. 왕은 북을 쳐서 널리 명령하여 여러 백성들에게 알렸습니다.

"만약 능히 12년 동안의 양식을 준비할 수 있다면 이 나라에 머무를 수 있으나, 만약 능히 그럴 수 없다면 마음대로 어디든지 가시오."

나라 안의 여러 백성들은 함께 서로가 논의하였습니다.

"지금 이미 굶주리고 있으니 무슨 계교를 지어서 다른 곳으로 가야합니다."

그 가운데 있던 어느 사람이 말하였습니다.

"내가 들으니 마등가국의 경계에 선인이 있는데, 그가 진실한 말로 서원을 말하면 하늘에서 곧 비가 내리고 매번 항상 풍년이 들어 양식이 충족된다고 합니다."

이때 여러 사람들은 음식이 부족한 까닭으로 모두 마등가국에 의탁하였습니다. 마등가국에는 부왕이 출가하였고 태자가 왕위에 있었으므로 소유한 백성들과 의탁하여 오는 백성들에 12년 동안 식량을 공급하여 모두를 충족시켜 주었습니다. 한편 범덕왕은 여러 신하들에게 물었습니다.

"내 나라의 백성들은 지금 어느 곳에 있소?"

대신이 대답하여 말하였습니다. [자세한 설명은 앞에서와 같다.]

"마등가 선인의 나라 안에 있습니다."

그 왕이 다시 여러 신하들에게 알렸습니다.

"지금은 기근이어서 말겁(末劫)의 때와 같소. 우리가 무슨 방편을 지어야 이 고통에서 벗어날 수 있겠소?"

여러 신하들이 대답하였습니다.

"마등가천(摩騰迦天)은 지금 출가하여 그 선도(仙道)를 증득하였으므로 마땅히 청하고 맞아들이십시오."

범덕왕은 곧 마등가 선인의 처소에 나아가서 청하면서 아뢰어 말하였습니다.

"나의 나라는 극심한 기근으로 오히려 말겁과 같습니다. 오직 바라옵건대 대선께서는 내 나라에 강림하시어 진실한 말로써 서원하여 주십시오."

이때 선인은 청을 받아들였고 곧 범덕왕의 나라로 가서 진실한 말로 서원하였습니다.

나는 태어나 전다라(旃陀羅)로 있으면서
역시 악심으로 손해시키려는 마음이 없었으니
삼라(三螺)가 말하는 것을 널리 마땅히 알고
여러 천상과 인간은 모두가 보아라.

이와 같이 나는 지금 진실한 말로
자심(慈心)을 훈수(熏修)하여 이미 오래 행하였나니
널리 법계(法界)의 여러 중생들을 위하여
용은 비를 내려서 굶주린 사람들을 구제하기 바라느니라.

태어난 이후부터 선(善)을 닦아 왔던 것은
오래 익혔던 자심을 애민하게 생각하는 까닭이었나니
이러한 무량한 진실한 말로써
용은 마땅히 비를 내려서 중생들을 구제하라.

이때 선인이 이러한 서원을 마쳤는데, 때에 맞게 바라니사의 하늘에서 큰 비가 내렸고, 기근이 멈추고 풍년이 들었으며, 이전에 마등가국으로 갔던 자들은 모두 돌아와서 함께 옛일을 계속하였습니다."

세존께서 대왕에게 알리셨다.

"지나간 때의 삼라마등가왕은 곧 나의 몸입니다. 나는 지나간 과거에 마음으로 자비와 연민을 행하였고 유정들을 이익되게 하였으므로, 만약 진실한 말로 발원하면 하늘에서 곧 비를 내려서 능히 기근을 없앨 수 있었고, 항상 풍년이 들었던 것입니다. 대왕이여. 나는 옛날에 보시하였던 까닭으로서 무상보리를 증득하였던 것이 아니고, 다시 무량한 복덕의 인연을 닦았기 까닭으로 선근이 쌓였으며, 바른 신심을 일으켰던 까닭으로 무상정등보리를 증득하였던 것입니다.”

세존께서 대왕에게 알리셨다.

“나는 무상보리를 구하였던 까닭으로 보시를 행하였고 여러 복업을 짓고 닦았습니다. 대왕께서는 자세히 들으십시오. 지나간 옛날에 미지라국(彌地羅國)에는 전륜왕이 있어 대천(大天)이라고 이름하였습니다. [나는 『중아급마경(中阿笈摩經)』에서 이미 자세히 설하였습니다.] 그 왕은 스스로가 자신에게 크게 수용함이 있는 것을 보았고 여러 제사를 지내는 법을 짓고서 가타로 설하여 말하였습니다.

마음에서 큰 부유함을 구한다면
천상(天上)과 인간에게
힘을 따라서 마땅히 보시할 것이니
빈궁함을 두려워하는 까닭이라네.

보시하는 자는 떠받들어지고
뒤에 반드시 하늘의 공양을 받으며
인(人)이나 비인(非人)이 귀의하여
비가 내리듯이 열매를 이룬다네.”

세존께서 대왕에게 알리셨다.

“다르게 생각하지 마십시오. 그때의 대천전륜왕은 확실히 선도(善道)를 향하여 항상 범행을 닦아서 8만 4천의 생(生)의 가운데에서 항상 전륜왕이 되었습니다. 대왕께서는 다르게 생각하지 마십시오. 그때의 전륜왕은 곧 나의 몸입니다. 다음으로 대왕이여. 내가 어찌 이러한 보시로써 무상각을 증득하였겠습니까? 다시 무량한 복업의 인연을 닦았고 선근을 쌓았으며 바른 신심을 일으켰던 까닭으로 무상정등정각을 증득하였습니다.”

세존께서 대왕에게 알리셨다.

“나는 무상보리를 구하였던 까닭으로 보시를 행하였고 여러 복업을 짓고 닦았습니다. 대왕께서는 자세히 들으십시오. 지나간 옛날에 미지라성(彌地羅城)에 전륜왕이 있어 니미다(尼彌多)라고 이름하였습니다. [나는 역시 이전에 『아급마경(阿笈摩經)』에서 자세히 설하였습니다.] 그 왕은 스스로가 자신에게 크게 수용함이 있는 것을 보았고 세속에서 제사를 지내는 법으로 일체를 보시하고서 가타로 설하여 말하였습니다.”

만약 선법(善法)을 짓는 것을 보았다면
다른 사람을 따라서 선을 지을 것이니
게을러서 짓지 않는 사람은
이자는 비천한 장부라네.

이때 제석천주가 니미다왕에게 알려 말하였습니다.

“그대는 나의 궁궐로 와서 나의 5욕천(欲天)의 즐거움을 받고 환희하게 유희하면서 뜻에 따라서 즐거움을 받으시오.”

이때 왕은 곧 가타로 대답하여 말하였습니다.

다른 사람에게서 물건을 빌린다면
기한에 의지하여 결국 반드시 돌려주는 것과 같이
천상의 즐거움도 역시 이와 같아서
오히려 잠시 물건을 빌리는 것과 같다네.

나는 미지라성으로 돌아가서
여러 복업을 많이 짓고서
마땅히 내세에는 그 궁전 안에서

복을 잇고 천상에 태어나겠네.

이때 왕은 미지라의 본성(本城)으로 돌아가서 보시를 행하였고 여러 복업을 짓고서 가타로 설하여 말하였습니다.”

착한 당신은 보시를 행함을 찬탄하고
때를 따라서 보시를 행하나니
찰제리와 바라문과 벽사(薜舍)와
전다라(旃茶羅)와 술달타(戌達陀)에게

기근의 때에도 보시를 행하고
행하는 사람은 충족되게 하여
마땅히 악취의 가운데를 벗어나고
반드시 천상에 태어난다네.

지혜로운 사람은 이러한 덕을 알고
보시하는 사람은 능히 베푸는 것을 알며
보시로 까닭으로 해탈을 얻어서
부귀하고 천상에 태어난다네.

세존께서 대왕에게 알리셨다.
“다르게 생각하지 마십시오. 지나간 때의 니미다 전륜왕으로 삼십삼천에 가서 제석천의 청으로 자리를 반으로 나누어 앉아서 오욕락을 받았으나 오히려 미지라성의 성문(城門)에 제당(祭堂)을 설치하고 법에 의지하여 제사를 지냈고 보시를 행하였고 여러 복업을 닦은 사람은 곧 나의 몸입니다.”
세존께서 대왕에게 알리셨다.
“오직 이러한 보시를 행한 복업으로 정각을 증득하였던 것은 아닙니다.

대왕께서는 다르게 생각하지 마십시오. 보시를 행하였던 까닭으로, 바른 신심을 일으켰던 까닭으로, 선근을 쌓았던 까닭으로 지금에 정각을 이루었습니다."

세존께서 말씀하셨다.

"대왕이여. 나는 무상보리를 구하였던 까닭으로 보시를 행하였고 여러 복업을 닦았습니다. 왕께서는 지금 자세히 들으십시오. 지나간 옛날에 왕이 있어 아난타(阿難陀)라고 이름하였습니다. 왕에게는 다섯 아들이 있었는데, 그 중에서 가장 어린 아들을 경면(鏡面)이라고 이름하였습니다. 뒤의 때에 대왕은 몸에 병이 있어 의사가 처방하여 뿌리·줄기·잎·가지·열매 등의 여러 종류의 약으로 치료하였으나 결국 치료되지 않고 오직 더욱 깊어졌습니다. 목숨을 마칠 때에 이르러 급하게 여러 신하들을 불렀습니다.

"내가 지금 죽을 것이니 반드시 다른 왕을 세우시오."

신하들이 물어 말하였습니다.

"누구를 세우고자 하십니까?"

알려 말하였습니다.

"복덕이 있는 자이고, 천분(天分)이 있는 자이며, 보배 신발을 신어도 궁인들의 말을 수용하는 자이고, 여섯의 창고를 보는 자로서 안에 있는 창고·밖에 있는 창고·안팎에 있는 창고·나무 사이에 있는 창고·산속에 있는 창고·물 사이에 있는 창고를 보는 자를 왕으로 세울 수 있소."

이렇게 말하고서 목숨을 마쳤고 여러 신하들은 어느 아들이 감당할 수 있는가를 시험하였는데, 오직 가장 어린 경면 왕자가 왕위를 감당할 수 있었습니다. 천분이 있었고 이미 보위(寶位)에 오르자 아울러 보배 신발을 주어서 궁 안으로 들어가도록 하였는데 여러 궁인들이 보고 모두가 공경하였습니다. 여섯의 창고는 [앞에서 말한 것과 같다.] 창고와 나아가 나무 사이에 있는 창고는 왕이 나무 아래에 머무르니 아래에 창고가 생겼고, 산간(山間)이나 왕의 동산에서도 이와 같았으며, 물속에 있는 창고도 왕이 땅과 물 사이에서 유희하자 곧 이때 창고가 있었습니다.

　많은 신하들은 경면 왕자에게 이러한 과보가 있음을 보고 존중하여 귀하고 수승하게 곧 왕으로 세웠습니다. 이에 왕위를 잇고서 법으로써 나라를 다스렸으며, 국내에 기근이 있었으므로 12년 동안을 세속의 법에 의지하여 제사를 지냈고, 일체를 사람들에게 베풀었으며, 스스로가 쾌락을 알고서 가타로 설하여 말하였습니다."

　법으로써 재물을 얻은 사람이고
　지혜로운 사람은 쌓아두지 않고서
　베푸는 것을 지계라고 이름하며
　보시를 받을 사람에게 베풀어 준다네.

　사문과 바라문과
　가난한 사람들을 충족시켰으니
　이 몸을 버리고 죽은 뒤에는
　반드시 천상에 태어나리라.

　총명하게 통달하여 이와 같이 이해하고
　바른 신심으로 해탈을 생각하면서
　보시를 행하는 것에 용맹스럽고
　아낌없이 항상 보시를 행하겠노라.

　세존께서 대왕에게 알리셨다.
　"다르게 생각하지 마십시오. 그때의 왕은 곧 나의 몸입니다. 나는 그때에 경면왕(鏡面王)이라고 이름하였고, 12년 가운데의 기근을 까닭으로 널리 일체의 유정들에게 은혜롭게 보시하여 필요한 것을 수용하게 하였으며, 세속의 법으로 제사를 지내어 모두에게 능히 베풀어 주었는데, 곧 나의 몸이었습니다. 다만 보시를 행하였던 복업으로 무상보리를 증득한 것은 아니었습니다. 대왕께서는 이러한 견해를 짓지 마십시오. 경면은 보시를 행하였던 까닭으로, 바른 신심을 일으켰던 까닭으로, 선근을 쌓았던 까닭으로 지금에 정각을 이루었습니다.

다시 대왕이여. 나는 무상보리를 구하였던 까닭으로 보시를 행하였고 복업을 지었으며, 정진바라밀(精進波羅蜜)을 일으켰습니다. 왕께서는 지금 자세히 들으십시오. 지나간 옛날에 반차라국(般遮羅國)에는 두 사람의 왕이 있었는데, 한 사람은 북쪽 경계에 있었고, 다른 한 사람은 남쪽 경계에 있었습니다. 북쪽 경계에 있는 왕은 재(財)라고 이름하였고, 성(城)은 용각(龍閣)이라 이름하였습니다. 그 왕은 법으로써 세상을 교화하여 백성들은 치성하였고, 풍요롭고 안락하였으며, 여러 거짓과 도둑과 질병이 없었고, 소와 양과 벼와 감자가 여러 곳에 충만하였습니다.

그 왕은 법으로써 나라를 다스렸는데, 성의 옆에는 큰 연못이 하나가 있어 오발라화(烏鉢羅花) 등이 그 위에 가득 덮고 있었으며, 다시 여러 종류의 새들이 있었습니다. 그 연못 안에는 묘생(妙生)이라고 이름하는 한 새끼용이 있어서 때가 가면 구름을 일으켜 비를 내려주어 밭곡식을 풍성하고 익었으므로 충족되어 양식을 많이 저축하였고 모두가 보시를 행하였습니다.

그 남쪽 경계에 있던 왕은 성품(性行)이 험악하고 흉포(凶麤)하여 비법으로써 나라를 다스렸고 항상 백성들을 목에 칼을 씌워서 가두고 몽둥이로 때렸습니다. 하늘에서는 비가 내리지 않았으므로 백성들은 함께 놀라고 두려워서 북쪽 경계에 있는 용각성(龍閣城)의 가운데에 의탁하여 살아가는 것을 구하였습니다. 그 남쪽의 왕은 사냥을 인연하여 성을 나갔다가 촌락의 집들은 비어 있고 신묘(神廟)는 파괴된 것을 보고 여러 신하들에게 물어 말하였습니다.

"마을 안의 사람들은 지금 모두 어디로 갔는가?"

여러 신하들이 대답하여 말하였습니다.

"지금은 기근이고 사람들이 모두 굶주림에 허덕였으므로 북쪽 경계의 왕에게 의탁하였습니다. 대왕께서 우리들에게 두려움이 없게 하신다면 곧 인연을 갖추어서 말씀드리겠습니다."

왕이 말하였습니다.

"그대들은 두려워하지 마시오."

신하들이 대답하여 말하였습니다.

"북쪽 경계에 왕이 있어 재(財)라고 이름하고, 법으로써 세상을 교화하여 백성들은 치성하고, 풍요롭고 안락하며, 여러 거짓과 도둑과 질병이 없고, 소와 양과 벼와 감자가 여러 곳에 충만하며, 항상 여러 사문과 바라문에게 보시하기를 좋아하고, 음식과 자구(資具)들을 풍족하게 수용하고 있습니다. 대왕께서는 성품이 거칠고 악하며 백성들에게 칼을 씌워두고 몽둥이로 때리므로 백성들이 놀라고 두려워서 북쪽의 용각성으로 달아나서 의탁하고 있습니다."

왕이 말하였습니다.

"무슨 방편을 지어야 그들을 곧 돌아오고 취락에서 거주(居住)하게 하겠는가?"

신하들이 대답하여 말하였습니다.

"만약 대왕께서 그 재왕(財王)과 같이 자비와 애민을 베푸시고 중생들을 요익(饒益)하게 한다면 오래지 않아 여러 사람들이 이 성읍과 취락으로 달려오게 될 것입니다."

신하들이 다시 왕에게 아뢰어 말하였습니다.

"그 성에는 다시 좋고 묘하며 수승한 일이 있습니다. 성의 옆에는 연못이 있고, 연못의 가운데에 연꽃이 그 위에 가득 덮고 있으며, 다시 좋은 여러 새들이 있습니다. 다시 새끼용이 있어 묘생(妙生)이라고 이름하고 때에 의지하여 비를 내려주어 풍성하게 익히므로 그 나라의 백성들은 쾌락합니다."

그 왕은 다시 여러 신하들에게 알려 말하였습니다.

"무슨 방편을 지으면 그 새끼용이 이곳에 와서 머무르겠소?"

말하였습니다.

"만약 진언(眞言)을 가진 자가 있다면 곧바로 데려올 수 있습니다."

이때 왕은 곧 여러 신하들에게 명하여 북을 치고 알리게 하였다.

"만약 명주(明呪)를 지니고 있어 북쪽의 용각성 가운데에 있는 묘생이라는 새끼용을 우리나라에 데려올 수 있다면, 상으로 금을 바구니에 가득 담아 줄 것이고, 다시 크게 공급하겠노라."

이때 주사(呪蛇)라는 주술사가 있어, 신하의 처소로 와서 알려 말하였습니다.

"만약 분명히 나에게 금바구니를 주신다면 능히 주술로 묘생이라는 새끼용을 불러서 이곳에 오게 하겠습니다."

이때 여러 신하들이 곧 금바구니를 주었는데 주술사가 말하였습니다.

"기다리십시오. 내가 주술로 용을 이곳에 데려오고서 뒤에 그것을 받겠습니다."

이때 주술사는 곧 용각성 안으로 갔고 연못의 사방에서 연못의 안을 관찰하여 용이 머무는 곳을 알아내었고 돌아와서 여러 신하들에게 알려 말하였습니다.

"내가 7일이 되는 날에 반드시 새끼용을 데리고 이곳으로 오겠습니다. 그대들은 제사의 법을 지으십시오."

이때 새끼용은 그 주사 주술사가 이곳에 와서 7일이 되면 데리고 그 나라로 나아가는 것을 알았고, 무슨 계책을 지어야 부모와 친척과 권속들과 헤어지는 것을 벗어나며, 어느 곳에 의탁하여야 이러한 일을 벗어날 수 있을까를 생각하였습니다. 그 연못에서 멀지 않은 곳에는 두 사냥꾼이 살고 있었는데, 한 사람은 바라가(婆囉迦)라고 이름하였고, 다른 한 사람은 파라가(頗囉迦)라고 이름하였습니다. 생계를 꾸려가기 위하여 연못의 주변에 머물러 살면서 물과 육지에서 그물로 사냥하고 있었는데, 그 바라가는 오래되지 않아 곧 죽었습니다. 새끼용은 이렇게 생각을 지었습니다.

'파라가 사냥꾼이 살아있는 것을 보았으므로 나는 반드시 그에게 의탁해야겠다.'

그때 새끼용은 사람의 모습으로 변하여 사냥꾼의 처소로 나아가서 알려 말하였습니다.

"그대는 이 성이 누구를 까닭으로 이와 같이 백성들이 치성하고 풍요롭고 안락하며 여러 거짓과 도둑과 질병이 없고 소와 양과 벼와 감자가 여러 곳에 충만한가를 아십니까?”

사냥꾼이 대답하여 말하였습니다.

“나는 이러한 일은 모두 대왕께서 마음으로 자비와 애민함을 행하시고 일체를 요익하게 백성들을 길러주었던 것으로 알고 있습니다.”

새끼용이 알려 말하였습니다.

“그대가 말하신 것과 같이 대왕도 중요하지만 다시 다른 일의 인연이 있습니다.”

대답하여 말하였습니다.

“다시 무엇이 있습니다. 이 연못의 가운데에 한 새끼용이 있어서 때에 의지하여 비를 내려주고 있습니다. 이것을 인연하여 백성들이 치성하고 환락하며 풍요롭고 음식이 풍족한 것입니다.”

새끼용이 알려 말하였습니다.

“만약 그 새끼용이 다른 사람에게 잡혀서 부모와 권속들을 이별하고 떠나간다면 능히 무슨 일을 짓겠습니까?”

대답하여 말하였습니다.

“우리들을 능히 해칠 것입니다.”

새끼용이 알려 말하였습니다.

“그대는 묘생(妙生)이라는 새끼용을 알고 있습니까?”

대답하여 말하였습니다.

“나는 이 용을 알지 못합니다.”

알려 말하였습니다.

“내가 바로 묘생이라는 새끼용입니다. 지금 남쪽 지방의 반차라국에는 주사라고 하는 주술사가 이곳에 와서 나를 잡아서 데려가고자 결계(結界)의 법인 제사를 짓고 있고, 곧 7일 뒤에는 이곳에 와서 사방에 갈지라목(朅地羅木)의 말뚝을 박고 여러 종류의 색실로 연못의 사방에 둘러싸고 법을 지어서 반드시 나를 데리고 떠날 것입니다.

그대는 먼저 한곳에 은밀히 숨어 있으면서 멀리서 이러한 것을 지어

352

물을 휘젓는 때를 보면 곧 반드시 화살을 주술사의 중요한 곳에 쏘고 빠르게 그에게 가서 주술을 거두게 하십시오. 그렇지 않으면 그의 머리를 잘라서 땅에 떨어뜨리는데 반드시 먼저 주술을 풀게 하고 뒤에 그를 죽이십시오. 그렇게 하지 않는다면 나는 항상 그의 주술에 속박되어 죽을 때까지 벗어날 수 없습니다.”

이때 사냥꾼은 새끼용에게 알려 말하였습니다.

“만약 그대에게 홀로 이익이 되더라도 오히려 그것을 일부러 지을 것입니다. 하물며 왕성(王成)의 백성들에게 모두 이익이 되는데 내가 어찌 짓지 않겠습니까? 바라건대 걱정하지 마십시오.”

이때 새끼용은 곧 사냥꾼을 데리고 가서 그가 숨고 피할 곳을 보여주었습니다. 사냥꾼이 7일이 지나 그곳의 그가 숨을 곳으로 갔는데, 이내 주사 주술사가 곧 와서 제단을 짓고 결계하였으며, 한편으로는 주술법(呪印法)에 의지하여 사방에 말뚝을 박고 그곳에 여러 종류의 색실을 둘러쌌으며, 곧 화살을 쏘았고 빠르게 앞으로 나아가서 연못의 물을 휘저었습니다. 이때 사냥꾼은 칼을 뽑아 들고서 알려 말하였습니다.

“우리나라 안에 있는 묘생이라는 새끼용을 그대가 데리고 떠나고자 하는구나. 만약 빠르게 주술법을 풀지 않는다면 칼로 너의 머리를 베어서 땅에 떨어뜨리겠다.”

이때 주술사는 이러한 고통과 죽음을 두려워하여 곧 주술을 풀고 거두어 들였습니다. 주술이 풀리자 사냥꾼은 그의 목숨을 끊었습니다. 새끼용은 주술에서 벗어나게 되자 연못 밖으로 나와서 그 사냥꾼을 끌어안고 알려 말하였습니다.

“당신은 나의 부모입니다. 왔고 도와서 구해주셨으므로 나는 지금 부모님과 권속들과 이별하는 고통을 벗어났습니다. 당신께서는 나를 따라서 나의 궁궐 안으로 들어가십시오.”

곧 함께 새끼용의 궁전으로 갔는데 여러 종류의 묘하고 좋은 음식을 베풀어 주었고 상묘한 보배구슬을 주었으며 다시 부모에게 알렸습니다.

“이 사람은 친한 벗입니다. 제가 의탁하여 머물렀던 사람이며, 이 사람을 인연하여 애별리고(愛別離苦)를 벗어났습니다."

이때 새끼용의 부모는 곧 사냥꾼에게 애원하여 무량한 진귀한 보배를 그에게 주었습니다. 사냥꾼은 얻고서 곧 연못 가운데에서 나왔습니다. 연못에서 멀지 않은 곳에는 한 선인이 기거하고 있었는데, 숲과 과일이 무성하였고, 여러 종류의 많은 새들이 아름답게 지저귀고 있었으며, 이 선인은 자비와 연민을 즐거이 행하여 유정들을 이익되게 하였습니다. 이 사냥꾼은 매일 세 번을 그 선인의 처소에 갔고, 다시 한 때에 새끼용의 일을 갖추어 말해주었습니다. 이때 선인이 말하였습니다.

"그대는 어찌 진귀한 보배를 구걸하여 작은 소원을 수용하였습니까? 그 용궁에는 용에게 불공견삭(不空羂索)이 있는데, 어찌 취하지 않았습니까? 그대가 그곳에 간다면 이 견삭을 구하여 취하시오."

사냥꾼은 듣고서 마음에 탐애(貪愛)가 생겨나서 곧 용궁으로 갔고 이 견삭을 보고 곧 이렇게 생각을 지었습니다.

'내가 구하는 것이 이 견삭이구나.'

용궁 안으로 들어가서 또한 묘생 새끼용을 보았는데, 다시 여러 용들과 함께 어울리고 있었습니다. 용은 사냥꾼을 보고 마음에서 크게 환희하며 진귀한 보배를 베풀어 주었는데, 사냥꾼이 대답하여 말하였습니다.

"나는 보배가 충분합니다. 이 견삭(羂索)이 필요합니다."

용이 말하였습니다.

"이 견삭은 쓸모가 없습니다. 우리들은 금시조(金翅鳥)를 두려워하는 까닭으로 자신을 방어하기 위하여 이러한 견삭이 필요합니다."

사냥꾼이 대답하여 말하였습니다.

"그대는 오랜 세월에 시간이 가면 한 번에 필요하나, 나는 매일 이것을 사용합니다. 만약 은덕을 안다면 마땅히 이 견삭을 주십시오."

새끼용은 곧 이렇게 생각을 지었습니다.

'이 사람은 나에게 많은 은덕을 베풀어 주었으므로 나는 지금 부모님께 알리고서 마땅히 견삭을 주어야겠다.'

새끼용은 부모님께 알리고서 곧 그 견삭을 주었습니다. 그 사냥꾼은 견삭을 얻고 마음에서 크게 대지(大地)의 물건을 얻은 것과 같이 크게 환희하면서 연못에서 나와 집으로 돌아갔습니다. 그 성의 대왕은 왕비와 함께 희유(戲遊)하였으나 오래도록 회임(懷妊)이 되지 않았고, 이미 아들딸이 없었으므로 손으로 뺨을 괴고 스스로가 자세히 사유하였습니다.

'나에게 무량한 보배의 창고가 있으나 나에게 지금 아들이 없으니 종족이 끊어지겠구나. 여러 사람들이 마땅히 아들이 없는 것을 알게 된다면 별도의 다른 왕을 세울 것이다.'

이렇게 고민하고 있을 때에 왕의 여러 권속들과 사문과 바라문들은 모두 대왕에게 이러한 근심과 고뇌가 생겨난 것이 괴이하여 아뢰어 말하였습니다.

"무슨 일을 생각하십니까?"

왕이 갖추어서 자세히 말하였으므로 또한 왕에게 아뢰어 말하였습니다.

"반드시 천신(天神)에게 구하신다면 마땅히 곧 왕자가 있을 것입니다."

그 왕은 아들을 얻으려는 까닭으로 곧 임신(林神)·원신(園神)·사구도신(四衢道神)·수제사신(受祭祀神)·수생신(隨生神)·제천(諸天)의 선신(善神)들에게 마땅히 아들이 있기를 발원하였습니다."

세존께서 말씀하셨습니다.

"만약 이러한 일을 까닭으로 구하여 얻는다면 사람마다 모두 일천의 아들이 있을 것이다. 요컨대 세 가지의 일이 화합되어야 비로소 그 아들이 있는 것이다. 무엇이 세 가지인가? 첫째는 아버지이고, 둘째는 어머니이며, 셋째는 탐애(貪愛)가 현전(現前)하여야 나아가 아들이 있는 것이다."

그 왕이 아들을 얻고자 구함에 이르렀던 까닭으로 이때에 현겁(賢劫)의 보살이 있어서 마침내 국대(國大) 부인의 뱃속에 태(胎)를 받았습니다. 지혜로운 여인은 다섯 종류의 지혜가 있습니다. 무엇이 다섯 가지인가? 첫째는 장부에게 욕심이 있는 것을 아는 것이고, [자세한 설명은 앞에서와 같다.] 이미 잉태되었음을 환희하며 왕에게 아뢰었습니다.

"내가 지금 회임하였고 왼쪽 겨드랑이에 있으므로 반드시 아들임을 알겠습니다."

대왕은 이 말을 듣고 매우 크게 환희하였고, 부인은 생각을 지었습니다.

'10개월이 차면 마땅히 아들이 태어날 것이고, 그 아이는 능히 종족을 일으켜 세우며, 내가 목숨을 마친 뒤에는 나를 위하여 분수에 따라서 보시를 행하고 모든 복업을 닦을 것이고, 구걸하는 자에게 공양할 것이며, 살아있는 때에는 능히 나의 뒤를 따를 것이다.'

왕비는 해산하려는 때에 사방으로 다니면서 추운 곳에는 따뜻함을 공급하였고, 더운 곳에는 시원함을 공급하였습니다. 옷은 필요한 것을 입었고 의사에게 묻고 비로소 음식을 먹었으며 여섯 맛을 섞어서 먹었습니다. 또한 많은 보배와 영락으로 몸을 장엄하여 오히려 천녀(天女)와도 같았으므로 역시 여러 천인들이 환희원(歡喜園)에서 노는 것과도 같았습니다. 항상 평상과 좌구와 연여(輦輿)²)를 가지고 다니면서 향기롭고 아름다운 곳에서 열락(悅樂)의 소리를 들었습니다.

왕비는 달이 차서 곧 한 아들을 낳았는데, 모습과 얼굴이 단엄하여 사람들이 보는 것을 좋아하였고 인상(人相)이 구족되었습니다. 이때 여러 천인들이 북을 두드리며 즐겼고, 부왕(父王)은 듣고서 크게 놀랐으므로 여러 궁인들이 아뢰어 말하였습니다.

"대왕께서 왕자를 보시므로 천인들이 북소리를 내는 것입니다."

왕은 곧 칙명하여 성읍을 깨끗하게 청소하였고, 여러 묘한 향을 태웠으며, 보배의 번개(幡蓋)를 걸었고, 일체의 사문과 바라문 및 가난하고 고독한 사람들에게 보시하였으며, 또한 사면하고 풀어주어 많이 환락하게 하였습니다. 다시 태자를 위하여 초칠일부터 삼칠일에 이르기까지 생일복(生日福)을 짓고 이름을 짓고자 하였으므로 여러 신하들이 의논하였습니다.

"이름을 무엇이라고 지어야 합니까?"

여러 사람들이 의논하여 말하였습니다.

"왕은 이미 재(財)라고 이름하므로 왕자는 지금 선재(善財)라고 이름합시다."

---

2) 천자(天子)가 타는 수레라는 뜻으로 왕이 타는 연(輦)과 왕의 친족이 타는 여(輿)를 함께 부르는 말이다.

8명의 유모를 제공하였고, [자세한 설명은 앞에서와 같다.] 이때 태자는 날마다 점차 장대하여 연꽃이 물 위에 있는 것과 같았으며, 오래지 않아서 장성하였습니다. 곧 배움에 들어가게 하여 여러 문자·활쏘기·왕법(王法)·산계(算計)·진귀한 보배·사람·코끼리·말 등을 식별하는 것을 배우게 하였습니다. 왕자는 공교(工巧)와 술법(術法)과 여러 종류의 기예인 64종류에 능하였고, 독서에 능하고 해박하였으며, 총명하고 요달하였습니다.

부왕은 세 계절 궁전을 지었는데 이를테면, 봄과 여름과 겨울이었고, 세 종류의 동산에서 각각의 때에 의지하였습니다. 선재는 혼자 궁전 가운데의 누각 위에 있으면서 피리를 불면서 즐겁게 유희하고 있었습니다. 이때 파라가 사냥꾼은 새와 짐승을 사냥하려는 인연으로 한 산 위에 이르러 그 산 아래를 보았는데 선인이 거주하고 있었습니다. 꽃과 과일이 무성하였고, 여러 종류의 새들이 있었으며, 아울러 큰 연못에는 많은 묘한 연꽃들이 피어서 연못 위를 뒤덮고 있었고, 그곳에 여러 새들이 연못 가운데에서 놀고 있었습니다.

사냥꾼은 다니면서 그 선인의 처소에 이르러 그를 보니 머리카락과 손톱은 길었고, 몸에는 나무껍질을 걸쳤으며, 그러한 고행을 까닭으로 몸이 여위었고 나무 아래 초가집의 안에 있었습니다. 사냥꾼은 보고 합장하고 발에 예배하고서 알려 말하였습니다.

"대선(大仙)께서는 이곳에서 고행하면서 얼마의 세월이 흘렀습니까?"

선인이 말하였습니다.

"나는 40년을 이곳에서 고행하고 있습니다."

사냥꾼이 물어 말하였습니다.

"그렇다면 그 세월 동안에 희유한 일을 보셨습니까?"

이때 선인은 천천히 부드러운 말로 대답하여 말하였습니다.

"현수여. 그대는 이 연못을 보았습니까?"

대답하여 말하였습니다.

"나는 보았습니다."

대사가 대답하여 말하였습니다.

"이 연못은 범계(梵階)라고 이름합니다. 여러 묘한 연꽃들이 그 위를 덮고 있고, 여러 종류의 새들이 그 가운데에 살고 있습니다. 이 연못은 맑고 차가우며, 물은 우유의 맛과 같고, 꽃으로서 조화되었으므로 매달 15일에 긴나라(緊那羅)의 왕녀(王女)가 있어 열의(悅意)라고 이름하는데, 500의 권속들에게 둘러싸여 여러 꽃과 향을 가지고 이 연못으로 와서 목욕합니다. 마땅히 목욕할 때에 여러 기악(妓樂)을 연주하므로 연못 가운데의 여러 새들이 이러한 아름다운 소리를 듣고 모두가 쉬는 것입니다. 나는 소리를 듣는 때에 마음이 매우 즐겁고 나아가 7일에 이르러도 마음이 크게 환락(歡樂)합니다. 현수여. 나는 오직 이러한 기이(希異)한 일을 보았습니다."

그때 사냥꾼은 곧 스스로 사유하였습니다.

'나는 새끼용의 곁에서 이러한 불공견삭을 얻었다. 나는 이러한 견삭을 인연으로 열의(悅意)를 묶어서 취해야겠다.'

이렇게 생각을 짓고서 15일에 이르자 나무 사이에 숨어 있으면서 손에 용의 견삭을 쥐고 그 긴나라 왕녀가 와서 연못에 들어가 목욕하고자 하자 곧 견삭을 던져 그 긴나라 왕녀를 잡았고 견삭으로서 묶었습니다. 그 왕녀는 자신이 결박된 것을 보고 놀라고 두려워서 크게 울부짖었고 나머지의 같은 부류인 여인들은 동서(東西)로 달려서 떠나갔습니다. 열의는 방편으로 달아나고자 하였으나 사냥꾼은 그녀의 단정함을 보고 곧 손으로 그녀를 잡았고, 왕녀가 말하였습니다.

"그대는 나를 잡지 마세요. 나의 남편이 될 수 없습니다. 나를 왕에게 주어야 그의 아내가 될 수 있습니다."

사냥꾼이 알려 말하였습니다.

"내가 그대를 빠르게 붙잡지 않는다면 그대가 마땅히 달아나는 것이 두렵소."

그 왕녀가 대답하여 말하였습니다.

"나는 지금 달아나지 않을 것입니다. 당신이 만약 믿지 못한다면 나의 쪽머리 가운데의 보배를 취하십시오. 나는 이 보배를 인연하고 뜻을

358

따라서 허공에 오르는 것입니다.”

사냥꾼이 알려 말하였습니다.

“어찌 쪽머리의 보배를 얻은 것을 알겠소?”

대답하여 말하였습니다.

“만약 보배가 사람의 곁에 있다면 나는 사람의 뒤를 따라서 갑니다.”

사냥꾼은 손으로 그 보배를 지녔고 동아줄에 묶어서 앞으로 나아갔습니다. 이때 선재동자가 사냥을 인연하여 다녔는데, 사냥꾼이 우연히 선재동자를 보았습니다.

‘얼굴과 용모가 단엄하여 사람들이 본다면 환희할 것이다. 그녀는 단정하므로 태자가 만약 본다면 반드시 마땅하게 빼앗아 데려갈 것이다. 내가 오히려 스스로 바쳐야겠다.’

이렇게 생각하고서 그 사냥꾼은 동자의 처소에 나아가 발에 예배하고 알려 말하였습니다.

“이 여보(女寶)를 태자께 받으러 진상하옵니다. 원하건대 받아 주십시오.”

이때 선재는 그 소녀가 모습과 용모가 단엄하여 사람들이 본다면 즐거워할 것이고, 그 상(相)을 관찰하였는데 18종류의 여상(女相)을 장엄하였으며, [갖추어 설명한 것은 다른 곳에서와 같다.] 선재는 여인을 보고 애욕의 힘에 핍박되어 마음에 애착이 생겨나서 나방이 불에 뛰어드는 것과 같아서 색의 경계가 불과 같았고, 역시 물결과 같아서 멈추어 진정시킬 수가 없었습니다.

역시 소가 태어난 뒤와 같았고, 역시 금시조(金翅鳥)와 같아서 달리는 것을 제어할 수가 없었으며, 회오리바람에 휩쓸린 물건과 같아서 능히 되돌릴 수가 없었고, 원숭이가 나무를 얻은 것과 같아서 미란(迷亂)3)함을 멈출 수가 없었습니다. 무시(無始)의 이래부터의 탐욕의 습성(習性)과 번뇌의 경계를 익혔고 즐거움을 맛보고자 하였던 까닭으로, 욕망의 여러

---

3) 흥분하여 정신이 혼미(昏迷)하고 어지러운 상태를 가리킨다.

경계가 지극히 마음을 더럽혔던 까닭으로, 망상이 생각하였던 까닭으로, 이것으로서 활이 되었고, 생각을 짓는 곳인 마음으로서 화살이 되었으므로 가타를 설하여 말하였습니다.

선재가 그녀의 달과 같은 얼굴을 보니
역시 안개와 구름 가운데의 번갯불과 같으며
마음이 어지러워 오히려 코끼리가 화살에 맞은 것과 같고
열의(悅意)를 받고 취하여 빨리 성으로 돌아가야 한다네.

이때 선재태자는 용각성으로 돌아와서 사냥꾼에게 많은 밭과 집을 하사하고 곧바로 열의를 데리고 궁전의 누각에서 함께 유희하였습니다. 그 여인은 단엄한 자태가 무량하였고 선재태자에 위호(衛護)하면서 그를 사랑하고 즐거워하며 항상 서로를 떠나지 않았습니다.

다시 뒤의 때에 두 바라문이 있어 서다림으로부터 용각성 가운데에 이르렀습니다. 한 사람은 왕의 곁에 의지하여 머물렀으므로 바라문을 청하여 스승으로서 존중하고 많은 자구(資具)를 하사하였습니다. 다른 한 사람은 선재태자의 처소에 의지하여 머물렀으므로 태자도 자구를 베풀고 하사하였습니다. 이때 바라문이 선재태자에게 알려 말하였습니다.

"만약 대왕께서 그대를 왕으로 세워서 왕이 되신다면 그때에 나는 무엇과 같습니까?"

이때 선재가 알려 말하였습니다.

"나의 부왕께서 그 바라문을 바라문의 스승으로 세워서 여러 바라문 가운데에서 존중받게 하신 것과 같이, 나도 이와 같이 그대를 존중받게 세우겠습니다."

그 대왕의 스승인 바라문은 듣고서 큰 성냄이 생겨나서 곧 사념을 지었습니다.

'내가 지금 계책을 지어 태자가 왕위에 오르지 못하게 한다면 어찌 그 바라문이 존중받는 자가 되겠는가?'

다시 뒤의 때에 다른 한 나라가 있어 반란이 일어났고 군대를 일으켰고 가서 정벌하였으나 적들에게 패배하였습니다. 이와 같이 7번에 걸쳐서 병사들을 거느리고 그곳에 갔으나 모두가 패배하고 되돌아왔습니다. 신하들이 왕에게 아뢰어 말하였습니다.

"적군은 강성해지고 우리나라는 손해보고 있으므로 용건(勇健)한 사람들을 모아야 합니다."

그때 왕의 국사(國師)는 곧 이렇게 생각을 지었습니다.

'지금이 바로 그 때이다. 태자에게 국경 밖으로 정벌하도록 한다면 나아가 곧 죽을 것이다.'

곧 왕에게 아뢰어 말하였습니다.

"그 다른 나라의 군대는 강성하여 능히 대적할 자가 없습니다."

대왕이 대답하여 말하였습니다.

"지금 내가 앞장서 갈 것이오."

바라문이 말하였습니다.

"태자는 나이가 젊고 힘이 강성하므로 태자를 대장으로 삼아서 그곳으로 가서 함께 대적한다면 반드시 마땅하게 이길 것입니다."

왕은 선재에게 알려 말하였습니다.

"그대가 대장이 되어 광야국(曠野國)으로 가서 원수와 대적하라."

선재가 부왕에게 아뢰어 말하였습니다.

"진실로 말씀하신 것과 같게 하겠습니다."

곧 궁전 안으로 들어갔으나 열의를 보고 곧 부왕의 가르침을 잊어버렸습니다. 부왕은 다시 선재에게 칙명하였습니다.

"그대는 빨리 그곳으로 가서 원수들과 대적하라."

선재는 칙명을 받고 다시 궁전 안으로 들어갔으나 열의를 보고 또 곧 부왕의 칙명을 잊어버렸습니다. 이때 왕의 국사가 왕에게 돌아와서 아뢰어 말하였습니다.

"선재태자는 탐욕으로 열의에게 염착하고 있습니다. 원하옵건대 대왕께서는 여러 병사들을 모두 모이게 하시고, 곧 태자에게 칙명하여 대왕의 앞에서 출발시키십시오.”

이때 왕은 선재를 불러서 명하였습니다.

“사병(四兵)을 거느리고 그곳으로 가서 대적하라.”

그 선재가 부왕에게 아뢰어 말하였습니다.

“잠시 열의를 보고 곧 떠나겠습니다.”

왕이 말하였습니다.

“곧바로 출발하라. 지금은 열의를 보고 있을 때가 아니다.”

다시 부왕에게 아뢰어 말하였습니다.

“제가 어머님께 하직하고 떠나겠습니다.”

왕이 말하였습니다.

“하직하고 떠나라.”

선재는 곧 열의 부인의 처소로 가서 그녀의 쪽머리의 보배를 취하여 어머니의 곁에 가서 장궤(長跪)하고 어머니께 아뢰어 말하였습니다.

“이 쪽머리의 보배를 마땅히 잘 방호하시어 열의에게 주지 마십시오. 만약 큰 고뇌에 핍박받아 죽음에 이른다면 마땅히 곧 그것을 주십시오.”

어머니는 보배를 받았고, 선재태자는 어머니를 세 번을 돌면서 기악을 짓고 곧 정벌을 갔으며, 성에서 멀리 떨어지지 않은 곳의 나무 아래에서 잠시 머물렀습니다. 이때 벽실라말나천왕(薛室羅末拏天王)이 무량한 권속들을 거느리고 인연으로 그곳을 지나갔는데, 마침내 움직일 수가 없었으므로 마음에서 크게 놀랐고 괴이하게 생각하였습니다.

‘내가 역시 일찍이 여러 곳을 유력(遊歷)[4]하였으나 이러한 일은 없었다.’

마침내 멀리 선재동자가 나무 아래에 있는 것을 보고 이렇게 생각하였습니다.

‘이 현겁(賢劫)보살이 스스로가 피로를 받고 그곳으로 가서 적들과 싸우고자 하는구나. 내가 반드시 돕고 가서 적들을 항복시키고 손해가 없게 해야겠다.’

---

4) 여러 고장을 두루 돌아다니는 것을 가리킨다.

이때 벽실라말나천왕은 곧 제5의 약차에게 칙명하였습니다.

"그대는 빠르게 광야성의 가운데에 가서 선재동자를 위하여 그 적들을 항복시키고, 역시 손해가 없게 하시오."

이때 약차는 곧 천왕의 칙명을 받들어 곧 사병의 군대로 변하였는데, 사람의 모습은 키가 커서 다라수(多羅樹)와 같았고, 코끼리는 큰 산과 같았으며, 말은 코끼리와 같이 컸습니다. 여러 병장기들을 짓고 여러 종류의 변화를 나타내 보였으며 큰 북을 두드려 크게 두렵게 만들었고 큰 위력을 나타내 보였습니다. 그 적들이 있는 곳에 이르러 이와 같은 위력을 나타내 보였으므로 그 성의 사방인 담장과 벽은 약차의 위력에 한꺼번에 함께 무너졌고, 백성들은 모두 놀라고 두려워서 이상하게 생각하면서 물어 말하였습니다.

"어느 곳에서 왔습니까?"

천병(天兵)이 대답하여 말하였습니다.

"너희들은 빨리 문을 열라. 선재께서 곧 오실 것이다. 가서 맞아들이도록 하라. 만약 다시 지체한다면 너희들은 모두가 죽을 것이고, 한 사람도 살아남지 못할 것이다."

성의 사람들이 대답하여 말하였습니다.

"저희들은 왕에게 반역하지도 않았고, 역시 선재에게도 반역하지도 않았습니다. 요즈음에 왕의 사신에게 핍박받아 문을 닫았던 것입니다."

여러 사람들은 성문을 열고 여러 꽃과 향으로서 여러 음악을 연주하며 나아가 선재를 맞아들였고, 선재태자는 성안으로 들어갔으며, 단속하여 평정시켰고 관청을 설치하고서 나라로 되돌아갔습니다. 그날 밤에 부왕의 꿈속에서 올빼미가 왕의 창자를 취하여 성의 사방을 돌았고, 왕의 몸은 보배의 방속으로 들어가는 것을 보았습니다. 그 왕은 잠에서 깨었고 마음에서 크게 놀라고 두려워서 몸의 털이 모두 곤두섰습니다. 일어나 손으로 뺨을 괴고서 근심스러운 생각에 머물렀습니다.

'나는 반드시 왕위를 빼앗기고 반드시 마땅하게 죽을 것이다.'

이튿날 아침에 곧 바라문들을 모으고서 이러한 꿈의 뜻을 말하였습니다.

그 왕의 국사인 바라문은 곧 이렇게 생각을 지었습니다.

'선재는 반드시 전투에서 승리하고 외국을 항복시킬 것이다. 내가 반드시 나쁘게 해몽해야겠다.'

그 바라문은 곧 왕에게 아뢰어 말하였습니다.

"대왕이시여. 이것은 악몽입니다. 결정적으로 왕위를 잃고 반드시 죽을 것입니다. 요컨대 그렇더라도 바라문의 주법(呪法) 가운데에는 벗어나는 방법이 있으므로 이러한 액난을 벗어날 수 있습니다."

왕이 또한 물어 말하였습니다.

"무슨 방법이 있소?"

알려 말하였습니다.

"왕의 동산 가운데에 하나의 연못을 만들고 단정하고 엄숙하게 꾸미고, 백토(白土) 미세하게 가루를 만들어 바르며, 여러 사나운 짐승들을 죽이고 그 피를 취하여 연못에 가득 채우며, 네거리(四街道)를 설치하고서 한쪽 방향으로 들어갔다가 한쪽으로 나오면서 네 방향에서 마치십시오. 바라문 가운데에서 사명(四明)을 이해하는 자가 혀로 왕의 발바닥을 핥고서 긴나라(緊那羅)의 기름으로 향을 피우십시오. 이와 같이 방법으로 물리치시면 왕께서는 왕위에 오래 계실 것이고, 장수하시며 재난이 없을 것입니다."

이때 왕이 말하였습니다.

"여러 일은 준비할 수 있으나 긴나라의 기름을 어디서 얻겠소?"

바라문이 왕에게 아뢰어 말하였습니다.

"쉽게 얻으실 수 있는데 도리어 얻기 어렵다고 말씀하십니다."

왕이 다시 물어 말하였습니다.

"어떻게 쉽게 얻는 것이오?"

바라문이 말하였습니다.

"대왕의 며느리는 열의라고 이름하고 긴나라녀(緊那羅女)입니다."

왕이 곧 알려 말하였습니다.

"이러한 말은 하지 마시오. 나의 아들이 그녀와 함께 살고 있소."

대답하여 말하였습니다.

"대왕께서는 아직 교서(書敎)를 듣지 못하셨습니까?

하나를 버리면 여러 권속들을 위하고
마을을 위하여 권속들을 버리며
마을을 버려서 성읍을 취하지만
자신을 위하여 대지(大地)를 버린다네.

왕께서는 반드시 자신을 굳게 보호하고
이것으로써 동자의 몸을 보호하신다면
뒤에 나아가 다른 사람들을 보호하시는 것이므로
반드시 열의를 해치십시오.

대왕이시여. 목숨을 사랑하는 까닭으로 짓지 못하는 것이 없습니다."
이때 대왕은 이러한 말을 듣고 말에 의지하여 연못을 팠고, 백토를 발라서 꾸몄으며, 여러 사나운 짐승들을 죽이고 피를 취하여 연못에 가득 채웠습니다. 그 선재의 궁전 안에 있는 여러 궁녀들은 이러한 일을 듣고서 모두가 환희가 생겨나서 서로에게 말하였습니다.
"우리들은 모두 나이도 어리고 단정하고 얼굴도 아름다우므로 선재태자께서 오신다면 우리가 마땅히 모실 것이다."
이때 열의는 그들이 환락하는 것을 보고 괴이하게 생각하여 궁인에게 물었습니다.
"그대들은 무슨 일이 있어 기뻐하고 즐거워하는가?"
차례로 물었고 한 궁인이 있어 앞의 일을 갖추어 말하였습니다. 열의는 듣고 마음에서 크게 고뇌하고 근심하면서 즐거워하지 않았고, 곧 선재의 어머니 처소로 가서 소리내어 울면서 아뢰어 말하면서 앞의 일을 갖추어 말하였습니다. 어머니가 말하였습니다.
"그대는 우선 잠시 머물러라. 내가 스스로 자세히 살펴서 사실과 거짓을 알아보겠다."

이때 열의가 다시 와서 아뢰어 말하였습니다.

"이러한 일은 사실입니다."

이때 태자의 어머니는 열의에게 알려 말하였습니다.

"그대는 지금 바로 떠날 때이구나. 내가 만약 그대에게 보배를 주지 않는다면 마땅히 마음에 부담이 될 것이다."

곧 열의에게 쪽머리의 보배와 의상 등을 주었습니다. 그때 대왕은 연못에 들어가 목욕하였고 바라문은 대왕의 발에서 정수리까지 혀로 핥았습니다. 왕은 칙명하여 긴나라의 기름을 찾도록 하였습니다. 이때 열의의 몸은 허공으로 올라가서 가타로 설하여 말하였습니다.

나는 촉신(觸身)에 염착한 까닭으로
웃으며 즐거이 이곳에서 머물렀으나
오히려 코끼리가 결박에서 풀린 것과 같이
이미 풀려나서 허공에 올라 떠나간다네.

근본설일체유부비나야약사 제14권

삼장법사 의정 한역
석보운 번역

그때 대왕은 그 여인이 바람과 같이 떠나가는 것을 보고 마음에 두려움이 생겨나서 그 국사인 바라문에게 알려 말하였습니다.

"마땅히 지었으나 열의는 이미 달아났소."

그 바라문이 아뢰어 말하였습니다.

"대왕께서는 이미 성취하셨으므로 재액은 이미 없어졌습니다."

그때 열의는 허공의 가운데에 있으면서 다시 사유하였습니다.

'내가 지금 이곳에서 여러 고뇌를 받은 것은 모두 그 선인의 까닭이다. 만약 그 선인의 처소에 이른다면 반드시 이러한 일을 말해야겠다. <나의 몸을 그대가 큰 고난을 만나게 하였습니다.>'

이렇게 생각을 짓고 곧 그 선인의 처소로 이르러 예배하고 아뢰어 말하였습니다.

"나는 대선께서 사람에게 말을 하셨던 까닭으로 마침내 사로잡혔고, 사람의 애욕에 미혹되어 죽음에 이르렀습니다."

다시 선인에게 아뢰어 말하였습니다.

"만약 선재가 서로를 찾는다면 나의 반지를 취하여 그에게 주시고 이와 같은 말로 알리십시오. '열의의 주처로 가는 도로는 지극히 험하오. 바라건대 마땅히 되돌아가고 다시는 오지 않도록 하시오.' 만약 즐거이 돌아가지 않는다면 원하건대 선인께서는 도로를 간략하게 보여주십시오. 여기서 북쪽의 경계에 다시 세 검은 산이 있고, 이 산을 넘어가면 다시 세 산이 있으며, 다시 세 산이 있고, 아홉 개의 산을 넘어가면 설산왕(雪山王)이 있습니다.

산의 북쪽에는 다시 검은 산이 있고, 산 아래에는 물이 흐르고 있으며, 다시 겁달라(怯達羅)·이사다라(伊沙陀羅)·금강장욕색산(金剛藏欲色山)·오구득가(烏俱得迦)·이벌득가(伊伐得迦)·아비박나(阿鼻縛那)·피목산나(彼木山那) 등의 여러 산들이 있습니다. 이 산들을 지나고 나면 곧 겁나라산(怯那羅山)이 있고, 산 아래에는 동굴이 있습니다.

이 동굴 안으로 들어가면 큰 석주(石柱)가 있고, 그 석주의 위를 올라가면 사슴의 가죽이 씌워져 있습니다. 마땅히 한 조왕(鳥王)이 있는데 와서 그대를 없애고자 할 것입니다. 이러한 여러 산들을 지나서 이곳에서 지나가면 여러 색깔의 많은 뗏목들이 있는데, 혹은 사람의 모습과 양의 모습을 지었고, 암컷 양의 모습을 지은 것도 있습니다. 다시 한 동굴에 이르면 빈가라(賓伽羅)라고 이름하고, 그 가운데에는 물이 흐르는데 가루와 같으며, 그 가운데에는 큰 이무기가 있어서 빠르게 달려올 것입니다. 지극히 크므로 그대는 반드시 기억하십시오.

그 뗏목의 중간에는 사나운 새가 있어 우는데, 마땅하게 반드시 쏘아서 죽이십시오. 다시 뗏목이 있는데 두 마리의 소가 서로 싸우는 것과 같다면 때려서 뿔을 부수어야 곧 길에 나아갈 수 있습니다. 혹은 다시 중간에 있는 뗏목에는 쇠로 만든 사람이 손에 쇠칼을 잡고 무서운 형상을 하고 있는데, 역시 때려서 부수어야 길에 나갈 수 있습니다. 다시 뗏목이 있어 약차의 모습과 같은데, 그 약차는 철의 입이므로 그대가 그것을 본다면 쇠못으로 이마에 박으십시오.

다시 하나의 우물을 만나고 맹전(猛轉)이라고 이름하는데, 마땅히 손에 막대기를 쥐어야 그곳을 지나갈 수 있습니다. 만약 머리와 눈이 황색인 약차를 만난다면 마땅히 막대기 칼로 그를 베어야 통과할 수 있습니다.

또한 여러 강을 건너야 하는데 강물 속에는 교룡(蛟龍)이 있고, 그 강물은 능가(能伽)·바등가(婆騰伽)·다파니(多波儞)·파등지(波登祇)·지다라(指多囉)·오로타니하(嗚嚧馱儞河)·가살니(阿薩儞)·아시미사(阿施尾沙)·비타낙니(毘陀諾儞) 등이라고 이름합니다. 그 능가하에는 항상 구파(俱波)라는 약차녀가 거주하며, 바등가하(婆騰伽河)에는 사람이 머무를 수 없습니다.

다파니하에는 많은 교룡들이 살고 있고, 지다라하의 가운데에는 욕색(欲色)이 있습니다. 오로타니하에는 긴나라의 여노비가 거주하고 있고, 가살니하의 가운데에는 긴나라의 며느리가 거주하고 있습니다. 아시미사하의 가운데에는 여러 종류의 색깔이 있는 뱀들이 있고, 비다하(毘陀河)의 물은 매우 혼탁하고 더럽습니다.

만약 능가하를 건너고자 할 때에는 뜻에 용건함이 있어야 하고, 만약 바등가하를 건너고자 할 때에는 마음이 반드시 초월하여야 합니다. 다파니하를 건너고자 할 때에는 입을 다물어야 하고, 지다라하를 건너고자 할 때에는 여러 노래를 크게 부르면서 건너야 합니다. 오로니타하를 건너고자 할 때에는 마음이 반드시 바르고 안정되어야 하고, 가살니하를 건너고자 할 때에는 묵연해야 합니다.

아시미사하를 건너고자 할 때에는 독사(毒蛇)를 금제하는 주문을 짓고서 건너야 하고, 나타니하를 건너고자 할 때에는 손에 예리한 칼을 쥐고 등나무를 베면서 건너야 합니다. 이와 같이 여러 강물을 건넌다면 500의 약차가 있어 마땅히 문을 지키고 있는데, 그대는 반드시 용맹하고 반드시 그들을 두려워하지 않아야 합니다. 이곳이 긴나라왕의 성입니다.”

이렇게 말하고서 선인의 발에 예배하고 허공으로 올라가서 떠나갔습니다. 이때 선재태자는 외국의 원수들을 평정시키고서 곧 나포라성으로 돌아왔습니다. 이때 선재는 잠깐 쉬고서 곧 부왕에게 절하고 얼굴을 마주하고 앉았습니다. 부왕은 곧 사랑스럽게 생각하는 말로 선재를 편안하게 위로하였고, 선재는 대답하여 말하였습니다.

“부왕의 위력으로서 안은함을 얻고서 돌아왔습니다. 원수의 군대를 정벌하여 모두를 평정시켰고, 나아가 왕자를 데려다가 관리로 세웠으며, 법에 의지하여 과정을 알리도록 하였습니다.”

부왕이 알려 말하였습니다.

“나의 아들이 공이 있어 지을 일을 모두 마쳤구나.”

그 선재동자는 부왕께 하직하며 말하였습니다.

"궁전 안으로 돌아가고자 합니다."

부왕이 알려 말하였습니다.

"먼저 머무르며 함께 식사하도록 하자."

부왕에게 아뢰어 말하였습니다.

"저는 오랫동안 열의를 보지 못하였으므로 지금 가서 보고자 합니다."

왕이 말하였습니다.

"오늘은 우선 머무르고 내일 마땅히 가서 보도록 하라."

또한 부왕에게 아뢰어 말하였습니다.

"저는 반드시 오늘 열의를 보고자 합니다."

부왕은 묵연히 대답하지 않았습니다. 이때 태자는 곧바로 본래 궁전으로 돌아갔고 나아가 궁중을 보았는데 궁전에는 광채가 없었고 열의도 보이지 않았습니다. 동서(東西)로 뛰어다니면서 찾았고 소리내어 불렀습니다.

"열의여. 열의여. 그대는 지금 어디에 있소?"

여러 궁인들이 함께 모여서 선재를 어지럽게 하고자 하였으나 몸과 마음은 화살에 맞은 것과 같이 오직 열의를 향하였으므로 자주 거듭하여 열의가 어디에 있는가를 물었습니다. 그때 궁인이 앞에서의 일을 갖추어 말해주었고, 선재태자는 듣고서 매우 크게 근심하고 괴로워하였습니다. 궁인이 알려 말하였습니다.

"지금 이 궁중에는 다른 수승한 시녀들이 많습니다. 바라건대 근심을 거두십시오."

이때 선재는 부왕이 은혜가 없는 일을 지었던 것을 알았고, 곧 어머니의 곁으로 가서 발에 예배하고 장궤하고 알려 말하였습니다.

"아양(阿孃)[1]이여. 저는 지금 열의를 볼 수 없습니다. 그러나 열의는 모습과 얼굴이 단엄하고 많은 복덕을 갖추었습니다. 지금 만약 보지 못한다면 마음이 혼미하고 어지러우므로 그녀가 나아간 방향을 따라서

---

1) 일반적으로 어머니란 뜻으로 통용되고 이모라는 뜻으로도 사용된다.

제가 마땅히 찾아보겠습니다. 만약 열의가 없다면 제 삶은 크게 괴로울 것입니다.”

어머니가 말하였습니다.

“마땅히 열의의 목숨이 고난을 만났고, 내가 떠나가도록 놓아주었느니라.”

물어 말하였습니다.

“이 일은 무엇입니까?”

어머니는 그 일을 갖추어 말하였습니다. 선재는 부왕이 은혜가 없음을 알고서 다시 어머니께 물었습니다.

“어느 방향으로 떠나갔습니까?”

어머니가 말하였습니다.

“열의는 지금 이 산의 법왕인 선인의 주처로 갔느니라.”

이때 선재는 열의와 이별하였으므로 고뇌하며 슬프게 울었고, 깨닫지 못하고서 ‘열의여!’라고 외쳐 말하였습니다. 어머니가 또한 알려 말하였습니다.

“나의 이 궁중에는 다시 그녀보다 수승한 여인이 있는데 무슨 까닭으로 근심하며 괴로워하는가?”

선재가 대답하여 말하였습니다.

“아양이여. 이곳의 궁인들을 저는 애락하지 않습니다.”

어머니는 좋은 말로 달랬으나, 선재는 번뇌가 더욱 늘어났으므로 빠르게 일어나 열의를 찾아 떠났습니다. 동서로 달리면서 이렇게 생각을 지었습니다.

‘얻었던 곳에서 다시 찾고 물어보아야겠다.’

곧 사냥꾼의 처소로 나아가서 물어 말하였습니다.

“그대는 이전에 어느 곳에서 열의를 얻었는가?”

사냥꾼이 대답하여 말하였습니다.

“그 산의 가운데에 선인이 머물고 있고, 그곳에는 연못이 있으며, 열의가 매번 와서 연못 가운데에서 목욕하였습니다. 나는 선인의 가르침인 말씀에 의지하여 잡아왔습니다.”

이때 선재는 궁전으로 돌아와서 또한 이렇게 생각을 지었습니다.

‘지금 선인의 처소로 가서 그녀의 소식(消息)을 취해야겠다.’

부왕도 역시 태자가 열의와 이별하고 지극히 크게 걱정하고 괴로워하면서 산속에 있는 선인의 처소로 가고자 한다는 것을 들었습니다. 부왕이 알려 말하였습니다.

“선재여. 어찌 정신이 혼미하고 어지러운 것이 이것에 이르렀는가? 내가 지금 그대를 위하여 다시 가장 수승한 궁인을 데려다 놓겠노라.”

선재는 듣고서 아뢰어 말하였습니다.

“저는 열의가 없다면 능히 궁전에 머무를 수 없습니다.”

이때 대왕은 곧 네 거리의 도로와 여러 성문이 있는 곳에 엄숙하게 칙명하여 다만 중요한 도로가 있다면 지켜서 태자가 성 밖으로 못나가게 하였습니다. 선재는 밤에 잠을 설치면서 생각하였습니다.

‘내가 듣건대 낮잠을 자는 다섯 종류의 사람은 밤에 잠을 설친다. 무엇이 그 다섯 가지인가? 첫째는 장부가 아내를 생각하거나 아내가 장부를 생각하는 것이고, 둘째는 아내가 남편에게 꾸중을 들은 것이며, 셋째는 도둑질하는 사람인 것이고, 넷째는 군대의 장수이며, 다섯째는 필추가 정근하며 고행하는 것이다. 나는 지금 그 첫째가 마땅하구나.’

이때 태자는 이렇게 사유를 지었습니다.

‘내가 만약 성문으로 나간다면 부모님께서는 반드시 그 수문인을 벌할 것이다.’

이렇게 생각을 짓고서 곧 화만(花鬘)을 취하여 당기 위에 꽂고 관문(關門)을 지키는 사람이 없는 곳으로 떠나가서 성 밖에 이르렀습니다. 달이 처음 뜨는 때에 선재태자는 달을 향하여 열의를 생각하고 슬프게 울면서 곧 가타를 설하여 달에게 알려 말하였습니다.

달이 차면 능히 밤을 밝히고
역시 별의 가운데에서 왕이며

필성(畢星)을 눈(眼)과 같이 사랑하므로
역시 대도사(大導師)와 같다네.

"누가 열의의 청련(靑蓮)과 같은 눈을 보았는가?"
이렇게 말을 짓고 점차 길을 가면서 옛날에 열의와 함께 유희하던 때를 생각하면서 사슴과 노루를 만나 알려 말하였습니다.
"너희들은 항상 물과 풀을 먹으면서 병이 없이 놀고 있으므로 나처럼 고통스럽지 않겠구나."
물어 말하였습니다.
"너희들은 나의 열의를 보았는가?"
말하고서 점차로 가면서 한곳에 이르렀는데, 꽃과 과일이 무성하였고 꿀이 있어 벌들이 꽃 위에서 꿀을 먹고 있는 것을 보고 선재가 알려 말하였습니다.
"푸른색에는 한 점의 때도 없고, 금빛의 색상이 대나무 숲 사이에 있으므로 두 가지의 색이 묘한 몸인데, 그대는 열의를 보았는가?"
말하고서 다시 가면서 한 이무기를 보고 알려 말하였습니다.
"너는 검은 뱀이로구나. 혀는 나뭇잎과 같고 크게 벌린 입과 눈에는 불꽃을 갖추었으므로 나에게 있는 욕망의 불길도 역시 이와 같으리라. 독한 마음이 없으니 나의 열의가 어디에 있는지를 보았는가?"
말하고서 다음으로 한 숲에 이르러 백설조(百舌鳥)가 아름다운 소리를 짓는 것을 보고 알려 말하였습니다.
"너는 여러 새 가운데에서 가장 귀한데 나무 사이에서 놀다가 열의라고 이름하고 눈과 머리카락이 청련화와 같은 긴나라 왕녀를 보았는가?"
말하고서 점차로 가면서 무수수(無愁樹)에 이르렀는데, 화간지(花間枝) 라고 이름하였고, 그 꽃은 길리(吉利)라고 이름하였으며, 나무 가운데에서 왕이었는데 알려 말하였습니다.
"나는 열의를 기억하는 때에 마음은 곧 혼미해지는데, 너는 무수(無愁)라 고 이름하느니라. 내가 지금 합장하나니, 마음이 혼미하고 어지러워 여러 종류의 다르게 말하는 까닭이므로 나를 근심이 없게 하라.”

다음으로 선인의 주처에 이르러 선인을 찬탄하여 말하였습니다.

“몸에는 나무껍질로 옷을 입었고 항상 최상의 뿌리를 먹습니다. 제가 지금 대선사(大仙師)께 정례하오며 원하건대 열의가 있는 곳을 가르쳐주실 것을 청합니다.”

이때 선인은 안은한 말로써 선재에게 알려 말하였습니다.

“우선 앉으시오. 먼저 말하겠소. 나를 본다면 얼굴은 보름달과 같고, 눈은 청련(靑蓮)과 같으며, 고운 눈썹은 가늘고 길어서 오히려 그믐달과 같으므로 모습과 얼굴이 사랑스러워 사람들이 모두 보고서 즐거워할 것이오. 또한 뿌리와 열매를 먹으므로 뒤에 마땅히 고뇌가 없소. 찾는 것은 어렵지 않으니, 반드시 의혹과 걱정을 없애시오.”

다시 선재에게 알려 말하였습니다.

“그리고 열의가 떠나갈 때에 이 반지를 맡기면서 부탁한 말이 있소. ‘만약 선재가 나를 찾아온다면 이 반지를 주십시오.’라고 이렇게 말하였소. 다시 길의 험난함을 말하였고, 선재동자에게 ‘길은 지극히 험난하고 다니는 것이 어려우므로 마땅히 반드시 돌아가라.’고 알리게 하였고, ‘만약 분명히 돌아가지 않는다면 마땅히 도로를 보여주십시오.’라고 알렸소.”

이때 선인은 선재에게 알려 말하였습니다.

“마땅히 열의가 이렇게 부탁한 말을 아시오. 이곳의 북방 경계에는 세 겹의 검은 산이 있고, 지나가면 다시 세 겹의 산이 있으며, 다시 거듭 세 겹의 산이 있으며, 이 아홉의 산을 지나가면 설산왕(雪山王)이 있소. 이 산에는 약초가 있으므로 캐서 취하고 끓여서 복용한다면 능히 굶주림과 목마름을 없앨 수 있고, 기력을 많이 넘칠 것이며, 성품을 안정시킬 수 있소. 아울러 원숭이를 취하여 그를 따라서 떠날 것이며, 주술(呪術)로서 원숭이를 데리고 있을 것이고, 아울러 활과 화살과 명보(明寶)를 가지고 아가타향약(阿伽陀香藥)과 섞으면 능히 뱀의 독을 다스릴 수가 있소.

다시 세 개의 쇠못과 쟁(箏)2)을 지녀야 하오. 설산왕의 북쪽에는 다시 푸른 산이 있고, [자세한 설명은 생략한다.] 나아가 마땅히 과보를 얻을 것이오. 선재는 큰 위력으로 그 여러 악한 부류들을 초월해야 하고, 모두를 마땅히 손상시켜야 하며, [자세한 설명은 앞에서와 같다.] 차례에 의지하여 지으시오.”

이때 선재는 선인의 말을 듣고서 알려주었던 하나를 의지하여 차례로 지었고 아울러 약과 주문(呪文)을 지니고서 선인의 발에 예배하고 물러나서 걸어서 떠나갔습니다. 필요한 일은 모두 준비되었으나 오직 원숭이만은 얻지 못하였으므로 곧 선인의 처소로 왔고, 이때 선인은 곧 원숭이를 주었습니다. 그때 선인은 다시 선재에게 알렸습니다.

“그대는 혼자 한 몸이고 반려(伴侶)도 없는데, 어찌하여 고통스럽게 그 열의를 찾고자 하는가? 반드시 마땅하게 죽을 것이오.”

선재가 알려 말하였습니다.

“나는 반드시 찾겠습니다. 달이 허공에 떠다니는데 누가 동행자가 되겠습니까? 역시 백수(百獸)의 왕도 어금니와 발톱의 힘으로써 하는 것이고, 역시 반려가 없는 것과도 같습니다. 불길은 능히 태우는데 누가 반려가 되겠습니까? 나를 따르는 반려가 없어도 무슨 방해가 있겠습니까? 만약 큰 바다를 만나도 곧 들어가지 않을 것이고, 독사에게 물리더라도 치료하지 않을 것입니다. 일반적으로 대인(大人)은 일을 짓는 것에 정근하므로 만약 일이 이루어지지 않아도 사람에게는 허물이 없습니다.”

이때 선재는 열의가 말한 것에 의지하여 여러 약초와 주술로써 여러 산과 강의 험난한 곳을 지나서 곧 긴나라의 왕성(王城)에 이르렀습니다. 이때 선재는 그 성이 평소와 다르고 승묘(勝妙)하며, 일체의 동산에는 숲이 무성하고 단정하고, 여러 종류의 묘한 꽃과 아울러 여러 새들이 있으며, 연못의 물이 도랑에 흐르는 것을 보았고, 또한 무량한 긴나라녀들이 함께 와서 물을 긷고 있는 것을 보았습니다. 이때 선재가 여러 여인들에게 물었습니다.

---

2) 중국의 현악기로서 전국시대의 슬(瑟)에서 파생한 거문고를 가리킨다. 한대(漢代)에는 12현이었고, 당대에는 13현, 명·청시대에는 16현, 현재에는 21현을 표준으로 삼고 있다.

"물을 길어다가 어디에 쓰는 것입니까?"

대답하여 말하였습니다.

"우리 왕녀는 열의라고 이름하는데, 요즈음에 인간세계에 있었으므로 몸이 사람의 기운에 물들었습니다. 물로써 몸을 씻어 사람의 기운을 없애고자 합니다."

선재가 다시 여인에게 물어 말하였습니다.

"이 물은 한꺼번에 욕조에 쏟아붓습니까? 다시 앞뒤의 차례에 의지하여 그녀에게 주는 것입니까?"

그 여인이 대답하여 말하였습니다.

"차례로 쏟아붓습니다."

선재는 곧 이렇게 생각을 지었습니다.

'나는 지금 그녀에게 좋은 방편을 얻었다. 이 길(吉)하고 이익되는 반지를 물동이 가운데에 넣어서 열의에게 믿음을 전해야겠다.'

선재는 곧 반지를 말없이 하나의 물동이 속에 던져 넣고서 그 여인에게 알려 말하였습니다.

"이 물로써 왕녀가 목욕하는 곳의 앞에 놓아주시오."

이때 긴나라녀는 곧 이렇게 생각을 지었습니다.

'이것은 반드시 인연이 있구나.'

곧 앞에서 가져다 놓았고 왕녀가 정수리를 씻었는데 반지가 몸 위로 떨어졌습니다. 이때 열의는 곧 그녀를 불러서 물어 말하였습니다.

"그대가 물을 가지고 오는 때에 다시 사람이 있었는가?"

대답하여 말하였습니다.

"제가 한 장부를 보았습니다."

상황을 갖추어 자세히 말하였고, 그 열의는 선재인 것을 알고서 빠르게 숨겨서 방편으로 데리고 들어오면서 다른 사람이 보지 못하게 하였습니다. 명에 의지하여 선재를 데리고 왔고 한곳에 숨기고서 열의는 부왕의 곁으로 나아가서 장궤하고 아뢰어 말하였습니다.

"아야(阿爺)3)여. 만약 선재를 보신다면 무슨 일을 짓고자 하세요?"

부왕이 대답하여 말하였습니다.

"잘라서 100조각을 만들고 네 무더기로 나누겠으나, 그가 이미 사람인데 어디에 수용하겠는가?"

열의가 다시 왕에게 아뢰어 말하였습니다.

"만약 마땅히 사람이라면 어떻게 능히 이곳에 이를 수 있겠습니까?"

이때 부왕은 듣고서 분노를 마침내 멈추었고 왕은 이렇게 말을 지었습니다.

"만약 선재가 와서 이른다면 일체의 장엄구를 주겠고, 많은 재물과 보배 및 일천의 긴나라녀와 아울러 그대까지도 모두 주도록 하겠노라."

이때 열의는 이러한 말을 듣고 마음에서 크게 환희하였고 큰 즐거움이 온몸에 가득하였습니다. 곧 선재에게 의복을 단정하게 입히고 와서 부왕을 보게 하였습니다. 이때 긴나라왕은 멀리서 선재를 보았는데 인상(人相)을 구족하였고, 모습과 얼굴이 단엄하여 보는 사람들에게 기뻐하는 것을 보고 마음으로 놀랐고 괴이하게 생각하여 기예(伎藝)를 시험하고자 높이가 다라수(多羅樹)의 7배인 금기둥을 설치하였고, 또한 7고(鼓)와 7현고(玄高)[4]를 설치하였습니다.

그 선재동자는 보살의 몸이었는데, 만약 보살이라면 모든 기예와 공교(工巧)를 이해하지 못하는 것이 없고, 일반적으로 짓는 것은 천인들이 역시 그를 도왔으므로 장애가 없습니다. 곧 왕의 앞에서 큰 공양을 베풀면서 피리를 불었고 공후(箜篌)를 두드렸으며 비파(琵琶)를 튕겨서 여러 종류의 음악을 연주하였고 아울러 모든 기예를 부렸으므로 허공 가운데의 여러 천인들도 역시 모두가 도와서 지었습니다.

이때 선재동자는 색깔이 청련과 같고 광채가 밝게 빛나는 큰 칼을 손에 잡고 있었는데, 그 왕의 궁전 앞에 다라수 기둥이 있었습니다. 왕은 선재에게 칼로 자르면서 거다리(佉多唎) 잎과 같이 자를 것이고, 유마(油麻)[5]와 같이 작게 부수도록 시켰으며, 화살로써 그 금기둥과 7고와 7현고를

---

3) 아(阿)는 친밀감을 나타내는 어조사로서 아버지를 가리킨다.

4) 매달아 놓은 북을 가리킨다.

모두 꿰뚫고 지나가게 하였으나, 몸이 수미산과 같아서 요동하지 않았으므로 허공 가운데의 여러 천인들과 긴나라들은 모두가 큰소리로 외쳤습니다.

그때 긴나라왕은 이와 같은 희기한 일을 보고 듣고서 마음에서 크게 놀랐고 두려워서 곧 일천의 긴나라녀를 장엄시켰는데 그 자질(姿質)과 용모를 하나같이 열의와 같게 하고서 왕은 선재에게 알려 말하였습니다.

"그대는 누가 열의인가를 알겠는가?"

이때 선재는 곧 진실한 말로 가타를 설하여 말하였습니다.

열의는 수녀(樹女)이고
나는 지금 지극히 사랑하고 공경하므로
진실하게 말하나니 마땅히 빠르게
느린 걸음으로 앞을 향하여 간다네.

이때 열의는 깨닫지 못하고 앞으로 한 걸음을 내딛었습니다. 긴나라 대중이 대왕에게 아뢰어 말하였습니다.

"이 선재는 사람의 위력이 있으며 정근을 초월하였고 모습과 얼굴을 구족하였으므로 열의와 함께 상응(相應)합니다. 어찌 고통스럽게 핍박하고 열의를 주지 않으십니까?"

그때 긴나라 대중은 차례로 왕에게 아뢰어 열의를 주도록 하였으므로 그 왕은 곧 칙명하여 긴나라의 법에 의지하여 왼손에는 여자를 잡고, 오른손에는 금병을 잡고서 알려 말하였습니다.

"동자여. 이 사랑스런 딸과 아울러 일천의 긴나라녀를 시종으로 둘러쌓고 상으로 주겠으니, 아내로 삼으라."

왕이 말하였습니다.

"사람은 마땅히 은혜가 없으나 반드시 버리지 말라. 역시 다른 아내를 다시 두지도 말라."

---

5) 호마(胡麻)와 같은 말이고, 검은깨나 참깨 따위를 통틀어 이르는 말이다.

이때 선재는 왕의 가르침을 듣고서 곧 열의와 함께 본래의 궁전으로 돌아가서 유희하고 즐겁게 오락하였습니다. 선재는 다시 뒤의 때에 집의 권속들과 부모와 이별한 것을 생각하여 기억하고서 근심하고 고뇌하면서 곧 열의와 함께 이 일을 평론(平論)하였습니다.

"그대는 어떻게 하겠는가?"

열의가 곧 부왕께 알려서 왕이 알게 하였으므로 왕이 말하였습니다.

"그대의 마음대로 선재가 함께 서로를 따라서 떠나도록 하고, 행하면서 착오가 없게 하라. 사람은 거짓과 속임수가 많으니라."

이때 부왕은 경계하여 칙명하고서 곧 금·은·진주 등 여러 보배들을 주었고 떠나는 자량으로 삼도록 하였습니다. 이때 선재는 긴나라의 힘으로 빠르게 나포라성으로 돌아왔고, 마땅히 성에 들어가고자 하는 때에는 긴나라가 여러 종류의 향기를 지었던 까닭으로 성안에 두루 가득하였습니다. 부왕은 선재가 왔다는 것을 듣고 칙명하여 여러 악기를 연주하였고, 성읍을 물을 뿌려 청소하였으며, 기와 조각과 자갈들을 없애 모두를 깨끗하게 하였고, 여러 음악을 연주하였으며, 증채와 번개(幡蓋)를 내걸었고, 여러 향을 피웠으며, 여러 묘한 꽃들을 뿌리게 하였습니다.

선재는 백천(百千)의 권속들에게 둘러싸여 나포라성에 들어가서 쉬고서 여러 진귀한 보배들을 가지고 부왕의 처소로 나아가 발에 예배하고 얼굴을 마주하고 앉아서 긴나라에 향하였던 일을 앞에서와 같이 갖추어 말하였습니다. 이때 부왕은 선재의 위력이 제일 초월한 것을 알았고 곧 관정(灌頂)을 주었으며 왕으로 세웠습니다. 이때 선재는 곧 이렇게 생각을 지었습니다.

'내가 열의와 부부가 되었던 까닭으로 지금 관정왕(灌頂王)의 위치를 이어받았고, 스스로가 과거의 인연을 알아서 이와 같은 복의 과보를 얻었다. 나는 지금 반드시 다시 과거보다 수승한 보시를 행하여 여러 복업을 지어야겠다.'

이렇게 생각을 짓고서 상각성(象閣城)에서 12년을 세속의 법에 의지하여 사당(祠堂)을 설치하고 제사를 지냈습니다."

세존께서 대왕에게 알리셨다.

"나는 그때에 선재동자라고 이름하였으니, 다르게 생각을 짓지 마십시오. 곧 나의 몸입니다. 마땅히 그때에 보살행을 행하였고 선재왕(善財王)이라 이름하였습니다. 나는 열의를 까닭으로 정근과 위력이 제일 초월하였으며, 이미 견제를 얻고서도 12년을 제당(祭堂)을 설치하고 세속의 법에 의지하여 제사를 지냈습니다. 어찌 내가 이러한 보시의 복업으로 무상보리를 증득하였겠습니까? 다시 다른 복업을 닦았고 선근(善根)이 쌓였던 까닭이고, 바른 신심의 인연이 있었던 까닭으로 무상정등보리(無上正等菩提)를 증득하였습니다."

세존께서 말씀하셨다.

"다시 다음으로 대왕이여. 나는 무상의 보리를 구하기 위하였던 까닭으로 지혜로운 보시를 행하였고 여러 복업을 지었습니다. 대왕께서는 자세히 들으십시오. 지나간 옛날에 미시박성(尾施縛城)에는 왕이 있어 미시바밀다(尾施婆蜜多)라고 이름하였습니다. 바르게 왕위를 이어받았고 법으로 세상을 교화하였으므로 그 나라의 백성들은 풍요롭고 안은하였으며 여러 거짓이 없었고 도둑과 질병이 없었으며 소와 양과 곡식은 곳곳마다 충만하였습니다.

그 왕은 바른 신심으로 능히 자신과 다른 사람을 이익되게 하였고 백성들을 사랑스럽게 생각하였으며 자비로운 마음이 서로를 향하였습니다. 뒤의 다른 때에 왕비와 함께 유희하고 즐겁게 오락하였는데 오래지 않아서 마침내 임신하였고 10개월이 차서 한 아들이 태어났습니다. 모습과 얼굴이 단엄하고 여러 상(相)을 구족하여 사람들이 보면 즐거워하였습니다. 생일 잔칫날에 이름을 짓기 위하여 모두가 서로에게 의논하여 말하였습니다.

"이 아이는 미시바밀다왕의 아들이므로 마땅히 미시박다라(尾施縛多羅)라고 이름을 지어줍시다."

여덟 명의 유모를 주었으며, [자세한 설명은 다른 곳에서와 같다.] 연꽃이 물에 있는 것과 같이 빠른 시간에 장대하였다. 곧 입학(入學)시켜서 역수(曆數)·산계(算計)·공교(工巧)·기예(伎藝)와 왕법(王法)의 일을 배우도록 하였고, 아울러 말을 조련하며 여러 종류의 상법(相法) 등을 모두 성취하게 하였으며, [자세한 설명은 다른 곳에서와 같다.]

이때 왕자는 성품이 어질고 선하였으며, 진실하고 마음이 깨끗하여 스스로를 이익되게 하였고 다른 사람을 이익되게 하였으며, 항상 자비와 애민으로 세상 사람들을 사랑스럽게 생각하였으므로 능히 일체의 무여(無餘)의 보시를 행하였습니다. 이미 항상 보시하면서 마음에 끊어짐이 없었으므로 멀고 가까움을 묻지 않고 가난한 사람들이 모두 와서 구걸하였고, 구하는 자에게 베풀어 주어서 모두의 마음을 만족하도록 하였습니다.

그런데 보살이 다시 뒤의 때에 원림(園林)을 바라보고 유희하고자 칠보와 영락으로 그 몸을 장엄하였고, 또한 몸에 사슴 가죽을 입고 말이 끄는 수레를 타고서 큰 북과 악기를 연주하며 빠르게 길을 가서 동산으로 들어가고자 하였습니다. 이때 한 바라문이 있어 왕자를 찬탄하여 말하였습니다.

"찰제리의 동자여. 크게 수승한 위력이 있구려."

곧 가타를 설하여 말하였습니다.

무량한 사람들이 모였고
당신은 큰 명성이 있으니
마땅히 이 수레를 보시하여
보시를 감당할 사람에게 베푸십시오.

이때 왕자는 마음에 환희가 생겨나서 빠르게 내려와서 이 보배 수레로서 그 바라문에게 보시하고서 게송을 설하여 말하였습니다.

나는 본래부터 이러한 수레를 버리고
환희하며 능히 보시할 수 있으므로
원하건대 나는 삼계(三界)를 버리고서
빠르게 묘한 보리를 증득하겠네.

다시 다른 때에 왕자는 성 밖으로 나가서 동산을 유행하였는데, 흰 코끼리를 보배로 장엄하여 흰 연꽃과도 같았고, 역시 설산(雪山)의 코끼리와도 같았습니다. 코끼리는 뛰어난 종자의 모습이 있어서 역시 제석의 코끼리와 같았고, 스스로의 상호(相好)로써 그 기질을 장엄하여 공덕이 드러났습니다. 그 코끼리는 날마다 크게 자라서 여러 코끼리의 가운데에서 가장 수승하였습니다. 태자는 여러 친우들과 권속들에게 둘러싸였는데, 역시 많은 별들이 밝은 달을 에워싸고 있는 것과 같았습니다.

삼춘(三春)[6]의 계절에 이르자 온갖 꽃들이 활짝 피었고, 숲은 무성하였으며, 연못은 맑았고, 꽃과 새들이 어우러졌으며, 공작·앵무·기러기·원앙새 등의 여러 새들이 슬피 울며 무리지어 날면서 함께 지저귀고 있었습니다. 태자는 이때 다른 나라와의 경계의 근처에 있었는데, 이웃 나라의 왕은 왕자가 여러 채녀(婇女)들과 방원(芳園)에서 이리저리 다니면서 환희하며 유희(嬉戲)하는 때에 즐거이 보시를 행한다는 것을 알고서 바라문에게 빨리 와서 코끼리를 구걸하도록 하였습니다. 그 바라문은 왕자의 처소에 이르러 미묘한 언사(言詞)를 짓고서 가타를 설하여 말하였습니다.

천인이 보시를 좋아한다고 들었고
미묘하고 널리 여러 지방에 들리나니
저에게 타신 코끼리를 보시하시겠다면
지금이 바로 그때입니다.

이때 왕자는 이러한 말을 듣고서 마음으로 곧 환희하며 곧 코끼리에서 내려서 받들어 베풀었고, 다시 가타로 발원하여 말하였습니다.

바라건대 내가 이 코끼리를 버리고
즐거이 바라문에게 보시하나니

---

6) 봄의 세 달을 가리키는데, 맹춘(孟春) 1월이고, 중춘(仲春) 2월이며, 계춘(季春) 3월을 말한다.

이와 같이 삼계도 버리고
묘한 보리를 빠르게 증득하게 하십시오.

이때 여러 신하들이 왕에게 와서 아뢰어 말하였습니다.
"바깥 경계의 적국(怨國)에서 바라문을 보내어 왕자께서 타고 계신
가장 수승한 코끼리를 구걸하게 하였고 지금 이미 그에게 주었습니다."
대왕은 말을 듣고 몹시 성내면서 곧 왕자를 불러 여러 종류로 꾸짖고서
나라 밖으로 내쫓게 하였습니다. 그 왕자는 부왕의 꾸짖음을 듣고서
이렇게 사유를 짓고 곧 가타를 설하여 말하였습니다.

나는 보살행을 닦고
자비로 고통받는 중생을 섭수하며
이미 견고한 갑옷을 입었으므로
이러한 가장 수승한 코끼리도 버렸다네.

집안의 일체 물건을
힘을 따라서 모두 보시하고
연행(練行)[7]의 숲에 마음을 두었으니
반드시 마땅하게 지으리라.

집을 버리고 고행을 닦으며
마땅히 연행의 숲에 나아가는데
이러한 말과 같이 짓지 않는다면
어찌 사람에게 보시가 있겠는가?

보살은 이렇게 말을 짓고서 곧 태자비에게 이르러 알려 말하였습니다.

---

7) 행법(行法)을 닦는 것을 가리킨다.

"현수여. 소유한 재물을 모두 보시하시오. 나는 산림으로 들어가서 그 고행을 닦겠소."

앞에서와 같이 갖추어 말하였습니다. 그 부인은 듣고 태자와 이별하는 것이 걱정되고 두려워서 합장하고 알려 말하였습니다.

"현자(賢子)여. 내 몸과 아들과 딸도 역시 서로를 따라서 산림의 가운데에 머무르면서 수도(修道)하기를 원합니다. 나도 역시 한 생각의 가운데에서도 능히 서로가 이별하는 것을 참을 수 없습니다."

묘한 가타로 태자에게 대답하여 말하였습니다.

눈이 오는데 달이 없는 것과 같고
대지에 곡식이 없는 것과 같으며
숲이 말라서 물이 없는 것과 같은데
아내에게 남편이 없다면 역시 그러합니다.

보살이 알려 말하였습니다.

"우리들은 반드시 서로가 이별하는 것이며, 일체의 세간에도 반드시 이별이 있는 것이오. 하물며 그대는 여성으로 몸은 유연하여 보호받아야 하며 음식과 와구도 모두 부드럽고 좋아야 하오. 고행하는 숲에 있다면 오직 땅에 풀을 까는 것이고, 매일 뿌리와 열매를 먹으며, 달피초(達彼草)로써 그 몸을 가려야 하오."

아내가 말하였습니다.

"현자여. 비록 이러한 고통을 들었으나 마음으로 역시 물러날 수 없습니다."

보살이 대답하여 말하였습니다.

"이러한 서원(誓願)을 항상 생각하고 잊지 마시오."

이때 왕자는 곧 부왕에게 나아가서 정례하고 합장하고서 가타로써 아뢰어 말하였습니다.

원하건대 아버님께서 저의 과실을 용서하십시오.
그 바라문에게 코끼리를 베풀어 주었으며
이러한 꾸중을 인연하여 저는 산림으로 가더라도
마땅히 창고에 항상 증장되기를 원하옵니다.

이때 대왕은 이러한 말을 듣고서 목이 메어 말하지 못하였고, 이별의 고통을 참지 못하여 왕자의 목을 끌어안고서 사랑스런 말로 알려 말하였습니다.
"바라건대 아들아! 돌아와서 머물러라. 다시는 널리 베풀지 말라."
보살이 가타로서 대답하여 말하였습니다.

제가 만약 다시 돌아와 머문다면
대지와 여러 산과
몸과 아내와 노비들을 보시할 것이니
이 마음을 결국 바꾸지 않겠습니다.

이때 왕자는 이렇게 말하고서 무릎꿇고 부왕께 하직하고서 여러 처자와 권속들과 함께 앞뒤로 둘러싸였고, 성안의 모든 사람들은 모두가 번뇌하면서 함께 태자를 전송하며 성 밖으로 나갔으며, 백천의 권속들도 모두 수레를 타고 태자를 따라서 성 밖으로 나가서 고행의 숲으로 나아갔습니다. 이때 한 사람이 있어 성안의 여러 사람들이 한꺼번에 크게 통곡하는 것을 듣고 괴이하게 생각하여 물어 말하였습니다.
"이 통곡하는 소리는 무엇입니까?"
사람들이 말하였습니다.
"그대는 알지 못하는가? 이 성의 왕자인 소달나(蘇達那)가 국경으로 유배당하는 것입니다. 왕자의 성품은 보시하는 것을 애락하므로 대왕에게 꾸중으로 다스렸고 지금 산림 속으로 들어가고자 하는 것입니다. 이것을 인연으로 성안의 백성들이 슬프게 우는 것입니다."

이때 태자는 법에 의지하여 말로 이별하며 게송으로써 여러 사람들에게
알려 말하였습니다.

일체의 은애(恩愛)가 오래되고 함께 하더라도
때에 이르러 목숨을 마친다면 만남을 이별하고
길의 나무아래에서 묵었다가 또한 떠나듯이
아내와 자식들과 권속들도 모두 이와 같다네.

그대들은 마땅히 아시오. 법은 이와 같아서
세간의 모든 것에는 이별의 근심이 있으니
마땅히 다시 짓는 일에 오로지 나아가며
수미산처럼 움직이지 말고 안주하시오.

이때 왕자는 점차로 떠나가서 성에서 30여 리(里)를 떨어졌는데, 한
바라문이 있었고 와서 왕자에게 알려 말하였습니다.
"찰제리여. 나는 일부러 성 밖으로 나와서 30여 리를 걸어왔습니다."
다시 가타로서 왕자에게 알려 말하였습니다.

나는 보시를 좋아한다는 소문을 듣고 일부러 왔으나
이 도로에서 지극히 피로하며
당신에게 보시의 본원(本願)이 성취되게 하고자 하니
원하건대 그대는 묘한 보리를 빨리 증득하십시오.

이때 왕자비는 이러한 말을 듣고 참지 못하고 말하면서 게송으로 대답하
여 말하였습니다.

그대 바라문은 지극히 악인이고
산림으로 쫓겨남은 내려놓지 못한 까닭이며

우리들에게는 작은 자비도 없는 것이고
왕자께서 지위를 잃은 것도 아울러 이러한 까닭이오.

이때 보살은 왕자비에게 알려 말하였습니다.
"현수여. 그대는 바라문에게 추악한 말을 짓지 마시오."
게송으로 말하였습니다.

만약 이렇게 재물을 구하는 자들이 없다면
어느 곳에서 다시 보리를 증득하겠는가?
육바라밀에서 보시가 가장 수승한 것이고
이러한 육바라밀을 행하여 보리를 증득한다오.

이때 보살은 환희가 생겨나서 곧 수레를 바라문에게 보시하였고 게송으
로 설하여 말하였습니다.

나는 간탐과 진에의 흐름을 깨뜨리고
수레를 바라문에게 보시하였으니
오히려 대선의 굴리는 것과 같아서
무루법을 성취하게 하십시오.

이때 왕자는 수레를 보시하고서 마음에 환희가 생겨나서 아들과 딸을
끌어안고 점차로 갔으며 멀리 고행림(苦行林)의 가운데에 이르렀습니다.
이미 숲에 이르러 몸과 마음으로 환희하며 고행을 닦았습니다. 뒤의
다른 때에 부인이 산의 계곡의 가운데에 꽃과 과일을 찾아 채취하고자
떠나갔습니다. 이때 천제석은 보살이 고행림의 가운데에 있는 것을 관찰하
여 보았고, 보살을 시험하려는 까닭으로 한 바라문으로 변화하였으며,
왕자의 처소에서 찬탄하여 말하였습니다.
"크게 수승한 찰제리의 동자여. 원하건대 나의 말을 들어보시오."

곧 가타로서 찬탄하고 설하여 말하였습니다.

단엄한 족성자(族姓子)여.
혼자로 산림의 가운데에 있으니
그대가 사랑하는 아들과 딸을
빠르게 데리고 와서 나에게 보시하시오.

이때 바라문은 이러한 말을 설하였습니다. 그때 왕자는 자식을 사랑하였던 까닭으로 한마음으로 사유하며 머물렀습니다. 그 바라문이 또한 다시 알려 말하였습니다.

"찰제리여. 나는 그대가 능히 일체를 보시할 수 있고, 구하는 것을 모두 주었다는 소문을 들었습니다. 바라건대 두 자식을 나에게 보시하십시오. 어찌 사유할 여유가 있겠습니까?"

그리고 게송을 설하여 말하였습니다.

지상(地上)과 허공에서
모두 보시를 잘한다고 들었으니
그대는 지금 마땅히 빠르게 베풀어
나의 구하는 마음을 채워주십시오.

이때 보살이 대답하여 말하였습니다.

"비록 자신을 베풀더라도 아까워하지는 않는 까닭인데, 하물며 아들과 딸을 보시하는 것이겠습니까? 내가 지금 사유하는 것은 다른 개인적인 생각이 있습니다. 곧 아들과 딸을 데려다가 바라문에게 보시하겠소."

그리고 게송을 설하여 말하였습니다.

나는 지금 이렇게 자식을 버리고서
쾌락하며 산림에 머무를 것이나

어미와는 상의하지 않았으므로
원한이 생겨나서 우뇌할 것이라네.

다른 사람들이 말하지 않게 하소.
동자는 견고한 마음으로
자식은 버리고 자신은 버리지 않았다고
사람들이 비방하는 것이 두렵구려.

바라문이 말하였습니다.
"찰제리의 동자여. 이것은 역시 그렇지 않습니다. 그대는 왕족으로 태어났고 중생을 애민하게 생각하고 항상 자비스러운 보시를 행한다고 대지에 널리 들리고 있습니다. 오히려 향상(香象)으로서 사문과 바라문에게 보시하였고, 여러 가난하고 하천(下賤)한 사람들을 항상 능히 섭수하였으며, 구하는 것을 만족시켰으므로 헛된 지나침이 아닙니다. 나는 이미 멀리서 왔으므로 아무 이익이 없도록 하지 말고 빠르게 날뛰는 마음을 조복하십시오. 원하건대 퇴전(退轉)하거나 별도의 다른 마음을 일으키지 말고, 내가 구하는 것이 헛되게 지나지 않게 하십시오."
  이때 보살은 바라문의 말을 듣고서 다시 사유하였습니다. 자식을 사랑하였던 까닭으로 그 마음이 미혹되고 혼란스러워 게송을 설하여 말하였습니다.

나는 지금 사랑하는 자식을 데려다가
바라문에게 보시하여 주겠으나
그 고뇌가 생겨나는 것은
모두를 사랑하며 이별하는 까닭이라네.

내가 지금 만약 주지 않는다면
고행을 성취할 까닭이 없으므로

오히려 이러한 이별을 만나더라도
반드시 구하는 것을 만족시킨다네.

이때 보살은 오로지 한마음으로 마땅히 보시한다고 결정하였고, 곧 게송을 설하여 말하였습니다.

사람은 큰 고해(苦海)의 가운데에 있고
유정들은 모두 빠져 있으며
능히 건너는 것은 매우 어려우므로
서원하면서 배와 뗏목을 짓는다네.

보살은 이렇게 설하고서 얼굴을 기뻐하였으며, 오른손으로는 아들을 데리고 왼손으로는 딸을 데려다가 바라문에게 보시하여 주었습니다. 이때 아들과 딸은 눈에 눈물이 가득히 흐르면서 슬프게 목이 메어 울었습니다. 보살은 보시하고서 다시 맹세의 말로 발원하였습니다.

원하건대 나는 아들과 딸을 보시하였으니
곧 보리의 길로 나아가서
서원하건대 여러 중생을 구제하고
빠르게 생사의 바다를 뛰어넘게 하십시오.

이때 보살이 이렇게 아들과 딸을 보시하였고 이러한 말을 지어 마쳤습니다. 이때 대지는 여섯 종류의 진동이 일어났고, 땅이 진동하였던 까닭으로 산림의 가운데에서 적정함을 닦고 있던 사람들은 모두가 놀라고 두려워서 서로에게 알려 말하였습니다.
"지금 이렇게 땅이 진동하는 것은 무슨 인연이 있는가?"
이때 선인이 있어 바실타(婆悉吒) 종족이었고 능히 잘 점쳤으므로 여러 선인들에게 알려 말하였습니다.

숲 속의 작은 아이가 열매와 물을 먹고
여러 사람들을 희열(喜悅)하게 하였으며
고해의 가운데에 있었으나 벗어남을 구하였고
보살이 자식을 보시함에 대지가 진동하였다네.

이때 두 아이는 아버지가 바라문에게 보시한 것을 알고서 슬프게 눈물을 흘리고 울면서 아버지의 두 발에 예배하고서 합장하여 아뢰어 말하였습니다.

저희들은 어머니를 보지 못하고
지금 그 사람에게 주어졌으므로
원하건대 잠시 자애로운 어머니와 이별하고
아버지가 보시하였던 다른 사람을 따르겠습니다.

이때 보살은 애념하였던 까닭으로 눈물을 가득 흘리면서 아들과 딸의 목을 끌어안고 게송으로 알려 말하였습니다.

나의 마음은 너희들을 깊이 사랑하더라도
이것은 자애와 견고한 마음이 없는 것이 아니고
마땅히 인간과 천상을 이익되게 하고자
너희들을 선희견(善喜見)에게 보시하는 것이니라.

나는 무상의 보리를 이루려는 까닭이고
열반의 안락처(安樂處)를 구하여 증득하여
고해의 여러 유정들을 건져내기 위한 것이니
원하건대 구제되어 마땅히 윤회의 고통을 벗어나라.

이때 두 자식은 아버지가 보시를 결정한 것을 알고서 소리내어 슬프게 울면서 합장하고 아뢰어 말하였습니다.

"아버지께서는 지금 다른 사람에게 보시하는 것을 결정하셨으니, 어머니가 오시어 이른다면 오직 원하건대 알려서 말씀하십시오. '저희는 부모님의 처소에 함께 참회를 애원합니다. 저희들은 어리고 우치하며 아는 것이 없어 많은 잘못을 범한 것이 있었고, 혹은 때에 순종하지 않고 공경하지 않는 말을 하였습니다. 이러한 과실이 많더라도 원하건대 용서하십시오.'"

말을 마치고 발에 예배하였으며 오른쪽으로 세 번을 돌고서 그를 따라서 점차로 떠나갔으나, 아버지의 말을 생각하고 자주 뒤를 돌아보았습니다. 그때 보살은 자식들을 사랑스럽게 생각하고 자애롭게 말하고 돌아와 오두막으로 들어가서 곧 무상보리의 대원을 일으켰습니다. 또한 자식들이 떠나가는 때에 삼천대천세계에는 여섯 종류의 진동이 일어났으므로, 허공 가운데에서 여러 천인들은 모두 큰 소리로 가타를 설하여 말하였습니다.

대사께서는 근본의 마음으로 보시하였고
반드시 무상(無上)의 일을 성취하고자
아들과 딸을 보시하였으므로
견고한 마음에서 물러남이 없으시네.

이때 여러 천인들이 이렇게 말하고서 그 어머니는 뿌리와 열매를 가지고 돌아가고 있었고, 또한 대지가 진동하는 것을 보고 더욱 빠르게 돌아가고자 하였다. 이때 한 천인이 어미 사자로 변화하여 중요한 길을 지키고 있으면서 지나가지 못하게 하였는데, 보살이 일체의 유정을 위하여 보시하는 이익되는 일을 행함을 장애하는 것을 두려워하였습니다. 태자비가 어미 사자에게 알려 말하였습니다.

그대는 짐승 왕의 아내이거늘

무슨 인연으로 길을 가로막는가?
내가 만약 남편에게 정숙하다면
원하건대 그대는 빨리 길을 열어 주시오.

그대는 짐승 왕의 아내이고
나는 사람 왕의 아내이므로
법에 의지하면 자매가 되니
그대는 빨리 그 길을 열어 주시오.

이때 사자는 본래 천인의 모습을 회복하여 곧 그 길을 피하였는데, 태자비는 악상을 보고 일념으로 사유하였습니다.

'하늘의 귀신과 같은 것이 나타나고 숲 속에서 소리가 있으므로 나의 거처에 반드시 변괴나 상서롭지 못한 일이 있구나.'

곧 게송을 설하여 말하였습니다.

내가 지금 눈을 깜빡이는데
괴이한 새가 괴성을 지으니
반드시 이별의 고통이 있는데
아이들은 지금 있는가? 없는가?

다시 대지가 진동하는 것을 보니
몸과 마음이 더욱 불안하며
반드시 마땅히 두 자식을 잃는다면
근심하는 마음이 불길이 타오르는 것과 같으리.

이미 이와 같이 여러 종류의 나쁜 생각을 지었고 주처에 이르러 두루 관찰하며 살펴보았으나 두 자식은 보이지 않았습니다. 마음이 곧 혼미하고 어지러워서 여러 곳을 찾아다니면서 또한 곧 이렇게 생각을 지었습니다.

‘마땅히 다른 곳에서 벌레나 새들과 함께 즐겁게 놀고 있거나, 혹은 방 안에서 누워서 잠자고 있을 것이다.’

먼저 방 안으로 나아갔고 오직 보살이 있는 것을 보고 합장하고서 보살에게 알려 말하였습니다.

“어느 동자 등의 몸은 지금 어디에 있습니까?”

보살이 알려 말하였습니다.

“한 바라문이 있어 나에게 와서 아이들을 구걸하였으므로 그에게 주어서 데려가게 하였소. 바라건대 기뻐하여 주기를 바라오.”

이때 자애로운 어머니는 이 말을 듣고 짐승이 독화살을 맞고 어지러워 땅에 쓰러지는 것과 같았고, 물고기가 물 밖으로 나와 펄떡거리며 괴로워하는 것과 같았으며, 역시 새끼를 잃은 어미 소들이 슬프게 울면서 울부짖는 소리가 끊이지 않는 것과 같았으므로 게송으로 설하여 말하였습니다.

나의 자식들의 얼굴은 꽃과 같고
손은 연잎보다도 부드러우며
일찍이 괴로운 일을 겪지 않았는데
사랑하는 자식들은 지금 어디로 갔는가?

마땅히 짐승의 새끼들과 함께 놀면서
성품은 곧아서 노루와 사슴과도 같았는데
나의 자식들은 지금 어디에 있으며
누가 너희를 데려가서 부려먹고 있는가?

흐느껴 울면서 다른 사람을 따라다니고
슬프게 울면서 몸으로 고통을 받는데
떠나갈 때에 너희를 보지 못하였으니
누가 살아서 헤어지는 것을 알았겠는가?

이러한 산림의 가운데에서
매번 꽃과 열매와 뿌리를 먹었고
굶주림과 추위를 참으며 다른 사람을 섬겼는데
지금 이러한 고통과 액난을 만났구나.

부모는 직접 사랑하는 것을 버렸고
권속들도 역시 어긋나서 이별하였으니
모두가 그 악인을 까닭으로
자식들에게 극심한 고통을 받게 하는구나.

너희는 찰제리로 태어났는데
지금의 때에 누구를 받들어 섬기며
밤낮으로 내몰림을 당하면서
많은 고통에 얽히고 핍박받는가?

과거에 지은 죄악의 업을 까닭으로
일찍이 유정들은 사랑하면서 이별하더라도
내가 만약에 항상 진실한 말을 행하고
일체의 중생들에게 평등심을 일으킨다면

이 진실한 맹세의 말로서의 까닭으로
세세(世世)에 항상 이별이 생겨나지 않을 것이니
오직 원하건대 두 자식은 비루한 몸을 벗어나서
빠르게 열반의 안락한 과를 증득하십시오.

이때 자애로운 어머니는 아들이 심은 나무를 보고 다시 근심과 번민을
품고 나무를 끌어안고서 슬프게 울면서 다시 말하였습니다.

이러한 수풀과 꽃과 약초 등은
모두가 나의 자식들이 직접 가꾸었으며
수풀과 꽃과 약초들은 활짝 피어있으나
오직 나는 너희들과 함께 시들어 가는구나.

다시 다음으로 점차 길을 가면서 여러 짐승의 새끼들을 보고서 역시
슬프게 울면서 펼쳐서 말하였습니다.

너희들은 항상 나의 자식과 함께 놀았고
즐거워하며 마음에 차별이 없었는데
자식들은 지금 어느 곳으로 갔으며
괴로워하면서 찾아다니게 하는가?

태자비는 자식들이 떠나간 곳에서 사방을 둘러보았는데, 산과 절벽은
높고 험하였으며 길은 사람의 흔적이 끊겨 있었습니다. 어머니는 다시
슬프게 울면서 가타로 알려 말하였습니다.

채찍과 막대기로 몰고 데려갔을 것이고
길은 험하고 산과 벼랑은 높은데
핍박하면서 앞으로 나아가게 하였으므로
바라문은 자비가 적겠구나.

목이 터지게 울면서 목구멍은 갈라지고
울부짖으며 가슴에서 피를 토하였을 것이며
오히려 놀란 짐승이 달아남과 같았을 것인데
부드러운 발로 어떻게 갔겠는가?

이때 보살은 그녀가 걱정하고 괴로워하며 슬프게 울면서 멈추지 않는

것을 보고 곧 방편으로 여러 종류로 비유로 권유하면서 가타로 설하여
말하였습니다.

    내가 성내는 마음이 없이
    곧 두 자식을 데려다 보시한 것은
    유정들을 이익되게 하려는 까닭으로
    보시하기 어려웠으나 곧 보시하였소.

    나의 자식과 권속들은
    보시하기 어려웠으나 이미 보시하였으므로
    마땅히 대인(大人)의 과보를 부르고
    무상의 묘한 보리를 성취할 것이오.

    내가 지금 맹세하고 자식을 보시한 것은
    해탈을 구하려는 까닭이었으므로
    수레와 아울러 아내와 자식까지도
    일체의 사람들에게 보시할 것이오.

    그의 아내는 보살의 말을 듣고서 마음을 견고하게 머물고서 합장하고
보살에게 아뢰어 말하였습니다.

    나는 장애의 마음이 없으므로
    다른 마음을 생겨나지 않을 것이니
    만약 나를 보시하고자 한다면
    뜻을 따르고 의심하지 마십시오.

    사랑을 끊고 친속들은 버리고서
    지극한 원(願)으로 보리를 구하시므로

구하는 것의 원을 만족하시고
미혹한 중생들을 구제하여 주십시오.

이때 제석천왕은 마음에 괴이(怪異)함이 생겨났으나, 보살은 부지런히 연행(練行)을 행하였고, 욕망을 멈추고 성취를 도우려는 까닭으로 그 밤에 무량한 여러 천인들을 데리고 앞뒤로 둘러싸여서 보살의 처소에 이르렀습니다. 허공의 가운데에 머무르면서 산의 숲속을 환하게 비추고 주변을 환하게 하여 모두를 크게 밝히고 보살에게 알려 말하였습니다.
"세상 사람들은 어리석어 미치고 미혹되어 스스로 어지러운 것입니다."
이때 제석천은 이렇게 말하고서 또한 이렇게 생각을 지었습니다.
'그러나 보살에게는 한 태자비가 있어서 공급하고 모시고 있다. 만약 이러한 사람도 없다면 매우 고통스러울 것이다. 내가 역시 방편으로 반드시 구하여 취해야겠다.'
이렇게 생각을 짓고서 보살의 곁에 이르러 바라문으로 변화하여 보살에게 아뢰어 말하였습니다.

그대의 아내는 여러 상(相)을 구족하였고
남편에게 지조와 정조가 청정하였으며
호족의 누이를 데리고 있으므로
바라문에게 주시는 것이 옳습니다.

이때 보살의 아내가 대답하여 말하였습니다.

부끄러움이 없이 탐욕이 많은 사람인
바라문은 비천하고 하열하여
습성으로 비법을 행하면서
나의 정결(貞潔)한 마음도 무너뜨리는구나.

　이때 보살은 자비스러운 마음으로 바라보고 관찰하였으므로 그 아내가 곧 대답하여 말하였습니다.

　나는 그 몸을 아까워하지 않고
　역시 스스로 즐거움을 구하지도 않으나
　만약 내가 그를 따라간다면
　누가 능히 당신을 받들어 섬기겠습니까?

　보살이 대답하여 말하였습니다.
　"나는 그대를 매우 아까워하더라도 무진법(無盡法)을 구하기 위하여 마땅히 나의 뜻을 따라서 이 사람을 쫓아가시오. 비록 그대를 떠나게 하여 내 몸이 마땅히 죽더라도 역시 반드시 보시를 행하는 것을 서원하겠소."
　말을 마치고 환희하면서 곧 스스로가 사유하였습니다.
　'이것은 최후로 아내를 보시하는 것이므로 마음에 집착의 얽매임이 없구나.'
　곧 아내의 손을 잡고 바라문에게 베풀어 주면서 알려 말하였습니다.

　이 존귀한 사람에게 필요한 것을 오로지 제공하였고
　순수하고 곧은 마음으로 몸의 행을 잘 조복시켰으며
　나는 이 아내를 매우 진중(珍重)하게 사랑하였으니
　바라문께서는 원하건대 애민하게 받아 주십시오.

　이때 왕자는 보리를 구하기 위한 까닭으로 마땅히 아내를 보시하였는데 땅이 여섯 종류로 진동하였습니다. 그의 아내는 오열하면서 바라문을 뒤따라갔는데, 이미 아들과 딸을 잃었고 다시 어진 남편과도 헤어졌으므로 고통의 가운데에서 고통이 생겨났으므로 근심의 독이 얽혔으므로 가타를 설하여 말하였습니다.

내가 이전에 이러한 업을 지었으므로
무시부터 항상 서로가 상속되어서
소가 새끼를 잃은 괴로움과 같더라도
나의 이러한 괴로움보다는 못하리라.

그 왕자의 아내가 이렇게 말하였다. 이때 천제석은 본래의 모습으로
되돌아왔으며 그의 아내에게 알려 말하였습니다.
"나는 인간이 아니고, 역시 바라문도 아닙니다. 나는 제석천이고 능히
아수라(阿修羅)도 항복시킬 수 있으며, 보살의 무상보리인 대원을 성취시
키고자 하는 것이고, 유정을 애민하게 생각합니다."
그 보살의 아내는 제석천의 말을 듣고 용약하고 환희하며 합장하고서
아뢰어 말하였습니다.

천제석이여. 원하건대 나의 아이들이
노비의 몸을 벗어나고
선한 인연을 지으며
부왕의 처소로 가도록 하십시오.

이렇게 게송을 말하였다. 이때 천제석은 보살의 처소에 이르러 왼손에
보살의 아내를 잡고서 보살에게 아뢰어 말하였습니다.

이 아내를 당신께 돌려드리니
마음대로 공양과 시중에 충당하시고
바라건대 다시는 사람에게 주지 말고
받아서 의지하며 다른 일에 수용하십시오.

이때 그 바라문이 데리고 갔던 두 아이는 제석천이 미혹시켜서 보살의
부왕의 나라의 가운데로 향하도록 하였습니다. 그러나 바라문은 항상

그 나라를 피하여 다녔으나, 제석의 힘을 까닭으로 깨닫지 못하고서
그 성 가운데에 이르러 왕손(王孫)을 팔았습니다. 성안의 여러 신하들이
그 왕손을 보고서 왕에게 가서 아뢰어 말하였습니다.

우리가 왕손을 보았는데
손자와 손녀께서
바라문에게 끌려와서
이 성안에서 팔리고 있습니다.

왕은 이것을 듣고 마음이 아득하고 미혹되어 혼란스러웠고 오랜 뒤에
정신을 차렸습니다. 이때 왕은 곧 좌우의 신하들에게 칙명하였습니다.
"경들은 빠르게 곧 가서 보도록 하시오."
신하들이 명에 의지하여 가고자 하였는데, 이때 어느 한 신하가 먼저
왕손을 안고 와서 곧바로 대왕에게 보였습니다. 왕은 손자의 몸이 수척하고
약하였으며 때가 더러워 평소와 다르고 의상이 찢겨진 것을 보고 기절하여
땅에 쓰러졌습니다. 여러 신하들이 부축하여 자리에 앉혔으므로 다시
신하들에게 알려 말하였습니다.

산의 수풀 가운데에 있으면서도
오히려 항상 보시하는 것을 즐겨하므로
경들은 빠르게 가서
나의 아들과 며느리를 불러오시오.

이때 제석천은 보살에게 예경하고 물러나서 본궁으로 되돌아갔고,
나라 안의 일체 백성들이 모두 와서 보살께 청하여 본국(本國)으로 되돌아
왔으므로, 왕이 본국을 건립하여 왕이 된 것과 같았습니다. 이때 그 보살은
일체의 보시를 갖추었고, 소유한 사문·바라문·가난한 사람·과부·고아·친
한 벗들로서 와서 구걸하는 자에게 모든 것을 베풀어 주었으며, 무량한

복업을 닦았고 가타를 설하여 말하였습니다.”

　　보살이 구하고자 한다면
　　넓고 크게 능히 보시할 것이고
　　찰제리족과 바라문과
　　벽사(毘舍)와 수타(首陀) 등에게

　　금은과 진귀한 보물과
　　여러 영락으로서
　　노비와 종복들을
　　지계인(持戒人)에게 베풀어 주고

　　소유한 아내와 자식들도
　　바라문에게 받들어 보시한다면
　　이 사람은 그 과보를
　　금생과 후세에 받는다네.

이때 세존께서 대왕에게 말씀하셨다.

“그러나 그때에 미시박다라왕이라고 이름하였고, 능히 일체의 사문과 바라문과 가난하여 구걸하는 여러 사람들과 친한 벗과 권속들에게 여러 종류를 보시하여 무량한 복업을 닦았던 자를 대왕께서는 다르게 생각하지 마십시오. 곧 나의 몸입니다. 나는 그때에 능히 보시를 행하여 무량한 복업을 닦았고 무상보리의 대원을 일으켰던 것입니다. 대왕이여. 오직 이러한 보시의 복력(福力)을 지어 보리를 증득하였던 것이고, 내가 바르게 믿고 선근을 쌓았으며 공덕을 인연하였던 까닭으로, 다시 무량한 복을 닦았던 까닭으로 보리를 증득하였습니다.

다시 다음으로 대왕이여. 나는 무상의 보리를 구하였던 까닭으로 보시를 행하였고 여러 복업을 닦았습니다. 대왕이여. 지나간 옛날에 바라니사대성(婆羅尼斯大城)에는 왕이 있어 범덕(梵德)이라고 이름하였고, 올바르게 왕위를 계승하였으며, 법으로써 세상을 교화하였으므로 백성들은 치성하였고, 국토는 풍요로웠으며, 여러 거짓이 없었고, 도둑과 질병도 없었으며, 소·양·벼·감자 등이 있는 곳마다 충만하였습니다. 뒤의 다른 때에 점술사가 날씨를 점쳐서 "이 나라에는 12년간 큰 가뭄이 있을 것이다."고 말하였습니다. 그 범덕왕은 곧 북을 쳐서 널리 명하여 말하였습니다.

"나라 안에 있는 모든 백성들에게 널리 알려서 알게 하시오. 점술사가 날씨를 점쳐서 '12년간 큰 가뭄이 있어서 비가 내리지 않을 것이다.'고 말하였습니다. 그대들 중 12년의 양식이 있는 자는 마음대로 머무를 것이고, 만약 양식이 없는 자는 음식을 충족할 곳으로 갔다가 뒤에 풍년일 때에 국경 안으로 돌아오시오."

마땅히 그때에 성안에 한 장자가 있어 산탄(散彈)이라고 이름하였습니다. 매우 많이 부유하여 여러 재물이 많았고 수용하는 일과 여러 진귀한 보배·소·양·벼·감자 등이 충만하여 마치 비사문왕(毘沙門王)과도 같았습니다. 그런데 장자는 왕의 명령을 듣고 곧 마땅히 창고지기에게 알려 말하였습니다.

"장부여. 그대는 나의 창고 안을 알고 있네. 창고에는 12년의 양식이 있는가?"

창고지기가 말하였습니다.

"있습니다."

장자는 곧 권속들과 함께 안심하고 머물렀고, 스스로 양식을 준비하지 못한 사람들은 모두 풍년이 든 나라로 가서 의탁하였습니다. 만약 세존께서 출세하지 않는다면 마땅히 독각이 있어 인간세상에 있으면서 유정들 가운데에서 가난하고 곤궁한 부류들을 애민하게 생각하는 것입니다. 이때 독각은 광야의 숲 속 가운데에 있으면서 사람들에게 공양을 받았습니다.

뒤의 한 때에 그 바라니사의 한곳에는 500의 독각이 거주하고 있었고, 다시 다른 한곳에서도 다시 500의 독각이 머물고 있었습니다. 그때에

500의 독각은 곧 공양 시간이 되었으므로 발우를 지니고 산탄 장자의 집으로 나아가서 걸식하였습니다. 이 독각들이 장자에게 알려 말하였습니다.

"그대는 12년을 능히 500의 출가인들에게 음식으로 공양할 수 있습니까?"

장자가 대답하여 말하였습니다.

"잠깐 기다리십시오. 나는 반드시 창고지기에게 물어보겠습니다."

장자가 곧 창고지기에게 물어 말하였습니다.

"장부여. 나의 권속들과 아울러 500의 출가자들이 12년을 만족하게 수용할 양식이 있는가?"

대답하여 말하였습니다.

"있습니다."

이때 장자는 곧 독각을 청하여 12년 동안에 음식을 공양하고서 떠나간 뒤에 다시 500의 독각들이 있어 장자의 집에 와서 알려 말하였습니다.

"능히 12년 동안에 우리 500의 독각에게 음식을 베풀 수 있습니까?"

장자가 알려 말하였습니다.

"성자여. 내가 이미 한 번을 청을 받아들였는데, 어찌 수고스럽게 거듭 오셨습니까?"

여러 독각들이 장자에게 알려 말하였습니다.

"앞에 왔던 사람들은 다른 사람들이고, 우리들은 지금 이르렀습니다."

대답하여 말하였습니다.

"잠깐 기다리십시오. 나는 반드시 창고지기에게 물어보겠습니다."

장자가 곧 창고지기에게 물어 말하였습니다.

"장부여. 나의 권속들과 아울러 500의 출가자들이 12년을 만족하게 수용할 양식이 있는가?"

대답하여 말하였습니다.

"충족할 수 있습니다."

그 장자는 곧 500의 독각들과 앞서 왔던 500의 독각들에게 12년 동안에 음식 공양을 청하였습니다. 장자가 다시 물었습니다.

"성자여. 매일 어느 시간에 마땅히 공양하시겠습니까?"

독각이 알려 말하였습니다.

"우리들은 매일 하루의 정오에 공양하므로 그때에 공양하겠습니다."

장자는 곧 하나의 주처를 짓고 매일 때에 의지하여 1000명의 독각들을 청하여 사찰에 나아가서 공양하게 청하였습니다. 그리고 장자는 독각에게 물어 말하였습니다.

"성자여. 지금은 기근인데 어느 때에 마땅히 비가 내리겠습니까?"

독각이 대답하여 말하였습니다.

"지금 비가 내릴 것입니다."

장자가 다시 아뢰어 말하였습니다.

"내가 가지고 있는 씨앗을 지금 뿌려야 합니까?"

대답하여 말하였습니다.

"뜻대로 하십시오."

장자는 곧 진실한 가르침을 받고서 소유한 일체의 씨앗들을 모두 뿌렸습니다. 이때 제석천이 이 일을 관찰하고 곧 이렇게 생각을 지었습니다.

'이 사람은 일천의 독각들에게 공양하고 있으므로 보시하는 가운데에서 가장 존귀하고 보시하는 가운데에도 허물이 없다. 그 산탄 장자를 내가 반드시 도와서 공덕을 성취하도록 해야겠구나.'

이렇게 생각을 짓고서 제석천왕은 때를 맞추어 비를 내려주었고, 그 파종한 씨앗들은 새싹이 호리병처럼 변하였습니다. 그 농부가 와서 독각에게 물었습니다.

"성자여. 저의 씨앗이 새싹이 돋았으나 모두가 호리병으로 되었습니다. 어찌 살펴주지 않으십니까?"

대답하여 말하였습니다.

"그대는 다만 물을 주기만 하십시오."

그 사람은 곧 떠나갔고, 때에 의지하여 물을 주었으므로 곧 꽃과 열매가 생겨났는데 하나하나의 꽃과 열매는 크기가 호리병과 같았고, 혹은 큰 옹기와 같았습니다. 그 농부가 곧 이 일로 다시 와서 알려 말하였으므로 성자가 말하였습니다.

"그대는 곧 손상시키지 마십시오. 때가 이르면 스스로 열릴 것입니다."

뒤의 때에 성숙되어 그 열매가 스스로 쪼개졌고, 그것을 따라서 씨앗의 종류들이 그 속에 가득하였으므로 기근이 스스로 없어졌으며, 변하고 풍성하게 익었으므로 여러 곳의 사람과 동물들이 모두 바라니사로 와서 의탁하여 머물렀고, 먼 곳으로 가서 기근을 피하였던 자들도 곧 이 성안에 의탁하여 머물렀습니다. 이때 장자는 항상 향기롭고 맛있는 음식으로 일천의 성스러운 독각들에게 공양하였으며 가타로 설하여 말하였습니다.

총명으로 깨달은 마음을 증득하셨고
몸가짐과 말씀도 역시 적정하시므로
항상 이러한 분들께 보시하나니
무루(無漏)의 응공(應供)이라네.

신통과 변화(變化)를 겸하셨고
단엄하고 명성이 있으시며
무외(無畏)이신 분들께 공양하나니
권속들과 아울러 나는 즐거움이라네.

응공인 분들께 보시하여 주는데
정계(淨戒)를 지니고 구족하셨으므로
안락한 업(業)을 뿌린 것인데
이것은 금생과 내생(來生)이라네.

근본설일체유부비나야약사 제15권

삼장법사 의정 한역
석보운 번역

이때 세존께서 대왕에게 알리셨다.

"마땅히 그때에 산탄 장자로 12년 동안의 기근과 큰 가뭄에 일천의 성자인 독각에게 공양하였고, 이때 제석천이 공덕을 짓게 도와서 큰 비를 내리게 하였던 자를 대왕께서는 다른 견해를 짓지 마십시오. 그 산탄 장자가 곧 나의 몸이었습니다.

대왕이시여. 나는 과거에 오직 이러한 보시로써 보리를 증득하였던 것이 아니므로 다른 견해를 짓지 마십시오. 나의 바른 신심과 선근(善根)이 쌓인 선근의 공덕의 인연을 까닭으로, 다시 무량한 복업을 닦았던 까닭으로 무상보리를 증득하였습니다."

섭송으로 말하겠노라.

마왕(馬王)과 선인(仙人)으로 증명하신 것과
뱀의 목숨과 조왕(鳥王)의 은혜와
앵무새와 미제하국(尾提訶國)과
구왕(龜王)과 소사나(蘇斯那)와 두 상주(商主) 등이 있다.

세존께서 말씀하셨다.

"다음으로 대왕이여. 나는 무상보리를 구하였던 까닭으로 일체의 유정들을 이익되게 섭수(攝受)하였습니다. 대왕께서는 자세히 들으십시오.

[『중아급마(中阿笈摩)』「승기득분야차경(僧祇得分夜叉經)」에서 자세히 말한 것과 같다.] 나는 그때에 한 마왕(馬王)이 되어 바라하(婆羅訶)라고 이름하였고, 여러 유정들을 이익되게 교화하였습니다. 다음으로 대왕이여. 나는 무상보리를 구하였던 까닭으로 유정들의 일을 섭수하여 이익되게 하였습니다. 대왕께서는 자세히 들으십시오.

나아가 옛날 바라니사성에서 멀지 않은 곳에 선인이 있어 머물렀는데, 마음에서 자애와 애민을 행하면서 유정들을 자비롭게 생각하였습니다. 그곳에서 멀리 떨어지지 않은 곳에 두 사람의 농부가 밭을 갈고 씨를 뿌리고 있었는데, 마침내 함께 서로가 다투었고 서로가 화내면서 마침내 곧 서로를 때렸습니다. 함께 선인의 처소에 와서 증명하는 것을 청하였고, 한 사람은 곧 왕에게로 가서 일로써 왕에게 아뢰었습니다. 왕이 곧 알려 말하였습니다.

"그대들이 서로 싸운 것을 누가 보았고 증명할 수 있는가?"

아뢰어 말하였습니다.

"대왕이시여. 저희들 두 사람이 싸운 것은 누가 먼저 잘못한 것입니까?"

선인은 대답하였습니다.

"만약 전륜왕의 법에 의지한다면 내가 증명을 하겠으나, 만약 별도의 법으로 판단하신다면 나는 증명하지 않겠습니다."

왕이 말하였습니다.

"그렇게 하시오."

선인이 대답하여 말하였습니다.

"이 사람은 저 사람을 성나게 하였고, 저 사람은 이 사람을 성나게 하였으며, 저 사람은 이 사람을 때렸고 이 사람도 도리어 저 사람을 때렸습니다."

왕이 대답하여 말하였습니다.

"만약 이와 같다면 두 사람이 모두 벌을 받아야 합당하오."

선인이 대답하여 말하였습니다.

"나는 먼저 대답하여 말하였습니다. '만약 전륜왕의 법에 따라서 일을 판결하신다면 내가 증명하겠으나, 그대가 의지하지 않는다면 나는 증명하지 않겠습니다.'"

이때 왕이 알려 대답하여 말하였습니다.

"대선(大仙)이여. 어떻게 지어야 전륜왕법으로 일을 판결하는 것이오?"

선인이 대답하여 말하였습니다.

"대왕이시여. 전륜왕법에 의지한다면 이익이 없는 일은 제거하고 이익이 있으면 머물게 하는 것입니다."

그 왕은 두 사람에게 알려 대답하여 말하였습니다.

"그대들은 물러가라. 다시는 이렇게 서로 싸우지 말라."

세존께서 대왕에게 알리셨다.

"그때 법으로 증명하였던 자를 다른 견해를 짓지 마십시오. 곧 나의 몸이었습니다. 나는 과거에 비록 증명하였으나 법에 의지하여 진실하게 증명하였고, 그 인연을 까닭으로, 선근과 올바른 신심이 쌓였던 까닭으로 무상보리를 증득하였습니다. 다음으로 대왕이여. 또한 무상보리를 구하였던 까닭으로 유정들을 섭수하였습니다. 보살은 그때에 부정취(不定聚)[1]에 있으면서도 자신의 목숨을 버려서 일체 유정을 요익하게 하였습니다.

대왕이여. 지나간 옛날에 한곳의 큰 숲속에 사자왕이 있어 숲 가운데에 머물렀습니다. 다시 500의 상인들이 그 험한 길을 지나가면서 말소리를 까닭으로 큰 이무기가 놀라서 잠에서 깨어났고, 500의 상인들은 모두 이무기에게 둘러싸였습니다. 이때 상인들은 매우 크게 놀라고 두려워서 큰소리로 여러 천신(天神)에게 구해달라고 울부짖었습니다. 그 사자왕은 이 울부짖는 소리를 듣고 와서 이르렀고 이무기가 그 상인들을 둘러싸고 있는 것을 보았습니다. 이곳에서 멀지 않은 곳에는 젊은 코끼리가 있었습니다. 그때 사자는 곧 그 코끼리의 옆에 가서 알려 말하였습니다.

"이 여러 상인들이 지금 이무기에게 둘러싸여서 잡아먹히려고 하는데, 그대는 능히 목숨을 버려서 그 상인들을 구하겠는가?"

---

1) 삼취(三聚)의 하나로 아직 과보가 정해지지 않은 중생의 부류를 가리킨다.

그 코끼리가 대답하여 말하였습니다.

“그렇게 하려면 어떻게 해야 됩니까?”

사자가 대답하여 말하였습니다.

“내가 그대의 머리 위로 올라가서 뒷다리로 너의 머리를 붙잡고 나의 두 발톱으로 그 이무기의 뇌를 때려야만 하네. 그 뒤에는 두 뒷발이 그대의 머릿속으로 들어가서 그대는 반드시 죽을 것이네. 내가 이무기의 뇌를 때리면 뱀도 마땅히 반드시 죽을 것이나, 그 뱀이 입으로 독기를 토하므로 나도 마땅히 죽을 것이네.”

코끼리가 말하였습니다.

“먼저 많은 사람들을 이익되게 하고 구제하는 일인데 어찌 자신의 목숨을 돌아보겠습니까?”

이때 사자왕은 코끼리의 머리 위에 올라가서 몸을 던져서 그 이무기를 때렸고, 사자의 발이 박혀서 코끼리는 곧 죽었으며, 사자가 이무기를 때렸으므로 뱀도 역시 곧 죽었고, 이무기의 독기를 까닭으로 사자도 죽었습니다. 이 셋이 한꺼번에 모두 죽었으므로 여러 상인들은 마침내 목숨을 보전하였습니다. 상인들이 떠나려고 하였으므로 허공의 가운데에서 여러 천인들이 상인들에게 알려 말하였습니다.

“이 사자왕은 현겁(賢劫)의 보살이고, 지금 그대들을 위하여 자신의 목숨을 버려서 여러분을 구제하였습니다. 그대들은 마땅히 보살께 공양하고서, 그리고 뒤에 떠나가십시오.”

이때 여러 상인들은 곧 여러 종류의 공양구로서 사자왕의 몸에 공양하였고 돌고서 떠나갔습니다.”

세존께서 대왕에게 알리셨다.

“그때의 사자왕에게 다른 견해를 짓지 마십시오. 곧 나의 몸이었습니다. 나는 그때에 방생취(傍生趣)에 있으면서도 능히 500의 상인들을 구제하였고, 스스로의 목숨을 버려서 그 독사를 해쳤으며, 나는 자비로운 마음으로 유정들을 섭수하였던 공덕의 인연의 까닭으로, 선근이 쌓이고 올바른 신심의 힘을 까닭으로 무상보리를 증득하였습니다.

다음으로 대왕이여. 지나간 옛날 한곳에 좋은 숲이 있었습니다. 그러나 보살은 부정취에 있었으나, 방생의 가운데에 공명조(共命鳥)[2]가 되어 하나의 몸에 두 개의 머리를 가지고 있었습니다. 하나는 달마(達摩)라고 이름하였고, 다른 하나는 아달마(阿達摩)라고 이름하였습니다. 이때 달마는 잘 익은 달콤한 열매를 먹었는데, 뒤의 때에 아달마가 독이 있는 열매를 먹었고 둘이 함께 괴로워하면서 함께 서로가 평론(評論)하면서 하나는 삿된 발원을 지었습니다.

'바라건대 내가 태어나는 곳마다 항상 그대와 함께 악한 벗이 되어 능히 손해되게 하십시오.'

다른 하나는 발원하였습니다.

'바라건대 나는 생생(生生)마다 태어나는 곳마다 항상 자비로운 마음을 행하고 그대의 몸을 이익되게 하십시오.'"

세존께서 대왕에게 알리셨다.

"그대의 생각은 어떻습니까? 그때 달마라고 이름하였던 자는 곧 나의 몸이었고, 아달마라고 이름하였던 자는 곧 제바달다(提婆達多)입니다. 나는 자비스러운 마음을 까닭으로, 그 인연으로 선근이 쌓였던 까닭으로 무상보리를 증득하였습니다.

다음으로 대왕이여. 지나간 옛날 한곳에 잘 흐르는 연못이 있었습니다. 보살은 그때에 부정취에서 그 새의 몸으로 500의 새들 가운데에서 왕이 되었습니다. 그 가운데에 한 늙은 새가 있어 능히 멀리 가서 음식을 구하지 못하였으므로 항상 작은 새와 여러 새의 알을 먹으면서 천천히 다니다가 배부르게 먹었다면 한쪽 다리로 서있었습니다. 이때 여러 작은 새들은 항상 잡아먹히는 것을 마음에서 크게 근심하면서 함께 왕에게 나아가 새의 소리를 내면서 말하였습니다.

'조왕(鳥王)이시여. [앞에서와 같이 갖추어 말하였다.] 근심스럽고 괴롭

---

2) 산스크리트어 jīva-jīvaka 인도의 북동 지역에 서식하는 꿩의 일종으로 소리에 의한 이름이 지어졌다. 몸 하나에 두 머리가 있는데, 하나가 죽으면, 다른 하나도 따라서 죽는 공동의 생명이므로 얻은 이름이다.

습니다.'

새의 왕은 곧 이 일을 방문하여 누가 여러 새의 새끼들을 잡아먹는가를 알아보았습니다. 보살은 비록 악취(惡趣)에 있었으나 마음은 항상 다르지 않았으므로 이와 같이 방문하고 관찰하였으며 나아가 늙은 새가 거짓으로 천천히 다니면서 연못가에서 한쪽 다리로 서 있는 것을 보았습니다. 이때 새의 왕인 보살은 곧바로 손해를 주려는 자라는 것을 알고서 게송으로 설하여 말하였습니다.

여러 새들의 알을 먹었고
다른 작은 새들을 잡아먹고서도
발을 접어 한쪽 다리로 서 있으니
오히려 지계자와 같구나.

천천히 다리를 오므렸고
아주 작게 거짓말을 하면서
목을 구부려 이렇게 교태를 부리니
반드시 간사함과 거짓이 많겠구나.

이때 늙은 새는 곧 이렇게 생각을 지었습니다.
'지금 새의 왕이 이미 나를 살펴서 알았으므로 나는 지금 귀의해야겠다.'
새의 왕이 알려 말하였습니다.
'그대는 계획을 세워서 여러 새들에게 그대를 알게 하여 원망하는 일이 없게 하시오.'
늙은 새는 듣고서 빠르게 곧 달아났으므로 이때 여러 새들은 안은하였고 근심이 없어졌습니다."
세존께서 대왕에게 알리셨다.
"그때의 새의 왕에게 다른 견해를 짓지 마십시오. 곧 나의 몸이었습니다. 나는 새의 왕이었을 때에 능히 자비로 일체 유정들을 섭수하였던 그 인연의 까닭으로, 선근과 정견(正見)의 힘이 쌓았던 까닭으로 무상정등보리를 증득하였습니다.

다음으로 대왕이여. 지나간 옛날에 숲이 우거진 가운데에서 보살이 부정취에 있었을 때에 앵무새가 되어 항상 사람의 말을 잘 이해하였습니다. 그때 바라니사에 왕이 있어 범덕(梵德)이라고 이름하였고, 바르게 왕위를 이어받았고 법으로써 세상을 교화하였습니다. 그러나 새 한 마리가 있어서 앵무새를 해치고자 하였습니다. 앵무는 대왕의 손 위로 날아들어 왕에게 알려 말하였습니다.

"대왕이시여. 비법으로 세상을 교화하지 마십시오."

이때 왕은 새가 손의 가운데로 날아든 것을 보고 마음에 가엾은 생각이 일어나서 곧 앵무새의 옆에서 5계(戒)를 받고 법으로써 세상을 교화하였습니다. 왕은 여러 신하들에게 칙명하였습니다.

"지금 일체의 새와 짐승들에게 무외(無畏)를 베풀도록 하시오."

세존께서 대왕에게 알리셨다.

"다른 견해를 짓지 마십시오. 그때 앵무새로서 사람의 말을 잘 이해하였던 새는 선근을 보았던 까닭으로 무상보리를 증득하였습니다.

다음으로 대왕이여. 지나간 옛날 바라니사에 범덕왕이 있어 바르게 왕위를 이어받고 있었고, 이곳에서 멀지 않은 곳에 미제하국(尾提訶國)이 있었는데 반역하여 복종하지 않았습니다. 그 범덕왕은 항상 그들이 복종하지 않았으므로 정벌하고자 하였습니다. 그 범덕왕은 군대가 강성하였고, 그 미제하국은 비록 병마(兵馬)가 매우 수승하였으나 항상 마음에서 범덕왕에게 자비를 행하고 있었습니다. 그 범덕왕은 그 나라를 탐애하여 사병을 일으켜서 미제하국을 공격하였습니다.

미제하국의 왕은 범덕왕이 사병으로 정벌하고자 온다는 것을 듣고 곧 성읍에 물을 뿌려서 쓸었고, 여러 돌과 기와 조각을 없앴으며, 그림을 증채와 꽃을 내걸었고 여러 음식을 준비하였습니다. 또한 여러 신하들에게 칙명하여 성안의 모든 백성들에게 성 밖의 25리(里)에 미리 나아가서 향과 꽃으로 영접하고, 다시 여러 종류의 언사(言詞)로 범덕왕의 덕을 찬미하게 하였습니다. 범덕왕은 이러한 일을 듣고 곧 성내는 마음을 멈추고 이렇게 생각을 지었습니다.

'이미 반역하였으나 선한 말로 서로를 거스르지 않았으므로 지금 군대를 되돌려야겠다.'

이때 미제하국의 여러 신하들은 범덕왕을 찬탄하며 말하였습니다.

"원하건대 왕께서 우리나라를 지나가신다면 소유한 군사들에게 널리 음식을 베풀겠습니다."

미제하국의 왕은 가타로 설하여 말하였습니다.

대왕께서는 참회를 받아 주셨으므로
나는 마땅히 직접 받들어 공경하며
여러 일을 대왕을 따라서 지을 것이고
친한 벗이 되어주시기를 바랍니다.

이때 범덕왕이 다시 가타로 대답하여 말하였습니다.

인욕을 까닭으로 해탈을 얻나니
성내는 마음이 적멸하면 일어남이 없고
일체의 하는 것에 능(能)한 까닭으로
능히 일체의 사람보다도 수승하다네.

그때 두 왕은 함께 화합하였고, 그 범덕왕은 곧 본국으로 되돌아갔으며, 미제하국의 일체의 백성들은 모두 두려움이 없어졌습니다."

세존께서 대왕에게 알리셨다.

"그때의 미제하국왕에게 다른 견해를 짓지 마십시오. 곧 나의 몸이었습니다. 나는 그의 마음을 조복시켰던 까닭으로, 그러한 올바른 믿음과 선근이 쌓였던 까닭으로 무상보리를 증득하였습니다.

다음으로 대왕이여. 지나간 옛날에 보살은 이때 부정취에 있으면서 큰 바다 가운데에서 한 거북의 왕이 되었습니다. 다시 뒤의 때에 500의 상인들이 있었고 배를 타고 바다에 들어갔으나 바다짐승에게 얻어맞아 배가 부서졌습니다. 그 거북은 500의 상인들을 등 위에 올려놓고 바다를 건네주었고, 그때 상인들은 모두가 안온하게 목숨을 보전하였습니다.”

세존께서 대왕에게 알리셨다.

“그때의 거북왕(大龜王)에게 다른 견해를 짓지 마십시오. 곧 나의 몸이었습니다. 자비롭게 유정을 섭수한 까닭으로, 그 인연을 까닭으로 올바른 신심과 선근이 쌓였던 까닭으로 무상보리를 증득하였습니다.

다음으로 대왕이여. 지나간 옛날의 때에 비제하국(毘提訶國)에 500의 여러 신하들이 있었고, 그 가운데에 두 형제가 최고의 대신으로 있었습니다. 형은 소사나(蘇斯那)라고 이름하였고, 아우는 사나(斯那)라고 이름하였습니다. 그 사나라고 이름하는 자는 마음이 항상 다른 사람의 허물을 찾기를 좋아하였고 이익되게 하려는 마음이 없었으나, 그 소사나라고 이름하는 자는 일체의 때에 항상 이익되는 일을 행하였습니다.

소사나는 항상 이익을 행하였던 까닭으로 사나는 이러한 이익이 없었으므로 백성들을 괴롭혔습니다. 성안의 여러 사람들이 함께 와서 왕에게 사나가 지은 이익이 없는 일을 아뢰었고, 그 왕은 국경 밖으로 내쫓게 하였습니다. 사나는 곧 바라니사성으로 가서 범덕왕을 섬겼습니다. 뒤의 다른 때에 그 소사나는 아우가 국경 밖으로 쫓겨났고 바라니사의 범덕왕의 처소에게 있으면서 신하가 되었다는 것을 듣고 곧 비제하국의 왕에게 아뢰어 말하였습니다.

“지금 그 바라니사로 가서 그가 화합하고 수순하는 일을 짓는가를 보고자 합니다.”

성안의 백성들은 모두 괴이함과 놀람이 생겨났습니다.

“그 아우는 항상 형의 처소에서 이익되지 않는 일을 지었고 그 아우는 왕에 의해 국경 밖으로 쫓겨났는데, 이 형은 오히려 아우의 처소에서 능히 요익되는 일을 함께 화합하고자 하는구나.”

세존께서 대왕에게 알리셨다.

 "대왕께서는 다른 견해를 짓지 마십시오. 그때에 소사나라고 이름하였던 대신은 곧 나의 몸이었습니다. 항상 중생을 이익되게 하였던 그 인연을 까닭으로, 바른 신심으로 선근을 쌓았던 까닭으로 무상보리를 증득하였습니다.

 다음으로 대왕이여. 지나간 옛날에 한 지방에 하나의 큰 성이 있었고, 그 성안에는 두 사람의 상인이 거주하고 있었습니다. 500의 수레에 그 보배와 화물을 싣고 다니면서 광야의 험한 길에 이르렀고, [『중아급마경(中阿笈摩經)』에서 설한 것과 같다.] 그 한 상인은 이미 야차에게 잡아먹혔고, 두 번째의 상주는 평안(平安)하게 광야를 벗어났습니다."

 세존께서 대왕에게 알리셨다.

 "두 번째의 상인으로서 편안하게 광야를 벗어날 수 있었던 자에게 다른 견해를 짓지 마십시오. 곧 나의 몸이었습니다. 자비롭게 유정을 섭수하였고 그 인연을 까닭으로, 바른 신심으로 선근을 쌓았던 까닭으로 무상보리를 증득하였습니다.

 다음으로 대왕이여. 지나간 옛날에 한 지방에 우거진 숲의 가운데에 넉넉하게 흐르는 강이 많아서 꽃과 과일이 무성하였습니다. 이때 보살은 부정취에 있으면서 육아상왕(六牙象王)이 되어 그 숲속에 있었습니다. 그 코끼리 왕의 아내는 발타(拔陀)라고 이름하였는데, 암코끼리 중에서 가장 존귀하였습니다. 이때 코끼리왕은 무리에서 나와서 한적한 곳에 있었는데, 다른 암코끼리가 있었고, 단정하였고 기쁜 마음으로 코끼리왕의 처소로 가서 함께 사사롭게 통하였고 부부가 되고서 더욱 사랑하며 서로를 따라다니며 머물렀고, 뜻이 서로에게 벗어나지 않았으며 마음이 서로에게 얽혀있었습니다. 이때 발타 코끼리는 곧 질투가 생겨나서 곧 스스로 사념하였습니다.

 '무슨 방편으로 계획을 지어야 곧 내가 육아상왕과 그 암코끼리를 죽일 수 있을까?'

 조용히 생각하였으나 마음에 큰 질투심이 생겨나서 방편을 얻지 못하였으므로 마침내 곧 발원하였습니다.

"원하건대 내가 태어나는 곳마다 능히 둘을 해치게 하십시오."

이렇게 발원하고서 산꼭대기에서 몸을 던졌고 곧바로 목숨이 끊어졌습니다. 비제국(毘提國) 대부인의 뱃속에 태어났고, 그녀의 태중(胎中)에서 10개월을 채우고 딸로 태어났습니다. 여러 상(相)을 구족하였고 점차 장대하여 이웃나라의 범덕대왕에게 시집갔으며 제일(第一)의 부인이 되었으나, 그녀는 숙업을 까닭으로 여섯 어금니를 가진 코끼리 등에게 큰 성냄이 생겨났습니다. 그러나 부인에게는 숙명지(宿命智)가 있어서 곧 범덕왕에게 아뢰어 말하였습니다.

"그 지방에는 어금니가 여섯인 큰 코끼리가 있는데 나는 지금 이 코끼리의 어금니가 필요합니다. 왕께서는 취하게 하십시오."

이때 왕은 여러 성에 칙명하여 소유한 사냥꾼들을 모두 불러 모았고 어금니가 여섯인 큰 코끼리를 잡아오도록 하였습니다. 사냥꾼들이 모이자 알려 말하였습니다.

"그대들은 가서 상아(象牙)를 취하여 가지고 오시오."

이때 여러 사냥꾼들은 왕이 이미 칙명하였으므로 명에 의지하여 떠나갔습니다. 그 사냥꾼의 대장이 사냥꾼들에게 알려 말하였습니다.

"그대들은 모두 흩어져서 각자 돌아가 본업으로 돌아가시오. 내가 혼자 가서 그 상아를 취하겠소."

이때 대장은 곧 제사를 지내는 물건을 취하였고, 아울러 갑옷을 입고 독화살 등을 가지고 그곳으로 나아갔으며, 그 코끼리왕과 암코끼리를 보았습니다. 두 코끼리는 함께 한적한 곳에서 각자 코끼리 무리와 떨어져 머물렀습니다. 이미 보고서 멀리에서 이르러 살펴보고 있었습니다. 그때 사냥꾼은 몸에 인복(忍服)을 입고 활과 화살을 메었으며 갑옷과 무기를 소유하고서 풀숲에 숨어서 코끼리를 죽이고자 하였습니다. 그때 암코끼리는 멀리서 사냥꾼을 보고는 곧 남편에게 알려 말하였습니다.

"우리는 빨리 다른 곳으로 가야합니다. 지금 어느 사람이 와서 우리를 죽이고자 합니다."

코끼리왕이 말하였습니다.

"그 사람은 어떤 모습을 하고 있소?"

대답하여 말하였습니다.

"몸에는 인의(忍衣)을 입고 있고 겉으로 보이는 것은 자비로운 상(相)입니다."

"만약 이와 같다면 마땅히 무서워할 필요가 없소. 가사(袈裟)의 가운데에서는 착하지 않는 일이 없소. 이러한 당(幢)의 모습을 덮어쓰고 있는 사람은 자비로운 마음에 머물고 있으니, 마땅히 두려워하지 말고 의혹이 생겨나지 않아야 하오. 달이 뜨겁지 않은 것과 같은데, 이 사람도 역시 이와 같을 것이오."

이때 암코끼리와 코끼리왕은 함께 의혹이 없이 뜻을 따라서 돌아다녔습니다. 이때 사냥꾼은 이미 그 방편을 얻었고 곧 독화살을 꺼내어 그 코끼리 왕을 쏘아 급소의 가운데에 맞추었습니다. 알려 말하였습니다.

"어찌하여 나아가 가사를 입은 사람은 해치려는 마음이 없다고 말하였습니까?"

이때 코끼리 왕은 게송으로써 대답하여 말하였습니다.

마음에서 허물이 생겨나는 것이 아니고
역시 옷이 지었던 것도 아니며
이러한 허물은 번뇌의 까닭이고
마음이 자비로움에서 떠났던 까닭이라네.

금덩어리와 구리의 부스러기가
불에 들어가면 구리의 성질이 나타나는 것과 같이
허물있는 사람은 비록 확실하지 않으나
지혜로운 사람은 능히 잘 아는 것이라네.

활과 화살이 사람에게 함께 독인 것은
모두 그가 악을 짓는 까닭이며

가사(袈裟)는 본래 적정한 것이므로
모두가 마음에서 짓는 까닭이라네.

이때 암코끼리는 성냄이 생겨나서 그 남편에게 알려 말하였습니다.

나는 당신의 말을 어기지 않았으나
당신께서 지금 하신 말과 같다면
나는 이 사람을 짓밟고자 하며
그를 마디마디 끊어 놓고 싶다네.

이때 코끼리왕은 이러한 말을 듣고서 이와 같은 생각이 생겨났습니다. '이러한 번뇌의 일은 무엇을 지어야 치료할 수 있는가? 만약 이러한 보살의 아내가 원망하고 해치려는 마음을 일으킨다면 이것은 마땅하지 않다.'
이렇게 생각하고 나서 코끼리 왕은 게송으로 말했습니다.

만약 많은 귀신들이 마음에 붙는다면
의사를 보아도 곧 공양을 짓지 않지만
의사는 그를 보아도 항상 원망이 없으므로
마땅히 이와 같은 환희심이 생겨난다네.

이때 암코끼리는 그 보살인 코끼리왕이 말하는 것을 듣고 묵연히 머물렀습니다. 이때 여러 코끼리 무리는 코끼리왕이 있는 곳에 나아가서 곧 이렇게 생각을 지었습니다.
'이 암코끼리가 사냥꾼을 해치지 않아야 한다. 만약 보살이라면 방생취의 가운데에 있더라도 항상 보살행을 행하는 것이다.'
이때 코끼리 왕은 사냥꾼의 옆으로 가서 사람의 말소리로 사냥꾼에게 알려 말하였습니다.

"그대는 괴이하게 생각하거나 무서워하지 마시오."

코끼리 왕은 코로써 사냥꾼을 들어서 가슴 앞에 끌어안았고 또한 암코끼리를 다른 곳으로 가도록 하고서 뒤에 알려 말하였습니다.

"장부여. 암코끼리가 이미 떠나갔으니 그대가 내 몸 위의 필요한 물건이 있다면 뜻을 따라서 그것을 취하시오."

이때 사냥꾼은 마음에서 지극히 괴이하였고 놀랐습니다.

"그대는 곧 사람이고 나는 사람이 아니며, 나는 사람의 가운데에서 코끼리이고 당신은 코끼리의 가운데에서 사람입니다. 그대는 방생(傍生)에 있으면서도 이러한 마음과 지혜가 있으나, 나는 사람의 몸으로 살면서도 반대로 이러한 지혜가 없습니다."

슬프게 울면서 눈물을 흘렸으므로 보살이 물어 말하였습니다.

"어찌 우는 것이오?"

사냥꾼이 대답하여 말하였습니다.

"그대는 이미 나를 다치게 하였습니다."

이때 코끼리왕은 듣고서 이렇게 생각을 지었습니다.

'나는 구제하는 모습을 나타내었고 일찍이 손해가 되게 하지 않았다.'

다시 거듭 사유하였습니다.

'암코끼리가 와서 다치게 한 것인가?'

또한 사냥꾼에게 물어 말하였습니다.

"누가 당신을 다치게 하였는가?"

사냥꾼이 대답하여 말하였습니다.

"코끼리왕이여. 그대의 몸은 무량한 공덕이 있고, 허물도 없는데 피해를 주었으므로 곧 이것이 나를 다치게 하였습니다. 당신의 몸은 화살로 다쳐서 치료할 수 있으나, 나의 마음은 화살에 맞았고 어리석고 지혜가 없으므로 치료하는 것이 어렵습니다."

그리고 게송으로 설하여 알려 말하였습니다.

내가 지금 코끼리왕의 행을 관찰하였는데

공덕이 광대하여 오히려 바다와 같고
해치려는 사람에게 오히려 자비심을 일으키는데
이러한 보살심(菩薩心)은 얻기 어렵다네.

가령 내가 지금 사람의 몸이라고 말하여도
이와 같은 진실한 깨달음은 전혀 없고
다만 이러한 성내고 해치려는 독함이 있으니
몸은 텅 비었고 적은 공덕도 없다네.

모습과 얼굴로 장엄되어 사람의 몸과 비슷하더라도
방생취에 살아있는 것보다 같지 못한데
그대는 방생에 있으면서 사람의 지혜가 있으니
코끼리왕은 코끼리 가운데 가장 존귀하다네.

모습과 얼굴로 사람이 된다고 말하지 말 것이니
방생으로서 사람이 아닌 것이 아니며
만약 사람에게 자비와 공덕이 있다면
그가 곧 사람이라는 것을 마땅히 알라.

이때 코끼리왕은 알려 말하였습니다.
"수고롭게 널리 많은 말을 하지 말고, 여러 교언(巧言)으로 말하지 말고
그대가 지금 어찌 화살로 나를 쏘았는가를 빨리 말하여 나에게 알게
하시오."
사냥꾼이 대답하여 말하였습니다.
"나는 왕의 명을 받들었고 그대의 몸에 있는 어금니가 필요하였습니다.
이 인연으로 그대를 쏘았습니다."
코끼리 왕이 알려 말하였습니다.
"그대가 필요로 하는 것을 바라건대 빠른 시간에 취하시오. 보살이

생각하면 보시하지 않는 것이 없으므로 그대는 마음대로 어금니를 뽑고
이익되는 것을 가져가시오.”
가타로 설하여 말하였습니다.

　　일체의 유정 등을 이익되게 하고
　　표류하는 생사의 바다에서 빨리 벗어나서
　　항상 무상보리의 지혜를 증득하여
　　오직 원하건대 열반성(涅槃城)에 빨리 들어가시오.

이때 사냥꾼은 마음에 부끄러움이 생겨나서 코끼리왕에게 알려 말하였
습니다.
“나는 그대의 어금니가 필요합니다.”
코끼리 왕이 알려 말하였습니다.
“마음대로 뽑아서 가져가시오.”
대답하여 말하였습니다.
“나는 능히 뽑을 수가 없습니다. 만약 나에게 뽑게 한다면 원하건대
자비에 머물러야 내가 비로소 뽑을 수 있습니다. 만약 그대가 자비로운
마음에 머무르지 않는다면 어금니를 뽑는 때에 손이 반드시 떨어질 것입니
다.”
코끼리왕은 알려 말하였습니다.
“만약 그대가 능히 뽑을 수 없다면 내가 스스로 뽑아서 주겠소.”
코끼리왕은 알려 말하였습니다.
“내 어금니의 뿌리는 살에 매우 깊이 박혀 있어 마땅히 뽑는다면 흰
피가 뿜어질 것이오.”
어금니를 뽑아서 사냥꾼에게 주었는데 코끼리왕의 몸은 선명한 흰색이
되어 우담발화(優曇鉢花)와 같았고, 피가 온몸에 흐르자 눈이 덮인 산과
같았으며, 역시 주름진 치마의 문양과도 같았습니다. 이때 코끼리왕은
스스로의 마음에서 이와 같은 몸의 모습을 보고 퇴전(退轉)이 있는 것을

두려워하여 그 마음을 굳게 하고자 흔들리지 않게 하였습니다.

그 보살은 많은 습성(習性)을 까닭으로 이렇게 보시를 행하였는데, 어찌 삿된 퇴전이 있었겠습니까? 죽음의 길에 이르러 오직 불타(佛陀)께 귀의하였습니다. 여러 종류의 신이(神異)한 모습이 있었는데, 허공의 가운데의 여러 천인들은 마음에서 만족하여 곧 희열이 생겨났고 희유한 일을 나타내었던 것입니다. 코끼리왕은 이러한 고행을 지었던 까닭으로 허공의 가운데에 있었던 천인이 게송으로 설하여 말하였습니다.

우리들 여러 천인들이 보니
코끼리왕이 고행을 행하였고
마땅히 어금니를 뽑는 때에도
무량한 고통을 받으면서도
마음속으로는 오히려 희열하였으니
반드시 보리에서 물러서지 않았다네.

다른 한 천인이 있어 그 천인에게 물어 말하였습니다.

이렇게 어금니를 뽑고 몸에 고통을 받는 것과 같다면
어떻게 능히 보리에 나아갈 마음을 일으킬 것이고
오히려 지옥에서 고통을 받는 사람과도 같은데
반드시 능히 자비로운 뜻을 일으킬 수 없으리라.

이때 코끼리 왕은 어금니를 뽑고서 묵연히 머물렀습니다. 사냥꾼은 생각하며 말하였습니다.

"어찌 어금니를 뽑아서 집지하고 머무르는가? 후회가 생겨난 것인가? 나에게 주지 않으려는 것인가?"

이때 코끼리왕은 그의 뜻을 관찰하여 알고서 곧바로 우담발화와 같은 흰 색의 여섯 어금니를 그의 앞발로 끌어당겨서 사냥꾼에게 주고자 하면서 알려 말하였습니다.

"잠깐 기다리시오. 잠깐 기다리시오. 나는 지금 지극히 고통스럽소."

코끼리왕은 또한 이렇게 생각을 지었습니다.

'받을 자가 앞에 있는데 어찌 오래 기다리게 할 것이고, 어찌 주지 않을 것인가? 본래 이 어금니를 위하여 나를 죽이고자 하였고, 지금은 이미 어금니가 없어졌는데 어찌 다른 일을 걱정하겠는가?'

사냥꾼에게 알려 말하였습니다.

"그대는 마땅히 잘 들으시오."

가타로 설하여 말하였습니다.

현수여. 그대는 마땅히 악한 일과
지닌 날카로운 칼과 활과 화살의 물건을 버리시오.
어진 사람의 옷인 이러한 가사를 입고 있으므로
나는 지금 이것을 보고 마음에서 환희(歡悅)한다오.

혹은 보시에 청정함이 있으면 받는 것도 역시 청정함이 있고
혹은 보시에 청정함이 있으나 받는 것은 부정(不淨)함이 있는데
내가 지금 그대를 관하건대 청정하므로 마땅히 공양하나니
보시하는 자와 보시받는 자가 둘이 함께 청정하다오.

그때 코끼리왕은 그가 이욕의(離欲衣)를 입은 것을 보고 마음에서 스스로 환희하면서 곧 여섯 어금니를 주면서 게송으로 알렸습니다.

만약 진실하게 독화살로 내 몸을 쏘았더라도
조금도 성내고 원망하는 뜻을 일으키지 않겠고
이것으로 진실하게 보리를 빨리 증득하는 것을 발원하며
마땅히 윤회에서 구제되어 해탈을 얻으시오.

세존께서 대왕에게 알리셨다.

"대왕이여. 뜻은 어떻습니까? 그때 여섯 어금니의 대상왕(大象王)에게 다른 견해를 짓지 마십시오. 곧 나의 몸이었습니다. 나는 자비와 고행으로써 보시하였던 까닭으로 보리를 증득한 것이 아니고, 정견의 선근을 쌓았던 그 인연을 까닭으로 무상보리를 증득하였습니다.

다음으로 대왕이여. 나는 일찍이 토끼가 되어 그 몸과 살을 버려서 보시하였고, 그 선인에게 주는 때에, [이하 자세한 내용은 생략한다.] 마땅히 아십시오.

다음으로 대왕이여. 나는 지나간 옛날에 부모 두 분이 함께 눈이 없으셨으므로 항상 어깨와 등에 업고 다니면서 공양하였어도 무량한 시간이 지나도록 증득하지 못하였습니다. [이하 자세한 내용은 생략한다.] 마땅히 아십시오.

다음으로 대왕이여. 나는 여러 유정들을 이익되게 하려는 까닭으로, 대왕께서는 자세히 들으십시오. 세간의 삿된 견해는 세속의 법에 의지하여 부모가 장차 늙으면, 혹은 굶주리게 하거나, 강물에 빠뜨리거나, 혹은 불속에 던져서 몸을 태우면서 천상에 태어나시라고 말하였으므로 내가 방편을 베풀었고, 아울러 이러한 비법의 일을 그만두게 하였으며, [이하 자세한 내용은 생략한다.] 마땅히 아십시오.

다음으로 대왕이여. 다시 무량한 인연이 있었는데, 아울러 『나가약차경(那迦藥叉經)』의 가운데에서 널리 설하였습니다.

대왕이여. 보살이 부정취에 있으면서 원숭이왕이 되어 500의 원숭이 가운데에서 존귀하였는데, 바라니사국의 범덕왕에게 두려움을 당하고 있었던 때에 내가 그때에 스스로의 목숨을 버려서 500의 원숭이를 구제하였으며, [이하 자세한 내용은 생략한다.] 마땅히 아십시오.

다음으로 대왕이여. 보살은 부정취에 있을 때에 꿩의 몸으로 태어났고, 『치본생경(雉本生經)』의 가운데에서 널리 설한 것과 같습니다.

다음으로 대왕이여. 보살은 부정취에 있으면서 코끼리의 가운데에 태어났었으며, 『상본생경(象本生經)』의 가운데에서 널리 설한 것과 같습니다.

다음으로 대왕이여, 보살은 부정취에 있을 때에 용의 취(趣)에서 태어났고 촉파용자(矚波龍子)라고 이름하였으며, 『용본생경(龍本生經)』의 가운데에서 널리 설한 것과 같습니다.

다음으로 대왕이여. 보살이 부정취에 있을 때에 기러기 왕의 몸을 지었으며, 『아본생경(鵝本生經)』의 가운데에서 널리 설한 것과 같습니다.”

이때 승광대왕(勝光大王)이 세존께 아뢰어 말하였다.

“대덕이신 세존이시여. 어느 때에 처음으로 무상보리의 발원을 일으키셨습니까?”

세존께서 대왕에게 알리셨다.

“지나간 옛날의 무량겁(無量劫)의 때에 왕이 있어 광명(光明)이라고 이름하였습니다. 그 광명왕에게 한 상보(象寶)가 있었는데, 몸의 색깔은 선명한 흰색으로 우담발화와 같았고, 칠지(七支)가 원만하였으며 생김새가 단엄하여 사람들이 즐겨 보았습니다. 이때 왕은 곧 조련사에게 칙명하여 이 코끼리를 조련시켜서 탈 수 있는 때에 데리고 와서 나에게 보이라고 하였습니다. 그 조련사는 왕의 칙명을 받고 곧 데려다가 조련하여 성취시켰고 왕의 처소로 데리고 왔습니다. 왕은 곧 코끼리를 탔고, 코끼리 조련사의 뒤에 앉아서 성 밖으로 나가서 여러 종류의 새와 짐승들을 사냥하였습니다. 그러나 코끼리왕은 암코끼리의 냄새를 맡고 그 냄새를 찾아서 달렸습니다. 왕은 그 코끼리가 바람과 같이 빠르게 달리는 것을 보고 조련사에게 알려 말하였습니다.

내가 보니 허공이 회전하고
사방(四方)과 상하(上下)가 회전하며
산과 땅이 물레에서 도는 것과 같고
나무도 역시 허공 속으로 가는 것과 같다네.

코끼리의 다리가 움직이는 않는 것처럼

오히려 허공을 타는 것과 같고
바라보니 앞의 산이 달려서 다가오는데
뒤에 있는 산이 움직이지 않는 것이 없다네.

반드시 코끼리에게 굴레로 머물게 하고
심하게 때려서 그것을 겁박할 것이니
코끼리왕은 아직도 조복되지 않았으므로
삶과 죽음이 지금 당장에 있구나.

이때 코끼리 조련사가 왕에게 알려 말하였습니다.

제가 대선께서 말씀하신 주문을 외웠고
아울러 쇠갈고리로 끌어당겼고 심하게 때렸으나
주문을 외우고 갈고리로 때리는 것은 더욱 급하게 하고
소용(所用)의 법도 모두가 이익이 없습니다.

동아줄과 갈고리가 없어도 능히 금제할 수가 있고
왕은 물건이 없어도 어떻게 능히 멈추는가를 아시는데
탐욕이 마음에 들어가서 조복시킬 수 없는 자는
마음속에 욕심이 있어 못을 박힌 것과 같고
이러한 욕심이 일어나면 매우 광대해지므로
능히 멈추게 할 수 있는 자가 없습니다.

이때 조련사는 여러 종류의 방법을 지었으나 능히 멈추고 되돌아오게
할 수 없었습니다. 또한 왕에게 아뢰어 말하였습니다.
"그 코끼리가 달리면서 피곤할 것입니다. 원하건대 왕께서는 나뭇가지
를 잡고 반연(攀緣)으로 취하고 코끼리를 마음을 따르도록 내버려 두십시
오."

곧 한 나무를 만났고 왕과 조련사는 나뭇가지를 반연하여 머물렀는데, 비유하면 죽음을 따라서 다시 생명을 얻은 것과 같았습니다. 왕이 조련사에게 알려 말하였습니다.

"그대는 그 코끼리의 조복을 성취하지 않고서 곧바로 데리고 와서 나와 함께 올라탔느니라."

왕에게 아뢰어 말하였습니다.

"저는 조복을 성취하였습니다. 그러나 그 코끼리가 암코끼리의 냄새를 맡고 탐욕을 취하였던 까닭으로 말의 가르침을 따르지 않았습니다. 그 코끼리는 비록 떠났으나 본래의 처소를 기억하고서 7일에 이르면 반드시 돌아와서 이를 것입니다. 무슨 까닭인가? 암코끼리를 만나서 함께 욕망을 행하고 끝나면 코끼리는 거처를 기억하고 생각하는 까닭입니다."

7일에 이르자 그 코끼리는 돌아왔습니다. 이때 조련사는 빠르게 나아가서 왕에게 아뢰니, 왕이 말하였습니다.

"그대는 이 코끼리를 가르쳤으나 아직은 좋은 성취가 아니네."

그 사람이 왕에게 아뢰었습니다.

"저는 코끼리를 조복시켰습니다."

꾸짖어 말하였습니다.

"어떻게 조복시켰는가?"

아뢰어 말하였습니다.

"청하건대 왕께서 시험하십시오. 곧 그 거짓과 진실을 아실 것입니다."

그 조련사는 곧 큰 쇠구슬을 불에 달구었고 불과 같이 붉은색이었는데 코끼리에게 취하여 먹게 하였다. 코끼리가 곧 앞으로 나아가서 취하여 삼키고자 하였으므로 조련사가 다시 왕에게 아뢰어 말하였습니다.

"코끼리가 만약 그것을 먹는다면 코끼리는 반드시 죽을 것입니다."

이때 왕이 조련사에게 알려 말하였습니다.

"이와 같이 조복시켰는데 당시에는 먼저 나를 어지럽게 하였는가?"

아뢰어 말하였습니다.

"저는 다만 그 몸을 조복시킨 것이고, 능히 마음을 조복시키지 못하였습니다.”

왕이 말하였습니다.

“그대는 혹시 능히 마음을 조복시킬 수 있는 자를 보았는가?”

조련사가 왕에게 아뢰어 말하였습니다.

“있습니다. 오직 불·세존께서는 능히 몸과 마음을 조복시키실 수 있습니다. 일체의 유정들은 그 마음을 조복받고자 하여도 능히 조복받을 수 없는 까닭으로 모두 곧 물러납니다. 여러 외도들이 있어 고행을 수행하여도 탐욕의 수풀이 마음에 있는 것을 능히 뽑아버리지 못하고, 역시 경계를 버리고 탐욕의 처소를 벗어나서 있더라도 굳게 지키지를 못하며, 다시 도리어 물러나 잃게 됩니다. 아수라(阿修羅) 등과 천인들과 사자와 여러 짐승들, 용·뱀·비둘기 나아가 날아다니는 기러기와 여러 부류들의 일체의 함식(含識)3)들이 모두가 속박되었고, 무시 이래로 수레바퀴와 같이 회전하면서 어린 용모부터 늙을 때까지 그 마음을 조복받고자 여러 종류를 고행합니다.

혹은 선인이 있어 바람을 마시고 열매를 먹으면서도 그 마음을 조복시키지 못하였고, 마음은 비록 상(相)이 없는데 어느 천상과 인간들이 자재함을 얻었겠습니까? 대왕이라고 말하는 자이고 큰 위력이 있어 여러 전쟁의 가운데에서 가장 수승하여도 마음을 조복시킬 수 없습니다. 오직 불·세존께서는 탐욕이 없으시므로 마음을 자재하실 수 있습니다.”

이때에 대왕은 불·세존께서는 정진력(精進力)이 있으시고 널리 보시를 행하시며 여러 복업을 닦는다는 것을 듣고서 곧 무상보리를 발원하고 가타를 설하여 말하였습니다.

무량한 복을 닦고 불과(佛果)를 구한다면
선서의 자재존(自在尊)을 얻고 성취할 것이니
만약 능히 피안(彼岸)에 건너지 못한 자가 있다면

---

3) 감정이나 의식을 함유하고 있는 존재로 곧 중생을 말한다.

나는 마땅히 피안에 이르게 건네주는 것을 서원하리라.

들건대 세존께서는 탐욕을 떠나서 보리를 발원하셨고
다시 보시를 행하시며 정법으로 교화하시니
원하건대 나는 마땅히 미래에 성불을 얻어
유정들을 이익되게 하고 탐욕을 없애겠노라.

세존께서 대왕에게 알리셨다.

"대왕의 뜻은 어떻습니까? 그때 광명왕(光明王)이라고 이름한 사람이 어찌 다른 사람이겠습니까? 곧 나의 몸이었습니다. 나는 그때에 처음으로 무상보리의 뜻을 일으켰습니다."

이때 승광왕은 다시 세존께 아뢰어 말하였다.

"가장 처음으로 누구에게 보시하시어 무상보리를 증득하셨습니까?"

세존께서 대왕에게 알리셨다.

"지나간 옛날의 무량겁(無量劫)의 때에 성이 있어 비하피지(毘訶彼地)라고 이름하였는데, 그 성에는 한 옹기장이가 있었습니다. 세존께서 세상에 출현하여 석가모니(釋迦牟尼)라 명호하셨고, 무상정진등정각(無上精進等正覺)을 증득하셨으며, 십호를 구족하였고, 역시 성문제자가 있어서 사리불(舍利弗)·대목건련(大目乾連)과 시자인 아난타(阿難陀)라고 이름하였습니다. 이때 석가모니불·정진(正眞)·등정각(等正覺)께서는 무량한 필추대중과 함께 인간세상을 유행하시면서 그 성안에 이르렀습니다. 그때 그 세존께서는 홀연히 감기(風患)가 있어 곧 아난타에게 알려 말씀하셨습니다.

"그대는 이 성의 옹기장이의 집으로 가서 소(酥)·기름·꿀·음료를 얻어 오게."

이때 아난타는 세존의 가르침인 명을 듣고 곧 그 옹기장이의 집으로 나아가서 문 밖에 서 있으면서 알려 말하였습니다.

"장자여. 세존께서 감기가 있으시어 지금 소(酥)·기름·꿀·음료 등이

430

필요합니다.”

이때 옹기장이는 구수 아난타의 말하는 것을 듣고 곧 소(酥)·기름·꿀·음료 등을 가지고서 아이와 함께 서로를 따라서 함께 세존의 처소로 갔습니다. 병을 치료하려는 까닭으로 소와 기름과 꿀 등을 세존의 몸에 골고루 발랐고, 따뜻한 물로 목욕시켰으며, 사탕 물을 가지고 세존께 받들었습니다. 곧 병이 나았고, 그때 옹기장이는 장궤하고 발원하면서 가타로 설하여 말하였습니다.

　　제가 소(酥)와 꿀로써 여래께 왔으니
　　원하건대 광대한 공덕의 이익을 얻고
　　종족의 명호(名號)와 성문들은
　　모두 지금의 석가세존과 같아지며
　　능히 유정의 부류를 잘 조복시키고
　　여러 고통을 멀리 떠나서 원적(圓寂)에 귀의하게 하십시오.

그 옹기장이의 아들도 역시 이러한 말로 발원하였습니다.

“원하건대 저는 마땅히 미래의 세상에서 세존의 시자와 같게 하십시오.”

세존께서 대왕에게 알리셨다.

“나는 그때에 처음으로 석가여래께 보시하였고 무상보리를 증득하였으며, 그 아들은 곧 아난타입니다.”

왕이 다시 세존께 물어 말하였다.

“처음으로부터 성불할 때까지 얼마나 많은 세존께 공양하여 무상보리를 증득하셨습니까?”

세존께서 대왕에게 알리셨다.

“나는 석가여래께 최초로 보시하였고 아승기야(阿僧企耶)[4]로부터 호세불(護世佛)의 때에 이르기까지 청정한 마음으로서 이와 같이 7만 5천의

---

4) 산스크리트어 asaṃkhya의 음사로 아승기야(阿僧祇耶)라고도 번역된다. 무수겁(無數劫), 헤아릴 수 없는 많은 시간을 뜻하고, 숫자로는 10^{56}을 가리킨다.

세존께 공양하였습니다. 이때 공양이 허락된 때에 일찍이 다른 마음이 없이 오직 무상정등보리를 구하였습니다.

대왕이여. 제2의 아승기야에는 내가 처음으로 연등불(燃燈佛)께 공양하였고, 나아가 보계불(寶髻佛)에 이르기까지 청정한 마음으로써 이와 같이 7만 6천의 세존께 공양하였으며, 나는 비록 많은 생(生)을 지냈으나 다른 마음이 없이 항상 청정한 신심으로써 여러 세존께 공양하였습니다.

대왕이여, 제3의 아승기야에는 처음으로 보계불(寶髻佛)께 공양하였고, 나아가 안온불(安穩佛)에 이르기까지 이와 같이 7만 7천의 세존께 공양하였고, 이와 같이 다시 가섭파불(迦攝波佛)에 이르기까지 나는 비록 공양하였으나 다른 마음이 없이 항상 청정한 신심으로써 여러 세존께 공양하였습니다.

보살이 되었을 때에도 이와 같이 공양하였으므로 모든 여러 세존께서는 내가 마땅히 무상정등보리를 증득하여 나의 소원을 성취하리라고 수기(授記)하셨던 것이니, 정각을 구하는 것을 생각하고 견고하게 해석하고 지켰으며 자비로 일체의 유정을 섭수하였던 까닭입니다."

이때 승광왕은 세존께서 설하신 것을 듣고 마음에서 크게 환희하며 두 발에 정례하고 하직하고 떠나갔다. 이때 구수 아난타는 곧 가타로써 세존께 청하여 말하였다.

오직 원하옵건대 세간에서 존귀하시나
저를 위하여 분별하여 말씀하십시오.
어디에서 처음으로 뜻을 일으키셨고
대보리를 구하고자 하셨습니까?

다시 원하옵건대 무상사(無上士)께서는
본사(本事)의 인연을 말씀하여 주십시오.
일찍이 몇 분의 세존께 공양하셨으며
다시 얼마나 되는 세월을 지내셨습니까?

432

이때 세존께서 게송으로 대답하여 말씀하셨다.

무상(無上)의 양족존(兩足尊)께서는
유정을 자애롭고 연민하시니
그 분께 보리의 마음을 일으켜
삼유(三有)5)의 바다를 건너기를 서원하였노라.

세존께 듣고 마음의 탐욕을 벗어났고
취한 코끼리 인연의 자세한 말씀을 듣고
탐욕의 습기(習氣)를 싫어하고 벗어났으며
인연하여 보리심을 일으켰노라.

견고한 서원(誓願)을 일으켜서
항하사와 같은 보시를 베풀었고
광명왕(光明王)의 세상의 때에는
오로지 정각 등을 구하였노라.

처음으로 석가모니불을 보았는데
나는 옹기장이가 되어서
소(酥)·기름·꿀·음료 등인데
최초의 공양으로 삼았노라.

역시 일찍이 상녀(上女)가 되어서
삼보존(三寶尊)을 바르게 믿었고
나는 교진불(憍陳佛)을 보고서
등유(燈油)를 받들어 보시하였노라.

---

5) 중생의 윤회하는 세계인 삼계를 다르게 부르는 말이다.

무승불(無勝佛) 세상의 때에
나는 일찍이 삼장(三藏)이 되었고
대중과 함께 서로 다투면서
승려에게 여자가 되라고 악한 욕을 하였고

이러한 입의 악업을 까닭으로
내 몸이 변하여 여자가 되었으나
곧 마음을 돌려서 청정하였으므로
다시 변하여 장부가 되었노라.

지나간 과거의 세상에서
일찍이 왕자가 되었을 때에는
보계불(寶髻佛)의 형제들께
나는 등명(燈明)으로써 보시하였고

3개월을 일찍이 공양하여
불·세존을 안은하게 하였고
세존께서 멸도(滅度)하신 뒤에는
사리(舍利)로써 탑을 일으켰노라.

일찍이 부유한 장자가 되어서
3개월을 세존께 공양하였고
세존께서 멸도하신 뒤에는
90주(肘)인 탑을 건립하였노라.

뒤에는 유승불(有勝佛)을 보고서
범지(梵志) 가운데에서 최고가 되어
손을 들어 합장하고서 공경하였고

사람 가운데에서 존귀한 분께 공양하였노라.

옛날의 때에 범지가 되어서
서론(書論)을 모두 밝게 이해하였으나
나는 이익되는 세존을 만나서
여래께 자리를 받들어 베풀었노라.

옛날에 고행을 닦을 때에는
일찍이 선인(仙人)의 법에 머물렀으나
교진세존(憍陳世尊)을 보고서
몸을 붙잡고 산을 내려오고자 하였노라.

나는 일찍이 선인이 되었으나
우연히 낙견불(樂見佛)을 보고서
여러 세존의 거처에 이르러
뿌리와 열매로써 공양하였노라.

지나간 옛날에 선인이 되었으나
선안세존(善眼世尊)을 보고서
나무껍질로서 입고 있던 옷을
가지고 보시하여 그 몸을 덮어드렸노라.

옛날에 일찍이 사람의 왕이 되어서
늑차불(勒叉佛)께 공양하였고
사병의 군대를 모두 보시하여
무상보리를 구하였노라.

처음의 석가불로부터

호세불(護世佛)에 이르기까지
7만 5천의 세존께서 계셨고
나는 모든 분께 공양하였노라.

이것은 1아승기(阿僧祇)이고
이와 같이 공양을 행하면서
일심으로 차별이 없이
항상 보리를 발원하여 일으켰노라.

다음으로 연등불(燃燈佛)을 보고서
많은 법문을 듣고 매우 좋아하였고
일곱 송이의 청련화(靑蓮花)로서
범지가 되어서 가지고 공양하였노라.

내가 일찍이 국왕이 되었는데
유상(有相)이라 이름하는 세존을 보았고
세존께서 수행하시는 처소에서
이 여래께 공양하였노라.

내가 일찍이 국왕이 되었는데
주수(住修)라고 이름하는 세존께서 계셨으므로
묘한 색깔의 진귀한 보배와
음성(音聲)으로 공양하였노라.

내가 일찍이 국왕이 되었는데
초사자(超師子)라고 이름하는 세존께
나는 보당(寶幢)과 보개(寶蓋)로서
이 여래께 공양하였노라.

내가 일찍이 국왕이 되었는데
안온일(安穩日)이라고 이름하는 세존께
왕에게 일천(千)의 성이 있었으므로
모두에게 공양을 닦게 하였노라.

내가 일찍이 국왕이 되었는데
범지(梵志)라고 이름하는 세존께서 계셨으므로
욕실(浴室)과 향탕(香湯)으로써
때에 의지하여 세존을 목욕시켰노라.

내가 옛날에 국왕이 되었는데
성안에서 공양하였으므로
3천의 범지불(梵志佛)과
한 분의 시기불(尸棄佛)께 공양하였노라.

내가 일찍이 장자가 되었는데
재증성(財增城)의 가운데에서
스물다섯의 세존께 공양하였고
범행(梵行)을 수행하였노라.

내가 일찍이 장자가 되었는데
그 커다란 성의 가운데에서
시기불께 공양하였고
사찰과 방사(房舍)와 탑을 세웠으며

그 사찰의 일곱의 세존께 공양하였고
보배로 용품들을 받들어 보시하였으며
나아가 노비 등으로써

집과 화원과 숲을 장엄하였노라.

일찍이 국왕이 되어 믿고 공경하였고
시기불의 처소에서
다시 그 성안에서 있으면서
오직 정등각(正等覺)을 구하였노라.

옛날에 일찍이 범지가 되었는데
환희(歡喜)라고 이름하는 세존께서 계셨으므로
보리를 구하였던 까닭으로
과일로써 먼저 공양하였노라.

일찍이 장자가 되었을 때에
선안(善眼)이라고 이름하는 세존께서 계셨으므로
나는 마니보(摩尼寶)로서
이 여래께 공양하였노라.

역시 일찍이 상주(商主)가 되었는데
선생(善生)이라고 이름하는 세존께서 계셨고
보리수의 아래에 앉아 있었으므로
떡으로써 먼저 공양하였노라.

일천의 상인 가운데에서
일찍이 일천의 상주가 되었고
세존께서 보리수에 앉아 계시는 것을 보았으며
선의(善意)라고 이름하는 세존께

향기가 있는 진흙을 세존의 몸에 발라주었고

다시 부채로써 시원하게 부쳐주었으며
세존의 곁에 앉아서 설법을 들었으므로
법을 듣고 마음에서 개오(開悟)하였노라.

옛날에 상인의 주인이 되었는데
석가(釋迦)라고 이름하는 세존께서 계셨으므로
나는 많은 보배 꽃으로써
세존의 위에 꽃을 흩뿌렸노라.

옛날에 상인의 주인이 되었는데
고등(高等)이라고 이름하는 세존께서 계셨으므로
깃발과 꽃과 음악으로써
이와 같이 세존께 공양하였노라.

나는 일찍이 국왕이 되었는데
최상(最上)이라고 이름하는 세존께서 계셨고
여러 유(有)의 바다를 초월하셨으므로
마땅히 많은 수레들을 보시하였노라.

나는 일찍이 국왕이 되었는데
최존(最尊)이라고 이름하는 세존께서 계셨고
세존께서 100리(里) 안에 다니셨으므로
땅에 여러 묘한 꽃들을 흩뿌렸노라.

나는 과거의 세상에서
세존께서 와서 지나간다는 것을 듣고
멀리에서 수승한 깃발과 일산을 가지고
아울러 사병의 군대에 에워싸였고

세존께서 강을 건너고자 하셨으므로
나는 마땅히 뱃사공이 되었으며
세존을 보고 마음에서 환희하여서
세존께서 저 언덕에 이르게 건네주었노라.

나는 일찍이 상주가 되었는데
현거(賢車)라고 이름하는 세존께서 계셨으므로
세존을 위하여 교량을 만들어서
세존께서 안은히 건너시게 하였노라.

나는 일찍이 국왕이 되었는데
대범(大梵)이라고 이름하는 세존께서 계셨으므로
우두향(牛頭香)으로 사찰을 지어서
사찰로써 존귀함에 공양하였고

승가지의(僧伽胝衣)를 입혔고
옷으로써 여래의 위를 덮어드렸으며
흉년의 세상에서 전단향으로 목욕시켰는데
비가 내려서 사람들이 세존께 귀의하였노라.

나는 일찍이 국왕이 되었는데
정월(淨月)이라고 이름하는 세존께서 계셨으나
나라에 많은 돌림병이 있었고
세존께 공양하니 돌림병이 모두 없어졌노라.

내가 옛날에 국왕이 되었을 때에
조제(調帝)라고 이름하는 세존께서 계셨고
세존께 묘법(妙法)을 설하시기를 청하였는데

440

보리도(菩提道)를 구하기 위함이었노라.

내가 옛날에 국왕이 되었을 때에
범존(梵尊)이라고 이름하는 세존께서 계셨으므로
세존께 승가지(僧伽胝)를 보시하였고
수용하였으므로 여래의 몸을 덮어드렸노라.

당시의 나라는 흉년이었으나
내가 전단향의 물로써
여래의 몸을 목욕시켰으므로
풍년이 들어 사람들이 세존께 귀의하였노라.

내가 옛날에 국왕이 되었을 때에
제석(帝釋)이라고 이름하는 세존께서 계셨는데
그 나라에 많은 재난이 있었으나
왕이 자비를 일으키니 재난이 멈추었노라.

내가 옛날에 국왕이 되었을 때에
조제불(調帝佛)께 공양하였고
여러 백만(百萬)의 보배를 수용하였으며
밥을 지어서 여래께 받들었노라.

옛날에 범지가 되었으나 신심으로
실달(悉達)이라고 이름하는 세존께서 보고서
백천(百千)의 게송으로 찬탄하였고
천인사(天人師)께 공양하였노라.

옛날에 범지(梵志)가 되었을 때에

제석당(帝釋幢)이라고 이름하는 세존께
합장하고 바른 신심으로써
마땅히 미래에 세존과 같은 것을 발원하였노라.

처음의 연등불(燃燈佛)에서
제석당불(帝釋幢佛)까지
7만 6천의 세존께
내가 모두 공양하였고

2아승기에 가득하도록
여러 세존께 공양하면서
일찍이 마음에 차별이 없으면서
뜻으로 보리처(菩提處)를 발원하였노라.

제3의 아승기에도
역시 국왕이 되어 공양하였고
안온일(安穩日)이라고 이름하는 세존께서
멸도(滅度)하셨으므로 탑을 일으켰노라.

내가 옛날에 국왕이 되어서
세존께 여러 종류로 공양하였고
만족하며 모든 뜻에 따랐으므로
탑을 세우고 법왕(法王)이라고 이름하였노라.

옛날에 큰 상주가 되었는데
실공(悉供)이라고 이름하는 세존을 보고서
나는 여러 황금꽃으로써
길에 뿌려서 세존께 공양하였노라.

옛날에 상인이었을 때에
보계(寶髻)라고 이름하는 세존을 보고
세존을 위하여 금그물(金網)을 지어서
그것으로써 대사의 위를 덮어드렸노라.

옛날에 상인이었을 때에
상련화(上蓮花)라고 이름하는 세존께
은꽃을 지어 공양하고서
여래의 위에 흩뿌렸노라.

옛날에 상인이었을 때에
상칭(上稱)이라고 이름하는 세존을 보고
내가 상묘한 방으로써
여래께 공양하였노라.

옛날에 큰 나라의 국왕이 되었는데
승론(勝論)이라고 이름하는 세존께서
보리를 증득하시던 그날에
나는 사병으로 호위하였노라.

옛날에 상인이었을 때에
무구(無垢)라고 이름하는 세존을 보고
탑과 욕실을 지어드렸고
연등명(燃燈明)으로써 보시하였노라.

옛날에 왕이 되었을 때에
합각(合覺)이라고 이름하는 세존께서
돌에 앉아 입정(入定)하신 것을 보고

음악으로써 공양하였노라.

옛날에 상인이었을 때에
수행(修行)이라고 이름하는 세존께서
원수를 굴복시켜 사람들을 제도하셨는데
땅을 쓸어 세존께서 지나시도록 하였노라.

옛날에 상인이었을 때에
정주(淨住)라고 이름하는 세존께서
오시고자 한다는 것을 듣고 사찰과
동산(園苑)과 비하라(毘訶羅)를 지었노라.

옛날에 큰 나라의 국왕이 되었는데
상사(相師)라고 이름하는 세존께서 계셨으므로
마니보(摩尼寶)를 공양하였고
나는 그때에 보살이 되었노라.

옛날에 큰 나라의 국왕이 되어서
계도(繫都)라고 이름하는 세존께서 계셨으므로
법왕탑(法王塔)을 조성하였고
비단의 깃발로써 공양하였노라.

옛날에 큰 나라의 국왕이 되었는데
사중(捨重)이라고 이름하는 세존께서 계셨으므로
물병과 지팡이로써 보시하였고
탑을 세우고 아울러 대회를 베풀었노라.

나는 옛날에 상주가 되었는데

견의(見義)라고 이름하는 세존께서 계셨으므로
금과 보배와 진주와
여러 종류의 향으로써 공양하였노라.

나는 옛날에 큰 나라의 국왕이 되었는데
제병의(諸兵義)라고 이름하는 세존께서
인간세상을 유행하셨으므로
사병으로 영접하고 공양하였노라.

나는 옛날에 큰 나라의 국왕이 되었는데
타리견(他利見)이라고 이름하는 세존께서
성안으로 들어오고자 하셨으므로
음악과 향과 꽃을 베풀어 공양하였노라.

나는 옛날에 상주가 되었는데
저사(底沙)라고 이름하는 세존께서 계셨으므로
여러 나무줄기의 나무 향과
뿌리의 향을 뿌려서 세존께 공양하였노라.

나는 옛날에 일찍이 대선인(大仙人)이 되었는데
신수불(晨宿佛)께서 보감(寶龕)에 계시는 것을 보고
다만 하나의 가타로 세존을 찬탄하였으므로
9겁(劫)을 닦을 고행을 뛰어넘었노라.

옛날에 최상(最上)이라 이름하는 범지가 되었는데
비바시(毘婆尸)라고 이름하는 세존을 보고
두 손에 참깨를 가지고 보리심을 일으켜서
환희하면서 여래의 위에 흩어서 뿌렸느니라.

보살은 옛날에 상주가 되었을 때에
시기(尸棄)라고 이름하는 불·세존과
아울러 제자이신 성문들을 보고
3개월을 옷과 음식을 공급하였느니라.

옛날에 상인이 되었는데 깊고 바른 신심으로
그 비바시불(毘婆尸佛)의 처소에서
아울러 여러 제자이신 성문들께
3개월을 옷과 음식을 공급하였느니라.

옛날에 상인이 되었는데 깊고 바른 신심으로
가류촌타불(迦留村陀佛)이라고 이름하는 세존을
청하여 세존께 집안의 재산을 모두 보시하였고
세존을 따라서 출가하여 범행을 지켰느니라.

옛날에 상인이 되었는데 깊고 바른 신심으로
가야가모니불(迦耶迦牟尼佛)을 보고
먼저는 사찰을 세워서 공경하였고
뒤에는 곧 세존을 따라서 출가하였느니라.

옛날에 최승(最勝)이라고 이름하는 범지가 되었는데
양족존(兩足尊)이신 가섭불(迦葉佛)로부터
설하시는 말씀을 듣고 환희하고 옹호하였던 까닭으로
나아가 출가하였고 청정한 뜻을 닦았느니라.

보살이 옛날에 국왕이 되었을 때에
미륵선인(彌勒仙人)에게 공양을 닦았는데
입정(入定)하여 내가 마땅히 부처가 된다는 것을 보았고

446

이때 선인은 곧 와서 나에게 공양하였느니라.

안온불(安穩佛)에서 가섭불(迦葉佛)까지
7만 7천의 세존께 공양하였고
일체의 여래를 모두 받들어 모신다면
나아가 능히 3아승기의 숫자를 채울 수 있나니

모두를 환희하며 공양하며 모셨고
일찍이 조금도 다른 마음이 없었으니
모두 무상보리를 발원하였고
보살이 되었을 때는 세존께 공양하였느니라.

일체를 나타내고 보여주시어 수기(授記)하셨고
대중을 대하고 마땅히 부처가 된다고 함께 말씀하셨으니
내가 먼저 구하던 소원이 모두 만족되었으나
이전의 소원을 지금 헤아려 생각하는 것과 같으니라.

이러한 소원이 모두 만족되게 얻었던 것은
그 불·세존이신 여러 대덕(大德)께서
나에게 무상보리를 수기를 주신 것이니
나는 옛날에 일찍이 시비왕(尸毘王)이 되었노라.

다시 일체의 시주(施主)가 되었을 때에
아울러 미람대왕(尾濫大王)의 몸과 같았어도
몸과 보배를 버리고서 보시를 행하였으며
옛날에 상주(商主)가 되어 바다에 들어갔어도

지계하며 오로지 피안에 나아가는 것을 구하였고

능히 자신을 돌보지 않고 사람들을 즐겁게 하였으며
모두에게 고해(苦海)를 건너도록 하였고
지나간 옛날에 일찍이 선인이 되었을 때는

항상 인욕바라밀(忍辱波羅蜜)을 행하면서
몸과 팔다리의 마디가 떨어져 나갔어도
항상 인욕의 마음을 행하는 까닭으로 물러섬이 없었고
『긴나라본생경(緊那羅本生經)』에서 설한 것과 같이

나는 일찍이 바다를 마르게 하고자 하였고
정진바라밀(精進波羅蜜)로서 원만하였는데
모두가 구업(口業)으로 진실한 말의 까닭이며
옛날에 약물(藥物)이라고 이름하는 대신(大臣)이었을 때에

우출(牛出)이라는 범지(梵志)와 함께 논의하면서
마땅히 반야바라밀(般若波羅蜜)을 원만하게 하였으므로
여러 천인들이 북을 쳐서 환희하며 도왔고
옛날에 생연(生然)이라고 이름하는 바라문이 되어서는

부지런히 승선바라밀(勝禪波羅蜜)을 닦았으므로
머리 위에는 새가 암수의 알을 낳았으나
선정의 가운데에서 일어나지 않아 새가 능히 날았으며
수행으로 육바라밀이 원만하였으므로

자비로운 마음은 항상 사념처(思念處)에 있었고
나는 넓은 마음으로 존중하고 소중한 서원을 구하면서
원을 발원하여 구하는 것을 모두 만족시켰느니라.
그 여러 대덕이신 일체의 세존과

448

천인사(天人師)께 나는 모두 공양하였으니
삼유(三有)의 고해에 있는 여러 중생들이
일체가 모두가 열반도(涅槃道)에 귀의하였느니라.
나는 보살이 되어 공양을 닦았으므로

그 광명왕(光明王)의 몸의 뒤부터
제당(帝幢) 불·세존께 이르기까지
일천 구지(俱胝)의 중생들을 구제하였는데
하물며 다시 성불하였는데 구제는 무변(無邊)하지 않겠는가!

세간의 존귀한 대도사(大導師)이시고
구제받지 못한 인천(人天)들을 이미 제도하셨으므로
나는 이미 다리와 배와 뗏목을 만들었고
견고하게 모든 유정들을 제도하였느니라.

내가 만약 원적(圓寂)에 들어간 뒤에
능히 무변한 사람들을 제도할 수 있는 까닭으로
여러 복과 덕을 능히 닦을 수 있는 자는
마땅히 내세에 모두 열반성(涅槃城)에 들어가리라.

내가 만약 원적에 들어간 뒤에
능히 불사(佛事)를 닦고 모아서
조금이라도 형상(形像)에 공양한다면
곧 천상에 태어나서 무량한 즐거움이 있으리라.

내가 만약 원적에 들어간 뒤에
법보(法寶)의 감로미(甘露味)를 남겨두어서
만약 유정이 이것을 듣는 것과 같다면

모두가 능히 수습하여 생사를 벗어나리라.

이상은 여러 세존의 명호이니라.

근본설일체유부비나야약사 제16권

삼장법사 의정 한역

석보운 번역

대제자들의 업보의 인연 ①1)

이때 세존께서는 무상의 복전으로서 공경과 존중을 받으셨으므로 능히 국왕과 모든 신하들과 바라문·거사·상인(商人)·상주(商主)·천(天)·용(龍)·약차(藥叉)·아소라(阿素羅)·가루라(迦樓羅)·건달바(揵達婆)·긴나락(緊那落)·막호락가(莫呼洛伽)와 나아가 방소필사차(傍蘇畢舍遮) 등에게 여러 의복·와구(臥具)·탕약(湯藥)과 여러 병을 치료하는 물건들을 세존과 필추승가는 공급을 받았다. 이때 세존께서는 실라벌성(室羅筏城) 급고독원(給孤獨園)에 머무셨는데 이때 여러 외도들은 함께 강당(講堂)에 모여서 모두가 서로에게 의논하여 말하였다.

"당신들은 아십니까? 우리들은 이곳에 와서 여러 국왕과 신하들과 거사 및 바라문에게서 존중받고 의복·와구·의약품 등의 물건을 공급받았습니다. 지금은 사문인 교답마(喬答摩)가 인간세상에 출현하여 존중과 공경으로 소유하였던 의복·와구·의약품 등이 공급되던 공양이 모두 그에게 보시되었고, 우리들은 단절되어 이양(利養)이 없습니다. 지금 다시 어떻게 함께 무슨 계획을 세워야 되겠습니까?"

그 가운데의 한 사람이 이와 같이 말을 지었다.

---

1) 원문에서는 없으나 번역의 편의를 위하여 제목을 삽입하였다.

“당신들은 마땅히 아십시오. 범행(梵行)을 지키는 자라면 범행을 지키지 않도록 지읍시다.”

이때 여러 외도들이 대답하여 말하였다.

“옳습니다.”

다시 한 외도가 있어 말하였다.

“어떻게 그것을 하겠습니까?”

설명하여 말하였다.

“우리 무리 권속 중에 한 여인이 있는데, 모습과 얼굴이 단정하여 사람들이 보는 것을 즐거워합니다. 그 여인을 가르쳐서 ‘교답마 사문이 나와 함께 사통하였다.’라고 말하게 합시다.”

외도들이 모두 물어 말하였다.

“누가 단정합니까?”

대답하여 말하였다.

“그 전차(氈遮) 외도녀(外道女)입니다.”

사람들은 곧 그녀를 불렀고 이르렀으므로 알려 말하였다.

“소매(小妹)는 마땅히 아십시오. 우리들이 옛날에 소유하였던 이양은 모두 단절되었습니다. 지금 소유한 이양인 의복·와구·의약품 등은 모두 존중받는 교답마 사문에게 공급되고 있는데, 그대는 우리를 돕지 않고 곧 우리들을 버리겠습니까?”

그 여인이 물어 말하였다.

“당신들은 나에게 곧 무슨 계책을 짓게 하고자 합니까?”

대답하여 말하였다.

“그대는 우리들 권속의 가족인 소매이므로 능히 이렇게 말을 지을 수 있습니다. ‘사문 교답마가 나와 함께 사사롭게 범행이 아닌 일을 행하였습니다.’ 만약 능히 이와 같다면 ‘도둑을 막은 사람’이라고 이름할 것이고, 세상 사람들은 곧 모두가 우리들을 존중하고 공양하므로 옛날과 다르지 않을 것입니다.”

그 여인이 알려 말하였다.

"나는 사문 교답마를 비방할 수 없습니다. 그는 천인과 인간의 스승이고 국왕과 신하들이 공경하고 존중하며 위덕(威德)이 무량합니다. 누가 능히 곧 믿겠습니까?"

이때 여러 외도들이 알려 말하였다.

"자매여. 그대가 만약 능히 사문 교답마를 비방하지 않고 우리들의 말을 의지하지 않는다면 우리들 대중은 그대와 함께 말도 하지 않을 것이고, 우리들의 집에 들어오지도 못하게 할 것이며, 함께 그대를 쫓아내어 그대를 죽게 할 것이므로 뒤에 지옥에 떨어질 것이오."

여인은 지혜가 적은 성품이었으므로 마침내 곧 물어 말하였다.

"당신들은 나에게 무슨 일을 짓게 하고자 합니까?"

이때 여러 외도들이 알려 말하였다.

"그대는 때때로 서다림에 가도록 하시오."

그녀는 가르침에 의지하여 매일 서다림으로 갔고 나아가 뒤의 때에 그 여인은 배 위에 하나의 그릇을 엎어서 덮고 여래의 처소로 나아갔다. 이때 세존께서는 무량한 백천의 대중들에게 앞뒤로 둘러싸여 미묘법(微妙法)을 설하셨고, 이 여인은 법회의 가운데에 들어왔다. 세존께서는 외도의 여인이 온 것을 보시고 이렇게 생각을 짓고 말씀하셨다.

"내가 옛날에 일찍이 이러한 업을 지었고 쌓였던 것이 성취된 까닭으로 폭류(暴流)와 같구나."

그 외도의 마녀(魔女)가 앞에 머물면서 가타로 설하여 말하였다.

목소리로 사람을 사랑하게 하고
아름다운 말과 맑고 교묘한 말로
나를 더럽혀 태(胎)를 회임시키고서
지금 다시 설법한다네.

이때 세존께서는 게송으로써 알려 말씀하셨다.

만약 사람이 망령되게 말한다면
마땅히 지옥에 떨어지리라.

외도인 여인이 대답하여 말하였다.

만약 짓고서도 짓지 않았다고 말한다면
그는 마땅히 지옥에 떨어지리라.

세존께서 알려 말씀하셨다.

두 사람이 모두 지옥에 떨어진다고 하니
떨어지거나 떨어지지 않는 것은 스스로 마음에서 알 것이고
법을 비방하는 자는 내생에 고통을 받을 것이며
[한 구는 원본에서 찾을 수 없다.(少句未見本)]

그때 천제석(天帝釋)은 이렇게 사유를 지었다.
'그 외도인 여인이 대성(大聖)과 필추승가를 더럽히는구나.'
이렇게 생각을 짓고서 곧 신통변화로 발우를 풀어서 떨어뜨렸다. 이때
마녀는 큰 부끄러움이 생겨나서 빠르게 되돌아서 떠나갔다. 이때 여러
대중의 상수인 필추가 세존께 아뢰어 말하였다.
"세존이시여. 어찌하여 승군대왕(勝軍大王)은 세존께서 설법하시면서
처음으로 곧 이곳에서의 정진등정각(正眞等正覺)이라고 수기를 하셨습니
까? 또한 다시 저희들은 지금 무열지(無熱池)의 주변으로 가서 여래의
앞에서 각자 스스로의 본사(本事)를 말하고자 합니다."
세존께서는 곧 묵연히 그 청을 받아들이셨다. 모든 세존의 상법(常法)에
는 세상에 출현하시어 아직 열반에 드시지 않았다면 유정을 교화하면서
반드시 십사(十事)를 짓는 것이다.2) 무엇이 열 가지인가?
첫째는 오랫동안 선근을 심은 법왕(法王)과 태자를 관정(灌頂)하여 수기

하시는 것이고, 둘째는 유정이 아직 발심하지 않았다면 그에게 무상보리심(無上菩提心)을 일으키시는 것이며, 셋째는 삼보를 건립하시는 것이고, 넷째는 결계(結界)하시는 것이며, 다섯째는 수명의 오분(五分)의 가운데에서 반드시 일분(一分)을 보시하게 하는 것이고, 여섯째는 실라벌성에서 대신통을 나타내시는 것이며, 일곱째는 평림(平林) 취락에서 천하를 나타내시는 것이고, 여덟째는 부모에게 진제를 보이시는 것이며, 아홉째는 무열지의 가운데에서 여러 필추와 함께 업보의 인연을 설하시는 것이다. 이러한 뜻을 까닭으로 세존께서는 여러 필추들과 함께 무열지의 가운데에서 옛날의 본업(本業)과 과보의 일을 여러 필추들에게 알리셨다.

"무열지의 주변으로 가서 각자 본업의 일을 말하도록 하라."

이때 여러 필추들은 세존의 가르침을 듣고 모두가 명에 의지하였다. 세존께서는 499명의 필추대중과 함께 실라벌성에서 사라져서 무열지 주변에 나타나시어 야맹(野猛) 약차가 유행하는 곳으로 나아갔다. 그곳은 꽃과 과일이 마음을 매우 기쁘게 하였으나, 이 연못은 사해(四海)로 흘러 들어가는 것이었다.

첫째는 강가하(殑伽河)라고 이름하였고, 둘째는 신도하(新度河)라고 이름하였으며, 셋째는 박차하(縛叉河)라고 이름하였고, 넷째는 사다하(𡊩多河)라고 이름하였는데, 그곳은 매우 험준하여 신통력을 얻은 자가 아니라면 머물 수가 없는 곳이었다. 세존과 대중은 함께 그곳에 도착하셨다.

이때 세존께서는 세속심(世俗心)을 일으키셨다. 이렇게 짓는 때에는 나아가 벌레와 개미까지 모두가 세존의 뜻을 아는 것이다. 난타(難陀)와 오파난타(鄔波難陀) 용왕은 어찌하여 세존께서 세간심(世間心)을 일으키셨는가의 여래의 뜻을 알았다. 세존께서 무열지의 가운데에서 여러 필추들과 함께 각자 지나간 옛날의 인업(因業)을 말씀하시고자 하는 것을 보았다. 곧 연못 가운데에 큰 연꽃을 피어나게 하였는데, 그 꽃은 천 개의 잎이 수레바퀴와 같았고, 색깔은 천금(天金)과 같았으며, 보경화(寶莖花)의 꽃술

---

2) 원문에 열 가지의 일 중 열 번째가 빠졌다.

과도 같았고, 금강으로 만든 것과 같았으며, 무량한 일천의 꽃으로 둘러싸여 있었다.

이때 세존께서는 이 꽃의 위에 앉으셨고, 더불어 여러 필추들도 각자 하나의 연꽃에 앉았다. 이때 구수 사리불은 왕사성에 있는 기리발구산(祇利跋窶山) 위에 있으면서 승가지의(僧伽胝衣)를 꿰매고 있었다. 세존께서 대목건련에게 알리셨다.

"가서 그대의 도반인 사리불을 불러서 데리고 오게."

아뢰어 말하였다.

"알겠습니다."

이때 구수 대목건련은 무열지에서 사라져서 기리발구산에 나타났고 사리불의 앞에 이르러 알려 말하였다.

"구수 사리불이여. 지금 세존께서는 999명의[3] 필추대중과 함께 무열지에 계시네. 나는 세존의 가르침을 받았고 일부러 와서 그대를 부르는 것이네. 곧 함께 가세."

대답하여 말하였다.

"구수 대목련이여. 그대는 기다리게. 나는 승가지를 모두 꿰매고서 곧 따라가겠네."

알려 말하였다.

"내가 함께 돕겠네."

바느질이 마음대로 되지 않았으므로 이때 대목련은 신통력으로써 다섯 손가락을 바늘로 변화시켜 바느질을 도왔다. 그 사리불이 목련에게 알려 말하였다.

"그대는 마땅히 먼저 가게. 내가 곧 뒤따라서 가겠네."

대목련이 말하였다.

"그대가 만약 가지 않겠다면 나는 강제로 데리고 가겠네."

---

3) 앞에서는 499명으로 서술되었고, 이곳에서는 999명으로 서술되어 있으나,『비나야』에서는 500명을 기준으로 삼고 있으므로 999명은 잘못 기록된 것으로 판단된다.

456

이때 구수 사리불은 곧 자물쇠(戶鉤)를 열고 목련에게 알려 말하였다.

"그대는 신통이 제일이니 우선 이 자물쇠를 취하고 뒤에 나를 데려가게."

이때 대목련이 곧 자물쇠를 끌어당겼고 사리불은 또한 이렇게 생각을 지었다.

'그는 큰 위덕이 있으므로 자물쇠를 끌어당기고 아울러 나를 데려갈 것이다.'

곧 신통으로써 몸을 기사굴산(祇闍崛山)에 붙잡아 매었는데 그 산이 곧 움직였고, 아울러 섬부주(贍部洲)의 땅이 같은 때에 모두 움직였으며, 난타(難陀)용왕과 오파난타(鄔波難陀)용왕과 아울러 무열지 가운데에 있던 여러 대덕들이 함께 모두가 움직였다. 이때 여러 필추들이 세존께 아뢰어 말하였다.

"이것은 난타와 오파난타 용왕이 땅을 움직인 것입니까?"

세존께서 여러 필추들에게 알리셨다.

"이것은 난타와 오파난타 용왕이 이 땅을 움직이는 것이 아니고, 이것은 대성문(大聲聞)이 신통을 나타낸 것이니라."

그 사리불은 다시 이렇게 생각을 하였다.

'내가 만약 수미산에 붙잡아 매더라도 그는 역시 나를 데려갈 것이다. 나는 지금 마음으로써 무열지 가운데에서 여래의 자리인 큰 연꽃에 붙잡아 매어야겠다.'

곧 능히 움직일 수가 없었다. 이때 대목련이 사리불에게 알려 말하였다.

"구수(具壽)께서는 신통력을 겨루어 마쳤으므로 세존의 처소로 갑시다."

사리불이 말하였다.

"그대가 먼저 앞에 가시게. 나는 뒤에서 가겠네."

그 대목련이 떠나가서 세존의 처소에 아직 이르지 않았으나, 사리불은 먼저 이르러 세존의 두 발에 예경하고 연꽃 위에 앉았는데 목련이 비로소 이르렀다. 존자가 물어 말하였다.

"그대는 먼저 떠났는데 어찌 많이 늦었는가?"

이때 여러 필추들이 의혹이 생겨났고, 오직 세존께서 능히 끊어 주실 수 있었으므로 아뢰어 말하였다.

"세존이시여. 이 대목건련은 신통이 제일인데, 지금은 그렇지 않습니다."

세존께서 여러 필추들에게 알리셨다.

"그대들은 자세히 들을지니라. 다만 지금 때만이 아니니라. 지나간 옛날에 중천축국(中天竺國)에 한 화가(畫師)가 있었느니라. 그 사람은 일을 인연하여 다른 나라에 갔고 이르러 어떤 화가의 집에 머무르게 되었다. 그런데 주인은 움직이는 기관의 목녀(木女)를 만들어 채색으로 장엄하고서 그녀를 공급하여 앞에 마주하여 머무르면서 시중들게 하였다. 손님은 곧 목녀를 불러서 말하였다.

"이곳에 와서 누워 자시오."

그 목녀는 묵연히 서 있었으므로 이 사람은 생각하면서 말하였다.

"주인이 이 여인을 보내어 나에게 시중들게 하였다."

곧 손으로 끌어당겼으므로 그 줄이 곧 끊어져서 몸과 손이 함께 흩어졌다. 지극히 부끄러운 마음이 생겨나서 곧 이렇게 생각을 지었다.

'지금 그 사사로운 속마음의 욕심으로 내가 욕을 당하였으니, 나는 마땅히 사람들에게 치욕스럽게 되었구나.'

이 화가는 곧 마땅하게 문의 담장 위에 자신의 몸을 그려서 오히려 스스로가 목을 맨 것처럼 하고서 문짝 뒤에 몸을 숨기고 머물렀다. 주인은 해가 높이 떴으나 손님이 일어나지 않는 것을 괴이하게 생각하고 곧 와서 그를 살펴보고자 문을 열었고, 나아가 스스로 목을 매고 죽어있는 것을 보았다. 곧 이렇게 생각을 지었다.

'그 사람이 무슨 까닭에 스스로 목을 매어 죽었는가?'

다시 목인(木人)이 땅에 쌓여있는 것을 보았다.

'나의 재주가 그보다 수승한 까닭으로 이 사람을 죽게 하였구나.'

그 나라의 법에서는 죽은 사람이 있다면 먼저 왕에게 아뢰고서 뒤에 장례를 치르는 것이었다. 주인은 빠르게 왕에게 알려 말하였다.

"중천축국의 한 화가가 있어 저희 집에 와서 기거하였고, 제가 움직이는 기관의 목녀(木女)를 지어서 공급하였는데, 그 사람이 손으로 당겨서 줄이 끊어졌습니다. 이 사람은 부끄러워서 스스로가 목을 매달아 죽었습니다. 원하건대 대왕께서 검사(檢看)하십시오. 저는 장례를 치르고자 합니다.”

왕은 곧 사자에게 칙명하여 가서 살펴보게 하였다. 사자가 알려 말하였다.

“그대가 먼저 줄을 잘라서 끊어지게 하시오. 그리고 뒤에 스스로가 목을 매어 죽었는가? 주인이 매달아 죽였는가를 검사하겠소.”

이때 주인이 곧 도끼로 잘랐으나 오직 벽을 베었고, 이에 손님이 곧 나타나서 말하였다.

“죽이려는 것입니까? 살리려는 것입니까?”

손님 화가는 왕의 신하를 마주하고서 깊이 부끄러움이 생겨났느니라.”

세존께서 여러 필추들에게 알리셨다.

“그대들의 뜻은 어떠한가? 그때의 화가는 곧 사리불이고, 기관으로 목녀를 지었던 자는 곧 대목건련이니라. 그때의 가운데에서도 공교가 있는 것을 까닭으로 능히 그를 이길 수 있었고, 지금도 신통을 사용하여 다시 이길 수 있었느니라.”

“다음으로 필추들이여, 그대들은 자세히 들을지니라. 지나간 옛날 다른 한 지방의 취락의 가운데에 두 화가가 있어서 함께 기능(技能)을 다투면서 모두가 “내가 공교를 명료하게 이해한다.”고 말하였고, 함께 왕의 처소로 나아가서 아뢰어 말하였느니라.

“제가 그림을 그리는데 명료합니다.”

두 번째 사람도 역시 말하였다.

“저도 능히 그림을 그릴 수 있습니다.”

이때 왕은 곧 벽 위에 각자가 그림을 그리게 명하였다.

“그림이 그려지면 능히 알 것이오. 나는 말을 믿지 못하겠소.”

첫 번째의 화가는 6개월이 지나서 한 면의 그림을 그렸으나, 두 번째의 화가는 오직 벽면을 문지르고만 있었다. 그 그림을 마친 화가는 곧 왕에게 아뢰어 말하였다.

“제가 벽에 그림을 완성하였습니다.”

왕은 여러 신하들과 함께 와서 그림을 보고 알려 말하였다.

“매우 단정하오.”

두 번째의 화가가 왕에게 아뢰어 말하였다.

“제가 그린 그림을 보십시오. 앞의 벽에 있는 벽화의 광채가 이곳에 나타나서 얇은 옷으로 덮어 두었습니다.”

왕은 이 일을 보고 매우 이상하게 생각하여 말하였다.

“저것보다 더욱 뛰어나오.”

그가 왕의 발에 예배하고서 아뢰어 말하였다.

“이것은 제가 그린 그림이 아닙니다. 저 벽에 그려진 그림이 이곳에 비쳐서 나타난 까닭입니다. 대왕이시여. 다시 그린 그림이 단정하고 묘합니까? 다시 이곳에 비친 것이 단정합니까?”

왕이 말하였다.

“그대가 지은 것이 단정하오.”

세존께서 여러 필추들에게 알리셨다.

“그대들의 뜻은 어떠한가? 그때 6개월을 문질러서 지었던 화가는 곧 사리불이고, 6개월이 지나도록 그림을 그렸던 화가는 곧 대목련이니라. 그때의 가운데에서 그 공교를 까닭으로 능히 수승함을 얻었고, 지금 다시 신통으로 오히려 수승함을 얻었느니라.

다시 다음으로 필추여. 그대들은 자세히 들을지니라. 다만 지금 신통으로 수승함을 얻은 것이 아니니라. 옛날에 바라니사성의 멀지 않은 곳에 두 사람의 선인이 있어 한 명은 승거(勝佉)라고 이름하였고, 다른 사람은 이기다(利棄多)라고 이름하였느니라. 그들은 뒤의 때에 하늘에서 큰 비가 내렸고 땅이 매우 질퍽거렸는데, 그 승거 선인은 발을 헛디며 땅에 넘어졌으며 물병이 깨어졌느니라.

선인은 주술로 12년 동안에 하늘에서 다시 비가 내리지 않도록 서원하였다. 범수왕(梵授王)과 바라니사성의 백성들은 모두 선인이 12년 동안 하늘에서 비가 내리지 않도록 서원하였다는 것을 들었다. 왕과 백성들이

460

함께 그 선인의 처소로 아뢰어 말하였다.

"대선이여. 이와 같이 짓지 마십시오."

선인이 알려 말하였다.

"나는 그것을 참을 수 없소. 12년 동안 비가 내리지 않게 하겠소."

범수왕과 백성들은 이기다 선인의 처소로 가서 그 일을 아뢰어 말하였다. 이때 그 선인이 실어(實語)를 지으니, 때에 맞게 큰비가 내렸느니라."

세존께서 여러 필추들에게 알리셨다.

"그때 승거라고 이름한 선인은 곧 대목련이고, 이기다라고 이름하였던 선인은 곧 사리불이니라."

[자세한 설명은 앞에서와 것과 같다.]

다시 다음으로 필추여. 그 두 사람의 선인들에게는 작은 번민의 일이 있어 그 이기다 선인은 곧 승거 선인의 곁에서 참회를 구하였느니라. 발에 예배하는 때에 승거는 나아가 발로 이기다의 두계(頭髻)4)의 위를 걷어찼고, 걷어차인 때에 이기다는 곧 주술로 서원하였느니라.

"원하건대 내일 해가 뜨는 때에 그대의 머리통이 터져라."

승거도 곧 주술로 서원하였느니라.

"원하건대 해가 뜨지 말라."

해가 뜨지 않아서 세간이 암흑이었으므로 여러 바라문들과 성안의 백성들이 모두 승거 선인에게 와서 말하였다.

"이러한 일을 짓지 마십시오."

그 선인이 대답하여 말하였다.

"만약 해를 뜨게 한다면 머리는 결국 깨어질 것이오."

그 이기다 선인이 승거 선인에게 알려 말하였다.

"그대는 흙으로 머리를 하나 지으시오."

그 선인이 곧 흙으로 머리를 지어서 그것을 얹었는데 그 해가 뜨자 흙머리가 곧 깨졌느니라."

---

4) '계(髻)'는 '상투'라는 뜻을 가리키므로 머리를 상투처럼 묶은 모습을 가리킨다.

세존께서 여러 필추들에게 알리셨다.

"다른 견해를 짓지 말라. 그때의 승거 선인은 곧 대목건련이고, 이기다 선인은 곧 사리불 필추이니라. 그때의 가운데에서도 이미 그보다 수승하였고, 지금의 때에도 역시 수승한 것이니라."

세존께서 여러 필추들에게 알리셨다.

"너희들은 다시 들을지니라. 내가 지금 그대들을 위하여 설하리라. 옛날에 중천축국(中天竺國)에 한 장인(匠人)이 상아로 잘 지었느니라. 마침내 상아를 가지고 깎아서 한 말(斗)의 쌀알을 만들어 그것으로써 도로의 양식으로 충당하여 파사국(波斯國)으로 갔느니라. 이때 그 나라에 이르러 한 장인의 집 가운데에 나아가서 잠시 머물고자 하였다. 그 장인은 집에 있지 않았고 다만 그의 아내가 있었다. 그의 아내를 보고 알려 말하였다.

'이 한 말의 흰 쌀로 나에게 밥을 지어주십시오.'

그 장인의 아내가 대답하여 말하였다.

"쌀을 이곳에 남겨두고 그대는 잠시 나가 있으세요."

그는 쌀을 남겨두고 곧 밖으로 나갔다. 그녀는 곧 익혔으나, 땔나무가 모두 타도록 쌀은 여전히 익지가 않았다. 그녀의 남편은 집에 돌아와서 그의 아내에게 물어 말하였다.

"현수여. 그대는 지금 무엇을 짓고 있소?"

아내는 곧 갖추어 말하였고, 남편은 곧 쌀을 보았으며, 나아가 이것이 상아로 만든 쌀인 것을 알았다. 남편은 속이려는 마음으로 알려 말하였다.

"이 물에는 재가 들어 있는 까닭으로 쌀이 능히 익지 않소. 그대가 깨끗하고 맛이 좋은 물로 익힌다면 쌀은 마땅히 곧 익을 것이오."

뒤의 때에 쌀을 놓아두었던 사람이 왔고 그의 아내는 알려 말하였다.

"그대는 마땅히 깨끗하고 맛있는 물을 길어 오도록 하세요."

그 사람은 물병을 가지고서 물을 길고자 갔고, 남편은 미리 앞서서 빠르게 연못에 이르러 그 연못의 가운데에 한 마리의 죽은 개를 그려 놓았다. 그 모습은 부풀고 문드러졌으므로 그 물을 취하려던 사람이 그 연못에 이르러 이 개를 보고 한 손으로 코를 막고 한 손으로 물병을 내려서 물을 뜨면서 눈으로서 개를 보고 마침내 병을 떨어뜨려서 깨뜨렸다. 이미 병이 깨졌으므로 곧 스스로를 부끄럽게 여겼느니라.”

세존께서 말씀하셨다.

“그대들 필추들이여. 다른 생각을 짓지 말라. 그 옛날의 장인으로서 상아로 쌀을 만들었던 자는 곧 대목건련이고, 화공으로 연못에 그림을 그렸던 자는 지금의 사리불이니라. 그대들 여러 필추들이여. 여래가 얻은 정(定)은 모든 성중(聖衆)이 독각(獨覺)이라도 이름도 역시 알지 못하는 것이고, 여러 성스러운 독각이 얻은 정은 사리자와 대목련이라도 이름도 알지 못하는 것이며, 사리자가 얻은 정은 나머지의 다른 성문(聲聞)들이 이름도 알지 못하는 것이니라. 사리자 필추는 큰 위덕(威德)을 갖추어서 대목련보다 수승하였으나, 대목련이 많은 신통을 나타내었던 까닭으로 대목련이 신통제일(神通第一)이라고 이렇게 은밀하게 말을 지은 것이니라.”

다시 다음으로 대가섭파(大迦葉波)가 그의 업(業)을 자설(自說)로 게송으로로 설하여 말하였다.

> 가섭(迦葉)은 대중의 앞에 나아가서
> 전생의 수행법을 갖추어 말하겠는데
> 작은 보시가 여러 공덕이 되어
> 이렇게 무량하고 수승한 복전을 얻었고

> 오히려 세간의 사자왕(師子王)이
> 두려움이 없이 여러 산과 숲을 다니는 것과 같이
> 지금의 대가섭도 역시 다시 그러하므로
> 옛날의 법을 연설하면서 마음에 두려움이 없다네.

> 나는 옛날에 일찍이 한 되의 죽정이를 보시하였고
> 마땅히 무루(無漏)인 독각(獨覺)의 처소에서

최고의 번민이 없는 삼매정(三昧定)에 머물렀는데
나는 지금 믿고 받아들이는 것도 역시 그러하옵고

세존의 가르침 가운데에서 대원(大願)을 일으켜서
항상 이와 같은 가장 수승한 법을 들었으므로
이러한 인연을 까닭으로 과보를 획득하였고
천 번을 제도되어 북울단(北鬱單)[5])에 태어났다네.

그 나라는 수명이 길고 나와 다른 사람이 없어서
점차로 존귀함을 얻고 작은 부족함도 없었으며
이 하나의 업을 까닭으로 과보를 획득하였고
천 번을 제도되어 도리천(忉利天)에 태어났다네.

그 도리천에서는 묘한 향과 영락을 받았고
특이하고 좋은 색상(色相)으로 몸을 장엄하였으며
그 수명의 과보가 끝나서 목숨을 마쳤으나
도리어 다시 천상의 가운데에서 안락을 얻었다네.

한 가지 업에서 대원을 일으킨 까닭으로
재물과 보배가 풍족하여 탐착하지 않았고
오욕(五欲)의 여러 즐거움을 받음을 구하지 않았으며
곧 버리고 출가하여 불도(佛道)를 배웠다네.

나는 옛날에 크게 명료한 스승을 만나지 못하였고
역시 그 성문들도 만나지도 못하였으나
때가 묻은 가사의 옷을 입은 사람을 보고

---

5) 산스크리트어 uttara-kuru의 음사로 수미산 북쪽에 있다는 북구로주(北俱盧洲)를
   말한다.

곧바로 정례하고 출가하기를 구하였다네.

내가 이와 같이 출가할 때에 보고서
세존의 앞에서 대중 가운데에 앉아 있으면서
대중에서 일어나 세존께 정례하고
“세존께서는 나의 친교사입니다.”라고 말하였다네.

이때 세존께서는 말씀하시기를
“그대는 제자이고 나는 스승이므로
만약 여러 고난에서 출리(出離)를 구한다면
마땅히 청정하고 미묘한 법을 듣고 받아들이라.”고 하셨네.

세존께서는 나를 위하여 미묘한 법을 말씀하셨고
나의 처소에서 큰 자비를 일으키셨으므로
사선(四禪)과 십력(十力) 나아가 육근(六根)과
팔지성도(八支聖道)를 수학하게 하셨네.

나는 지금 이러한 법을 얻게 되었고
곧 누진(漏盡)으로써 다시 태어나지 않으며
지금 나는 최후의 이러한 몸을 받았으므로
여러 현성(賢聖)과 함께 동려(同侶)가 되었다네.

여래께서는 언제나 진실한 법을 설하시므로
청정한 계율을 지닌 자라면 마음에서 따르기를 발원할 것이니
내가 발원하였던 것을 지금에 따라서 얻었나니
최후의 유(有)로써 다시는 생(生)을 받지 않는다네.

나의 생(生)과 탐욕은 지금 이미 끝마쳤고

여러 유결(有結)을 끊어 다시는 속박되지 않았으니
나는 법의 가운데에서 맏아들이 되었으며
법왕(法王)의 힘을 까닭으로 여러 고통을 벗어났다네.

세존께서는 이미 나에게 제일이라고 수기하셨으니
두다(頭多)의 가운데에서 최고로 상수가 되어
이미 진실한 법을 보았고 진실한 법을 증득하였으며
나는 지금 미혹이 끝나서 부동(不動)을 얻었다네.

성존(聖尊)들을 앞에 마주하고 본업(本業)을 말씀드리고
아뇩대지(阿耨大池)[6]의 가운데에 있나니
대성(大聖)의 자존(慈尊)께서는 나에게 가피(加被)하셨으므로
연꽃 위에 편안히 앉아서 이러한 일을 말하였다네.

이때 기숙(耆宿)의 성문인 대필추들은 구수 사리자에게 물어 말하였다.
"그대는 옛날에 일찍이 무슨 업을 지었기에 그 업을 까닭으로 대지혜를
얻었고, 변재(辯才)에 걸림이 없습니까?"
이때 사리불은 게송으로써 대답하여 말하였다.

나는 옛날에 산림에서 은자(隱者)를 보았는데
그는 독각으로 적정(寂靜)한 자이었고
넓고 한적한 곳을 의지하여 청정한 행을 닦았는데
몸에는 낡고 찢어졌으며 더러운 가사를 입고 있었다네.

---

6) Anavatapta의 음사로서 아나반답다(阿那般答多)·아나파달다(阿那波達多)·아나
　발달다(阿那跋達多)라 음역되고 무열뇌(無熱惱)·청량(清凉)이라 한역된다. 염부
　주(閻浮洲)의 4대강인 긍가·신도·박추·사다의 근원으로 설산의 북쪽에 있다
　고 전해진다.

나는 그를 보는 때에 마음에서 환희하여
곧바로 옷을 취하여 빨아드렸고
다시 바느질하여 잘 꿰매었으며
은근하게 정례(頂禮)하고 공경을 나타냈다네.

그는 곧 나의 생(生)을 애민하게 생각하시어
몸을 솟구쳐 올라서 허공 가운데에 있으면서
여러 종류의 신통을 변화시켜 나타내었고
바람을 일으켜서 허공에 올라 떠나갔다네.

그때 나는 이러한 신통의 변화를 보고서
합장하고 은근한 마음으로 큰 발원을 일으켰는데
나는 태어나는 생마다 항상 지혜롭고
큰 세력이 있으며 재물과 보배가 넉넉하고

그 번영하는 호족의 성(姓)의 가운데에서
항상 오욕을 버리고 출가하는 것을 원하였는데
이러한 원력을 까닭으로 출가할 수 있었고
500생(生) 가운데에서 세속의 그물을 벗어났다네.

이 몸은 최후신(最後身)이고
인간세계에 태어났으며
대도사(大導師)이시고
무상등정각(無上等正覺)이신 분을 직접 모시었다네.

나는 지금 출가하였고
석사자(釋師子)의 가르침에서
안온한 법을 얻었으므로

열을 없앴고 청량함을 얻었다네.

나는 보름 동안에
독송하여 피안(彼岸)에 이르렀고
친교사이신 대사를 직접 마주하였는데
승가 대중들에게 널리 보여주시어

나에게 수기하시고
큰 지혜가 가장 으뜸인 자로서
굴리는 법륜(法輪)에 수순하여
중생들을 개오(開悟)시키게 하셨네.

사리자는 큰 지혜가 있어
승가 대중의 가운데에서
스스로 숙세의 업보를 기억하고서
무열지(無熱池) 가운데에서 설하였다네.

이때 기숙(耆宿)의 성문인 대필추들은 구수 대목련에게 알려 말하였다.
"그 사리자는 이미 숙세의 업을 말하였으니, 다음으로 당신께서 본업의
과보인 인연을 말하십시오."
이렇게 말을 짓는 때에 대목련은 곧 가타로서 기숙들에게 알렸고,
게송으로 설하여 말하였다.

나는 옛날에 은사(隱士)가 되어
산과 늪 속에서 거처하였는데
어느 때에 한 사람이 와서
나에게 출가하는 것을 구하였다네.

곧 머리와 수염을 깎아 주었고
아울러 목욕시켰으며 물들인 옷을
주어서 그것을 입게 하였는데

이 사람은 가려진 곳에서
단정한 몸으로 결가부좌하고서
연각(緣覺)의 과를 증득하였고
바람을 일으켜 허공에 올라서 떠나갔다네.

이때 나는 환희하며
공경스럽게 합장하였고
이것을 까닭으로 큰 발원을 일으켰고
지금 큰 신통력을 얻게 되었다네.

나는 발원하여 이러한 신통력을 얻었고
이 대선인(大仙人)과 같고자 하였는데
그 선근의 힘을 까닭으로
태어나는 곳마다 항상 복을 얻었다네.

이렇게 이 몸은 최후신이고
인도(人道)에서 태어났으며
직접 대도사이시고
무상정등각이신 분을 모셨으며

석사자 가르침의 가운데에서
나는 출가할 수 있었고
이미 아라한과를 얻어서
열을 없애고 청량함을 얻었다네.

세존께서는 나에게 별도로 수기하시어
신통이 제일이라고 하셨으며
작은 것을 보시한 인연으로
지금 큰 과보를 불렀다네.

옛날의 남았던 악업을
제가 당신들께 말하리니 잘 들으십시오.
옛날의 인연으로 큰 나라의 가운데에서
호족인 귀족으로 태어나서

처음 동자가 되었을 때에
문 밖을 나가서 놀다가
집에 들어와 음식을 먹고자 하였는데
부모가 교통(交通)하는 것을 만났고

이미 보여주었으므로 수치가 생겨나서
곧 막대기를 가지고서 나를 때렸으며
이것으로 싫어함과 원망을 품고서
말하기를 “장대한다면 그의 몸을
대나무와 같이 부러뜨리겠다.”라고 발원하였다네.

마땅히 이렇게 악한 발원을 일으켜
흑승지옥(黑繩地獄)에 태어났고
여러 지극한 고통을 받고서
인간의 가운데에 태어났다네.

이렇게 이 몸은 최후신이나
남은 다른 죄를 까닭으로

이러한 외도를 만나서 곤란하였고
명근(命根)을 거의 마치고자 하였으나

최후의 죄보(罪報)가 끝나서
다시 남은 것이 없어졌으므로
자애로운 부모님의 곁에서
이러한 까닭으로 청정한 신심을 일으켰다네.

소유한 여러 군생(群生)들이
악취(惡趣)에 떨어지는 것은
마음에 악한 일을 품은 까닭이나
항상 고통을 당하고 즐거움이 없다네.

목련은 기덕(耆德)들을 마주하고서
이러한 숙세의 업보를 말하였고
아뇩대지의 가운데에서
연화대(蓮花臺) 위에 편하게 앉아 있다네.

이때 기숙의 성문인 대필추들은 구수 선묘 필추에게 이와 같이 말을 지었다.
"구수 목련이 이미 숙세의 업을 말하여 마쳤으니, 다음으로 당신께서 본업의 과보인 인연을 말하십시오."
이렇게 말을 지었고 그때에 선묘는 가타로서 게송을 설하여 말하였다.

저는 옛날에 사찰 안에 들어갔다가
땅에 먼지와 더러움이 있는 것을 보고서
곧바로 빗자루를 가져다가 쓸었고
분뇨를 치우고 진흙을 발랐으며

청정한 신심을 일으킨 인연으로
쓸고 물을 뿌려서 청정하게 하였네.

이러한 선근을 까닭으로
태어나는 곳마다 단정한 몸이었고
부모가 이름을 짓는 것에도
묘선래(妙善來)라고 이름하였다네.

권속들의 앞에서
때때로 좋고 아름다운 이름으로 불렸고
여러 사람들은 항상 보기를 즐겨하였으며
보는 사람은 환희가 생겨났다네.

대도사이시고
무상정등각이신 분을 직접 모시고
나는 아라한과를 얻어서
열을 없애고 청량함을 얻었다네.

저는 옛날에 이렇게 지으면서
번뇌가 끝나고 무루(無漏)를 이룬다면
섬부(贍部) 등의 주(洲)에서
증채로 땅을 쓸기를 발원하였다네.

만약 사람이 있어 능히 욕심을
벗어나서 경행처를 쓸고자 한다면
그 사람은 능히 이 땅과
아울러 여러 땅들을 쓸 수가 있다네.

만약 사람이 있어 능히 사방승가의
주처(住處)를 쓸고자 한다면
탑지(塔地)가 손바닥과 같고
발우의 크기와 같더라도
이 사람의 복은 증장될 것이며
역시 능히 스스로 깨달을 수 있다네.

이러한 까닭으로 그대들은 마땅히 아십시오.
응(應)·정등묘각(正等妙覺)께
큰 공덕이 모여 있으므로
마땅히 부지런히 탑에 공양하는 것이라네.

이러한 큰 과보를 얻는 것은
모두가 지나간 옛날의 때에
닦았던 여러 선업으로
비로소 이러한 안락함을 얻는다네.

그러한 까닭으로 불탑에
지극한 마음으로 공양을 베풀고
무상의 대복전(大福田)께
청정한 마음으로 마땅히 보시해야 한다네.

만약 불·정각(正覺)의 처소에서
혹은 세존의 성문 처소에서
작게 보시하더라도 많은 복은 얻나니
청정한 계율을 지녔던 까닭이라네.

선묘는 대중 앞에서

스스로 숙세의 업보를 말하였고
무열지에 편안히 머무르면서
묘한 연화대 위에 앉아 있다네.

이때 기숙의 성문인 필추들은 구수 묘의(妙意)에게 알려 말하였다.
"선묘필추는 이미 본업을 말하여 마쳤고, 다음으로 당신께 이르렀습니
다."
이때에 선묘는 곧 가타로써 게송을 설하여 말하였다.

내가 옛날에 동자이었고
여러 같은 반려(伴侶)들과 함께
귀에 소말나(蘇秣那)를 꽂고서
꽃과 숲이 있는 곳으로 함께 갔으며

비바시불(毘鉢尸佛)의
대솔도파(大窣睹波)의 탑을 보았는데
여러 천인(天人)의 대중들이
함께 크게 공양하는 것을 보았다네.

아울러 청정한 마음으로서
손에 정이만(頂耳鬘)7)을 가지고
높은 탑 위에 걸어 두고서
각자가 이러한 서원을 일으켰다네.

나는 그들이 보시한 꽃을 보고
곧 대중들의 앞에서

---

7) 정수리와 귀를 덮는 것과 같은 모양의 꽃다발을 가리킨다.

내 귀의 꽃을 가지고서
세존의 대탑(大塔) 위에 걸었고

이 선근의 힘을 까닭으로
육욕천(六欲天)에 태어나서
언제나 큰 과보를 얻었다네.

나는 하나의 꽃가지를 보시하여
1백 구지(俱胝)의 세월을
천상에서 묘한 즐거움을 받았고
최후에는 무생(無生)을 증득하였다네.

대덕께서는 지금 마땅히 아십시오.
정각께서는 복덕이 많으시므로
부지런히 수승한 공양을 닦을 것이고
세간에서 제일 존귀하시니
불탑에 마땅히 공경하십시오.

대사와 아울러 제자들에게
청정한 마음으로 작게 보시하더라도
얻는 복의 과보는 무변(無邊)하다네.

나는 과거세(過去世)를 생각하건대
이러한 작은 선업을 지었으나
이러한 복업을 까닭으로
항상 여러 천상의 즐거움을 받았고

천존(天尊)[8]인 스승이시고

무상등정각이신 분을 직접 모셨으며
이미 아라한과를 얻어서
열을 없앴고 청량함을 얻었으며

이렇게 이 몸은 최후신이고
후유(後有)를 받지 않는다네.

이러한 인연을 까닭으로
소말나(蘇末那)라고 이름하였고
여러 고온(苦蘊)에서 해탈하였으며
이미 유(有)의 바다를 건넜다네.

소말나 필추는
대중을 마주하고 옛날 때의
인연의 업보를 널리 말하고서
무열대지의 가운데에서
연화대 위에 편안히 앉아 있다네.

이때 기숙인 성문들은 구수 구지(俱胝)에게 알려 말하였다.
"구수 소말나 필추는 이미 스스로 업을 말하였고, 다음으로 당신께 이르렀으니 말하십시오. 옛날에 무슨 업을 지었습니까? 무슨 업을 까닭으로 세존께서 그대에게 정진(精進)하는 가운데에서 최고 제일이라고 수기하셨습니까?"
이때에 구수 구지는 곧 게송으로 알려 말하였다.

나는 옛날에 친혜성(親慧城)에서

---

8) 오천(五天) 가운데 가장 존귀하고 높은 제일의천이라는 뜻으로 세존을 가리킨다.

하나의 비하라(毘訶羅)를 짓고서
청정한 마음으로 수행을 마쳤고
사방승가께 받들어 보시하였네.

이 사원의 안에서
증채를 땅에 펼쳐놓고
환희심으로 알맞게 통달하여서
이와 같은 큰 서원을 일으켰다네.

항상 원하건대 세존을 직접 모시고
무상과(無上報)를 얻어서
제일의 열반을 증득하여
영원히 여러 번뇌에서 벗어나게 하십시오.

나는 이 복을 인연한 까닭으로
90겁(劫)의 가운데에서
항상 인간과 천상의 몸을 받았고
쾌락하여 항상 두려움이 없었으며

그 남아있던 다른 업이 있어서
이렇게 최후신을 받고서도
높은 종족의 집안에 태어났으나
오직 내가 한 아들이었으므로

10개월이 지나서 태어났는데
마음에서 큰 환희가 생겨났고
부친은 그때에 재물을 제공하였는데
그 숫자가 2백만이 되었다네.

나의 발에는 금빛의 털이 있어
길이가 4촌(寸)9)이었는데
미묘하고 뛰어나며 부드러워서
비유하면 도라면(兜羅綿)10)과도 같았다네.

90겁이 이미 지났으나
발은 항상 땅을 밟지 않았고
복의 인연을 까닭으로
무상등정각이시고

대도사인 분을 직접 모셨고
인간과 천상의 즐거움을 받았으며
이미 아라한과를 증득하여
열을 없애고 청량함을 얻었다네.

세존께서는 이미 나에게 수기하시어
정진의 가운데에서 제일이라고 하셨고
여러 누(漏)를 함께 이미 없애서
번민이 없는 처소를 얻었다네.

나 이십구지(二十俱胝)는
기숙의 대중들을 마주하고 앞에서
그 숙세의 업보를 말하였으며
무열대지의 가운데에 있다네.

---

9) 고대의 길이의 단위로서 촌(寸)은 치라고도 부르며 3.03㎝를 나타낸다.
10) 산스크리트어 tūla의 음사로 세면(細綿)이라고 번역된다. 얼음처럼 매우 흰 솜으로
    매우 부드럽다는 뜻이다.

이때 기숙의 성문인 여러 필추들은 구수 묘음(妙音)에게 알려 말하였다.

"그 구수 이십구지 필추는 이미 본업을 말하여 마쳤고, 다음으로 당신께 이르렀으니 이어서 설하십시오."

이때에 구수 묘음은 곧 게송으로써 알려 말하였다.

나는 이전에 심은 선업으로
90겁을 지내면서
삼악취(三惡趣)에 떨어지지 않았고
천인(天人)의 몸을 얻었다네.

나는 삼보를 알지도 못하였고
오직 이러한 불탑을 보았으며
비바시(毘鉢尸)라고 명호하는 세존께
큰 공양을 베풀었고

다시 세 금전으로서
도향(塗香) 등을 사서 이용하여
불탑 위에 안치하였으나
한마음으로 물러남이 없었다네.

이러한 복력을 까닭으로
인간과 천상의 즐거움을 받았고
지금은 아라한과를 얻어서
열을 없애고 청량함을 얻었다네.

나는 불탑의 앞에서
미묘한 발원을 널리 일으켰으므로
이러한 작은 공양으로써

무량한 과보를 받았다네.

대중께서는 지금 마땅히 아십시오.
등각(等覺)께서는 큰 복이 있으시니
탑 앞에 작은 공양을 하더라도
과보를 무변하게 얻는 것이라오.

세존께서는 나에게 수기하시며
그 가타(伽陀)의 가운데에서
묘한 변재를 널리 펼쳐서 다문(多聞)의
가운데에서 제일이라고 하시었네.

나는 이렇게 대중 앞에서
아울러 여러 기숙들께
숙업의 일을 말하고서
무열대지 가운데에 있다네.

이때 기숙의 성문인 여러 대필추들은 구수 빈두로파라타사(賓頭盧頗羅
墮闍)에게 이와 같이 말을 지었다.
"구수 묘음은 이미 본업을 말하여 마쳤고, 다음으로 당신께 이르렀으니
설하십시오."
이때에 구수 빈두로는 곧 게송으로써 알려 말하였다.

나는 옛날에 귀한 가문에 태어나서
부모의 곁에서 자재(自在)하였고
부친은 저에게 창고를 맡기셨으며
부모를 시위(侍衛)하게 하였다네.

마음이 항상 인색하여
형제와 자매와
나아가 노비 부류들에게
옷과 음식을 제공하지 않았고

나는 어머니께서 음식을 찾더라도
인색하여 드리지 않았고
입으로 다시 악하게 말하며
기와 조각과 돌을 먹으라고 하였다네.

이러한 악한 업력을 까닭으로
대지옥(大地獄)에 떨어졌고
대열(大熱)과 흑승(黑繩)에서
이러한 많은 고통을 받았으며

지옥에서 받는 고통을 마치고
비로소 인간에 태어났으나
이러한 악한 업력을 까닭으로
나는 항상 기와 조각과 돌을 먹었으며

만약 음식을 얻은 때에도
먹는 것에 항상 만족함을 몰랐고
굶주림과 목마름에 매우 핍박받았으며
이것을 까닭으로 항상 고통을 받았다네.

이렇게 이 몸은 최후신이고
사람 가운데에 태어나 출가하였고
대도사이시고 무상등정각이신

분을 직접 모시고 있다네.

나는 출가하였던 까닭으로
석사자의 가르침 가운데에서
아라한과를 얻었고
열을 없애고 청량함을 얻었다네.

세존께서는 나에게 수기하시어
번뇌의 누(漏)를 없애고서
사자후(獅子吼) 가운데에서
최명제일(最名第一)이 된다고 하셨네.

지금도 비록 신통을 얻었으나
항상 기와 조각과 돌을 먹는 까닭으로
가령 100겁을 지나더라도
지은 업은 없어지지 않는 것이라네.

기숙께서는 지금 마땅히 아십시오.
내가 지난 악업을 생각하건대
이미 여러 종류의 고통을 받았으므로
남은 업은 지금 마땅히 끝냈다네.

나는 빈두로(賓頭盧)라고 이름하고
지금 대중 앞에 있으면서
스스로 숙업의 보를 말하고서
무열대지의 가운데에 있다네.

이때 기숙의 성문인 여러 대필추들은 구수 선래(善來)에게 이와 같이

482

말을 지었다.

"구수 빈두로는 이미 숙업을 말하여 마쳤고, 다음으로 당신께 이르렀으니 설하십시오. 무슨 업보를 지었습니까?"

이때에 선래 필추는 게송으로써 알려 말하였다.

내가 과거세(過去世)를 생각하건대
친의대성(親意大城)의 가운데에서
귀족의 가문에서 태어났고
무량한 창고를 가지고 있었다네.

왕은 수중의(隨衆意)라고 이름하였고
여러 신하들도 역시 다시 그러하였으며
단엄하여 사람들이 보는 것을 즐거워하였고
용모와 위의는 좋은 색상이었다네.

그때 나는 수레를 타고 다녔는데
대중들은 모두가 공경하였고
같이 승원림(勝園林)으로 나아가서
함께 오욕락을 받았다네.

그 방림(芳林)에서 사문이
육근을 조복한 것을 보았는데
더럽고 낡은 옷을 몸을 걸치고
고요하게 연좌(宴坐)하고 있었다네.

나는 이미 사람을 보고서
마음에 큰 환희심이 생겨났고
비록 낡은 옷을 입은 것을 보고

마음에 싫어함이 생기지는 않았으나

이 출가인에게 욕하였고
악한 생각으로 보는 것을 즐거워하지 않았으며
몸에 큰 문둥병을 앓으라고 하였고
먹을 때에는 항상 토하라고 하였다네.

이러한 업보를 까닭으로
입에서는 악한 말이 나왔고
사람의 목숨을 마친 뒤에는
지옥의 가운데에 태어나서

항상 굶주림과 목마름에 핍박당하고
항상 많은 고통을 받았으며
그 이름은 원래(遠來)라고 하였고
다시 중기(衆棄)라고도 이름하였으며
몸의 색깔이 매우 악하였다네.

지옥의 고통을 마치고
비로소 인간으로 태어났으나
몸에는 큰 문둥병을 앓았고
먹은 것은 항상 토하였으며

손으로 사람의 해골을 끌어안고
대나무 잎으로 옷을 삼았으며
풀을 이용하여 벽을 만들고
항상 이 집안에 기거하면서

취락에 들어가서 걸식하였는데
항상 다른 사람에게 쫓겨났고
혹은 다시 몽둥이로 얻어맞았으며
혹은 집에 들어가는 것을 허락받지 못하였고

항상 다른 사람에게 미움과 천대를 받았는데
500생(生)의 가운데에서 그러하였고
여러 사람들의 마음에 수순하지 못하여
인천(人天)의 신들에게 버림을 받았다네.

그때 나는 세존께서
승가대중에게 위요(圍遶)되신 것을 보고
이 대중의 마음에서 지성으로
마땅히 참회를 말하고자 하였는데

멀리서 대중들을 보고서
곧 빠르게 달려서 도망치면서
곧 이와 같이 말하였다네.

항상 원하건대 음식이 풍족하고
나의 몸과 아울러 대중들이
세존의 앞에서 법을 듣게 하십시오.

나에게 음식을 베푸는 사람이 없어
실망하고 떠나고자 하였는데
모니(牟尼)이신 대도사께서
자비로 나를 위해 설하시었네.

대중 가운데에서 멀리 있던 나에게
선래여. 그대는 마땅히 앉으라고 명하시니
나는 듣고 마음이 지극히 환희하여
몸을 구부리고 경건하게 합장하였네.

세존의 두 발에 예경하고서
물러나 한쪽에 앉았는데
세존께서는 대자비로
마땅히 나를 애민하게 생각하신 까닭으로
나를 위하여 묘법을 설하시었네.

법을 듣고 진제를 보았고
울면서 눈물을 두 줄로 흘렸으며
곧바로 출가를 청하였는데
세존께서는 출가를 허락하셨네.

나는 선래(善來)라 이름하고
대도사(大導師)를 직접 섬겼으며
세존께서는 나에게 수기하시어
처계(處界) 가운데에서 제일이라고 하셨네.

나는 지금 대중의 앞에서
스스로 숙업의 일을 말하고서
연꽃 안에 편안히 앉아
무열대지의 가운데에 있다네.

이때 여러 대성문인 기숙 필추들은 구수 유희(有喜)에게 알려 말하였다.
“구수 선래는 이미 본업을 말하여 마쳤고, 다음으로 당신께 이르렀으니 설하십시오. 옛날에 무슨 업을 지었습니까?”
이때 구수 유희는 가타로 설하여 말하였다.

옛날에 왕사성에서
크게 부귀한 몸을 받았고
그때에 큰 가뭄을 만나서
나는 선인에게 음식을 베풀었다네.

뒤에 한 선인이 있어서 왔는데
용모와 위의가 매우 단정하였는데
이 분은 연각(緣覺)의 성품이었고
누진으로 마음이 자재하였다네.

나는 마음이 인색하였으므로
마침내 이렇게 악한 마음을 일으켰는데
누가 능히 이 사람에게
7년 동안 음식을 공급하겠는가?

말의 오줌으로 음식을 끓여서
그 선인에게 먹게 하였으며
선인은 음식을 먹고서
이것을 까닭으로 곧 목숨을 마쳤다네.

이러한 악업을 지었으므로
오랫동안 지옥에 태어나서 있었으니
중합(衆合)과 대규(大叫)와
염열(焰熱)과 대열(大熱)이었다네.

지옥에서 고통을 받고서
비로소 처음으로 사람 몸을 받았으나
병이 많아서 자재하지 못하였고
죽으면서 지극한 고통을 받았다네.

500생을 전전(展轉)하면서
태어난 생에 항상 고통을 받았고
중병이 항상 떠나지 않았으며
여러 고통의 핍박을 벗어나지 못하였다네.

이렇게 이 몸은 최후신이고
인간에 태어났으며
직접 대도사이시고
무상등정각이신 분을 모셨다네.

나는 출가를 하였고
석사자의 가르침 가운데에서
아라한과를 증득하여
열을 없애고 청량함을 얻었다네.

나는 기숙의 지위에 들어가서
신통과 무루를 얻었으며
많은 병자들을 수순하여
모두에게 병이 없어지게 하고 있다네.

나 필추 유희는
여러 기숙들을 앞에 마주하고서
스스로 옛날의 업보를 말하고서

무열대지의 가운데에 있다네.

이때 여러 대성문인 기숙 필추들은 구수 명칭(名稱)에게 알려 말하였다.
"구수 유희 필추는 이미 본업을 말하여 마쳤고, 다음으로 당신께 이르렀
으니 설하십시오."
이때 명칭 필추는 대중들 가운데에서 가타로 설하여 말하였다.

옛날에 은사(隱士)가 되어 난야에 기거하면서
걸식하려는 까닭으로 마을 안에 들어갔다가
길옆에 죽은 여자가 있는 것을 보았고
퍼렇게 부풀어서 고름과 오줌과 똥이 흘러내렸다네.

나는 곧바로 이치에 맞게 잘 관찰하여
마주하고 가부좌로 바르게 억념(憶念)하였고
이때 나는 부정행(不淨行)을 관하여
일심으로 생각하며 산란하지 않았다네.

나는 앉아서 오래지 않아 이 일을 관하였고
이 죽은 시체는 배가 터지고 찢어질 것이고
마땅히 터지고 찢어지면 고름과 피를 볼 것이며
똥과 오줌과 냄새나는 더러움이 충만할 것이고
온몸에서 고름이 흘러내리고 살은 썩어 문드러져
수많은 파리와 구더기들이 모두 파먹겠구나!

나는 그때 정(定)에서 일어나서
곧 공적(空寂)한 곳으로 나아가서
다시는 걸식하러 다니지도 않았고
역시 음식을 생각하지도 않았다네.

만약 취락에 들어갈 때에는
다만 음식을 구하는 인연이었고
여러 여인들이 매우 단정하여도
이것을 관(觀)하면 먹을 수 없었다네.

일체 유정들의 몸은
모두 사대(四大)가 화합한 까닭이고
속에는 똥과 오줌이 가득하며
냄새나고 더러운 피와 고름이 흐르는 것이니

이와 같이 바르게 관(觀)하고서
곧 욕상(慾想)을 떠날 수가 있었고
4범행(梵行)11)에 머무르면서
무량하게 선한 관찰을 하였다네.

그로부터 목숨을 마친 뒤에는
대범천(大梵天)에 태어났으며
범천에서 목숨을 마치자
바라니사성에 태어났는데

가장 존귀하고 부유한 귀족인
장자 가문의 아들이 되었고
일체의 모든 것이 구족하여
밤낮으로 항상 즐거움을 받았다네.

밤에 누워서 잠을 자는 때에

---

11) 4범주(梵住)라고도 하는데, 자(慈)·비(悲)·희(喜)·사(捨)의 4무량심(無量心)을 말한
다.

홀연히 놀라서 깨어나서 살펴보니
여러 증채의 미녀들이
영락옷을 벗어놓고 있었다네.

몸의 형상은 모두 벌거벗었고
다시 서로를 베고서 잠들었는데
나는 옛날의 업력을 까닭으로
그 옛날의 한림(寒林)[12]을 생각하고서

여인들은 모두 부정하다고 생각하며
마음에서 곧 욕념을 싫어하고 떠났으며
"고통스럽다."고 소리를 일으켜서 두루
알렸으나 대답하는 사람이 없었으므로

곧 높은 누각에서 내려왔는데
천중(天衆)이 문을 열어주었으므로
이 대성의 가운데에서 나와서
강의 남쪽 언덕에 이르렀다네.

세존께서 북쪽 언덕에 계신 것을 보았고
큰 소리로 세존께
나는 지금 손해를 입었으니
성자께서 애민하게 구호하라고 불렀다네.

대사께서는 나의 소리를 듣고

---

12) 산스크리트어 śītavana로 Śīta는 '서늘함[寒]'을, vana는 '숲[林]'을 뜻하므로,
   의역하면 '한림(寒林)'이라고 할 수 있다. 왕사성(王舍城) 부근에 있던 숲으로
   시체를 버리던 곳인 서다림을 가리킨다.

곧 선한 말씀으로 그대가 온다면
무외(無畏)를 베풀겠다고 대답하셨네.

나는 듣고서 빠르게 강을 건너면서
보배로 장식한 신발 하나를 빠뜨렸으나
이미 대비하신 처소에 이르렀고

정각의 무상사(無上師)이신
세존께서는 나의 갈증을 아시고
여러 종류의 묘법(妙法)을 설하시었네.

법을 듣고 마음이 개오하여
체발(剃髮)하고 출가하였고
진제(眞諦)의 이치를 보았으며

세존께서는 나를 가피하셨고
정진하면서 방일하지 않아서
후야(後夜)에 밝은 별이 빛나자
누진으로 청량함을 얻었다네.

나는 기숙들 앞에서
명칭의 본업을 말하고서
연화대 안에 편안히 앉았고
무열대지의 가운데에 있다네.

이때 여러 대성문인 기숙 필추들은 구수 재익(財益)에게 알려 말하였다.
"구수 명칭 필추는 이미 본업을 말하여 마쳤고, 다음으로 당신께 이르렀
으니 설하십시오."

이때 구수 재익은 곧 업보를 말하면서 게송으로 대답하여 말하였다.

옛날에 바라니사성에
국왕은 길기라(吉基羅)라고 이름하였는데
가섭세존(迦葉世尊)께서 멸도하시고서
세존을 위하여 솔도파를 조성하였다네.

나는 그 왕의 장자(長子)가 되었고
그 왕의 명성이 여러 지방에 널리 알려졌는데
내가 기거하던 곳보다 먼저 이러한 보탑(寶塔)을
건립하고 수승하고 묘한 일산으로 덮었다네.

이와 같은 수승한 선업을 지은 까닭으로
인간과 천상에서 항상 가장 수승한 복을 받았고
태어나는 곳마다 항상 부귀하였으며
대시주가 되어 많은 창고가 있었다네.

나는 500생에
능히 셀 수 없도록 보시하였고
여러 구걸하러 왔던 자와
사문과 바라문에게
각각에게 거스르지 않았고
모두가 만족하게 충족시켰다네.

나아가 여러 연각 등으로
욕심을 떠나서고 무루의 자이고
500의 독각들이 있어서
청정한 마음으로 공양하였다네.

이러한 선근의 힘을 까닭으로
이 최후신을 얻어서
부귀한 집안에 태어났는데
태어나고서 곧 능히 말하였다네.

나는 집 안에 있는 창고들을 지금
여러 가난한 자들에게 보시한다고 말하였고
여러 가난한 자들에게 일체의 음식과
아울러 자구를 보시하면서 싫어함이 없었다네.

"여러 어질고 착한 자들이여. 지금 마땅히 아시고
나에게 이 유무(有無)를 빠르게 대답하시오."라고 하였는데
여러 사람들은 내가 이렇게 말하는 것을 보고
각각 놀랐고 괴이하게 생각하여 모두 도주하였다네.

어머니는 "그대는 마땅히 사람인가?
하늘의 물건인 약차인가?
그대는 마땅히 나에게 말하여
이와 같은 일을 빨리 대답하라."고 하셨고

"어머니. 지금 나의 말을 들으십시오.
나는 자애로운 어머니의 아들이고
약차나 귀신이 아니며
다만 숙명지의 까닭이고

항상 장자가 되어 항상 보시하였습니다."고 하였고
어머니는 이 말을 들으시고 매우 기뻐하셨으며
나의 자애로운 어머니는 이렇게 말씀하셨다네.

“사랑하는 아들아. 두려움 없이 항상 보시를 행하라.”

어머니가 이렇게 말씀을 지었고
권속들이 나를 양육하니
여러 사람들도 함께 애락(愛樂)하며
보는 사람은 환희가 생겨났다네.

내가 태어난 처음부터
항상 창고와 금·은과
하인들도 더욱 늘어났으며
태어나서 곧 말하였던 까닭으로

사람들은 이름을 지어주었는데
태어난 인연으로 재물이 더욱 늘어나서
나의 이름을 재익(財益)이라고 불렀다네.

그때에 능히 재물을 베풀었고
구하는 자에게 충만하게 하였으며
지금 등정각을 모시고서
가정을 버리고서 도를 배우는데

나는 어려움을 피하지 않았고
출가하기를 구하였으므로
6신통(神通)을 얻었다네.

청정한 출리(出離)를 구하였고
여러 왕에게 항상 공양하였으며
신하들과 존귀한 사람들에게도

옷과 음식을 풍족하게 하였다네.

나 재익(財益) 필추는
여러 기숙들을 앞에 마주하고서
옛날 업보의 일을 말하였다네.

근본설일체유부비나야약사 제17권

삼장법사 의정 한역
석보운 번역

대제자들의 업보의 인연 ②

여러 대제자들이 업보의 인연을 설하다.

이때 여러 대성문인 기숙 필추들은 구수 박구라(薄俱羅)에게 알려 말하였다.
"구수 재익은 이미 본업을 말하여 마쳤고, 다음으로 당신께 이르렀으니 설하십시오."
이때 구수 박구라 필추는 게송으로 설하여 말하였다.

나는 옛날 친혜성(親慧城)에서
약을 파는 사람이었는데
비바시불께서 세간에 머무셨으므로
여러 세존과 승가에게

여러 치료약을 보시하였고
오는 자가 구하는 것을 모두 주었으며
뿌리와 줄기와 잎과 꽃의 약들을
섞어서 대중 승가께 보시하였으며

3개월의 하안거에
따라서 음식을 공급하였고
여러 필추 대중의 각자에게
하나의 하리(訶梨)[1]를 보시하였는데

91겁의 가운데에서
삼악취(三惡趣)에 떨어지지 않았고
그 약을 보시한 까닭으로
이렇게 뛰어난 큰 과보를 얻었다네.

비록 작은 약을 보시하였으나
받은 즐거움은 무궁하게 변하였고
한 개의 하리륵(訶梨勒)을 보시하여
천상에 태어나 천상의 즐거움을 받았으며
남아있는 다른 업보가 있어
다시 인간의 가운데에 태어났다네.

태어나고 학가(學家)에 있으면서
신심있는 음식은 받지 않았고
3일 밤낮 동안에
삼장(三藏)의 가르침을 명료히 이해하였네.

때가 묻고 낡은 옷을 입었고
다만 오직 분소의(糞掃衣)를 구하였으며
항상 한정(閑靜)함에 기거하는 것을 즐거워하여
세속의 시끄러운 숲을 사랑하지 않았다네.

---

1) 산스크리트어 harītakī의 음사이고 하리륵(訶梨勒)의 준말이다.

나는 나이가 160살이고
일찍이 몸에 병이 없었는데
내가 생각하건대 적은 것을 보시하고서
천상과 인간의 많은 즐거움을 받은 것이라네.

박구라(薄俱羅)는 대중 앞에서
스스로 옛날의 업보를 말하고서
연화대 안에 편안히 앉았고
무열대지의 가운데에 있다네.

이때 여러 대성문인 기숙 필추들은 구수 존자(尊者) 필추에게 알려
말하였다.
"구수 박구라는 이미 본업을 말하여 마쳤고, 다음으로 당신께 이르렀으
니 설하십시오."
이때 구수 존자는 곧 가타로써 게송을 설하여 말하였다.

옛날에 가죽을 다루었고
전생의 일을 억념해 보니
당시에는 심한 흉년을 만나서
가죽을 끓여서 먹었고
이것으로써 겨우 목숨을 이어갔다네.

뒤에 한 사문이 있었고
멀리서 와서 음식을 구하기에
나는 마땅히 청정한 신심을 일으켜서
가죽의 음식을 사문에게 보시하였네.

독각이고 존귀하신데 음식을 먹고서

나를 마주하고 허공으로 올라갔으며
나는 청정한 마음을 일으켜서
합장하고 공경을 표현하였다네.

이러한 신통한 변화를 보고
다시 은중(慇重)한 마음을 일으켜서
나는 마땅히 태어나는 곳마다
항상 이와 같은 성자를 만나게 되고
얻어지는 수승한 과보가
하나같이 지금의 성자와 같기를 발원하였네.

보시되는 것의 자체는 색깔도 없고
역시 향기와 좋은 맛도 없으나
보는 사람의 마음이 청정하다면
마땅히 이와 같은 음식을 보시하는 것이고

비록 적은 보시를 인연하였으나
얻는 과보는 나아가 무량하여
천상에 태어나 많은 즐거움을 받았고
다시 뛰어난 사람의 몸을 받았다네.

이렇게 이 몸은 최후신이고
인간의 몸으로 태어나서
직접 대도사이시고
무상등정각이신 분을 모시고 있다네.

제가 이전에 무상(無上)의 과보를
증득하기를 발원하였는데

이미 아라한과를 얻어서
열을 없애고 청량함을 얻었다네.

저의 이름은 대존자(大尊者)이고
지금 이렇게 성중(聖衆)을 마주하여
스스로 옛날의 업보를 말하고서
무열대지의 가운데에 있다네.

이때 여러 대성문인 기숙 필추들은 우루빈나가섭(優樓頻螺迦葉)과 나제가섭(那提迦葉)과 가야가섭(伽耶迦葉) 등에게 이와 같이 알려 말을 지었다.
“구수 존자는 이미 본업을 말하여 마쳤고, 다음으로 당신들께 이르렀으니 설하십시오.”
이때 세 사람은 함께 가타로써 게송을 설하여 말하였다.

우리들은 옛날에 세 상주(商主)였었는데
여러 형제들과 함께 같이 유희하면서
우연히 가섭불(迦葉佛)의 멸도의 탑이
파괴되고 무너져서 흩어져 있는 것을 보았다네.

우리들이 함께 여러 상인들에게 권유하여
이 탑을 다시 새롭게 축조(營造)하였고
세 사람은 이 불탑(佛塔)의 위에
각자 보개(寶蓋)를 걸고 함께 높이 세웠다네.

이러한 수승한 선업을 까닭으로
천상에 태어나 환락(歡娛)을 받았고
천상의 복이 끝나자 인간에 태어나서

부귀함을 얻어 항상 안락하였으며
지금은 세존이신 등정각을 만나서
세존의 가르침의 가운데에 출가하였다네.

세존께서는 그 니련선하(尼連禪河)의 옆에 계시면서
큰 신통변화를 나타내시어 신통을 일으키셨는데
우리들은 모두가 정법(正法)을 보이신 은혜를 입고
무상열반(無上涅槃)의 궁전에 들어갈 수 있었다네.

이것은 대사의 가르침을 공경하고 존중한 까닭이고
또한 불탑에 묘한 일산(日傘)을 매달았던 까닭이며
이것은 차별되는 종류인 선근의 까닭인데
능히 번뇌의 열을 없애고 청량함을 즐기게 하였다네.

우루빈나가섭 등은
여러 기숙의 존자들 앞에서
스스로 지나간 숙업의 인연을 말하고서
무열대지의 가운데의 연화대 위에 앉아 있다네.

이때 여러 대성문인 기숙 필추들은 구수 명칭(名稱)에게 이와 같이
알려 말을 지었다.
"우루빈나가섭과 나제가섭과 가야가섭은 각자 본업을 말하여 마쳤고,
다음으로 당신께 이르렀으니 설하십시오."
이때 구수 명칭은 곧 가타로써 게송을 설하여 말하였다.

나는 옛날에 일찍이 향을 파는 사람이 되어
여러 약들의 성질을 잘 분별하였는데
이때 부인이 있어 딸을 데리고 와서

향과 약품을 사고자 내가 있는 곳에 왔다네.

그녀의 어린 딸은 얼굴과 용모가 아름다워서
보는 사람의 모두를 탐욕에 물들였는데
나는 이 소녀의 용모와 위의를 보고서
알지 못하게 애착하는 마음이 일어났다네.

곧 소녀의 손을 잡고 함께 유희하였는데
이 악업을 까닭으로 악취(惡趣)에 태어났고
뒤에 사람의 몸을 받았으나 항상 손이 야위었으며
500생(生)을 지내면서 고통을 받았다네.

나는 지금 불·세존을 직접 모시고
세존을 따라서 출가하였고 도를 배워서
지금은 이미 아라한과를 증득하여
능히 번뇌의 열을 없애고 청량함을 얻었다네.

대덕들이여. 나는 이전의 악업을 생각하건대
이미 100겁이 지났으나 업은 없어지지 않았네.

지금은 이미 신통을 얻었어도
남겨진 다른 업이 있는 까닭으로
나의 왼쪽의 어깨와 팔뚝은
오른쪽 팔뚝과 어깨와 같지 않다네.

만약 남자이고 만약 여인이어도
아내를 범하고 남편을 빼앗는다면
항상 지옥의 가운데에 떨어져서

항상 이러한 극심한 고통을 받는다네.

다른 사람의 아내를 멀리 떼어놓는 것을 즐겨한다면
오히려 불길 속에서 뛰노는 것과 같으므로
오히려 이러한 여러 지혜로운 자들은
자신의 아내와 함께 환락한다네.

그대들이 마땅하게 세심하게 관찰하여
다른 사람의 아내나 첩을 탐염(貪染)한다면
항상 지옥에 떨어져 고통을 받았고
장야(長夜)에 휴식(休息)이 없다네.

나는 이러한 죄를 지은 까닭으로
여러 곳을 따라서 몸이 태어났더라도
이미 이와 같은 과보를 받았고
나락가 가운데에 태어났다네.

지금의 이 몸은 최후신이고
무상의 계위에 들어가서
일체의 고통에서 벗어났고
열을 없애고 청량함을 얻었다네.

안락한 처소를 구하고자 한다면
다른 사람의 아내와 음란을 하지 않는다면
여러 번뇌에서 해탈하고
묘희(妙喜)의 즐거움을 받는다네.

나 명칭 필추는

지금 존숙(尊宿)의 앞에서
스스로 옛날의 업보를 말하고서
무열대지의 가운데에 있다네.

이때 여러 대성문인 기숙 필추들은 구수 화생(火生)에게 알려 말하였다.
"구수 명칭은 옛날의 업을 말하여 마쳤고, 다음으로 당신께 이르렀으니
설하십시오."
이때 구수 화생은 게송으로써 대답하여 말하였다.

나는 옛날에 일찍이 친혜성(親慧城)에서는
비바시(毘鉢尸)라고 명호하는 불·정등각께서 계셨고
나는 그때에 무소착(無所着)이라 이름하였으며
사람들의 가운데에서 가장 존귀하였다네.

세존께는 62만의 대중이 있었고
성문제자들이 함께 위요(圍遶)하였는데
나는 비바시세존과 여러 제자들께
허리숙여 3개월의 공양을 청하였다네.

이때에 친혜성의 국왕도
역시 세존과 여러 제자들을 청하였으므로
이때 나는 그 성의 왕과 함께
하루를 건너서 미묘한 음식으로 공양하였다네.

때에 이르러 나는 세존과 필추성문
대중께 공양을 두 배로 늘렸으며
3개월의 공양의 일을 마치고서
나는 다시 왕과 함께 공양하였는데

최후의 설회일(設會日)인 그때에
친혜성의 왕궁에서 스스로가 준비하여
온갖 맛있고 미묘한 음식과 의복과
와구와 여러 보배들을 널리 베풀었다네.

이와 같은 상묘한 물건을 준비하고서
다시 왕의 정원에 높은 자리를 펼쳐놓았는데
그 자리의 가치는 백천금(百千金)이었고
음식과 의복들도 이 가치와 같았다네.

한 명 한 명의 필추에게 보시한 물건은
그 값을 계산하면 능히 알 수 없었고
소유한 코끼리와 말을 모두 엄숙히 꾸몄는데
금실로 엮은 그물로 몸을 장엄하였으며
각각의 승가 앞에는 일산을 가지고서
좌차(座次)에 의지하여 널리 주위를 둘러쌌다네.

궁전 안의 채녀(婇女)들은 몸을 장엄하였고
다음으로 전단을 몸에 발라서 빛나게 하였으며
각자가 금병을 쥐고 덕수(德水)를 채워서
필추 승가의 처소에서 공경하여 받들었다네.

이렇게 최후로 이러한 공양을 베풀면서
왕은 스스로 세존과 승가께 공양하였는데
나는 왕이 이렇게 공양하는 것을 보고서
일심의 정념으로 사유를 지었다네.

상묘한 음식은 모두 준비할 수 있으나

보배 자리로 엄숙하게 꾸미기는 진실로 어렵고
이러한 상묘한 좌구는 준비할 수 있으나
왕과 같은 코끼리와 말은 구할 수가 없구나.

이와 같이 말하고 생각을 지었는데
제석천주(帝釋天主)가 때에 맞추어 왔고
이때 제석천은 나에게 알리기를 "착하구나.
내가 그대를 도와서 공양을 베풀겠다."고 말하였네.

제석천은 이렇게 말을 하고서
곧 가장 수승한 대원림(大園林)으로 변화시켰는데
그 방원(園芳)은 아름답고 매우 초절하였으며
제천(諸天)들의 묘한 자리가 두루 장엄되었고

아울러 상묘한 하늘의 의복을 가져다가
세존과 필추승가께 받들어 보시하였으며
먼저 비바시세존께 청하였고
아울러 여러 제자인 성문대중을 청하였다네.

이때 제석천과 여러 천인들이
제일의 보배 코끼리와 와서 상응하였고
각각 하늘의 보개(寶蓋)를 손에 잡고서
승가의 머리 위인 허공 가운데에 있었다네.

하늘의 음식을 가져다가
진실한 성중께 공양하였고
다시 천의(天衣)로 덮음으로써
인간과 천상의 즐거움을 받았고

91겁의 가운데에서
3악취에 떨어지지 않았다네.

이러한 이전의 선업을 까닭으로
유연(柔軟)한 몸을 감득(感得)하였고
대선(大仙)을 위하여 크게 공양하였는데
대덕이신 비바시세존이라네.

지금의 이 몸은 최후신이고
왕사성(王舍城)에서 태어났으며
영승왕(影勝王) 궁전 안의
가장 존귀한 호족의 가문이라네.

왕과 대부인께서
사랑하여 은혜로 길러 주셨고
신하들도 모두 나를 사랑하였으며
소유한 백성들도 나를 사랑하였네.

항상 천상에서 태어나서
제천(諸天)의 오욕락을 받았고
사람의 몸으로 태어나서도
오히려 여러 하늘의 즐거움을 받았네.

무상의 대도사(大導師)이시고
정각의 모니주(牟尼主)께서
인천(人天)을 조복시키려는
까닭으로 왕사성에 오셨네.

나는 마땅히 세존께서 오셨고
대사의 미묘한 깨달음을 들었으며
이미 듣고서 환희심이 생겨나서
곧 여래의 처소로 나아갔다네.

이미 세간의 등불을 보았고
능히 타오르는 횃불을 지닌 것을 보았으며
수레로부터 몸을 내려서
걸어서 세존의 앞에 이르러
세존의 두 발에 정례하였는데
마음에 깊이 지극한 환희가 생겨났다네.

한쪽에 물러나 앉아서
대자존(大慈尊)을 우러러보니
무량한 인간과 천인들이
공경하며 위요하였네.

세존께서는 이와 같이 알리셨네.
"그대들은 얽힌 여러 속박을 끊었고
무상의 천존(天尊)인 대사가
자비한 까닭으로 이곳에 왔으며
사제법(四諦法)을 설하겠으니
듣는 사람은 능히 개오(開悟)하라."

나는 듣고 이와 같이 청하였다네.
"오직 정각의 세존이시여.
나의 출가를 허락하시고
가까이 머무르며 원구(圓具)를 이루게 하십시오."

무상의 대자부(大慈父)께서는
비교할 수 없으신 분이신데
애민하게 생각하시어 "잘 왔노라."고 명하시니
말씀이 끝에 원구가 이루어졌네.

정진에 방일하지 않았고
고행을 수습하여서
곧 무생위(無生位)를 증득하여
열반궁(涅槃宮)에 들어갔다네.

직접 대도사이시고
무상등정각이신 분을 모시고
아라한과를 증득하여
열을 없앴고 청량함을 얻었으며

능히 삼유(三有)의 바다를 벗어나서
태어나고 죽는 생사의 강에서 표류하는
일체의 근심과 슬픔과 고통을
이것을 까닭으로 영원히 없앴다네.

화생(火生) 필추는
이렇게 진실한 성중을 마주하여
스스로 옛날에 지은 업을 말하고서
무열대지의 가운데에서
연화대에 편안히 앉아 있다네.

이때 여러 대성문인 기숙 필추들은 구수 호국(護國)에게 알려 말하였다.
"구수 화생은 이미 본업을 말하여 마쳤고, 다음으로 당신께 이르렀으니 설하십시오.”
　이때 구수 호국은 곧 게송으로 설하여 말하였다.

　　옛날에 길기리(吉基利)라고 이름하는 왕이 있어서
　　가시국(迦尸國) 왕으로 백성들을 요익하게 하였고
　　나의 몸은 그 왕의 막내아들이었으며
　　세존을 위하여 대솔도파를 조성하였는데
　　부왕은 그 막내아들에게
　　직접 일산의 덮개를 가지고 여래를 받들게 하였네.

　　나는 왕의 칙명을 듣고 마음으로 환희하며
　　보배 일산을 솔도파에 안치하였고
　　이미 덮개를 안치하고서 곧
　　이러한 선업의 인연을 까닭으로

　　천상과 인간의 쾌락을 부르고
　　항상 최승의 대광명이 있기를 발원하였고
　　지금 최후에 인취(人趣)에 태어나서
　　창고를 가진 큰 성 안에 강탄(降誕)하였네.

　　이미 최고 수승한 호족의 집에 태어났으므로
　　세간에서 존귀함이 제일이었고
　　보는 사람은 환희하며 항상 공경하였으며
　　일체의 백성들도 모두 즐거워하였고

　　수승한 과보가 몸을 따라서 나타나서
　　색상은 단엄하고 마음은 안정(安靜)하며
　　인간세상에서 수용할 것은 모두 충족되었고

일체의 필요한 것들은 조금도 부족함이 없었다네.

호국 필추는 존숙들을 마주하고
스스로 옛날의 업보와 인연을 말하였네.

이때 여러 대성문인 기숙 필추들은 구수 사저(娑底)에게 알려 말하였다.
"구수 호국은 이미 업보를 말하여 마쳤고, 다음으로 당신께 이르렀으니
설하십시오."
이때 구수 사저는 곧 게송으로 설하여 말하였다.

옛날 왕사성에서
왕과 신하는 크게 부귀(富貴)하였고
500의 선인들이 이르자
모두 함께 공양하게 하였다네.

당시 나는 명을 널리 전하여
먼저 밥을 짓게 하였고
집 안의 여러 종류의 음식으로
500의 선인들에게 공급하였네.

나는 함께 차례로 나누어 주었고
나는 이미 가장 상수였으므로
최초의 선인에게 공양하였네.

나의 집에서 항상 준비하여
밥을 100여 국자를 지어서
그들 출가인에게
이 밥을 가져다 공급하였네.

이미 보시하여 밥을 먹었는데
욕심이 생겨서 이렇게 생각을 지었네.
'나의 자매와 형제와
아내와 남녀 친족들에게도

오히려 음식을 베풀지 못하였는데
이 선인이 3개월을 앉아 있다면
마땅히 수용되는 값이 많을 것인데
하물며 500의 숫자이겠는가?

나는 반드시 그 사문을
그의 목숨을 마치게 해야겠다.
만약 그의 몸이 죽는다면
나는 곧 수용되는 값도 없을 것이다.'

허물이 없는 그를 죽이고자 하니
나아가 죄의 마음이 생겨났으나
그 말의 오줌을 끓였고
음식에 섞어 그에게 주어서 먹게 하였네.

마땅히 이 음식을 먹고
나아가 곧 병환이 있어
곧바로 창자가 밖으로 나왔다네.

그가 죽은 때에 그 선인이
도를 얻은 사람인 것을 알았고
이때에 용(龍)과 신(神) 등이
모두 함께 큰 소리로 외쳤었네.

이 상인(商人)은 큰 죄이구나!
허물이 없는 선인을 죽였는데
자재를 얻은 독각으로
적정하면 무루인 분이시다.

여러 친족들이 모두 나에게 성내었고
모두가 마땅히 관찰하고서
능히 많은 죄업이 생겨나는데
그 선인을 죽인 까닭이라고 하였네.

친족들이 말하는 것을 듣고
나는 곧 근심과 슬픔이 일어나서
나머지의 여러 선인들을 청하여
지극하게 그 잘못을 뉘우쳤다네.

모든 세존을 마주하고 참회하였고
허물을 드러내어 마음으로 참회하고서
밥으로 500의 선인에게 공양하였는데
진중(珍重)하게 충족시켰었네.

그에게 그 죄업을 참회하였고
여러 선인들에게 허물을 참회하였으며
음식으로서 공양을 마치고서
곧 마땅히 서원을 일으켰다네.

마땅히 미래에도 원하건대 이와 같이
이러한 대덕들께 공양하고
해탈을 얻은 것과 같아지고

원하건대 나도 속박을 벗어나고
태어나는 생마다 가난한 집을 벗어나며
빈궁한 곳에 있지 않게 하십시오.

갑자기 항상 인색함과 탐욕을 일으켰고
마음에 그러한 악을 일으켜서
그 독각인 사람을 죽게 하였고
업을 짓고 곧 근심하고 슬퍼하였으며

죽은 뒤에는 지옥에 떨어져서
천 년의 세월을 오래 머무르며
항상 그러한 고통을 받았고
뒤에 사람의 몸을 받았어도
도리어 수명이 짧은 과보를 받았으며

마땅히 많은 재물이 있어서
여러 사람들에게 공양하여도
항상 창자가 밖으로 나오는 병을 얻었고
이것을 인연하여 곧 목숨을 마쳤다네.

곧 태어나 대성(大聖)을 만나서
나아가 출가의 몸을 얻었고
가르침에 의지하여 머물러서
일체의 탐욕을 모두 버리고
무열지의 연화좌에 앉아서
본업의 인연을 말하였다네.

이때 구수인 기숙 필추들은 구수 슬다가섭파(膝多迦葉波)에게 알려 말하였다.

"구수 사저는 이미 업보를 말하여 마쳤고, 다음으로 구수께 이르렀으니 설하십시오."

이때 슬다가섭파는 곧 게송으로 설하여 말하였다.

옛날에 필추대중을 청하여
7년을 빠뜨리지 않았으나
그 취락 안에서
한때에 기근이 있었다네.

내가 얻은 것을 나누어 드린 분은
마음을 조복받아 뜻이 적정하였고
독각이고 존경을 받았으며
번뇌가 없이 매우 청량하였다네.

나는 이전에 긴요한 맹세가 있었는데
구걸하는 자에게 주지 않고
비록 자식이나 부모라고 할지라도
일하지 않는다면 구제하지 않겠다고 하였었네.

이와 같이 이러한 뜻을 일으켜서
마침내 악업의 죄를 지었고
필추는 이미 스스로 짓지 않으니
무슨 까닭으로 음식을 주겠는가?

곧 이 필추를 데리고서
밭이 있는 곳에 돌아다녔고
처음으로 집안에 이르러

비로소 그에게 음식을 주었었네.

이러한 악업이 있었던 까닭으로
마침내 지옥에 떨어졌고
중활(衆活)과 염열(炎熱)의 가운데에서
여러 고초를 받았으며

지옥의 업보가 끝나고
유전하면서 태어날 취에서
비천하고 항상 근심하고 고생하였으며
음식을 구하는 것이 매우 어려웠다네.

이렇게 이 몸은 최후신이고
사람의 몸을 얻었으며
조어사(調御士)이시고
정각무상존이신 분께 떨어지지 않고

청정한 신심으로 출가하여
여러 유루를 깨끗이 없애고
육신통(六神通)을 증득하여
아라한과에 이르렀다네.

여러 대덕들은 마땅히 아십시오.
나는 비록 대신통을 증득하였으나
경행(經行)은 매우 어렵고 고통스럽고서
비로소 음식을 얻으며

유력(遊歷)하면서 지극히 먼 곳에서

마침내 적은 얻는 것이 있고
목숨이 거의 끊어지고자 한다면
이때에 그 음식을 얻는다네.

나의 성(姓)은 슬가섭(膝迦攝)이고
이름은 이대위(耳大威)이며
무열지의 연화좌에 앉아서
이러한 이전의 업연을 말한다네.

이때 여러 기숙 필추들이 구수 주리반타가(周離槃陀迦)에게 알려 말하였다.
"구수 슬다가섭파는 이미 업보를 말하여 마쳤고, 다음으로 구수께
이르렀으니 설하십시오."
이때 반타가는 곧 게송으로 설하여 말하였다.

나는 전생의 가운데에서
돼지를 기르는 사람이었고
그 돼지의 입을 묶어서
데리고 강을 건너고자 하였네.

이미 강의 가운데에 이르러
저쪽 언덕에 이르고자 하였는데
여러 돼지가 숨을 쉬지 못하였고
이것을 인연하여 모두 죽었었네.

나는 물을 따라서 뜨고 가라앉았고
당황하고 아득하여 어찌할 수 없었는데
강변에 선인이 있어 머무르면서
애민하게 생각하여 구제하여 주었네.

근심과 고뇌에 빠진 나를 꺼내 주었고
출가시켜 주었으며
무상삼매(無相三昧)로써
교화하여 조복하고 수순하였으므로

이미 이곳에서 죽고서
천상에 태어났으며
천상에서 목숨을 마치고
인취에 하생(下生)하였다네.

등정각을 경건하게 공경하여
세속을 버리고 출가하였으나
완고하고 어리석으며 지극히 아둔하여
보여주어도 공손히 능히 지니지 못하였고

그 3개월 안에
겨우 한 게송을 외웠고
한 구(句)의 뜻을 알고서
번뇌를 모두 없애고자 하였다네.

내가 이전에 지은 업을
이와 같이 억념하여 생각하니
무량한 시간이 지나도록
생사의 바다에 윤회하였었네.

지금 세간부(世間父)를 마주하고
이렇게 무열지(無熱池)에서
나 주리반타(周離槃駄)는

이러한 흑업과 백업을 말한다네.

그때 여러 기숙 필추들이 구수 사복(蛇僕)에게 알려 말하였다.
“구수 주리반타가는 이미 업보를 말하여 마쳤고, 다음으로 구수께
이르렀으니 설하십시오.”
이때 사복은 곧 게송으로 설하여 말하였다.

가섭불(迦葉佛)께서 멸도하시고
최후의 성문(聲聞)이 되어
다문으로 삼장(三藏)을 갖추었으나
법에 대하여 매우 인색하였네.

여러 필추들을 위하여
풍송(諷誦)하고 해설하지 않았고
다른 여러 필추들이 나보다
수승한 것을 두려워하여

필추들이 나의 처소에 와서
적은 뜻이라도 묻고자 하면
나는 악한 안색을 품고서
꾸짖고 이치에 맞지 않게 힐난하였네.

그때 여러 필추들이 와서
나의 이러한 견해를 간책(諫責)하고
어찌 법으로 교화하고 다스리지 않으며
이러한 비리(非理)의 일을 짓느냐고 하였네.

나는 임종할 때에

마음에 지극한 후회가 생겨났고
익혔던 진실한 묘법을
다른 사람을 위하여 나타내 보여주지 않았으나

목숨은 오직 7일이 있었고
시간이 흘러서 오래 머물 수 없어서
마땅히 출가자들을 모으고
여러 허물을 뉘우쳐 참회하였네.

나는 이미 죄를 참회하고서
그 법에 인색한 마음이 없어졌고
곧 대중의 가운데에서
7일을 항상 설법하였네.

이미 좋은 설법을 듣고
나를 따라서 모두가 듣고 받아들였고
서로가 해석하며
모두가 함께 담론하였네.

나는 임종할 때에 7일을
묘법을 설한 인연으로
천상에 태어났고
여러 욕망을 모두 구족하였다네.

천상에서의 과보가 끝나서
인취에 하생하여
겁비라성(劫比羅城)의
석가왕족으로 태어났고

재물이 크게 부귀하였고
위의와 용모가 매우 뛰어나서
사람들이 모두 공경하고 사랑하며
재산에 부족함이 없었다네.

종족의 여러 남녀들은
세속을 버리고 출가하였으나
나는 번뇌의 욕망에 얽혀서
기쁘고 즐거운 뜻이 없었네.

세상에서 비교할 수 없는 대장부께서
나를 애민하게 생각하신 까닭으로
내가 있는 곳에 자주 이르시어
매번 출가를 권유하셨으나

나는 곧 조어장부이시고
무상등정각이신 분께
오직 원하건대 7년을 애민한
까닭으로 보시를 받으시라고 머리숙였네.

만약 그 보시를 받아들이고
7년이 장차 지나간다면
곧 대혜(大慧)의 처소를 따라서
곧바로 출가하겠다고 하였다네.

알리시기를, 그대의 목숨이 위태로워
잠시도 아닌데 어찌 7년이겠는가?
마땅히 빨리 보시를 버려야 할 것이니

들고 나는 호흡을 보존하기 어렵다고 하셨네.

세존의 말씀은 깊이 존중하더라도
어찌 감히 버리겠습니까?
아뢰어 말하기를, "애민하다면
7일 안에 출가하게 하십시오."

곧 7일의 가운데에서
뜻에 따라서 모든 것을 공급하였는데
그 성의 안팎에 있는
여러 친족들이 수호하고 옹호하였네.

최상의 대광명이
성곽을 두루 밝게 비추고
헤아릴 수 없는 사람들이
성 밖으로 나왔는데

불법의 가르침 가운데에서
청정한 신심으로 출가하였으나
25년 동안을
마음에 바른 깨달음이 없었고

마침내 곧 죄의 마음이 일어나서
이곳에 의지하여 머무르지 않고자 하였고
감로(甘露)에 이르지 못하였으므로
마땅히 물러나서 환속하고자 하였네.

이미 이러한 나약함이 생겨나자

큰 수치심을 깊이 품었으나
여러 친족들과 집안의 권속들이
분명히 나를 비난하고 꾸중할 것이었고
생각한 것을 도울 부류가 없었으며
살피고서 좋은 일이 아님을 알았다네.

나를 마땅히 칼로서 해쳐야 하나니
이 하찮은 목숨을 어디에 수용하겠는가?
곧 매우 날카로운 칼을 가지고
가부좌하고 단정히 앉아서
칼을 머리 위에 얹었는데
마음에서 곧 해탈을 얻었다네.

마음에서 이미 깨끗이 제거하니
입에서 나오는 말은 찬탄이었네.
기이하구나. 불·법·승이여.
이렇게 수승한 선법(善法)이 있었구나.

나는 이전에 사상(思想)이 있었는데
범부가 곧 목숨을 버리고서
그 성명(性命)을 돌아보지 않는다면
무상(無上)의 적정을 증득하는 것이었네.

나는 이전에 유(有)의 가운데에서
나태하고 지극히 법에 인색하였으며
이러한 과보를 까닭으로
해탈을 얻기가 매우 어려웠다네.

또한 나는 임종에서
청정하고 묘한 법을 설하였으니
이러한 업이 성숙된 까닭으로
여러 재물의 욕심을 뛰어넘어 없애고
법의 뿌리인 석가자(釋迦子)가 되었다네.

사노(蛇奴)는 대위덕으로
그 무열지에서
이렇게 이전의 업보를 말하였다네.

이때 여러 기숙 필추들이 구수 아니로타(阿泥盧馱)에게 또한 알려 말하였다.
"구수 사복은 이미 업보를 말하여 마쳤고, 다음으로 구수께 이르렀으니
설하십시오."
이때 아니로타는 곧 게송으로 설하여 말하였다.

나는 전생을 섭수하여 기록할 것은 없고
가난하여 풀을 짊어지고 살아가다가
귀의하여 명성을 갖추었고
대사문을 보고 받들었다네.

금생에는 석가종족으로 태어나서
아니로타라고 이름하였고
노래하고 춤추는 기예를 매우 잘하여
여러 묘한 곡조에 능하다네.

대도사이시고 무외(無畏)이신
등정각을 만나기를 바랐는데
보고서 마음이 청정해졌고

세속을 버리고 출가하였네.

설하시는 가르침을 듣고서
즐거이 대사의 처소에 머무르고
마음에 잠시도 방일하지 않으며
항상 스스로 근책하고 용맹하였네.

삼명(三明)을 갖추어 얻었고
대사의 가르침을 이미 지었으며
숙명을 관(觀)하여 알았고
일찍이 지은 업을 알았다네.

삼십삼천(三十三天)에서
7번을 되풀이해서 태어났고
7번을 되풀이해서 인취에 태어났으며
역시 국왕이 되었다네.

찰제리족의 관정왕으로
혼자 섬부주를 교화하였고
그곳에서 7번과 이곳에서 7번을
윤회하여 14번을 되풀이하였네.

일찍이 수용처(受用處)에 머물렀고
함께 모두 그곳을 알았는데
이러한 부류의 여러 과보를
갖추지 않는 것이 없었다네.

나는 태어났던 곳에서

마음이 지극히 환희하였고
여러 유정들의 생사의
윤회인 취를 관(觀)하여 알았으며

이곳에서 변하여 다른 곳에 나타났는데
일심으로 사념(思念)을 잡아매어
5취(趣)에서 윤회하는 일을
천안으로 모두 명료하게 알았다네.

이미 안상(安詳)2)한 도를 얻고서
천안은 매우 밝고 청정해졌는데
세간의 무상사(無上師)께서는
내 마음의 생각하는 것을 아셨으며

세존께서 몸과 뜻의 신통으로
나의 처소로 오셨으므로
나는 소유하였던 사념을
능히 자세하게 아뢰었다네.

대사께서는 허물이 없으시고
설하시는 것도 역시 잘못이 없으므로
나는 그 분께서 설하시는 것을 듣고
가르침에 의지하여 청정함에 머물렀다네.

마음에 지극한 정근(精勤)이 생겨나서
항상 방일하지 않게 수행하여

---

2) 마음이 차분히 가라앉은 상태를 가리킨다.

삼명(三明)을 이미 통달하였고
마땅히 지을 것을 이미 지었다네.

삶에도 어느 기쁨도 없고
죽음도 역시 근심이 없으며
오직 때에 이르는 기다림을 알아서
정념(正念)으로 위의에 머물렀고

광엄성(廣嚴城)의 죽림촌(竹林村)에서
목숨이 마땅히 그것을 지났으므로
그 죽림 마을의 아래에서
귀화(歸化)[3]를 취하고자 하였네.

나는 이전에 음식을 보시한 까닭으로
이렇게 수승하고 묘한 과보를 얻었고
대도사이시고 비교할 수 없는
등정각께 경건하고 공경하였으므로

아라한과를 증득하였고
청량하고 적정한 처소를 얻었으며
여러 각자(見者)께서 나에게 수기하시어
대복(大福) 가운데에 최상이라고 하셨네.

이 아니로타는
세존과 필추 승가를 마주하고
무열하(無熱河)의 가운데에서

---

3) 교화를 마치고 반열반에 들어간다는 뜻이다.

이러한 이전의 업보를 말하였다네.

이때 여러 기숙 필추들이 구수 사자왕가라(師子王迦羅) 필추에게 알려 말하였다.
"구수 아니로타는 이미 업보를 말하여 마쳤고, 다음으로 구수께 이르렀으니 설하십시오."
이때 가라(迦羅)는 곧 게송으로 설하여 말하였다.

나는 전에 감자(甘蔗)4)를 눌러서
사탕을 끓이는 방에 이르렀는데
이때 병든 독각이 있었고
내가 있는 곳으로 천천히 걸어왔다네.

그곳에서 7일을
사탕과 기름으로 받들고 모셨으며
그렇게 7일의 뒤에
독각은 허공으로 올라가 떠나갔다네.

나는 인연으로 나가지 않았으나
노비가 곧 나에게 알려 말하기를
"이렇게 수승한 복전이 있어
이 집안에서 공양을 받으셨다."고 하였네.

나는 이미 이러한 말을 듣고
마음에 지극하고 청정한 신심이 생겨나서
빠르게 허공으로 올라가신 곳으로 가서

---

4) 볏과의 여러해살이풀로 사탕수수를 가리킨다.

깊이 흠모하고 공경하여 우러렀다네.

과거에 청정한 마음을 일으켰던 인연과
또한 기름과 사탕을 보시한 인연으로
천상과 인간의 취에 태어나서
복을 구족하고 마음이 맑고 밝았다네.

이렇게 최후의 생이고
역시 사람의 몸이 되어
대도사이시고 비교할 수 없는
등정각께 경건하고 공경하였으며

대석사(大釋師)의 가르침에서
희유한 출가를 하였고
아라한과를 증득하여
청량하고 적정한 처소를 얻었네.

나는 지금 지극히 안락함을 얻었고
이양(利養)이 매우 풍족하고 많으며
옷과 음식 및 와구(臥具)와
탕약이 부족함이 없다네.

나는 작은 인연의 일로서
네 덩어리의 사탕이 필요하였고
옷을 꿰매는 사람에게 베풀고자
사탕을 가져다가 공양을 베풀었는데

제천(諸天)이 나의 생각을 알고서

곧 영승왕(影勝王)에게 알려서
마땅히 빠르게 가라에게 보시하여
사탕과 시원한 음료를 주라고 하였네.

이러한 음료를 보시한 까닭으로
왕께서는 큰 승리를 얻을 것이니
마땅히 시박가(侍縛迦)를 시켜서
암라(菴羅)와 사탕을 가져가게 하시고

곧 네 마리의 큰 코끼리와
낙타에 진실로 맛있는 것을 보내십시오.
영승왕은 큰 복이 있었으므로
나의 처소로 보내게 하였고

왕은 이미 사자를 보냈고
나는 이러한 사탕을 얻어서
1,250명의 필추 승가에
공급하여 드렸다네.

가라 아라한은
여섯 대신통을 갖추었고
무열하의 가운데에서
이러한 이전의 업보를 말하였다네.

이때 여러 기숙 필추들이 구수 라호라(羅怙羅)에게 알려 말하였다.
"구수 가라는 이미 업보를 말하여 마쳤고, 다음으로 구수께 이르렀으니
설하십시오."
이때 라호라는 곧 게송으로 설하여 말하였다.

나는 옛날에 국왕이었고
광엄성의 수도에 있으면서
정법에 의지하여 다스렸고 교화하여
백성들이 모두 안녕하고 이익되게 하였네.

그때 한 선인이 있어서 왔는데
위덕(威德)이 매우 용맹하였는데
나아가서 나의 처소에 이르렀고
곧 이와 같이 말하였다네.

"주지 않았으나 물을 마셨으니
나는 지금 도둑(盜賊)입니다.
청하건대 왕께서는 도둑의 법과
형벌의 조항에 의거하여 나를 벌하십시오."

나는 곧 그에게 알려 말하였네.
"선인께서 법과 덕을 갖추셨다면
샘과 우물과 하천과 강의 물을
뜻에 따라서 마시는 것을 허락하겠소."

"내가 품고 있는 의혹을
능히 모두 깨끗이 없애지 못하였으니
원하건대 왕께서 죄를 벌하시오."라고 하였고
나는 곧 사색(思慮)도 없이

곧 그 선인에게 알려 말하기를
"마땅히 방원 가운데에 들어가서
6일을 마땅히 먹지 말고 이후에는

532

뜻을 따라서 떠나시오."라고 하였다네.

나는 이러한 업을 지었고
진실로 어느 악의도 없었으나
흑승(黑繩)과 염열(炎熱)에서
60년의 고통을 받았다네.

업보가 끝나고 뒤에 몸은
6년을 어머니 태속에 있었는데
이것은 진실로 마음으로 지은 업이 없고
또한 몸과 입으로 지은 업도 없었으나

이러한 인연을 까닭으로
여러 괴로운 과보를 받았나니
기숙의 대중 앞에서 말하건대
마땅히 업은 없어지지 않음을 아십시오.

이렇게 라호라는
여러 존숙들을 마주하고서
무열뇌지(無熱惱池)에서
이러한 이전의 악업을 말하였다네.

이때 여러 기숙 필추들이 구수 난타(難陀)에게 알려 말하였다.
"구수 라호라는 이미 업보를 말하여 마쳤고, 다음으로 구수께 이르렀으
니 설하십시오."
이때 난타는 곧 게송으로 설하여 말하였다.

비발시불(毘鉢尸佛)께서 교화하실

때에 나는 향을 끓여서 베풀어
필추승가를 목욕시켜 드렸고
곧 이와 같이 말하였다네.

원하건대 나는 마땅히 내세에
이와 같은 여러 대중과 함께
청정하여 흠집과 허물이 없고
번뇌의 누를 모두 없애서

용모와 위의가 단정해지고
얼굴빛이 연꽃을 뛰어넘게 하십시오.
그때에 목숨을 마치고서
천상에 태어났는데

천상에서 매우 초절하였고
인취에서도 역시 뛰어나고 묘하여
태어나고 유전하는 곳을 따라서
항상 안락하고 항상 부귀하였다네.

뒤에 독각의 몸을 모시어
탑을 세우고 선백(鮮白)으로 깨끗이 하였고
엄숙하게 장식하고 향을 발랐으며
황색으로 위를 덮었고

호궤(胡跪)하고 합장하고서
"원하건대 모든 근(根)을 구족하고
몸과 모습이 금색과 같으며
잘 유지되고 변하지 않게 하십시오."라고 말하였네.

534

이러한 선근을 까닭으로
바라니사성에 태어났고
가타(迦陀) 국왕의
둘째 아들이 되었으며

또한 가섭불(迦葉佛)의 탑을 보고
경건하고 공경하며 청정한 뜻이 생겨나서
이 탑의 가운데에서
하나의 일산(日傘)을 걸었다네.

이전에 승가 대중을 목욕시킨 것과
탑에 향을 바르고 황색으로 덮은 인연과
탑에 일산을 보시한 인연으로
모든 안락함을 많이 얻었고

이러한 복업이 남은 까닭으로
그 최후의 몸에서
석가 왕족으로 태어났고
여래의 아우가 되었다네.

나는 지금 이 몸에
대장부의 상(相)을 갖추었고
30의 수승하고 묘한 상을
하나도 빠뜨리지 않았다네.

석가사자(釋迦師子)의 가르침으로
나는 출가를 하였고
아라한과를 증득하여

열을 없애고 청량함을 얻었다네.

나는 세존께 수기를 받았고
단엄하여 매우 좋아할 수 있으며
나의 생(生)은 이미 모두 마쳤고
무상처(無上處)에 이르렀다네.

이렇게 선한 난타는
세존과 필추 대중을 마주하고서
무열뇌지(無熱惱池)에서
이러한 이전의 업보를 말하였다네.

이때 여러 기숙 필추들이 구수 실력자(實力子)에게 알려 말하였다.
"구수 난타는 이미 업보를 말하여 마쳤고, 다음으로 구수께 이르렀으니
설하십시오."
이때 실력자는 곧 게송으로 설하여 말하였다.

나는 전생의 몸이었던 때에
유명한 물고기를 잡는 상려(商旅)이었고
교역을 인연하여 출발시켰는데
어느 선인이 와서 함께 떠났다네.

진실한 대독각(大獨覺)이었고
누진(漏盡)의 마음에 무애하였는데
나는 중간에서 서로를 보았고
항상 작은 공양을 받기를 청하였다네.

그를 따라서 잠자는 곳에 이르러

그를 위하여 여러 와구를 펼쳤고
발을 씻겨드리고 기름을 발라드렸으며
나아가 등불을 켜드렸다네.

그와 함께 도반이 되었고
경건한 마음으로 항상 공양하고 모셨으며
천천히 앞으로 전진(前進)하여
바닷가에 이르렀다네.

이미 바닷가에 이르러
나는 곧 무릎꿇고 말하기를
"대덕이시여. 무슨 인연이 있어서
일부러 이곳에 오셨습니까?

우리들은 모두 욕심에 얽매여
여러 고뇌를 버리지 못하였고
험난한 곳으로 들어가며
끝이 없는 바닷가에 모였습니다."

그는 "나는 번뇌를 없앴으나
그대가 항상 안락하며
생생토록 큰 복을 갖추고 재물이
많아 부족함이 없기를 바라오."라고 말하였네.

나는 곧 윗옷(上衣)으로서
가지고 받들어 보시하였고
머리를 땅에 대고 발에 예경하였으며
경건한 마음으로 오른쪽으로 돌았다네.

그는 나를 애민하게 생각한 까닭으로
내가 받들었던 옷을 받았고
여러 상인들이 함께 우러러보는데
곧 허공으로 올라갔다네.

여러 상인들이 신통을 보았고
나는 곧 슬픔과 번민을 품었고
경건한 몸으로 멀리서 합장하고서
이와 같이 발원을 하였다네.

이와 같이 대존덕(大尊德)을
원하건대 내가 항상 만나고
그가 얻었던 묘법을
원하건대 나도 역시 증오(證悟)하고

마땅히 미래에는 세존을
만나시 출가하고
승가 대중께 공양하고
대신통을 일으키게 하십시오.

이러한 선근을 까닭으로
천상에서 항상 환락(歡樂)하였고
역시 인취에 태어나서도
여러 안락(安泰)을 받았으며

일반적으로 태어나는 여러 곳에서
재물이 많고 크게 부귀하여
천상과 인간 세계에서

복덕이 항상 맑고 밝았는데

처음부터 과보를 받은 것은 아니었으나
이렇게 이 몸은 최후신이고
구시나성(拘尸那城)에서
장사의 아들이 되었으며

단정하여 지극히 사랑스러웠고
얼굴과 용모가 비교할 수 없었으며
사람들이 모두 공경하고 사랑하였고
매우 부유하여 재산이 끝이 없었다네.

희유한 석사자이시고
무상등정각이신 분을 만났고
보고서 마음이 청정해졌으므로
세속을 버리고 출가하였다네.

죽림촌(竹林村) 가운데와
산간(山間)의 처소에 의지하였고
성문 대중들이 와서 모여서
필추 승가를 번거롭게 하였으며

와구를 펴고 설치하려는 까닭으로
필추와 함께 허물을 말하면서
혹은 번민하였고, 혹은 비난하였는데
자주자주 서로를 가책(呵責)하였으므로

이러한 여러 범행을 구족하였던

나는 곧 자비스런 마음을 일으켰는데
이때에 나의 생(生)을 마쳤으므로
마땅히 공양하고 시자(侍者)가 되었고

스스로 항상 근책(勤策)하였고
가르침을 항상 수습하여
아라한과를 증득하였고
육신통을 모두 갖추었다네.

대사의 처소로 나아가서
몸을 굽혀 머리를 대고 예경하고서
합장하고 앞에서 공경스럽게
무상존께 애원하였다네.

원하건대 저의 청을 받아주시어
필추 승가께 공급하게 하시고
탐·진·치 따르지 않고 자비한
마음으로 모두를 평등하게 하십시오.

대사께서는 나의 뜻을 아시고서
묵연(默然)히 나의 청을 받아주시어
곧 사찰 안에 머물게 하셨고
여러 필추 승가를 마주하고서

몸으로 자비스런 업을 짓고
입과 뜻도 역시 다시 그러하였으며
필추 대중에게 공급하면서
하심(低心)으로 항상 공경하고 존중하였고

가고 오는 여러 필추와
나아가 여러 길을 떠나는 자들을
나는 보면 매우 환희하면서
안부(安慰)를 문신(問訊)하였다네.

다섯 손가락에서 광명이 나왔는데
커다란 횃불이 타는 것과 같았고
또한 와구를 펼쳐서 설치하면서
대신통을 드러내어 나타냈다네.

내가 소유한 신통변화를
필추들이 보고자 하였던 까닭이었고
아주 어두워지려는 때에
나의 처소에 비로소 왔거나

다음으로 다시 늦게 왔어도
자비스런 마음으로 모두 공경하고 존중하며
그들을 위하여 와구를 펼쳤고
마음에서 성내는 생각을 일으키지 않았네.

나는 이전에 있었던 사유(思慮)와
내가 소유한 서원을
청정하게 모두 준비하였고
지금은 모두를 원만히 갖추었다네.

이 실력성자(實力聖子)는
누진으로 마음이 자재하며
무열뇌지에서

이러한 이전의 업보를 말하였다네.

이때 여러 기숙 필추들이 구수 근장(近將)에게 알려 말하였다.
"구수 실력자는 이미 업보를 말하여 마쳤고, 다음으로 구수께 이르렀으니 설하십시오."
이때 근장은 곧 게송으로 설하여 말하였다.

나는 지나간 옛날의 때에
사냥꾼이 되어 숲을 다니면서
노루와 사슴을 잡기 위하여
활과 독화살을 가지고
산을 찾아서 험준한 곳에 올라갔다네.

아침부터 밤까지 항상 피곤하지 않았고
만약 새와 짐승을 만나는 때에는
마음에 살해하려는 생각이 일어나서
활을 당겨서 독화살을 쏘았고
그들의 명근(命根)을 끊었다네.

이때에 나는 활과 화살을 가지고
숲속에서 돌아다니면서
한 대독각이 나무 아래에
머물고 있는 것을 보았다네.

나는 그 사문을 보고
마음에 큰 분노가 생겨나서
그는 조복(調寂)받아 범함이 없었으나
나는 독화살로써 쏘았다네.

이미 독화살의 고통을 만났으나
여러 극심한 고통을 받으면서도
곧 그 나무 아래에서
유(有)를 버리고 적멸로 돌아갔다네.

나는 이러한 악업을 까닭으로
목숨을 마치고 지옥에 떨어져서
무량한 천세(千歲)를 지내면서
여러 큰 고통을 함께 받았고

지옥의 수명을 마치고서
다시 방생취(傍生趣)를 받았고
산속에서 상해와 죽음을 만났으며
다시 지옥으로 떨어졌다네.

생생토록 항상 두려웠고
걸음걸음에 모두 놀라고 두려웠으며
아침부터 밤까지 굶주림으로 고통을 받고
마르고 수척했으며 매우 초췌하였네.

항상 사냥꾼을 만나면
용맹한 자이고 해치려는 생각을 품었으며
곧 날카로운 독화살로
나를 쏘아 정확하게 쓰러뜨렸다네.

그는 내가 땅에 넘어져서
목숨이 있어 몸이 요동치는 것을 보아도

뒤에 날카로운 칼로 잘랐고
살을 나누어서 가지고 떠나갔으며
이와 같이 500생을
여러 괴로움을 많이 받았네.

또한 어느 지방의 한곳에서
여러 음식을 구하려는 까닭으로
그 산의 아래를 내려갔으며
많은 대선인들이 있는 것을 보았다네.

여러 고행을 함께 수행하여
크게 신령스런 위덕이 있었으므로
나는 이미 선인 대중을 보고서
마음에 곧 자비로운 생각이 생겨났다네.

점차 마음으로서 기뻐하였고
그 대선인들을 관찰하였으며
이러한 청정함을 일으킨 까닭으로
인취에 태어났다네.

마침내 대독각이 와서
음식을 구걸하는 것을 보았고
나는 곧 항상 받들어 청하면서
집에 오시어 작은 공양을 받게 하였네.

그 대덕께 공양하고서
합장하고 발원하였네.
“원하건대 나는 마땅히 미래 세상에

항상 이렇게 존귀한 스승을 만나고

세존을 보고 공경이 생겨나서
출가를 지어서
무소외(無所畏)가 생겨나며
여러 유루를 없애게 하십시오.”

이 선근을 까닭으로
천상에 태어났고
또한 인취에 태어났으며
크게 부유하여 많은 재물을 구족하였고

이러한 대사이시고 비교할 수 없는
등정각이신 분을 경건하게 받들었으며
이미 대모니(大牟尼)를 보고서
세속을 버리고 출가에 귀의하였네.

이미 청정한 마음으로 출가하였고
대사의 가르침을 깊이 즐거워하였으므로
나는 아라한과를 증득하여
여섯 대신통을 구족하였다네.

대덕으로서 나는 지금은
여러 결박(結縛)을 끊어 없앴으니
마땅히 산속의 굴에 들어가서
비로소 죽음을 받고자 하였으나

마땅히 모래 독사가 있어서

와서 내 몸 위에 떨어질 것인데
이것이 내가 적멸로 돌아갈 때이고
이것이 열반을 증득하는 것이라네.

여러 대덕이시여. 내가 사유하건대
이전의 몸으로 지었던 업은
무량한 과보를 받더라도
지은 업은 없어지지 않는다네.

이 근장 필추는
대덕 승가대중을 마주하고서
무열뇌지에서
이러한 이전의 업보를 말하였다네.

이때 여러 기숙 필추들이 구수 현자(賢子)에게 알려 말하였다.
"구수 근장은 이미 업보를 말하여 마쳤고, 다음으로 구수께 이르렀으니
설하십시오."
이때 현자는 곧 게송으로 설하여 말하였다.

옛날의 때에 극심한 기근이었고
크게 두려웠고 모두가 암울하였으며
그때 500의 사람들이 있어서
구걸하며 살아가고 있었다네.

나는 그 대중 가운데에서 상수였고
아울러 도사(導師)였으므로
그들은 구걸하여 음식을 얻었다면
함께 와서 나를 봉양하였네.

혹은 정밀하거나 혹은 거친 음식이거나
항상 나에게 받들어 공양하여 구제하였고
여러 악한 생각을 품지 않고
나의 가르침에 의지하여 머물렀다네.

그때 어느 사람이 시장에서
전병(煎餅)을 가지고 팔고 있었는데
나는 곧 강제로 빼앗아 취하였고
시장 밖으로 달아났으며
충돌하며 앞으로 달렸으므로
전병의 주인이 뒤를 따라서 쫓았다네.

나는 곧 빠르게 달려서 달아났고
능히 나를 잡을 수 없었으며
빠르게 큰 강을 건너갔고
한쪽에 편안히 앉았으며

멀리 사방을 돌아보았는데
오는 사람을 보지 못하여
그 전병을 먹고자 하였는데
기름이 많아 매우 맛이 있었고
나는 이렇게 생각을 지었네.
'오늘은 마땅히 배부르겠구나.'

그때 큰 위덕의 선인이 있어서
빠르게 내가 있는 곳으로 왔는데
대독각존(大獨覺尊)이었고
여러 근이 매우 적정하였다네.

나는 곧 이렇게 생각하였다네.
'가난의 고통이 가장 괴로운 것이고
이전에 복을 닦지 않은 까닭으로
지금 굶주리고 곤궁한 과보를 받았으니

지금 마땅히 정미(精味)한 떡을
이 사문에게 받들어 보시하리라.
오히려 굶주려서 죽을지라도
가난의 고통을 받으며 살겠는가?'

곧 정성스러운 마음을 일으키니
마음에서 깊은 청정함이 생겨났고
곧 그 전병을 가져다가
수승한 복전에게 받들었다네.

대사는 나의 보시를 받고서
나를 앞에 마주하고 먹었으며
나를 애민하게 생각한 까닭으로
곧 허공으로 올라갔다네.

나는 곧 합장하고 예경하면서
원하건대 나는 무궁한 과보로
마땅히 큰 호족으로 태어나서
안색이 단엄하고

이와 같은 대덕의 부류를
항상 서로가 만나며
그들이 얻은 법을 증득하여

나도 역시 마땅히 개오하기를 원하옵니다.

이러한 선근을 까닭으로
여러 쾌락을 많이 받았고
천상과 인간에서
단엄하고 매우 광채가 났으며

천상과 인간에서
수승한 대왕의 과보를 받았고
이렇게 보시한 업을 까닭으로
일찍이 악취에 태어나지 않았으며

다시 남은 업보를 까닭으로
지금은 최후의 유이고
큰 호족인 석가종족의
망성(望城)에 태어났다네.

이 최후생의 가운데에서
사람의 몸을 받았고
석사자이시고
무상등정각이신 분을 경건하게 모셨으며

대덕이신 불·세존께서
와서 친족들을 지나시는 때에
나는 여러 친족과 권속들과 함께
세속을 버리고서 출가하였고

내가 이전에 소유한 서원들은

지금 모두 원만해졌으며
아라한과를 증득하여 얻었고
적정하고 청량함에서 있다네.

왕족으로서 출가하였고
그 세존의 종족이었으며
무열뇌지에서
이러한 이전의 업보를 말하였다네.

이때 여러 기숙 필추들이 구수 현염(賢鹽)에게 알려 말하였다.
"구수 현자는 이미 업보를 말하여 마쳤고, 다음으로 구수께 이르렀으니
설하십시오."
이때 현염은 곧 게송으로 설하여 말하였다.

구류손불(拘留孫佛)의 때에
그분의 불탑을 조성하였는데
그때에 나는 인부가 되어
항상 다른 인부들과 함께 일하였고

이 탑을 짓는 때에
저는 자주 악한 말을 하였었네.
"이러한 대탑을 어디에 수용하고
어찌 성취한다는 기약이 있겠는가?

탑은 마땅히 아주 작게 짓는다면
마땅히 비용이 많이 손실되지 않고
품이 적고 근심과 괴로움도 없어지며
빨리 성취할 수 있다네."

이러한 구업을 까닭으로
이렇게 거칠고 악한 말을 한 까닭으로
결국에 목숨을 마치고서
지옥의 가운데에 떨어졌으며

지옥의 업보가 마치고서
태어났던 곳인 거기에서는
안색이 지극히 추루(醜陋)하여
사람들이 모두 천박하게 버려두었네.

가섭파불(迦攝波佛)의 때에
웅구라조(雄拘羅鳥)가 되어서
바라니사에 의지하여
길 가운데의 큰 숲속에 살았는데

세상의 밝은 등불이신 그 분을
필추 대중이 위요하였는데
나는 아름다운 소리를 내면서
위를 날아서 오른쪽으로 돌았다네.

나는 일반적으로 세존과 대중께서
걸식하고자 다니는 때와
나갈 때나 들어오는 때에
항상 함께 오른쪽으로 돌면서 날았다네.

이러한 선근을 까닭으로
인취에 태어났고
조어사이시고 무상등정각이신

분을 경건하게 모시고서

석가사자의 법에
출가하게 되었으며
아라한과를 증오하고
적정하고 청량함에 이르렀다네.

여러 묘한 가르침의 가운데에서
세존께서는 나에게 수기하시어
가장 다문지법측(多聞持法則)이라고 하셨으니
좋은 목소리로 항상 널리 연설하였고

사중(四衆)은 나의 처소로 와서
나의 설법을 들었으며
천상과 여러 중생들이 모두
흠앙(欽仰)5)하지 않음이 없었다네.

이전에 지은 선업은 적고
악업은 지극히 많아
지금에 그러한 과보를 얻었으니
업은 없어지지 않음을 마땅히 알아야 하네.

이 현염 필추는
대덕 승가를 마주하고서
무열뇌지에서
이렇게 이전의 업보를 말하였다네.

---

5) 공경(恭敬)하여 우러러보고 사모(思慕)함을 가리킨다.

이때 여러 기숙 필추들이 구수 밀성(蜜性)에게 알려 말하였다.

"구수 현염은 이미 업보를 말하여 마쳤고, 다음으로 구수께 이르렀으니 설하십시오."

이때 밀성은 곧 게송으로 설하여 말하였다.

옛날에 광엄성의 근처에서
나는 원숭이 중에서 왕이었고
그곳의 많은 발우를 보고
내가 곧 세존의 발우를 잡았다네.

여러 필추들이 보고 소리를 지르자
세존께서 곧 알려 말씀하셨네.
"그대들 여러 필추들이여.
외치지 않아야 발우를 손상하지 않느니라."

곧 대사의 발우를 잡았고
가지고 큰 나무로 올라가서
희고 깨끗한 꿀을 가득 담아서
천천히 나무에서 내려왔으며

깨끗한 꿀이 있는 발우를 두 손으로 받들어
대도사께 받들어 바쳤다네.
그 가운데에 벌레가 있었던 까닭으로
대사께서는 받지 않으셨고

나는 곧 한쪽으로 나아가서
살펴보아 벌레가 있었으므로
그 벌레를 가려내고

다시 가져다 세존께 바쳤는데

비록 여래의 처소에 이르렀으나
세존께서는 역시 받지 않으셨는데
아직 작정(作淨)하지 않았던 까닭으로
선서께서는 받아 지니지 않으셨네.

나는 곧 청정한 물로써
그 꿀 위에 점정(點淨)6)하였고
크게 지극하고 정성스러운 마음으로서
등정각께 받들어서 베풀었다네.

세존께서는 백복(百福)의 팔을 펼치시어
비교할 수 없는 평등한 손으로
내가 드린 꿀발우를 가지고서
성문 대중들과 함께 마셨다네.

마음에 큰 기쁨을 품고서
몸을 경건하게 합장하였고
이 법왕을 앞에 마주하고서
춤추고서 예경하고 떠나갔다네.

나는 원하건대 죽은 뒤에는
인취에서 태어나고
항상 대도사를 만나고
항상 진실한 묘법을 지니게 하십시오.

---

6) 필추가 3의(衣)·좌구(座具)·니사단 등을 얻어서 사용한 낡은 조각을 새 것에
   붙이거나, 또는 먹으로 점을 찍는 것 등으로 청정하게 하는 것이다.

이 선근을 까닭으로
마침내 인간의 몸을 얻었고
조어장부이시고 무상등정각이신
분을 공경스럽게 받들어 모셨으며

석사자의 가르침에서
출가를 지었고
아라한과를 증득하여
적정의 청량함에 이르렀다네.

여섯 대신을 갖추었고
이렇게 여러 필추들이
오히려 나를 밀성(蜜性)이라 불렀으며
명성과 복이 멀리까지 들려서

항상 존경과 공경을 많이 받았고
항상 나에게 와서 공양하였으며
여러 필추 대중과 함께
인간세상을 유행하였네.

광야의 처소에 이르러서
대중들이 모두 갈증을 만났으므로
나는 곧 마음에 생각을 일으켜서
청정한 꿀을 얻는 것을 발원하였네.

사방의 비인(非人)의 부류들이
내가 마음으로 원하는 것을 알고서
각자 큰 꿀그릇을 가지고

모두 와서 나에게 보시하였다네.

나는 보고 곧바로 받아서
나아가 뜻을 따라서 충족시켰고
필추 대중에게 가득 채워주었으므로
모두가 수승(勝上)한 마음을 일으켰다네.

나는 원숭이의 가운데에 태어나서
왕이 되어 공양하였던 까닭으로
비로소 방생취(傍生趣)를 버리고
감로(甘露)의 땅을 밟을 수 있었다네.

나는 이전에 소유한 생각과
일찍이 일으켰던 깊은 발원으로
경건한 마음으로 대사를 받들었고
지을 것을 모두 성취하였네.

이것은 제가 생각하건대
이전에 선업의 인연이었고
지금 그 과보를 받아서
미묘하고 지극한 즐거움을 받는다네.

이 밀성 필추는
대덕 승가를 마주하고서
무열뇌지에서
이렇게 이전의 업보를 말하였다네.

근본설일체유부비나야약사 제18권

삼장법사 의정 한역
석보운 번역

대제자들과 세존의 업보

여러 대제자들과 세존께서 스스로 업보를 말씀하시다.

이때 여러 기숙 필추들이 구수 인연(因緣)에게 알려 말하였다.
"구수 현염은 이미 업보를 말하여 마쳤고, 다음으로 구수께 이르렀으니
설하십시오."
이때 인연은 곧 게송으로 설하여 말하였다.

91겁의 때에
나는 친혜성(親慧城)에 살았고
비바시불(毘鉢尸佛)께서 대도(大都)의
성곽에 들어가시려는 것을 보았다네.

나는 크게 대비하신 것을 보고
묘한 꽃들을 주변에 뿌렸는데
꽃이 피고 줄기가 뻗어나서
세존의 정수리 위에 일산이 되었다네.

청정한 마음으로 세존의 발에 몸을 숙여
경건하게 이마를 대고 예경하였고
열 손가락을 단정히 합장하고서
공경스럽고 정중하게 오른쪽으로 돌았다네.

그 세존의 법을 듣지도 않았고
역시 삼귀의를 받지도 않았으나
다만 청정한 마음을 일으켜서
선서를 따라서 떠나갔다네.

나는 비바시불께
이러한 선업을 지었던 까닭으로
91겁을 지내면서
일찍이 악취에 태어나지 않았고

항상 대천(大天)의 몸을 받았으며
항상 수승한 천상의 즐거움을 받았고
여러 생에 인취의 몸을 받아서
크게 부유하여 재보(財寶)가 많았다네.

이렇게 이 몸을 최후를 받았고
지금 인간의 몸을 받아서
대정행족(大淨行族)[1]으로 태어나서
크게 부유하여 재물이 많았으며

그들의 비전(秘典)을 열고 나아가서

---

1) 대바라문족을 가리킨다.

문구(文句)의 뜻과 점괘의 상(相)과
장구(章句)를 모두 통달하였고
대인(大人)의 상호(相好)를 갖추었으며

그 정행림(淨行林)에서
500의 그들을 교수(教授)하였고
바라문 대중에게 둘러싸여서
성을 나가서 숲속으로 돌아갔다네.

이때 나는 세존께서
필추 대중에게 위요되어
매우 용맹하게 정진하시면서
마갈타국으로 들어오시는 것을 보았다네.

이미 대비하신 세존을 보고서
마음에 곧 청정한 신심이 생겨났고
이 인연을 까닭으로
그 분의 수승하신 상호를 알게 되었다네.

이미 밖에서 세상의 어버이이시고
여러 묘한 상을 갖추셨으며
32상(相)이 단엄하시고
80의 여러 상호로 꾸며진 것을 보았다네.

이렇게 단엄한 상호를 보고
경건하게 세존의 발에 정례하고서
공경스럽게 합장하고 서있으며
대도사를 찬탄하였네.

서로 논하여 말한 사람 중에서
오직 당신이 모두를 구비하셨으니
틀림없이 대사이시고
세간에는 평등한 자가 없다네.

범천보다 수승하고 제석보다 뛰어나시며
다시 함께 상대할 자가 없다네.
일신(日神)과 지신(地神)을 초월하셨으므로
시방세계에서 비교할 자가 없다네.

세존보다 뛰어난 자를 보지 못하였는데
어찌 능히 서로 비교할 수 있겠습니까?
천상과 인간에서
마군(魔軍)의 장수를 크게 꺾으셨고

믿을 수 없는 가운데에서 의지사가 되시며
인도(引導)가 없는 가운데에서 인도자가 되시므로
저는 원하건대 성문이 되고
저는 의지하고 가르침을 받들기를 바란다네.

아름답게 빛나는 금빛의 팔은
온갖 공덕으로 장엄된 모습인데
세간의 어버이께서 팔을 아래로 펼치시어
나의 정수리를 어루만지시었네.

알려 말씀하시길, "그대의 청정한 마음은
여러 수승한 이익이 많을 것이니
능히 청정한 마음으로 보시한다면

그 복은 변제(邊際)가 없으리라.

무상한 복전에
능히 청정하고 묘한 뜻이 생겨났으니
좋은 밭에 씨앗을 뿌린 것이니
마납파여. 모두가 갖추어지고

이익이 없는 취(趣)를 영원히 끊으며
악도의 두려움은 없을 것이고
감로의 문을 열 것이며
사랑하는 것은 모두 성취될 것이고

반드시 만약 즐거이 출가한다면
뜻을 따라서 와서 지을 것이고
빠르게 마땅히 수염과 머리카락을 버리고
바라문을 내려놓게나."

나는 세존의 법음(法音)을 듣고
여러 문도들에게 널리 알렸는데
문도들이 나에게 알려 말했네.
"대머리 사문이 되겠습니까?

어찌하여 밝고 깨끗함을 버리고
어두운 곳에서 취하며
그 수승하고 묘한 종족을 버리고
비천한 부류를 익히고자 합니까?

바라문 종족의 부류는

세간에서 가장 뛰어난 종족으로
범왕(梵王)의 가슴과 입에서
나왔고 바라문으로 변하였네.”

그대들은 깨우침이 없고
그대들은 아는 것이 없으며
그대가 익히고 배우는 가르침은
오직 내가 능히 잘 읊을 수 있네.

내가 밝게 이해한 것과 같이
문장의 뜻을 끝없이 말하더라도
나는 이해를 따라서 마땅히 지을 것이니
그대들은 인연을 따라서 흩어지게나.

만약 반드시 그렇게 하지 않겠다면
각자 그 의요(意樂)를 따를 것이니
나는 다시 스승이 되지 않겠고
역시 다시는 가르치지 않겠네.

그때 이러한 여러 문도들은
눈물을 흘리며 앞으로 나왔고
슬프게 울면서 모두 우뇌(憂惱)하였으며
따라서 곧 사방으로 흩어져 떠나갔다네.

대비하시고 적정하신 대사께서는
좋은 말로 위로하셨고 나에게 알리시길
“잘 왔느니라. 필추여.”
나는 곧 근원을 갖추었고

곧바로 청정한 마음이 일어나
세속을 버리고 출가하였고
여러 대신통을 갖추었으며
지을 것을 이미 성취하였다네.

내가 지금 이전의 업을 관찰하니
천안이 모두 밝고 맑아서
태어나고 죽는 모습을 알았고
일찍이 몸을 받았던 곳을 알았네.

신통을 증득하여 끝낸 자이고
유루의 끝을 없앤 자이며
무열뇌지에서
이렇게 이전의 업보를 말하였다네.

이때 여러 기숙 필추들이 존자 교진여(憍陳如)에게 알려 말하였다.
"구수 인연은 이미 업보를 말하여 마쳤고, 다음으로 존자께 이르렀으니
설하십시오."
이때 교진여는 곧 게송으로 설하여 말하였다.

지나간 과거의 세상에서
가섭불(迦葉佛)께서 멸도하신 뒤에
여러 성문 대중들이 함께 모여서
이와 같이 논의하는 것을 보았다네.

대비하신 가섭파불께서
마땅히 열반하신 뒤에
출가자는 매우 적었고

정법이 밝게 드러나지 않으니

우리들은 들었던 법을
서로가 가르치고 보여주며
정진에 방일하지 않고
세존의 가르침을 부지런히 닦읍시다.

함께 산의 정상에 올라가서
풀을 깔고서 자리를 만들고
각자가 약속하였네. "루(漏)를 끊지 못한다면
자리에서 일어나지 않겠습니다."

정진을 품었던 까닭으로
그들은 목숨을 아끼지 않았고
여섯 사람은 신통을 얻었으며
곧 열반에 들어갔다네.

나는 일곱째로 근기가 하열하여
능히 여러 루를 끊지 못하고
법에 상응하는 마음이 있었으나
범부로 목숨을 마쳤다네.

법에 상응하여 머물렀던 까닭으로
정진하려는 마음을 버리지 않았고
곧 천상에 태어났으며
도사다천의 궁전에서
마침내 석사자를 보았다네.

모니(牟尼)인 대보살께서는
제천(諸天)과 함께 설법하시어
깨달음을 얻는 것에 이르렀다네.

나는 그 설법을 듣고서
일심으로 듣고 받아들였고
그 정법을 깊이 즐거워하여
마음에서 잠시도 버리고 떠나지 않았다네.

천상에서 업보를 마치고
겁비라성에 하생(下生)하여
교진여(憍陳如)의 성씨인
정행(淨行)의 호족이 되었다네.

정반왕(淨飯王)의 태자께서는
명성을 갖추신 보살로
신심으로 나라를 버리고 출가하시어
숲 속에서 고행하셨고

최고의 군주인 대정반왕은
나에게 이렇게 칙명하였네.
"떠나가서 출가하여
태자를 모시고 공양하시오."

나는 청정한 마음으로써
곧 보살을 공양하고 모셨으나
장차 성도를 증득하지 못하리라고
싫어하여 버리고서 바로 떠나갔는데

석가대모니께서는
바른 법륜을 굴리실 때에
이러한 여러 묘법을
최초로 나를 증오(證悟)시켰네.

가섭파불의 가르침에서
출가하여 범행을 닦았고
지금 정각을 만났고
무루를 증득하여 얻었다네.

교진여 필추는
대덕 승가를 마주하고서
무열뇌지에서
이렇게 이전의 업보를 말하였다네.

이때 여러 기숙 필추들이 구수 오파리(鄔波離)에게 알려 말하였다.
"존자 교진여는 이미 업보를 말하여 마쳤고, 다음으로 존자께 이르렀으
니 설하십시오."
이때 오파리는 곧 게송으로 설하여 말하였다.

지나간 옛날의 때에
바라니사성의 도읍에
범수(梵授)라고 하는 왕이 있었고
나는 항상 공양하고 받들었다네.

왕의 콧수염과 머리카락을 깨끗하게 꾸몄고
여러 종류로 단정하게 하였으며
의복은 모두 어울리게 하였고

향을 피워서 받들어 지녔다네.

공경하고 존중하는 마음을 품고
대왕을 받들어 모셨으며
왕의 처소에서 환희를 품고서
일찍이 듣지 못한 게송을 말하였다네.

욕심은 지극히 적은 맛이고
죄의 근본이 되며
번민과 고뇌가 모두 이것을 인연하므로
안락을 얻을 까닭이 없네.

만약 출가하여 욕심을 버린다면
일찍이 듣지 못한 것을 들으며
신은 지금 마음에서 지극히 사모하므로
원하건대 왕께서는 세속을 버리게 하십시오.

이때 왕은 나에게 알려 말하였네.
"경이 만약 능히 결정하였고
출가하고서 뒤에 나를 보겠다면
경이 세속을 버리는 것을 허락하겠소."

나는 대왕께 알려 말하였네.
"결정된 뜻을 살펴 아시었고
왕께서 신의 마음을 아셨으니
출가한 뒤에 와서 뵙겠습니다."

이미 왕의 허락을 받고서

곧 숲속으로 나아갔으며
곧은 마음으로 굽히지 않는 마음으로
세속을 버리고서 출가하였네.

그 힘을 따라서 출가하였으므로
욕심을 벗어남에 이르렀고
사정려(四靜慮)2)를 수습하는 것에
생각을 부지런하였고 방일하지 않았다네.

이 왕이 세상을 다스리던 때에는
나는 긍파라(殑波羅)라고 이름하였고
큰 존귀함과 덕을 갖추어서
사람들이 함께 공경하였다네.

또한 바르고 곧은 마음으로서
스승의 처소에 나아가 정례하였고
한쪽에서 호궤하였으며
합장하고서 이와 같이 아뢰었었네.

친교사께서는 존념(存念)하시어
내가 아직 듣지 못한 것을 증득하였다면
반드시 범수왕의 처소로 나아가서
몸을 나타내어 올바로 보게 하겠습니다.

스승께서는 알리셨네. "나는
바라니사성으로 가는 것을 허락하겠으니

---

2) 범어 catvāri-dhyānāni.의 번역으로 색계의 네 선정(禪定)을 가리키며 사선(四禪)이
   라고도 말한다.

결정적으로 신심을 존념하여
허망함을 초래하지 말라.

나는 지금 그대가 가는 것을 허락하니
그대는 마땅히 나의 말을 따라서
그 왕의 가운데에서 최고의
청정한 신심을 일으켜라.”

스승께서는 곧 허락하셨고
나는 곧 오른쪽으로 돌면서
하직하고서 점차 앞을 따라서
바라니사성으로 나아갔다네.

범수왕은 내가 이르렀다는 것을 듣고
직접 나의 처소로 왔으며
왕의 위덕을 까닭으로
여러 천인도 역시 따라서 왔다네.

왕은 수레에서 내려서
공경스럽게 나에게 정례하였고
경건하고 지극하게 존경하며 우러렀으며
합장하고 한쪽에 앉았었네.

나는 곧 설법하여서
그에게 여러 욕심을 끊게 하였고
왕은 듣고 깊이 흠모하고 공경하면서
여러 욕심의 일을 한번에 버렸다네.

곧 용맹스럽고 날카로운 마음을 일으켜
다시 이와 같이 말하였다네.
“나는 지금 출가를 구하며
여러 욕심의 일을 즐거워하지 않습니다.”

나는 알렸었네. “왕이여. 어서 오십시오.”
청정한 숲속으로 나아가서
대선의 처소에서 친근하였고
출가를 짓게 하였네.

왕은 곧 큰아들을 책봉하여
그 나라의 왕위를 잇게 하였고
이 가장 수승하였던 왕은
나라를 버리고 출가에 귀의하였네.

왕은 왕비와 궁녀와 채녀와
신하 및 종친들과
대중의 모두에게 에워싸여서
출가를 구하는 곳으로 나아갔다네.

왕은 바르고 곧은 마음으로
여러 선인들의 발에 정례하였고
합장하여 널리 청하였네.
“원하건대 출가하게 하십시오.”

왕에게 수염과 머리를 깎는 것과
몸에 가사를 입는 것을 허락하였으므로
무량한 백천(百千)의 대중들이

모두 세속을 버리고 출가하였다네.

나는 바르고 곧은 마음을 구하였고
청정하고 묘한 법을 연설하였으며
듣는 여러 사람들에게
사정려를 얻게 하였네.

나는 자비로운 생각을 품었고
대왕을 공경하였던 까닭으로
목숨을 마치고 임종의 때에
무변광천(無邊光天)에 태어났다네.

그 하늘에서 업보를 버리고서
이 처소에 와서 태어났으며
일반적으로 생생토록 처소에서
크게 부유하여 재보가 많았고

천상과 인간 세계에서
항상 수승하고 묘한 즐거움을 받았네.
이렇게 최후의 때가 되었고
이것은 최후신이며

겁비라성에 태어나서
석가 호족의 가운데에서
항상 나아갈 세계를 알았고
항상 석가를 모셨다네.

석가자의 성문이고

나는 모시는 일을 지었으며
대왕의 위덕을 까닭으로
출가하게 되었네.

나는 수염과 머리를 깎고서
이와 같이 아뢰어 말하였네.
"성자께서 구제하지 않는다면
우리는 마땅히 어찌 살겠습니까?"

소유한 뛰어난 영락(瓔珞)과
여러 상묘(上妙)한 옷들로
알려 말하였네. "당신과 함께
수용하여 생계를 충당하겠습니다."3)

나는 많은 보배를 보고
마음에 큰 후회가 생겨났으나
마땅히 모든 것을 버려두고서
즐거이 출가하기를 구해야겠다.

저는 지금 가난하여 고통스러워도
이렇게 많은 보배를 지니고 있고
만약 누가 듣고 아는 자가 있다면
반드시 와서 저를 해칠 것이므로

남겨두고서 알맞게 처리하면서
이 여러 진귀한 보배들은

---

3) 문장의 뜻이 매끄럽지 못하여 게송의 부분이 누락된 것으로 생각된다.

곧 나무 위에 걸어놓고
역시 출가를 구하십시오.

석가족의 여러 왕자들은
내가 이와 같이 말하는 것을 듣고서
나에게 먼저 출가하게 하였고
모두가 나의 발에 예배하였네.

세존께서는 나를 애민하게 생각하신 까닭으로
"잘 왔느니라. 필추여."라고 말하셨고
내가 이미 출가한 뒤에
여러 왕족들을 제도하셨네.

그들은 나의 발에 예배하였고
아만(我慢)을 단번에 꺾었으며
이미 조복되어 출가하고서
육신통을 증득하였네.

육신통의 아라한이고
피안(彼岸)의 끝을 초월하였으므로
세존께서 나에게 수기하시어
지율의 제일이라고 하셨네.

오파리 필추는
여러 승가 대중을 마주하고서
무열뇌지에서
이렇게 전생의 업보를 말하였다네.

이때 대도사께서
존자 위광(爲光)에게 알리셨다.[4]
"이전의 업보로 일찍이
받았던 여러 선악을 말해 보게."

그는 세존께서 알리신 말씀을 듣고
곧 이전의 사업(事業)을 기억하여
세존을 앞에 마주하고서 아뢰었다.
"지금 여러 과보를 말하겠네.

옛날에 연화대 위에 계시면서
세상을 구제하신 가장 수승한 분의
탑이 넓은 숲속에 있었는데
여러 사나운 짐승들이 많아서

사람이 능히 그곳으로 나아가서
공경스럽게 공양을 문신할 수가 없었고
그 주변의 가까운 사람들은
죄와 복이 되는 과보를 알지 못하였네.

나는 곧 그 탑이 있는 곳에 나아가서
모든 풀과 나무를 깨끗이 제거하였고
옷조각을 가지고 쓸고 두루 물을 뿌렸으며
모든 것을 널리 엄숙하게 장식하였고

경건하게 여덟 방향에 예경하고서

---

4) 문장의 서술방식이 매끄럽지 못하여 번역에서 누락된 부분이 있었던 것으로
   생각된다.

공경스럽고 소중히 하고서 곧 돌아갔다네.
이러한 선근을 까닭으로
천상에 태어나게 되었고

삼십삼천(三十三天)에서
여러 수승한 욕락을 받았고
36번을 반복하여 지냈으며
천왕(天王)이 되었다네.

제가 머물던 천궁(天宮)은
항상 금이 찬란하게 빛났는데
넓이는 36유선나(踰繕那)였고
길이는 60유선나였다네.

나는 다시 희기(希奇)함이 있었는데
불탑을 매우 깨끗하게 하였던 까닭으로
인취에 하생하여서
7번을 반복하여 국왕이 되었다네.

나는 다시 희기함이 있었는데
불탑을 매우 깨끗하게 하였던 까닭으로
일찍이 태어났던 곳에서
몸에 금빛 광명이 찬란하게 있었다네.

나는 다시 희기함이 있었는데
불탑을 매우 깨끗하게 하였던 까닭으로
항상 바라문으로 태어났고
찰제리의 호족이 되었다네.

나는 다시 희기함이 있었는데
불탑을 매우 깨끗하게 하였던 까닭으로
뜻에 따라서 수레와 코끼리와
말을 탔고 걸어 다니지 않았다네.

나는 다시 희기함이 있었는데
불탑을 매우 깨끗하게 하였던 까닭으로
만약 가시나무를 밟았더라도
자연히 모든 가시가 물러나 치워졌다네.

나는 다시 희기함이 있었는데
불탑을 매우 깨끗하게 하였던 까닭으로
일찍이 질병을 만나지 않았고
역시 여러 갑작스런 번민도 없었다네.

나는 다시 희기함이 있었는데
불탑을 매우 깨끗하게 하였던 까닭으로
일반적으로 유행하였던 곳에서
상서로운 모습이 항상 나타났다네.

나는 다시 희기함이 있었는데
불탑을 매우 깨끗하게 하였던 까닭으로
항상 수승한 존귀함을 얻었으므로
대천(大天)을 공경하는 것과 같았다네.

나는 다시 희기함이 있었는데
불탑을 매우 깨끗하게 하였던 까닭으로
일찍이 몸에 어떠한 고통도 없었고

다른 여러 작은 고뇌도 없었다네.

불법은 작은 흠집이나 더러움이 없고
이와 같이 부사의(不思議)하므로
청정한 마음이면 큰 과보를 얻는 것도
또한 이와 같이 부사의한 것이라네.

만약 수승하고 묘한 즐거움을 구한다면
태어나고 죽는 것을 모두 버리고
마땅히 여래탑에 공경하면서
무상존을 받들어 모셔야 한다네.

대덕이시여. 이것이 나의 생각으로
이전의 세상에서 선업을 지었고
그 과보를 받아서
매우 큰 애락(愛樂)이 있었다네.

이렇게 위광 필추는
대덕 승가 대중을 마주하고서
무열뇌지에서
이러한 이전의 업보를 말하였다네.

이때 여러 기숙 필추들이 구수 규숙(奎宿)에게 알려 말하였다.
"존자 위광은 이미 업보를 말하여 마쳤고, 다음으로 존자께 이르렀으니
설하십시오."
이때 규숙은 곧 게송으로 설하여 말하였다.

대덕이시여. 제가 사념해 보니

과거 구지의 겁에
일체를 초월하신 세존께서
선품(善品)의 업을 지으셨네.

그때 무상존(無上尊)이신 세존께서는
무변한 백천억(百千億)의
성문 대중에게 위요되시어
큰 왕도(王都)에 들어가시고자 하셨네.

나는 다른 취락으로부터
일을 인연하여 그곳에 이르렀고
마침내 등정각을 보았는데
32상을 구족하셨네.

해와 달이 비추는 것과 같았고
번갯불이 어둠에서 빛나는 것과 같았으며
여러 광채를 덮고 빛났으므로
세존의 광명은 가장 밝게 비추었다네.

나는 항상 이것을 보지 못하였는데
큰 불길이 취락을 태우는 것과 같았다네.
또한 보았는데 그 세존의 앞에는
한 바라문이 있어서

내가 곧 그에게 자세히 물으니
대답하여 말하였네. "도사(導師)이신 세존께서는
인간과 천상에서 비교할 자가 없으시고
정등각이므로 함께 비교할 자가 없네."

나는 세존께서 음성으로 알리는 것을 듣고
마음에 청정하고 흔쾌한 즐거움이 생겨나서
세존의 용모와 위의를 깊이 사랑하여
몸에 두루 안락함을 얻었다네.

다시 하늘의 음악을 들었는데
사람이 찬송하는 소리가 아니었고
하늘에서 가루 향과 꽃이 비처럼 내려와서
이 뛰어난 성(城) 위에 쏟아졌다네.

청련화(靑蓮花)를 흩뿌렸고
첨박가(贍博迦)를 비처럼 내렸으며
혹은 전단(栴檀) 가루이거나
혹은 다만 합장하였으며
여러 천인들은 공중 가운데에서
경전하게 그 위를 돌고 있었네.

깊이 사랑과 우러름 마음에 생겨나서
두루 예경하고 기쁨이 가득하여
향과 꽃다발을 구하고자
사방으로 뛰어다니면서 찾았다네.

나는 이때의 중간에
두루 다녔으나 한 송이도 없었으나
나에게서 멀리 않은 곳에서
마침내 일산을 파는 사람을 보았다네.

손에 하얗고 묘한 일산을 지녔는데

선명하여 맑은 조개와 같았으므로
빠르게 나아가서 손에 일산을 들고서
잠시 세존께 봉헌하는가를 청하여 물었고

허락을 받고 가지고 세존의 처소로 가서
정성스런 마음으로 일산을 가지고 서있었네.
일산은 손에서 벗어나서
스스로 부처님의 정수리 위로 갔고

대사께서 가시면 곧 움직였고
대사께서 머무시면 곧 머물렀으며
적정하신 세존의 몸을 떠나지 않았고
자연히 공중 가운데에 있었다네.

나와 여러 대중들은 함께
이러한 큰 신통변화를 보고
경건하게 모두가 합장하고서
정성스런 마음으로 함께 정례하였네.

등정각(等正覺)의 모습과
성문 대중의 의식(儀式)을 보고
집으로 이르러 사업을 하면서도
마음을 붙잡아서 항상 사념하였네.

쾌재(快哉)로다. 산과를 얻음이여.
세존을 보고 소유를 품었으며
내가 세존께 일산을 받들었던 까닭으로
무상 복전의 처소였구나!

이 선근을 까닭으로
항상 칠보를 크게 갖추었으며
뒤에 목숨을 마칠 때에는
삼십삼천에 태어났고

천인의 가운데의 왕이 되었으며
여러 천인들이 모두 공경하고 존중하였으며
다시 인취에 태어나서는
자력왕(自力王)이라 이름하였네.

크게 부유하고 부지런함과 용맹이 많아서
다른 왕들이 함께 받들어 모셨고
이러한 선품을 지은 까닭으로
유전하며 태어나는 곳에서

선근이 단절되지 않았고
다시 묘한 여러 인연이 이어져서
그 수승한 복전에 청정한
마음으로 일산을 받들었다네.

이 선업을 까닭으로
악취에 떨어지지 않았고
이렇게 최후신이며
인취에 태어나 있으면서

조어사이시고
무상등정각께 경건하고 공손하며
석가사자의 가르침에서

출가하였고
아라한과를 증득하였으며
적멸의 청량함에 있다네.

마왕이 변하여 몸이 산과 같고
키가 1유선나이며
크고 무서운 모습을 짓고
허공 가운데에 검은 구름과 같더라도

알려 말하였네. "이것은 무슨 물건이고
감히 번거롭고 어지럽게 하는가?"
그것은 마왕이 일부러 와서
핍박하고 괴롭히는 것을 살펴서 알았고

알려 말하였네. "마왕 파순(波旬)이여.
뜻을 따라서 몸을 나타내어
머리를 수미산과 같게 하고서
비로소 나의 처소에 오라."

이미 아라한과를 증득하였고
삼명을 구족한 성문이며
세존께서 보이시고 깨우쳐 주신 법에서
안락하게 머무를 수 있었네.

다른 사람에게 일취식(一揣食)5)을 받았고
7일 동안을 정(定)에 있었으며

---

5) 절량식(節量食)으로 한 차례만 먹으면서 조금 먹는 것을 가리킨다.

해탈의 의요를 깨달았는데
이것이 내가 수습한 것이라네.

대덕이시여. 제가 생각하건대
이전에 선업을 지어서
그 과보를 많이 받았고
즐겁고 매우 정묘(精妙)하였다네.

이렇게 규숙 필추는
대덕 승가 대중을 마주하고서
무열뇌지에서
이러한 이전의 업보를 말하였다네.

이때 여러 기숙 필추들은 각각 전생의 업을 스스로가 말하고서 세존께
아뢰어 말하였다.
"우리들은 이미 전생의 업보를 말하였습니다. 오직 원하옵건대 세존께
서 전생의 업을 열어 말씀하여 주십시오. 대덕이신 세존께서는 이전에
무슨 업을 지으시어 정각(正覺)을 이루신 뒤에도 산의 돌이 무너져 내려서
발가락을 다치게 하였습니까?"
세존께서 여러 필추들에게 알리셨다.
"여래가 지나간 옛날에 이류(異類)로 태어나 있으면서 스스로 이러한
업을 지었고, 반드시 스스로 받은 것이니라. 증장되어 익으면 연(緣)이
변하고 현전(現前)하여 그림자가 형체를 따르는 것과 같아서 반드시 과보
가 감응하므로 대신하여 받을 수 없느니라. 그대들 여러 필추들이여.
만약 사람이 선악의 업을 지었다면 외계(外界)의 지(地)·수(水)·화(火)·풍
(風)에서 그 보(報)를 받는 것이 아니고, 모두가 자신의 온(蘊)·계(界)·처(處)
의 가운데에서 이숙(異熟)[6]을 초래하는 것이니라."
곧 게송으로 설하여 말씀하셨다.

가령 백겁이 지나더라도
지은 업은 없어지지 않으며
인연이 모여 만나는 때에
과보가 돌아와서 스스로 받는다네.

세존께서 여러 필추들에게 알리셨다.

"지나간 옛날에 취락에 한 장자가 있어 아내를 얻고 오래지 않아서 마침내 한 아들을 낳았느니라. 나이가 점차 장대하였는데 어머니가 곧 목숨을 마쳤고, 그 아버지인 장자는 계모를 맞이하였고 오래되지 않아 임신하여 다시 한 아들을 낳았느니라. 나중에 큰 아들은 아내를 취하여 많은 딸을 낳았는데, 뒤의 다른 때에 계모가 죽었고 아우는 형의 처소에 의탁하였다. 형수가 남편에게 물어 말하였다.

"이 사람은 누구의 아이입니까?"

알려 말하였다.

"아우요."

아내가 말하였다.

"성자여. 마땅히 그 아우에게 재산을 나누어 주어야 합니까?"

남편이 말하였다.

"마땅히 똑같이 나누어야 되오."

아내가 말하였다.

"성자여. 그는 한 몸이고 우리들은 여럿인데 어찌 똑같이 나누어야 합니까?"

남편이 말하였다.

"현수여. 세상의 법이 이와 같소."

아내가 말하였다.

"성자여. 마땅히 죽입시다."

---

6) 산스크리트어 vipāka의 번역으로 원인과 다른 성질로 성숙되어 나타나는 과보를 가리킨다.

남편이 말하였다.

"현수여. 어찌 재산을 위하여 친동생을 죽이는 것이 허용되겠소?"

아내가 다시 거듭해서 말하였고 마음에 염욕(染欲)된 자는 짓지 못하는 악이 없는 것이다. 남편은 한쪽에 나아가서 이와 같이 생각하였다.

'만약 촌락에서 동생을 죽인다면 사람들이 모두 알게 될 것이다. 난야(蘭若)의 사람이 없는 곳으로 데리고 가야겠다.'

형은 곧 아우에게 명하여 말하였다.

"그대는 그릇을 가지고 함께 난야로 가서 꽃을 따세."

알려 말하였다.

"알겠습니다."

마침내 곧 함께 나아갔고 한 산모퉁이에 이르러 아우를 구덩이에 밀어서 빠트리고 돌로 때려서 죽였느니라.

"그대들 필추들이여. 뜻은 어떠한가? 지나간 옛날의 때에 장자의 맏아들로 아우를 죽인 자가 어찌 다른 사람이겠는가? 지금의 곧 나이니라. 지나간 옛날에 재물의 이익을 위하였던 까닭으로, 계모의 아들인 아우를 난야에서 산의 구덩이로 때려서 떨어트리고 돌로서 때려서 죽였느니라. 이러한 업의 일을 까닭으로 많은 연세(年歲)에서, 많은 백 세에서, 많은 천 세에서, 많은 백천 세에서, 지옥에 떨어져 여러 고초를 받았고, 남은 업력의 힘을 까닭으로 정각을 성취한 뒤에도 산의 돌이 무너져 내려서 나의 발가락을 다치게 한 것이니라."

이때 여러 필추들이 다시 세존께 아뢰어 말하였다.

"대덕이신 세존이시여. 이전에 무슨 업을 지으셨기에 정각을 성취하신 뒤에 자강(紫橿) 나무의 창(槍)이 세존의 발을 찔러서 다치게 하였습니까?"

세존께서 여러 필추들에게 알리셨다.

"여래는 지나간 옛날에 스스로 이러한 업을 지었고 지금 다시 스스로 받은 것이니라."

[자세한 설명은 앞에서와 같다.]

나아가 게송으로 말씀하셨다.

가령 백겁이 지나더라도
지은 업은 없어지지 않으며
인연이 모여 만나는 때에
과보가 돌아와서 스스로 받는다네.

다시 여러 필추들에게 알리셨다.

"지나간 옛날에 한 대성(大城)이 있었고, 이 성안에는 두 상주(商主)가 있었으며, 능히 교역을 잘하였느니라. 선박을 가지고 묶어서 보물을 구하려는 까닭으로 바다에 들어갔으며 순풍의 힘을 인연하여 그 보배섬에 도착하였느니라. 한 상주는 양을 헤아려서 보물을 배에 실었으나, 다른 상주 양을 헤아리지 않고 탐욕의 마음으로 보물을 배에 가득 실었다. 뒤에 바다에 들어갔는데 양을 헤아리지 않았던 상주는 자신의 배가 가라앉으려고 하였으므로 반려인 상주에게 알려 말하였다.

"원하건대 인자(仁者)여. 구제해 주시오. 내가 배에 타게 허락하시오."

그 상주는 짐작(斟酌)하여 힘을 따라서 헤아려 배에 실었으므로 배 안에서 그의 손을 잡아당겨서 배에 태워 주었다. 그 침몰된 상주는 이와 같이 생각을 지었다.

'나는 그와 함께 보물섬으로 갔었는데, 내가 실었던 보물은 배가 가라앉아서 모두 잃어버렸다. 어찌 그 사람이 보배를 가지고 집에 돌아가게 하겠는가? 배에 구멍을 뚫어서 보물을 산실(散失)되게 해야겠다.'

이렇게 생각을 짓고서 몰래 한쪽에서 막대기를 가지고 배에 구멍을 뚫었다. 상주가 마침내 보고 알려 말하였다.

"당신은 이러한 일을 하지 마시오. 다만 보물을 산실하는 것이 아니고 우리들도 함께 죽습니다."

그는 마음에 질투를 품었고, 질투심이 치성하여 결국 충고를 받아들이지 않고 이전과 같이 구멍을 뚫고자 하였다. 충고를 따르지 않는 것을 보고서 곧 날카로운 창을 가지고 찔러서 죽게 하였느니라.

"그대들 필추들이여. 뜻은 어떠한가? 지나간 옛날에 창으로 찔러서 다른 사람을 죽인 자가 어찌 다른 사람이겠는가? 지금의 곧 나이니라. 이러한 업을 까닭으로 많은 해를, 백 년을, 천 년을 지옥의 가운데에서 여러 고초를 받았고 남은 업보를 까닭으로 정각을 성취한 뒤에도 자강나무로 만든 창이 나의 발을 찔러서 다치게 한 것이니라.”

이때 여러 필추들이 다시 세존께 아뢰어 말하였다.

“대덕이신 세존이시여. 이전에 무슨 업을 지으셨기에 정각을 성취하신 뒤에 사라(沙羅) 취락에 들어가시어 걸식하셨으나 얻지 못하시고 빈 발우로 돌아오셨습니까?”

세존께서 말씀하셨다.

“여래는 지나간 옛날에 스스로 이러한 업을 지었고, [자세한 설명은 앞에서와 같다.] 나아가 게송으로 말씀하셨으며, 과보가 돌아와서 스스로 받은 것이니라.”

다시 여러 필추들에게 알리셨다.

“지나간 옛날에 바라니사 대성의 가운데에 한 마납파가 있었느니라. 세존께서 세상에 머무시지 않을 때에는 곧 독각이 있어서 빈궁한 자들을 애민하게 생각하시어 한가하고 고요한 곳에 머무르는 것이고, 세간에서는 오직 이 한 복전이 있는 것이다.

이때에 낙적(樂寂)이라고 이름하는 한 독각이 세간에 출현하시어 바라니사의 시록림(施鹿林) 가운데에 있는 선인이 떨어진 곳에 머무르셨다. 이른 아침에 옷을 입고 발우를 지니고 성에 들어가서 걸식하였다. 이때 마납파도 역시 들어와서 이 장자의 집에서 걸식하였는데 얻은 것이 없었다. 그때 낙적 독각도 역시 그 장자의 집에 들어가서 걸식하였으므로 마납파는 생각하며 말하였다.

“잠깐 몰래 살펴보아야겠다. 그 출가인이 무엇을 얻는가를 보아야겠다.”

곧 뒤따라 들어가서 가려진 문 옆에 서 있었다. 그때 장자의 아내는 그 독각의 몸과 마음이 단정하고 고요한 것을 보고 마음에 청정한 신심이 생겨나서 곧 여러 종류의 정묘한 음식을 발우에 가득 담아서 독각에게 받들어 보시하였다. 이미 음식을 받고서 문 밖으로 나가고자 하였는데,

그 마납파가 알려 말하였다.

"출가자여. 나는 즐거이 당신이 얻은 음식을 보고자 합니다."

그러나 독각의 상법(常法)은 이와 같아서 만약 관찰하지 않는다면 앞의 생각을 알지 못하는 것이다. 곧 발우 안의 음식을 그에게 보게 하였는데, 그는 질투를 품었던 까닭으로, 미워하고 질투하는 마음을 일으켜 손으로써 발우를 때렸고, 발우는 곧 땅에 떨어졌으며 음식은 곧 쏟아졌다. 다시 발로 밟았으므로 독각이 물어 말하였다.

"현수여. 무슨 뜻으로 이렇게 음식을 흩어서 깨트리는 것이오? 당신이 필요하였다면 내가 마땅히 주었을 것이오."

그 마납파는 다시 여러 종류의 추악한 말을 하면서 한쪽에 서있었다. 그때 이 대인(大人)은 얻었던 음식을 먹지 못하고 스스로가 수순(調順)하며 녹림(鹿林) 가운데로 나아갔느니라."

세존께서 말씀하셨다.

"그대들 필추들이여. 뜻은 어떠한가? 지나간 옛날의 때에 마납파가 어찌 다른 사람이겠는가? 지금의 곧 나이니라. 나는 질투하는 마음을 품었던 까닭으로 그 독각에게 음식을 얻지 못하게 하였고, 이러한 업보를 까닭으로 많은 해를, 백 세를, 천 세를 항상 지옥의 가운데에서 태어나서 여러 고초를 받았고 남은 업보를 까닭으로 정각을 성취한 뒤에도 사라(沙羅) 취락에 들어가서 걸식하였으나 빈 발우로 돌아온 것이니라."

이때 여러 필추들이 다시 세존께 아뢰어 말하였다.

"대덕이신 세존이시여. 이전에 무슨 업을 지으셨기에 음녀인 미용(媚容)이 외도인 범지(梵志)의 가르침으로 와서 세존을 비방하였습니까?"

세존께서 말씀하셨다.

"여래는 지나간 옛날에 스스로 이러한 업을 지었고, [자세한 설명은 앞에서와 같다.] 나아가 게송으로 말씀하셨으며, 과보가 돌아와서 스스로 받은 것이니라."

다시 여러 필추들에게 알리셨다.

"지나간 옛날에 인간의 수명이 8만 세이던 때에 불·세존께서 계셨고,

비발시 여래·응공·정등각이라고 명호하셨느니라. 세상에 출현하신 그 세존께는 두 명의 아우가 있었는데, 첫째는 파사슬타(皤私瑟吒)라고 이름하였고, 둘째는 발라타파사(跋羅陀皤闍)라고 하였느니라. 파사슬타는 세존의 가르침을 오로지 부지런히 수습하였고 방일하지 않아서 아라한과를 증득하였느니라. 그 발라타파사는 삼장을 수지하고 풍송(諷誦) 통달하여 대법사가 되었느니라.

뒤의 다른 때에 한 장자가 있어 법사의 처소에서 깊은 청정한 신심이 생겨나서 그 법사를 위하여 한 주처를 짓고서 필요한 자구(資具)들을 모두 엄숙히 갖추었다. 이때 법사는 파사슬타 나한(羅漢)에게 청하였고, 와서 함께 머무는 것을 바랐으며, 그는 듣고 곧 이르렀다. 장자는 그 아라한의 몸과 마음이 적연(寂然)하고 위의와 용모가 빼어난 것을 보고 청정한 신심이 두 배나 되었고, 여러 종류의 향기가 있고 맛있는 음식들을 엄숙하게 준비하여 공양하였으며, 상묘한 옷을 가지고 받들어 보시하였다. 아우는 질투가 생겨나서 이렇게 생각을 지었다.

'나는 장자와 함께 오랫동안 문사(門師)가 되어 도리어 왕래하였으나, 일찍이 나에게 이와 같이 좋은 옷을 보시한 적이 없었다. 잠시 나의 형을 보고 공경하는 마음으로 옷을 받들어 베푸는구나.'

이렇게 생각을 짓고서 곧 형의 처소로 가서 장점과 단점을 살폈다. 형은 동생의 마음에 다른 생각이 있음을 깨닫고 생각을 붙잡고 관찰하여 아우가 질투하는 것을 알았고, 곧 그 좋은 옷을 가져다가 그 아우에게 주었다. 비록 그 옷을 얻었으나 역시 형의 처소에서 다시 허물을 구하였다. 뒤의 다른 때에 장자는 여인을 시켜서 사찰 안에서 일하게 하였다. 일하는 여인에게 법사가 알려 말하였다.

"현수여. 그대는 능히 나를 위해 일을 짓겠는가?"

여인이 말하였다.

"무슨 일을 시키시고자 합니까?"

법사가 알려 말하였다.

"이 옷을 입고 집으로 돌아가서 일하면서 장자가 만약 그 옷을 누구에게서 얻었냐고 묻는다면 성자 파사슬타에게 얻었다고 알려 말하고, 다시 만약 무슨 일을 인연하여 주었냐고 묻는다면 남자의 뜻을 인연하여 여인에게 주었다고 대답하며 말하시오.”

여인은 옷을 입고 돌아가서 집주인과 하나하나를 앞에서와 같이 문답하였다. 장자는 듣고서 아라한의 처소에 부정한 마음이 생겨났다. 대인(大人)의 법은 깊이 염려되고 업신여김을 당하면 이것을 인연하여 떠나가는 것이니라.”

세존께서 말씀하셨다.

“그대들 필추들이여. 뜻은 어떠한가? 지나간 옛날에 법사가 어찌 다른 사람이겠는가? 지금의 곧 나이니라. 나는 미움과 질투를 품고 가볍게 비난하였던 말을 하였던 까닭으로 많은 해를, 백 세를, 천 세를 항상 지옥의 가운데에서 태어나서 여러 고초를 받았고 남은 업보를 까닭으로 정각을 성취한 뒤에도 외도인 범지(梵志)가 음녀인 미용(媚容)에게 나를 비방하게 하였던 것이니라.”

이때 여러 필추들이 다시 세존께 아뢰어 말하였다.

“대덕이신 세존이시여. 이전에 무슨 업을 지으셨기에 취단(嘴端)인 바라문녀가 세존을 비방하였습니까?”

세존께서 여러 필추들에게 알리셨다.

“여래는 지나간 옛날에 스스로 이러한 업을 지었고,” [자세한 설명은 앞에서와 같다.]

다시 여러 필추들에게 알리셨다.

“지나간 옛날에 바라니사성 대도(大都)의 가운데에 한 바라문이 있었고, 500의 동자들이 사명(四明)의 전적을 배웠느니라. 그 바라니사성 주변에 있는 사람들은 함께 모두 존중하였고 공경하며 공양하였으므로 오히려 진실한 아라한과 같았느니라.

이때 오신통의 선인이 있었고 인간세상을 유행하면서 바라니사성에 이르렀다. 성안의 백성들은 그 선인의 몸과 마음이 적연하고 용모와 얼굴이 수순한 것을 보고 모두가 청정한 신심이 생겨났고, 주었던 복업을

590

함께 선인의 처소로 나아가서 공경스럽게 공양하였다. 그 바라문은 공경하고 우러르는 사람이 없어 이양(利養)이 적어졌으므로 선인의 처소에 질투하는 마음을 품고서 악한 생각을 짓고 여러 학동들에게 알려 말하였다.

"이 선인은 깊은 탐욕을 품고 있다."

여러 학동(學童)들도 각자 역시 스승이 말한 것과 같이 "선인은 진실로 탐욕을 품고 있다."고 말하였다. 이 여러 학동들은 가는 곳마다 함께 여러 친구들과 나머지 장자와 바라문들에게 말하였다.

"그 선인은 깊은 탐욕을 품고 있습니다."

사람들은 듣고서 마음에 다른 생각이 생겨났다. 현명한 선인들은 사려가 많고 업신여김을 당하자 버리고 떠나갔느니라."

세존께서 말씀하셨다.

그대들 필추들이여. 뜻은 어떠한가? 지나간 옛날의 때에 바라문이었던 자가 어찌 다른 사람이겠는가? 지금의 곧 나이니라. 그 500의 동자들은 지금의 500의 필추들이니라. 나는 선인의 처소에서 질투하여 탐욕을 품고 있다고 말하였던 이러한 업을 까닭으로 무량한 백천 세의 가운데에서 지옥에 떨어져서 여러 고뇌를 받았고 남은 업보를 까닭으로 정각을 성취한 뒤에도 500의 필추와 함께 취단 바라문녀에게 비방을 당하였느니라."

세존께서는 다시 여러 필추들에게 알리셨다.

"지나간 옛날에 바라니사성 대도의 가운데에 범수(梵授)라고 이름하는 왕이 있어 법으로써 다스리고 교화하여 백성들은 치성하였고 풍요로우며 안락하였다. 이 성안에는 한 음녀가 있어 현수(賢首)라고 이름하였고, 색을 자랑하며 살아가고 있었다. 그때 장부가 있어 위우(爲偶)라고 이름하였는데 악한 성품을 품고 있었다. 그는 의복과 영락을 보내어 그 창녀에게 주었고 뜻으로 교환(交歡)을 구하였다. 현수는 옷을 입고 위우의 처소로 가고자 문 밖으로 나왔는데 마침 다른 사람을 만났다. 그는 500금전을 가지고 명하여 말하였다.

"현수여. 와서 함께 즐깁시다."

여인은 이렇게 생각을 지었다.

'내가 지금 간다면 어찌 능히 500금전을 얻겠는가? 교환하고자 와서 재물을 베풀 것이므로 마땅히 버려서는 아니된다. 마땅히 집으로 돌아가서 함께 환희(歡會)해야겠다.'

생각하고서 곧 사녀(使女)에게 명하여 위우에게 가서 알렸다.

"원하건대 당신께서는 잠시 기다리세요. 나는 머리를 빗고 세수도 하며 몸단장하고자 합니다."

사녀는 가서 알렸고, 돈을 가지고 왔던 그는 사무(營務)가 많아서 그녀와 잠시 교환하고서 버리고 떠나갔다. 여인은 다시 이렇게 생각하였다.

'시간이 조금 초과하였으나 내가 그에게 간다면 능히 뜻으로 칭찬하겠는가?'

생각하고서 또한 사녀에게 알려 말하였다.

"그대는 다시 위우의 처소에 가서 알려 말하세요. '성자여. 머리를 빗고 세수하는 것이 끝났는데 어느 방원으로 와서 함께 즐기겠습니까?'"

여인이 가서 알리니, 그가 곧 물어 말하였다.

"혹은 아직 치장하지 못하였다고 하고, 혹은 끝냈다고도 말하는데, 이것은 무슨 말인가?"

사녀는 오가면서 마음에 분노가 생겨나서 소유한 개인 사정을 그에게 갖추어 말하였다.

"당신의 옷과 영락을 걸치고서 다른 남자와 함께 교환하였던 까닭으로서 나에게 이렇게 말하게 하였습니다."

그 사람은 듣고 욕정(欲情)이 한꺼번에 사라졌고 살해할 마음이 일어났고, 분노의 마음이 일어나서 이와 같이 알렸다.

"어느 방원의 가운데로 오라고 하시오."

사녀가 와서 알렸고 음녀는 곧 이르렀다. 그 위우가 알려 말하였다.

"나의 옷과 영락을 걸치고서 다른 남자와 교회(交會)하는 것인가?"

음녀가 말하였다.

"성자여. 이것은 나의 허물이고 당신의 잘못은 아닙니다. 여인이란 부류는 많은 허물과 잘못이 있으니, 원하건대 당신께서 용서하십시오."

위우는 성내는 마음을 품었으므로 해치려는 마음으로 칼을 꺼내어 목을 베었다. 이때 사녀는 보고 큰 소리로 울부짖었다.

"재앙이다. 나의 주인을 죽였다. 나의 주인을 죽였다."

사람들이 듣고서 함께 모두 빠르게 모여들었다. 그때 독각이 있어 극락(極樂)이라고 이름하였고 이 숲속의 나무 아래에서 정(定)에 머무르고 있었다. 그 사람은 두려워서 빠르게 피가 묻은 칼을 가지고 독각의 앞에 놓아두고 급하게 한쪽으로 달아나서 사람들 속으로 들어갔다. 사람들이 와서 피가 묻은 칼이 독각의 앞에 있는 것을 보고 함께 말하였다.

"죽인 자는 반드시 이 사람이다."

곧 함께 둘러싸고 성난 마음으로서 각자 이렇게 말하였다.

"쯧쯧. 출가자여. 당신은 법복을 입은 대선의 모습으로 이러한 악업을 지었구려."

독각이 알려 말하였다.

"내가 무슨 일을 하였습니까?"

사람들이 알려 말하였다.

"음녀인 현수와 서로가 환합(歡合)하였고 곧 칼로써 죽였소."

독각이 대답하여 말하였다.

"나는 적정을 품고 있었는데, 어찌 악을 짓는 것을 허용되겠습니까?"

비록 사실대로 말하였으나 모두가 믿지 않았고 새끼줄로서 포박(反縛)하여 왕의 처소로 보내고 앞의 일들을 자세하게 알렸다. 왕은 자세히 살피지 않고서 곧 칙명하여 말하였다.

"이미 이러한 과오가 있으니 마땅히 빨리 죽이시오."

붉은 줄로 목을 묶고 푸른 옷을 입은 망나니(膾子)가 손에 날카로운 칼을 쥐고서 무기로 엄숙하게 호위하여 성안과 네거리의 도로에서 사람들에게 널리 알렸다.

"이 자는 출가하였으나 현수라는 여인을 죽였으므로 왕께서 엄한 법으로 칙명하셨습니다."

곧 독각을 데리고 그 동산으로 가서 죽이고자 하였다. 위우는 보고서 이렇게 생각을 지었다.

'고통스럽구나. 출가자는 계율을 지키며 덕을 행하였고 잘못이 없으나 액난을 만났구나. 이것은 나의 허물인데 헛되게 다른 사람을 죽음에 이르게 하였으나, 마땅히 할 일이 아니다.'

이렇게 생각을 짓고 빠르게 왕의 처소로 나아가서 알려 말하였다.

"대왕이시여. 출가자는 잘못도 없으나 법에 의지하여 칙명을 받들게 되었습니다. 이것은 저의 잘못이오니, 원하건대 왕께서는 살펴서 아십시오."

앞의 일을 갖추어 자세히 말하고 은혜로운 용서를 바랐느니라."

세존께서 말씀하셨다.

"그대들 필추들이여. 뜻은 어떠한가? 지나간 옛날의 때에 위우였던 자가 어찌 다른 사람이겠는가? 지금의 곧 나이니라. 나는 이러한 업을 까닭으로 백천 세를 지내면서 항상 지옥에 있었고, 여러 고뇌를 받았으며, 남은 업보가 있어 정각을 성취한 뒤에도 다른 사람이 와서 나를 비방한 것이니라."

이때 여러 필추들이 다시 세존께 아뢰어 말하였다.

"대덕이신 세존이시여. 이전에 무슨 업을 지으셨기에 정각(正覺)을 성취하신 뒤에도 498명의 필추와 함께 변방의 성에서 말의 보리를 드셨고, 사리자와 대목건련은 하늘의 공양을 받았습니까?"

세존께서 말씀하셨다.

"여러 필추들이여. 여래는 지나간 옛날에 스스로 이러한 업을 지었고, 나아가 과보가 돌아와서 스스로 받은 것이니라. 그대들은 자세히 들을지니라.

지나간 옛날에 인간의 수명이 8만 세일 때에 불·세존이 계셨고, 비발시 여래·등정각이라 명호하셨으며 십호를 구족하셨느니라. 세간에 출현하시어 8만 명의 필추에게 앞뒤로 위요되어 친혜왕(親慧王)의 도읍으로 가셨느니라.

이때 그 성안에는 한 바라문이 있어 500의 동자에게 바라문법을 가르쳤는데, 사람들이 존중하고 공경하며 공양하는 것이 아라한을 모시는 것과 같았다. 세존과 승가는 그 성에 이르렀고 그 바라문을 공경하거나 물건을 공급하여 구제하는 사람들이 없었으므로 세존과 승가의 처소에 깊은 질투가 생겨났다. 이때 많은 유학과 무학의 필추들이 이른 아침에 옷을 입고 발우를 지니고 성에 들어가서 걸식하여 여러 정묘(精妙)하고 상찬(上饌)인 향기가 있는 음식을 얻었고 발우에 가득 담아서 나왔다. 바라문이 보고 물어 말하였다.

"쯧쯧. 필추여. 무슨 음식을 얻었소? 내가 보고자 하오."

필추는 성품이 곧아서 곧 그 음식을 보였고, 그는 질투가 증가하여 여러 제자들에게 알렸다.

"그대들은 마땅히 알라. 이 대머리 사문에게는 마땅히 이와 같은 상찬을 공양하지 말라. 마땅히 반드시 거친 대맥(大麥)을 섞어서 베풀어야 한다."

그 여러 제자들은 스승의 이러한 말을 듣고 역시 각자 함께 말하였다.

"진실로 스승의 말씀과 같이 마땅히 보리를 먹는 것이 합당하다."

그들의 가운데에는 두 마납파가 있어서 공경하여 믿는 마음을 품고 이와 같이 알려 말하였다.

"친교사께서는 이렇게 말하지 마십시오. '이 여러 사문들은 사람의 음식이 아니고 하늘의 음식으로 마땅히 공양해야 합니다. 무슨 뜻으로 마땅히 보리를 먹는 것이 합당하다고 말씀하십니까?'"

세존께서 말씀하셨다.

"그대들 필추들이여. 뜻은 어떠한가? 지나간 옛날의 때에 바라문이었던 자가 어찌 다른 사람이겠는가? 지금의 곧 나이니라. 그 세존과 성문의 처소에 질투심을 품으며 거칠고 악하게 말하였던 까닭으로 무량한 백천 세(歲)를 지내면서 항상 거친 보리를 먹었고, 남은 업보를 까닭으로 정각을 성취한 뒤에도 498명의 필추와 함께 말의 보리를 먹었느니라. 그 마납파이었던 자는 곧 사리자와 대목련이니라."

이때 여러 필추들이 다시 세존께 아뢰어 말하였다.

"대덕이신 세존이시여. 이전에 무슨 업을 지으셨기에 6년을 고행하셨습니까?”

세존께서 여러 필추들에게 알리셨다.

“여래는 지나간 옛날에 스스로 이러한 업을 지었고,” [자세한 설명은 앞에서와 같다.]

나아가 게송으로 말씀하셨다.

가령 백겁이 지나더라도
지은 업은 없어지지 않으며
인연이 모여 만나는 때에
과보가 돌아와서 스스로 받는다네.

“그대들은 자세히 들을지니라. 지나간 옛날에 무비(無比)의 취락에는 한 도공이 있어 희호(喜護)라고 이름하였고,” [자세한 것은『중아급마경(中阿笈摩經)』의 「왕법상응품(王法相應品)」에서 설하신 것과 같다.]

세존께서 말씀하셨다.

“그대들 필추들이여. 뜻은 어떠한가? 지나간 옛날의 때에 무상(無上) 마납파이었던 자가 어찌 다른 사람이겠는가? 지금의 곧 나이니라. 나는 옛날에 가섭파불의 처소에서 ‘고행하였으나 아직 지혜를 증득하고 구족하지 못하였다.’라고 말하였고, 이러한 업력을 까닭으로 6년을 고행하였어도 능히 무상정등각을 증득하지 못하였던 것이니라. 내가 만약 당시에 그 세존의 처소에서 후회하여 미래에 마땅히 등정각을 구한다고 발원하지 않았다면, 비록 다시 3무수대겁(無數大劫)을 지내면서 여러 선품(善品)을 닦았더라도 오히려 아직 성불하지 못하였을 것이니라.”

이때 여러 필추들이 다시 세존께 아뢰어 말하였다.

“대덕이신 세존이시여. 이전에 무슨 업을 지으셨기에 정각을 성취하신 뒤에도 몸에 병이 나서 아프셨습니까?”

세존께서 여러 필추들에게 알리셨다.

“그대들 여러 필추들이여. 여래는 지나간 옛날에 이류(異類)로 태어나

596

있으면서 스스로 이러한 업을 지었고,” [자세한 설명은 앞에서와 같다.]

세존께서 여러 필추들에게 알리셨다.

“그대들 필추들이여. 지나간 옛날에 한 취락의 가운데에 의사가 있었느니라. 이때 장자의 아들이 있었고, 어느 병을 인연하여 의사를 청하여 치료하게 하였으며, 의사가 처방약을 주어서 병이 곧 나았다. 장자는 약간의 재물을 가지고 의사에게 받들었다. 뒤의 다른 때에 장자는 세 번에 몸이 병을 만났고, 의사가 역시 치료하였으나 장자는 결국 다른 것을 주어서 은혜에 보답하지 않았다. 의사는 분노를 품고 이렇게 생각을 지었다.

‘그 사람은 세 번을 극심한 병의 고통을 만났고, 내가 없애 주었으나 능히 은혜를 갚지 않는구나. 만약 다시 병을 만난다면 마땅히 아무 약이나 주어서 그 어리석은 사람의 뱃속을 끊어야겠다.’

뒤의 다른 때에 장자의 아들에게 다시 앓았던 병이 일어났고, 이전과 같이 의사를 청하였다. 의사는 악심으로서 병에 알맞지 않는 약을 주었고 병자의 창자가 마디마디 끊어지게 하였느니라.”

세존께서 말씀하셨다.

“그대들 필추들이여. 뜻은 어떠한가? 지나간 옛날의 때에 무상(無上) 마납파이었던 자가 어찌 다른 사람이겠는가? 지금의 곧 나이니라. 나는 악심으로 장자의 아들에게 그러한 독약을 먹게 하였고, 이러한 업을 까닭으로 무량한 백천 세(歲)의 가운데에서 지옥에 떨어져서 여러 고뇌를 받았으며, 남은 업보를 까닭으로 정각을 성취한 뒤에도 몸에 병이 있어 등이 아팠던 것이니라.”

이때 여러 필추들이 다시 세존께 아뢰어 말하였다.

“대덕이신 세존이시여. 이전에 무슨 업을 지으셨기에 정각을 성취하신 뒤에도 다른 종족이 석가종족을 죽였고 세존께서는 두통(頭痛)을 앓으셨습니까?”

세존께서 말씀하셨다.

“그대들 여러 필추들이여. 여래는 지나간 옛날에 스스로 이러한 업을 지었고 다시 스스로 보(報)를 받은 것이니라.”

[자세한 설명은 다른 곳에서와 같다.]

“그대들 필추들이여. 지나간 옛날에 유혜하(流惠河) 주변에 500의 사람들이 있어 고기잡이를 업으로 삼았느니라. 이때 큰 바다 안에서 갑자기 두 마리의 큰 물고기가 흘러서 들어왔다. 여러 사람들은 잡았고 함께 이렇게 의논하였다.

“만약 고기를 죽인다면 살이 곧 썩고 냄새나서 사는 사람이 없을 것이오. 마땅히 끈으로 묶어 두고서 반드시 사겠다는 사람이 있으면 묶은 것을 끊고 저울에 달아서 판다면 모두가 싱싱할 것입니다.”

이렇게 의논하고서 끈으로 묶어 두었고 사겠다는 사람이 있으면 베고 잘라서 계속하여 주었다. 자르는 때에 고기는 큰 고통을 만나서 몸을 뒤틀었고 피가 흘러서 강물이 붉게 변하였다. 이때 어린 아이가 있어 핏빛의 강물을 보고 마음에 즐거움과 웃음을 품고서 매우 즐거워하였느니라.”

세존께서 말씀하셨다.

“그대들 필추들이여. 뜻은 어떠한가? 그 어부들의 어린아이였던 자가 어찌 다른 사람이겠는가? 지금의 곧 나이니라. 지나간 옛날에 물고기를 죽이는 때에 나의 마음이 매우 즐거웠던 이러한 업을 까닭으로 무량한 백천 세의 가운데에서 마땅히 두통을 앓았으며, 남은 업보를 까닭으로 정각을 성취한 뒤에 석가족이 주살되는 때에 나의 머리가 아팠던 것이니라.”

이때 여러 필추들이 다시 세존께 아뢰어 말하였다.

“대덕이신 세존이시여. 이전에 무슨 업을 지으셨기에 정각을 성취하신 뒤에도 오히려 등에 풍통(風痛)을 앓으셨습니까?”

세존께서 말씀하셨다.

“그대들 여러 필추들이여. 여래는 지나간 옛날에 이류(異類)로 태어나 있으면서 스스로 이러한 업을 지었고, 지금 스스로가 되돌려 받은 것이니라.”[자세한 설명은 다른 곳에서와 같다.]

세존께서는 여러 필추들에게 알리셨다.

"그대들 필추들이여. 지나간 옛날에 한 장사가 있었고 지방과 나라를 유행(遊歷)하면서 한 왕도(王都)에 이르렀느니라. 그 왕에게는 다시 한 큰 장사가 있어서 그 힘을 대적할 수 없었느니라. 두 장사는 서로를 알았고 마땅히 의복으로 도박하고자 하였고 곧 함께 씨름하였다. 장사의 상법(常法)은 서로 함께 손을 잡는다면 곧 강하고 약한 것을 아는 것이다. 밖에서 온 장사는 왕의 장사를 손을 잡아보고서 그 장사가 능히 이길 수 없다는 것을 알았다. 왕도의 장사는 외부에서 온 장사에게 알려 말하였다.

"당신은 지금 마땅히 아십시오. 우리 종족은 이곳에 있으면서 오랫동안 왕도에서 살아서 여러 대(代)에 걸쳐서 명성이 있습니다. 당신이 나보다 힘을 알고 있으니, 나를 넘어트리고 우리 종족에게 욕을 보이지 않게 하시오. 나에게는 묘한 딸이 있으므로 마땅히 그대에게 시집을 보내겠소."

그는 이러한 말을 듣고 묵묵히 스스로가 져주었고, 이와 같이 세 번을 하였으나 결국 딸을 주지 않아서 참지 못하는 마음이 생겨났다. 네 번째의 씨름에 이르렀고 서로를 붙잡는 때에 방편으로 높이 들어 올렸고 성난 힘으로 땅 위에 던졌으므로, 왕의 장사는 척추가 부러져서 죽었느니라."

세존께서 말씀하셨다.

"그대들 필추들이여. 뜻은 어떠한가? 지나간 옛날에 외부에서 왔던 장사로 왕의 장사에게 척추를 부러뜨렸고 죽게 하였던 자가 어찌 다른 사람이겠는가? 곧 나의 몸이니라. 이러한 악업을 까닭으로 무량한 백천 세의 가운데에서 지옥에 떨어져서 여러 고통을 받았으며, 남은 업보를 까닭으로 정각을 성취한 뒤에도 오히려 등의 고통을 만났느니라.

이러한 뜻의 까닭으로 나는 항상 설하였느니라. 흑업은 흑보를 받고, 백업은 백보를 받으며, 잡업은 잡보를 받느니라. 그대들은 마땅히 흑업과 잡업을 버리고 항상 백업을 닦아야 하고, 이와 같이 마땅히 배울지니라."

이때 세존께서는 500의 아라한과 함께 무열뇌지에서 이전의 업보를 말씀하시고서 곧바로 은몰(隱沒)하시어 실라벌성의 동쪽에 있는 녹자모원

(鹿子母園)의 주처에 나타나셨다. 그녀는 세존께서 이르렀다는 것을 듣고 빠르게 세존의 처소로 나아가서 세존의 발에 정례하였다. 묘법(妙法)을 말씀하시어 보여주셨고 가르치셨으며 이익되고 기쁘게 하시고서 묵연히 머무르셨다. 이때 녹자모는 자리에서 일어나 오른쪽 어깨를 드러내고서 합장하고 세존을 향하여 아뢰어 말하였다.

"세존이시여. 자비를 베푸시어 500의 성중(聖衆)과 함께 내일 집으로 오시어 저의 작은 공양을 받아주십시오."

세존께서는 곧 묵연하셨고, 그녀는 세존께서 받아들이신 것을 알고서 하직하고 집으로 돌아가서 여러 종류의 상묘한 향찬(香饌)을 엄숙하게 준비하였다. 사자를 시켜서 세존께 아뢰게 하였고, [자세한 설명은 생략한다.] 나아가 대중들이 배부르게 먹고서 발우를 걷었고 씻는 것을 마친 것을 알고서, 법문을 듣고자 하나의 낮은 자리를 취하여 세존을 마주하고 앉았다. 세존께서는 그녀에게 미묘법(微妙法)을 말씀하시어 보여주셨고 가르치셨으며 이익되고 기쁘게 하시고서 자리에서 일어나 떠나갔다. 주처에 이르시어 나아가 자리에 앉으셨으며 여러 필추들에게 알리셨다.

"그 녹자모는 스스로가 잊어버려서 세존과 승가께 청하여 집에서 공양하게 하였으나 세존께서 가타를 설하시도록 청하지 않았느니라."

옮긴이ㅣ**釋 普雲(宋法燁)**

대한불교조계종 제2교구 본사 용주사에서 출가
중앙승가대학교 문학박사
현재 대한불교조계종 제2교구 본사 용주사 성보박물관장, 대한불교조계종 교수아사리(계율),
　　중앙승가대학교 불교학부 겸임교수

논저ㅣ논문으로「율장을 통해 본 주불전의 장엄과 기능에 대한 재해석」등 다수. 번역서로『근본설일체
유부비나야잡사』(상·하) 40권,『근본설일체유부비나야』50권,『근본설일체유부필추니비나야』20
권,『근본설일체유부백일갈마』외 19권,『안락집』(상·하) 등이 있다.

근본설일체유부비나야약사 根本說一切有部毘奈耶藥事

三藏法師 義淨 漢譯ㅣ釋 普雲 國譯

2018년 10월 25일　초판 1쇄 발행

펴낸이·오일주
펴낸곳·도서출판 혜안
등록번호·제22-471호
등록일자·1993년 7월 30일

주　소·⑫ 04052 서울시 마포구 와우산로 35길3(서교동) 102호
전　화·3141-3711~2 / 팩시밀리·3141-3710
E-Mail·hyeanpub@hanmail.net

ISBN 978-89-8494-614-9 93220

값 36,000 원